当代中国经济学家文库

卷

转型中国

难点与路径

北京师范大学出版集团
BEIJING NORMAL UNIVERSITY PUBLISHING GROUP
北京师范大学出版社

图书在版编目(CIP)数据

转型中国：难点与路径／魏杰著.—北京：北京师范大学出版社，2010.8（2012.4重印）

（当代中国经济学家文库）

ISBN 978-7-303-10900-5

Ⅰ.①转… Ⅱ.①魏… Ⅲ.①经济体制改革－研究－中国 Ⅳ.①F21

中国版本图书馆CIP数据核字（2010）第053475号

营销中心电话 010-58802181 58805532
北师大出版社高等教育分社网 http://gaojiao.bnup.com.cn
电子信箱 beishida168@126.com

ZHUANXING ZHONGGUO

出版发行：北京师范大学出版社 www.bnup.com.cn
北京新街口外大街19号
邮政编码：100875

印　　刷：北京联兴盛业印刷股份有限公司
经　　销：全国新华书店
开　　本：155 mm × 235mm
印　　张：32.25
字　　数：480千字
版　　次：2010年8月第1版
印　　次：2012年4月第2次印刷
定　　价：55.00元

策划编辑：马自立　　责任编辑：马洪立　陈婧思　林　双
美术编辑：毛　佳　　装帧设计：毛　佳
责任校对：李　菡　　责任印制：李　啸

序

承蒙北京师范大学出版社的厚爱，本书行将出版。为了选编好本书，我苦苦思索了近两个星期，最终确定了这样几个选编原则：

第一，我的学术观点是在中国改革开放中逐渐形成的，对中国改革开放的探索，构成了我的学术文章的主体。本书以我国的改革开放为主线，选编了我对我国改革开放的相关问题进行探索的文章。

第二，考虑到出版本书不是为作者“评功摆好”，而是要对读者有所启迪，因而我选择的文章基本上是2000年以后的文章，因为2000年以前的有些学术论文虽然对我个人来说确实很好，但当时所探讨的问题现在已经形成共识，并且有的已付诸实践，选择这些文章除了证明我当时的研究成果是正确的之外，对读者已无多少意义，因而我所选编的文章都是2000年以后的。

第三，为使本书能对读者有更多启迪，我所选编的文章并没有局限于那些发行量较大的学术刊物，而是选编了我出版的有些著作中的有关可以独立的章节，因为发行量较大的学术刊物上的文章一般会流传得更广泛一些，而我的有些著作则不可能像有些学术刊物那样流传广泛，但这些著作中的有关章节恰恰是对读者非常有用的，所以我选编了那些我认为对读者当前仍然有很重要意义的我的有关著作的某些章节。

第四，我将本书取名为《转型中国：难点与路径》。之所以取此作为书名，是因为我进入中国经济学界的时候，正是中国从传统模式向新模式转轨的时候，我的整个学术生涯都是与中国转型和中国模式的形成过程相联系的，文章所探讨的问题，基本上都是与中国模式形成相关的问题，因而这个书名比较适合该书的主题。在选编文章中，根据文章所探讨的问题的侧重点，我又将这些文章划分为篇，每篇以下有几篇主题相对集中的文章，这样更有利于读者阅读。

以上几点是为序。

魏杰

2010 年于清华大学

目　录

第一篇　中国经济体制改革的总体思路与进程

中国经济体制改革的历史进程及不同阶段的任务和历史使命 / 3

一、新体制大规模建立时期的任务和历史使命/3

二、新体制磨合期的任务和特点/14

产权制度改革与混合经济体制的形成 / 25

一、非公有经济的发展历程与理论创新/26

二、非公有经济的发展与混合经济体制的形成/37

三、非公有经济发展与财产制度改革的新突破/42

四、非公有经济发展与社会和谐/45

构建新的国有资产管理体制 / 51

一、国有资产的目标/51

二、国有资产的形态转化/54

三、探索国有资产管理的新体制/57

人力资本的激励与约束机制问题 / 62

一、人力资本的激励机制/67

二、人力资本的约束机制/79

高成本时代与中国经济转型：兼论节约型经济/ 90

一、引言/90

二、丧失低成本比较优势的分析/92

三、高成本时代的策略选择/97

四、结语/101

经营城市的思考/ 103

一、以工业化和市场化为基础/104

二、以效益提升为目标/107

三、以人文关怀为原则/109

四、以可持续发展为中心/111

五、以各种经济成分为动力/113

六、以全方位开放为基点/115

第二篇 中国经济体制改革的利益摩擦与社会体制改革

改革与收入差别/ 121

一、如何在改革中理性地对待收入差距/121

二、收入差距对需求约束的影响/126

三、收入差距的调节与个人所得税体制/137

结构变迁、财政转型与中国社会保障体系的改革路径/ 144

一、引言/144

二、社会保障体系改革的基本方向：国际经验及其借鉴/147

三、中国社会保障体系改革的路径选择：基于理论模型的分析/150

四、研究总结/156

行政制约、二元化困境与中国的教育体制改革/ 158

一、引言/158
二、教育体制的结构特征：内外部机制及其具体模式/160
三、中国教育发展的问题解析：市场化的误解及“二元化”困境/163
四、教育体制的改革对策：总体思路与具体机制调整/167

基尼系数与中国现实的碰撞/ 171

一、引言/171
二、现有理论的综述和评价/172
三、对中国收入不平等状况的实证分析/176
四、结论与政策建议/179

法治社会的科学解释/ 183

一、法治社会首先表现为契约社会/183
二、法治社会的基础是法律面前人人平等/187
三、法治社会的关键是司法公正/189

建立科学的经济利益和谐观/ 192

一、差异性和谐与平均主义和谐/193
二、奋发性和谐与福利主义和谐/195
三、自比性和谐与互比性和谐/196
四、相对和谐与绝对和谐/198
五、动态和谐和静止和谐/199

民生不是简单的福利主义/ 202

一、民生问题是市场经济的应有之意/202

二、关注民生首先要扩大公共产品范围和实现公共产品享受均等化/204
三、关注民生的重点是优化弱势群体的生存环境/206
四、关注民生是包括政府在内的整个社会的责任和义务/207
五、关注民生需要全社会形成共生与和谐意识/208
六、关注民生是关注各个社会阶层民生的社会民生行为/209

不能将危及公平的帽子戴在效率的头上 / 211

一、效率与公平根本不可能是此消彼长的对立关系/212
二、市场化收入分配过程充分体现了效率与公平的相结合/214
三、权钱交易和行政性垄断危及了公平/217

协调多元化利益群体格局的基本原则 / 220

一、共识共赢原则/220
二、公平公正原则/225
三、国家超越原则/229

协调不同利益群体的基本措施 / 234

一、坚持改革的基本方向/234
二、完善收入分配体制/236
三、加速法治建设/239
四、完善社会组织/240
五、增加捐赠渠道/243
六、加强舆论引导/244

第三篇 中国转型中的企业改革

中国企业改革的若干要点：1978—2008 / 249

一、企业制度问题/250

二、企业战略问题/255
三、企业文化问题/258
四、企业社会定位问题/262
五、企业哲学问题/265

立身哲学 270

一、立身哲学总论/270
二、正确对待财富/276
三、正确对待诱惑/297
四、正确对待自己/309
五、正确对待选择/318
六、正确对待环境/330

企业影响政府的轨道选择 339

一、企业应不应该影响政府/340
二、企业影响政府的两种轨道/341
三、中国企业影响政府过程中存在的问题/346
四、企业影响政府轨道的正确选择/348

企业自主创新的几个关键问题 351

一、企业自主创新方向的选择/351
二、企业自主创新资金的来源/353
三、企业自主创新团队的组建/354
四、企业自主创新机构的建设/356
五、企业自主创新力量的组合/357

民营企业接班问题的思考 359

一、将企业交给谁/359
二、能否靠教育培养出企业家/367

三、非理性交班的结局/369
四、少帅是否已真接班/370
五、接班问题上的理性化趋势/372

民营企业如何实现交接班 374

一、“贤”、“亲”统一型模式/374
二、“贤”、“亲”分离型模式/381
三、职业经理人队伍的有关问题/382

第四篇 中国转型中的宏观经济问题

完善宏观经济调控的根本问题 393

一、引发本次宏观经济过热的原因分析/394
二、历次宏观经济过热主要也都是由政府部门所推动的/400
三、完善宏观经济调控的根本就在于让政府部门退出具体的微观经营活动/402

房地产与金融风险的几个问题 407

一、央行对于房地产产业究竟应该实行什么样的货币政策/407
二、消除权力参与分配是防范房地产泡沫引发金融风险的关键/409
三、加快金融体制的改革是防范房地产泡沫及其引发金融风险的根本/411
四、保证房地产市场需求的稳定增长是防范房地产泡沫及其引发金融风险的重要内容/414
五、房地产商的自律是防范房地产泡沫及其引发金融风险的重要工作/415

出口导向型经济与“胀死” / 420

一、出口导向型经济如何导致了总需求膨胀/421

二、应对出口导向型经济引发的总需求膨胀的对策/426

出口导向型经济增长方式与“憋死” / 443

一、为什么要“保增长”：是因为我们的增长出了问题/443

二、出口导向型的经济模式，决定了潜在的两大风险 /444

三、怎么来启动内需：启动内需为什么要从启动投资着手/445

四、启动投资，首先从启动民生投资开始/445

五、民生投资中的四个担心/447

六、生产性投资要起来，政府需要解决哪些问题/448

七、五大产业是这次生产性投资的重点投资方向/449

八、投资股票房地产的主要障碍是什么/451

九、提高居民总体收入的五条办法/452

十、消费力度和人的预期有关联/454

十一、调整宏观经济政策/454

十二、中国的房地产市场，政府应该怎样救/455

中国保经济增长的几个争议问题 / 457

一、不能将宏观经济政策的重点放在货币政策上/457

二、不能因为次贷危机而轻视信贷性消费/461

三、不能只注重启动投资而忽视启动消费/467

中国经济保增长的若干问题思考 / 473

一、中国经济增长出问题实际上并不仅仅是因为美国的次贷危机/473

二、应对经济增速下滑的举措必须理性/478

后记(上)：在改革中成长 / 482

一、在西北大学学习与工作的七年/487

二、在中国人民大学学习与工作的十二年/488

三、在国家国有资产管理局的三年/489

四、进入清华后的岁月/489

五、改革开放中的学术生涯/490

六、改革开放中的教学生涯/493

后记(下)：为改革鼓与呼 / 498

当·代·中·国·经·济·学·家·文·库

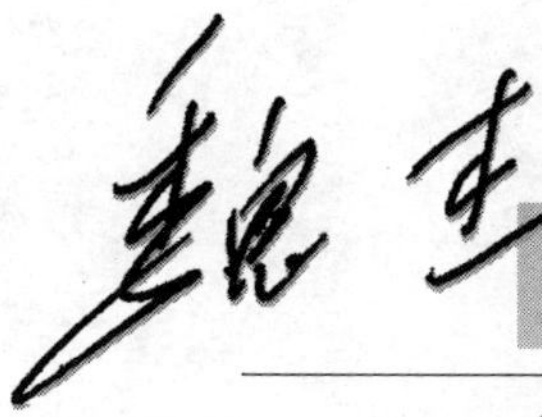

卷

第一篇

中国经济体制改革的总体思路与进程

中国经济体制改革的历史进程及不同阶段的任务和历史使命

自1978年党的十一届三中全会算起，中国经济体制改革至今已经整整三十年了。这三十年是中国新的经济体制大规模建立的三十年。经过三十年的努力，新的经济体制的基本框架已经建成。按照制度经济学的观点，一种新体制的基本框架建成后，社会就会进入新体制的磨合期，因而在未来的改革岁月中，中国的新的经济体制将会逐渐进入磨合期。从这个角度上讲，中国的经济体制改革实际上可以划分为两个时期，一个是新体制的大规模建立时期，这个时期自1978年党的十一届三中全会开始，一直到中共十七大，大约为三十年时间；一个是新体制的磨合期，这个时期起始于中共十七大，大约还需要十余年时间，到2020年前后结束。在经济体制改革的这两个不同时期，中国的经济体制改革实际上具有不同的任务和历史使命。

一、新体制大规模建立时期的任务和历史使命

新体制大规模建立时期，实际上就是我们不

断冲破传统社会主义经济理论，大规模变革传统社会主义经济体制的过程。这个过程可以概括为：以有中国特色的社会主义经济体制，取代传统社会主义经济体制。在分析这个过程中，我们发现这个过程有一个非常有意思的现象，这就是我们的改革实际上是在不断地将传统社会主义经济理论所批判的理论和体制，引入到有中国特色的社会主义经济理论体系中，引入到我国的有中国特色的社会主义经济体制中，并用它们改革我们的传统经济体制。例如，传统社会主义经济理论将非公有经济与社会主义经济对立起来，认为只有公有制才是社会主义的本质要求，尤其是只将国有制作为社会主义经济的本质特征和基础，而我们在改革中则抛弃了这套理论和体制，将非公有经济引入到社会主义经济之中，而且推动其大力发展，并用非公有经济改革国有经济，使国有经济走向非国有化和股份化，实现公司化股份制改革。又例如，传统社会主义经济理论将市场经济与社会主义经济对立起来，认为市场经济就是资本主义经济，只有计划经济才是社会主义经济，因而到处“割市场经济的尾巴”，而我们在改革中则抛弃了这套理论和体制，大力发展市场经济，将市场经济作为资源配置的基础性机制，建立起现代化市场经济体制。总之，新体制大规模建立的过程，就是不断冲破传统社会主义经济理论束缚的过程和有中国特色社会主义经济理论体系建立的过程，就是传统社会主义经济体制被变革的过程和有中国特色社会主义经济体制建立的过程。

在新体制的大规模建立过程中，我们几乎涉及了经济体制的各个方面和各个环节，如果有兴趣的话，大家可以将我国现在的经济体制与1978年以前的经济体制做一个历史性的比照，我们就会发现我国经济体制已经发生了翻天覆地的根本性变化，在现在的经济体制中已很难看到原有的传统经济体制的影子。不过，虽然我国的经济体制改革涉及经济体制的方方面面和各个环节，但在这场变革中，有四个方面的变革，起着基础性和框架性作用，正是因为它们的变革，才引起了经济体制的各个方面和各个环节的变革，而且也正是因为这四个方面的变革，才使得新体制的基本框架最终得以确立。这四个方面的变革是：现代产权制度改革，现代市场经济体制改革，现代收入分配体制改革，现代宏观经济体制改革。因此，我们对于新体制大规模建立时期的分析，最主要的是要对这四个方面的改革进行分析。

1. 现代产权制度改革

现代产权制度改革是我国经济体制改革的一项基础性改革。现代产权制度改革的主要内容包括两个方面：第一，改革原有的公有经济，包括国有经济和集体所有制经济，但因为中国的集体所有制经济主要在农村，城市中的集体所有制经济是少数，而农村集体经济又是改革开放后最早推行联产承包责任制改革的经济成分，因而对原有公有经济的改革，后来就主要表现为对国有经济的改革，国有经济改革成了对原有公有经济进行改革的焦点。第二，大力发展非公有经济，造就出一种新的经济成分，并通过发展这种新的经济成分而使中国产权制度转变成为混合经济体制。

首先讨论国有经济改革问题。在三十年的改革实践中，国有经济改革问题，一直是中国学术界争论最多的问题。在一些同志看来，国有经济是社会主义经济的基石，是绝对不能改革的，似乎改国有经济，就是改变了社会主义经济的性质。但是国有经济严重缺乏活力和亏损巨大的事实，是谁也无法否定的，因而实践对国有经济发起了强有力的变革挑战，最终使得我们不得不改革原有的国有经济。改革过程中曾出现过不少改革的思路和方法，但最后基本上集中在这样的改革思路上：凡是不属于国家经济安全和国民经济命脉的国有经济，都要变革成为非国有经济，实行非国有化；凡是属于国家安全和国民经济命脉的国有经济，我们也不再实行国有独资的方式，而是要发挥混合经济的作用，即走向股份化，充其量是国家控股的问题，而且控股不一定都采取绝对控制方式(即占51％以上的股份)，而是要大量采取相对控股的方式(例如只控股20％～30％)。因此，自中共十五大以后，非国有化和股份化，就成了国有经济改革的基本方向，而且取得了巨大成就。但是，在2004年年初，有人以国有经济改革中的某些操作漏洞和权钱交易对改革的损害为切入点，大讲国有经济改革就是“国有资产流失”，提出了所谓的“国有资产流失论”。因为这种提法最易于引发民怨，因而国有经济改革实际上在一段时间内被中断。但是人们很快发现，所谓流失论，实际上并不是表明改革改错了，而是权钱交易对改革产生了巨大的损害，这正说明了改革的重要性和迫切性，因而国有经济改革在停滞了一段时间后，又开始重新启动，并且不断获得巨大成功，例如国有银行的股份化等重大改革不断得以推进。但是最近随着一些具有着垄断地位的央企的垄断利润的上升，有人又开始大讲国有经济是可以搞好的，不一定要搞非国有化和股份化的改革，甚至提出央企要在各个产业领域占据前三名的地位，并进而强调国有经济的所谓控制力。由此可见，国有经济改革还需要不断推进，尤其是要不断冲破传统社会主义经济理论的束缚。

在推动国有经济改革的同时，我们大力推动非公有经济的发展。可以说，大力发展非公有经济，是我国现代产权制度改革的一项根本性战略举措。正是因为大力发展非公有经济，才使得我国彻底摆脱了短缺经济的格局，非公有经济在经济增长、就业、税收、技术创新等方面的巨大贡献，已成为举世瞩目的事实。尤其是非公有经济引发了我国传统产权制度的变革，形成了充满活力的混合经济体制。但是我们对于发展非公有经济，并不是一种理论上的自觉行为，而是在实践的推动中才逐渐地从不自觉走向自觉的。大家知道，我们是在1978年的经济困境中才允许非公有经济存在的，而且当时并没有对非公有经济做出应有的评价，而只是将它定义为"社会主义经济的必要补充"，因而非公有经济一开始是被限制于小生产和流通之中的。但是非公有经济具有强大的生命力，只要你允许它存在，它就会到处发芽、开花和结果，而不会只限于被人为限制的狭小范围内，因而到了1997年中共十五大的时候，它已不再是"必要补充"，而是占据了"半壁江山"，因而我们开始承认它是"社会主义市场经济的重要组成部分"，尤其是中共十六大和十七大，我们开始承认它与公有经济具有同等的"国民待遇"，并强调非公有经济要在法律上和竞争上同公有经济具有平等的地位，即人们所讲的"两个平等"。由此可见，非公有经济的发展过程，也是我们在理论上不断创新的过程。

上述以国有经济改革和大力发展非公有经济为特征的现代产权制度改革，引发了整个社会主义经济体制的变革和社会体制的变革。例如，资本这种生产要素不仅同其他生产要素一起创造了财富，而且也按贡献一起参与了财富的分配，最终形成了按要素贡献分配收入的分配体制。又例如，随着对产权的认可和保护，我们在人权体系上不仅仅尊重人们作为自然人所拥有的所有权利，而且也尊重人们作为财富拥有者所拥有的财产权，从而形成了以尊重人权、尊重财产、尊重契约为特征的法治社会。再例如，在现代产权制度的基础上，我们开始形成混合经济体制，这种混合经济体制不仅使得整个国民经济充满活力，而且也为社会和谐的形成创造了良好的体制基础。总之，现代产权制度改革是我国经济体制改革的最为重要的基础性改革，是新体制形成的深厚基础和出发点。

2. 现代市场经济体制改革

在中共十一届三中全会后我们就开始触及市场经济问题，但那个时候人们往往并不直接提市场经济，而是强调市场机制和市场调节，因为那个时候我们还将市场经济当作资本主义范畴来批判，不允许公开讲我们要搞市场经济。自 1978 年中共十一届三中全会开始至 1992 年邓小平同志南巡讲话之前，人们似乎从实践中已经感知到我们必须要搞市场经济，但又因为受传统社会主义经济理论的束缚，不能在全党意识上突破市场经济这个理论禁区，因而曾经在党的决议上有过三个不承认市场经济，但又试图发挥市场机制和市场调节的作用的提法，一个是 1978 年提出“以计划经济为主，市场调节为辅”，一个是 1984 年提出“计划经济与市场调节相结合”，一个是 1987 年提出“国家调节市场，市场引导企业”，其中后一个提法当时因为有主张市场经济之嫌，所以在 1989 年“六四”风波后批评市场化改革方向的时候，这个提法就又被放弃了，又回到“计划经济与市场调节相结合”这个提法上。由此可见，市场经济这个理论禁区在当时是不允许染指的。

因此，在这段时间，当时主张中国要搞市场经济的同志的理论表现分为两种情况：一种是公开主张搞市场经济，不过，他们的观点一般很难在主流媒体上发表；另一种是变相地主张中国要搞市场经济，他们将市场调节和市场机制当作与市场经济相同一的范畴来使用，将计划经济当作与宏观调控相同一的范畴来使用，强调市场调节和市场机制的基础性调节作用，把计划经济的作用限定于宏观调控的范畴之中。我曾详细地拜读过这些同志的论著及文章，他们所讲的市场调节和市场机制，和我们现在搞的市场经济在内容上并无任何区别，只不过是叫法不同而已；他们所讲的计划经济和现在人们所讲的宏观调控在内容上没有太大的差别，只不过是表达方式上有些差异而已。因此，在当时条件下，许多主张中国要搞市场经济的同志，只是因为中央还未正式承认中国要搞市场经济，所以不得不用变相的方式将中国改革向市场经济的方向上推动，这也是中国经济学界的特有现象。

直到 1992 年邓小平同志南巡讲话之后，我们才正式承认了市场经济，在中共十四大上提出要建立市场经济体制。自 1978 年党的十一届三中全会到现在的三十年中，我们就市场经济问题实际上主要讨论了四个问题：第一，中国到底要不要搞市场经济？争论的结果是中国必须要搞市场经济。第二，中国应该搞什么样的市场经济？我们曾经提出过现代市场经济、社会主义市场经济、社会主义条件下的市场经济等提法，但最终的正式提法是搞社会主义市场经济，其最基本属性是现代市场经济。第三，中国如何搞市场经济？对于这个问题，中共中央曾经发过两个关于发展和完善市场经济的文件，一个是中共十四届三中全会关于建立市场经济体制的决定，一个是中共十六届三中全会关于完善市场经济体制的决定，这两个决定提出中国搞市场经济必须遵守市场经济原则，建立包括市场体系、市场机制、市场秩序在内的完善的市场制度，并根据市场经济要求而改革经济体制的各个方面，形成完善的市场经济体制，包括形成适应市场经济要求的收入分配体制、农业经济体制、区域经济体制、宏观经济体制等。第四，搞市场经济会出现什么问题？实践中人们认识到，搞市场经济最容易出的问题是腐败和行政性垄断问题，在从计划经济向市场经济转轨的过程中，我们要防止和消除出现各种权力寻租的问题，要把反腐败和消除行政性垄断作为重要问题来抓。市场经济本身并不会引发腐败和行政性垄断，腐败和行政性垄断恰恰是市场经济的对立物，但在从计划经济向市场经济转轨的过程中，某些体制漏洞确实会引发腐败和行政性垄断，因而要大力反腐败和反行政性垄断。

市场经济改革现在虽然在我国取得了巨大的成就，那种以姓社姓资的观点来批评市场经济的观点已经基本上没有了市场，但是仍然有人对市场经济存有偏见和疑虑，例如 2004 年就有同志公开发表文章说市场经济搞多了，计划经济搞少了。这种观点虽然已经没有了意识形态方面的色彩，不再将市场经济作为资本主义范畴来批判，但却往往以关注民生的面貌而出现，例如认为市场经济带来了收入差距过大，引发了下岗失业，降低了一些人的生活水平，等等，因而这种观点是有社会基础和容易引起民怨的。因为现在还有不少人经常把破产和失业同市场经济联系在一起，将收入差距同市场经济联系在一起，似乎市场经济给人们带来的不仅仅有效率，有财富的快速增长，还有痛苦和麻烦。实际上，这种观点是不对的。因为，市场经济作用的结果确实会引发企业破产和个人失业，但这并不是市场经济的错，而是某些企业和个人的经营行为及能力已经不能适应经济发展的需要了，需要“退场”了，市场经济只是作为裁判而将他们罚下场而已，因此，错在被“罚下场”的人和企业的自身，而并不在于市场经济。市场经济在这里只是作为一个评价和处罚的指标体系而存在，我们不能把破产和失业的账都算在市场经济的头上。我们尤其应该看到，市场经济在将有些企业和个人罚下场的同时，也强调对被罚者要有各种各样的保障，例如要有各种保险和再保险，因而市场经济本身也是社会稳定器，因为它在使一些人失业和破产的同时，也在千方百计地消除破产和失业所带来的各种社会问题。由此可见，市场经济改革的方向绝不能动摇。

3. 现代收入分配体制改革

收入分配体制是由产权制度和资源配置方式决定的，因而我国经济体制改革中的现代产权制度改革和现代市场经济体制改革，也就必然引发了现代收入分配体制的改革。可以说，现代收入分配体制改革是我国经济体制改革的重要内容。当然，同现代产权制度改革和现代市场经济体制改革一样，现代收入分配体制改革也经历了一个缓慢变革的过程。

在改革开放刚刚开始的几年中，我们对于收入分配体制改革的讨论，基本上集中在两个方面，一是清理“极左”思潮在收入分配体制上的影响，例如文革十年中“四人帮”鼓吹按劳分配也反映着资产阶级法权，要破除资产阶级法权，连按劳分配原则都要否定，所以在刚刚改革开放的时候，人们所讨论的所谓的收入分配体制的改革，实际上就还只是强调要恢复和坚持按劳分配的原则而已；二是批评传统收入分配体制是一种平均主义的“大锅饭”体制，认为形成这种大锅饭体制的主要原因，是没有真正贯彻按劳分配原则，没有反映人们在劳动上的效率差异，因而改革开放刚刚开始后，人们在讨论收入分配体制改革时，还只是认为收入分配体制改革的关键，是在于真正贯彻和完善按劳分配原则。由此可见，在改革开放的最初几年中，我们还并没有真正进入到现代收入分配体制的改革中，基本上还停留在完善传统收入分配体制的基本原则的问题上。像按要素贡献分配这样的原则，尤其是像按资本贡献分配这样的原则，当时实际上还根本没有触及。那时人们还认为按资分配是资本主义经济原则，只有按劳分配才是社会主义经济原则，因而当时人们认为收入分配体制改革的基本方向，是应该更好地贯彻按劳分配原则，按照每个人的劳动贡献而分配财富。

不过，由于我们在改革开放刚刚一开始，就推行了农村的联产经营承包责任制，就承认和允许了非公经济在一定范围内的发展，就注重了市场机制在一定程度上的作用的发挥，所以现代收入分配体制的某些原则和机制，在当时也就随之开始发挥作用了。例如，市场机制开始发挥按效率分配的作用，按资本贡献分配收入的原则也开始起作用，那些拥有财产的人也开始获得了资本性收入。正是因为现代收入分配体制的某些原则和机制开始起作用，所以我们就很快打破了原有的收入分配上的平均主义格局，使社会上出现了收入分配差距开始拉大的趋向。但是，由于当时现代收入分配体制的某些原则和机制还仅仅是在体制外起作用，而体制内(包括政府与事业单位、国有经济和集体经济、高等院校和科研机构等)基本上还在实行传统的行政性收入分配体制的原则，所以当时的收入差距主要表现为体制内与体制外的收入差距，出现了“搞导弹的不如卖鸡蛋的”这类所谓的脑体倒挂现象，也出现了“国有收入不如集体收入多，集体收入不如个体收入多”的这类体制差异现象。正是由于这种收入差距的吸引，所以当时出现了大量的从体制内“跳入”体制外的所谓“下海”现象。

对于上述的收入差距拉大，在 20 世纪 80 年代后期和 90 年代初，学术界产生了一场争论，主要有两种观点：一种观点认为，这种收入差距形成的主要原因，是因为经济生活中存在着“双轨”制，有两种不同的收入分配原则在起作用，一种是传统收入分配体制中的行政性收入分配原则，体制内的收入分配主要是这种原则在起作用，另一种是新体制的市场化收入分配原则，体制外的收入分配主要是这种原则在起作用，因而我们解决问题的关键，是要实行体制“并轨”，实行统一的新体制的市场化收入分配原则；另一种观点则认为，市场化收入分配原则属于资本主义经济范畴，例如按资本贡献分配收入这类收入分配原则，就是资本主义收入分配制度的主要原则，因而我们绝不能实行“并轨”性改革，我们解决问题的重点，在于限制甚至取消市场化收入分配原则，真正实行按劳分配的体制。由此可见，对于建立现代收入分配体制的问题，当时人们还并没有取得统一认识。

一直到了邓小平同志南巡讲话之后，尤其是中共十四大之后，我们才开始真正进入到现代收入分配体制的改革中，逐渐提出了下述重大改革决策：我们要按照要素的贡献分配收入，既要按劳动贡献分配收入，也要按资本贡献分配收入，实现按劳分配与按资分配的有效结合；我们既要在收入分配中强调效率，同时也要强调公平，实现效率与公平的有效结合；现代收入分配体制体现于整个国民经济运行的全过程，因而它既包括初次分配过程和再分配过程，也包括第三次收入分配过程，是三次分配过程的有效结合。

按照上述的原则，在中共十四大之后，我国逐步形成了现代收入分配体制的基本框架：初次收入分配过程表现为市场对企业的分配，企业对各种生产要素的分配，其分配基点是按贡献分配，包括市场按企业贡献给企业分配，也包括企业按要素贡献给要素分配，因而这里实行的是效率原则，谁的效率高，谁的收入就高，公平在这里表现为按效率分配，越坚持了按效率分配的原则，就越体现了公平精神。但是初次分配的收入还属于不可支配收入，其分配结果还要经过再分配过程的调节，调节的重点是解决收入差距过大的问题，调节的机制包括累进的所得税制度、转移支付制度和社会保障制度，前者是将过高收入调节下来，并通过转移支付制度而使低收入者的收入能达到应有的水平，而且使低收入者享有各种应有的社会保障。再分配过程贯彻了公平原则，即防止收入差距过大的原则，因为收入差距过大，会使人们有不公平感，这里讲的公平与初次分配过程中的公平有所不同。不过，再分配过程完成之后，并没有标志着收入分配过程的终结，再分配过程还要经历第三次收入分配过程的调节，也就是有些高收入者还会根据自身的价值取向，以道义性的慈善事业方式，向社会进行各种捐赠，这种道义性的收入分配过程，虽然没有强制性，但随着社会经济的发展，也会成为收入分配过程的重要环节，它有效地促进了和谐社会的形成和国民经济的可持续发展。

由上述分析可见，现代收入分配体制充分体现了效率原则与公平原则的有效结合，是国民经济高效快速发展和建立和谐社会的基础，对经济发展和社会进步都具有必不可少的重大作用，因而我们应该坚定不移地发展它，不断地完善它。但是，近期有人以收入差距过大问题为由，开始指责甚至试图否认现代收入分配体制，认为这套体制虽然带来了效率，但也损害了公平，硬是把损害了公平的帽子戴在了效率的头上。这是不对的。引发我国收入差距过大的重要因素是权钱交易性腐败和各种行政性垄断，因而我们现在的问题不是要否定现代收入分配体制，而是要深化改革，消除腐败和各种行政性垄断。当然，收入差距过大确实也与现代收入分配体制有某种关联，例如在按要素贡献分配收入的条件下，那些资本拥有量太少甚至没有资本的人，其资本性收入就会显得太少甚至没有资本性收入，所以他们的收入就低，与拥有大量资本收入的人的收入相比，就会显得收入差距过大，但是我们并不能因此而否定按要素贡献分配的原则，因为这并不是由于实行按要素贡献分配的原则而引发的，而是由于有些人的资本数量太少甚至没有资本而引发的，所以我们的选择只能是深化改革，有效增加人们的财产，使人们都能拥有应有量的财产，提高人们的财产性收入在自身收入中的比例，从而缩小收入差距。总之，我们必须要坚持现代收入分配体制的改革方向。

4. 现代宏观经济体制改革

现代宏观经济体制改革，是我国经济体制改革的四项基础性改革之一。宏观经济体制改革的重点，在于重新塑造政府与企业的相互关系，减少政府对企业的行政干预，充分放活企业，让企业成为市场主体，而不再是被政府直接进行行政干预的“生产车间”。因为，在现代产权制度和市场经济体制下，企业作为独立的法人主体，有权根据自身的利益要求和价值取向，在市场经济中选择自身的经营方向和经营规模，接受市场经济的调节，实现自身利益和社会利益的最佳组合。由此可见，在现代产权制度和市场经济体制下，国家宏观调控既不可能再直接控制企业，也不可能再直接控制市场价格机制，而只能调控宏观经济变量，通过宏观经济变量的变化而影响市场价格机制，并通过市场价格机制再影响企业，从而使得国民经济高效而有序地运行。

在现代宏观经济体制下，国家调控宏观经济的重点在于调控首要的宏观经济变量，即总供给与总需求的相互关系，既要防止出现总需求膨胀，也要防止出现总需求不足，最终要实现总量平衡。影响总供给与总需求的相互关系的因素主要有三个：一个是货币因素，一个是财政因素，一个是国际收支因素。因而国家调控总供给与总需求的相互关系的举措，主要是三大宏观经济政策，即：调控货币因素的货币政策，调控财政因素的财政政策，调控国际收支因素的国际政策(包括国际贸易政策和外资外汇政策)。这三大宏观经济政策是相互联动和相互影响的。例如，从1998年起，我们为了调控当时的总需求不足，在国际政策上实行了旨在扩大出口的出口退税政策，在外资政策上实行了旨在吸引外资的对外资更加优惠的外资优惠政策，从而通过扩大出口缓解了总需求不足的压力，并且最终解决了总需求不足问题。但是这种政策调整也使中国经济产生了过度地依赖出口的倾向，形成了以出口、投资、消费为主的拉动经济的增长模式，结果导致国际收支严重失衡，国际收支失衡又引发了货币发行上的“外汇占款”过大，最终引发了流动性过剩，总需求快速上涨，严重供不应求，价格全面上涨，也就是形成了需求拉动型价格上涨，因而我们现在必须要调整国际政策，减少顺差和外资过度流入，解决国际收支失衡问题，从而减少人民币发行的“外汇占款”的过大压力，解决流动性过剩问题，进而稳定价格体系。由此可见，现代宏观经济体制需要三大宏观经济政策的有效配合。

现代宏观经济体制的建立，需要全面改革政府管理经济的体制和财政金融体制。改革政府管理经济的体制的重点，在于使政府彻底地退出资源的配置活动，资源配置的基础性机制是市场而不是政府，从而使政府从生产经营性主体转变成为社会经济活动的公共管理者，重点在于服务，成为服务性政府。金融体制改革的重点，在于实行货币政策制定主体、金融企业、金融监管这三者彻底分开的三分开金融体制，强化央行在货币政策上的独立性，并使包括银行及券商在内的所有商业性金融机构彻底企业化，建立现代企业制度，而金融监管机构的职责在于对金融性企业的经营活动实行有效的监管。财政体制改革的重点，在于从经营性财政，转向公共性财政，财政的重点不在于创办和扶持国有企业，而在于对公共产品的投资和维系。正是基于这样的认识，在改革开放以来的三十年，我们不断推动政府体制、金融体制、财政体制的改革，初步建成了现代宏观经济体制的基本框架。

在现代宏观经济体制下，国家对于总供给与总需求的相互关系的调控，虽然也涉及对总供给的调控，但最主要的还是通过对总需求的调控来实现，因而有时人们将这种调控称为需求管理。但是自 2003 年以来，这种需求管理似乎还不足以保证总供给与总需求的相互关系的协调，尤其是有时需求管理似乎难以有效实现对国民经济的快速调控，因而有人据此认为，仅有这种需求管理还是不够的，我们还应该注重供给管理。这些同志敏锐地发现问题是对的，但是出现问题并不是因为仅有需求管理不行，而是因为我国的经济体制的改革还没有全部完成，体制上还仍然存在不完善的地方，正是这种体制的不完善而使得需求管理难以到位，达不到应有的调控效果。例如，我国近几年导致需求管理效果不佳的重要原因是土地问题，拥有土地的农民实际上并不是土地的所有者，土地的最终所有者实际上是政府，尤其是土地出售所带来的好处的享受者是各级地方政府，各级地方政府为了自身的发展利益，往往以便宜的价格从农民手中拿走土地，并以高价转让给开发商，从而获得了巨大的收益，这种巨大的收益推动了投资需求的不断超常上涨，从而使得需求管理难以奏效。但这里的问题并不是需求管理不行，而是体制的严重扭曲导致了问题的发生。又例如，我国目前的收入分配体制导致了居民收入在国民收入分配中的比例太低，在初次分配中的比例太低，尤其是居民收入中的财产性收入比例太低，所以使得居民消费需求不足，这种居民消费需求不足又导致了大量企业将出口作为重要的市场战略，从而使得出口顺差太大，人民币发行的“外汇占款”太大，流动性过剩，价格全面上涨，但这并不是需求管理的效力不够，而是由体制的不完善导致的。因此，我们在宏观经济体制上要调整的并不是要加强供给管理的问题，而是要深化改革。优化供给是市场经济的功能，只要体制完善，市场经济是能发挥好此功能的。如果不深化改革而只强调加强供给管理，势必会影响到市场经济主体的权益，从而损害市场经济。供给学派强调优化供给，但它是认为优化供给是市场经济的功能，而不是政府的功能，因而供给学派属于制度学派，即强调制度的创新和技术的创新，而不是强调政府的“英明”。总之，我们应该坚持现代宏观经济体制的改革方向，不能动摇。

二、新体制磨合期的任务和特点

从上述分析可以看出，新体制大规模建立时期所建立的新体制，是以强调效率、强调竞争为特点的，因而新体制必然会导致失业、破产、收入差距拉大等现象产生。这些现象虽然不是新体制带来的，而是因为某些企业及个人适应不了竞争需要而形成的，但是社会必须要解决这些问题。要形成解决这些问题的体制，这个过程，就是我们讲的新体制磨合期。新体制磨合期不是要改变和放弃新体制的某些内容，而是要巩固和完善新体制。巩固和完善新体制，与新体制框架的大规模建立，虽然在基本思路和做法上没有什么根本性区别，但确实也存在着一些差异，

例如和谐社会、科学发展、民生问题、社会公平等问题，都会成为新体制磨合期的热点问题，不像新体制框架大规模建立时期那样，讨论最多的是产权制度、股份制、市场经济体制等问题。这就需要我们认真分析和研究新体制磨合期的新的热点问题，从而使得新体制能在磨合期得以巩固和完善。

1. 构建社会和谐

如上所述，新体制有两个重要的组成部分：一个是财产制度上的多种经济成分并存，一个是经济运行上的实行市场经济体制。这两个重要组成部分的显著特征是承认差别，并强调差别，因而新体制的推进必然会形成以财产拥有量区分的不同的社会阶层。这些不同的社会阶层虽然在根本利益上是一致的，但它们之间也会有摩擦甚至出现矛盾。如何面对这些不同社会阶层之间的摩擦和矛盾？一种方式是否认多种经济成分并存的财产制度和市场经济体制，也就是否认改革和新体制，回到没有任何阶层差异的传统体制；另一种方式是承认多种经济成分并存的财产制度和市场经济体制，也就是承认改革和新体制，并在此基础上通过社会和谐而使新体制能够有效运转，实现各个不同社会阶层的和谐。很显然，第一种方式是"死胡同"，它不会有任何民众基础，因为任何一个民众，无论是现在的高收入者，还是低收入者，都不会想再过过去那种传统体制下的穷日子和苦日子。因此，我们只有选择第二种方式，也就是通过推动社会和谐而巩固多种经济成分并存的财产制度和市场经济体制。

社会和谐的前提是承认多种经济成分并存的财产制度和市场经济体制，承认由于这两者而形成的不同社会阶层，因为只有它们的存在，我们才需要强调社会和谐，通过社会和谐而实现它们之间的协调发展，如果没有它们，或者不承认它们的存在，那就无所谓社会和谐问题，而是讲社会同一了，因而强调社会和谐就失去应有的基础和意义。无阶层差别是强调社会同一的问题，有阶层差别才需要强调社会和谐。因此，我们强调社会和谐，并不是要否认多种经济成分并存的财产制度和市场经济体制，而是要为它们的有效运行创造良好的社会基础。由此可见，那种认为强调社会和谐就是要改变多种经济成分并存的财产制度和市场经济体制的思潮是不对的。这种思潮是以民众利益为幌子的新"左派"思潮，它实际上是利用民众对新体制的某些不完善之处的不满情绪，而试

图否认新体制，因而这种以民众利益为幌子的新的“左”的思潮值得人们警惕。

正是因为社会和谐并不是否认多种经济成分并存的财产制度和市场经济体制，而是要有效协调在它们运行中形成的各社会阶层之间的相互关系，从而为新体制运行创造良好的社会基础和环境，因而社会和谐的真正含义在于以下几点。

第一，承认和保护各个社会阶层的应有经济利益，任何人和机构都不能任意剥夺和危及任何个人及阶层的财富，要通过《物权法》等法律制度平等地保护各种类型的财产，对不同社会阶层的经济利益一视同仁，没有财产上的任何歧视。因此，“劫富济贫”并不是社会和谐的要求，它恰恰有悖于社会和谐的基本原则。保富消贫才是社会和谐的目的。所谓保富消贫，就是指要承认富有阶层的经济利益，但同时要消灭贫穷，在承认富有阶层的经济利益增长的同时，也要更加注重贫穷者的经济利益的有效增长，把贫穷者的经济利益的增长，作为社会发展的重要任务，从而不断推动贫穷者的利益上升，实现有利益差异的全社会不同阶层的经济利益的共同增长。因此，承认不同社会阶层的应有经济利益，并保证他们在经济利益的差异下而实现利益的共同增长，是社会和谐的内在含义。

第二，实现不同社会阶层的利益共同增长的经济机制，就是累进的所得税制度、收入保障制度和转移支付制度的内在统一，这套制度可以通过转移支付而使高收入者收入的一部分转变成为低收入者的收入，从而实现人们在经济利益上的有差异性的和谐。高收入者的一些收入通过累进所得税而转向低收入者，这表明高收入者是最有效率的人，同时也是最有社会公德的人，因为它们将自己的一些收入贡献给了社会公平，因而这种体制虽然使高收入者的收入转向了社会，但它却肯定了高收入者的社会贡献，即：他们既有效率，又能兼顾公平，是应该受人尊敬的社会群体。这里需要强调的是，我们应该大力表彰那些高纳税者，因为他们是实践社会公德的重要群体。最近看到我们有的单位在搞社会公德的评选活动，但评选出来的人，并没有高纳税者，而是一些帮老扶幼者，帮老扶幼者有社会公德，应该表扬，但是社会高纳税者，也是具有社会公德的群体，也应该得到社会尊重。

第三，维系不同社会阶层的经济利益和谐的关键，是要尊重人权和

财产权。在人权和财产权面前，人人平等，没有任何社会阶层的差异。因此，任何个人及社会阶层，不能以任何原因而危及别的社会阶层及个人的人权，当然也不能以任何理由剥夺别的社会阶层或个人的合法财产。所谓人权面前人人平等，就是指各个社会阶层在人权上是平等，特别是要求社会必须关注弱势群体的人权，要使他们拥有和别的阶层相同的致富机会，在机会上均等，同时也要使他们的最基本生活条件能得以保障，他们的最基本医疗卫生条件能得以保障，他们的子女的义务教育及其他教育能得以保障，一句话，要保障弱势阶层的人权。所谓财产权面前人人平等，就是指社会要维系各个社会阶层的合法财产，任何人都不能侵犯和剥夺别人的合法财产，在财产权面前人人是平等的，不存在剥夺者和被剥夺者的问题。人类社会的发展史告诉我们，维系财产权，是非常有利于社会和谐的。因为如果不尊重财产权，合法财产不能得以有效保护，那就会使有些人总想不通过自身的努力而获得财富，这就必然助长了社会的不正之风，从而就会使社会不稳定，人们都有恐惧心理，尤其是高效率者有恐惧心理，这就必然很难稳定社会关系的和谐，稳定社会秩序。总之，社会和谐的关键是尊重人权和财产权。

2. 坚持科学发展观

新体制的最主要特征和最大贡献，是把包括阶级斗争为纲在内的意识形态之类的目标，彻底抛弃了，将经济发展和社会发展作为了第一要务，强调“发展是硬道理”，因而新体制极大地推动了中国经济和社会的快速发展，其发展成就举世瞩目，不仅使中国民众欢心诚服，而且也成为世界关注的亮点。因此，发展是第一要务的基本战略不能变，放弃了发展是第一要务，就等于放弃了新体制。当然，我们的发展中也存在着某些不尽如人意的地方，尤其是当发展使我国的经济总量已在 GDP 上突破二十万亿人民币之后，也就是发展总量十分巨大之后，我们的发展也遇到了新的挑战。如何面对这些不尽如人意的地方和新挑战？唯一的选择就是推进科学发展。但是科学发展并不是不发展，更不是要放弃新体制，而是要完善发展和应对发展中的新挑战，也就是要巩固和完善新体制，使发展具有更高的质量和雄厚的基础。目前有人试图用科学发展观否定新体制，似乎新体制所推动的发展是有问题的。这种思潮值得重视。实际上，中央所强调的科学发展的第一要务，仍然是发展，发展是不能动摇的，现在的问题只是如何完善发展和应对发展中的新挑战，而

不是要不要发展的问题。因此，科学发展观的真正含义在于以下几点。

第一，在发展中注重增长方式的转变，要从过去的粗放型增长方式转向高效益型增长方式。粗放型增长方式有两个严重不足：一是高消耗资源；一是高污染环境。这两个严重不足在经济发展的总量还不大的条件下，其弊端和危害似乎还表现得并不十分明显，但是当发展到了经济总量十分巨大的时候，这种弊端就充分暴露出来了。例如，当经济发展总量较小的时候，污染并没有成为引起人们极为关注的焦点，但是当经济发展总量增加到非常巨大的时候，污染就已经发展成为足以威胁到我们生存条件的因素了，我们必须要调节发展与环境的关系了；又例如，当经济发展总量较小时，高消耗资源并没有引起我们的充分关注，但当经济总量发展到十分巨大的时候，资源就已成为阻碍我国经济发展的严重瓶颈了，因为人类社会已没有那么多资源供我们消耗了，我们必须要改变高消耗资源的发展模式了。因此，我们必须要转变经济增长方式，需要强调节约型经济，推动循环经济，调整人与自然的关系，使发展建立在人与自然关系相和谐的基础上。

第二，在发展中求得人与人的关系的和谐，使人们都能享受发展所带来的好处。也就是说，发展必须使人们的利益都能得到相应地增长，虽然我们不可能也不应该使人们的利益相同地等量增长，但必须使人们的利益在发展中都要有所增长，尤其是弱势阶层的利益也要得到有效提升。可以说，人们的利益在差异存在的条件下的共同提升，是发展中人与人的关系相和谐的最基本原则。对此问题，我们在本书的其他几个地方都会做深入的分析，这里就不再多讲了，这里只是强调发展不可能长期建立在利益不和谐的基础上，因而协调利益关系，是科学发展观的重要内容。

第三，在发展中协调好中国经济与世界经济的关系，尤其是处理好国际收支方面的问题。在中国经济的发展总量还比较小，其国际收支还不会对国内经济产生太大的影响，尤其是还不足以影响国际贸易和世界经济的时候，发展中的国际收支失衡问题显得并不突出，但是现在中国的经济发展规模已经很大，而且其国际收支失衡状况不仅影响到国内经济，而且也影响到国际贸易和世界经济的时候，国际收支失衡就成了我们在发展中必须要解决的问题，例如目前的国际收支失衡所引起的流动性过剩问题，以及流动性过剩引发的需求拉动型价格全面上涨的问题，

就是属于此类问题，需要我们认真解决。所以，科学发展观，也包括了中国经济与世界经济关系的协调。

第四，在发展中协调好成本优势与技术优势的关系，注重提升经济发展的质量和水平。我国的经济发展在较长时期内都是靠成本优势而获得竞争力，也就是我们的劳动力成本及土地等生产要素较便宜，因而具有竞争上的成本优势，这也就是有的同志所讲的我们的比较优势。但这种比较优势已经开始丧失了，尤其是我们也不能再依靠劳动力成本的低廉而推动经济发展了。劳动力成本过于低廉，这不仅使得我国以劳动这个要素为生的人，收入长期不能得以提升，从而加剧了国内劳动与资本的矛盾，而且也使中国经济长期内需不足，迫使我们不得不开发国际市场，而出口过多所形成的顺差过大又增加了我国经济的流动性过剩的压力。尤其是成本优势往往表现为农民工的收入长期低下，基本生活难以提升，这就加剧了我国工业化与城市化的压力，因而是非常不利于发展的。我们不能靠牺牲农民工的利益搞成本优势，把竞争力放在农民工收入低下的基础上。因此，我们必须在发展中实现发展方式的转轨，要从成本优势转向技术优势，推动技术创新。再造发展的新优势，是科学发展观的重要内容。

3. 实现社会公平

对于新体制所充满的活力以及它所带来的强大的效率作用，似乎人们基本上都是认可的，对此人们并没有太多的分歧，但有人认为新体制过分强调了效率，而忽视了公平。注重效率而忽视公平，似乎是现在不少人对新体制的一种流行性评价，但这种评价是没有实践根据的，而且也是不符合理论逻辑的。这种评价的最根本错误，是将效率与公平绝对地对立起来了，似乎只要强调效率，就必然会有害于公平，而要强调公平，就必然要放弃一些效率。实际上，效率与公平不是对立的，而是相互融合在一起的。试想，如果一个体制缺乏公平，那么它还能形成效率吗？如果一个体制没有效率，那么我们还能将其称之为公平吗？有人需要并认可那种没有效率的所谓公平体制吗？我想，不会有人想要那种没有效率的所谓的公平的。因此，效率与公平实际上是相统一的，不可分割的，效率包含着公平，公平反映着效率，它们之间不是相对立的，因而不是注重了公平，就会损害效率，更不是注重了效率，就会损害公平。所以，要科学地理解公平的问题。我们现在强调的公平，包含了以下的要点。

第一，公平并不是指社会收入的均等。在讨论社会公平问题时，有人经常将收入差距作为评价社会公平的重要指标，因而据此认为现在收入差距过大，从而引发了社会不公平。这种观点是非常值得商榷的。其实，传统体制下的“大锅饭”，虽然实现了人们收入的均等化，但它同样也是一种严重的社会不公平，因为它损害了贡献大的人的应有利益，多贡献而不能获得多收入，这也是一种极度的社会不公平，正是因为这种严重的社会不公平，所以才极大地挫伤了人们的积极性，从而使得国民经济失去了活力，没有效率。因此，不能将收入差距作为评价社会公平的唯一指标，实际上收入均等不仅不能反映社会公平，而且还往往会严重地损害社会公平。我们评价社会公平的最主要指标，是看人们的机会是否均等，机会均等下的收入差异是正常的。当然，机会均等在现实中往往是难以做到的，充其量只能是一种趋向，因而我们也要在承认收入差距的条件下，注重对收入差距的调节，但这种调节并不是因为收入差距反映了不公平，而是因为机会均等的条件没有充分实现，因而需要调节。我们认为，在机会均等条件下，因为个人禀赋与努力而形成的收入差距，并不反映社会公平不公平的问题，这种差异的存在是正常的，这种差异本身就是公平。社会公平在于机会的均等，而不在于收入的均等，仅从收入差距上很难判定公平与不公平。

第二，坚持公平的关键是消除行政垄断和权钱交易。人们对新体制有意见，例如有人认为新体制有些不公平，但这种意见并不是说效率本身引起了不公平，而是指传统体制中未能加以改革的弊端带来了不公平。现在人们有不公平感的主要原因，是因为人们认为行政性垄断及权钱交易，使得一些人获得了并不是靠自身努力而获得的利益，因而人们反感的是行政性垄断和权钱交易，对于那些靠自身禀赋和努力而获得较多利益的人，人们并不反感，并没有认为这种情况也是不公平。因此，人们的不公平感并不是来自于效率本身，而是恰恰来自于和效率相对立的行政性垄断和权钱交易，因而不能把缺乏公平的帽子戴到新体制头上，不公平的现象是由传统体制的未能真正改过来的弊端形成的。因此，要实现社会公平，关键是要深化体制改革，重点在于打破行政性垄断和消除权钱交易，这就要求我们必须在推进经济体制改革的同时，大力推进政府体制改革，完善民主政治，从而消除行政性垄断和权钱交易的体制基础，可以说，没有政府体制改革的深化，没有良好的民主政治，就不可能有真正的社会公平。

第三，公平并不是笼统地比较人们的财富。在讨论收入差距及社会公平时，人们经常将某些企业所有者的财富与普遍劳动者的收入相比较，这样比较的结果，当然使人们感到社会收入差距太大，似乎社会很不公平。但这种比较方法并不合理。因为在企业所有者的财富中，有一种财富是属于企业法人财产，我们不能将这种法人财产完全等同于自然人财产。自然人财产与企业法人财产并不是一回事，甚至有本质性区别。企业法人财产虽然会给所有者带来一定的财富，但企业法人财产的主要作用在于维系企业的投资与经营活动，在更大程度上是为社会作贡献，例如为社会创造就业机会，为市场提供产品和服务，为政府提供税收，企业法人财产只有在完成这些社会贡献的基础上，才能给所有者带来一定的自然人收入。因此，企业法人财产并不像自然人财产那样，全部是为个人利益服务的，例如，如果有一个人有50万元的自然人财产，就可以直接将它们用于自己的个人消费，但是当个人财产表现为法人财产的时候，人们就不能随便将它用于自然人消费了。因此，不能将个人的企业法人财产作为自然人财产，并用它去同普通人的自然人财产相比较，从而得出收入差距太大、社会不公平的结论。比较收入差距需要有科学的方法，切不可盲目将不应比较的收入放在一起胡乱比较，这样会得出错误的结论。

第四，公平是与法治社会相统一的。在讨论收入差距，进而评价社会公平问题的时候，我们应该有一种法治意识。所谓法治意识，就是要承认所有的合法性的事实。也就是说，我们现在在讨论收入差距，从而评价社会是否公平问题的时候，要看人们的收入是否具有合法性，在法治社会条件下，人们评价收入是否公平的标准就是法律，所有合法性的收入都应该是公平的，无论高收入，还是低收入，只要合法，就是公平的，不能将合法的高收入看成是不公平的。收入的公平性不在于收入水平的高低，而在于收入是否具有合法性。影响人们收入的因素是多种多样的，但收入必须合法。公平性与合法性是相统一的范畴。因此，我们只有将法治观念引进社会公平问题的时候，才能真正分清何谓公平，何谓不公平。离开法治标准，实际上是很难讨论社会公平问题的。社会公平以法治为基础。以合法性为准则。因此，社会公平不是一般的道德问题，而且即使就是道德问题，也必须以法治为基础。合法性与道德状况也是相统一的，例如合法性的道德习惯就应该称之为有道德，要将道德放在法治的基础上。总之，不能离开法治而讨论社会公平，合法的就是公平的。

4. 有效关注民生

新体制在其运行过程中，由于竞争与效率规律的作用，必然会产生像企业破产和个人失业这类传统体制所没有的现象，因而在有些人看来，似乎新体制没有像传统体制那样关注民生问题。所以这些人把忽视民生的帽子戴到了新体制头上。其实这是不对的。新体制下所发生的破产和失业，并不是新体制带来的，而是因为有些个人或企业不能适应新的要求了，被“罚下场了”，问题在于被罚下场的人和企业，而不在于新体制。因此，我们现在强调和关注民生，并不是说新体制就有悖于民生，而是指新体制在进入磨合期后，民生问题显得更为重要，新体制本身所具有的关注民生的内在要求，这时会充分地显现出来。因此，不能将新体制与关注民生对立起来，而是要看到它们实际上是相互融合的，这是一个问题的两个方面。

第一，新体制为关注民生问题提供了强大的物质基础。可以说，没有新体制的建立，我们就不可能有能力真正关注民生问题。在传统体制下，我们的民生问题实际上是最糟糕的，许多人吃不饱和穿不暖是正常情况，甚至出现过大规模饿死人的现象。传统体制下的民生问题为什么搞得如此不好，就是因为传统体制不仅使国民经济严重缺乏活力，而且使国民经济结构严重失调，从而使我们长期处于严重的短缺经济之中。在这种情况下，我们根本没有关注民生的物质基础和能力。而改革开放以后，新体制创造了巨大的经济活力和强大的物质基础，从而使得我们真正有能力关注民生问题了，例如像取消农业税，为弱势阶层提供更好的社会保障和公共产品，这些关注民生的举措之所以能够实行，就是因为新体制为我们创造了强大的物质基础。因此，只有新体制的不断巩固和完善，才能使民生问题不断地得到有效解决。

第二，新体制本身就包含了对民生的关注，新体制并不排斥和损害民生问题。例如，市场经济虽然强调效率原则，但同时也强调社会保障原则，因而市场经济越发达，社会保障体制就越健全。在人类发展历史上，社会保障体制几乎是同市场经济体制同步地完善的。因此，关注民生也是新体制的必然要求，我们现在完善新体制的重要内容，就是关注民生问题。为此，我们应该注重完善医疗卫生体制，完善教育体制，完善收入保障体制，完善再就业体制，完善住房体制，等等。总之，要全方位地关注民生问题，通过关注民生而为新体制创造深厚的民众基础，从而使民众利益与新体制紧密地结合在一起。

第三，民生问题有赖于新体制的巩固和深化，我们应该使民生与新体制之间有效配套。我们现在强调民生问题，并不是因为新体制的形成损害了民生，而是指新体制恰恰需要注重民生问题，同时民生问题的解决也有赖于新体制的完善。因此，不宜把新体制与民生问题对立起来。现在有人非常喜欢作为弱势阶层的代表，经常讲所谓的穷人经济学、穷人教育学，似乎讲穷人问题就是关注民生，实际上这是不对的。我们关注民生问题，并不是要将它同新体制对立起来，将强者与弱者对立起来，因而在推动民生的进程中，我们既要强调关注弱势阶层，但同时也要关注在竞争中处于强势地位的阶层，使他们在竞争中更强。强者更强，才有利于社会解决弱势群体的问题，不能靠抑制强者而扶持弱者，而是要使他们都能拥有充分发挥自己作用的体制和政策，这才是我们关注民生的本来意义。关注民生问题，不是为了加剧强者与弱者之间的不协调，而是要推动他们之间的和谐，因此，虽然强者更多地依靠自身的竞争，弱者则需要社会的更多帮助，但他们实际上都需要社会的关注，不过前者是希望竞争更充分和更公平，后者则希望有更多的扶持和救助而已。从这点上讲，关注民生，就是关注各个社会阶层的社会诉求。

第四，关注民生虽然要强调通过转移支付而有效地保障弱势群体，但关注民生并不仅仅是如此，关注民生更重要的是要为弱势群体提供更为公平的机会，使他们的创新能力能够得到有效提升，从而使他们通过自身的努力来改善自己的生存和发展条件。这是民生问题与福利主义的重大区别。我们不能无条件地把提高弱势阶层的福利作为关注民生的主要内容。如果一味强调提高福利，而不去设法提升弱势阶层的竞争能力的话，那就必然会加大社会进步的成本，并且对于推动社会和谐毫无意义，甚至还会使社会产生“福利病”，从而降低经济发展和社会进步的动力。不关注民生问题是错误的，但将民生问题等于福利主义也是有害的。我们应该吸取一些福利国家的教训，尤其是南美一些国家的教训。我们要告诉人们，任何人都只有依靠自身的努力才能最终改变自己的地位和生存状况，努力工作是社会进步和自我提升的基础，是国富民强的前提条件，如果一个社会中的人不是强调努力工作和竞争，而是试图依靠享受福利而生活，那么这个社会就没有前途。总之，关注民生不能削弱社会进步的动力，更不能导致“寄生性”的社会习惯，而是要强调竞争和自我奋斗。如果我们不强调竞争和奋斗，而是为了迎合所谓的“民心”，去无限制地满足一些人的福利要求，其结果只能是有损于新体制，有损于社会经济发展的活力。因此，要正确理解关注民生问题，切不可把关注民生当成福利主义。这个问题是我们必须要警惕的，切不可掉以轻心。因为有些缺乏自信心和权威的人，往往会利用福利主义而吸引所谓的“民心”，从而使中国经济在关注民生的幌子下丧失发展的动力，丧失良好发展的机遇。因此，在新体制磨合期我们既要关注民生问题，也要防止将民生问题变成福利主义而导致中国经济放慢增长速度，出现新体制的变态性回潮。

作者说明

本文写于2008年年初，是为了纪念中国改革开放三十周年而写的。本文载于《中国社会科学战线》2008年第4期，《新华文摘》2008年第12期转载。本文虽然花了很大的篇幅回顾了我国改革开放的三十年历程，总结了我国改革开放中的四大任务：现代产权制度改革、市场经济改革、收入分配改革、宏观经济改革，但重点探讨的是中国未来改革开放中的四大问题：和谐社会、科学发展、社会公平、注重民生。我一直想写一本关于中国改革开放的著作，这篇文章可以被看做这本著作的大纲。

产权制度改革与混合经济体制的形成

产权制度改革是我国经济体制改革的一项基础性改革，其内容主要包括两个方面：一是改革原有的传统公有经济体制，例如改革国有经济和集体所有制经济；二是大力发展非公有经济，通过发展非公有经济而形成混合经济体制。对于改革原有的传统公有经济体制问题，例如改革国有经济的问题，我们另有专论，我们这里着重研究产权制度改革的后一个内容，即大力发展非公有经济，实现混合经济体制。大家知道，我国传统体制下的财产制度有一个人所共知的大弊端，这就是排斥和消灭非公有经济。它脱离生产力发展水平追求单一的公有制经济，而且错误地理解公有经济的含义，排斥公有经济的各种现代形式。因此，在改革开放以后，我们在财产制度改革上，针对这一大弊端进行了重大的改革，其主要方法是大力发展非公有经济，形成了混合经济体制。可以说，大力发展非公有经济，是中国经济改革的重大内容。非公有经济对于中国社会经济发展的巨大贡献，以及它对于中国经济体制改革的重大推动，已成为人们所共识的历史实践，因而在纪念中国改革开放三十周年的今天，用不着我们再去赘述。我们现在的着眼点应该放在总结经验教训上，放在如何进一步推动非公有经济的快速发展和如何完善混合经济体制的基点上。纪念改革开放的目的不在于评功摆好，也不在于邀功请赏，而在于更好地推动中国的经济体制改革。基于这种认识，我们在纪念中国改革开放三十周年的今天，就非公有经济的发展与混合经济体制的形成，讨论如下几个问题。

一、非公有经济的发展历程与理论创新

如上所述，非公有经济在我国传统经济体制下的命运是被改造和直至全部被消灭，尤其是到了文革时期，我们甚至荒唐到连老百姓养的鸡鸭也要作为“资本主义尾巴”而割掉。直到改革开放之后，我们才开始慢慢承认非公有经济。从改革开放到现在，我们对非公有经济的认识，大致上经历了以下三个阶段。

第一个阶段是“必要补充阶段”。对于这个阶段，一般的文章都从党的十一届三中全会开始算起，但科学的计算方法是应该从党的十二大算起，因为在党的十一届三中全会以后，虽然我们已经开始在不同程度上承认非公有经济，但直到1982年党的十二大，我们才正式在党的文件中开始承认非公有经济是社会主义经济的“必要补充”。从不承认到承认是必要补充，这是巨大的进步，但是这个时期的非公有经济还被限制在很小的范围内，也就是被限制在小生产和小流通的范围内，尤其是当时一开始还并未完全承认非公有经济的重要形式即私营经济，而仅仅承认非公有经济的个体形式。一直到了1984年在党的《关于经济体制改革的决定》中才开始承认了私营经济，这当然是非常不利于非公有经济的快速发展的。但是，非公有经济作为生命力极其强大的经济成分，往往并不会依据某些人的意志为转移，而是要按照经济规律顽强地为自身发展创造条件和开辟道路，也就是它是不会被人为地限制在某种范围内的。只要我们承认了它，它就会快速地自我发展。冲破各种框框和限制，最大限度地进行扩张和发展。尤其是到了1992年小平同志南巡讲话以后，它实际上就已经不再是作为“必要补充”的身份而存在，而是作为支撑中国经济的“半壁江山”的力量而存在。它已成为中国经济发展的强劲动力。只不过是当时我们还没有从理论上真正承认它的这种新的地位，还

在文件中将它称为“必要补充”。从资料上看，我国现在不少的知名的非公有经济企业，大都成长于这个阶段。看来，当时的“必要补充”并没有能限制住非公有经济的强有力的冲动力和生命力。

第二阶段是“重要组成部分”阶段。这个阶段从1997年党的十五大承认非公有经济是社会主义市场经济的重要组成部分开始。较之“必要补充”，“重要组成部分”有了很大进步，尤其是我们在这时候真正承认了作为非公有经济的重要形式的“私营经济”。但是因为这个时候我们提出的“重要组成部分”，是被限定在市场经济这个范畴上的，即认为非公有经济仅仅是“社会主义市场经济的重要组成部分”，而没有把非公有经济作为社会主义经济的内在构成因素来讨论，没有明确承认非公有经济是社会主义经济的重要组成部分，因而非公有经济的发展实际上仍然是被束缚的。因为，社会主义经济与社会主义市场经济并不是一个完全相同的范畴，只承认非公有经济是社会主义市场经济的重要组成部分，而不承认非公有经济是社会主义经济的内在构成因素，这当然是远远不够的。因而这个时候的非公有经济实际上还仍然是被作为与公有经济相对立的经济成分来看待的，是处于被歧视的框架内的，其发展当然还有很多限制。也就是说，这个时候我们还仅仅只是从就业、GDP贡献、税收等方面承认了非公有经济的作用，但还并没有从社会主义经济的内在规定性上承认非公有经济，给人的感觉是“无奈地承认”，而并不是积极主动地真正承认。在这种有深层次原因限制的条件下，非公有经济的发展当然还是有很大阻力的。但是非公有经济即使是在这种不利的条件下，也仍然顽强地发展，并且获得了巨大的发展，出现了众多的知名企业和企业集团。尤其是中共十五大提出了对国有经济战略布局进行调整的思路，强调在有些经济领域内要实行民进国退，因而这个时候非公有经济借机开始了与公有经济的相融合和相互重组兼并，从而使得非公有经济进入到一个新的发展阶段。

第三个阶段是“国民待遇”阶段。这个阶段从党的十六大开始，党的十六大明确提出了“两个坚定不移”，即：“坚定不移地发展公有经济”，“坚定不移地发展非公有经济”，并同时强调了非公有经济与公有经济在法律上、政治上、社会上拥有相同的地位，这就标志着非公有经济与公有经济取得了相同的平等的地位，具有了同公有经济相同的“国民待遇。”可以说，中共十六大政治报告集我们改革开放以来关于发展非公有经济的理论与实践之大成，创造了一套全新的非公有经济理论，实现了理论的飞跃，对于我国非公有经济的发展有着前所未有的推动力。尤其是中共十六大之后，我们相继出台了保障非公有经济的国民待遇的各种法规和政策，例如推出了关于大力发展非公有经济的“三十六条”，从而全方面落实了非公有经济的国民待遇地位。中共十七大在总结十六大以来的非公有经济大力发展的实践的基础上，再次强调非公有经济与公有经济具有相同的国民待遇，指出它们之间要真正实现法律上的平等和竞争上的平等，并在这两个平等的基础上，形成混合经济体制。由此可见，中共十七大之后，非公有经济将要进入一个更为繁荣的发展阶段。

由上述三个阶段可以看出，非公有经济在中国发展的三十年，也是我们不断解放思想，不断冲破传统社会主义经济理论束缚，在理论与实践上不断创新的三十年。正是在这种不断地进行理论创新、理论与经济实践不断磨合的过程中，我们终于形成了一套新的非公有经济理论。这套新的非公有经济理论是对我国三十年非公有经济发展实践的经验和教训的科学总结，对于我国非公有经济发展有着根本性的指导作用。具体来说，这套新的非公有经济理论有如下十大要点。

第一，非公有经济与公有经济并不是相对立的，而是可以融合于社会主义经济建设之中的。如上所述，我国在改革开放以前根本不承认非公有经济，将非公有经济作为资本主义经济范畴，从而把消灭非公有经济当作社会主义革命的最主要内容。改革开放以后，我们终于承认了非公有经济，开始注重发挥它的作用。首先是提出非公有经济是社会主义经济的必要补充，后来在党的十五大报告中提出非公有经济是社会主义市场经济的重要组成部分，所有这些，都是我们对非公有经济理论的创新。但是，这些理论创新似乎还没有从根本上解决非公有经济的问题，因为这些理论创新只是从非公有经济的作用上来说明非公有经济的重要性，只是指出社会主义经济建设需要有非公有经济的发展，但并没有从根本上对非公有经济的社会经济性质做出清晰而明确的界定。因而人们由于受传统社会主义理论的长期影响，在思想深处实际上还是把非公有经济与公有经济看成是在性质上相互对立的经济形态，姓社姓资的问题没有解决，发展非公有经济还是心有余悸，这就使得对非公有经济还有严重的政策歧视。党的十六大报告明确指出，公有经济与非公有经济不是相互对立的，而是完全可以统一于社会主义经济的建设之中的，因而我们必须既要毫不动摇地发展公有经济，还要毫不动摇地发展非公有经济。改革开放以来，我们虽然多次强调要注重非公有经济的作用，但是非常明确地提出公有经济与非公有经济并不是对立的经济形态，党的十六大政治报告则是首创。明确提出公有经济与非公有经济不是相对立的，对于大力发展非公有经济和确立非公有经济的完整法律地位，具有非常重要的作用和意义。不承认公有经济与非公有经济不是对立的，就是仍然把非公有经济当作剥削经济，既然是剥削经济，当然就谈不到应有的法律地位问题。因而只有承认公有经济与非公有经济不是对立的，才能解决非公有经济的剥削性质问题，才能使非公有经济有完整的法律地位。

第二，非公有经济是要长期发展的，其发展的时间界限不是由某个导师或领袖决定的，而是由生产力决定的，因而不宜再提五十年不变或一百年不变的提法，而是应该在非公有经济的发展上以生产力为标准。如上所述，传统社会主义经济理论认为只有公有经济才是社会主义，而且公有的程度越高，社会主义经济制度也就越完善。因而我们在改革开放之前搞“穷过渡”，强调从低级的公有制即集体所有，过渡到高级的公有制即国有制，结果使我国的国民经济越来越缺乏活力，人民的生活极为贫穷。改革开放以后我们虽然承认了非公有经济，但是对于为什么要发展非公有经济的问题，我们则主要是偏重于从增加就业机会、缓解国有企业压力、提高人们收入、增加税收的角度，来说明发展非公有经济的必要性，而并没有把非公有经济同社会主义经济联系在一起，仍然只是把公有经济作为社会主义经济，并没有承认非公有经济的社会主义性质。因而给人的感觉是：只有公有经济才是社会主义经济，非公有经济并不属于社会主义；我们现在发展非公有经济是无奈的选择，因为不发展非公有经济就无法解决当前国民经济中所存在的问题；但我们的最终目标是要发展公有经济，一旦条件成熟，我们就会放弃非公有经济，去发展公有经济。这种无奈选择和最终目标的关系，被有的人通俗地形容为：是不是将非公有经济这只羊一旦养肥，就要被我们宰？因此，我们虽然承认了非公有经济，但给人的感觉是发展非公有经济并不是长期的任务，而只是短期的一种迫不得已的选择。党的十六大报告明确提出发展非公有经济是长期的，并不是临时性举措，非公有经济同公有经济一样，都是长期存在的经济形态，统一于社会主义经济建设之中。任何一种经济形态的存在，都不是由任何一个人的价值取向所决定的，而是由生产力的发展状况所决定的。也就是说，任何一种经济形态，只要它能够促进生产力的高效发展，它就必然会存在，这是不依任何人的意志为转移的。因此，只要非公有经济能容纳生产力的发展，能满足生产力发展的内在要求，它就必然存在和发展。我们过去习惯用姓社姓资的原则来评价各种经济成分，似乎凡是姓社的，就可以长期发展，而凡是姓资的，就要马上消灭，这种左的思维方式甚至发展到“宁要社会主义的草，也不要资本主义的苗”。实际上，评价和判断一种经济形态能否存在和发展的唯一标准，就是生产力标准，只要一种经济形态能够促进生产力发展，这种经济形态就必然会存在。因此，非公有经济在它能促进生产力发展的长时期里，必然会长期存在和发展。由此可见，非公有经济的存在和发展不是由某些领袖人物的判断和价值取向决定的，而是最终由生产力所决定的。

第三，承认非公有经济中的资本的贡献，强调按要素的贡献分配社会财富，因而不仅要按劳分配，而且还要按照资本的贡献分配财富。非公有经济发挥自身作用的最为重要的要素，就是资本。资本是非公有经济存在的现实载体，可以说，没有资本，就谈不到非公有经济对生产力的推动作用，但是，传统社会主义理论恰恰是忽视或者否定了资本的作用，认为只有劳动者的劳动才是最为重要的，资本不仅不创造财富，而且还具有剥削性质，甚至成为压榨人的劳动的工具。党的十六大报告明确提出，我们要充分发挥各种生产要素的作用，要让劳动、技术、知识、管理及资本，都充满活力，要充分发挥它们在财富创造上的活力。承认和尊重资本的作用，是十六大报告的重要创新之处，我们必须要建立新型的资本理论。承认资本在财富创造上的作用，当然就要承认资本在财富分配上的地位，因而十六大报告明确提出按要素分配的原则，不仅强调要尊重劳动的贡献，还要尊重知识、技术、管理及资本的贡献。我认为，十六大报告提出尊重资本的贡献，并指出要按要素贡献分配社会财富的理论创新，可以使我们重新正确认识非公有经济的所谓剥削问题，把非公有经济从剥削性质中解脱出来。我们应该看到，非公有经济的资本不仅创造了应归自己所有的资本的收入，而且同时也为人们创造了就业机会，为政府创造了税收，为社会创造了产品和服务，如果再考虑到一些资本所有者把资本的一部分收入捐献给社会，那么资本实际上还在为社会创造着福利，因而不能随意将非公有经济划入剥削范畴。如果将非公有经济界定为剥削经济，那么非公有经济就不可能拥有完整的法律地位，也就难以真正快速发展。

第四，承认非公有经济中的各种劳动，而且评价劳动的标准不再是体力劳动，而是市场，即劳动的市场稀缺程度。传统社会主义经济理论只注重体力劳动和简单劳动，不注重甚至歧视脑力劳动和复杂劳动，因而忽视知识、技术、管理的作用，把知识分子当作需要改造的“臭老九”，从而严重阻碍了我国国民经济的高效发展。党的十六大报告明确提出要尊重各种形式的劳动，不仅不能歧视脑力劳动和复杂劳动，而且要高度地重视脑力劳动和复杂劳动。在工业化和信息化为特征的现代化进程中，脑力劳动和复杂劳动具有举足轻重的作用，甚至可以说它是现代化所依赖的基础。因此，我们必须尊重脑力劳动和复杂劳动。党的十六大报告关于尊重各种形式的劳动的论述，是我们对传统社会主义经济理论的重要创新。我们过去对于非公有经济的不正确认识，就理论根源来讲，与我们对于劳动的不正确认识是有着深刻联系的。由于非公有经济的所有者和经营者主要从事的是非体力性的复杂劳动，例如主要是从事管理、经营、技术等形式的非体力复杂劳动，因而当我们把非体力劳动与体力劳动对立起来，把复杂劳动与简单劳动对立起来，歧视脑力劳动和复杂劳动的时候，必然会将非公有经济的所有者和经营者的劳动当作剥削性质的劳动，从而将非公有经济纳入剥削经济的范畴。因此，要真正为非公有经济正名，就必须为脑力劳动和复杂劳动正名。正是从这一点出发，党的十六大报告对于脑力劳动和复杂劳动做出了科学的评价。我认为，尊重各种形式的劳动的理论，是非公有经济理论的重要组成部分。非公有经济中的各种劳动是相互联系和共同发挥作用的，不同形式的劳动的收入是由市场根据不同形式的劳动各自的贡献而决定的，因此不能因为脑力劳动和复杂劳动收入多，而认为这是社会不公平，甚至认为脑力劳动和复杂劳动具有剥削性质；更不能人为地为在脑力劳动和复杂劳动者的收入，与体力劳动和简单劳动的收入之间，确定差别的比例，例如不能认为非公有经济的经营管理者的劳动收入不能超过多少个体力劳动者的收入。各种不同形式的劳动的收入是由市场自行确定的，市场会自动地根据不同劳动的贡献确定各自的收入，不能人为地以某个价值理念去确定。我国有句成语叫“三个臭皮匠顶一个诸葛亮”，这句话的含义是指要集思广益。除了这个含义，这句话是不对的，因为诸葛亮就是诸葛亮，臭皮匠就是臭皮匠，他们之间是不具有可比性的，不是几个顶一个的问题。因此，不能将不同性质的劳动作数量上的比较，它们是由市场来评定的。总之，只有将非公有经济的所有者和经营管理者的非体力劳动和复杂劳动，界定为同体力劳动和简单劳动一样，都是具有同等地位的劳动，那么非公有经济才能具有真正的地位。劳动没有姓社姓资之分，评价劳动的标准是看劳动的贡献，有贡献的任何劳动都应该受到尊重，非公有经济的所有者和经营者的劳动具有极大的贡献，因而应该得到承认。

第五，承认非公有经济中的各种收入，而且评价收入的标准不再是劳动，而是法律。传统社会主义经济理论只注重劳动这种生产要素的作用，不承认劳动之外的别的生产要素的作用，因而更多地强调了劳动收入，而不注重甚至歧视非劳动收入。传统理论把非劳动收入划入所谓剥削收入范畴之中，似乎只有劳动收入才是阳光性收入，是光荣的，而非劳动收入则是非阳光性的收入，拥有非劳动收入是不道德的甚至是可耻的。正是因为如此，所以从非劳动收入的理论上就把非公有经济打入另册，因为非公有经济的收入主要表现为非劳动收入。因此，要真正承认非公有经济的合法地位，就必须对非劳动收入做出正确的解释，如果将非劳动收入作为与劳动收入相对立的范畴，不承认非劳动收入的真正地位和作用，那么非公有经济就不可能真正成为我国经济的重要组成部分，而是被当作临时性的迫不得已的举措。党的十六大报告明确提出必须要尊重合法性非劳动收入，无论劳动收入还是非劳动收入，只要是合法的，就必须要受到尊重和保护，这就从根本上奠定了非公有经济的合法地位。传统社会主义理论着重于以劳动为基点来评价收入，因而往往把劳动收入当作为社会主义性质的，把非劳动收入当作非社会主义性质的，由此给社会主义经济发展带来了严重的阻滞。党的十六大报告在这方面有了很大的创新，调整了评价收入的基点，不再把是否是劳动收入作为评价收入的基点，而是强调各种要素的贡献，按贡献分配收入；指出按贡献收入就是合法的，从而将法律作为评价收入的基点，强调收入的合法性，认为凡是合法性收入，都应受到尊重和保护。

第六，为非公有经济放开充分的要素获取市场，形成开放和公平的要素市场。非公有经济创造社会财富需要有各种生产要素，因而非公有经济必须同任何社会经济成分一样，能够顺利地获得各种生产要素，包括土地、劳动力、技术、资金等，这就要求我们全面地向非公有经济开放要素市场。例如，要为非公有经济放开融资市场，非公有经济的投资及经营活动不能仅仅使用自己的资金，还需要融通债务资金和资本金，因而非公有经济需要有充分的融资方式，即：既要有融通债务资金的间接融资方式，又要有融通资本金的直接融资方式。因此，我们要全方位地为非公有经济放开银行融资和资本市场融资。总之，我们应该向非公有经济放开全部的要素市场。对此，在中共十六大后有了重大变化，几乎所有的要素市场都逐渐开始向非公有经济放开。在这方面，我国的经验和教训都是很深刻的。1997 年以前我国不允许非公经济企业上市融资，结果严重地影响了非公经济的体制创新和发展，因而在这方面实际上付出了巨大代价，好在十六大之后，我们逐渐放开了对非公经济融资的各种不合理限制。

第七，全方位向非公有经济放开投资领域，形成公平而有序的充分竞争性投资体制。市场经济的内在规律就是以效率配置资源，任何高效的资源都可以选择自己的投资经营范围，在竞争中求得发展。但是我们过去却是按照是否是非公有经济来确定投资经营范围，规定有些领域只能由公有经济来投资经营，而不允许非公有经济投资经营，因而严重阻碍了非公有经济的发展和国民经济的发展。党的十六大报告明确指出应该充分放开所有投资经营领域，允许非公有经济充分发挥自己的作用。应该说，这是我们在非公有经济理论与实践上的又一个重大突破，对于非公有经济及国民经济的发展起到了不可估量的作用。大家知道，在改革开放之初非公有经济的投资经营范围只局限于拾遗补缺的领域内，例如我们只允许经营小商小贩和小餐饮等经营活动，后来慢慢放开了一些竞争性领域，例如放开了一些加工制造业，但是对于所谓涉及国计民生的领域，仍然限制非公有经济的介入。十六大之后，我们按照市场配置资源的原则，开始全方位地向非公有经济放开所有竞争性行业，而且对于垄断性行业，也开始向非公有经济逐步开放，从而使市场逐渐发挥了配置资源的基础性作用。如上所述，决定资源流向的准则，不是资源的性质，而应该是资源的效率，因而只要非公有经济具有效率，就可以向任何领域投资。实际上，对非公有经济限定投资经营范围，不仅不符合公平竞争的市场经济原则和国民待遇的世贸组织原则，而且也是我们并没有完全抛弃姓社姓资的极左思想的重要表现。我们必须全面放开非公有经济的投资经营范围，使非公有经济可以合法地从事任何经营项目。行政性垄断必然导致活力下降，按照经济成分性质规定投资经营范围，是最大的行政性垄断，其结果必然是既造成腐败，又导致经济效益低下，因而只有彻底放开非公有经济的投资经营范围，才能使所有经济主体都只有通过技术创新及管理创新而获得利益，从而使所有经济主体在创新中推动国民经济高效率发展。

第八，承认非公有经济的政治和法律地位，实现非公有经济与公有经济政治上的平等和法律上的平等。传统社会主义经济理论从根本上否认非公有经济的所有者与经营者应有的法律和社会政治地位。改革开放后的一段时间中，我们虽然逐渐强调要发挥非公有经济的作用，但对非公有经济的所有者与经营者的法律及社会政治地位并未清晰地加以界定，并未公开承认他们也是社会主义经济的建设者，似乎他们只能有经济地位而不能拥有完整的社会政治地位。例如，即使是他们中的优秀分子，也同样不能加入共产党，因为他们是有产者。党的十六大报告在这方面进行了伟大的创新，明确指出财产的拥有量并不决定人的政治觉悟和思想品德，关键是要看财产是如何获得的和如何使用的，因而非公有经济的所有者和经营者也是社会主义经济的建设者，他们中的优秀分子也可以加入共产党。可以说，党的十六大报告真正使非公有经济的所有者和经营者获得了完整的法律和社会政治地位。传统社会主义经济理论把个人所拥有的财产数量作为判断一个人的政治觉悟和思想品德的标准，似乎只有无产者才拥有政治觉悟和高尚的思想品德，甚至得出了“穷则光荣，越穷越光荣”的极左教条；传统理论把斗争富人和防止人们富有的阶级斗争作为社会活动的中心内容和一切活动的“纲”，因而给我国的经济建设带来了无法估量的灾难。党的十六大报告在深刻地总结这一教训的基础上，彻底抛弃了这套极左理论，不再把财富的拥有量作为评价人的政治觉悟和思想品德的标准，而是强调把人对社会发展的贡献作为评价人的政治觉悟和思想品德的标准，提出了“对社会经济发展有贡献的所有人都是社会主义经济建设者”的英明论断，这就从根本上消灭了极“左”思潮产生的温床。“穷则光荣，富则可耻”的时代已经一去不复返了，任何通过合法方式富有起来的人，都是社会中坚力量，必须承认他们的完整的法律及社会政治地位。穷富不是对立的，富者是穷者的学习榜样，富者要帮助穷者脱贫，从而使整个社会的人都成为富有的人。成为无产者已经不是我们的社会目标，我们的目标是使所有人都成为有产者，共同创造富有的社会。正因为如此，我们才为非公有经济提供了完整的政治和法律地位，政治地位的标志就是中国共产党党章承认了非公有经济的优秀分子，可以加入中国共产党；法律地位的标志就是在宪法提出保护私人财产和民法典中增加了物权法，即保护合法私人财产的法律。

第九，承认非公有经济的社会地位，尊重财富，形成现代财富观念。非公有经济不仅要有完整的法律地位，要有完整的社会政治地位，而且还要有应有的思想文化地位，即人们在价值理念上必须承认非公有经济，整个社会在意识形态上完全认可非公有经济，因为非公有经济的发展需要有良好的社会环境。党的十六大报告在这方面有了重大的突破：不仅承认了非公有经济的法律地位及社会政治地位，而且鼓励人们通过自己的各种创新而致富奔小康；在意识形态上承认财产不是决定人的政治觉悟和思想品德的准则，在价值理念上承认人们都应该成为合法的有产者，指出有产不是剥削和罪过，而是勤奋努力和吃苦肯干的标志，任何人都应该以合法的致富为光荣，国家要完善保护私人财产的法律。应该说，非常明确地在意识形态和价值理念上承认个人财产，强调致富，承认非公有经济，提出从法律上保护私人财产，十六大报告是第一次。由于传统社会主义经济理论的长期宣传，人们虽然在改革开放以来看到了非公有经济的重要作用，但是在价值理念上并没有完全接受非公有经济，因而在社会上还存在着严重的仇富心理，似乎富人大都是坏的，认为为富必然不仁。这种仇富思潮有时甚至表现在我们的各种媒体中。有些人往往以各种方式对富人进行贬低，在他们看来，富人基本都是毫无诚信，生活方式充满低级趣味，贪图享受，靠剥削别人而使自己致富。应该说，这种仇富心理及思潮非常不利于非公有经济的发展，因而必须要从理论上给予彻底纠正。实践表明，传统社会主义经济理论关于有产者与无产者的有关理论是不对的，试图通过将所有资产都收归国有和公有，使任何人都成为无产者，使人们在财产的拥有上平等，从而解决社会公平及社会发展的路子，根本是行不通的。人们之间的财富差别并不完全是因为财产的私有而引起的，因为即使人们在财产上没有差别，但也会因为人们在能力上的差别，而使人们在现实中有穷富的差别。因此，我们不能片面宣扬平均主义公平理念，我们应该认识到，正确的公平理念主要是强调机会的公平，竞争过程的公平，而不是结果的公平，即平均主义的公平。在现实生活中，人们之间的能力差别是很大的，这种能力差别必然会引起人们之间的财富的差别，但是人类的理想又是要实现人人都应该一样的均贫富大同社会，因而人类本身就是一个矛盾体。对于人类的这种矛盾，我们应该追求共同的富有，但是我们应该承认财产上的差别，尤其是不能有仇富心理，不能有为富不仁的观念，更不能有劫富济贫的思想。因此，我们应该为非公有经济创造良好的社会环境。

第十，非公有经济需要在发展中不断提升自我，在自我奋进中提升竞争力和创新能力。我们应该为非公有经济创造良好外部环境，但是非公有经济在发展中也要自我提升和完善。我国非公有经济在发展中的有些问题，并不是因为外部环境而引起的，而是由于非公有经济内部的某些内在原因造成的。因此，党的十六大报告在强调为非公有经济创造良好环境的同时，也为非公有经济的自我提升和完善提出了要求和方向。我认为，非公有经济理论的重要组成部分，是非公有经济如何提升和完善自己，我们不能忽视对非公有经济理论的这方面的研究。也就是说，我们不能只强调如何为非公有经济发展创造良好环境，而是必须要看到非公有经济自身的内在不足及矛盾，并研究和解决这些内在不足与矛盾的办法及措施，从而有效促进非公有经济的自我提升与完善。如何解决非公有经济发展中的外部环境问题，与如何解决非公有经济在发展中的内部问题，都是非公有经济理论不可或缺的两大重要构成部分。因此，我们应注重探讨非公有经济不断自我提升的问题。从目前来看，非公有制经济出问题的一个极为重要的原因，就是非公有制经济不能正确对待财富。有人在有钱之后把握不住自己，不能正确对待财富，所以就出了问题。目前我们强调非公有制经济的自我提升问题，主要是指非公有制经济要能够正确对待财富，如果不能正确对待财富的话，最后就会出各种问题。怎样正确对待财富？一是拥有财富者不能无视法律，二是拥有财富者不能无视人权，三是拥有财富者不能无视责任，四是拥有财富者不能无视公德，五是拥有财富者不能无视学习，六是拥有财富者不能无视使命。

二、非公有经济的发展与混合经济体制的形成

在我们承认并大力发展非公有经济之后，我国社会经济生活中出现了混合经济体制，也就是出现了各类经济成分共存并共同发展的经济体制。这种混合经济体制在我国改革开放后的三十年中，先后出现了两种形态：一种是社会形态的混合经济体制，即整个国民经济中共存着各种经济成分，这种社会形态的混合经济体制，在十一届三中全会我们承认并开始发展非公有经济就有了；另一种是企业形态的混合经济体制，即一个企业内部共存着各种经济成分，这种企业形态的混合经济体制产生于1997年的中共十五大之后，也就是我们提出调整国有经济战略布局，大规模推动非公有经济与公有经济的重组和股份制之后，这种企业形态的混合经济体制开始大规模出现了。在经济体制改革的三十年中，我们既大力发展了社会形态的混合经济体制，也大力发展了企业形态的混合经济体制。尤其是我们在实践中已经看到，企业形态的混合经济体制是混合经济体制的最基本形态，而且也是社会形态的混合经济体制的最基本载体，因而我们更加推动了企业形态的混合经济体制的发展。正是基于这种认识，中共十七大政治报告强调：要在现代产权制度的基础上，进一步推动混合经济体制的发展。

1. 社会形态的混合经济体制

如上所述，自从十一届三中全会我们承认并开始发展非公有经济之时，社会形态的混合经济体制就开始出现了，也就是在整个国民经济中共存着各种经济成分，既有各种形态的公有经济，也有各种形态的非公有经济，它们共存并共同发展。社会形态的混合经济体制，是非常有利于经济体制创新和国民经济高效益发展的，它对生产力的推动作用和对经济体制改革的促进作用，已被中国改革开放以来的实践充分证明。在社会形态的混合经济体制中，公有经济与非公有经济表现为四种相关关系：第一，互补关系，其互补性既表现为不同生产力水平的要求，也表现为它们各自特点的互补，也就是它们各自发挥自身的比较优势，进行优势互补；第二，激烈竞争关系，表现在互为动力和相互促进的竞争过程，这种竞争对于双方的体制创新、技术创新、管理创新等，有着巨大的作用，有效提升了它们各自的竞争力和创新能力；第三，在竞争中出

现了相互融合的趋向，具体表现为股份化的过程，这种既包括公有经济，又包括非公有经济的股份制经济，是最为典型的股份制经济形式，它有效实现了公有经济与非公有经济的内在融合；第四，在竞争中出现了相互收购和重组，表现为相互兼并和重组的过程，这种兼并重组既包括非公有经济对公有经济的兼并重组，也表现为公有经济对非公有经济的兼并重组，从而使得生产要素超越经济成分的约束而实现了最佳配置。所有这些，都有效地推动了国民经济的快速发展和经济体制的重大创新。这也正是混合经济体制的魅力所在。

中国三十年的实践表明，发展社会形态的混合经济体制，关键在于要平等对待各种经济成分，使各种经济成分获得法律上的平等地位和竞争上的平等地位。也就是说，国民待遇原则是维系各种经济成分的相互关系的最基本原则。因此，各种经济成分要在融资方式、经营领域、产业选择等方面，拥有平等权利，要在政治地位、法律地位、社会地位上具有平等待遇。在改革开放后的一段时间里，我们虽然承认和发展非公有经济，但对于非公有经济采取了明显的歧视政策，使得非公有经济在融资方式和经营领域等方面被严格限制，例如 1997 年以前不允许非公有经济上市融资；同时，非公有经济也没有同公有经济相同的法律地位和政治地位、社会地位，其结果是非公有经济的发展被严重地阻碍了，从而阻碍了整个国民经济的快速发展。后来随着对非公有经济的歧视性政策的调整，强调国民待遇原则，才逐渐使非公有经济在法律及竞争上，同公有经济有了一定程度的平等地位，从而有效地推动了非公有经济的发展，带动了整个国民经济的快速发展。

由此可见，为了推动社会形态的混合经济的快速发展，我们就必须对各类经济成分实行国民待遇原则，使它们在法律上和竞争上具有平等地位，从而实现相互竞争和共同发展。应该说，目前从形式上讲，我们似乎对于非公有经济已不再采取歧视政策，强调国民待遇原则，但实际上非公有经济还并没有在法律上和竞争上真正获得充分的平等地位，主要表现在：第一，不平等地对待非公有经济仍然作为“潜规则”存在，例如有人还强调要使国有经济在各个产业中占据前三名的地位，有人还强调要发挥国有经济的“控制力”。为什么非要国有经济占据各个产业的前三名，为什么国有经济要发挥控制力？很显然，就是在骨子里还将非国有经济打入另册，似乎只有国有经济才是“亲儿子”。在这种思维逻辑下，非公有经济是不可能获得平等的法律与竞争地位的。第二，非公有经济在法律地位和竞争地位上是形式上的平等而实际上不平等。例如，在产业准入问题上，虽然我们现在对各类经济成分实行的是同一标准，但因为国有经济在一些产业上长期处于垄断地位，实际上已经垄断了某些产业，而非公有经济才刚刚积累了三十年左右，其力量当然不可能同具有垄断地位的国有经济相抗衡，因而虽然是同一准入"门槛"，但却并不平等，充其量是形式上的平等，而在实际上并不平等。因此，我们目前必须消除歧视非公有经济的"潜规则"，消除实际上的垄断，按照国民待遇原则平等对待各类经济成分，使非公有经济拥有真正意义上的法律平等和竞争平等，从而推动国民经济的又好又快发展。

2. 企业形态的混合经济体制

如上所述，企业形态的混合经济体制，是我国非公有经济发展到1997年之后才开始大规模出现的，也就是非公有经济与公有经济相互融合于同一企业中，才有了企业形态的混合经济体制。因为在这种体制下，企业内部才开始存在着各种不同的经济成分，不同种类的经济成分共同创办和共同经营着某个企业。企业形态的混合经济的最典型形式就是股份制，最完善形态是上市公司。我国三十年的实践证明，企业形态的混合经济体制非常有利于企业和整个国民经济高效发展。第一，企业形态的混合经济体制是一种开放的产权结构，可以以股东形式吸纳社会上的任何经济成分进入企业，从而有利于企业的规模扩张和技术创新，有利于增强企业的竞争力和抗风险能力；第二，企业形态的混合经济体制有利于发挥各类股东的比较优势，使各种不同股东的比较优势在企业中形成一种合力，从而有利于提高企业经营活力；第三，企业形态的混合经济有利于实现经营权与所有权的分离，有利于形成职业经理人阶层，有利于实现现代公司治理，从而能够实现货币资本与人力资本的最佳组合；第四，企业形态的混合经济体制有利于全体人民享受改革开放的好处，因为企业形态的混合经济体制能使人们以股东的方式进入企业，享有企业的经营收益，从而有效提高人们的财产性收入，使人们在享有劳动性收入的同时，增加自身的财产性收入；第五，企业形态的混合经济有利于实现和谐社会，因为和谐社会的形成有赖于协调劳动与资本的关系，而当每个人都可以通过企业形态的混合经济获得资本性收益的时候，资本收益与劳动收益就会同时体现在一个人的身上，在这种条件下，劳动与资本不会是对立的，而是相互和谐的。总之，企业形态的混合经济体制不仅有利于企业高效发展，而且也有利于整个国民经济和社会的发展。

企业形态的混合经济体制的构建方式，就是现代公司治理。现代公司治理的核心问题，是要处理好股东之间的关系，处理好企业所有者与经营者之间的关系。在股东之间的关系问题上，既要防止大股东借机侵犯小股东利益，也要尊重大股东应有的权益；在处理企业所有者与经营者的关系上，既要尊重经营者应有的权益，也要防止经营者损害企业所有者的利益。总之，应该使上述的各种利益相关者之间形成有利于企业发展的合力。从实践经验来看，建立良好的公司治理的重要制度保障有三个：一是形成清晰的契约关系，公司治理的各种内容是各个利益相关者共同认可的，从而用契约方式界定各个利益相关者之间的相互关系；二是各个利益相关者权责利相对称，各个利益相关者的权责利的边界极为清晰，具有可操作性的边界界定；三是各种利益相关者之间充分实现了信息的对称性，在信息对称条件下各个利益相关者进行有效的选择，从而杜绝信息不对称所带来的利益相关者之间的利益损害。

在企业形态的混合经济体制中，有一个人们经常讨论的问题：谁应该成为企业的实际控制者？对于这个问题的回答，似乎流行的观点是：从股权结构上讲，应该是公有经济成分，尤其是国有经济作为控股者最好；从经营过程的权力构成来讲，应该是企业所有者具有对企业的实际控制权。这种观点是不对的。在股权结构中强调公有经济尤其是国有经济的控制力，实际上是仍然没有从法律平等和竞争平等的国民待遇观点来看待各种经济成分，对非公有经济有严重的歧视倾向；在经营权力结构中强调企业所有者的控制权，实际上是仍然停留在资本决定一切的传统公司治理理论基础上的，并没有从权力相互制衡的现代公司治理理论上看问题。现代公司治理理论表明，在企业控制权问题上，有两个原则必须遵守：第一，企业高效运行原则，也就是说，谁能使企业高效运行谁就控制企业，选择企业控股股东的标准并不在于是公有经济还是非公有经济的问题，如果作为控股股东的国有经济不能保证企业保值增值，照样可以通过相关制度而终止其对企业经营的控制权；第二，权力制衡原则，也就是说，在企业经营权力的构成上，并不强调是所有者说了算，还是经营者说了算，而在于强调权力相互制衡，只有在权力相互制衡的条件下，才能保证企业的高效运行。总之，只有在企业高效运行原则和权力制衡原则充分作用的条件下，才能保证企业形态的混合经济体制高效而稳定地运行。

3. 两种形态的混合经济体制的发展逻辑

如上所述，在中国改革开放的初期，随着我国非公有经济的形成和发展，混合经济体制主要表现为社会形态的混合经济体制，既是各类公有经济与各类非公有经济并存，也是各种经济成分在“空间”上并列。在社会形态的混合经济体制中，公有经济与非公有经济相互补充和共同发展，当然它们之间也有着激烈的竞争。它们之间的这种竞争有两个后果，一个是相互兼并，即一方重组掉另一方；另一个是相互融合，即形成包含有各种经济成分的混合经济公司，包括责任有限公司和股份公司，当然，最典型的相互融合形式应该是股份制公司。这种不同经济成分在企业内部的相互融合，就是企业形态的混合经济体制。由此可见，企业形态的混合经济体制是社会形态的混合经济体制的必然发展结果，在利益机制作用下不同种类的经济成分必然会在同一企业内部相互融合。

企业形态的混合经济体制不仅是混合经济体制的必然发展结果，而且也是混合经济体制的最典型的形式和最基本形式。因为，在现代生产力条件下，虽然从整个社会的角度抽象地看，确实存在着公有经济和非公有经济，但是这些不同种类的经济成分绝大部分并不是自我孤立地从事经营活动的，除极少数经济成分以独资形式存在外，基本上都是在经营中实现了相互融合的，表现为混合经济体制的企业。企业发展的实践表明，混合经济体制的企业，要比某种经济成分独资的企业更有效益，因而企业形态的混合经济体制也可以看做是混合经济体制的最现代形式。因此，一般来说，当我们强调发展混合经济体制时，实际上指的就是发展企业形态的混合经济体制。

既然企业形态的混合经济体制是混合经济体制的最典型形式和最现代形式，而混合经济体制又是我国经济体制改革的基本方向，因而大力发展企业形态的混合经济体制，就成了我国经济体制改革和企业改革的重要内容，我们应该将我国的绝大部分企业改革成为混合经济体制的企业。按此要求，我们国家的国有独资的中央企业，都应该走向混合经济体制。如上所述，发展企业形态的混合经济体制的最主要问题是建立完善的公司治理，因而我们应该将现代公司治理作为中国企业发展的最基本制度，不断推进公司治理的完善。

三、非公有经济发展与财产制度改革的新突破

非公有经济在中国三十年的巨大发展，使得中国形成了包括公有经济与非公有经济在内的混合经济体制。如何评价这种财产制度？人们通常的讲法是：公有制经济为主，多种经济成分并存。这种提法是人们对我国目前的财产制度的一个较为经典的概括，也是较为流行的提法，而且人们也认为这是我国社会经济制度的一个最基本要点。这个提法在十余年前是符合我国所有制体制的现实状况的，但现在似乎与现实情况完全脱节。为什么这样说呢？因为，当我们判断某种经济成分是否在社会所有制体系中占主体地位的时候，主要是看该种经济成分在社会经济发展中的四个方面的作用：一是对经济增长的贡献，二是对就业的贡献，三是对税收的贡献，四是对技术进步的贡献。只有当一种经济成分在上述四个方面的贡献上都占主体地位时，才能说该种经济成分在所有体制中占主体地位。但是当我们用这四个方面的指标体系分析我国现有公有经济时，发现它并没有在这四个方面的贡献中占主体地位。

第一，从对经济增长的贡献上看。我们分析了2005年以来的有关GDP增长的相关资料，发现个体私营经济占GDP的比重已达到45%以上，外资(包括我国港澳台的资本)占GDP比重已达15%，两者相加已占GDP比重的60%以上，因而公有经济对GDP的贡献似乎并不占主体地位，因为它已降至40%以下。如果考虑到我国不少国有控股企业中存在大量非公有股份，那么公有经济对GDP的贡献就实际上还要少于这个比例，因而公有经济在经济增长的贡献上并不占主体地位。在GDP的统计上，人们认为收入法可能更为确切一些，但在我国目前的收入统计上，对非公有经济的统计往往会出现疏漏和“逃漏”。因而若考虑这种情况，非公有经济对GDP的贡献可能还要大。所以公有制经济在GDP贡献上的主体地位实际上已不复存在。

第二，从对就业的贡献来看。根据对近几年就业状况的分析，我们发现公有经济对就业的吸纳力明显在下降，例如作为公有经济重要组成部分的国有经济，不仅没有增加就业岗位。而且还在减少就业岗位，例

如“十五”期间最少减少了 15 000 个就业岗位。非公有经济则不仅分担了国有的“减员增效”的后顾之忧，而且还吸纳了更多的新增劳动力。据我们估计，个体私营经济及外资对就业的贡献最少在 80%左右，而公有经济贡献可能仅占 20%左右，因而在就业贡献上公有经济并不是主体。在就业统计上，我们对非公有经济就业的统计疏漏比较多，例如非组织就业，即没有经过中介机构的就业，就在统计上往往很难统计到。因此，在就业贡献上非公有经济要远远超过公有经济。

第三，从税收贡献上看。过去我国公有经济一直是纳税的主体，但近几年非公有经济已成为纳税主体。从近几年的税收状况来看，作为公有经济重要组成部分的国有经济的税收贡献一直在下降，已下降到了 20%左右。考虑到作为公有经济的重要组成部分的城镇集体所有制，实际上大都改制，成为各种非公有企业，因而城镇集体所有制这部分公有经济的税收贡献实际上已经很少。正因为作为公有经济的主要组成部分的国有经济和城镇集体经济的纳税贡献一直在下降，所以现在公有经济的税收贡献最多在 30%左右。但个体私营经济和外资经济对税收的贡献却在一直上升，现在已达到三分之二左右。在有些地方，个体私营经济和外资经济对税收的贡献已达到 70%～80%，甚至更高，它们已经成为地方财政的主体财源。因此，在税收贡献上公有经济实际已经并不是主体。

第四，从对技术进步的贡献上看。大家知道，个体私营经济在过去普遍存在的问题是技术含量低，因而几乎谈不到对技术进步的贡献。但近几年以来，非公经济对技术进步的贡献却越来越大。2004 年全国工业企业拥有的发明专利数为 30 315 件，私营企业占了 21.4%，港澳台企业占了 8.9%，外资企业占了 12.8%，非公有经济已差不多占了一半。尤其是应该看到，近几年我国个体私营经济中出现了一种新情况，这就是许多创办个体私营经济的人，都是具有高学位的技术创新型人才，他们创办企业时，就已拥有某项技术专利，而且创业后仍然将技术创新作为企业发展方向，这类个体私营企业对技术创新的贡献实际上是很大的。因此，到目前为止，非公有经济已成为推动技术进步的主力军，很难说公有经济在这方面是占主体地位。

从上述分析可见，公有制经济实际上已经不在我国社会经济生活中占主体地位。既然这样，为什么我们还要强调公有经济的主体地位呢？

我查了有关文献资料，基本的解释是：因为公有经济能充分调动人的积极性，而且可以通过财产公有制而防止两极分化，实现社会公平，从而使人们走上共同富裕的道路，所以我们要坚持公有制经济为主的体制。对于我们之所以要强调公有制经济为主体的这个原因，我想我们不用花太多的笔墨去做理论上的分析，只要稍微回顾一下我国改革开放以前的实践，就可以找到答案了。应该说，当时我们的公有化程度够高的了，人们的所有财产几乎都姓公了，但这种高程度的公有化并没有使国民经济充满活力，更没有带来经济上的快速发展，而是使中国长期处于严重的短缺经济之中，人们不仅没有过上共同富裕的好日子，而且连温饱问题也没有能解决，甚至出现了饿死人的现象，否则，我们为什么要改革？因此，不要把公有经济等于社会主义，似乎只有公有制经济才是社会主义。其实，社会主义就是要让人们过上共同富裕的好日子，目前的目标就是"小康"。因此，我们应该继续解放思想，要突破"只有公有制经济才是社会主义"的传统理论束缚，不宜再提公有制经济为主体。

而且，从政治的角度来看，公有制为主体的提法似乎也极为不妥当了。因为，第一，中国改革开放中已经形成了数量达1亿人之多的拥有较多私人财富的新的社会阶层，如果将公有制经济作为社会主义标准，似乎他们就应该在非社会主义之列；第二，改革开放中人们几乎都已或多或少地开始拥有私人财产，如果将公有制经济作为社会主义标准，我们将如何面对拥有个人财富的公众；第三，我们在宪法及物权法上均已承认了私人财产，如果我们还将公有制经济作为社会主义的标准，我将如何面对法律体系。总之，我们在所有制体系上应该讲实行混合经济，不宜再提以某种经济成分为主了。混合经济中的各种财产制度都有自己的比较优势，我们充分发挥各种经济成分的比较优势，就能实现人们的共同富有。在混合经济中，我们对所有经济成分一视同仁，实行国民待遇，从而可以创造出和谐社会的经济基础。如果我们非要对不同经济成分区别对待，其结果就很难保证存在于不同经济成分中的不同社会阶层实现真正的和谐。人的和谐，有赖于各种财产制度的和谐，甚至可以讲，不同经济成分的和谐，是社会和谐的经济基础。

有中国特色的社会主义，是中国人民在改革开放中的伟大创举，这个伟大创举带来了中国经济的繁荣和发展。有中国特色社会主义之所以能带来中国经济的繁荣和发展，就是因为它冲破了传统社会主义的束缚，放弃了传统社会主义中的死的教条，按照我国的具体国情调整和改革原有经济体制，例如打破了传统社会主义将计划经济作为社会主义"信条"而否定市场经济的教条，推动了市场经济体制的建立，从而极大地解放了生产力，推动了中国经济和社会进步。因此，坚持有中国特色的社会主义道路的关键，是要敢于按照中国的具体国情而抛弃传统社会主义的那些教条。既然非公有经济在中国显示了巨大的活力，而且已经在社会经济生活中发挥主体作用，那么我们就应该放弃公有经济为主体的提法。从中国的实践来看，公有制经济并不是有中国特色社会主义的标准，有中国特色的社会主义的标准是生产力的解放和人民的共同富裕。因此，不宜再强调公有制经济为主体的提法。有中国特色社会主义的思想路线是实事求是，坚持实践是检验真理的唯一标准的原则，按照这样的思想路线，我们应该放弃公有经济为主体的提法。在传统社会主义条件下我们盲目追求"一大二公"的脱离实践的公有经济，其结果是严重阻碍了生产力的发展，并没有带来人民的共同富裕，因而进行了我国改革开放的伟大变革。这种变革的重要内容是发展非公有经济，正是这种大力发展非公有经济的实践，才使中国经济获得了快速的发展，我们应该面对和承认这种实践，不要再将公有经济作为有中国特色的社会主义的标准了，否则，我们将无法解释和面对实践。可以说，放弃公有经济为主的提法，不仅没有表明我们要放弃社会主义，而是恰恰说明我们要坚持有中国特色的社会主义。放弃公有经济为主的提法，是说明我们要放弃传统社会主义的教条，坚定不移地走有特色的社会主义道路。

四、非公有经济发展与社会和谐

非公有经济的发展，必然会使非公有经济所有者的收入有较快的增长，从而会拉大社会收入差距，因而有人担心非公有经济的发展会不利于社会和谐。这种担心实际上没有必要，因为我们在现实中已非常关注和解决这个问题。例如：第一，在初次分配过程中，我们开始注重提高劳动收入；第二，在再分配中，我们要通过转移支付等形式注重提高低收入者的收入；第三，在第三次分配中，要通过道义形式即慈善事业而注重向弱势群体实行有效的扶助；第四，大力推动混合经济体制的形成，使人们以各种方式将自身的财富投资于企业经营中，获得动产性收入和不动产性收入，从而提高人们的财产性收入，等等。总之，我们已很注重收入差距和社会和谐的相互关系。在这种条件下，非公有经济的发展是不会不利于社会和谐的。

在这里我们需要讨论的是，有人对私营企业法人收入的理解存在一定的偏差，误认为私营企业法人收入会拉大收入差距，有损于社会和谐。因此，我们这里重点要讨论应该如何正确对待私营企业法人收入的问题。

1. 私营企业法人财产收入不同于所有者个人收入

目前社会上有种倾向，这就是将私营企业法人财产收入作为私营企业所有者的个人收入，并将此作为评比个人财富的标准之一。这很明显是有问题的。私营企业法人的收入主要来自于其所提供的产品和服务，但这些收入一开始并不是表现为“纯收入”。这些收入在除去了企业的固定成本、员工的工资和法律所规定的各项税费之后，才能成为私营企业法人的“纯收入”，也就是我们通常所说的企业利润。显然，私营企业法人的收入和我们通常所讲的个人收入在概念上有着明显差别。而且，我们也不能将作为私营企业法人收入的利润，等同于企业所有者的个人收入。这主要表现在以下方面。

第一，私营企业所有者并不直接拥有私营企业法人的财产收入，包括税后利润。根据现代企业制度，企业法人拥有出资者投资所形成的全部财产权，或者说由出资者(私营企业所有者)投入到企业中的投资及其衍生出来的权益都是归企业法人所有，与自然人(包括企业所有者)无关，即私营企业的利润只属于企业法人，也只有企业法人拥有对私营企业利润进行处置的权利。而私营企业所有者没有权利处置属于企业法人的相关财产，只拥有与其出资额相对应的企业所有者权益，包括资产受益、重大决策和选择管理者等权利。如此一来，私营企业所有者并不能直接处置企业法人的利润，更不能将私营企业的利润等同于个人收入。这种行为也是我国法律所明令禁止的，我国刑法中就有“职务侵占”和“挪用资金”等条款约束私营企业所有者的这类行为。现实中，也有这方面的实际案例，如金正公司原董事长，也是公司所有者之一的万平因职务侵占罪被处以刑罚。

第二，私营企业利润转为所有者个人收入难度很大。上面提到，企业所有者拥有资产收益、重大决策和选择管理者等权利，那么拥有了这些权利，是否就意味着企业所有者可以间接地将企业法人的财产转化为自己的个人收入呢？这里要按照私营企业所有者的几种可能的行为，分情况进行讨论。

一是通过企业分红，将企业利润转变为所有者个人收入。如果是占企业控股地位的企业所有者，或许可以通过控制企业董事会或其他相应的企业管理决策机构，进行分红派息等企业利润分配活动，很多西方国家的公司每年都有高比例的分红计划。但是，在我国目前的情况下，类似的高比例分红计划却很少。原因在于：首先，私营企业所有者还要兼顾其他股东的利益，并不是每个股东都会赞成高比例的利润分配；其次，我国近几年的经济发展形势良好，私营企业有很多的投资机会，有良好的发展前景，实行高比例的利润分配，会使得企业的发展后劲不足，最终仍然是损害了私营企业所有者的利益，并且也违背了投资企业以获得资本回报的初衷；最后，即使有利润分红，还需要交纳高额的个人收入所得税，实际上出资人得到的个人收入并没有想象中的那么多。所以，如果不是为了建立企业的信誉或其他方面的原因，即使作为占控股地位的私营企业所有者，其最优选择也并不是将企业利润大幅度的转变为所有者个人收入。占控股地位的私营企业所有者况且如此，那些不占控股地位的所有者就更不会选择这种方式来获得所有者个人收入了。

二是私营企业所有者转让其所拥有的企业股份。首先，按照法律，并不是每个私营企业的所有者都可以转让其所拥有的权益，只有股份有限公司的所有者才能转让股份，而一般的有限责任公司或是其他类型的企业，所有者转让股份将受到很严格的限制。其次，转让股份可能会面临潜在购买者的折价收购；如果是上市公司的话，所有者转让一定数量的股份，还需要上报到相关政府管理部门，并进行公告，这些都使得私营企业所有者所能获得的转让收益具有很大的不确定性。另外，和上面的情况相类似，转让收入同样会面临个人收入所得税的调整。

三是私营企业所有者通过私营企业解散或破产，获得企业法人的财产收入。按照相关法律，如果企业解散或者破产，将会面临清算。清算后的财产收入首先解决企业员工的工资和应交纳的税费，其次是偿还债权人的债务，最后才是所有者能够得到的收益。此时，私营企业所有者最终能够得到多少个人收入与私营企业的财产收入也不相同。

上述这几种所有者可能的将私营企业法人的财产收入转换为个人收

入的行为，都有很大的难度。一般而言，除去那些所有者特别需要资金或企业发展面临困境的情况，所有者不会采取这些行动以获取个人收入。事实上，与我国数量庞大的私营企业法人数量相比，每年发生的高额利润分配、股份转让和私营企业破产与解散的案例数量很少，也正说明了这个问题。

总之，将私营企业法人收入作为所有者个人收入，并将其与社会普通群众的劳动收入作比较，是极其错误的。事实上，企业法人财产的功能并不在于增加所有者的收入，而在于发挥社会功能。企业作为现代社会的一种重要组织形式，在发展社会经济的过程中占有重要地位。而在我国二十多年的改革开放过程中，私营企业的发展速度高于整体经济发展速度，其在经济活动中显得越来越重要。根据第一次全国经济普查的统计，私营企业数量占全国企业总数的61%，增加值占全国GDP总量的40%，而且发展速度高于全国平均水平。私营企业在社会经济方面所起的作用主要体现在以下几个方面：一是吸收社会劳动力，提供就业岗位；二是提供税收；三是吸收社会资本；四是为社会提供优良产品和服务，等等。由此可见，私营企业法人财产收入更多地是发挥社会功能。

2. 私营企业法人收入与经济利益和谐

按照上面的分析，私营企业法人收入并不等同于私营企业所有者的个人收入，而且私营企业在我国的经济活动中占有重要地位。如何理解私营企业法人作为一种市场中的社会组织与构建经济利益和谐的关系？

显然，要达到经济利益和谐，必然要求一个社会组织能够做到两方面的和谐：一方面是组织内部的经济利益和谐；另一方面则是与外部的其他各个层次社会组织之间的经济利益和谐，对于私营企业法人也是同样的。

私营企业法人的组织内部经济利益和谐主要体现在企业的所有者或投资者与企业雇员之间的经济利益和谐。私营企业所有者将个人资本投入到企业中，肯定是希望所投入的个人资本能够获得最多的资本回报；而私营企业雇员受雇于一个企业，也当然希望个人劳动能够带来更多的个人收入。这两个可能产生矛盾的方面要达到经济利益和谐，应主要通过市场加以解决。由市场确定合理的雇员工资收入和所有者的资本回报水平。如果由于市场失灵或者市场的某些固有缺陷，这两方面仍不能达到和谐状态，应该由政府根据经济的发展趋势和社会需要，通过制定适当偏向雇员或所有者的法规和政策加以解决。

私营企业法人组织内部经济利益和谐还可能体现在企业的现实经济利益与企业的未来经济利益方面。私营企业法人的收入中，很重要的一部分是企业未来发展所需要的再投入。这种再投入的多少直接关系到企业所有者和企业雇员所能得到的现实经济利益。这两者之间的和谐，一是需要通过私营企业自身有良好的企业发展战略，二是需要政府和社会加强外部引导。

私营企业法人的外部经济利益和谐则主要体现在：一是与其他企业之间的市场竞争；二是为社会提供税收。

在市场中，每个企业都希望利润最大化，能够在市场中获取更多的收入。这种优胜劣汰的竞争行为是由市场的内生规律决定的。但是在经济利益和谐的状态下，企业之间的竞争不应该是恶意竞争，也不能是损害第三方利益的竞争。当市场的力量不足以防止上述情况出现时，政府应对竞争加以规范。

私营企业法人在获得其收入的同时，使用了各种社会资源。所以为使用这些资源，交纳相应的税收是私营企业法人的义务。但是很明显，交纳税收是会和私营企业法人的自身经济利益产生冲突的。这时候，应该通过国家法律和各种社会规范制约私营企业的企业行为，避免偷税漏税的情况出现。

总之，私营企业对我国的经济发展作出了重要贡献，我们不能简单地认为企业的法人财产收入等于企业所有者的自然人收入，否则就混淆了企业法人制度的基本概念。在构建和谐社会的过程中，应该充分理解私营企业法人收入与经济利益和谐的关系，政府和社会应结合市场，引导和规范私营企业法人收入的获得和使用，而不是要限制私营企业的大力发展。

作者说明

中国经济体制改革的一个极其重要的内容，就是大力发展民营经济，可以说民营经济的发展反映了中国经济体制改革的基本走势和进程。这篇文章是我对改革开放以来中国民营经济发展历程的一个总结。本文对民营经济在中国改革开放以来的历史过程作了阶段划分，探讨了我国在民营经济发展方面的创新及理论贡献，提出了新的民营经济理论的十大要点。本文发表于《西北大学学报》2008 年第 3 期。我认为本文对我国民营经济发展的历史进程作了较好的总结与分析，是我比较欣赏的一篇重要文章。当然，本文的重点还在于对中国民营经济发展的未来进程作了分析，提出了中国民营经济发展的方向，是从社会形态的混合经济体制，走向企业形态的混合经济体制。本文对这个进程可能出现的问题作了探讨。

构建新的国有资产管理体制

国有资产管理体制的改革，一直是我国国有经济改革的重要内容。随着我国经济体制改革的深入和国有经济的发展，国有资产管理体制改革也必将随之深入，形成新的国有资产管理体制。

一、国有资产的目标

自 1978 年以来，国有企业改革就已成为我国经济体制改革的核心内容之一，对此，似乎我们从来未曾动摇。但是无论从理论上还是从实践上看，国有企业的改革都未取得令人满意的效果。从理论上来看，尽管人们对于国有资产(注意：在这里混用了国有企业和国有资产两个概念，仅仅是为了不割断历史。其实二者的范畴是不同的，在下一部分将进行区分)的认识取得了不断的突破，尽管对于国有资产管理体制改革提出了种种观点，出现了百花齐放的局面，但从目前来看还没有一种方案被广泛认同，仍处在争论之中。从实践上来看，尽管我们对国有企业进行了一系列的改革和改进，从“放权让利”到“利改税”，到承包制，到建立现代企业制度，国有企业的效益仍处在不断的下滑之中，总资产和净资产的回报率逐年下降直至趋于零，相当多的国有企业陷入破产的危机之中。1998年开始的“国企三年脱困”取得了阶段性的成果，但成果的取得具有暂时性、局部性和政策性，并未解决国有企业的深层次矛盾，也就没有从根本上扭转国有企业的颓势。

长期以来，我们将提高国有企业效益作为国有资产管理体制改革的主要目标。在此目标之下我们尝试了一切可以尝试的办法，而问题仍未得到解决，而且在我们可以预见到的将来仍然没有明显的改善的希望，那么只能有一种解释，就是我们对于国有资产的目标设定存在问题，是题目本身出错了。到现在我们不能不承认这样一个现实，在现有基础上普遍地、大幅度地提高国有资产的效益其实是一件不可求之事，由此也引发了我们对于国有资产自身目标的思考。

很多专家学者对于国有企业进行了大量的研究，开出了各种药方，但他们始终未能去思考一个最为重要的问题：我们为什么要拥有国有资产？拥有国有资产的目标是什么？我想这个问题才是最重要的，需要学界和政府广泛地探讨，必须以一种科学的态度来看待和研究这个问题，而不是恪守教条和想当然。我认为，国家拥有国有资产的目标是为了维护社会稳定和经济发展。诚然，我国建立国有企业的初衷是为了优先发展重工业和加快实现国家的工业化，但现在有必要对这个目标进行重新确定。我们决非是为了拥有国有资产而拥有国有资产，拥有国有资产仅仅是一个手段和过程，只是为了维护社会稳定和经济发展这个目标，我们可以在此目标下对国有资产进行各种处置。如国有资产变现充实社会保障基金或者直接用于社会救济，从实物或账面上来看，国有资产没有了，但这种处理维护了社会稳定和经济发展的大局，就是值得的。我们认为，这也是符合“三个有利于”标准和江泽民同志“三个代表”思想的。搞清楚国有资产的目标，对于建立新的国有资产管理体制是必不可少的。

但肯定会有人出来反对这个目标，并且至少会提出两点质疑，一是国家对于经济的控制力问题；二是国有资产的保值增值问题。下面我将就这两点分别予以答复。

首先是第一个问题，国有资产减少了，甚至从某些领域完全退出，国家对于经济生活的控制力是否会降低。这种担心是没有必要的。因为国家对于经济生活的调控，并非是依靠其直接经营的资产或者企业，而是更多地依靠政权的行政力量。共产党推翻国民党反动统治的手段并不是靠控制对方的企业，而是先建立了政权，依靠政权的力量轻而易举地获得了对经济的控制权力。国家对于经济生活的调节，主要是根据宪法、法律和政策来实现的，而不是靠对经济生活的直接参与。

经济发展的历史证明，对于一般竞争产业，单个私人很难获得完全的垄断和支配地位，因此无须对之进行控制。对于可能产生自然垄断的产业或者重要的公用事业，国家的控制手段也是多种多样的，除行政控制外，“金股”、“国有私营”都是有效的手段。所谓“金股”，是指对于某些重要的公用事业，国家只象征性地保留一股，但这一股具有一票否决的权利，从而保障了社会公众的利益。因此，国有资产的数量多寡甚至有无与国家对经济生活的控制力并没有必然的联系。

尽可能多地拥有国有企业，保持国家对于经济的控制力是一种传统的观念。这种观念的最初构想来自于马列主义经典著作，并在苏联付诸实践而为我国学界所奉行。随着经济体制改革的进行，人们对此的认识也在不断地深入。从清一色的国有独资，到国有资本绝对控股，到相对控股，再到国有资本的屈尊参股。但这种改变是迫不得已的。至今还有人时常提到国有资本的控制力问题，甚至奢望国有资本从一部分企业退出，从而可以去渗透和控制更多的其他企业，起到“四两拨千斤”的作用。国有资本为什么要控制民间资本？这种认识是虚妄的，在实践上是有害的。

再看第二个问题，有人认为拥有国有企业的目标是保值增值。初看起来，这个提法没有问题，国有资产是全体人民的共同财富，财富增加了，人民的福利自然也就增加了，两者是完全一致的。其实这是一种似是而非的观点，单论保值增值，其他资产也可以实现，而且效果还要更好一些，为什么一定要通过国有资产来进行呢？所以这种看法是有问题的。

假设我们以保值增值作为国有资产的一个目标，以维护社会稳定和经济发展为另一个目标，我们发现两个目标在很多情况下确实是一致的。但既然是两个不同的目标，那么难免会发生不一致的情况。比如一个濒临倒闭的国有企业，尚有账面净资产 5 000 万元，另有职工 1 000 人，现在我们要把它转让出去，假设最终企业以 4 000 万元的价格被转让并且受让方接受了全部的工人，那么从保值增值的目标来看这个转让是失败的，国有资产流失了；但从维护社会稳定和经济发展的目标来看这个转让却是成功的，因为它为社会解决了1 000人的就业问题，企业也由此取得重生。这时两个目标就出现了不一致的情况。

因此，维护社会稳定和经济发展才是拥有国有资产的唯一目标，而保值增值不过是它的手段之一。尤其在我国，国有企业的历史一般都比较长，情况千差万别，企业的账面价值、按股价计算的市场价值以及按未来收益折现计算的企业价值之间差别很大，企业的隐形负债(企业办社会、离退休人员等)也未有体现，因此，如果仅仅以保值增值作为国有资产的硬性指标，动不动就拿国有资产流失的大帽子吓唬人，可能会使国有资产管理体制改革的进程陷于停顿。我国目前正处于改革转轨时期，社会稳定和经济发展具有极其重要的意义，这个时候应当主要考虑社会稳定和经济发展指标，而保值增值不过是其手段之一。

二、国有资产的形态转化

在前面我们混用了国有资产和国有企业两个概念，其实是不确切的。混用仅仅是为了保持历史的连续性，因为在早期我们所理解的国有资产就是国有企业，国有资产管理体制改革也仅仅指的是国有企业改革，但到今天，我们已经知道国有资产是一个范畴远大于国有企业的概念。因此有必要对之进行区分。这就涉及国有资产的形态问题。

具体来说，国有资产具有四种形态。

1. 企业形态

企业形态的国有资产就是国有企业，包括全资的国有企业和国有控股、参股企业中的国有股份。这一部分资产因其营利性也被称作经营性国有资产。截至2000年年底，我国经营性国有资产总量为68 612.6亿元，占全部国有资产的69.4%。我们由此也可以看到，国有企业仅仅是国有资产的一部分，不过因为它是国有资产中比较重要的一部分，所以吸引了人们更多的注意力。

2. 公共产品形态

公共产品形态的国有资产是指国家和社会拥有的基础设施、公用事业、环境卫生、文化教育等资产。我们统计中的非经营性国有资产，指的主要就是这一部分国有资产。截至2000年年底，我国非经营性国有资产总量为30 246.6亿元，占全部国有资产的30.6%。从目前来看，公共产品形态的国有资产发展势头迅猛，而且存在很大的发展空间和发展潜力，是国有资产拓展的一个重要方向。

3. 货币形态

货币形态的国有资产是指以现金或投资基金的形式存在的国有资产，包括社会保障基金、教育基金等。以往我们对于这种形态的国有资产缺乏关注，因此也没有具体的统计数字。但很显然，这种形态的国有资产对于维护社会稳定和持续发展具有极其重要的意义。

4. 资源形态

资源形态的国有资产是指国家拥有的土地、森林、矿藏等资源。在我国多数自然资源都归国家所有，自然也就是国有资产。但对其具体数量也缺乏相应的统计。这一形态的国有资产具有双重的特性，一方面它是一种国家可以处置的资产，另一方面这种处置对于生态、环境等又存在较大的影响，因此需要科学规划、统筹安排。

由此我们可以看出，国有资产具有不同的形态，这也给了我们一个思路，就是国有资产管理不仅包括国有资产在自身形态内的保值增值，也包括其在不同形态之间的相互转化，通过这种转化实现社会稳定和经济发展的目标。事实上世界各国在这方面也一直进行着或主动或被动的尝试。如北欧国家，因其社会福利水平很高而经常出现财政赤字，但是同时这些国家又拥有比较丰富的自然资源，于是在赤字时就往往批准多砍伐一些森林或开采一些原油，以平衡财政开支，这样，资源形态的国有资产就转化为货币形态的国有资产。又如日本，日本因其自然资源匮乏而对资源进行严格的保护，制定了很多政策，包括从国外进口木材以保护国内森林资源，也包括从我国东北、山西等地进口煤炭封沉于海底以备将来不时之需，这样货币形态的国有资产就转化为资源形态的国有资产。但不管国有资产的形态如何转化，只有一个目标，就是维护社会的稳定和经济的持续、快速发展。

相比我国，对于国有资产的形态转化认识还很不够。长期以来，人们将企业形态的国有资产看做是国有资产的唯一形式，国有企业也吸引了人们最多的注意力。我们现在面临的主要问题是国有资产太多，尤其是企业形态的国有资产比重太高。市场经济发达国家也有国有资产，但一方面他们的国有资产总量不大，一般不超过社会总资产的10%，另一方面，政府拥有的国有资产主要分布在公共基础设施、公用事业、自然垄断部门以及关系国防安全的产业，而不是一般竞争产业。一般认为，政府经营一般竞争性行业缺乏比较优势，这也已经为我国改革开放以来的经济发展现实所证明。国家直接经营企业，是造成政企不分的最主要原因，不利于国有企业效益的提高，更不利于建立一个公平公正的市场竞争环境，给经济发展增添了很多麻烦和困难。

因此，我国国有资产管理的任务，已经不是现有的国有企业脱离困境和发展扩张的问题，而是将企业形态国有资产的比重降下来，将其转化为其他形态的国有资产，借以实现社会稳定和经济发展的目标。这种转化，同时也是国有资产从其不具有比较优势的领域转入其具有比较优势的领域，发挥更大效用的过程。

从理论上来说，国有资产以企业形态转化为公共产品形态、货币形态或者资源形态都是可取的，本质上并没有优劣之分。但从我国的实际情况来看，恐怕是转化为货币形态更为迫切和急需。我国目前正处于转轨时期，转轨时期的最大特点是社会问题大于经济问题，货币形态的国有资产对于抹平转轨创伤、减轻社会震荡无疑具有最大的效力。从其他两种形态的国有资产来看，很多公共产品建设具有一定的营利性，这样只要放开市场准入限制就可以吸引民间资本来投资，如温州的机场就是民营企业投资兴建的；资源形态的国有资产虽然是一个方向，但它是一个长期的任务，我们在短期还无暇顾及。维护社会稳定和保持经济良性发展是一个短期的、比较迫切的任务，而且这一开支几乎完全需要国家来支付。因此，国有资产从企业形态转化为货币形态，是我们目前一个最重要的转化方向。

中国已经加入世界贸易组织，企业也即将面临更为激烈的国际竞争。我国的某些行业和企业可能会受到比较大的冲击，一些企业可能会破产倒闭，造成大量的结构性失业，对于这一部分人，只能由政府接管下来，将其纳入社会保障体系，否则社会的稳定和改革的进程就会受到威胁。但现在我们的社会保障基金还存在很大的缺口，无法承受这个负担，即便如此，这还不包括那些本应纳入而未纳入社会保障的人员的负担。那么只能有一个办法，就是将部分企业形态的国有资产变现成为货币形态，充实社会保障基金，以维护社会的稳定。

但现在通过股市进行国有股减持变现的方式已经失败了。为什么会失败？并非是这种设想本身行不通，而是方式手段存在问题。国家减持国有股，要保值增值，而且是在带有大量泡沫的高位上增值，同时又要保持控制力，条件苛刻好处占尽，投资者怎么会答应？所以国有股减持必须从维护社会稳定和经济发展的大局着眼，按照平等互利的市场交易原则来进行，这样才能顺利地实现国有资产由企业形态向货币形态的转化。

三、探索国有资产管理的新体制

为了维护社会稳定和经济发展，国有资产必须加快由企业形态转化为其他形态。但是，由于我国国有企业数量众多，国有企业在近期乃至将来相当长的时期内仍会大量存在，而且，国有资产形态转化本身也是需要管理和规划的工作，因此，建立新的国有资产管理体制刻不容缓。

新的国有资产管理体制至少应包括两个方面的内容，一个是国有资产的所有制形式，另一个是国有资产的管理模式。同时，由于国有资产管理模式中的国有资产经营公司是一个新生的和比较重要的角色，我们将之单列出来进行专门的讨论。

1. 国有资产的所有制形式

我国目前的国有资产所有制形式是中央所有，分级管理。这种所有制形式将所有权与管理权人为地割裂为两个部分，产生了很多问题。于是就出现了这样的现象：对于某个国有企业，地方政府已经谈妥了价钱，准备把它卖掉，而中央部委却不同意，因为它才是所有者。我国国有资产数量众多，各个地区、各个行业的状况千差万别，这样仅仅由中央一家所有统一行使所有者的职能其实是不合理的，也是不可能实现的。

我们认为比较恰当的方式是建立分级所有，或者中央委托地方所有的国有资产所有制形式。划分原则是：由中央财政投资形成的国有资产，为中央政府所有；由省级财政投资形成的国有资产，为省级政府所有；市、县、乡级以此类推。初始投资较为复杂难以认定的国有资产，由上一级政府根据其规模影响、所在地等因素指定适当的所有者。每一级政府对于其所拥有的国有资产具有完整的所有权，包括收益、处分等各项权利。国有资产分级所有，也是国外的普遍做法。如美国的土地除私有的部分外，就分别有联邦政府所有的土地、州政府所有的土地、市政府所有的土地等。可见，国有资产的分级所有是可行的。

国有资产分级所有具有许多优点。首先，它改变了国有资产所有权的割裂状态，有助于实现责、权、利关系的对等，从而大大提高其运营效率。其次，地方政府获得了一部分国有资产的完整所有权，有利于调动它们的积极性，因地制宜地进行国有资产的经营和管理。再次，国有资产分级所有有助于明晰产权，塑造市场多元产权主体。在中央政府一家所有的模式下，中央政府经常对国有资产的管理权限进行无偿划拨，这直接造成了对产权的侵害和不尊重，也造成国有资产所有者缺位和吃大锅饭的状况。国有资产分级所有有望解决这种状况。

2. 国有资产管理模式

从中国国有资产管理模式改革的实践来看，各地都在积极地探索新的国有资产管理模式。上海、深圳和山西晋中地区等地都进行了一系列大胆创新，并且取得了一定成效。结合这些实践，并充分参考意大利、新加坡等国家管理国有资产的先进经验，我们提出了国有资产管理模式的各项建议。

国有资产管理模式的主要内容是建立三个层级的国有资产管理机制。第一层级是代行所有者权利的专职机构，第二层级是国有资产经营公司，第三层级是国有资产的具体经营和参与单位，主要是国有企业。三个层级逐级负责，同时三者之间又具有明确的权责划分，完成国有资产管理的目标。

(1)第一层级是代行所有者权利的专职机构。这样一个机构，对于其性质，放在哪里，都是值得探讨的问题，如可以放在人大，可以放在政府，也可以作为独立的非政府法定机构。从国外的情况来看，多数放在政府，如新加坡设在财政部内的财长公司是国有资产所有者的最高代表机构。从我国的实践来看，多是由政府成立“国有资产管理委员会”，由本级政府的最高行政领导兼任主任。因此，尽管从法理上来说这一专职机构作为非政府法定机构可能更为合理，但可行的办法还是将其设在政府之下。我们暂称之为国有资产管理委员会，简称国资委。

国有资产管理委员会的主要职责是贯彻执行国有资产管理方面的法律法规，制定具有导向性的政策，确定其下一层级——国有资产经营公司——的经营目标并对其制定完善的考核和奖惩制度，依法监督并确定国有资产经营公司的领导人选等。也就是说，国资委仅与其直接下层——国有资产经营公司——相联系，而且其主要手段是人事控制。

(2)第二层级是国有资产经营公司。国有资产管理委员会依法将管理国有企业的权利委托给国有资产经营公司，国有资产经营公司接受相应国资委的领导，完成与之签订的各项契约。国有资产经营公司依据其在各企业中的国有股份行使法人财产权利，对拥有的国有资产进行经营运作。值得注意的是，国有资产经营公司对于国有企业的经营是通过资产纽带进行的，而不是行政命令，这种经营直接受公司法和民法的约束。

(3)第三层级是国有资产参与企业，包括国有独资企业、国有控股企业和国有参股企业。国有资产参与企业和国有资产经营公司之间存在产权关系，它接受国有资产经营公司对自己行使股东权利，但不接受其行政命令。政企不分的状况有望借此得以解决。

3. 国有资产经营公司的职能

在国有资产管理的三个层级中，国有资产经营公司承担着极其重要的角色。政府对于国有资产的经营运作、形态转换和各项目标的实现，都有赖于国有资产经营公司的有效运作。一般来说，国有资产经营公司包括四个方面的职能：

(1)国有资产从某些行业和企业的退出。前面已经提到，我国的国有资产，尤其是企业形态的国有资产比重过高，因此有必要从中退出，这个退出工作主要通过国有资产经营公司来进行。通过企业拍卖、股权转让等形式，国有资产从某些行业和企业退出，企业形态的国有资产转化为货币形态的国有资产，实现各种社会目标。

(2)国有资产进入某些急需发展的产业。某些产业，由于前景不明朗、投资回收期长，或是存在外部效应，可能民营企业不愿进行投资，而这些产业的投资对于国家的长期经济发展又存在重要的意义，如一些高科技的导向性产业、园区建设等。对于这些产业，需要国有资产经营公司审时度势，适时进入。

(3)为经营城市服务。现在从中央到地方都提出了经营城市的口号。城市是社会经济发展的基本载体，城市本身就是一个庞大的公共产品。这样，改进城市基础设施、文化教育等条件，改善人们的居住、工作环境，可以使城市这个公共产品得以升值。国有资产经营公司掌握了城市的大量公共资源，因此对于经营城市具有义不容辞的责任。

(4)为企业改制服务。目前我国国有企业的管理基本上仍然是一种多头管理的状态，如计委管投资，财政部门管资产，组织部门管人事，经贸委管监督等。这样一个媳妇多个婆婆，办起事情处处掣肘，出了问题却又互相推诿，严重违反科学的管理原则。在这样的管理体制之下，我们也无法指望在企业内部建立规范的现代企业制度。

国有资产经营公司的建立有望解决这一问题。国有资产经营公司建立后，政府对国有企业的一切控制权力都移交给它，以往的一些机构如大型企业工委予以撤销，这样就实现了人权、事权和财权的统一。在此基础之上，国有资产经营公司对于国有企业的管理权利通过资产和产权纽带来进行，便于国有企业建立科学规范的现代企业制度。

国有资产经营公司对于国有企业的控制可以分为五个方面。①制度控制。国有资产管理公司为国有企业设计责权利相一致的企业内部管理制度。②战略控制。国有资产经营公司以其较强的战略判断能力为国有企业的发展选择正确的战略方向。③董事控制。国有资产经营公司依其股权向所属企业派出产权代表，行使所有者权利。④无形资产控制。有些国有企业依附于政府而获得某些无形资产，国有资产经营公司应当对这一部分无形资产进行控制。⑤财务控制。国有资产经营公司对所属的国有企业进行账务稽核，查处各种欺诈行为。

利用国有资产经营公司运营国有资产，是很多国家国有资产管理的通行办法。1996 年世界银行的一份研究报告指出，利用这种办法管理国有企业具有很多优点，如缓冲政治干预，有效协调决策，提供战略指导，完善财务纪律，获得合作的规模效益等。从我国试运行的情况来看，效果也是比较明显的。因此，结合我国国情，采用国有资产经营公司集中运营国有资产，是一种比较可行的办法。

作者说明

国有经济体制改革，是我国经济体制改革的重要内容，而国有经济改革的核心问题，是国有资产管理体制改革。我的一个重要研究方向是关于国有资产管理体制的研究，而且我曾在原国家国有资产管理局担任过研究所所长，所以我国在 2002 年提出要建立国资委时，我写了此文，对于我国国有资产管理体制的改革作了历史回顾，并对未来国资体制改革作了分析，提出了自己的想法。本文与赵俊超合作，发表于《改革》2002 年第 6 期，《新华文摘》2003 年第 13 期转载。后来中国国有资产管理体制的改革，基本是沿着这个方向在推进的。我自认为在这方面有些发言权，该文章代表了我在这方面的研究成果。

人力资本的激励与约束机制问题

现在国际上的治理结构主要是讲什么？现在主要是讲两种资本的关系如何界定。两种资本中的一种资本是出资人的资本，包括出资人出资的货币资本、各种资产及土地等，出资人的各类资本统称为货币资本，就是出资人的资本在现实中都称为货币资本；另外一个叫人力资本。现在的治理结构主要是谈这两种资本的关系如何界定，也就是说，所谓的法人治理结构。现在并不是讲所有者与经营者的关系如何界定，而是讲货币资本与人力资本两种资本的关系如何界定。现在的治理结构理论认为只要把这两种资本的关系协调好了，那么企业治理结构就好了。

由此可见，国际上已从过去那种以货币资本为基础，以货币资本的所有者和经营者的关系如何界定为中心的治理结构，实际上转向了以货币资本和人力资本为基础，以这两种资本的关系如何界定为中心的治理结构。也就是说，人力资本作为企业的制度安排的重要要素，已登上了历史舞台。为什么这个时候治理结构从过去那种以货币资本为基础，以货币资本的所有者和经营者的相互关系的界定为中心，而转向了以货币资本和人力资本为基础，并以两种资本的相互关系的界定为中心？主要原因是因为在现代生产力条件下，人力资本已经作为极其重要的生产力登上了社会经济的历史舞台。

不过，我这里首先要强调一点，人力资本不等于人力资源，它们不是同一个概念。人力资源是指企业中的所有人，而人力资本则主要是指两种人，一种人是技术创新者，另外一种人是职业经理人。也有人把职业经理人叫企业家，实际上大家所理解的含义都差不多。在现代经济条件下，技术创新者和职业经理人这两种人已作为人力资本而存在。

为什么这两种人会作为人力资本而存在呢？就是因为在现在的社会经济条件下，任何一个企业要具有极强的竞争力，甚至搞垄断性经营，实际上都离不开人力资本。

大家知道，竞争力是企业生存和发展的基础，也是企业能否搞垄断性经营的关键性条件。企业只有具有极强的竞争力，甚至搞垄断性经营，才能获得更高收益。但要有竞争力和搞垄断性经营，在现代经济条件下就只能有一个办法，就是要拥有别人所没有的核心技术。如果一个企业拥有别人所没有的核心技术，那么就会有竞争力，甚至可以进行垄断性经营。别人要打破这个企业的这种垄断经营，就必须创造出比这个企业的技术更好的核心技术。因此，对企业来说，决定竞争胜负的核心技术，只有别人没有而你有时，你才能取胜。这也就是说，企业之间的竞争，在现代经济条件下，实际上最为主要的手段就是拥有别人所没有的核心技术。

决定竞争胜负的这种核心技术是谁创造的？首先是技术创新者。所以技术创新者作为人力资本的首要要素而存在。但是核心技术的创造仅仅靠技术创新者还不行。因为实际上对核心技术的评价有两个评价标准，一个是技术标准。就是说技术创新者创造出的技术的水平是不是比原有的技术水平高？有人把它叫做技术的技术性，技术的技术性状况对于技术能否成为核心技术是很重要的，如果技术的技术性不足，也就是技术并没有原有技术的水平高，那么技术就很难成为核心技术。

核心技术的另外一个标准是市场标准。就是指一个技术创新成果出来以后有没有市场需求，市场是否需要。有人将此称之为技术的市场性。没有市场需求，即市场性不强，再好的技术也成为不了核心技术。就是说，评价技术创新要强调技术的市场性。如果一种技术创新仅仅有技术性而没有市场性，那么它照样不能成为核心技术。这方面典型的例子就是铱星。铱星的技术水平比现有的通信卫星的技术水平高，但是铱星公司却破产了，就是因为没有市场需求，技术没有市场性，结果它破产了。美日两国在高新技术创新上的较量也可以说明这个道理。美国人和日本人在信息技术创新上决战了一场，结果还是以日本人的失败而告终。美国人搞了互联网，互联网几乎每个人都要用，而且也用得起，市场极为广泛，市场性很强，而日本人搞了机器人，机器人的技术水平要比互联网高得多，但是在目前条件下并没有多大的市场需求，市场性很差，结果是没有市场性，因而此种创新在目前带动不了日本经济的快速发展。

所以，核心技术的评价标准有两个：一个是技术标准，即技术的技术性；另一个是市场标准，即技术的市场性。这两个标准都要达到要求，技术创新中的技术才能成为核心技术。如果一种技术只有技术性，但却没有市场性，即技术性很强，那么这种技术也成不了核心技术，充其量申请一个技术进步奖而已，对企业没有任何用。相反，如果一个技术有市场性而技术性不强，那么任何人都可以模仿出来，这种技术当然也成不了核心技术。

在现实生活中，技术创新者只能完成技术的技术性这个标准，而技术的市场标准，即技术的市场性，则要靠职业经理人来完成，就是要靠企业家来完成，因此，职业经理人也是人力资本的又一个重要构成部分。正因为核心技术实际上只有通过技术创新者与职业经理人的内在相结合才能完成，所以职业经理人同技术创新者一样，也作为人力资本登上了历史舞台。由此可见，人力资本实际上只包括企业中的两种人，即技术创新者与职业经理人。人们到跨国公司参观就会发现，这些公司的人力资本部实际上就管两种人，即技术创新者和经理阶层，而一般的员工则是由劳务部门管的，因而劳务部门和人力资本部门这两个部门是截然不同的，虽然二者都叫人力资源管理，实际上在管理上是分开的。

人力资本虽然表现为人，但是作为一种资本存在。人力资本作为一种资本存在以后，导致企业的存在形态发生了巨大变化。现在人们都认为最现代的企业的运营形态，是哑铃型的企业运营形态，即研发投入的力量比较大，市场投入的力量比较大，但生产投入的力量则在变小，即：研发大、市场开发大、生产小。可见，人力资本作为生产力登上历史舞台，已经使企业的运营形态发生了重大变化。尤其是随着现代经济的发展，人们对人力资本更为看好，很多人都认为货币资本是被动性的资本，而人力资本则是主动性的资本。货币资本没有人力资本推动是运转不起来的，是不能保值增值的。所以在现实中人们更进一步强调了人力资本的重要性。

正因为人力资本如此重要，所以人力资本作为资本形态登上了企业的历史舞台，成为决定企业体制的制度性要素，最后导致了企业的治理结构的主要内容，从原来的以货币资本为基础，主要是对货币资本的所有者与经营者的关系进行界定，转向了以货币资本与人力资本为基础，主要是对货币资本与人力资本的关系进行界定。也就是说，过去那种以企业的所有者与经营者的关系界定为中心内容的治理结构，转向了以货币资本与人力资本的相互关系界定为主要内容的新的治理结构。

由此可见，原来的治理结构以货币资本为基础，因而就主要是讲货币资本的所有者与经营者的相互关系如何界定，而在人力资本登上历史舞台之后，企业治理结构已经转向了同时也重视人力资本，把两种资本都作为企业的基础，主要界定两种资本的相互关系的法人治理结构。因此，大家看看现在跨国公司的法人治理结构就会发现，它们所讲的治理结构跟我们的经济学教材及公司法上所讲的千差万别，根本不是一回事。现在国际上讲治理结构已经不是什么两权分离，所有者和经营者的关系怎么界定，董事长和总经理的权利怎么分开的问题了，而是强调了货币资本与人力资本两种资本的关系怎么样协调，把原有的作为经营者而存在的技术创新者和职业经理人，提升到与货币资本相对等的资本的地位，作为人力资本而存在。之所以这样，其主要原因就是生产力发展导致了这种变化。而这种变化最后使治理结构从以货币资本为基础转向了实际上以人力资本为基础。

由于人力资本与货币资本相比，前者是主动性资本，而且其资本能力潜伏在人体中，因而对货币资本与人力资本这两种资本关系的界定，实际上主要是要调动人力资本的积极性和同时约束人力资本。因此，现在的治理结构实际上就是主要围绕人力资本作用的发挥和控制来安排治理结构。而人力资本作用的发挥和控制，必然要有两种机制的建立，这就是对人力资本的激励机制和对人力资本的约束机制。也就是说，现在谈治理结构的时候，实际上核心问题是谈对人力资本的激励问题和对人力资本的约束问题。重点在于建立人力资本的激励机制和人力资本的约束机制。

所以，我们现在在完善企业法人治理结构时，也要放弃原来那套内容，要走向和国际接轨的一种新的法人治理结构。要真正看到人力资本已经作为资本形态而存在，怎么样激励和约束这种人力资本，将是我们在法人治理结构中面临的最重大的问题。我自己估计，如果我们不重视对人力资本的激励机制和约束机制的建立，恐怕中国进入世贸组织之后，外国的企业跟中国的企业决战的第一场战役，并不是争夺产品和市场，而是围绕人而展开的，就是争夺人力资本。也就是说，第一个战役实际上是对人的争夺。而对人的争夺绝不是争夺一般的工人，而是对人力资本的争夺。最近我看到了一个外国企业的资料，资料中表明，对我国的银行、证券、基金、保险，就是金融产业这一块，国际金融企业打算下一步争夺我们的人有 7 000 多人，这 7 000 多人现在基本上都是我们银行、有价证券、基金、保险领域的主要业务骨干，即人力资本。

由此可见，国际企业对我国企业的竞争，是把整个竞争的重点放在对人力资本的争夺上，原因就在于人力资本具有极端的重要性，这刚好适合于国际企业的所谓治理结构的需要，因为现在治理结构的关键是人力资本的问题。所以我想，我们的治理结构的内容如果不迅速调整，还是搞过去那一套，最后可能的结果就是我们的人力资本将会大批的被拉走，而人家的人力资本却几乎不可能被争夺过来。因此，我认为我国企业目前的治理结构的改革和完善，应该要和国际接轨，并且必须加快进行，否则后果不堪设想。

正是从新的企业法人治理结构的内容出发，我们对治理结构的研究，应主要集中在对人力资本激励机制和人力资本约束机制的研究上。为什么人力资本的激励机制和约束机制可以界定好货币资本与人力资本的相互关系？因为人力资本的激励机制可以保证人力资本应有的地位及利益，而人力资本的约束机制则可以防止人力资本侵犯货币资本的利益，从而维护货币资本的地位及利益。因此，在新的治理结构中，关键是要建立人力资本的激励机制和约束机制。

下面我首先讲人力资本激励机制怎么样建立的问题。

一、人力资本的激励机制

人力资本的激励机制怎么建立，这是新的法人治理结构中首先要解决的第一个问题。激励机制怎么建立？从现在的国际经验来看，人力资本的激励机制主要包括三个方面的内容。

第一，对人力资本的经济利益激励。

因为人力资本是作为资本而存在，所以人力资本的回报就不只是工资。工资只是劳动的报酬，因而要考虑新的回报形式，这种新的回报形式就是人力资本的薪酬制度。现在国际上对人力资本的经济利益激励的薪酬制度，主要包括了这五个方面的内容：岗位工资、年终奖、期权、职务消费、福利补贴。

在这里有必要做几点解释：第一，岗位工资虽然也有工资两个字，但它不是我们所讲的工资，我们通常讲的工资是指劳动值多少钱，而岗位工资则是指岗位值多少钱；第二，职务消费是指人力资本在企业中都有职务，职务引发了消费，因而要按职务给人力资本一部分经费用于消费；第三，福利补贴是指福利都是按人头算的，是大锅饭，显不出差别，因而还要给人力资本多上几个保险，这叫福利补贴。

在上述这五个方面的利益激励中，其中有一个很重要的一条，这就是期权激励。人力资本拥有期权的后果，就是导致人力资本虽然不是出资人，但是却拥有了企业的产权。人力资本不是出资人却拥有了企业的产权，这就打破了过去一个经济学及法学的原理，即：谁出资谁拥有产权。谁出资谁拥有产权，这一条是过去在产权制度上的一个所谓重要的规则，但是这个规则已经被人力资本的激励机制所产生的后果打破了。人力资本既然也是一种资本，那么资本的经济收益就不应只是工资，因为工资是劳动的报酬，资本的报酬应该是产权的收益。因此，既然承认人力资本是一种资本，那么就当然承认它应该拥有产权。这样最后导致的结果就是人力资本虽然不是出资人，但却拥有了产权。

因此，从这一条来看，我想我们的企业工商登记制度都应该修改了。我们现在在企业注册的时候还要验资，因为实行的是谁出资谁拥有产权的规则，问题是现在有人并没有出资却要拥有了产权，那还验什么资？所以前一段时间我与工商界的朋友讨论，说是不是工商制度中的企业注册规则得改一下了，否则的话，就无法适应新的法人治理结构了。现在据我们抽样调查，国际上人力资本在企业中所拥有的产权数量，已经达到了企业总产权数量的38%左右，也就是现在企业的产权数量中的38%左右，已经为并没有出资的人力资本所拥有。

由此我就想到一个问题，就是我们的国有企业为什么搞不好？国有企业搞不好的一个很重要原因，可能就是我们不承认人力资本这个概念的存在。国有企业中有的人在经营方面非常出色，确实作为人力资本而存在，但是我们却不承认他们是人力资本，结果是仅仅给一点点工资，更谈不到使他们要拥有企业的产权。这样，当然会导致这些人力资本心理上的不平衡。心理上短期不平衡还可以马马虎虎地以雷锋精神等奉献性精神支撑下去，但一个人不可能长期地心理不平衡，因为长期心理不平衡是要出问题的，即心理上和生理上都要生病。所以，最后发现这些人开始自己给自己平衡，怎么平衡的？有两个办法。

一个就是该给的不给，我就花那些不该花的。所以前几年他们的口号是当不了万元户，先吃个万元肚。因为在实践中你可以多花，但是你不能多拿，结果导致拼命地花那些不该花的钱。因此，我深深感觉到，我们有的国有企业老总请我吃饭，和外国的企业老总请我吃饭有很大的差别。外国的老总请我吃饭就是满足我的生理需要，满足我的生理需要就花不了多少钱，因为我的消费要受身体生理的局限性的约束，我根本不可能多吃。例如，我最新看到一个医学动态，据说是男人最好不要吃燕窝，女人最好不要吃鲍鱼，而且吃鱼翅也不能吃得过多，一星期不能超过三次，超过三次要得风湿病。这表明一个人的消费要受到生理的局限性的约束，所以仅仅是为了消费的话，实际上花不了多少钱。但我们有的国有企业的老总请我吃饭，并不是只为了满足我的生理需要，而是为了满足他心里的不平衡，即：反正我干得再好也不能多拿，那就多花吧，因而你花得越多他就感觉心理上越平衡。

几年前，有一个国有企业老总请我吃饭，这件事我深有感触，我记得是“两会”期间。这个企业那些年搞得不错，税和利搞了好几个亿，所以老总对我说，你给我这个企业出了不少好主意，我也没法感谢你，今天晚上我请你吃饭。我说吃饭可以，但是不是就在我住的附近的一个小饭馆吃，这个小饭馆菜做得不错，而且也很雅静，便于谈话。结果他一听说不行，一定要在钓鱼台国宾馆请我吃饭，我说那是“宰人”的地方，讲排场的地方，我们这种朋友关系何苦到那个地方去吃，何苦被“宰”？但他说我就是要让他宰，因而一定要去钓鱼台国宾馆吃，结果我们三个人去包了一个二十平方米的大厅，孤零零地坐了我们三个人，而且每个人身后还站一个服务员，你说难受不难受？而且还是专门厨师，国宾馆就是这种待遇。结果后来结账结了一万五。账单一上来，他非常兴奋而自如地签了，他一下子发现自己有存在的价值了。他告诉我说，我们挣得不多，但多花这一条我们可以，因而我们的口号就是不求所有，但求支配。你不要看我不是私营企业老板，但是这一条我比他们更厉害，更能签单。他当时真是高兴啊！我看他喝多了一点，当然我也喝多了一点。我回家以后他还给我打电话，问我吃得怎么样？我说我既没吃出舒服感，也没吃出幸福感，回家还吃了一碗面条，因为你请我吃饭不是满足我的生理需要，而是为了消除你心理上的不平衡，等于你生病让我吃药，因而我并没有舒服感。我开玩笑说明年如果你还要请我吃饭，如果还是三个人花一万五，我建议我们三个人把要花的钱分了算了，一个人五千，分完后谁想吃什么就点什么，用自己分到的钱支付自己的饭钱。结果他说那不行，那是犯罪，吃了没有事。现在回想起来，我们那时解释不了这种现象。现在新的治理结构终于提醒我们了，回答了我们出错出在哪里了，错就错在他是人力资本而我们却不承认他，所以导致他的这种报复行为。

不承认人力资本，导致人力资本的第二种自我平衡行为，就是该给的不给，我就拿不该拿的。不该拿的拿了，结果就犯罪了，出现了所谓的 59 岁现象，结果是既毁了企业，也毁了人。为什么大批地出现这种问题？道理很简单，我干了一辈子什么也没有，那不行，我得拿一点。结果离他退休的时间很短，由于时间太仓促，结果拿的方法不注意，都被抓住了。例如有的人到退休就只剩下两个月了，来不及利用比较稳妥而隐蔽的方式，结果就公开分了，那还抓不住？原因在哪里？就在于我们不承认人力资本，该给的没有给他。如果是个别人出现这种问题，我们可以以人的品德因素来解释，但现在是大量地产生这种问题，就不是人的品德问题，而是体制有问题了。

上述这两种不该发生的自我平衡办法，实际上就是人力资本对现有体制的非正当性反抗。问题不在于人的品质，而在于体制。该给的不给他，他就花了不该花的，拿了不该拿的。不仅职业经理人是这样的，技术创新者也有这样的问题。国有企业留不住技术创新者，原因在哪里?就是因为他是人力资本而我们不承认，结果他就走了。

几年前我们出现过这样一个案例。当时国家搞一个技术创新项目，投资了一亿五千万，把投资给了一个国有企业，国有企业找了一个姓赵的工程师承担，当了技术攻关小组的组长。没想到这个技术创新项目快出来的时候，有人就拉赵工了，说怎么样，赵工，到我那里干吧，我给你15%的股权。15%的股权是什么概念呢?就是一年有100多万红利。赵工一考虑，感到自己在这里什么时候才能拿到100多万?根本不可能，结果就走了。走的时候我们实际上从法律上没有办法对他进行约束，因为研究成果还没有出来。在这种情况下，法律上的约束只能是实验数据不准拿走，研究资料不能带走，但你不能宣布人走脑袋留下，结果试验数据全在脑袋里边，走了以后不到7个月时间研究成果就出来了，拉他走的企业因为此而使销售收入当年突破了2个亿。按照现行的法律制度无法约束他。后来有关部门批示要剖析这个案例。我参加了，我见到这个国有企业的老总，问他为什么把赵工放了?结果老总说赵工走跟我没有关系，因为技术成果快出来时，我向上级写了报告，要求给赵工奖励60万，结果上级没批准。理由有两条，第一，国家投入了一亿五千万，为什么给他60万?第二，给了他60万别人怎么办?从现在新的法人治理结构理论来看，其实就是我们不承认人力资本，而是把他与一般人混为一谈了。结果人走了。后来我找到赵工，赵工说:“别说给60万，给15万我都不走。但问题是我不敢拿这15万，因为我跟别人都一样，如果拿了这15万，恐怕就没有一点人际关系了。”问题出在什么地方?就是我们不承认这种人力资本的存在，所以就给他那么一点点的工资。技术创新者流失的结果，导致我们的国有企业现在看来很难办好。

同时，私营企业现在也是犯了同国有企业一样的这种失误，很好的人力资本却都被出资人当做打工仔看待，不承认他们是一种资本，结果他们不可能充分发挥自己的积极性，甚至有人不干了，走了。恐怕进入世贸组织之后，好多的国际企业会把我们的人力资本拉走，原因就在于我们现在还不承认人力资本，仅仅承认货币资本的重要性。所以，国有企业和民营企业都不重视人力资本，最后导致人力资本很难发挥作用。从这一条上讲，我们在人力资本的经济利益激励上，未来要考虑人力资本的持股问题，拥有产权的问题。

好在最近大家看到，我们对国有企业的所谓持股问题已经放开了，不过是提法叫经营者持股，其实经营者持股也就是人力资本持股。但是，在最近的试点中我发现有两个不好的倾向。第一个倾向就是，不管三七二十一，都是现有的厂长或经理持股。这是不对的，因为现在我们的不少厂长经理都是政府任命的，有些厂长、经理在经营上什么都不懂，你让他们持股的结果是越持股企业越糟糕。人力资本和现在的厂长、经理不是一个概念，因为有些人虽然当了厂长、经理，但并不是人力资本，厂长、经理是职业的称呼，而人力资本则是人的素质的标志。现在我们有时召开企业家研讨会之类的会议，结果厂长、经理都来了，以为他们就是企业家，根本不考虑自己是否合格。也就是说，大家都认为企业家就是厂长、经理，其实，企业家和厂长、经理是不能混为一谈的。由此可见，在推行人力资本持股的过程中，有些地方把本来是很好的经念歪了。

第二个倾向就是，本来我们是要搞人力资本持股，结果搞成了员工持股，所有的人都可以持股。为什么？因为总害怕员工有意见，结果搞人人持股，最后吃大锅饭，实际上把员工持股搞成了新的大锅饭。员工持股与人力资本持股是两种根本不同的持股方式，前者是工会搞起来的，是由于员工的社会保障制度的建立而引发的，例如股权收益可以作为员工的社会保障金。而后者则与此根本不同。因此，从人力资本激励的角度来看，我们实际上不主张员工持股。现在搞二板上市，规定工会持股和职工代表会持股的企业一律不准上二板市场。因为道理很简单，人力资本持股和员工持股不是一回事，员工持股往往可能是一种新的大锅饭。

由上述两个倾向可以看出，我们虽然已经开始承认要搞人力资本的经济利益激励，但最后却导致这样两种倾向，这是不好的。但是有一条是可以肯定的，这就是我们已认识到人力资本的重要性这个问题了。所以最近国有企业搞人力资本持股的试点已经纷纷开始，民营企业人力资本持股也已经展开，而且推进的速度还很快。现在的主要问题是人力资本的制度界定的问题，即人力资本如何界量的问题，这个问题还要结合我国的实际，从国际惯例上考虑，进一步详细讨论。但是就目前人们在这方面的行动来看，我们在法人治理结构上已大大地迈出了步伐。

前一段时间有一个民营企业老板到我这里来，聊起来后我就问他："你认为你的总工和总会计师怎么样？我认为你的总工和总会计师已经完全够资格成为人力资本了，如果你总把他们作为打工仔看待，企业很可能会出问题。"他告诉我，他已经把自己所拥有的45%股权中的10%拿出来在人力资本中间重新建立新的股权制度。因为他的股权中间有些也是归他家族里边的人所有的，他只能用归他这部分的产权作为激励。这就说明，中国企业终于开始觉醒了，看到了人力资本作为一种资本登上历史舞台了。这恐怕是激励机制的一个重要安排，即产权的激励机制。薪酬制度中虽然一般有五个方面的激励，但最主要的还是产权激励。

第二，对人力资本的权利与地位的激励。

激励机制的第二个方面是权利与地位的激励。也就是对人力资本的地位和权利作了重新的界定，主要是提高人力资本在企业经营活动中的地位，增大人力资本在经营活动中的权力。现在人力资本在企业中的权利和地位已经极大地增长和加强了。这种增长和加强的结果是产生了CEO，即首席执行官。这个概念的产生其实已经明确地告诉大家，人力资本已经作为很重要的力量登上了历史舞台。CEO不是总经理，也不是总裁。我们不能把首席执行官当成总经理或总裁，首席执行官的权利其实非常大，除了拥有总经理的全部权力以外，其权利中还有董事长的百分之四五十的权利。所以在CEO产生的条件下，董事会已成为小董事会，董事会不再对重大经营决策拍板，董事会的主要功能是选择、考评和制定以CEO为中心的管理层的薪酬制度。

因此，在CEO存在的条件下，重大经营决策的拍板权与原来根本不同了，是CEO拍板，即首席执行官拍板，而不是董事长。首席执行官实际上不是企业的出资人，实际上是人力资本，但是他对重大经营决策拍板。可以说，过去那种谁出资谁说了算的时代已经过时了。由此可见，人力资本的地位和作用已大大地加强了，而且人力资本和董事会的功能也已经完全不一样了，董事会不再对重大经营决策拍板。这也减少了过去的很多矛盾。过去我们讲董事长对重大经营决策拍板，总经理就是对日常经营决策拍板，这实际上是两个人干同一类事，结果是功能不分，这就导致董事长和总经理经常对着干得一塌糊涂。现在董事会的功能主要是选择、考评和制定CEO为代表的管理层的薪酬制度，经营活动已交由CEO来独立进行，实现了功能性分工。

尤其应该看到，CEO的形成解决了董事会在经营方面的一个严重缺陷，即：在现代经济活动日益复杂的条件下，出资人往往没有能力判断企业的投资方向，因而虽然有时董事会的经营决策的程序及法律规则是合理合法的，但仍然解决不了投资失误的问题，原因就是没有依靠职业经理人来确定投资方向，因而就必须将经营决策的所有权力交给CEO。完善董事会的决策程序只是手段，不是目的。目的是要防止经营失误，因而在董事会并没有能力保证投资决策正确的条件下，与其完善董事会，还不如将经营活动全部交给人力资本。

CEO在经营上的权利很大，谁在经营决策方面对CEO进行约束？约束的并不是董事会，而是企业中有一个类似于战略决策委员会的机构对CEO的经营决策等进行约束。战略决策委员会实际上是支持或者否定首席执行官经营决策的最主要的咨询机构。但是战略决策委员会的人员却恰恰大部分不是企业中的人，更不是企业的出资人，而主要是社会上在企业管理、经济学、法学及各种产业方面的知名人士，他们成了战略决策委员会的主要人员构成。这些人显然也不是出资人，而是属于人力资本范畴。由他们来支持或者否决首席执行官在经营方面的决定，表明人力资本的地位和作用大大地加强了。

与战略决策委员会相对应的是还出现了一个独立董事制度。独立董事不是出资人，而且在企业中没有任何经济利益关系，企业充其量给一点“车马费”。但是独立董事的投票权和出资人的投票权是一样重要的。独立董事往往是经济与法律等方面的权威人士，是人力资本，等于是从社会价值的方面来约束企业行为。

首席执行官、战略决策委员会、独立董事的产生就告诉我们，实际上人力资本的地位和作用已大大地加强了。人力资本正在控制这些企业，而不是出资人。出资人的权利仅仅表现在产权的利益回报上，而不是其他方面。也就是说，人力资本在保证货币资本保值增值的条件下，可以独立地经营企业，并不是只有日常经营权。有人把这叫做内部人控制。我们国家经济学界不少人在批评内部人控制，但国外有的经济学家对此不理解，认为现在企业经营活动的发展趋向就是要内部人控制，因而不能笼统批评内部人控制。中国企业出现的问题不是表明内部人控制错了，而是一些不是人力资本的人控制了企业。因此，关键是看什么样的内部人控制企业，是人力资本控制，还是蠢蛋控制。我看我们是有点搞错了，不能笼统地批评内部人控制，关键是要由人力资本来控制企业。这种情况实际上标志着人力资本的地位和作用在极大地加强。这就是所谓的对人力资本的权利和地位的激励。

从中国目前的不少新闻媒体中发现，中国现在有的企业把自己的负责人也叫 CEO。我看不少原来的总经理宣布自己是 CEO，但我一看他们的企业章程，发现在治理结构上没有什么变化，实际上在权利和地位上他们还是总经理，不过叫了 CEO 而已。也可能是感觉 CEO 这种称呼新鲜点，所以大家都改称呼。虽然称呼改了，但一看章程，还是董事会决策下的总经理日常负责的那种原来的模式。当然有一些企业，比如说海尔，它的首席执行官是真正的首席执行官。海尔很早地进入了欧美市场，进入欧美市场就必须与国际对接，因为张瑞敏总经理到了人家的企业后，人家让董事长接待还是让谁接待？对不上口了。所以海尔很快就调整了治理结构，很快就按照新的法人治理结构的要求全面调整了自己的治理结构。

前一阵，长虹的倪总以首席执行官的身份复出了。有人打电话给我，问他的复出是不是我策划的，我回答说我实际上很长时间没去长虹了，没有参与。后来我发现人们的这种猜测是有原因的。有一天有个记者找到我，让我对长虹倪总的复出发表看法。我说找我干什么？他说长虹董事会公告中公示说，著名经济学家魏杰说了，企业应该大力推进新的治理结构，首席执行官制是新治理结构的特征，因此倪总将作为首席执行官而复出。可见，我们国家大量的和国际接轨比较多的企业已经看到了国际上这种治理结构的变化。

所以，在治理结构问题上我们到底是按照过去的那套搞，还是按照现在的这种新模式搞？我想，恐怕得和国际接轨。因此，我们的公司法应该尽快地全面修改，因为我们的公司法所依据的两权分离的理论基础已经过时了，我们应该看到这种以 CEO 为代表的人力资本的产生及其他对企业的极端重要性。因此，我们对人力资本的激励机制，就要求在权利和地位上对人力资本进行激励，建立人力资本的权利和地位的激励机制。

研究企业的人尤其是搞经济学的人一定要敏感。国际上出现一个名词之后，一定要分析其产生的背景。首席执行官的产生实际上表明了企业整个治理结构的全面调整，我们应敏感地看到这种变化，不能认为它仅仅是一个名称的改动。

上述就是激励机制的第二个方面，叫地位和权利的激励机制。这种激励机制使得企业中出现了不少与传统作法不一样的新规则，引起了人们的不同看法与争论。

第三，对人力资本的企业文化激励。

对人力资本的激励，必然要包括在企业文化方面对人力资本的激励，企业文化方面的激励是激励机制的重要内容。不过，这里我要提出来，企业文化不是指在企业中搞文化活动，企业文化不像我们有些人所说的蹦蹦跳跳之类的娱乐活动。有些人把企业标志之类的东西也称企业文化，这是错误的。企业文化是一种价值理念。它和社会道德是同一个范畴，它的产生是因为仅仅靠企业制度根本无法完全保证企业的快速发展。也就是说，社会要依法治国，但是法律不是万能的，法律有失效时候，法律失效后靠什么约束人？靠社会道德约束。例如，法律规定不能随地吐痰，但没有人时我就吐了，怎么了？这时法律就失效了，法律失效了靠什么约束？靠社会道德，社会道德要求人们要做文明人，我感到我是文明人，因而不能随地吐痰。企业也是一样的，企业主要要靠制度约束人们的行为，但是企业制度也有失效的时候，制度失效了靠什么约束？靠企业文化的约束，因而企业文化作为企业的一个重要组成部分，不是可有可无的，而是必须要有的。但是有些人却把企业文化理解成为可有可无的文化娱乐活动。有一个企业的老总跟我说，我们的企业文化发展得很好，收购了一个足球队。我说，这是说明你们投资体育产业，这怎么能叫什么企业文化？

我们的企业很难快速而高效的发展有好多原因，但其中一个很重要问题就是企业文化很糟糕。我们企业中有一些很不好的东西，例如有一个叫“窝里斗”，就是谁都想当“老大”，结果导致窝里斗。没有一个人能对自己的能力有正确认识，都强调自己能当“老大”，都要试一把，结果产生了一种很糟糕的谁都想当“老大”的倾向。原因在哪里？就是因为我们没有相应的企业文化，没有正确评价自己的自我约束。北京市朝阳区最近搞商务中心，请我去开了几次会。会上我碰到一些跨国公司在中国的首席代表，我跟他们讨论我们加入世贸的问题，我说据我估计，中国加入世贸组织以后，北京会产生 15 万人左右的白领就业机会。因为中国进入世贸之后，不少外国企业都要在中国设代表处，我国城市中最适合设代表处的城市是北京、上海、深圳，所以北京恐怕会形成15万人左右的白领岗位，你们是否要招收我们大陆的人。他们说我们现在不想要大陆的人，因为我们害怕你们的人。例如，我们本来是招你们的人来当副代表，但是你们的人到任后把情况搞清楚了，就开始考虑自己怎么当正代表，结果自己偷偷地与公司总部联系，最后的结果是你们的人往往挤走了正代表。他们开玩笑讲，你们中国的保姆都不是好保姆，因为进入家庭都想当女主人。由此可见，如果人们在观念上没有约束，制度约束实际上也就难以完全发挥作用。

另外一种情况就是企业在财务上经常出现失控之类的很糟糕的事。财务失控除了制度方面的问题外，就是没有相应的企业文化教育。例如不是自己的钱自己不能拿，但我们没有这种企业文化，结果往往是不是自己的钱却老想往自己的口袋里装，财务失控严重。没有企业文化的约束就会产生这种很糟糕的事情。我曾经在几年前遇到过这样的事情。当时一位私营企业董事长来北京要跟外国企业签约，第二天一大早签约，前一天晚上没有事干就约我去吃饭。实际上主要是想谈企业制度方面的理论，但后来因为对方公司的原因签约提前到前一天晚上，他不能同我一起吃饭了，但不好同我失约，结果就找了一个副老总跟我吃饭。吃完后我看到了结账单上是两千三百元钱，结果副老总告诉服务员小姐多开几千多元钱的发票。为什么花了两千三百元，却多开几千多元的发票？这就是因为有空子可钻，制度约束失效了。因为我同这个企业很熟悉，请我吃饭的报销根本不用审批，花多少就是多少，而且董事长也不可能问我：你吃饭花了多少钱，这就导致了制度约束失效。过去了一段时间后，我再见到董事长时，我说你这个企业的人怎么这样啊，我看着花了两千三百元，怎么多开票几千元，这种人怎么能用，而且还当副老总，赶快免了算了。结果这位董事长反应很漠然，对我说：不用免他，因为把张三免了，李四来了还是一样的。可见，我们的企业文化很糟糕，但同时也表明企业文化是很重要的，是企业体制中很重要的一个组成部分。

正是因为企业文化极为重要，所以国外企业在对人力资本的激励上把企业文化激励看得很重要，非常注重在企业文化上对人力资本的激励。也就是说，人们必须在思想上认同人力资本。正因为如此，所以在对人力资本进行企业文化方面的激励中，引起了国外企业文化内容的重大变化。比如说，现在国外企业文化变化很大的一个内容，就是强调等级制，认为强调等级是很重要的。为什么强调等级制呢？就是为了在企业文化方面激励人力资本。

在强调等级制中，首先强调人的能力是有很大差异的，有的人非常能干，有的人能力就差一些，人的能力有差异导致了人在企业中的分工不同。就是说，人在企业中之所以有不同的分工，因为人的能力不同，这是由人的能力决定的。例如，有的人当了CEO，有的人就可能只能是最基层的一般员工。这种分工的原因在于什么？就在于人的能力，能力的不同引发了人的不同分工。我想这条内容同我们中国好像刚好相反。我们整天强调人没有能力大小，只有分工不同。既然没有能力大小只有分工不同，那么我们是不是再重分一次工好不好？例如你不要老当董事长，是否让我也当一把。由此导致了企业内部内患不断，“革命”行动不断。所以我和别人讨论时，认为人最重要的就是要放弃虚伪，明明是能力差异很大，但我们却不承认，反而要强调是能力大小一样，只有分工不同，这是不行的。

在承认能力大小不同及分工不同的基础上，西方企业文化紧接着强调：正因为人的能力不一样，分工不一样，所以人们在企业中的收益方式也不一样。有的人的收益是资本的收益，有的人的收益就是劳动的收益。比如说，工人就是按劳动合同取得劳动收益，人力资本则是按资本获得资本收益。为什么收益方式不同呢？因为分工不一样。就是说，能力导致分工的差异，分工的差异导致收益方式的差异。

在上述差异的基础上，西方企业文化往往都强调：正是由于能力不一样、分工不一样、收益方式不一样，所以人们的收益水平差距是很大的。差距很大是正常的，差距不大才是不正常的。亚洲国家企业中的人的总体收益差距是一百多倍，欧美的差距是两百多倍。为什么差距这么大？因为人们的能力、分工、收益方式不同，不同的收益方式没有可比性，例如你是劳动收益，而我是资本收益，没有可比性，因而我收益高是正常的。我们国家的企业中人们之间的收入差距为什么只能是四倍到五倍的收入差距，就是因为我们都是劳动收益，劳动收益之间不可能差距太大。但是资本收益与劳动收益这两种不同的收益方式的差距则是很大的，因为它们之间是不可比的，差距大是正常的。

上述以强调能力差异、分工差异、收入方式差异及收入水平差异为特征的企业文化是为谁服务的？显然是为人力资本的地位提高及发挥作用服务的。因为对人力资本，人们在观念上首先得承认，人们不在理念上承认人力资本的地位和作用，不承认人力资本同其他人的这种差别，这种等级的不同，人力资本是不可能有应有的地位和作用的。由此可见，西方企业文化所强调的内容，实际是对人力资本在企业文化方面的激励，这种激励导致了企业文化内容的重大调整。

中国没有这种企业文化，结果怎么样呢？最后的结果就是一搞人力资本持股，就搞成新的“大锅饭”，就是大家都要持股，搞员工持股。因为人力资本在这里没有理念上的支持。所以中国企业在发展中经常出问题的一个重要的原因，就是没有企业文化的配合。我们现在讲的企业文化还不是有利于人力资本发挥作用的企业文化。从国际上企业文化的调整，我们就发现实际上这是对人力资本的企业文化的激励，这种激励体现了人力资本的地位和作用的重要性。可以说，现在国际上企业文化的内容之所以调整和变化，主要是因为人力资本的产生。现在，这种强调人力资本的企业文化在西方国家企业中得到非常大的重视，并且强制性地通过培训而使人们理解和认同这种企业文化。

有人讲中国人开会很多，我要告诉大家，我们比跨国公司的会的数量差远了。国外公司的培训会很多，培训的目的是强行地把企业文化灌输到人们的脑子中，导致人们不能在思想上与企业制度抗衡。所以有首席执行官，也有培训执行官。培训实际上不是培训员工怎么做生意，而是灌输本企业的企业文化。国外企业的培训费用同研发费用一样，是在销售额中提前提取的，在利润分配之前就要提取，而且雷打不动。现在这种承认人力资本的等级性企业文化发展到了什么程度？有位外国企业的培训部负责人告诉我说，发展到你是一位博士来到我企业，我要把你培训到你忘了你是博士了，而是自觉认同我们企业的等级差别。看来对人力资本的企业文化的激励是很重要的激励。

总之，法人治理结构中首先要解决的问题是对人力资本的激励。建立良好的激励机制，目的是要在人力资本与货币资本的相互关系中，使人力资本的地位及利益得到应有的保证。问题是怎么激励？形成什么样的激励机制？从现实状况来看，激励机制包括：第一，经济利益激励，建立经济利益激励机制，集中表现为产权激励；第二，地位和权利的激励，建立权利与地位的激励机制，表现为首席执行官这种新的企业负责人的产生；第三，企业文化的激励，建立企业文化激励机制，表现为更加强调人与人之间的等级差异。上述三个方面的激励机制构成了完整的人力资本激励机制。所以我们对激励机制的建立，也要从这几个方面考虑。这是我们谈的在法人治理结构中的对人力资本的激励机制，基本上就是以上这三个方面的内容。

上述讲了治理结构中的所谓对人力资本的激励机制问题，但就治理结构来讲，光激励是不行的。有时候激励很好却也还产生人力资本不好好发挥作用的问题，甚至有的人力资本跑了。很多媒体曾经曝光很多的一个情况，就是有一个企业的中国部老总带着 100 多个人跑到这个企业的竞争对手那里去了，这样实际上对这个企业来讲是灾难性的打击，因为客户和市场将随着走了。所以老板甚为担忧，于 2000 年 12 月 30 日在人民大会堂开了一次研讨会，找到了经济学界的各个方面的人物参加，共同讨论这个问题。当时我就提出来，我说 1999 年我去这个企业时就感觉到企业的激励搞得不错，但是没有约束机制。在会上老总非常悲哀，说有些人没有良心，我给那么多钱他们还跑。我说这里是不谈良心的，在经济学里谈良心的都是儒家思想，现在没用了，这不是我们讲良心就能解决的问题。因为只有激励机制，没有约束机制也不行，约束机制同样很重要。因此，在建立激励机制的同时，还要建立约束机制。

二、人力资本的约束机制

约束机制大体上分为两个方面的内容，即内部约束和外部约束。

1. 内部约束

首先的一个是内部约束，即企业和人力资本之间的约束。当事人之间的约束，就叫内部约束。这种内部约束在国际上看，主要是有五个方面的约束措施。

第一个措施或者叫第一道约束，就是公司的章程约束。

这就是人力资本到某个企业中来，企业约束他，也就是任何人力资本在本公司工作就业，就必须效忠本公司章程。企业中的所有人都必须服从和服务于公司章程，因为公司章程是企业的宪法。这就叫公司章程的约束。因为研究公司章程约束，我看了我们国家的公司章程，发现我们国家的公司章程根本没有对人力资本的约束机制。因为我们的公司章程统统是按照工商登记的要求大家搞一个版本，公司章程并未对公司中的各种利益主体的行为进行界定。公司章程是企业宪法，怎么能都一样呢？而且我们的公司章程只对企业总体行为有约束，但对企业中的任何利益主体都没有约束。这种章程怎么能约束人力资本呢？所以，我们的企业既然没有公司章程约束，那就必然成为人治。社会里边没有法治，就成为人治，而公司里边也是一样，没有公司章程的治理也同样成为人治。人治的约束就导致企业中的矛盾都成为人与人的摩擦和矛盾。

在公司章程有约束的条件下，应该是照章办事。公司有章程，一个人违反章程就违规了，依章处理就行了。但是我们的公司章程起不到这种作用。尤其是公司章程还有一个很重要作用，就是它会保护公司的法人。按照法律规定，任何一个公司领导人如果照章办事出了问题，充其量只承担民事责任，而不承担刑事责任，但我们的公司章程起不到这种作用。因此，我们的公司章程无法约束人力资本。我国一些企业搞新形式的治理结构时，就不得不从重新制定公司章程开始。比如一家企业，我们拟定了四万多字的章程，每个人重新签合同，表明要效忠章程，如果不愿意就走人。当然，我们有一些民营企业搞得不错，例如一家民营企业的章程7万多字，公司章程治理比人治好得多得多，所以2000年12月份这家公司开所谓的全公司年会，结果首席执行官上午讲完话走了，到北京来待了四天，与经济学界讨论问题。我说："你怎么不去看一下会议的情况？"他对我说："看什么？所有问题章程都定好了，照章办事就完了。"大家可以想想，比尔·盖茨如果是中国人的话，肯定累死了。因为我们没有章程而是人治，但他拥有那么大的公司结果照样在澳大利亚看奥运会。我们现在没有像样的公司章程，所以很难对人力资本起到约束作用，正因为如此，应建立新的企业章程。

这是内部约束的第一个约束，叫公司章程约束。

第二个约束是合同约束。

它就是任何人力资本到企业中来就业，都必须要签订非常详尽的合同。这种合同对企业商业机密的保护，技术专利的保护，竞争力的保护都要体现出来。例如，王志东去新浪网任首席执行官，结果签了大约300页纸的合同，所以你放心，他绝对不会背叛这个企业，因为合同约束得很完整。例如，在保护企业竞争力的约束机制上，规定王志东离开新浪网以后在规定的时间内不准到新浪网的任何一个竞争对手那里去就业，因为这样会损害新浪网的竞争力。可见，首席执行官的权力虽然非常之大，但是企业会给他规定不少界限，让他在一定的范围内发挥作用，他不能损害他所在的企业的商业机密、技术专利及竞争力。我们最近发现美国企业的这种合同不准双方当事人起草，而是由法律认可的有关中介机构起草，中介机构起草完，双方签字就可以了。所以我想，我们还想拉人家的人力资本，我们怎么拉人家的人力资本？只有人家拉我们的人力资本，因为我们根本没有任何合同约束，人家怎么不能拉我们的人力资本？

最近在对一件事的调研中我发现，西方企业中的任何人要向上级报告一个项目的策划，或者确定一个项目的整个活动的安排，都必须要符合国际惯例。比如说资产收购，往上报的时候有一条硬性规定，就是在收购方法上要符合国际惯例，当整个项目的操作不是按国际惯例办时，就定义为你是受贿了，不管你受不受贿都是要认定为受贿了。所以任何项目往上报的时候都非常规范。道理很简单，第一条规定就是必须符合国际惯例，不符合国际惯例，无论是不是受贿，都当作受贿处理。它是很严格的。所以，这种合同约束的道理很明白：我给你激励得厉害，但是我给你约束也照样很厉害。

这是内部约束的第二个约束，即合同约束。

第三个约束是偏好约束。

所谓偏好约束，就是说，我要约束你，首先要考虑你的偏好是什么。比如说你喜欢钱，我就琢磨怎么给你钱，用钱约束你。如果你是要实现自己的经营理念，而不是要更多的钱，那就用是否给你授权来约束你。所以对人力资本的偏好要研究得非常细。但我们国家的企业不研究，似乎约束人力资本就是用经济利益约束。结果有人不需要钱，我们却想用钱约束，当然就约束不了他。就像曾经有一个民营企业的副老总背叛企业一样，因为他不要钱，他要实现自己的经营理念，而他的经营理念与企业的不一样，这样就和企业发生了摩擦，这时即使给他再多的钱，他也要走。所以，你在决定是否雇某个人力资本时，就要考虑他的偏好是什么，如果是想实现自己经营理念的这种人，那就要考虑他的经营理念与企业的经营理念是否一样，就要制定与此相关的约束。而我们现在没有这种研究，有的人以为约束就是用钱约束。但是有的人非常有钱，钱对他来讲就是一个数字，你就要考虑对他的其他偏好的约束。

第四个约束是激励中体现约束。

也就是说，我给你实行各种激励机制的本身，就体现了对你的约束。因此，国际上对人力资本的激励往往是实行期权，期权一般五年才能行权。很简单，你一年搞好了还不行，我虽然给你激励很高，但是五年都要搞好才能行权，这种激励本身就代表约束。而且，我看国际上给人力资本的岗位工资、期权、福利补贴、年终奖励等的经济利益虽然很高，但是钱是不能都马上拿走的，例如年终奖当年只能动用30%左右，其余统统都在每个人在企业中的自己的账号上留着。为什么呢？因为你今年搞得好可能是以危及企业明年的利益为代价的，例如今年完成指标了，但却损害了企业明年的利益，若年终奖当年可以全部拿走，你追求当年目标拿钱跑了，企业明年怎么办？因此，一般规定年终奖都是三年以后才能全部用，这本身就带着约束。

2000年西方很多有名公司的首席执行官更换了，更换中有一个普遍现象，就是在任的首席执行官一旦发现有比自己能力更厉害的人马上就交权，动作很迅速。我们有人以为这是雷锋精神在起作用。实际上主要是因为激励机制中体现了约束。例如，其中有一个首席执行官发现了一个比他能力强的人，马上就交权，后来研究发现他为什么要快速交权？是因为他的经营能力不好而使股价往下掉，他没有办法，如果继续干可能工资拿到了，但是期权股价往下降，自己的损失会比工资还要高，因此主动交权。不是什么大公无私的雷锋精神，完全是一种激励体现约束而造成的结果。这就是我们一定要考虑我们的激励机制怎么体现约束，不能搞一种纯粹的激励，而是激励要体现约束。

这是内部约束的第四个约束。

第五个约束是机构约束。

所谓机构约束，就是指企业的最高决策机构的约束。把人力资本和企业之间的摩擦和矛盾，演化成人与机构之间的矛盾。不能把企业与人力资本之间的矛盾变成人与人之间的矛盾。就是说，不要演化成人与人之间的矛盾而是应表现为人和机构之间的摩擦。这样一来，对整个人力资本的约束就会产生很有效的约束。如果总是人与人之间的摩擦，这时候摩擦就很难使人力资本受到正常的约束，因为人与人之间的约束会加入个人的好恶。所以往往要把人与人之间的摩擦转化成人与机构之间的摩擦，这就要非常重视企业决策机构的完善。这种内部约束我们恐怕要考虑，我们的企业往往是人治，一发生摩擦就是人和人的摩擦。最近有个企业出了此类事件，新闻炒作很厉害，从报道中可以看出完全是人与人之间的矛盾。所以重视机构对人力资本的约束作用很重要。

从内部约束来讲，约束机制主要包含上述五个方面。

2. 外部约束

约束机制的另外一个方面是外部约束。所谓外部约束，实际上就是社会约束，即社会要对人力资本形成一种约束，这种约束大致上有这样几个方面的内容。

第一，法律约束。

这就是从法律方面对人力资本要形成约束。但是这一条我们国家做得很差，公司法几乎没有这方面的约束，因为公司法仅仅对整体企业行为有约束，对企业内部的利益主体没有约束。同时，我们现在还没有一个体现人力资本约束机制的有关法律体系。比如说人力资本构成中有一个很重要的组成部分叫职业经理人，但我们现在还没有职业经理人法。按照立法的原则与程序来讲，当社会上形成了一个阶层的时候，就应该对这个阶层立法，比如说教师就应该有教师法。现在人力资本已经成为一个重要的阶层，比如说职业经理人已成为重要的社会阶层，但是没有相应的约束法律，结果导致人力资本可能有时候会任意损害企业的利益，尤其是损害民营企业的各种利益。有些时候民营企业往往不受法律的保护，尤其不受刑法的保护，因而最后导致的结果就是企业利益受到很大损害。曾经有一个民营企业的老总告诉我说，人力资本一违规我们就很惨了，国有企业还有什么“双规”等约束机制，而我们什么约束方式也没有。所以，有关人力资本方面的法律，我们要必须尽快建立，否则，对人力资本的约束就很差。我想在没有法律约束的条件下，我们未来与国际资本的竞争会出很大的问题，肯定会有人借机做出一些非常有害于中华民族的事情。所以法律约束的问题，我们必须要研究。这是外部约束的第一个措施。

第二，道德约束。

任何阶层都应该有自己的职业道德，没有职业道德是根本不行的，人力资本也应该有道德的约束。但是我们对人力资本的道德约束，似乎还没有建立和形成。正因为没有这方面的道德规范，所以才出现了一些很奇怪的现象。比如说，一个人到一个企业当老总，跟企业闹翻以后，一不干了就写书，在书里边把原来的企业骂得狗血淋头，把自己描写成一朵花。这种人在西方国家中恐怕很难再就业了，因为这是涉及道德规范的问题。人力资本与企业解约就像夫妇离婚一样，夫妇离婚是要保护对方的隐私的。但是在我们这里这种人的价值却炒得越来越高。这就是没有一种道德约束。曾经有一个人找到我，说想在清华做一场报告，我说对不起，你这种人不能在这儿做报告，因为你在道德约束上很差，你在最近出的一本书里边把原来就业的企业骂得狗血淋头，这是一种很不道德的现象，我无法让你在这里做报告。职业是有职业道德的，是不能随便胡来的。没有道德约束，就会出现很多问题。我想如果我们再不建立起一种道德约束，未来还会出很多事情。有人完全可以把企业的商业机密卖掉。没有职业道德而损害企业利益这种事，估计随着中国的国际竞争的加剧，可能会越来越厉害，因为没有道德约束，什么事情都会发生。现在我国有的人力资本损害企业竞争力，使有的企业的竞争力下滑，这完全是通过一种非常不正当的手段损害企业。所以道德约束必须要建立。必须要建立职业经理人的道德。比如教师应该有教师的职业道德，你不能糊弄学生，如果糊弄学生就没有职业道德。每个行业都应该有自己的职业道德。人力资本作为重要的社会阶层，应该有自己本身的职业道德，这是必须要建立起来的。

因为我们现在没有人力资本方面的道德约束，所以经常出一些怪事。曾经有一个企业的副老总写了一本书，让我给写个序，我开始挺高兴，因为书的题目很好，结果拿来一看内容，我就坚决拒绝了，因为在书里边把自己原来就业的企业的董事长骂得狗血淋头。他的董事长我熟悉，不是这个样子。我说对不起，我不能给你写。他问你是不是害怕我们董事长，我说不是，而是因为我觉得你没有职业道德。我说我也可以为此书写序，我写的序就是写关于你的职业道德问题的，你让我写吗?中国的人力资本的职业道德应很快建立起来，通过一些事件，大家都已经充分地认识到这一点了。对于写书骂原来企业的人恐怕今后日子也不好过，因为，你可以骂原来的企业的主要负责人，那么也会骂以后用你的企业的负责人，这样别人就不敢用你了，谁都会明白这个道理。所以，大家可以到西方国家去看一下，职业道德约束是很强的。

这是外部约束的第二条，叫道德约束。

第三，市场约束。

市场约束就是人力资本作为一种资本的流动要通过人力资本市场，这种市场对人力资本应该起到一个很重要的约束作用。我们现在几乎没有一个完善的人力资本市场。我们把一般的劳动和人力资本都放在一个市场里。找保姆在这个市场，找职业经理人也在这个市场，就业市场就像搞骡马大市一样，对职业经理人也要在混杂的劳动市场上选择。职业经理人市场应该是有准入规则和流动规则的。因此，国际上一个人要进入人力资本市场是有条件的。国际上各种就业市场是分开的，比如劳务市场、员工市场、人力资本市场都是分设的，并且各有自己的规定，就像足球运动员转会一样，是有制度的。我们却没有区分不同的市场，而且没有规则，结果市场约束就很糟糕。在西方国家，人力资本市场上每个人力资本的整个档案记录都很齐备，流动规则也很明确，入市有标准。比如对某些职业经理人或者技术创新者，要求学历必须是什么学历以上，一个人符合这个标准才能进入人力资本这个市场。结果我们根本不是这样去做的，当然了，我们还有各种假的文凭在里边，比如说现在保险业的职业经理人要求大学以上学历。结果来的人几乎都拿着大学以上的学历。有一个保险公司人事部的人告诉我，他发现学历中间假的很多，这充分表明中国的这种人力资本的市场约束几乎没有。

到国际上的人力资本市场上去看一看，你就会发现一个人作为人力资本干的任何好事、坏事都有非常详细的记录。你干了坏的事就很麻烦，比如说欺诈客户，一旦进入档案里边你就很糟糕，银行等信用部门都不信任你，所以有人说西方国家对人力资本要求很严格，不给你改正错误的机会。可见，这种约束是很强大的。我们现在也对一些产业中的人力资本，比如说证券市场上的人力资本，已经搞了一些硬约束，例如若做了不利于证券市场的违规事情，就永远不准或者一定时期内不准你介入证券交易市场，应该说这种处罚是很重的。总之，市场约束恐怕是未来我们在人力资本约束上的一个很重要的要解决的问题。否则，人力资本未来的约束机制就很难建立。

第四，社会团体约束。

所谓社会团体约束，就是指作为人力资本，应该有自己的民间团体组织，因为民间团体组织实际上是介于市场约束和法律约束之间的很重要的约束。这种民间团体往往是既维护自己本阶层的利益，同时也清理本阶层中的害群之马。不要你政府去管它，它会自行解决自身的问题。所以一般来讲，当一个群体成为一个重要的社会阶层时，就应该组建自己的民间组织。它是介于政府和民众之间的非常有利于管理的“软组织”，不会出现法律和个人之间的“硬碰硬”。

所以，对人力资本来讲，既然已经成为一个很重要的社会阶层，那么就应该允许其成立民间团体。比如说职业经理人，据统计中国现在已经快接近千万人，作为一个很重要的社会阶层，职业经理人应该有他自己的民间组织，但是现在职业经理人没有自己的民间组织。有一次我去找工商联的同志，提出能否在工商联中搞一个职业经理人协会，结果发现工商联是私人老板的组织，而且有民主党派的性质，它显然不能放在工商联。我们现在搞了一些企业家协会，但是这些企业家协会的背景是政府，也还不是完全的民间组织，而且也没有一个完整的民间组织的社团规则，这当然也是不行的。所以我想，民间组织的建立原则，就是当一个社会群体成为一个很重要的社会阶层时，就应该让他们成立自身的自我保护和自我约束性的民间组织。如果不放开组建民间组织的行政审批性约束，即它们没有应有的成立自由，那么结果可能就是该成立的没有成立，不该成立的却成立了，恐怕就会出现大家不愿意看到的像法轮功那样的事情。所以对人力资本来讲，恐怕未来在社会团体组织的建立上，还要进一步考虑放松对它的约束的问题，如果不完善民间团体的约束机制，人力资本的作用就会差一些，会不断出问题。

第五，媒体约束。

媒体约束实际上是很重要的约束，这是应该承认的。但是我要强调的是，媒体约束必须遵守一个准则，就是对这种新闻的炒作，应该要有利于企业的发展。不要为了炒新闻而炒新闻，而是应该要有利于企业的发展。但是我发现最近有些媒体炒作这方面的新闻时，纯粹是为炒作而炒作，完全不顾企业的承受力及利益。实际上全世界对新闻界在每个方面的炒作都有约束，不是想怎么炒就怎么炒，新闻自由也是有约束的，没有绝对的新闻自由。例如，香港报纸上可以对演艺界编一些并不存在的所谓绯闻，但这在政界及企业界是绝对不行的。所以对人力资本与企业摩擦的这种新闻炒作，必须建立在对企业发展有利的情况下，媒体应选好自己的切入点。不然的话，导致的结果是毁掉了企业。我们有时新闻约束在这方面应该说是比较差一点。对有些事情的炒作，最后非要搞得一塌糊涂才行。

所以从这一点来讲，我觉得我们企业未来都应该建立一种防危机的机制。这种机制要建立起来，否则，在出现了一种不利于企业的事情时，企业就无法去应付这个危机，企业可能会完蛋。我对原来一个很有名的企业，就是三株的衰落，一直有看法。三株这个企业的垮台真是有点遗憾。因为三株的药没有什么太大的问题，就是因为有一个地方的消费者吃了以后说吃死了人，要求赔偿。当时三株企业正是走红时，根本没有把此当成一件事，认为我的药是好的，没有问题，既然你要告，那好了，咱们就打官司。结果三株的官司打胜了，但企业完蛋了。因为新闻都报道出来了，说三株的药吃死了人，谁还敢买你的药。实际上这种报道的方式需要考虑，比如吃死人就要新闻炒作，那么这样的话，医院就得关门，因为每天都有好多人死在手术台上。我就很遗憾，这个企业就是没有一种防危机机制，它如果不是搞得全国沸沸扬扬，这个企业就不会这么快地完蛋。所以企业的常年法律顾问的目标，不是帮企业打官司，而是要防止企业进入官司。企业一般不要去打官司，应提前预防企业不要进入官司的纠纷。因为打官司对企业没有什么好处。所以防危机很重要。有好多新闻机构并不一定知道真实情况，结果一炒作就成为这个企业产生危机的原因了。道理很简单，我们的新闻报道还不太规范，因而有关企业的新闻不应是炒新闻，而是要从企业更好的发展的角度来考虑。所以新闻媒体介入的角度一定要选好，把握好自己的切入点，否则恐怕就沸沸扬扬地搞得很糟糕。比如说我们要讲一个人力资本的有关事件的时候，要从完善他的激励机制和约束机制入手，而不是搞得沸沸扬扬。我曾经看到，有一些货币资本与人力资本的争论在一些新闻报道中成了对人身的互相攻击了，企业职业经理人骂他原来的老板怎么坏，老板又骂职业经理人怎么坏。这样不好。当然，不管怎么讲，新闻媒体的约束是很重要的约束之一。

上述就是所谓的外部约束，包括五个方面的内容。

对人力资本的约束机制应该从内部约束和外部约束两个方面来考虑。一般来说，大致上有以上这些措施需要来考虑。

如果能够形成一个很好的约束机制和激励机制相对应，形成一种约束机制和激励机制相辅相成的企业体制出来，那就说明企业的治理结构进入了良性运转的开端。所以，任何企业的治理结构最终都要归结到约束机制和激励机制如何相对应的状态上来。

对企业的治理结构的变革，以及企业是不是一定要转到新的治理结构上来，大致上我们就介绍这么一个基本背景。至于我们的企业究竟如何办，还需要我们研究和讨论。

总之，在企业治理结构上的所谓前沿动态，就是指从过去的以货币资本为基础的所谓所有者和经营者的相互关系的界定，转到了重点放在对人力资本的激励机制和约束机制如何建立这个基本点上来。这就是我们关于企业治理结构要分析的前沿动态。在经济学方面谈实践和理论的前沿，就是谈这些新的创新性的东西，而不是讲那些讲了多少遍的重复性的东西，是要讲根本性变更。这种治理结构的根本变更是现代生产力发展的必然结果。人力资本作为资本登上历史舞台就是知识经济时代的一个特征，也是知识经济一个最为主要的表现形式。所以说，生产力的变化必然引起企业体制的变化，如果还要在知识经济时代去安排过去那种治理结构，显然就不符合生产力的要求了，最后恐怕就会出问题。因此，我想对治理结构的研究就谈这些内容，希望大家也可以围绕所谈到的内容相应地看一些有关的参考资料。当然这种治理结构的新的变化在中国的实践现在还没有普及到大多数企业，只是少数企业在实践，少数经济学家在研究和讨论。但是我相信，我们未来的企业治理结构必将从过去的以两权分离为基础的，以所谓所有者和经营者的关系的界定为内容的治理结构，转向以人力资本和货币资本的关系协调为中心的这种新的治理结构上来。因此，公司法的修改必然要涉及这个问题。我们关于企业要谈的第一个大问题，就是治理结构问题，其内容就是如上所述。

作者说明

中国经济体制改革的基础性内容是企业改革，企业改革的核心问题是公司治理变革，而公司治理的关键问题是人力资本问题。这篇文章就是我关于这方面的问题的，文章提出我国在企业改革中要注重企业的人力资本，建立人力资本激励机制和约束机制是公司治理的核心问题。本文发表于《国有资产管理》2001 年第 9 期，《新华文摘》2002 年第 1 期转载。这篇文章对我国后来的企业改革影响较大。以这篇文章为基础，我曾写过一本《企业前沿问题》的专著，该书由中国发展出版社于 2001 年出版，曾前后重印 11 次。我国企业改革现在基本上是沿着这篇文章所讨论的方向在发展。但是因为2008年的全球金融危机，华尔街精英们的高薪受到置疑，因而有人对这种公司治理提出质疑。但我认为这套改革思路是没有问题的，现在的问题是要加强对人力资本的约束机制的建立，完善约束机制，防止人力资本对企业利益的损害，在约束中形成激励。

高成本时代与中国经济转型：兼论节约型经济

一、引言

2005年伊始，全国的固定资产投资完成额(累计)增速基本保持平稳，从2月到6月分别是24.5%、25.3%、25.7%、26.4%、27.1%，本轮宏观经济调控的效果基本显现。然而，这并不能说明我国经济的现行状况就完美无缺，因为目前投资速度的下降绝不仅仅是紧缩性调控的结果。

如果从全国的这些数字中还无法清晰地看出问题的话，我们可以单独把浙江省的数字拿出来，从2月到5月，浙江省的固定资产投资完成额(累计)增速依次是19.4%、20.4%、17.2%、15.3%，相比较于去年的51.2%、47.3%、41.3%、37.9%，数据下降得非常厉害。而且，不只是企业投资速度显示出明显的下降趋势，现有的生产能力也都没有得到充分利用，开工不足已经成为普遍现象。除了考虑到宏观经济调控的影响以外，导致企业投资热情锐减的直接原因就是企业面临的各种相关成本上升太快，以至于企业的利润空间被严重压缩，一些企业甚至已经是在亏损运营，所以企业的投资速度迅速下降。

从改革开放以后的经验来看，浙江省的经济发展对于中国整体经济一直具有风向标的作用，浙江省 2005 年上半年的情况足以给我国的经济发展敲响警钟——高成本时代已经来临，企业和政府都必须尽快调整发展思路和战略。企业不能再简单地依靠低成本优势来发展，产业结构需要升级，依靠出口初级加工品来获取低附加价值的现状急需改变，产业应当逐步向产业链的高端发展。

但是，目前就这个问题还存在着很大的争议。一些学者认为尽快实现产业升级很不现实，因为这需要大批的资金投入。我国的工业化进程起步不太久，现实国情决定了我国目前还是应该把产业结构定位在产业链的低端，继续从成本比较优势入手，依据我国劳动力、土地、各种原材料成本的低下，从国际分工中获取机会，以此积累资金、经验和技术。他们认为近两年来持续增长的净出口贸易额充分说明了我国产业结构的正确性。所以，在今后的一段时期内，只有继续发挥我国的比较优势、以初级加工产业为主才是最佳选择，而那些提出尽快实现产业结构升级、发展技术优势的观点无异于空中楼阁，风险太大。

然而，值得注意的是，目前良好的宏观经济运行态势下存在着诸多隐患。首先，虽然从表面上看，我国的净出口贸易总值在持续上升，而且以劳动密集型和资源密集型的初级产品出口为主的格局正在改变，普通技术产品和高技术产品的比重逐渐加大。但是我国实际能够从中获取的利益却非常少，充其量只能说是世界的加工车间。在产品制造销售过程中，前端的核心技术、关键零部件和生产设备，后端的营销销售，都掌握在国外企业手中，我们做的仅仅是产品的低增值加工组装过程，所以，我国在国际贸易中实现的利润最终又基本上回流到了国外。其次，国内外的经济环境也正在发生显著的变化。我国一直以来所依赖的生产成本低廉的比较优势正在逐步丧失，国内企业的投入成本不断上涨，但是由于市场竞争的激烈，却无法相应提高产品的价格，而且如果单以成本而言，周边一些国家的成本已经低于我国。另外，国外针对我国产品的反倾销案例逐渐增多，它们增加出口税以及设置贸易壁垒的做法也大大提高了企业的成本。

因而，当高成本的制约作用逐渐发挥威力之后，很多企业已经开始陷入困境，再继续一味地依赖于低成本比较优势、大力发展初级加工产业的做法已经不可维继。我们必须要考虑一些相应的战略措施，以解决关于产业结构升级、寻找新的比较优势、尽可能降低成本以及其他与此相关的各种问题。

二、丧失低成本比较优势的分析

从广义来讲，企业面临的成本主要可以分为两个部分，一是不可控制的外部成本，包括企业购买各种投入品的支出、税收、国家各种政策以及国内外环境的变化对企业的影响所形成的成本；二是可以控制的内部成本，包括各种费用支出以及投入资源没有达到合理配置而造成的成本。

其实，我国在国际竞争中具有低成本比较优势主要是指我国企业所面临的外部成本总体相对较低，虽然外部市场环境的不健全和政府行为的不规范增加了企业不必要的成本，但是各种资源和劳动力的极度廉价却远远抵消了其对成本的提升影响。然而，从我国目前的实际情况来看，低成本比较优势正在逐渐丧失，高成本时代已经来临。

1. 能源紧缺已经严重制约了中国经济的发展

人均能源量远远低于世界平均水平的现实也许只是凸显了其制约我国经济发展的可能，但是，在两个条件下，这种可能就转化成为事实。首先，我国目前的经济发展急需要高速度的支持，因而对于能源的需求必然日益膨胀。在改革开放的头几年，我国的能源产量基本上还能够自给自足，但是随着我国经济的发展，很多能源供给早已严重依赖于国际市场。尤其是随着我国的工业化和城市化进程的推进，能源消耗量必然继续狂涨。其次，我国一直延续着粗放式增长，直到现在，这种增长方式还没有转变的明显迹象。粗放式增长是我国计划经济时代的增长方式，追求数量目标是政府和企业的共识，依靠高投入获取高产出，而不会过多考虑效率的高低。改革开放以后，非国有经济的发展虽然使得情况略有好转，但是粗放式的增长方式却始终没有得到根本改变，这在经济存量已经颇具规模的今天来说，进一步的粗放式增长无疑需要更加巨额的能源投入。

能源供不应求的现状已经严重地制约了我国经济的发展。2004 年开始的宏观经济调控的动因就是能源供应无法满足各级地方政府和企业的投资需求，导致能源价格的持续上涨，有形成新一轮通货膨胀的危机。所以，中央政府及时地实施了宏观经济调控，压住了高涨的需求。

中国属于人均资源非常贫瘠的国家，但是由于政府部门一直影响着能源的定价，长期以来企业可以以较低的价格获得能源，大大降低了生产成本。虽然最近一段时期内能源的价格一直在不断上涨，企业已经倍感成本压力，但是，能源的价格还是没有完全市场化。然而，政府部门影响能源价格的情况不可能一直这么大力度地持续下去，未来政府部门即使会影响能源价格的制定，范围也会缩小到居民用途上，企业使用的各种能源的价格必然会逐步地完全推向市场。随着工业化和城市化的推进，能源需求肯定会持续上升，所以企业面临的能源成本提高的趋势不可逆转，且幅度极有可能会逐渐加大。

2. 原材料的总体价格也在不断攀升

从2003年到现在，在以下四个直接或是间接反映主要原材料投入品价格水平变动的物价指标中，都毫无例外地呈现上涨趋势，见表1。和居民消费价格指数相比，这四个物价指标的上升幅度更大，无疑会对企业的各项经济效益指标造成负面影响，从而抑制企业的投资热情。

表1　2003年到2005年5月的相关物价指标数字

	原料工业品出厂价格指数(上年＝100)	生产资料工业品出厂价格指数(上年＝100)	原材料、燃料、动力购进价格指数(上年＝100)	燃料动力类购进价格指数(上年＝100)	居民消费价格指数(上年＝100)
2003年	106.7	103.6	104.8	107.4	101.2
2004年	110.2	107.8	—	—	103.9
2005年1月	111.8	107.8	110.74	112.64	101.9
2005年2月	110.7	107.1	109.76	113.1	103.9
2005年3月	111.3	107.6	109.7	115.51	102.7
2005年4月	111.6	107.9	109.85	117.57	101.8
2005年5月	111.4	108.2	109.99	118.93	101.8

资料来源：中国经济信息网。

进入2005年，钢材、水泥等建设类原材料的价格上涨趋势开始减缓，甚至在部分地区有些倒退，其实这和2004年开始的本轮宏观经济调控密切相关。从 2002 年底开始，各地政府大搞城市化、大力推行城市基础设施建设，从而带动了对建筑类原材料的需求，拉动了这些行业的过度投资。当 2004 年宏观经济管理的相关部门实施调控以后，地方政府的投资需求被抑制，但是各地纷纷上马的这类原材料企业的生产力已经形成，供给大大超过需求，价格开始稳中有降。然而，建设类原材料只是其中的一部分，从表 1 可以看出，原材料总体的价格上升趋势并没有受到影响。

3. 劳工荒的出现开始宣告中国的劳动力成本不再低廉

虽然我国的劳动力资源非常丰富，但是从 2004 年开始出现的劳工荒的现象说明了劳动力资源的价格开始走高，一个新的时代已经到来。

如上所述，我国的工业化发展伊始之所以选择劳动密集型产业作为主导产业，一是由于我国劳动力资源丰富，二是由于这类企业对于劳动力素质的要求不是很高。但是，正因为劳动力市场上的供给远远大于需求，所以用工企业只需要支付非常低的报酬就能满足用工需要，而其他本来应当支付的各种劳动保障资金也是能逃就逃。很多经济学家批评这一现象，认为我国产品在国际竞争中的低成本比较优势是牺牲了劳动力应得的利益而获取的，劳动力在恶劣的生产条件下损害了人身健康却无法获取补偿、经常被无缘无故地辞退等现象比比皆是，劳工们的权益远远没有得到满足。

随着我国经济的持续发展和工业化进程的稳步推进，用工荒现象的出现有一定必然性，必将推动劳动力价格的上涨。首先，相比较于 20 世纪 90 年代初，物价指数在这十几年之间都已经上涨了数倍，而劳工的名义工资却没有显著的提高，这就说明了劳工的实际工资是在直线下降的。当企业的劳工们意识到这个问题的时候，他们将不会再继续廉价出卖自己的劳动力。其次，城市的生活水平正在不断提高，劳工们在城市打工，就要保证自己正常的生活开销支出，那么工资收入就应该随着物价水平而相应提升，不可能继续维持在低水平。再次，近年来政府对于农业的改革力度非常大，对农业的各种优惠政策减轻了农民的负担，提高了农民的收入。当农民有了更好的选择，他们就会重新回到农业部门继续从事农业，而不一定要去企业打工。另外，目前我国收入分配不均的现象已经十分严重，如果劳动力收入过低情况没有得到合理解决，有可能会冲击到社会的安定，也就谈不上构建和谐社会。因此，这些原因都会导致劳动力收入的提升，从而提高企业的用工成本。

4. 中央政府对于土地的管理已经逐步正规化

土地管理在最近几年间日趋规范，中央政府一再提出要严格控制将耕地转化为建设项目用地，并下发了相关的政策、法规和条例，工业新增用地的需求受到抑制。

长期以来，我国的土地资源并未进入市场化配置，各级地方政府部门只支付极少的补偿金就可以随意征用农民的耕地，然后再把土地转手以高价出卖给土地开发商，或者以相对较低的价格吸引企业投资，或者地方政府直接把土地拿来大搞市政建设、推动城市化。这样，企业可以用非常低的价格使用土地，相当于把大批的成本转移给了原来使用土地的农民。这一方面造成了农民不必要的损失，且导致了耕地的大量流失，另一方面也给地方政府开展投资活动提供了便利，成为地方政府推动宏观经济过热的一个重要原因。

中国本来就是人均耕地占有量极低的国家，为了防止耕地的继续流失，国务院和国土资源部等相关部门加强了对土地的管理力度。2004年4月和10月分别出台了《关于深入开展土地市场治理整顿严格土地管理的紧急通知》和《国务院关于深化改革严格土地管理决定的通知》，要推进土地资源的市场化配置，其中关于提高工业化用地，要创造条件逐步实行招标、拍卖、挂牌出让，不能再走以低价土地为代价搞招商投资的路子了。随着企业对土地需求的增长，土地的价格必然也会相应上升。

5. 政府相关政策的颁布影响企业的生产成本

为了实现可持续发展，避免出现先发展再治理的被动局面，政府提出要严肃环保法律法规，逐渐规范了对于企业在生产过程中处理污染物的要求。

由于缺乏相关经验，我国过去的经济发展一直忽视了必要的环保标准要求。企业没有经过任何的处理工序，就把污染物直接排放出去，相当于把处理污染物的成本转嫁给社会去承受，这样，企业的实际成本就低于原本应该支付的成本。

随着我国经济发展经验的累积，政府加大了对企业污染排放的管理力度，避免为了一时的高经济增长速度而造成后续发展力量的衰竭。最近一段时期，国家环保总局加强了对工业企业的监管措施和手段，全面实施排污许可证制度，加快安装在线监控装置，对一些重污染行业开展专项整治，对那些达不到污染物排放标准或排污总量控制标准的企业责令限期整改，以求提高行业的污染防治水平，最终达到削减污染物排放总量。在相关部门的严格监督下，企业必须采取一定的制污措施、购置相关的制污设备，符合相关的污染物排放标准之后才能正常开工。所以，企业现在必须承担起原来转移出去的那一部分社会成本，这就大大提高了企业的生产成本。

另外，国家的税收政策、产业政策、货币政策等都会影响到企业的生产成本。与绝大多数比较成功的发展中国家和发达国家相比，我国现行的税制和税率导致国内企业的税收负担很重。如果换算成国外可比口径，我国的生产型增值税税率要高于国际上常用的消费型增值税税率；另外，企业所得税的税率同样偏高，企业在税前的可抵扣项目少，内资企业的所得税税率要比外资企业高出将近十几个百分点。除此之外，由于各级地方政府的行为不规范，各种不合理的乱收费现象没有能够杜绝，使得企业的税外收费的负担很大。

6. 企业所面临的国际贸易环境日益严峻

加入 WTO 给我国的经济发展带来越来越多的商机，但是随着国际贸易的发展，针对我国商品出口的反倾销案件也越来越多。

由于我国现阶段产业结构主要以劳动密集型和资源密集型产业为主，如上所述，我国的能源、原材料、土地等资源一直都没有进入市场定价，劳动力资源又非常廉价，这就导致国外的同类商品在价格上很难竞争过我们，从而引发了一个问题：这类产业的最大特点就是技术含量虽然不高，但是能够广泛接纳劳动力就业，当国外企业的生存受到威胁时，这些国家的稳定也同样受到影响。而且，低附加价值的劳动密集型产品没有太高的技术含量，很容易找到相应的替代产品，这就导致我国在国际贸易中很难有发言权，因此。我国的产品自然就会成为进口国家反倾销的对象，它们很容易对我国的产品出口设置种种壁垒，比如提高税率、设置进口配额，等等。所以，近些年来我国企业的出口环境不断恶化，在此环境下，很多面临着国内市场饱和、严重依靠出口的企业只能让生产力大量闲置，或是解散工人、关门停产，这深深地制约了我国企业的发展。

以上我们分析的只是企业所面临的外部成本，就其内部成本而言，目前绝大多数企业也没能将其控制到最小化。这其实是和我国的两个现实情况分不开的。首先，由于计划经济体制的影响，我国企业一直采取粗放型增长方式。速度和总量是最终目标，导致了单纯依靠大肆增加投入而达到经济的增长，很少考虑最终产出效率的提高。虽然经过改革开放多年来的发展，非国有经济部门和国有经济部门的市场意识都已经得到提高，但是粗放式增长的思想还没有从根本上消除。其次，我国企业目前的管理水平也决定了无法实现资源的最优配置。卖方市场经济环境中企业都不需要有很高的管理水平，而直到20世纪90年代中期我国的经济环境才转向买方市场，在短时期内，企业的管理水平不可能得到突飞猛进的改变。所以，企业内部的费用成本没有实现最小化、资源没有得到最佳配置、人才没有完全发挥作用等现象都是比较正常的。但是，在外部成本逐渐变高的情况下，企业必须尽快降低自身的内部成本，以此增加自己在市场竞争中的筹码。

三、高成本时代的策略选择

虽然目前的经济运行态势看似良好，但是高成本时代的到来，迫使我们必须尽快转变现有的经济增长方式，从长远角度来培育新的比较优势，进行产业结构升级。与此同时，企业也应当尽可能地降低自己的生产成本、提高自身的竞争力。阵痛是难免的，但这却是我们无法再推迟的必然选择，应对高成本时代的冲击，需要各方面的共同努力。

1. 发展节约型经济，由粗放式增长转变为集约式增长

能源问题已经成为制约我国经济发展的瓶颈，发展节约型经济必须成为全社会的共识，当市场成为资源配置的主要手段时，效益、而不是数量才应当是企业和政府追求的首要目标。

要发展节约型经济，实现集约式增长，首先需要对现有的体制进一步改革。目前中央政府对于地方政府的考核指标仍然依据总量数字，这就导致各级地方政府非常关注企业所完成的规模扩张。由于国有企业和政府之间存在着千丝万缕的联系，使得它们在很大程度上受到地方政府的影响，完成地方政府下达的经济任务。另外，虽然地方政府不能直接影响非国有企业的行为，但是它们经常提供各种优惠条件来吸引非国有企业的投资，使得很多原本没有利润的投资变得有利润。实际上，这些

成本只是转嫁给了政府部门或是原本使用土地的农民身上，对于社会整体经济效益的提高没有什么帮助。这样过于追求规模扩大的结果，就是依然走高投入高产出的老路，忽视效益，所以，现行体制的不合理部分一定要进行改革。

其次，消除各级地方政府的地方保护主义行为。地方保护主义使得全国各地的市场割据，相互之间关卡重重，无法形成统一的全国市场。企业在地方政府的保护下形成一定的垄断，市场淘汰机制不健全，导致了重复建设现象严重，无法实现优胜劣汰，造成资源的严重浪费。要发展节约型经济，完善市场经济体制，必须消除地方保护主义的影响，充分突出市场的作用。

再次，发展节约型经济应该成为全社会的共识。我国的人均资源占有量远远低于国际平均水平，而且长期以来坚持的粗放式增长的典型特征就是资源高消耗，基础能源产业的不发达加上对于资源的过度利用，使得目前资源供给严重不足。能源价格的持续上涨趋势不可逆转，努力寻找新的能源供给、大力发展能源基础产业是一方面，同时尽可能节约使用资源也是非常重要的一环。另外，要推行企业的耗能标准，逐步淘汰那些耗能高、效益差的企业。节约资源不仅仅是和企业密切相关的问题，整个社会都应该形成节约的氛围，毕竟人口数量巨大和资源相对匮乏是我国今后发展中不得不面对的现实。因而最合理地利用资源、发展节约型经济是我国经济今后发展的方向。

最后，推动资源的定价市场化。政府的干预使得资源价格长期偏低，自然会导致企业浪费资源，所以，除了一小部分民用必需的资源以外，工业用途的资源价格应当完全市场化，只有当市场的激烈竞争触及自己的生存时，企业才会想方设法去节约使用资源。

2. 产业结构由产品加工业为主逐渐向机械设备制造业为主的方向升级

中国是贸易大国，2004 年中国的货物出口额和进口额都已经位居世界第三，仅次于美国和德国，净出口额为 319.46 亿美元，出口已经成为拉动我国 GDP 发展的一个重要力量。然而我国却不是贸易强国，出口商品很容易被国外设置各种关卡，这就是初级产品加工业的弊病所在，所以，我国必须要升级产业结构。

机械设备制造业能够很好地避开我国目前在国际贸易中所处的困

境。在高附加值的机械设备制造业，销售目标不是数量，而是内涵的技术。只有做好技术的研究与开发，不断地提高机械设备的质量，才能使产品具有竞争力，才能使我国在国际贸易中掌握足够的主动权。这样做的好处很多。首先，我们可以获取产品的高附加值，得到可观的利润，这是单纯出口初级加工产品不能够比的；其次，主动权在自己手中，进口国一般不会轻易设置贸易壁垒，即使进口国设置了各种贸易关卡，我们也比较容易将其转移出去；再次，机械设备制造业对于原材料和能源的依赖性相对较小，由此可以缓解我国日益严重的能源紧张问题。

3. 拥有技术优势是中国今后最为重要的发展目标

无论是转变经济增长的方式，还是升级产业结构，都必须依赖于技术的支持。如上所述，不只是企业要提高经济效益、节约投入资源，整个社会都要发展节约型经济，这就给相应的技术研究与开发部门提出了挑战，迫使它们不断改进并研发出新的技术，以处理各种纷至沓来的问题。而发展机械设备制造业、升级改造传统的产品制造业乃至发展高新技术产业，也都必须依靠技术的最终推动。

中国目前最大的困境在于绝大部分产业拥有的只是普通技术，基本上处于产业链的最低端，含有核心技术的部件往往都需要进口。这样，我国无论是在产业发展中，还是在国际贸易中都严重依赖于国外，处于非常被动的地位。其实我国一直很重视技术的引进，然而根本的问题在于我们没有对技术进行消化吸收，从而使得我国技术引进的效果大打折扣。

由于我国目前的高等教育发展和资金积累只能基本应对发展技术优势起步所要求的高劳动力素质和高资金需要，所以，具体的步骤可以借鉴日本的成功发展道路，即先从国外有的放矢地引进先进技术，然后尽快消化吸收，从而自主创新并培育出我国的技术优势，最终实现出口新技术。目前外资的投向不再像 20 世纪那样主要集中在低附加值的初级加工工业，很多高附加值的技术含量高的产业逐步增多，这就有利于我国学习并掌握先进的技术。要想成为经济强国或是贸易强国，我国必须具有其他国家无法随意限制的杀手锏，这只能体现在技术上，一旦别人无法模仿产品，中国成为稀缺的供给方，我们就会在国际贸易中拥有主动权。

4. 企业应当提高自身的管理水平，降低内部成本

粗放型增长的思想造成了企业一直重增长、轻效益，经验的不足导致企业的管理水平低下。企业内部管理混乱、资源浪费严重、人力资本无法充分发挥其作用等现象，使得企业内部成本居高不下。但是，外部成本较低却导致企业没有花大力气降低内部成本的动机。然而，在外部成本逐渐升高的现实下，为了在激烈的市场竞争中保持优势，企业的管理必须日趋科学化，尽可能地降低内部成本。

首先，企业要明确管理的目的是要优化各种生产要素的投入比例和投入方式，最终做到最佳利用资源的同时最小化成本。其次，在具体的企业运营过程中，可以借鉴西方相对成熟的企业管理模式。经过多年的探索和经验的累积，国外的企业管理科学已经非常进步，它们对于最佳的工业流程设计、最小化的成本费用以及最有效率的生产要素配置等方面都有比较完备的认识。虽然国情和文化不尽一致，但是它们利用完善的相关制度安排消除不合理的费用成本支出的做法是值得我国企业重点学习的。另外，通过在企业内部设置人力资源部门，充分调动人力资本的才能，尽可能地做到人尽其用。这是目前被国内企业所忽视、但又异常重要的一个环节，毕竟人力资本才是企业中起着决定作用的要素。

5. 政府应当做好配套工作，以降低企业的外部成本

政府的职能应当是为企业创造一个良好的外部环境，提供优质廉价的公共品等，从而尽可能地降低企业的外部成本，而不是直接参与到企业的正常运营活动中去。

随着经济的发展，我国工业化的进程需要越来越多的能源支持，而国内能源的供给已经出现瓶颈。所以，政府一方面应当加大对于能源产业的扶助力度，促进能源产业的发展；另一方面也应当走出国门去开发新的能源资源，尽可能削减能源供给对我国经济发展所形成的制约影响。

偏高的税率已经使得国内企业的发展深受限制。税制改革已经进行了较长一段时间的讨论，关于生产型增值税向消费型增值税转变以及内外资企业的所得税税率一致等问题也都有了一些可供参考的方案，毕竟在高成本时代到来以后，企业的利润空间已经变得非常狭小，政府应当给企业适当地减压。

事实上，我国政府也的确在为企业创造一个良好的外部环境而努

力。2005 年 6 月，国家发展与改革委员会决定从七个方面重点清理乱收费，其中有两点是和企业直接相关：一点是清理行政审批收费。坚决取消不符合建立统一市场要求、歧视性的地方保护收费；认真检查落实国家明令取消的行政审批收费项目和降低的收费标准；严禁将国家明令取消的行政审批收费转为服务性收费继续收取。另一点是重点治理向非公有制企业的乱收费。由于种种历史原因，民营企业相比较国有企业而言，其所受到的不公平待遇尤甚，所以，此次发改委特别提出要坚决取消专门针对非公有制企业的歧视性收费。

四、结语

最近几年我国的宏观经济一直处于高增长低通胀的良好运行态势，货物净出口额增长迅猛。然而，需要警觉的是，我国企业一直所依赖的比较成本优势正在逐步丧失，能源、原材料、劳动力、土地的价格不断上升，国内市场环境存在着诸多不完善，国际贸易摩擦不断增加，所有这些情况都说明，在高成本时代来临后，政府和企业都必须立即进行新的策略选择。

企业要从粗放型生产方式转变为集约型生产方式，逐步引入、消化、吸收技术并最终掌握技术优势，通过提高自身的管理水平来节约内部成本，等等。而政府也要尽量给企业创造一个良好的外部市场环境，大力配合企业转变生产方式，调整比较优势，并升级产业结构，从以初级产品加工业为主转向机械设备制造业为主，同时适当给企业减压。然而，值得注意的一个问题是，地方政府绝不能以降低排污标准来给企业减负，不能在宏观经济过热时就严格执行这个污染排放标准，而一旦企业成本上升、地方经济增速放缓以后就开始弱化污染排放标准的执行。为了避免重复欧美国家的先污染再治理的老路，企业必须遵守污染排放标准，这也是我国实现可持续发展的必然要求。

作者说明

这篇文章与董进合作，写于 2003 年，但 2005 年才发表于《中国工业经济研究》2005 年第 9 期和《高等学校文科学术文摘》2005 年第 6 期。这篇文章是从我国经济发展的不同阶段上，来思考中国的经济体制改革的。这篇文章的中心思想是提出了我国已进入到高成本时代，原有的低成本竞争战略的思维，必须要转变，这种转变的方向是要逐渐过渡到以技术为优势的体制。我是经济学界较早提出低成本时代已过去，中国已进入高成本时代的经济学者，也是最早探讨如何应对高成本时代，如何构筑技术优势的学者。后来以此文章为基调，我曾出过一本书，名为《中国企业突围》，由中国发展出版社于 2004 年出版。该书着重探讨中国企业如何从成本优势转为技术优势，实践反应甚好。

经营城市的思考

城市化的内涵是极其复杂的。城市化内涵的这种复杂性，决定了不同国家城市化道路的不同。各个国家不同的自然条件、历史环境，特别是社会经济制度的选择对城市发展的影响是非常明显的，这就使城市化进程中产生了种种差异。即使最终结果都是农村人口转化为城市人口，并且城市数量越来越多、规模越来越大，但这个转化的过程会因城市化道路选择的不同而不同，最终对经济发展产生不同的作用。因此在城市化过程中，政府对于城市化的模式选择、战略选择、经营方式、行政管理等各方面的安排，将直接影响到一个国家城市化的进程，进而影响到整个国家经济的发展。所以说，城市化内涵的复杂性就要求各个国家必须统筹安排、周密布置、因地制宜，选择一条适合自身发展的城市化道路。

中国的城市化起步比较晚，因而城市化进程远远地落后于西方发达国家，这当然是坏事，但从另一个角度看，这也是好事。之所以说是好事，就是因为我们作为城市化的后起者，既可以以高起点和超现代的角度推动城市化进程，形成后发优势，实现超越性城市化；同时可以有效借鉴西方发达国家在城市化进程中的经验和教训，学习它们在城市化进程中的好的做法，而消除城市化进程中的错误做法，从而走出一条高效益的城市化道路。也就是说，我们应该走一条新型城市化的路子，选择一种最佳的城市化模式。我们认为，所谓最佳城市化模式，包括下述几个方面的要点。

一、以工业化和市场化为基础

城市这个概念虽然是个古老的概念——因为城市的形成可能有各种各样的原因，例如封建社会的政治需要或战争原因而促进了城市的形成——但是就现代城市来讲，其存在和发展，则是建立在工业化和市场化的基础上的，是工业化和市场化造就了城市并推动了城市的发展。没有工业化和市场化的发展，就不可能有现代城市的形成和发展。在这里，我们要正确理解城市化同工业化、市场化的关系，不能将城市化凌驾于工业化和市场化之上，误以为城市可以脱离工业化和市场化。也就是说，虽然从城市化的功能上看，城市化可以有力地推进工业化和市场化——城市化的一个极其重要的功能也就在于推动工业化和市场化——但是城市化有赖于工业化和市场化的发展，城市化是以工业化和市场化为基础的。因此，我们在城市化进程中不能离开工业化和市场化而盲目地追求城市化，必须把城市化建立在工业化和市场化的基础上，以工业化和市场化为中心而推动城市化。为此，我们应坚持如下几点。

1. 按照工业化和市场化的要求而有序地推动城市化

也就是说，我们在推动城市化的进程中，或者在经营城市的过程中，必须要按照工业化和市场化的要求而构建和完善城市的功能和布局，必须使城市化能推动工业化和城市化的发展，否则，任何一个城市都不会有生命力。那种脱离工业化和市场化而凭空造市的做法，只能是既劳民，又伤财，我们切不可在城市化进程中犯这种“盲目跃进”的错误。我们现在极为重视城市化的作用，并大力推动城市化，但是我们并不是说在任何地方都可以圈地造市，千万不要把构建和扩大城市作为评价政府政绩的标准。城市化虽然是现代化的重要标志，但不能认为建立了城市就现代化了，城市只有同工业化和市场化联在一起，才是现代化的标志。因此，我们必须防止城市化进程中的城市“虚化”，即只有城市而无产业和市场经济的繁荣。

我有一次参加一个城市的总体规划研讨会，当谈到该城市的功能和布局的时候，我问了一个问题：为什么搞这样的功能及布局？有人回答说，主要是参照别的城市的经验。但当我问到该城市和所参照城市的工业化状况和市场化水平的对比度时，他们却回答不出来，因为他们实际上并没有做过任何分析。由此可见，人们在确定一个城市的功能及布局时，实际上根本没有把工业化程度和市场经济发展水平作为标准和基础。这是不对的。城市化只能随着工业化和市场化而有序推动，不能人为地随意进行。

2. 按照工业化和市场化的发展而确定城市的规模

正因为城市化以工业化和市场化为基础，因而城市的规模必须以工业化和市场化为基础。工业化和市场化是确定城市规模的唯一标准，任何离开工业化和市场化而盲目扩大或者缩小城市规模的做法都是错误的。我们过去因为有“恐城病”而极力压缩城市规模是不对的，现在离开工业化和市场化的要求而盲目扩大城市规模也是不对的，在当前的城市化进程中，尤其要防止后者。现在不少地方离开工业化和市场化的发展现实而盲目扩大城市规模，在城市规模上相互攀比，结果使得城市“大而不实”，出现城市“空心化”，严重浪费了土地及各种城市资源，损害了城市化的效益。因此，我们必须按照工业化和市场化的实际需求而确定城市规模，不能只求大而不求“实”，搞那种没有产业化和市场化支撑的城市化。

中国不少城市在确定自身的规模时，都以大为标准，似乎越大越好，这是不对的。城市的规模是由工业化和市场化程度决定的。因此，我认为经济发达的沿海地区的城市，因为工业化和市场化程度高，就应该在规模上大一些。而西部地区的城市，因为工业化和市场化程度低，就应该在规模上小一些，不能随意攀比。我发现有关方面在审批一个城市的规模时，往往没有这个城市的工业化和市场化的现有水平分析，也没有对这个城市的工业化和市场化的趋势的预期，这是不对的。工业化和市场化程度是决定一个城市的规模的最基本准则，因而城市规模的审批不仅仅是城建部门的事，而是所有经济部门的综合意见。

3. 按照工业化和市场化的需要而提升城市竞争力

工业化和市场化是依托城市而发展的，因而工业化和市场化需要有良好的城市环境的支持，要依靠城市的竞争力。也就是说，工业化和市场化的发展是靠企业的竞争力，而企业竞争力的形成，又在很大程度上取决于城市的竞争力，因而任何一个城市都必须把造就城市的竞争力作为城市化的重要任务。现在有的城市的领导者往往把城市的扩张作为追求的目标，例如热衷于同别的城市比面积，比人口规模，这是不对的。大连市在这方面做得比较好，大连市提出不求最大，但求最好，我认为最好就是指竞争力，也就要把城市竞争力作为首要目标。

城市竞争既体现在城市的“硬件”上，例如取决于城市的布局及基础设施等；又体现在城市的“软件”上，例如城市的办事效率及管理能力等，因而城市化必须把满足工业化和市场化所需要的“软硬”件条件作为自己的重要任务。如果工业化和市场化因为城市的“软硬”件条件不具备而得不到发展，那么工业化和市场化就难以得到发展，从而城市化也就难以推进。因此，城市化要把为工业化和市场化造就竞争力作为自己的重要任务。

4. 按照工业化和市场化的要求而塑造城市的产业基础

任何一个城市的发展，都需要有一大批能够提供税收和创造就业机会的企业，如果一个城市没有能够提供税收和创造就业机会的企业，那么这个城市就不可能存在和发展。因此，我们在城市化进程中要注重城市的产业基础问题。为什么我国东部沿海地区和南部沿海地区的城市化进程在改革开放以后发展很快，就是这些地区的工业化和市场化发展很快，拥有大量的能提供税收和就业机会的企业，城市的产业基础极强，既有钱扩张和提升城市，又能为城市吸引来物流、人流、财流，因而城市化发展很快。我国西部城市化缓慢的主要原因，就是因为工业化和市场化发展太慢，城市的产业基础较差。我国沿海地区的一些小镇，比内陆的一些县城还要漂亮和有实力，就是因为它们有产业实力，能为城市发展提供税收和就业机会，因而城市之间的差异在于城市产业基础的差异。

城市不仅仅是人们集中居住的地方，而且还是人们工作和创造财富的地方，如果没有后者，城市是不可能存在和发展的。我们在城市化的进程中，绝不能将城市化理解为造城运动，关键是要形成城市的产业基础，使城市中具有能够提供税收和创造就业机会的企业。我们要防止没有产业做支撑的空心化城市，因而必须将城市化与工业化和市场化融为一体，以工业化和市场化为基础。实践表明，城市对于农业人口的吸引，或者说城市将农民变为城市居民的关键，是要依靠产业的发展，没有产业，就没有就业机会，从而也就无法吸引农村人口。因此，城市化必须把推动产业发展作为中心工作，要努力构建城市化的产业基础。

5. 按照工业化和市场化的要求而形成繁荣的市场经济

城市化是和市场经济紧密相连的，市场经济的形成和发展带动了城市化的进程，而城市化又推动了市场经济的发展，因而我们必须在城市化进程中注重造就城市的市场经济基础。可以说，没有繁荣的市场经济，就没有城市化的发展。我国西部地区的一些城市，国家在计划经济时代进行了大量投资，创办了那么多的大企业，而沿海城区的一些城市国家并没有搞多少投资。但改革开放之后，后者却发展迅速，而前者不仅发展缓慢，甚至有的有衰落的趋向，其主要原因就是后者的市场经济发展迅速，而前者的计划经济包袱太重。因此，城市化需要有市场经济的支持。

城市的市场经济基础的造就，不能只局限于开辟市场交易场所，也就是不能只注重市场经济的“硬”件的建设，而是要注重市场经济“软”件的建设。例如，注重市场经济规则的建设，注重市场经济信用的建设，从而形成现代市场经济。可以说，没有现代市场经济作支撑，任何一个城市都不可能得以发展，例如一个没有市场经济信用的城市，其诚信理念极差，那么这个城市就必然会衰落。因此，我们要形成城市化的市场经济基础。

二、以效益提升为目标

城市化之所以能够推动社会财富的创造，从而带动人类的进步，其重要原因是城市化可以通过各种有效的方式，最大限度地提升各种资源创造财富的能力。因而城市化必须以效益的提升为目标，也就是说，以效益提升为目标，既是城市化形成的原因，也是城市化的发展目标。评价一个城市的重要标准，就是看这个城市能否有效提升效益。因此，我们在城市化进程中必须注重对效益的提高。为此，我们应该注重下述问题。

1. 将城市建成学习型城市

所谓学习型城市，就是指整个城市有着巨大的学习积极性，而且城市可以通过各个方面而为人们的学习提供最为有效的学习机会和形式，从而使城市最大限度地提升人们的各种能力和素质。最近有一位企业老总告诉我，说他原来在内陆一座城市经营企业，结果总感到这座城市死气沉沉，没有活力；而他现在在沿海一座城市经营企业，感到这座城市在学习上极为有生气，可以说充满着学习的动力，因而他的企业效益也最好。由此他告诉我：城市化的关键，在于要使城市具有学习的生气，只有学习型城市，才能提升效益，才能使我们达到推动城市化的真正目标。

建成学习型城市不是一种口号，而是实实在在的行动。如何将口号变为行动？关键是要将学习型城市制度化，并通过制度化而形成习惯性，也就是最终人们会自觉地注重学习，注重对新知识的渴求，从而将学习当成自己的必需行为和内在冲动。不学习就会落后，就会收入减少和社会地位下降，就会被人瞧不起，而只有学习，才能从收入及社会地位等方面提升自己，这应该成为学习型城市的社会风气，充分地体现在制度及人们的习惯性行为中。我认为，这才是学习型城市的最基本标准。

2. 将城市建成创新型城市

城市的存在和发展，都需要有创新能力，因而将城市创办成为创新型城市，是城市化的重要内容。我们发现，凡是创新能力强的城市，其效益都非常高，而创新能力差的城市，几乎都是处于滑坡的境地。因此，应该注重城市的创新性的培育。

有人告诉我，有些困难和问题在内陆的一些城市就是解决不了，但在沿海地区的一些城市早已顺利地解决了。为什么？最主要的原因，就是沿海的一些城市具有创新能力，而内陆一些城市因循守旧，没有创新能力。可见，创新能力的差异，必然会导致城市发展水平的差异，因而任何一个城市都应增强创新意识和能力。城市的创新性，不仅要求城市的管理者有创新精神和创新能力，而且也要求城市的各种机构有创新精神和创新能力，当然也要求城市中的所有人都有创新精神和创新能力。在城市化进程中，任何一个城市都必须把创新作为重要的工作任务，使创新不仅仅表现在城市的“软硬”件环境方面，而且表现在城市的管理过程中，表现在人们的思想行为上，表现在城市生活的各个方面，使城市的各个角落都充满创新的气氛。

3. 将城市建成活力型城市

任何一个城市，如果要能够有效地提升效益，就必须要充满活力，因而我们应该在城市化进程中让每个城市充满活力，成为活力型城市。形成活力型城市的关键，是城市不断要形成新的增长点，推动城市的人流、物流、信息流、资金流的运行速度，使城市经济处于活跃状态。当然，活力型城市也取决于市民的心理状态，因而应该通过各种活动使市民思想活跃，心情舒畅，处于不断的思考和追求之中，也就是要有人气。沿海地区一些小城镇，虽然形成的时间短，但却充满朝气，非常具有活力，因而经济效益极好；而内陆一些大城市，虽然历史悠久，但却死气沉沉，没有活力，经济效益甚差，下岗等社会问题严重。

因此，我们应该在城市化进程中强调要注重城市活力的塑造，将城市建成活力型城市。形成活力型城市，需要有各种制度与政策的保障，其中最为重要的是形成市场经济制度。如前所述市场经济制度是和城市化紧密地连在一起的，城市化促进了市场经济制度的发展，市场经济制度推动了城市化的发展，二者相辅相成，因而城市的活力往往来自于市场经济制度，城市活力的激发，有赖于市场经济的发展，所以在建立活力型城市的进程中，必须注重市场经济制度的建立。

三、以人文关怀为原则

城市作为现代人类文明的标志，其对人类社会的最为重要的推动力，就在于它能使人性得以满足和提升。如果城市化的进程不是有益于人类的发展，而是危害了人类，那么这种城市化就不是真正的城市化。因此，我们在城市化进程中必须要以人文关怀为原则。为此，我们应该坚持如下几点。

1. 注重城市教育

教育既是人类自我发展的内在要求，也是提升人类的重要方式，因而在城市化进程中要以人文关怀为原则，就必须注重城市教育，一个教育不发达的城市，很难说它是一个真正的城市。城市化要求有发达的城市教育体系。因此，任何一个城市都应把筹集充足的教育经费放在重要的位置。我有一次去北方一个小城镇去考察，发现这个镇的镇政府很漂亮，马路也很宽阔，但我发现这个镇的几所学校都很破旧，甚至教师人心不稳，因为教师收入甚低，而且还有拖欠教师工资的现象。这个镇的负责同志在对我谈他们的城市化速度如何快时，我毫不留情地告诉他：不重视教育的城镇，不能称之为城市化。在这里我们尤其需要指出的是，城市教育体系对所有人都应是公平的，不能歧视进城打工者的子女及本人的教育要求，而应该对所有人提供受教育的机会。

因此，教育创新，是城市化的重要内容和任务。我最近去珠江三角洲考察，发现近几年该地区对教育的重视程度不断提升，而且注重教育创新，各类教育机构发展很快，尊重教育和大力发展教育，已成为政府及老百姓的自觉行为。我认为，我们应该在教育上进一步加快改革，充分放开那些各地的城市以获得更大的创新空间，使教育在城市化中进一步得以发展，与城市化进程相融合。

2. 注重社会保障

城市化以人文关怀为原则，就必须关注人们的就业、健康、退休等问题，尤其是关注失业、生病、退休等人们自我抵御力量差的问题，使人们得到社会的关爱。因此，在城市化的进程中必须加强社会保障工作。任何一个城市，都应注重医疗保障、失业保障、退休保障、收入保障等社会保障制度，形成一个各方位的社会保障体系。当然，我们国家还比较穷，不可能学习欧洲那种社会保障制度，那种社会保障的福利性趋向过于严重。我们应该学习美国的社会保障制度。

“非典”给我们带来了灾难，这是坏事，但坏事也可以变为好事，因为它提醒我们必须加强城市的社会保障，必须把社会保障作为城市化的重要工作。这种保障涉及各个方面的内容，不仅仅是医疗保障，要把健康保障贯穿于城市化的各个方面，例如住宅建设、工作环境等方面，都要体现健康保障的要求。广东省在抗击“非典”上做得比较好，其原因之一就是城市化中的社会保障做得好一些。

3. 注重城市文化

城市化的进程往往使人感觉到亲情化和友情化在淡薄，似乎城市化必然伴随着人们之间的情感冷漠。这种看法是不对的，城市作为人类文明，应该是更加推动人们之间的协作和关爱，关键的问题是要注重城市文化。如果在城市进程中不推动城市文化的建立，那么城市化就必然损害人们之间的亲情及友情关系。因此，在城市化的进程中必须要注重城市化的塑造，包括城市家庭文化、城市社区文化、城市工作文化、城市企业文化等，从而使城市化同人类的城市文化同步发展。

当然，城市文化不同于农村文化，不同于自然经济文化，而是体现着工业文明和市场文明，因而具有创新和责权利对称等特征，体现了民主意识，是一种新型文化。这种新型文化发生矛盾和摩擦，对此，我们要有正确认识，不能因为有矛盾和摩擦而放弃城市文化，而是要努力构建符合城市化要求的城市文化。

四、以可持续发展为中心

城市化是以可持续发展为中心的，城市化并不会带来对人类的损害和对资源的破坏。有些人把城市污染、城市化进程中所形成的失业等问题，完全归结于城市化，这是不对的。这些问题的形成，并不是城市本身所带来的，而是在城市化进程中没有以可持续发展为中心而造成的。因此，我们不能把城市化与可持续发展对立起来，而是要在城市化进程中以可持续发展为中心。为此，我们应该做到如下几点。

1. 在城市化进程中注重文化的发展

就可持续发展来说，在城市化进程中注重文化的发展，是极为重要的。可以说，没有城市文明的发展，就不可能有可持续发展。我看到过一个有关沈阳市的内部报告。这个报告在分析中提出，沈阳这个城市为什么会成为全国黑社会最为严重的一个城市，而且黑社会与政府的某些人勾结得很深，其中一个很重要的原因，就是因为这个地方在发展中非常缺乏文明的发展，这个地方的不少个体私营经济业主，都是在商贸活动中形成的暴发的个体户，文明底蕴不厚，有的人甚至大字都不识几个。他们一开始是因为生活所迫为了解决温饱而经商的，但钱多了以后就不知道干什么了，结果出现了不该发生的事。也就是说，因为文明发展问题没有解决好，所以最后导致在可持续发展中产生了严重的危机。由此可见，按照可持续发展原则推动城市文明，是城市化的内在要求。

可持续发展涉及人类的全面发展，不仅仅是经济发展。我认为，经济发展应该为人类文明的发展服务，经济发展虽然是人类文明的基础和推动力，但它不能代替人类文明的发展。因此，在城市化的过程中，我们不仅仅要注重城市化对人类经济发展的作用，而且要注重在城市化中推动人类文明的发展。人类文明的核心是人本主义，表现为法制文明、经济文明和社会文明，因此，我们在城市化中坚持可持续发展，就要推进法制文明、经济文明和社会文明，使人本主义在城市化中得以充分体现。

2. 在城市化进程中注重环境的发展

在可持续发展中，不仅文明发展很重要，而且生态环境发展也很重要。我国现在有些城市的生态环境在经济发展中遭到了严重的破坏，这些地方的可持续发展实际上也很难得以保证。最近我在关注长江三角洲地区的经济发展，发现在长江三角洲这一地区，有些原来在发展过程中并没有显示出很雄厚的经济发展力量的地方，因为他们实行了一种可持续发展的模式，现在已经慢慢地发展起来了，显示出它们可持续发展的极强的后劲。最近外资进入长江三角洲地区的城市，大部分都是选择在文明发展和生态发展中有可持续发展潜力的地方。

对于可持续发展中的环境问题，我们之前已作过论述，这里我们不再重复，但有一点还需要强调，这就是：人类的生存有赖于生态环境，包括自然环境和生命环境，如果生态环境在城市化中被破坏，那么人类本身的存在都成了问题，何谈人类社会的发展？因此，可持续发展中的环境发展是极为重要的，可持续发展只能在生态环境所给定的空间中发展，不能违背自然界的规律。为此，我们应加大对环境保护的力度，使其在城市化中得以提升。

3. 在城市化进程中注重各方面的协调发展

在经济发展中，最为关键的是经济上的可持续发展，而经济上的可持续发展，又取决于各方面的协调发展。所谓各方面的协调发展，就是指城乡之间的协调发展，城市之间的协调发展，城市内部各个区域之间的协调发展，城市内各个社区之间的协调发展，社会与经济的协调发展，等等。在城市化进程中如果不注重各方面的协调发展，必然会产生严重的社会经济问题，从而危害城市化进程。例如，如果城乡之间不协调发展，那就必然既会使城市工业没有农村市场，又使城市得不到应有的成本较低的劳动力的供给，从而阻碍城市化进程。又例如，如果城市建设速度过快，脱离经济的发展，必然就会使税和费太高，其结果必然会影响人们的收入和生活，从而导致城市化进程得不到人们的支持。

总之，城市化进程必须要坚持城市化与各个方面的有效协调。协调发展的核心是处理长远利益和眼前利益的关系。也就是说，我们既要考虑人们的眼前利益，又不能损害人们的长远利益。例如，现在进城打工的农民，因为生活所迫，不得不去干那些脏活和累活，这是眼前利益所决定的。而且干这些脏活和累活的工作环境也可能不好，因为投资者的经济力量还不能提供良好的工作环境，但是这种脏活和累活绝对不能损害民工的身心健康，这是长远利益所在。又例如，有些地方为了自身的经济利益发展，不能不搞一些发达国家转移过来的产业，这是眼前利益所决定的。但这些产业不能破坏本地的环境，而且一旦经济利益强大后，就要调整产业方向，寻找更为有利于自身发展的产业。这就像我国现在还不能不作为成本比较优势的制造中心存在，而条件允许后就要向技术比较优势的制造中心转变一样，有一个眼前利益和长远利益的结合问题。因此，可持续发展在于眼前利益和长远利益的有效结合。

五、以各种经济成分为动力

城市化不仅仅是政府和国有资本的任务，更是全民族的历史责任。因而城市化不能只靠政府和国有资本推动，也要调动政府和国有资本之外的各种经济成分的积极性。实践表明，面对城市化的巨大责任，政府及国有资本的力量显得极其不足，只靠政府和国有资本是永远也实现不了城市化的。我国改革开放前城市化进程缓慢的重要原因，就是城市化长期只依靠政府及国有资本，排斥了各种经济成分的参与。改革开放后我国长江三角洲及珠江三角洲城市化进程加快的重要原因，就是因为除了政府及国有资本之外的各种经济成分参与了城市化，而且是推进城市化进程的主力军。可以说，没有非国有经济的发展，尤其是非公经济的发展，就不可能有长江三角洲和珠江三角洲的城市群的崛起。因此，我们在城市化的进程中，必须要在注重政府及国有资本的力量的同时，充分发挥非国有经济在城市化进程中的巨大作用。为此，我们应该注重以下几点。

1. 为非国有经济在城市化中留出更大的空间

也就是说，在城市化的进程中，应该给非国有经济更多的投资机会，不要过多地限制非国有资本在经营城市中的领域和范围。例如，城市基础设施的投资与管理，就应向非国有资本，尤其是那些带有垄断性的城市水、电、气等公用事业开放，也应向非国有资本开放。可以这样说，除了城市的公共产品需要政府和国有资本投资外，城市中的所有商务投资，都应向非国有资本开放。如果担心垄断性商务投资向非国有资本开放后，非国有资本会借用垄断地位危害公众利益，那么可以采取诸如"黄金股"之类的保障措施。我们不能因为有些项目有垄断性而不敢向非国有资本放开，关键的问题是要防止由垄断所形成的负面作用。总之，在城市化进程中应对非国有资本留有更大的空间。

从实践来看，那些带有垄断性的城市公用事业并没有因为由国有经济来搞而消除垄断，而恰恰是不仅没有消除垄断的负效应，还损害了经济效率，即没有活力。我认为，垄断负效应的消除，应该通过造就竞争者和制定反垄断法来实现，还可以通过企业的产权结构及治理结构来实现。用国有经济的方式达不到预期的效果，因为国有经济并不是一个抽象的概念，并不仅仅代表公众利益，而是往往会具体化为某些社会阶层的利益，如国有企业职工利益，因而它会反映某些社会群体的利益，这就决定了国有经济并不是消除垄断的负效应的最佳办法，我们应该重新考虑问题。

2. 全面调整对非公经济在城市化进程中的歧视性政策

我们虽然已经承认了非公经济的作用，但实际上在城市化进程中仍然存在不同程度的对非公经济的歧视性政策，例如在土地拍卖、建设项目投标等问题上，仍然不能公平地对待非公经济。甚至有人总是把非公经济当作异己力量，不愿意将好的项目给非公经济，甚至有时宁可给外资，也不给非公经济。从而使得非公经济的地位不仅比国有经济低，而且比外资在中国的地位都低下，外资拥有的一些权利，非公经济都没有。因此，在城市化进程中必须放弃对非公经济的歧视性政策，真正把非公经济作为城市化的主力军，充分调动非公经济的活力。

对非国有经济的歧视性政策，来源于对非国有经济的不信任，而对非国有经济的不信任，并不是因为非国有经济本身做了什么大的坏事，而主要是由于传统观念的束缚，也就是一直把非国有经济当作异己力量，这种观念是根深蒂固的。我们不能再自己束缚自己了，任何一个有良知的人，都应该正视非国有经济在我国经济发展中的重大作用，不能再有偏见了。

3. 在城市化进程中以非国有经济为基础

如上所述，城市化必须要以产业发展为基础，而城市中各类产业的发展，又都需要以非国有经济为基础。因为国有经济要退出竞争性领域，其重点在于提供城市公共产品，因而那些以直接营利为目的的商务投资，也就是各类产业的发展，当然要以非国有经济为基础。城市中各类产业的发展主体是非国有经济，这已经成为大势所趋，对此不能有疑义。我国沿海地区的不少城市之所以在改革开放后很快地崛起，就是因为这些城市的各类产业的发展都以非国有经济为主体，尤其是以非国有经济为主体；而内地一些城市之所以在改革开放后没有较快发展，就是因为它们的各类产业仍然以国有经济为主体，长期解决不了国有经济在发展中的历史负担。因此，城市化进程必须以非国有经济为基础。

在这里，有一个历史经验值得一提，这就是：我国从短缺经济转向买方经济的重要原因，就是充分放活了非国有经济，非国有经济的充分发展解决了我国的短缺问题，如果没有非国有经济的发展，我们就不可能有今天这样产品和服务充裕的繁荣市场。实践表明，不论哪一方面的短缺，只要向非国有经济放开，就可以使短缺消失。因此，我国的城市化也有赖于向非国有经济的放开，通过非国有经济的力量造就城市化所需要的物质条件。我认为，只要政策得当，法律健全，非国有经济必然成为我国城市化的重要力量。这不仅仅是因为非国有经济是城市得以发展的各类产业的主体，也是因为非国有经济是有些城市基础设施的建设生力军，因此城市化以非国有经济为基础是一个极为广泛的范畴。

六、以全方位开放为基点

城市化的重要功能，是要打破各种封闭和阻滞，加速要素的流动，实现资源的最佳配置，因而城市化以全方位的开放为基点。在我国的城市化进程中，有些城市搞自我封闭，在就业上排斥外来人口，在福利制度上歧视外来人口，在交通上乱设卡和乱收费，歧视外来车辆，甚至在法律上也搞地方保护，不能公正地以法判案，歧视外来企业及居民的利益，违法保护本市企业及居民的利益。这些行为严重地破坏了城市化，城市化所要求的是全方位的开放，而不是自我利益的非规范性保护，任何非规范性自我保护都严重地损害了城市化。因此，在城市化进程中，我们应该做到如下几点。

1. 充分地放开要素的流动

这里所讲的要素流动，既包括劳动、资金、技术等要素的流动，也包括企业的流动。也就是说，应该允许劳动、资金、技术及企业等要素，进行自我选择，自我流动，任何人和机构都不得以任何理由阻碍它们的流动和自我选择。大家知道，城市化是民主和自由联系在一起的，民主和自由造就了城市的活力。越是民主和自由的城市，也就越是要素能充分流动的城市，其活力就越强。因为在要素充分流动的条件下，任何一个城市要吸引高质量的人才、资金、技术及企业等要素，就必须为这些要素的作用提供更为良好的环境和条件；而任何一个城市要留住高素质人才、资金、技术及企业等要素，也必须要为这些要素的作用提供良好的环境和条件。因而，要素的流动性实际上是在“强迫”任何一个城市都必须不断创造出更为良好的软硬环境，从而不断提升自身的活力。因此，任何一个城市的发展，都不是靠自我保护，而是靠要素的充分流动。正是这种要素的充分流动，才推动了城市的发展，提升了城市的活力。

任何一个城市对要素的争夺，都不能靠垄断和封锁的方式，而是要创造要素所需要的条件，即要素“高地”，也就是要素充分发挥作用的环境。为什么改革开放后大量要素流向了珠江三角洲，甚至一些小镇从大城市吸引了大量的人才？就是因为它们为要素充分发挥作用创造了有利的条件，要素可以实现自身价值。西部有些城市制定了严厉的防止要素流动的政策，但却仍然留不住要素，因为要素在它们那里无法实现自身应有的价值。可见，争夺要素关键在于创造要素充分作用的条件，而不是阻止要素的流动。

2. 全方位地放开竞争机制

在城市化的进程中，任何一个城市都不能靠自我封闭和自我保护发展，而是要靠竞争机制的作用发展。也就是说，任何一个城市都必须造就城市竞争力，越是有竞争力，就越能发展。而城市竞争力的塑造主要是靠城市自身不断地提升自己。由此可见，任何一个城市都必须把工作重点放在自我提升上，而不是试图通过某种行政保护而使自己发展。实践表明，行政保护只能使自己后进，而不会使自己前进，所以任何一个城市都必须参与到竞争中来，在竞争中谋求发展。

最近有些企业根据自己的发展需要将自己的企业从原来的创办地搬迁到别的城市，这本来是企业自身的选择，任何人无权干涉。但是有些企业在搬出时，原有的创办地城市却百般刁难，甚至依靠行政和法律手段强行不准企业搬走，这是不对的。这些城市应该从自身检讨自己，而不是干预企业的自我选择，试想，如果一个城市拥有强大的城市竞争力，那么这些企业为什么要搬走？肯定是这个城市自己的城市竞争力下降，才导致企业的搬出，因而应注重自身的城市竞争力的提升，而不是指责企业。开放要求增强竞争力，而不是非规范性的自我保护。

3. 处理好分工协作和自我发展的关系

城市化是指要形成一个庞大的城市体系，而且要使这些城市之间，既有竞争关系，又有协作关系。因为每个城市虽然都有其基本的共同点和功能，但每个城市也必须有个性，城市之间是个性的互补，因而不能形成城市的趋同化。由此可见，每个城市既要考虑在竞争中提升自己，又要注重自己在整个城市分工协作体系中的地位，形成自身特点，从而与别的城市在分工协作中共同发展。一般来说，城市间的分工协作，主要表现在产业的分工协作上，因而在城市化进程中必须防止产业趋同的倾向。每个城市应该根据自己的能力及特点选择自己的产业，不能在产业选择上“跟风走”。中央强调高新技术产业的重要性，就不顾自己的实际情况而搞高新技术产业，中央强调物流的产业重要性，就不顾自己的现实情况而搞物流产业，是很不应该的。

总之，任何一个城市都必须注重与别的城市的分工协作关系，注重分工协作也是开放，而且是更深层次的开放。实践表明，一个城市越是注重个性的塑造，越是注重发挥自身的比较优势，就越会获得与别的城市进行分工协作的好处，也就是享有开放的好处。上海周边的苏州等城市，注重与上海进行分工协作，结果拥有了很好的比较优势，获得了很大的经济利益，这才是真正的开放。开放不需要自己什么都很强，而是要在某些方面很强，同别的城市形成比较优势的互补，互补性就是开放，协作性就是开放，这是现代化开放经济的重要特征。

作者说明

中国经济体制改革的进程，也是中国城市化和工业化的进程，中国经济体制改革必须要同城市化与工业化紧密结合起来。本文就是从这个角度来探讨问题的。本文选自中国发展出版社2005年版的《驱动财富进程》。本文重点对中国城市化进程作了较为深入的分析，提出了中国城市化的发展方向及路径，尤其是对中国城市化的特点作了详细的分析，并对中国城市化进程中可能出现的问题作了警示，实践证明这种警示是有意义的。可以说，本文是对中国城市化的经验和教训作了较好的总结，因而对未来的城市化进程仍然有指导意义。

当·代·中·国·经·济·学·家·文·库

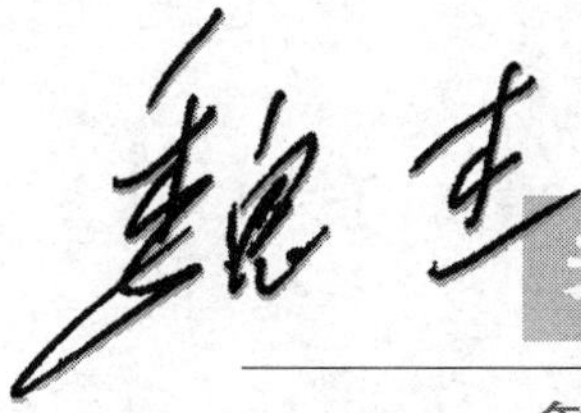

卷

第 二 篇

中国经济体制改革的利益摩擦与社会体制改革

改革与收入差别

中国经济体制改革的一个重大结果，就是形成了社会成员之间的收入差距。收入差距的形成有各种原因，有些是新体制形成的必然结果，因为没有差距就不会有活力，就不会有创新和竞争，新体制的重要特征就是存在收入差距。但是有些收入差距，尤其是过大的收入差距，则并不是改革的必然结果，更不是新体制的内在要求。不过，虽然有些收入差距的形成并不是经济体制改革而引起的——例如非法性收入差距，就是改革措施不完善或者改革不彻底而引发的——但因为它又确实是在改革进程中出现的，所以也经常被人们误以为它是由改革而引起的。因此，收入差距问题是改革中一个极为复杂的问题，当然也是经济学界，乃至整个社会都非常关注的问题，从改革开放开始到现在，关于这个问题的争论，几乎从来没有停止过。

一、如何在改革中理性地对待收入差距

如上所述，收入差距的形成是由各种原因引

起的，有些收入差距是改革的必然结果，是我们必须要维系的；而有些则是非法性收入差距，是我们坚决要取缔的。但是因为这些因不同原因而引起的收入差距都发生在改革的进程中，所以它成为一个非常复杂的经济现象，这就决定了我们在改革进程中必须要理性地对待收入差距，切不可笼统反对。

1. 为什么人们容忍不了收入差距

在现实社会经济生活中，我们经常可以看到这样一种情况：人们对于平均主义“大锅饭”的批评程度，要远远比对于收入差距的批评程度小得多。也就是说，人们对于平均主义“大锅饭”往往可以容忍，但是对于收入差距则有着强烈的反抗心理。从平均主义“大锅饭”和收入差距对经济发展的作用和影响来看，平均主义“大锅饭”的负面影响其实更大。例如，我国传统经济体制的最主要特征就是平均主义“大锅饭”，其对我国经济发展的负面影响作用是人们有目共睹的，而收入差距，尤其是适当的收入差距，则对经济发展有着积极的作用，我国改革开放以来的实践，已充分证明了这一点。但是人们为什么能够容忍平均主义“大锅饭”，而对收入差距却具有强烈的反抗心理呢？我认为主要有五个方面的原因。

第一，非个人能力方面的原因导致了收入差距，例如权钱交易引发了收入差距，因而人们对于收入差距有逆反心理。这种收入差距是一种非法性收入差距，人们对这种收入差距的批判和反对是对的。对于这种收入差距，我们不仅必须要坚决地反对，而且要以法律给以严惩。权钱交易性的非能力收入差距，对于社会经济发展不仅没有好的作用，而且有着极大的破坏作用。

第二，均贫富思想严重。认为人们在收入上都应该是一样的，不应该有差距，因而对于收入高的人有着一种忌妒心理，强烈地反对收入差距。这种对于收入差距的反抗心理是不对的，因为在市场经济条件下，市场经济所贯彻的原则是竞争和效率原则，人们各自的竞争力和效率决定了人们的收入，而人们的各自的竞争力和效率又是有很大差异的，因而这就决定了人与人之间必然存在着收入差距，所以虽然社会要对收入差距进行适当的调节，但是实际上不可能是均贫富的。

第三，收入差距太大，引发了人们对收入差距的逆反心理。人们由于收入差距太大而对收入差距产生逆反心理，这是正常的。因为在市场经济条件下，虽然必须要承认收入差距，但是收入差距又不能太大，收入差距太大也是不行的。因此，我们既要承认收入差距，但收入差距不能太大。在这里，关键是要把握收入差距的程度，过大和过小都不行。

第四，不承认人的能力有差距，认为人的能力都应该是一样的，因而不承认因为能力差距所引发的收入差距。这种反对收入差距的理由是不对的，因为人们之间的能力差别是很大的，能力的差别必然要导致人们之间的收入差距。能力差距所决定的收入差距是合理且正常的。能力差距所引发的收入差距，对于社会经济发展有着巨大的推动作用，我们必须要承认。

第五，误解了人本主义，以为人本主义就是人们都应该在收入上是一样的，因而认为要坚持人本主义，就必须要做到收入均等，从而对收入差距有逆反心理。这种反对收入差距的理由也是不对的，因为人本主义并不是指所有人在收入上都是一样的，人本主义的实质是尊重人权，任何人的人权都应受到尊重，因而应该尊重所有人的能力。例如，一个人的能力很强，那么他的个人收入就应较高，这就是对这个人的尊重；同时，一个人的能力比较差，那么这个人的收入就应较少，这也是对这个人的尊重。因此，人本主义是指尊重所有人的人权，即按能力获取收入的权力，而并不是指人们的收入都应该是一样的。

由上述分析可见，人们反对收入差距的理由并不一定都是对的，有的收入差距的存在是不对的，甚至是违法的，但是有的收入差距的存在是合理的。例如，能力性收入差距的存在是必然的，我们不应该反对能力性收入差距。因此，对于收入差距不能笼统地批判，尤其是不能把收入差距当作社会动荡的原因，我们应该承认因为能力所引发的收入差距。为了承认能力性收入差距，我们有必要对能力性收入差距做深入的分析，切不可随便否定能力性收入差距。

2. 能力差距必然导致收入差距

人们之间的能力差异是很大的，有的人能力极强，甚至有的人能力强到了具有资本功能的程度而作为人力资本存在；但是有的人能力却很差，有的甚至差到了需要靠社会的救济才能生存。因此，我们应该承认人们之间的能力差距。

在现在的社会经济条件下，能力差别必然导致人们收入水平的差别。由于能力差别很大，因而由能力差别所决定的收入差别也必然很大，所以收入差别大是正常的，没有差别才是不正常的。有一位投资银行的总裁告诉我，他愿意以每月5万的高薪雇用一位高能力者，而不愿意出1 000元雇用一个低能力者。

由此可见，能力差距及由能力差距决定的收入差距是很大的。对于这种因为能力差距而引发的收入差距，我们现在必须承认。虽然我们也会从公平的角度出发，要从税收上做一些调节，但从根本上还是必须承认的。如果不承认，搞平均主义的"大锅饭"，其结果必然是经济不能快速发展，从而更难从更大的范围上追求公平，即无法使人们的生活都能不断提升。这已为新中国成立以来的50多年的实践从正反两个方面所证明。

现在有人不愿意承认这种因能力所引发的差别，甚至把自己当作"穷人经济学"的代表，在这些人眼里，即使是在我国改革开放以后的今天，有钱人也都是坏蛋，都是不道德的人，而只有穷人，才是正义和道德的化身。我看过一位作家的文学作品，在他描写改革开放时代的所有作品中，富人基本上都是坏的，而只有穷人才是有正义感的好人。这位作家看不到那些依靠自己能力强而致富的人的勤奋的一面，看不到他们对社会贡献的一面，而只是因为他们有钱就认为他们必然是不道德的人，必然为富不仁。实际上，在公平竞争的社会环境中，财富的拥有量并不决定人道德上的好恶。因此，我们应该承认因为人的能力差别所引起的收入差距。

3. 能力的稀缺性与收入差距

上述我们只是强调了能力差距必然导致收入差距，并没有指出能力差距导致收入差距的其他条件。其实，人的能力差别能不能引起收入差距，或者说，能力强的人能否获得高收入，还要取决于一个前提条件，这就是能力的稀缺性。如果一个能力很强的人所拥有的能力是社会所稀缺的，那么他的能力就具有高价位，从而他的收入就会很高；相反，一个能力很强的人所拥有的能力不是社会所稀缺的，而是属于供过于求的能力，那么他的能力就不会具有高价位，他的能力强就不一定获得高收入。例如，现在建筑工地上的一般工人，因为供给严重过剩，所以他们的工作虽然很辛苦，非常之累，但却收入很少；相反，现在社会所急需的技术工人，却因为稀缺而收入很高。因此，一个人的能力能否被社会所承认，社会能否对他的能力支付较高的报酬，在很大程度上取决于这个人所拥有的能力的稀缺程度。

由此可见，一个工作很辛苦的人，不能一味地要求社会对自己给予很高的收入，而是要考虑一个问题，即：自己的能力是否具有稀缺性。如果没有稀缺性，即使是很辛苦，也不一定有较高的收入。

因此，能力稀缺性的差异，也会导致人们收入的差异。市场经济的实质就是肯定稀缺，什么稀缺，什么就值钱。因此，人们在增长自己能力的过程中，要注意能力的稀缺性问题，按照稀缺性原则选择自己的学习方向和增长自己的能力。一个人能力转化为收入的评价标准，是市场经济的稀缺性原则。

4. 能力的评价标准与收入差距

人的能力能否转化为收入，或者转化为多少收入，往往取决于社会评价人的能力的标准。社会对人的能力评价的标准有两个：一个是行政标准，一个是市场标准，这两个不同的标准会使同一能力的人有不同的收入。例如，一位教授在高校工作，一个月的工资也就是几千元，而当他被某企业请去讲学的时候，可能几个小时的工作时间就是几千元。为什么会有如此大的差距？因为前者是一种行政性评价标准，而后者则是市场性评价标准。市场评价标准完全是由此人的能力决定他的收入的，而行政性评价标准则还包括有人们之间的收入平衡等因素。因此，人的能力差距是否能真实地转变为收入差距，还要看评价能力的标准是什么。评价人们能力的标准的差异，也会引起人们收入的差异。

应该说，最佳的人的能力评价标准是市场标准，因而应该强调人的能力评价标准的市场化趋向。在我国的改革中，民营企业评价人的标准基本上已经市场化了，即能力强的人收入高；而国有企业则还并没有完全市场化，平均主义"大锅饭"还较为严重，因而同一个人在民营企业与国有企业中有不同的收入。正因为如此，所以那些能力强的人都愿意到民营企业去工作，而那些能力差的人则愿意在国有企业中吃"大锅饭"，从而导致了国有企业的低效率。

由此可见，我们改革的一个重要内容，就是贯彻市场化评价人的能力的标准，使人们的能力都接受市场的评价，从而推动社会经济的高效益发展。激活劳动，最终要靠市场化评价人的能力的标准。

5. 机会选择与收入差距

人的能力能否转化为收入，或者转化为多少收入，还有一个极为重要的问题需要讨论，这就是人们选择机会的勇气。如果有的人选择机会的勇气很强，而有的人选择机会的能力不强，那么同样的能力，就会转化为不同的收入。因而选择机会的勇气，也是造成人们收入差距的重要原因。

例如，某一国有企业的两个能力相似的经营者，一个人感到在国有企业中约束了自己能力的发挥，在20世纪80年代初就下海自己创办企业，现在已有家产千万；而另外一个人却没有下海创业的勇气，仍然在原有企业工作，结果因为这个企业经营不景气而自己下了岗。两个能力基本相似的人，为什么有不同的收入？重要的原因就是两个人在机会的选择上有很大的差异。

因此，选择机会的能力差异，也可以导致人们在收入上的差异。在这时，关键的问题是对收入与风险的选择。甘愿承担风险的人，一般选择机会的能力都比较强，因而风险性收入就高。

总之，能力差别以及与能力差别相关的因素，都会引发人们之间的收入差别，对于这类能力差别，我们应该充分承认。因为，只有承认这种差别，才会调动人们的积极性，从而会推动社会经济的快速发展。我们不能一味地盲目强调公平，而是要在尊重效率的基础上强调公平，任何公平都不能离开效率而孤立地实现。只有有了效率，才能最终实现普遍的公平，即经济发展，使人们的生活水平都能提高。

二、收入差距对需求约束的影响

有的同志认为，收入差距往往会对消费需求的形成有很大的负面影响。尤其是收入差距使得财富越来越多地向富有者手中集中，这就使得富有者因为自身消费已达到饱和状态而无法继续推进消费需求的增长，而低收入者则因为没有能力消费而无法形成应有的消费需求，因而收入差距会使整个消费需求萎缩，从而对国民经济形成严重的需求约束。我们基本赞同这样的观点，但要做具体分析。

1. 非法性的收入差别对需求的影响

根据不少同志的研究结果，所谓的收入差别就是指在特定的区域和时段内，不同的群体间按照一定的规则，对他们的平均收入和平均财产进行比较所得出的差别。这种收入差别可以根据其收入和财产取得的手段是否合法分为两大类：合法性的收入差别和非法性的收入差别。

首先，分析一下非法性的收入差别对需求的影响。

非法性收入差别的内涵和范围在不同国家或同一国家的不同时期是不同的。它是与一个国家当前的法律制度相关的。当一个国家法律制度十分健全，监督和执行十分有效的时候，非法性的收入差别就会得到控制；而当一个国家法律制度不健全，监督和执行缺乏力度的时候，各种非法获得收入的活动就会变得猖獗，非法性的收入差别也将不断扩大，最终会对整个社会的收入分配格局产生重大影响，甚至超过合法性收入差别的影响。目前，中国正处于一个经济转型时期，各种法律制度尚未完善，而且监督乏力，因此非法性收入差别是我国目前收入差别中的重要组成部分，在分析中不可忽视。陈宗胜等在2001年测度了非法性收入对基尼系数的影响，说明各种非法性收入是导致目前全国居民收入差别扩大的基本因素。

具体分析中国目前存在的各种非法性收入差别的成因，根据人们的研究结果大致可以将非法性的收入差别分为三大类：

一是垄断行为形成的非法性收入差别。在我国目前经济体制转轨过程中，某些行业的行政垄断因素仍然严重干扰甚至限制市场的作用，造成许多不平等竞争现象。一些部门、行业通过垄断经营获得垄断利益或高额利润，其中的成员就从中获得了相对高额的收入，甚至有的成员将集团的消费转化为个人的消费，而其他群体或个人则不能，最终形成了非常不合理的收入差距。

二是寻租行为形成的非法性收入差别。由于中国市场配置资源的功能还不完备，政府在配置资源中仍起着举足轻重的作用，于是一些政府官员和国有资产的管理者，利用自己手中的权力进行权钱交易，为自己牟取私利。这种由于政府行为而产生的各种寻租行为和腐败现象，同样形成了非常不合理的收入差别。

三是其他非法行为形成的非法性收入差别。在经济转型中，由于各种法律制度不健全，一部分群体通过偷税漏税、制假售假、走私贩私、敲诈勒索等非法手段攫取财富，拉开了与那些合法经营者之间的收入差距，这种收入差别也是不合理的。

总之，这三大方面的原因造成了非法性的收入差别日趋扩大。相当一部分人通过垄断收益、腐败行为或各种非法手段变成了社会中的富裕阶层，他们掌握了整个社会的大部分财富。而为数众多的工薪阶层却逐步落到社会财富分配的底层。中国的收入分配格局变成了金字塔型的结构。

处于金字塔顶端的那部分人手中掌握了全国私人财富的大部分，然而这部分财富中相当一部分都是非法性收入，或者是建立在非法性收入基础上发展起来的财富，所以他们不敢将其所有的财富和收入都拿来进行消费和投资。

非法性收入差别的隐蔽性很强。因为一旦这些人选择将这种见不得人的钱进行消费，非法性的收入差别就会被公开化，而这种消费又很难通过其合法的收入进行解释。所以这些人在通常情况下，都会选择隐蔽的方式来处理这些财富和收入。或以现金的形式藏匿于家中，或用于购买金银珠宝等饰品，或转移到国外的银行，或转移到国外挥霍浪费。总之，这部分收入很难构成对国内的有效需求。相反，还会留置和浪费经济发展所需的资金。

而且，随着近几年政府加强了对非法性收入的管理和监督，社会中的人们也开始普遍关注非法性的收入群体，这部分人更不敢将其非法性的收入公开化。他们宁可错过一些消费和投资的机会，也不愿成为国家治理非法性收入的典型。因此，已经形成的这部分非法性收入很难引致真正意义上的消费和投资。

然而另一方面，新的非法性收入还在不断产生，即使目前监管的力度不断加大，还是有相当多的人在寻找法律的空子，继续抢占非法性的收入，并将其隐藏起来，而且隐藏的手段越来越高明。他们试图在各种制度完善之前，进行最后的财富积累。这同样造成了新一轮的有效需求不足。

另外，这些非法性的收入差别不但不可以转化为有效需求，而且还严重损害了国家的利益，使得国家所采取的启动内需的各种财政政策、货币政策以及其他相关的政策达不到预期的效果。由于腐败和寻租行为的存在，国家为了启动内需而投入的财政支出和政策倾斜可能转化为部分小集团或个人的私利；由于各种非法性手段的存在，不但使国家蒙受了税收等方面的损失，而且还对国内的一些合法经营产生了威胁，抑制了国内的投资需求和消费需求，使得一些启动内需的政策不能发挥作用。

通过上述分析，可以看出非法性收入差别的扩大是中国处于经济转型过程中，制度缺失的产物。现存的非法性收入差别不仅严重抑制了国内的有效需求，而且还阻碍了启动内需政策的实施。

因此，当务之急就是要解决非法性收入差别的问题。由腐败及其他非法手段所带来的非法性收入差别在任何一个国家都是存在的，即使是法律十分健全的国家仍不可避免一小部分人会受利益所驱，牟取非法性收入。所以现在要做的并不是从根本上消除腐败等非法性收入差别，这样做也不太现实，而是要通过健全法律，提高腐败及其他非法行为的成本，阻截非法行为的发生，从而降低非法性收入差别在整个收入差别中所占的比例。当这个比例降到一定程度后，非法性收入差别对于消费需求以及投资需求的抑制作用将不再是影响有效需求不足的关键因素。

2. 合法性的收入差别对需求的影响

在上述分析非法性收入差别对需求影响的基础上，接下来分析一下合法性的收入差别对需求的影响。

合法性的收入差别是一个国家收入分配制度的体现。由于不同国家或同一国家的不同时期收入分配政策和收入分配方式存在差异，而各种法律法规又是这些政策导向的具体体现，因此必将带来合法性收入差别。如果一个国家采取的是以强调公平为主的分配方式，合法性收入差别就会很小——凡是会带来收入差别扩大的收入都是不被接受的，整个社会处于一个高均等化的状态；相反，如果一个国家采取的是以强调效率为主的分配方式，合法性的收入差别将必然存在，而且会随着人们能力和对社会贡献差别的扩大而扩大，整个社会将出现贫富差距。

对于中国而言，改革开放三十年来，收入分配方式先后由平均主义、按劳分配，过渡到今天的按劳分配和按要素分配，逐步形成了效率优先、兼顾公平的分配方式。这种刺激效率、激励创新的分配方式与过去那种只重公平的分配方式相比，必然导致目前合法性收入差别的扩大。中国的基尼系数由改革前的0.2左右上升到现在的0.4以上，反映了这种合法性收入差别扩大的趋势。因此说中国收入分配制度的改革，带来了合法性收入差别的扩大。

合法性的收入差别虽然是合法的，是被国家的法律法规所接受和保护的，但并不能说明所有的合法性收入差别都是合理的。这一点不同于非法性的收入差别，对于非法性的收入差别而言一定是不合理的。而对于合法性收入差别的合理性判断不仅仅取决于国家制定的各项法律法规，还取决于人们的公平观。

公平观本身是一个主观价值判断的问题，因此相对于客观的评价标准来说，更难确定。即使在同一国家、同一时期，不同的人都会有不同的价值判断标准。有的人可能会接受国家关于收入分配的政策导向，于是他就可以接受国家所承认的那些合法性收入；但有的人会受传统思想以及个人价值观的影响，并不完全接受国家的政策导向，就会认为某些合法性的收入差别是不合理的。如果社会中的大部分人都不承认和接受某种合法性收入，即使这种收入是合法的，在人们心中它也是不合理的。

尤其处在收入分配制度的转轨过程中，这个问题显得更加突出。一种以前不被接受的收入变成合法性收入，从中获利的人会很快地接受这种收入。而那些不但没有从中获利，反而发现自己与其他人之间的收入差别在不断扩大的人，是很难接受这种收入的。即使国家已经承认这种收入的合法性，他们同样认为是不合理的。而中国目前的情况恰恰就是处于分配制度的转型期。在打破了铁饭碗、大锅饭的分配格局后，短短的三十年时间，一部分群体通过合法经营进入了高收入阶层。他们包括部分私营企业主和个体工商户；三资企业中的高级管理者；股票交易中的获高利者；演艺界、体育界明星；部分学者、专家、技术人员；等等。这部分高收入者们通过各种不同的渠道获得收入，其收入中的合法部分都得到了国家的承认。

而与此同时，企业中的工人、下岗职工、退休人员，部门、事业单位中的工薪人员等逐步落到了低收入阶层，工资收入是他们单一的收入渠道。两个阶层之间的合法性收入差别逐步扩大。而目前处于低收入阶层的这部分人中，相当一部分人都是从“大锅饭”时代走过来的，他们很难接受收入上的巨大差别。即使这种收入是合法的，他们同样认为是不合理的，因为他们的处境相对于以前是变坏了。而且处于低收入阶层的人数相对于高收入阶层来说是众多的，所以社会中的大多数人到目前为止还是没有完全接受现存的合法性的收入差别。即使作为高收入阶层而言，他们也深受“不患贫而患不均”的传统思想影响，虽然他们已经获得了比其他人高的收入且这种收入是合法的，也不敢露富。所以整个社会中存在的合法性收入差别相当大的比例都是不被人们所接受的，合法性的收入不能变成合理性的收入而自由使用。

不合理的收入，不被人们接受的收入，即使是合法的，其持有者也不敢将其完全用于消费和投资。因为其持有者一旦选择消费或者投资，这种潜在的不合理的收入差别就变成了现实差别。虽然这种收入差别是受到法律保护的，但不能防止由于社会中存在的失衡矛盾给高收入持有者带来的各方面冲击。

首先，人们会怀疑收入的合法性。如果合法性收入的持有者选择将其收入完全用于消费或者投资，必然带来高收入阶层和低收入阶层生活上的巨大差别，这时处于低收入阶层的人们心态必然会失去平衡。原本就不能接受这种合法性收入差别的存在，现在反而转变成了现实生活中实实在在的差别，人们就更不能接受了。他们认为如果一切收入都是合法的，收入差别不会如此之大。于是开始有人怀疑这种收入差别的合法性，开始有人关注社会中这些露富群体的收入来源，甚至会有人制造一些流言飞语。社会中的这些"特别"关注，就会影响高收入持有者的正常工作和生活。所以高收入者们宁可将这部分收入隐藏起来，选择存入银行或者投资于股票市场，也不愿选择消费和实物投资。至少银行和股票市场是为高收入持有者保密的，一般的民众是看不到这种收入上的实际差距。这也就是为什么国家采取了各种刺激消费、启动内需的政策，居民储蓄却一直居高不下的一个重要原因。

其次，高收入持有者的社会安全会受到威胁。随着收入差别的不断扩大，相应的社会保障体系又没有跟上，社会中产生了一批无业的流民，他们成为了社会安全的隐患。而对于高收入阶层来说，他们受到的威胁更大，很多犯罪案件的矛头都直接指向了高收入阶层。因此，他们在平时的生活中更不敢露富，害怕成为社会中不安定因素的关注对象。在高收入持有者的社会安全没有得到充分保证的情况下，他们是很难主动将其所有收入转化为消费和投资的。因此不仅仅是低收入阶层抱怨贫富差距的不断扩大，高收入阶层对于贫富差距的扩大也是怨声载道。他们同样渴望社会保障体系的完善，渴望收入差别得到合理控制。高收入阶层只有生活在安全的、稳定的环境中，才会毫无顾忌地将其收入转化成消费和投资。

综上所述，由于受到人们贫富心理和公平观的影响，中国目前存在的合法性收入差别中有相当一部分得不到认同，合法性的收入不能直接引致国内的消费需求和投资需求。因此，目前的首要任务就是要提高整个社会对于合法性收入差别的认同感。引导人们对合法性的收入差别有一个正确的认识，逐步接受国家关于分配制度的政策导向，而不仅仅是完全依靠个人的价值观做出判断。由于人们所从事的工作不同、劳动强度不同、对社会所创造的价值不同，理所当然获得的收入也应该不同。即使从事相同的工作，也会由于人们在能力上存在的差距，对社会产生不同的贡献，因此根据按劳分配和按要素分配的原则，合法性的收入差别必然存在。

所以，要想解决目前合法性收入差别对需求的负面影响，关键不是要消除这种差别，而是要对差别有一个正确认识，并引导人们承认和接受合法性收入差别的存在，树立正确的公平观，只有这样才能充分利用合法性收入差别对经济增长的正面影响，刺激国内消费需求和投资需求的增长，从而通过刺激需求不足而激活劳动，也就是通过拉动需求而为劳动力创造更多的就业机会。

3. 收入差别过大对需求的影响

在具体分析了两种不同类型的收入差别对需求的影响后，接下来还要讨论另一个十分重要的问题，即收入差别过大对需求的影响。

虽然合法性收入差别与非法性收入差别对于需求产生影响的作用机理不同，但他们最终共同构成了社会中存在的收入差别。收入差别的大小是两种类型收入差别的综合体现，其中任何一种收入差别的变化都可以最终表现为总体收入差别大小的变化。因此，在讨论这个问题时，我们将收入差别作为一个整体进行讨论，并不对收入差别的合法性进行区分。

中国目前收入差别过大是一个不争的事实，各方面的数据也支持了这一结论。改革开放三十年来，居民的收入迅速增长，但是这种收入的提高并不是全体居民的普遍增长。从居民的收入分配格局来看，呈现出收入差别拉大的状态和趋势。这种过大的收入差别体现在城乡之间、城镇内部、农村内部、行业之间、地区之间的各个方面。肖红叶等在2001年给出了这些收入差别的统计数据和实证分析。

收入差别过大实际上意味着总收入在社会中进行了两极化的分配，形成了高收入阶层和低收入阶层。当收入差别大到一定程度后，高收入阶层将持有社会中的大部分财富。据国家统计局调查，1996年我国6万亿居民储蓄存款的66%来源于10%的居民。这个数据最近几年可能会有所变化，但是我国少数高收入者持有半数以上居民储蓄的趋势并没有变化，这也是我国收入差别过大的一个体现。

对于高收入阶层来说，其边际消费倾向是随着收入的增加而减少的。当高收入者消费到了顶端时，他们对于各种档次消费品的需求就会趋于饱和，而无从再进行消费。于是当收入继续增加时，他们将仍然保持原有的消费水平，增加的收入不再进一步消费，而是将钱储蓄起来，最终导致了有效需求不足。在收入差别过大的情况下，这个问题显得更加突出。高收入阶层持有的收入水平远远超过了其可消费的最大水平，大部分的收入都无从消费，而且因为“马太效应”，高收入者的收入越来越多，社会中的财富又都进一步流向这部分人手中，使得高收入阶层持有了更多的收入，这些收入同样无从消费，最终导致了社会总需求的严重不足。

对于低收入阶层来说，他们的边际消费倾向要比高收入阶层高，而且所持有的收入也更容易转化为消费，收入水平是决定他们消费水平的关键因素。低收入者会首先选择最基本的生活消费，如果还有剩余收入他们会再选择高一层次的消费品，比如耐用品、住房、娱乐休闲等。低收入者的消费是分层次的，因此，随着收入差别的不断扩大，低收入者相对收入水平的不断降低，他们选择的消费层次也将不断降低，某些消费品将脱离开低收入者的消费计划。在收入差别过大的情况下，低收入者的处境会更加的恶化。他们面临的最大问题就是想消费却无钱增加消费。低收入者收入的绝大部分都用于支付基本的生活性消费，而在满足了最基本的消费需求后，剩余的不多的收入也将主要用于子女的教育投资以及住房投资，很少有闲置的收入可以进行享受性以及其他高一层的消费需求。因此说收入差别过大，使得低收入阶层只能消费有限的消费品，而对于更多的消费品来说是消费不起的，于是造成了消费品市场相对于低收入阶层购买能力的过剩，最终导致了整个社会总消费需求的不足。

综上所述，由于目前我国收入差别过大，导致高收入阶层对于消费品的需求已经饱和，而低收入阶层由于受到收入水平的限制又无法消费，从而产生了消费需求的断层，导致整个社会的有效需求不足。

因此，现在的任务就是要减小居民之间的收入差别。收入差别是客观存在的，是市场经济体制和按劳分配、按要素分配制度的必然结果。适当的收入差别是有积极意义的，可以调动人们的积极性、鼓励创新，最终刺激整个经济的快速发展。不过收入差别一旦过大，其负面影响就会突出，甚至超过其积极的一面。因此说收入差别应该有，但不应过大。而如何判断收入差别是否过大呢？其标准就是要看社会中现存的收入差别是否丧失了对经济的推动作用。如果收入差别刺激了经济的发展，就认为现有的收入差别是适当的；相反如果收入差别丧失了对经济的推动作用，就认为这种收入差别过大了，需要采取措施减少收入差别。

中国目前存在的收入差别已经严重抑制了国内的消费需求和投资需求，丧失了对经济的推动作用，因此需要通过各种政策的调整来缩小居民的收入差别。这些政策将主要涉及收入的初次分配领域，比如工资分配制度等；收入的再分配领域，比如税收制度、社会保障制度等；以及其他各种相关的配套措施，比如行业政策、区域政策等。通过这些政策的共同作用，最终目的就是使收入可以在不同的收入阶层中共同增长，保持一个合理的收入差别，避免呈现两极化的发展，富的更富，穷的更穷，收入差别不断扩大。只有保证收入在不同的收入阶层中协调发展，才能将整个社会增加的收入更有效地转化为有效需求，从而刺激经济的发展和收入的进一步提高。

4. 消费品的差别不能适应收入差别的要求

上述是从收入的角度入手，分析目前存在的收入差别对需求的影响；接下来的部分将转而从消费的角度入手，通过分析消费品存在的问题，以及他们与收入差别之间的关系，以解释我国目前有效需求不足的原因。

消费品是人们进行消费需求的对象，所有的消费都不会超越现有的消费品。消费品自身的特点直接影响了人们对于消费品的选择，而这种选择最终将体现为整个社会的消费需求，因此消费品的特征是影响消费需求的一个重要因素。如果消费品的特征可以满足人们的需要，消费品就可以转化为实际消费；相反如果消费品的特征超出了或者不能满足人们的需要，消费品即使生产出来，也只能留置于市场中，不能转化成人们的实际消费。由于社会中人们的需求是多样化的，就要求消费品的特征存在差别，只有这样才可以满足不同人的需要，刺激整个社会的消费需求。

消费品的差别主要包括两种情况。

一是消费品是社会中各种收入阶层都需要的，但不同的收入阶层都会按照自己的收入情况选择与之相适应的消费品，因此要求这种消费品的差别可以体现出不同收入阶层对同种消费品的不同要求。对于这种消费品的差别，关键就是要体现出消费品的层次，为不同的收入群体提供可选择的消费品。只有这样才可以刺激所有人的消费需求。如果出现了消费品的断层，就会有部分收入群体既无足够的收入购买更高档的产品，又不愿降低身份购买低档的产品，于是产生了消费需求的断层。

二是消费品只是针对某个收入阶层的，这种消费品的差别体现为对不同的收入阶层提供特殊的消费品。对于高收入阶层而言，在满足了同其他阶层一样需要的消费品后，还要专门创造出一些只为高收入阶层服务的消费品，只有这样才可以把高收入阶层相对于其他阶层高出的收入转化为消费。如果没有这种消费品的存在，高收入阶层是很难选择将其高出的收入进行相应消费的。对于低收入阶层而言，没有足够的经济能力消费社会中存在的各种高档消费品，但是他们同样也会有除了基本生活消费以外的需要，这时就要为他们专门设计一些低消费水平的消费品，来满足他们的需要，这样一来就可以使低收入阶层不会因为消费不起而无法消费了。通过为各个收入阶层提供特殊的消费品，就可以丰富各个收入阶层的生活，将他们手中所持有的收入最大程度地转化为消费。

总之，无论是哪一种消费品差别，只要其可以满足社会中收入差别的要求，就可以刺激消费需求的增长。

我国目前存在的问题就是消费品差别不能适应收入差别的要求。虽然中国已经告别“短缺经济”，部分消费品出现了过剩的情况，但市场中现存的产品并不能满足各个收入阶层的需要，因此导致了有效消费需求不足。

首先，缺乏高档次的消费品来满足高收入者的需求。改革开放三十年来，人们的收入迅速提高，再加上收入的不均衡增长，产生了一批高收入者。然而消费品档次的提高却远远滞后于收入的提高。大部分企业都没有把这部分高收入群体作为自己主要的客户，没有将资金投入到少数高档次消费品的生产上，因此导致了市场中缺少高档次的产品。再加上市场中已有的消费品更新速度慢，高收入者们早已到达了消费的顶端。当市场中出现新的高档产品时，高收入者们马上就会选择消费，很快又占据了消费的顶端。一旦市场中没有了新的高档产品，他们就只有选择储蓄了。而另一方面，作为中收入阶层而言，他们在满足了各方面的需求后也开始逐步地选择消费高档次的消费品，因此目前市场中存在的高档消费品已经很难体现中高收入者的差别，严重地抑制了高收入者的消费需求。

其次，中间档次的消费品相对过剩。目前在国内具有一定规模的企业，生产的产品多以中档消费品为主。目的是为了通过价格优势与国外的高档产品进行竞争，通过质量优势与国内小企业生产的低档产品进行竞争，最终占据国内市场。因此市场中中档消费品的数量远远超过了高档消费品和低档消费品的数量。而且由于国内企业的生产工艺并没有太大差异，最终导致市场中存在的中档消费品也没有太大差异。我们经常可以在商场中看到价格、样式相差不多，而数量众多的同一类型商品。然而中国目前收入差别两极化的情况比较严重，处于中等收入阶层的人数相对较少。高收入者大多选择国内外的高档产品，即使选择中档次产品，也早已达到消费的饱和，在产品质量没有发生根本性提高的情况下，他们是不会选择重复消费的；低收入者对于品种、数量众多的中档消费品，只能选择性的消费，而且一旦消费也不会选择重复消费；而中等收入者的数量有限，决定了他们对中档消费品的消费数量也是有限的。所以造成了大量中档消费品的积压，导致有效消费需求的不足。

最后，低档消费品也不能满足低收入者的需求。目前国内低档消费品多是由一些小企业生产的，从生产能力上看基本上是可以满足低收入者需求的，而且价格相对于中档产品来说是有优势的。但是目前低档消费品存在的最大问题就是质量问题。这些低档消费品开始逐步地不能满足低收入者的需求。低收入者宁可选择储蓄的方式，然后一次性购买质量有保证的中档次消费品，也不愿多次性购买低价低质的产品。低收入者采取的这种对于消费品档次的转化是具有选择性和时滞性的，并不能形成对中档消费品的持续消费，因此对中档次消费品需求贡献甚微，却严重地影响了低档消费品的消费需求。

综上所述，我国目前的消费品差别不能反映收入差别的要求，从而导致了各收入阶层的有效需求不足。因此，要想促进各个收入阶层都进行消费，就要拉开消费品的差别，为每个收入阶层提供不同档次的消费品，而不能搞“一刀切”。应该逐步调整国内企业的生产结构，具有一定规模的企业不应只选择生产中档消费品，也应该投入大量的资金开发高档次的产品。而对于生产低档消费品的企业来说，应该逐步解决低档消费品低质的问题。最终形成一个包含各种档次消费品的市场，来满足各个收入阶层对于消费品的不同需求，使得各个阶层的收入都可以顺利地转化为实际消费。

三、收入差距的调节与个人所得税体制

如上所述，对于非法性收入差距过大我们必须要依法取缔，但对于合法性收入差距过大，则要靠个人所得税加以调节。通过个人所得税来有效调节合法性的收入差距，涉及下述几个问题。

1. 个人所得税的收缴体制问题

个人所得税收缴体制的设置，可以有两种模式供我们选择。

第一种是事前模式。所谓事前模式，实际上就是我们所讲的代扣代缴模式，也就是说，凡是向个人支付收入的单位或者个人，无论向何人支付，都必须按照个人所得税法收取个人所得税，并将这些所得税按时缴纳到税务部门。

第二种是事后模式。所谓事后模式，就是指无论任何人，都必须在取得收入后，按照个人所得税法到税务部门纳税。

上述这两种个人所得税的缴纳模式虽然各有特点，但最为有效的还是第一种模式。因为第一种模式可以从源头上解决偷税漏税的问题，有利于税务部门的监控，而且第一种模式比第二种模式更为方便和节约时间，更有效率。试想，当一个人无论取得多少超过起征点的收入都要去税务部门纳税的话，那么一个有多头收入的人，将需要花费多大的时间去纳税？因而有人可能因为繁琐和浪费时间而不愿去纳税，或者有人因为税额太小而不愿去纳税，从而容易出现漏税现象。

尤其应该看到的是人们往往有这样一种心理状态：当收入拿到之后，要从已拿到的收入中收税，人们往往感到是从自己口袋掏钱，因而通常困难一些；而在收入未拿到的时候扣取税收，人们往往感到不是拿自己的钱，因而通常比较容易一些。同时，个人所得税的代扣代缴单位

是非利益性的第三者，因而往往更能有力地执行代扣代缴制度。

因此，最为有效的税收模式应该是第一种模式。

国际上目前实行的个人所得税制度是第一种模式。我去国外讲学时，邀请方在支付收入时往往给一个税单，表明已代为收取了个人所得税。

中国目前的个人所得税体制似乎是上述两种模式的混合体，即混合模式。既采用单位代扣代缴的方式，也采用个人自行审报的方式，把事前模式与事后模式混在一起。

从现实状况来看，我国目前的这种个人所得税体制是不科学的，往往易于形成偷税漏税。例如，有的人以为给自己支付收入的单位已代扣代缴了税收，而实际上该单位并没有代扣代缴；又例如，有的单位告诉获得收入的人，说已经代扣个人所得税了，但实际上该单位并没有将代扣的税收上缴税务部门。

因此，我们必须转向完整性的代扣代缴模式。为此，我们应该做到这样几点。

第一，任何单位向个人支付收入的时候，都必须代扣代缴个人所得税，代扣代缴个人所得税是法律所赋予的权利与责任，因而如果不代扣代缴，就是违法行为，要承担相应的法律责任。

第二，会计法应该明确规定，任何会计在编制个人收入账目的时候，都必须要按税法为收入者扣取应代扣代缴的个人所得税，这是会计的法律责任，因而若不代扣代缴，就是一种违法行为，应承担相应的法律责任。

第三，任何单位向个人支付收入的时候，都必须在支付收入的同时，向个人支付纳税凭证，因而附有纳税凭证的收入，才是可支配的合法收入。

第四，任何个人都有权向为自己支付收入的单位索取纳税凭证，这是公民的应有权利和受法律保护的行为。

第五，支付个人收入的单位与个人在确定个人收入数量的时候，都应明确规定所确定的收入是含税的收入，因而必须代扣代缴。

总之，我们应该建立和完善代扣代缴个人所得税模式。目前我国的银行利息所得税之所以收缴得比较好，就是因为实行了完整的代扣代缴的所得税模式，在向居民支付利息时，就扣取了利息税。由此可见，代扣代缴制是我国个人所得税体制的目标模式。

2. 纳税人的责权利对称性问题

任何一个公民都有责任按照税法缴纳税收，偷税漏税属于违法行为，所以我们应该将偷税漏税者绳之以法，并给予道德上的谴责。对此，人们是不会有异议的，我们应该从法律和道义上罚处偷税漏税者。但现在的问题是，为什么总有人偷税漏税？

我认为，除了偷税漏税者自身缺乏法律观念和道德意识之外，一个重要的原因，就是我们在强调纳税者应有纳税责任的同时，没有承诺纳税者相对应的权利和社会地位。

也就是说，纳税者只有纳税的责任，却没有与自己的纳税责任相对应的权利和社会地位。例如，纳税者对自己所缴税收的使用没有投票权，纳税人得不到应有的政府服务，甚至纳税人所缴纳的税收被人贪污和浪费也得不到有效制止，纳税者也得不到应有的社会尊重。纳税人缴纳税收是对社会的贡献，理应受到尊重，但是现实情况却是纳税人纳税越多，就越显得自己拥有财富，从而会引发别人的忌妒。因此，我们不应仅仅强调纳税人的纳税责任，同时也要强调纳税人应有的权利和地位。

但是，我们现在连纳税人这个名词都不肯公开地正式承认，当然更谈不到使纳税者拥有相应的权利和社会地位的问题，因而必然导致人们的纳税意识淡化，甚至故意偷逃税收。偷逃税收在某种意义上是纳税人对自己的纳税权利得不到兑现的一种反抗行为。试想，一个诚实的纳税人得不到自己作为纳税人所应有的权利和社会地位，而另一个不诚实纳税的人却因为偷税漏税而有实实在在的经济收益，也就是有更多的钱可以供自己花销，那么还有谁能诚实纳税？

也就是说，如果纳税人的责权利不对称，即不承认纳税人所应有的权利和地位，那么纳税人就必然会以偷税漏税而进行反抗。一些国家很尊重纳税人，当纳税人批评政府没有尽职尽责时，经常使用这样的口气说话：我是纳税人，有权监督你们的行为！

因此，我们不能仅仅批评纳税人不纳税，而是应该考虑如何落实纳税人所应有的权利和社会地位的问题。我想，如果纳税人拥有了自己应有的权利，而且纳税越多就越能得到社会的赞扬和肯定，那么人们的纳税意识就会越来越强。

3. 个人所得税应区别两种不同的所得

在收取所得税的过程中，我们应该区分两种不同的所得：一种是工作能力的所得，例如中小学教师做家教的所得；另一种是资本的所得，例如一个人用货币资本投资于股市炒股票的所得。

这两种所得是有很大差异的：前者属于劳务的收入，虽然有的人能力很强，从而收入较多，但其收入量其实是很有限的，因而不可能形成对社会稳定有影响的收入差距过大的现象；而后者则属于资本的收入，其数量可能会很大，因而有可能形成对社会的稳定有影响的收入差距过大的现象。

因此，我认为，对于上述不同的个人所得，在进行税收调节过程中，要有税收政策的差别，不可视为同样的收入，应采取不同的税收政策。

我国目前还处于经济不发达的阶段，因而需要用收入差距调动人们的积极性，尤其是应注重劳务所得的差距，若没有这种收入差距，就不可能有经济的快速发展。我国现在虽然在某些领域存在收入差距过大的问题，但从总体上来看，仍然是收入过于均等，平均主义严重，例如一位银行行长的收入并不比一般员工多多少，因而在现实经济生活中，收入均等仍然阻碍着经济发展。如上所述，一位银行行长的收入同银行一般人员的收入差距并不大，但各自的责任却有巨大的差别，因而很难调动行长的积极性，甚至会诱发腐败。

因此，我们不应因为偷税漏税问题而过于强调收入均等的问题。解决偷税漏税是一回事，强调合理的收入差距是另一回事，不能因为偷税漏税而打富济贫搞均等。

4. 应区分自然人所得与企业法人所得的不同

在对富翁们收缴所得税的过程中，还要区分个人所得和企业法人所得的不同。例如，有人作为投资人，创办了一个企业，当企业的所得并没有转化为个人所得时，不能对投资人收取个人所得税；而只能收取企业所得税；只有当企业所得按照产权关系转化为个人所得时，那么投资者个人才要按税法缴纳个人所得税。

与此相应，任何一个投资人在投资创办企业时，即使其是第一大股东，也不能宣布这个企业是自己的财产，因为企业已有了独立的法人资格，投资人只是作为投资者而存在，不能宣布这个企业是自己的。只有当投资人抽资之后，才能宣布自己所抽回的投资是自己的资产。

因此，在征收所得税的问题上，要把个人收入与企业法人收入分开来，切不可混为一谈。

我国仍然是一个资本短缺的国家，应该充分调动资本的积极性，使人们有投资的积极性，因而不应对资本收缴太高的税收，尤其是不能对投资者既收取企业所得税，又收取个人所得税。只要投资人没有把投资变为自己的个人财产，那么收取企业所得税就行了，不能再增收个人所得税。

目前在讨论富人不纳税的问题中，人们似乎认为富人都不缴纳个人所得税。其实有的人并没有把企业法人财产转变为个人财产，因而就不需要缴纳个人所得税，而只要缴纳企业法人所得税就行了。因此，我们不能不加分析地批评富人不纳税。

在这里，我并不是为富人不缴税进行辩护，而是指我们应该依法办事，不能感情用事。当然，与此相应，富人们也不能随便在企业中报销自己的花费，从而将自己的个人消费转化为企业成本，我们必须把个人消费与职务消费分开。

5. 个人所得税与收入差距的相互适应性问题

税收是调节收入差距的最主要手段，但是税收对于收入差距的调节，必须要遵守一个原则，这就是：必须要使收入差距保持在能够调动人的积极性和推动经济高效发展的有效范围内，不能搞平均主义“大锅饭”，更不能搞“劫富济贫”，因为推动经济快速发展的有效的收入差距的存在是必然的和合理的。公平确实很重要，但效率也同样重要，尤其是对于我们这样一个发展中国家来说，强调效率是极为重要的。

如果在税收入上搞平均主义“大锅饭”，那么必然会损害各方面的积极性。例如，有的中小学教师利用自己的休息时间去搞家教，结果税收太重，那么他们就必然会在休息时间选择休闲，而不去做家教。因为无论是休闲，还是做家教而获取经济收益，实际上都是对收益的选择，只不过前者是休闲的收益，而后者则是经济利益的收益而已。因此，如果后者的成本太高，不太合算，那么他们当然就是选择休闲，而不选择做家教，其结果必然会不利于中国教育事业的发展。

因此，税收对收入差距的调节，应该有一个度，切不可盲目地脱离经济效率来谈调节收入差距的问题。

在人类还没有进入共产主义社会之前，任何劳动都是痛苦的选择，因为任何劳动都要付出体力和脑力，从而当然没有休闲那样有快乐的享受。因而为了调动人们的劳动积极性，就应该是肯吃苦和爱劳动的人要有更多的收入。否则，人们将没有劳动的积极性。因为如果这些选择劳动的人与那些选择休闲的人相比，没有更高的经济收入，多出的收入都被通过税收调节了，那么就必然会影响劳动的积极性，从而减慢经济的发展速度，因而不能过高地确定所得税的比率，更不能套用发达国家的税率。

6. 个人所得税起征点的公平性问题

个人所得税的起征点对任何人都是一样的，因而似乎是公平的，但实际上并不公平，因为人们的生存条件及社会保障有很大的差异。

例如，假定对农民的起征点是2 000元，对政府公务员的起征点也是2 000元，那么对农民来说这就是不公平的。因为政府公务员拥有良好的社会保障，许多个人消费并不用自己花钱，个人收入是实实在在的收入。而农民则既无就业保障，又无医疗保障，而且连子女教育等都需要自己花钱，个人收入并不是自己实实在在的可支配收入。所以2 000元起征点对农民并不公平。

又例如，一个养活三个人的人的所得，与一个只养活自己的人的所得，实际上是有很大不同的。但所得税的起征点却是一样的，所以公平中存在不公平。

由此可见，虽然个人所得税对所有人都是一样的，似乎是公平的，但实际上并不是真正的公平。因为每个纳税人生活和工作的基础不同，所以应该有所区别。这种区别既要求我们提高起征点，使穷人应少缴税，同时又要求我们制定合理的个人所得税制度。现在的个人所得税的起征点偏低，而且税率过高。

个人所得税的缴纳不能脱离国情，不能只参考发达国家的税率，而是要从我国仍然是不发达国家的国情出发，从有利于调动人们的积极性出发，把是否能调动人们的积极性，作为制定所得税的重要准则。经济发展状况决定了税收制度，而不是相反，因而税收制度应符合经济发展状况。

作者说明

中国经济体制改革的利益摩擦，集中体现在收入分配问题上。这是我关于收入分配差距研究的一篇长文，我从开始写这篇文章，到最后写成，大约用了三年时间，可以说是写写停停。为什么会这样呢？因为收入分配既是中国经济体制改革的重点问题，也是人们在改革中反映最为强烈的问题，尤其是在写的过程中，人们对收入差距过大非常有意见。因而如何看待收入差距，要做到既有收入差距——有差距才有活力，又不能出现差距过大——差距过大会形成社会动荡。因而“度”的把握很重要，正是这个“度”的把握才使得这篇文章实际上写了好几年。从现在看来，本文的观点是正确的，所提出的调节收入差距的思路也是对的。本文节选自中国发展出版社2008年版《亲历改革》。

结构变迁、财政转型与中国社会保障体系的改革路径

一、引言

自20世纪50年代中国开始社会保障制度的构建工作以来，通过创建(1949—1956)、发展(1957—1965)、瘫痪(1966—1978)及改革(1979年至今)四个阶段的曲折前进，中国已初步建立以"三条保障线"(下岗职工基本生活保障、失业保险和城市居民最低生活保障)和养老保险、医疗保险、工伤保险为主要内容的城镇社会保障体系；农村社会保障事业也已取得较大进展，救灾救济制度、农村五保供养、农村最低生活保障制度、新型农村合作医疗和农村医疗救助制度等初步展开，我国社会保障体系改革已经取得显著的成绩。但是，与社会保障事业的发展同步，我国社会保障体系的内在矛盾也日益突出，并主要呈现出以下四大矛盾。

第一，社会保障体系的普遍性要求与覆盖结构不合理之间的矛盾。

社会保障本质上要求全面覆盖社会整体，而

在我国，社会保障的覆盖面很窄。目前老年人中仅有1/5能领取退休金或养老金，虽然有1.6亿人参加养老保险，但扣除4 100多万离退休人员，在职人员参保的仅有1.2亿。即使相对2.7亿城镇从业人员而言，这一覆盖比例也是偏低的；城镇职工基本医疗保险制度也只覆盖了城镇从业人员的1/3左右；而农村养老保险的覆盖范围甚至还由1999年的9.75%下降到2003年的7.06%，呈现逐年降低的趋势(高书生，2006)。与覆盖率偏低并存的是覆盖方式的不合理。以养老保险为例，享有养老保障的那部分职工领取的实际养老金占了工资水平的80%至90%，因此其总体处于低覆盖、高替代的状况(贾康，2006)。从这一角度看，我国的社会保障体系总体上还不是严格意义下覆盖全社会的社会保障(邱松，2006)，显然与社会保障体系的普遍性要求不相适应。

第二，社会保障体系的一致性要求与三元条块分割之间的矛盾。

社会保障要求实现对所有社会成员的一致对待，而在我国，社会保障的条块分割特征明显，在传统的城镇居民和农村居民之外，进城务工人员、乡镇企业职工和被征地农民构成了新的迁移人口，这三个群体的社会保障程度呈现出显著差异。根据北京大学和中国社会科学院等单位对北京、长春等六城市的调查，工作单位为迁移劳动力提供养老保险的比例仅为14%，而城市本地职工中这一比例却高达88%；为迁移劳动力提供医疗保险的比例仅为20%，而城市本地职工这一比例为50%(蔡昉，2003)；在全国范围内，只有上海等极个别地区采取“量体裁衣”的方式，为进城务工人员等特定群体做出有别于社会保险的制度安排。而在农村，拥有的土地使用权仍然被认为是理论上的保障基础，广大农村地区仅有北京、广东、浙江等少数几个省份试行农村低保，农民的养老、医疗费用基本上仍由他们个人全额负担(戴卫东，2006)。城乡三元结构之间的条块分割显然违背了社会保障体系的一致性要求。

第三，社会保障体系的有效性要求和保障力度不充足之间的矛盾。

社会保障体系的基本目标在于实现对需求者的有效保障，而在我国，社会保障水平过低制约了这一目标的达成。以最低生活保障制度为例，虽然2002年年底城镇居民受助人口由1999年的266万人增加到2 065万人，但因保障水平低，部分相对贫困的城镇居民实际上需要帮助而得不到充分的帮助(戴卫东，2006)；而在农村养老保险方面，对于1995年40岁的人来说，按人均每年150元的缴费水平，且按当时复利

12%累计计息，至60岁退休后每月只能领取养老金额15元，这一保障力度显然过低(陈志国，2005)。除此之外，由于方案制订过程中浓厚的治理通货膨胀色彩，我国一度还对远期的社会保障力度进行了限制，按计划，养老金目标替代率将从80%左右最终降至58.8%，医疗保险待遇从90%左右降至60%左右(高书生，2006)。这显然不利于达到社会保障体系的有效性要求。

第四，社会保障体系的公共性要求与财政功能不健全之间的矛盾。

鉴于社会保障的公共或半公共性质(胡鞍钢，2001；高培勇，2000)，加大财政对社会保障的资金投入是建立公共财政体制的重要内容(张左已，2001)。但是我国财政对社会保障事业的投入力度显然不够(张高峰，2002)。近年来，我国社会保障支出占财政支出的比重基本保持在10%～11%，但在现代公共财政体制下，社会保障和福利支出一般应占到财政支出的1/3以上，北欧国家甚至占到了一半左右(刘炳杰，1999)。与财政投入不足并存的是社会保险基金高缴费率与低收缴率并存、各级政府社会保障财政责任模糊、社会保障资金预算软约束、社会保险基金保值增值不理想四大突出难题。财政功能的不健全引发了巨大的财政风险，2002年我国养老保险基金收支缺口扩大到500多亿元，预计到2010年将达到1 000多亿元，而在2001年全国有8个省份失业保险金收入当年收不抵支(崔运政，2005)，这显然违背了社会保障体系的公共性要求。

总体而言，以上四个矛盾主要涉及保障提供方式和财政支撑方式两大领域，城乡三元结构和财政功能弱化是其中的关键因素，这两个因素不仅直接导致了社会保障资金征收和支付的不公平，还显著影响到相应群体的经济激励，由此带来公平和效率的双重缺失。针对这一问题，有学者主张以社会保障税的开征作为主要着力点(高亚军，2006)，有学者认为应当以社会保障体系的并轨作为改革的核心(都阳、高文书，2005)。本文认为，系统化的问题必须依赖于系统化的解决思路，应当把问题的解决放在结构变迁和财政转型的统一框架内加以考虑，并制定相应的渐进式改革策略。本文结构安排如下：第二部分是对已有国际经验的回顾和借鉴；第三部分是双重约束下最优改革路径的分析；第四部分则是研究的总结。

二、社会保障体系改革的基本方向：国际经验及其借鉴

因为我国社会保障体系的四大突出矛盾主要涉及社会保障提供方式和公共财政支撑方式两个领域，而城乡三元结构和财政功能弱化构成了两个最关键的影响因素，因此参考和借鉴发达国家在这两个领域的相关经验对于问题的解决具有非常重要的现实意义。

1. 社会保障提供方式的国际经验及其借鉴

社会保障的提供方式主要包含保障范围、保障结构和保障力度三个方面的基本内容。

首先，在社会保障的范围方面，“二战”后西方发达国家的社会保障体系以“公民权利、普遍性和统一性”三个原则为指针，提供了内涵丰富、覆盖广泛的保障服务。内涵上，芬兰的社会保障体系实现了对预防性安全和健康政策、社会和卫生服务、社会保险等内容的全方位覆盖；瑞典的社会保障体系则包括了养老保险(年金制度)、失业保险、医疗保险、工伤保险、社会福利津贴和其他社会补贴等多项内容；日本的社会保障制度也涵盖医疗、养老、失业保险等多个方面。而在覆盖范围上，各国都以全民的社会保障为目标，以美国养老保险为例，经过由工业和商业企业工薪劳动者，到农业工人、小商贩和个体经营者，再到联邦政府公务员退休制度纳入这一逐步推进的过程后，已基本形成全国统一的社会养老保险体系。目前美国共有1.2亿人参加了退休养老保险，约占全部就业人员的95%，几乎所有的社会劳动者都已纳入保险范围。由此可见，全面性和统一性是发达国家社会保障范围的基本特征。

其次，在保障结构方面，发达国家社会保障的多元化趋势日益明显。英国通过鼓励私人保险，与私人医院签订合同，承包服务机构等方式推动社会保障制度的“私人化”和“资本化”(刘伟明，2006)；日本除强制性的“国民养老金”外，还设置了“国民养老金基金”、“农民养老金”，以及种类多、针对性强的个人养老保险，以满足不同层次农民的养老保险需求；即使是福利制度最为普遍的北欧国家，其社会保障的“社会分担化”趋势也日益显著。在芬兰，政府财政投入占社会保障资金的比重从1995年的45.8%下降到2002年的42.4%；而雇主缴费比例则由37.7%上升到39.2%；2005年芬兰社会保障资金预算为418亿欧元，

其中政府预算内支出只有148亿欧元，不到总预算金额的35%，而来源于雇主、个人和保险市场的资金投入则不断增加(于慧利、王淑婕，2006)。

最后，在保障力度方面，虽然基于财政压力，发达国家对社会保障程度进行了压缩，但其实际保障力度仍以满足社会需求为目标，其中政府的职责是提供最基本的福利，满足最基本的需要，如基本医疗、基本社会服务和基础教育等。以养老金为例，为维持劳动者退休后的基本生活需求，美国对养老金水平进行了分段计算，低段工资基数的养老金支付比为90%，中段基数的支付比例为32%，高段基数的支付比例为15%，由此低收入者的养老金相当于原工资的70%左右，中等收入者相当于40%左右，高收入者相当于24%左右；芬兰的失业金发放标准达到平均总收入水平的45%左右，低收入人群领取失业金的数量可达到工资收入的90%，而高收入者则低于50%。这样的保障水平足以满足不同群体的基本需求。

2. 社会保障财政支撑方式的国际经验及其借鉴

社会保障的财政支撑方式主要包括财政来源制度、财政给付制度、财政预算管理三个方面的基本内容。

首先，从社会保障财政来源看，目前发达国家主要形成了三种基本模式。一是投保资助型模式，以美国、德国、日本等国为代表，即以劳动者和雇主的社会保障税收和社会保险缴费作为主要财政来源，不足部分由国家给予补贴；二是纯福利型社会保障模式，以英国、瑞典、加拿大为典型代表，即所有社会保障资金均从国家财政收入中来，并由国家全力承担；三是储蓄保险型社会保障模式，以新加坡、智利等国家为代表，实行完全的个人积蓄方式，以新加坡的中央公积金制最为典型。实践中这三种财政来源模式互有优劣，投保资助型模式有利于以渐进方式形成覆盖全社会、政事分开的社会保障体系，但可能导致严重的“空心化”问题；纯福利型模式的保障供给充足，但容易导致个人激励不足和财政负担的加重；储蓄保险型社会保障模式虽然激励效应显著，但互济性小，难以达到社会保障的公平性目标。从趋势上看，目前发达国家的社会保障财政来源制度纷纷向积累制和现收现付制结合的方向转换。如美国为应对社会保障金入不敷出的问题，对社会保障税进行了改革，将现收现付制更改成部分积累制；瑞典在2001年对养老保险体系进行了改革，将原来完全的国家管理转变为国家管理和私人管理相结合，从现收现付制度转变为现收现付与基金积累制相结合；芬兰从 1990 年开始建立了失业缓冲基金，以应付经济衰退时财政税收不足可能带来的冲击。

其次，从社会保障的财政给付制度看，发达国家的社会保障支出在财政总支出中占据了相当的比重。英国社会福利计划各项开支占到公共支出总额的 50%，法国为 30.6%，德国为 30.5%，瑞典为 32.5%，丹麦为 30%，欧盟 15 国的平均水平也达到 27.5%。另外，鉴于高福利的负向激励，发达国家又进行了财政给付方式的调整，将财政给付的重点集中在基本的社会保障需求满足方面，其他需求则交由社会保险和个人账户等方式加以解决。如芬兰为解决失业金支付过高问题，采用了政府财政支付和工会等组织发放相结合的原则；其他北欧国家则在养老金、失业金等福利项目之外更多领域的财政给付中采取了提供服务而非现金转付的方式，由此不仅节约了财政开支，还在医疗和教育等公共部门开辟出新的工作机会。在财政给付结构方面，发达国家对中央与地方政府的财政职责进行了进一步的明确，如在美国，联邦政府提供的社会保障主要限于“老遗残”和最低生活保障项目，而更多的社会保险责任由州政府加以承担；而在北欧国家，中央财政给付主要涉及社会公共安全、职业健康和预防性、应急性社会政策和措施，并用于平衡地区差别，其余基本保障项目则由地方政府负责。

最后，在社会保障的财政预算管理方面，发达国家主要形成了三种基本模式：一是政府公共预算模式，即将社会保障收入和支出视同政府的经常性收支在政府公共预算中统一安排；二是专项基金预算模式，即将社会保障收入、支出与政府经常预算收支分开或相对独立，单独编列社会保障专项预算予以专门反映；三是不将社会保障纳入政府预算的模式，以新加坡中央公积金制度为代表。实践中，第一种模式带来了较大的财政负担，第三种模式下的国家财政仍需承担预算系统之外社会救助、社会福利等事业的直接拨款责任，并需对系统外的社会保险基金给予适当援助(郑功成，2000)，因此目前最为普遍的是专项社会保障预算模式。另外，为实现保值增值，各国也在逐步强化社会保障专项管理机构的相关职能。如美国的社会保障税费由财政部国内工资局集中收缴，并转入社会保障信托基金由社会保障署统一运营，同时还授权社会保障署进行投资方式和投资方向的选择；而瑞典则以基金制养老金管理局作为养老金的主要投资管理机构，负责收入型养老金中结余部分(缓冲基金)的投资和基金制养老金中个人委托管理的养老金的投资。由此可见，专项的社会保障预算和专业化的社会保障基金管理已经成为发达国家社会保障财政预算管理的两大基本特征。

总体而言，保障范围的普遍性和统一性、保障结构的多元化、保障力度的兼容性构成了发达国家社会保障提供的三大基本经验；而社会保障财政来源中现收现付与基金积累制的结合、财政给付中基本需求满足与给付方式结构优化的结合、专项社会保障预算和专业化社会保障基金管理的结合构成了发达国家社会保障财政支撑的基本经验，由此也规定了我国社会保障财政转型的基本方向。

三、中国社会保障体系改革的路径选择：基于理论模型的分析

综合发达国家社会保障提供方式与社会保障财政支撑方式的基本经验，联系我国社会保障体系现存的主要矛盾和问题，我国社会保障体系的改革必须在保障提供方式和财政支撑方式两个层面上综合推进，而三元结构变迁和财政转型构成了其中两个关键的影响因素。考虑到多重目标的存在，我国的社会保障体系改革应当有一个合理的路径安排，而其具体选择则必须具有相应的理论基础。

这里，我们将依据中国社会保障体系改革所面临的基础环境和制约因素设定理论模型的基本框架。

首先，我国社会保障体系特有的三元条块分割主要来源于城乡三元结构。在改革开放进程中，我国在传统城乡二元结构的基础上，衍生出了一类介于城乡之间的特殊群体，主要包括进城务工人员、乡镇企业职工和被征地农民。据估算，近几年乡镇企业就业人数基本保持在1.3亿人左右；进城务工人员已超过1亿人，且每年保守增量达到400万人；被征地农民达4 000万人，每年增量约200万人，这三支队伍加在一起的人数，已经超过城镇就业人数(高书生，2006)。考虑到这一群体的庞大规模和特殊身份，在我国社会保障体系改革路径的选择中，应当将三大群体的相互区分作为模型分析的一个基本要素。

其次，考虑到我国财政体制从国家财政转变为公共财政，社会保障方式从企业保障转变为社会保障过程的相互衔接，在社会保障普遍发展成为一种制度时，应当将其自然融入公共财政之中(林治芬，2001)；而且在市场经济体制尚不完善的情况下，社会保险、个人账户等其他社会保障方式的发展面临着巨大的交易成本和管理成本(世界银行，1994；阿马蒂亚·森，1995)，因此财政支撑在我国社会保障体系改革的过程中扮演了极其重要的角色。由此，我们又将财政支付型社会保障作为模型分析的另一个基本要素。

根据以上两个基本要素，这里将我国社会保障体系改革的路径安排放在以财政支付型社会保障改革为支点，以城乡社会保障三元分割为基本约束的整体框架下加以分析，并重点围绕财政支付型社会保障基本水平和覆盖群体的确定进行相应的最优改革路径选择。

在以上确立的基本框架下，我们可以构造如图1所示的理论模型。横轴 R 代表特定社会保障体系安排的收益，纵轴 G 代表财政支付型社会保障基本水平，而不同群体在财政支付型社会保障基本水平上的差异实际上表征了社会保障体系三元结构的变动情况。两条曲线分别反映了不同经济发展程度下财政支付型社会保障基本水平变动对整体收益的影响，切线则刻画了社会保障收益的财政支付弹性。曲线的具体形状依据相应的理论推导加以确定。

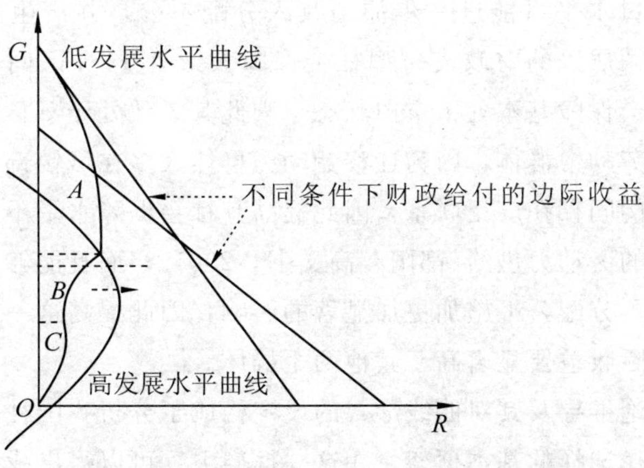

图1　我国社会保障体系改革路径安排的理论模型

第一，因为社会保障的提供同时存在推动再分配公平的积极效应和导致“偷懒”行为的负向激励效应，在经济发展水平既定的条件下，当财政支付型社会保障水平相对较低时，提高财政给付对于满足人们的社会保障需求和推动社会再分配公平具有显著作用，因此其边际收益是正的；而在财政支付型社会保障基本水平达到一定程度后，继续提高财政给付水平的再分配功能逐步削弱，其负向激励作用将逐步显现，因此这时扩大支付的边际收益将变成负数。根据这一推导，财政支付型社会保障收益曲线将具有类似于“拉弗曲线”的特征。

第二，考虑到不同经济发展水平下社会保障体系的功能差异，我们有理由推断曲线形式会伴随经济发展水平提高而出现相应变动。当一国经济发展水平较低时，商业保险、个人账户等保障形式的发展往往受制于交易成本和管理成本，因此人们对财政支付型社会保障具有更高的需求；而且这时增加财政给付的负向激励效应相对较小，边际收益下降相对缓慢，因此这时的曲线相对平缓；而随着一国经济发展水平的提高，因为社会保障方式的日趋多元化，人们对财政支付型社会保障的需求将逐步降低，财政给付的负向激励效应也日益突出，由此造成增加财政给付的边际收益下降速度加快，曲线的凹度提高。

第三，因为我国经济发展水平相对较低，因此社会保障体系改革的初始状态由较为平缓的曲线加以刻画，考虑到我国城乡三大群体对于财政支付型社会保障的获取存在显著差异，这时的曲线形式显得更为复杂。其中，因为已有社会保障制度改革的城市偏向明显，继续提高城镇部门财政给付水平可能进一步加剧收入分配不公，并产生显著负向激励，因此城镇居民的财政支付型社会保障大致处于 A 区间；而农村财政支付型社会保障基本处于空白状态，因此其大致处于C区间；处于中间的是迁移劳动力群体，因为迁移劳动力群体大多在城镇部门就业，同时与农村部门间存在广泛联系，因此提高其社会保障水平不仅有利于扩大城镇部门的劳动力供给(都阳、高文书，2005)，而且能够对整体社会保障体系和再分配公平施加更加显著的影响，因此提高这一群体财政给付水平的边际收益要显著高于其他两个群体。

上述理论推导及其对曲线形式的设定构成了分析我国社会保障体系改革最优路径选择的基本框架。在这一框架下，可以得出我国社会保障体系改革的三阶段渐进式改革路径。

1. 第一阶段：社会保障财政支撑能力培育时期

考虑到在社会保障体系建设初期，我国财政支付型社会保障的三元条块分割特征显著，而在相对修长的曲线形式下(见图1)，提高或降低财政支付型社会保障水平的边际收益率相对较低；另外，长期形成的社会保障历史遗留、市场经济体制不完善和财政能力制约导致的社会保障资金来源不足等都决定了这一阶段的改革重点应放在社会保障的财政功能健全和财政支付能力扩充方面。具体的改革措施应当包括以下方面。

(1)通过税费改革建立多元化的社会保障筹资渠道。

目前我国社会保障资金的筹集主要通过企业和职工对统筹养老保险、医疗保险和失业保险的强制性缴纳实现。但在实践中，由于市场经济体制的不完善和收入测试功能的缺失，这种筹资方式不仅会导致应得资金的大量流失，而且会阻碍社会保障制度再分配功能的发挥。因此，针对传统筹资模式的税费改革应当成为这一阶段的重要内容。

从实践看，开征社会保障税是发达国家增强社会保障财政功能的重要经验，社会保障税的累进特征也有利于发挥社会保障的再分配功能，因此我国应当以社会保障税作为税费改革的重要突破口，充分考虑社会保障税与企业所得税、个人所得税在征收范围和依据上的交叉，确立合理的税基，完善相关的税制，加强对征收工作的监管。另外，为避免相应的财政风险，还必须建立“费加税”的复合筹资模式，以社会保障税方式筹集雇主缴纳的社会统筹资金，以社会保险费的方式筹集个人缴纳的个人账户资金，通过现收现付与基金积累制的结合实现社会保障资金来源渠道的多元化。

(2)通过社会保障预算加强对社会保障资金的财政管理。

财政管理职能缺失所引发的预算软约束和社会保障资金保值增值不理想同样是制约我国社会保障财政支付能力的重要因素。从发达国家经验看，社会保障资金财政管理向专项社会保障预算模式转型成为多数国家的共有选择，因此我国社会保障预算机制的建立应当以专项的社会保障预算作为基本的发展方向。其中，考虑到我国的特殊情况，短期内的社会保障预算可以采取“板块式”构建思路，即只将与社会保险有关的收入支出单独列示在社会保险预算中，真正体现专款专用；而将那些具转移支付性质的社会保障分列在经常预算中，与一般性税收收入对应(辛淑婷，2003)；而从长期看，因为社会保障预算的公共性质，必须逐步形成专项社会保障预算与体现经常性收支的公共预算、体现国有资本经营性质的国有资产预算之间的明确分工(贾康，2003)。另外，为实现社会保障资金的保值增值，还必须明确社会保障资金的专项管理机构及其相应的职能，根据“费加税”的复合筹资模式建立“双轨”征收、“分账”管理的相关机制，加大对社会保险基金投资运营的政策扶持，加强对社会保险基金征缴、投资运营和拨付使用全过程的财务监督。

(3)通过财政投入机制建设保证社会保障财政功能的有效运转。

财政社会保障支出不足和各级政府社会保障财政责任的模糊是我国社会保障财政功能发挥的另外两个重要问题，这不仅体现在我国社会保障财政支出比重远低于国际平均水平方面，还体现在社会保障事权过分下移，统筹层次不高，地方财政投入严重不足等各个环节。

从国际经验看，提高社会保障支出在财政总支出中的比重、明确中央和地方政府的财政投入责任是现代公共财政的基本发展趋势。因此我国财政投入机制建设也应当围绕这两个方面展开：一方面，加大政府财政对于社会保障的投入力度，提高社会保障支出在财政总支出中的比重，同时进一步调整财政支出结构，提高财政社会保障支出的效率；另一方面，提高社会保障资金的统筹层次，将养老保险由目前的省级统筹改为全国统筹，将其他的社会保障项目从原来“县级统筹”和“市级统筹”的分散管理状态划归省(市)一级政府统一管理，建立健全社会保障财政风险预警机制，保证社会保障财政功能的有效运转。

2. 第二阶段：城镇部门社会保障并轨时期

依据前面的理论模型，在经济发展水平较低的阶段，提高农村居民的财政支付型社会保障水平的边际收益较低；继续提高城镇居民的财政支付型社会保障水平则不仅会恶化整体再分配状况，还可能带来负向激励；而提高迁移劳动力群体的社会保障水平的边际收益相对较高，将现行的社会保障制度延伸至迁移劳动力的成本也更小，因此在社会保障财政功能逐步健全、财政支撑能力不断增强的基础上，第二阶段的改革重点应当放在提高迁移劳动力群体的财政社会保障支出，实现城镇部门社会保障体制并轨方面，具体的改革措施包括以下方面。

(1)根据地区经济差异实现迁移劳动力社会保障的多元化推进。

目前，我国地方政府对城市迁移劳动力社会保障制度的探索初步形成了城市居民与外来劳动力实行统一社会保障的广东模式；外来劳动力参加与本地居民不同的综合保障，从而内外有别的上海模式；仅对迁移劳动力提供部分社会保障的北京模式三种不同的模式。从实践看，因为我国地区间经济发展水平存在较大差异，迁移劳动力群体财政支付型社会保障水平的提高应当采取渐进方针，由不同地区政府基于本地经济发展状况及迁移劳动力群体特殊需求提供特色化的社会保障服务，并逐步提高这一群体的社会保障水平。

(2)根据迁移劳动力的实际需求推动保障方式的渐进式扩展。

在政府财政承担能力有限、财政功能健全需要一定时间的条件下，迁移劳动力群体的社会保障需求不可能同步得到满足，而必须选择保障方式的优先序。从实际情况看，因为迁移劳动力大多从事较为艰苦和危险的工作岗位，建立工伤保险和医疗保险的紧迫性和必要性更高，因此城镇社会保障体系的并轨应当以这两种社会保障的提供为突破点，然后再逐步满足迁移劳动力养老保险和失业保险等相关需求，从而实现保障方式的渐进式扩展。

(3)通过完善制度和强化执法推动迁移劳动力社会保障改革的顺利实现。

迁移劳动力在社会保障问题上整体处于弱势谈判地位，根据都阳(2005)的研究，个人特征对迁移劳动力是否获得社会保障的影响很小，而企业、行业和职业特征的影响更大。因此完善制度、强化执法对于这一群体社会保障改革的顺利推进具有重要意义。具体而言，各级政府应当逐步完善迁移劳动力社会保障的相关制度，规范企业行为，保证迁移劳动力权益，加强各地及城乡间社会保障制度的衔接，降低社会保障的转移成本；同时应当提高执法力度，保证各项制度的顺利实施，从而在整体上推进城镇部门社会保障体系的并轨。

3. 第三阶段：一元制社会保障体系构建时期

在城镇部门社会保障逐步并轨的基础上，我国的社会保障体系将由原有的三元结构逐步转换成城镇和农村的二元结构；同时，伴随我国经济发展水平的提高，具体的保障收益曲线形式也将出现变化(见图 1)，提高农村部门的财政支付型社会保障水平的边际收益将显著上升；而财政支付型社会保障的负向激励效应逐步显现，这时降低城镇部门的财政社会保障支出，推进社会保障“分担化”的边际收益也将上升，因此这一阶段的改革重点应当放在农村社会保障体系改革和城镇部门社会保障体系优化两个领域，并完成一元制社会保障体系的构建工作，具体措施包括以下方面。

(1)遵循“分类保障、分步推进”的原则推动农村财政支付型社会保障水平的提高。

农村财政支付型社会保障水平的提高必须分领域、有重点的逐步加以推进。首先，应扩大政府财政的支持范围，除直接增加对农业生产的财政支持外，应着重于农村教育发展、农村卫生条件改善、农村反贫困计划的财政投入，推动新型农村合作医疗制度、农村居民最低生活保障制度、农村养老保险制度的建立和完善；其次，政府财政投入应当与农村金融变革、土地制度改革、家庭和社区保障制度改革相配套，通过多方面的密切配合与合理分工，增强农村财政社会保障支出的可持续性；再次，应当结合国家农村税费改革进程推动农村社会保障水平的提高，充分利用各级财政农业投入增加、农民负担减轻为农村社会保障制度改革创造的广阔空间，逐步建立城乡统筹的社会保障制度。

(2)遵循“开源节流、社会分担”的思路实现城镇部门财政社会保障支出的优化。

经济发展水平逐步提高条件下财政支付型社会保障提供的负向激励效应在发达国家已经得到显著的反映，而它们在解决这一问题时所秉承的“开源节流、社会分担”的基本思路可以为我国提供有益的借鉴。具体来说，要实现我国城镇部门财政社会保障支出的优化，一方面应当改善财政支付型社会保障的提供方式；压缩城镇部门的福利补助标准，特别是高收入群体的福利补助标准；提高作为社会保障税的税率；提高退休者可以开始享受退休福利补助的年龄，实现“开源节流”。另一方面，应当推进公共服务方面的“社会分担化”，引入更多的市场和社会力量参与公共服务，增强雇主、个人、商业保险的社会保障责任分担。

四、研究总结

本文认为：我国现行社会保障体系存在着普遍性要求与覆盖结构不合理、一致性要求与三元条块分割、有效性要求和保障力度不充足、公共性要求与财政功能不健全四个方面的突出矛盾，而城乡三元结构和财政功能弱化是导致这四大矛盾的关键因素，因此我国社会保障体系的改革应当在财政转型与结构变迁的统一框架内加以推进。借鉴发达国家在社会保障提供方式和社会保障财政支撑方式两大领域的基本经验，保障范围的普遍性和统一性、保障结构的多元化、保障力度的兼容性构成了我国社会保障结构变迁的三大目标；而现收现付与基金积累制的结合、满足基本需求与优化给付方式结构的结合、专项社会保障预算和专业化社会保障基金管理的结合规定了我国社会保障财政转型的基本方向。在此基础上，我们基于理论推导，构建了一个简单的理论模型，并推断我国的社会保障体系改革应当遵循一个社会保障财政支撑能力培育——城镇部门社会保障并轨——一元制社会保障体系构建的三阶段渐进式路径安排，并明确了不同阶段的重点任务和改革措施。当然，这三个阶段并不是完全独立的，不同阶段在执行其重点任务的同时，也应当同时兼顾其他任务的推进，这种有主有次、逐步推进的最优路径安排，最终将对我国公平与效率双赢的社会保障体系的构建和完善产生有力的推动作用。

作者说明

社会保障制度是市场经济的稳定器，也是整个社会发展的稳定器，因而社会保障体制既属于经济体制构成的内容，也是社会体制的重要组成部分。我曾一度很注重这个问题。本文是我在自己过去研究的基础上，同我的博士生王韧在2005年形成的研究结果，发表于《学习与实践》2006年第7期，后被《新华文摘》2006年第20期转载。本文对中国社会保障制度如何建立，提出了自己的看法，这些看法在现在的实践中有的已成为现实，尤其是本文关于中国社会保障体制建立的基本路径及具体战略，已成为人们的基本共识，因而我认为本文是有很强的实践意义的。

行政制约、二元化困境与中国的教育体制改革

一、引言

近年来，我国教育规模逐步扩大，教育发展水平显著提高。2005年，全国“普九”地区人口覆盖率超过95%，青壮年文盲率控制在4%左右；全国15岁以上人口平均受教育年限达到8.5年，中等职业学校招生规模达到664万人。与此同时，由于持续多年的大学“扩招”，1999—2004年期间，中国普通高等学校在校生人数增长了2.2倍，其中研究生人数增长了3.1倍，2005年，各种形式的高等教育在学总规模超过2 300万人，毛入学率达到21%。

但是，在教育规模急剧扩充的同时，社会对于中国教育发展的质疑却日益激烈，总体而言，我国当前的教育发展主要面临以下四个突出问题。

第一，教育发展的同时，教育机会的不均等却日趋严重。

根据北京理工大学课题组的研究，农民、工

人和下岗失业人员阶层子女更多集中在普通院校和大专院校，近年来清华大学、北京大学的新生中农村学生的比例比1998年低3个百分点左右，北京师范大学则下降了8个百分点；且优势阶层的子女更多地选择了热门专业和艺术类专业(杨东平，2006)。上海财经大学公共政策研究中心2001年涵盖31个省市区约10 000名在校大学生的一项大型抽样调查结果也显示，虽然没有更详细的阶层划分，但随着学历提高，农村学生的比例逐渐减少，低阶层子女继续深造的机会逐步减少。而在义务教育和职业教育阶段，择校现象的日益普遍，私立学校、贵族学校的大量兴起也同样显示出教育机会不均等现象的日益严重。

第二，教育财政支出规模扩大的同时，个体的教育成本负担却日益沉重。

虽然近年来国家财政拨款总额呈上升趋势，但其在大学收入中的比例却在逐年下降，根据《全国教育经费统计公告》，1998—2003年间全国高等教育投入结构中，国家拨款份额从1998年的57%下降到2003年的不足50%，社会捐赠等收入基本没有变化，个体承担的学费收入则从1998年的15%上升到2000年的26%。学费收入的上涨势必带来个体负担的加重，有统计表明，因为近几年高校学费以年均20%的速度增长，学生及其家庭负担的高等教育成本从人均GNP的1.65%上升至51.87%，一些地方性大学甚至达到71.8%，普通百姓对学费已经不堪重负(陈茜，2006)。收入差距进一步增强了问题的严重性，据统计，城镇家庭对高等教育的负担能力为27 100元，而农村家庭仅有5 200元，付费能力的巨大差异必然导致高等教育资源在贫富阶层间配置的严重不均衡(查显友、丁守海，2006)。

第三，在教育监管力度不断加强的同时，教育体制内的寻租和腐败现象却日益严重。

根据教育部提供的数据，虽然监管部门一直在强化整顿力度，但教育乱收费现象却日益严重，仅2006年1～7月，全国共发现教育乱收费问题2 566个，清理取消违规收费项目累计361项，1 095人受到党纪政纪处分。而《21世纪经济报道》则援引有关教育专家的保守测算，认为10年来教育乱收费总额已超过2 000亿元。另一方面，伴随着国家投资力度加大以及高校后勤社会化步伐的加快，高校内部的“基建病”、“采购病”、“招生病”也层出不穷，仅2004年四川高校发生的“教材腐败系列案”，就有全省13所高校的36名干部或工作人员被立案侦查，3名处级干部贪污受贿100万元以上，涉案总额1 200余万元。

第四，在教育投入规模迅速提高的同时，学校特别是高等学校的财务状况却急剧恶化。

2005年，国家审计署在对18所中央部属高校2003年度财务收支情况进行了审计和调查后发现，截至2003年年末，18所高校债务总额72.75亿元，比2002年增长45%，其中基本建设形成的债务占82%。而根据中国社会科学院发布的《2006年：中国社会形势分析与预测》，高校贷款最高估计达到2 000亿元。与此相对的是教育机构预期收入的下降，根据教育部测算，到2008年，高考适龄(18～22岁)人数将达到最高峰，其后高等教育需求将逐步下降，大学学费收入增长前景极为有限；而根据《2004年全国普通高校校办产业统计分析报告》，2004年全国高校校办产业对学校的回报仅为17.53亿元，校办产业创收能力也非常有限。在此情况下，甚至有人认为中国大学将成为又一个高危行业(陈茜，2006)。

目前许多研究将上述四个问题的出现归结为长期以来我国教育体制改革所奉行的产业化思路，认为教育产业化“把市场关系引入到了不应当引入的领域”，因此必须以清算“教育产业化”作为我国教育体制改革的又一个起点。[①] 任何问题的判断和解决都必须依赖于对事物内在特性的全面理解和把握，因此，我们首先必须针对教育发展中的上述四个突出问题，对教育体制的结构特征和具体模式进行深入剖析，在此基础上分析教育体制改革的内在含义和本质要求，并把握当前我国教育发展的主要症结所在。本文结构安排如下：第二部分是对教育体制结构特征和主要模式的研究；第三部分是对我国教育发展问题的成因及体制改革“二元化”困境的解析；第四部分则是相关的改革思路探索。

二、教育体制的结构特征：内外部机制及其具体模式

基于教育体制在整体教育发展中的引导和规范作用，要解决我国教

① 纪宝成：《清算教育产业化》，载《南方周末》，2006-03-23。

育发展的上述四个突出问题，首先必须分析其体制原因，而这一分析的基础则在于对教育体制结构及其典型模式的理解和把握。作为一种特殊的社会经济活动，教育的顺利开展依托于教育资源的投入、分配、组织和使用，而考虑到不同领域在对象、目标和特征上的差异性，现实中的教育体制结构可以大致划分为两个层次。

一是教育的外部体制层，因为教育本身价值创造活动的特殊性，其在投入上必须依赖于外部资源的供给，而外部资源供给的结构和方式则构成了教育资源的成本分担机制；另外，因为教育资源提供存在数量上的稀缺性或质量上的差异性，因此外部主体只有通过一定的途径才能够充当教育的服务对象，这又构成了教育资源的分配享用机制。上述两个环节都涉及与外部主体的联系和交流，因此它们共同构成了教育的外部体制层。

二是教育的内部体制层，教育活动本身的整体性和结构性要求其实际开展和运行必须依托于一定的内部组织形式，因此存在着教育资源的组织管理机制；另外，教育资源投入的有限性又对其内部运作提出了一定的效率要求，要求规范稀缺教育资源的投入方向及使用领域，由此又产生了教育资源的投向使用机制。以上两个机制都存在于教育体系的内部，因此它们共同构成了教育的内部体制层。

内部和外部两个体制层四个具体机制的存在，使得教育发展实际上存在着内部和外部两个不同的治理结构。其中，外部治理结构包含着教育成本分担和教育分配享用两大机制的设计，需要解决教育投入由政府、社会和受教育者加以承担的比例和结构、教育资源应当分配的群体、教育资源的投入和分配比例和形式等问题；而内部治理结构则包含着教育资源组织管理和教育资源投向使用两大机制的设计，需要回答教育活动以何种形式推动和完成、教育的资源以何种方式流动和调配、教育资源的主要投入领域及比例分配等问题。

以上描述的教育体制的结构特征可以用下图加以表述：

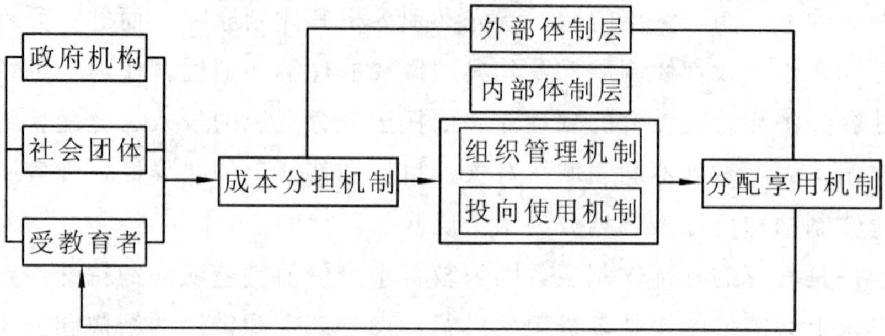

图 1 教育体制的结构特征

现代市场经济条件下，以上内外部双重机制的具体安排模式也有所不同。其中，教育体系内部公共性的差异主要体现在外部体制的安排方面，对于纯公共性的义务教育，其成本主要应由政府加以承担，而其分配享用则应当尽可能的公平；而对于准公共性的教育，如高等教育和职业教育，其成本则应当由政府机构、社会团体以及受教育者共同承担，其分配享用机制也理应考虑不同受教育者的不同特点、目标和需求。实际上，教育公共性的差异并未体现在教育的内部体制层上，作为教育体系的具体运行模式，组织管理机制和投向使用机制的效率追求是一贯的，无论是义务教育还是非义务教育，其内部体制安排都必须立足于教育的内在运行规律，实现教育资源运作效率的最大化。

从发达国家经验看，除去在纯公共性教育中共同使用了政府承担成本，受教育者公平享有教育机会的外部体制模式外，其教育体制安排上的主要区别便在于是否真正有效地贯彻实施了市场化改革，并由此产生了欧洲模式和美国模式的区别。

欧洲模式是一种相对排斥市场化的模式，其非市场化体现在两个方面：首先，在内部体制设计中，强调纵向的行政化管理，教育资源的组织、调配和使用都由教育机构加以完成；其次，在外部体制设计上，政府以低学费或免学费制度承担所有的教育成本，以此来保障受教育者公平接受教育的权利，而政府投入也往往直接交由教育机构加以管理。在这一模式下，教育机构的行政力量得到了空前加强。

美国模式则是一种市场化的模式。其中，在教育的内部体制层，美国模式充分强调市场竞争的力量，整个教育体系的内部运作都以市场化方式实现，各学校都致力于提供质量高、价格便宜的教育产品，而学校经营也往往具有投资型特征，预算约束严格(薛勇，2006)；而在外部体制层，其成本分担机制则注重政府、社会和受教育者的共同分担，政府投入主要以教育券形式出现，并不直接交由教育机构管理；社会捐赠则直接面向受教育者。可见，在这一模式下，行政力量受到了最大限度的削弱，而教育市场化改革得到了较为彻底的推行。

从实际效果看，因为内部体制层对市场竞争力量的排斥，欧洲模式虽然一定程度上推动了教育规模的扩展，但也造成了教育质量的下降，以至于欧洲大学的教室、图书馆、实验室等，往往是超负荷运转；另一方面，因为外部体制层中政府财政的独力支撑，教育投入的财政负担也日益沉重，而政府教育投入直接交给教育机构的做法，也导致预算上的软约束，进一步降低了教育资源的运作效率。而美国模式则因为外部体制上的成本共同分担以及内部体制中的市场化管理，教育资源的运作效率得到了显著提高，并逐步形成了高学费、高奖学金的局面，学校体制也具有相当的灵活性。

三、中国教育发展的问题解析：市场化的误解及“二元化”困境

上述欧洲模式和美国模式实际上都是以教育的大众化特征为基础的，考虑到近年来我国教育体系尤其是高等教育由精英化向大众化阶段的转变，这两种模式具体效果的对比实际上还可以提供出更加丰富的信息。解析上述我国教育发展的四大突出问题，可以发现，所有问题的出现并不能够简单归结为教育市场化改革之误，行政制约及由此造成的二元化困境才是问题的关键所在。

1. 教育发展与教育机会不均等并存的成因解析

教育规模迅速发展的同时，教育机会的日趋不均等已成为我国教育发展的一个突出问题。实际上，这一问题在义务教育和高等教育中具有不同的特征和成因。

(1)义务教育阶段的教育机会不均等问题。

目前我国义务教育阶段的教育机会不均等体现在择校问题和流动人口(特别是农民工)子女入学难两个方面，从实际情况看，这两个问题的产生主要有以下三大根源。一是正常的市场需求未能得到满足，例如因

为历史形成的教育资源不均衡，许多家长宁愿将子女转移到教育发达地区接受教育，由此产生了择校问题；因为经济快速城市化导致的城市义务教育资源相对短缺与长期形成的对农民工的歧视，产生了农民工子女入学难等问题。二是因为国家义务教育经费投入的不足，例如因为国家财政拨款不足，许多中小学校通过择校费和借读费创收，以至于加重了择校和农民工子女入学难等问题。三是义务教育机构运作管理的独立化和行政化倾向，例如因为经济利益的独立，许多中小学校实施乱收费行为以获取体制外收益；因为运作管理的过度行政化，许多学校为获取财政支持，借“升学率”提高知名度，以知名度吸引低分生，以低分生获取高收益，由此强化了择校问题等。

综合以上三个方面，投入不足、市场抑制、过度行政化才是义务教育机会不均等的真正原因。而这些并不是教育市场化改革的应有之义，因为教育市场化同样要求在纯公共性教育中使用政府承担成本、受教育者公平享有教育机会的外部体制模式，因此不能够将义务教育阶段的教育机会不均等简单归结为教育市场化改革的结果。

(2)高等教育阶段的教育机会不均等问题。

高等教育阶段不同阶层子女专业院校分布的不均衡是高校扩招后出现的一个新问题，这一问题突出表现在农民、工人和下岗失业人员阶层子女更多集中在普通院校和大专院校以及优势阶层子女更多选择热门专业和艺术类专业两个方面。从成因判断，这一现象首先源于基础教育的积累作用，有研究表明：高中教育在城乡二元、重点非重点二元四个等级上的分割导致了高等教育中不同阶层子女专业院校分布上的不均衡，因此高等学校的阶层差距是高中阶段社会分层的延续和放大(杨东平，2006)。其次是家庭情况对院校和专业选择的影响；对优势阶层而言，其子女入学具有先天的信息优势，而且更加看中素质培养和发展前景，所以选择热门院校和艺术专业的居多；而对其他阶层子女而言，其子女入学是成本导向的，而且缺乏相应的信息，所以在院校和专业选择方面可能存在一定的劣势。综合以上两方面原因，教育市场化同样不是高等教育阶段教育机会不均等的根源，如何改善基础教育的不均衡，推动信息的公开化，才是解决问题的关键。

2. 教育财政支出规模扩大与个体教育成本负担沉重并存的成因解析

教育财政支出绝对规模不断扩大与个体教育成本负担日益沉重并存

同样是我国教育发展的重要问题。以高等教育为例，根据相关统计资料，1993年全国高校的人均学费是500元左右，而到2000年则上涨到5 000元左右；住宿费在1993年是每年100元左右，而到2000年上涨到1 200元左右，学费负担增长远高于同期薪资水平的上涨，由此导致了教育成本负担的不断加重(陈锐，2006)。

目前许多分析都将个体教育成本负担的不断加重归结为教育的市场化改革，实际上这是值得商榷的。现实中，因为政府的教育财政支出并没有缩减，反而出现了大幅的上涨，因此个体教育成本负担的增加只可能来源于两个方面：一是教育规模的扩充速度显著高于政府财政支出和社会团体捐赠的增长速度，由此导致增加的教育成本必须由受教育者加以补充；二是教育体系内部资源浪费和投入结构问题严重，以至于教育资源的单位使用效率降低。

教育规模的扩充超越了政府教育支出和社会团体捐赠的增长速度毋庸置疑。据统计，1990—2002年间，虽然国家财政拨款总额迅速上升，但财政性教育经费占普通高等学校教育经费来源的比重却从93.5%下降到50%左右，因此教育规模扩充高于政府和社会投入增长速度无疑是个体教育成本负担加重的重要因素。另一方面，教育体系内部的资源浪费和投入结构问题也值得关注，各类学校为提升自己的关注度，赢得更多的国家支持，盲目加大建筑力度，并四处寻租，这突出体现在高校大学城建设和博士点申报方面。例如河北廊坊的东方大学城占地7.3平方千米，投资达50亿元；2005年全国各高校申报增设2 700多个二级学科博士点，是现有1 900多个博士点的140%，其资源浪费是显而易见的(人民网，2005)。

实际上，上述行为的根源在于教育体系自身的行政化倾向，正因为过度行政化的体系，学校才有了针对主管机构进行权力寻租以及浪费资源开展“形象工程”的充分激励，并不能够归罪于教育的市场化改革。

3. 教育监管力度加强与寻租腐败现象日益严重并存的成因解析

在不断加强教育监管力度的同时，日趋严重的教育腐败现象是我国教育发展的另一个关键问题。乱收费便是其中的典型代表。根据发展和改革委公布的数据显示，教育收费问题已连续3年成为全国价格投诉的头号热点。当然，教育腐败还体现在其他多个方面，仅在广西，近两年来检察机关就立案侦查教育系统贪污贿赂等职务犯罪案218件，涉案

243人，涉案金额2 371万元。实际上，教育腐败问题的加剧也并不是教育市场化改革的结果，而主要来源于教育体系的行政化运作模式。作为公益机构，教育机构本应极力淡化其行政色彩，而在现实中，我国教育机构所遵从的却是由上而下的委任制，个人能力、办校成果都必须遵循上级教育主管部门制定的规则，任职期限、职位升迁或调动也都掌握在主管部门手中，这种体制下，势必会产生教育机构管理体制的官僚化，而权力的过度集中也造成了有效社会监督机制的缺乏。以广西为例，据检察人员介绍，严重的教育腐败现象多发生在局长和校长等有实权的人身上，主要原因就是对权力的监督制约不力，其中升学考试、学校招生录取、新生入学三个环节，充当了教育腐败的三大高危点。而根据上海市教科院提供的数据，2005年全国查处的各种违规收费中，地方政府行为占34.61%，学校自身行为占49.74%，社会有关部门向学校乱摊派和搭车收费占15.65%，可见行政介入和行政化运作才是我国教育机构寻租腐败现象日益严重的根本原因，并不能够将其归结为教育的市场化改革。

4. 教育投入规模迅速提高与学校财务状况恶化并存的成因解析

虽然国家教育财政支出持续扩大、个人教育成本负担不断加重，但学校特别是高等学校的财务状况却不断恶化，这一问题已严重制约我国教育的长期发展。其产生的原因显然不能归结为教育的市场化改革，实际上，成因有两个方面：一是教育行政化所带来的发展功利化，教育机构的核心竞争力在于教学质量和科研能力，但因为这些“软件”因素的培养、积累和维持收效较慢，且不容易被直观察觉，因此对处于行政化纵向管理体制的教育机构领导者而言，并不是最优的选择，为了在最短的时间内显示自己的业绩，很多学校领导与地方官员一样，开始盲目追求数量增长，走“粗放型发展”之路，在教育资源投入有限的情况下，这势必加重学校的财政负担；二是预算的软约束，作为教育机构，学校财务状况和资金往来情况基本不透明，由此缺乏资金使用的监督机制；另外，地方政府为了追求政绩，纷纷以低价出让土地等办法以“支持”教育，而银行基于政府的隐性担保，也愿意提供多余的存款，在这三方的综合作用下，教育机构财务预算的软约束不断加重，并进一步恶化了教育机构的财务状况。由此可见，中国教育盲目扩张规模的原因在于其官僚行政单位的本质，而这种属性所带来的必然是财务上预算软约束，其情形与过去的国企毫无二致(陈茜，2006)。

综合以上对我国教育发展中四个突出问题的成因解析，可以看到整体教育体制的行政化倾向才是问题的关键症结所在。在教育体制的行政化框架下，实际上还衍生出我国教育改革特有的“二元化”困境，即在教育体制的行政化倾向下，任何市场化改革的效果都将被扭曲；而为消除这些负面影响所采取的各种措施，又会导致教育体制行政化色彩的进一步增强，从而加剧教育体制改革的困难。实际上，这种“二元化”困境直接限制了我国教育发展水平和质量的进一步提高，并直接导致了我国教育发展中的以上四个突出问题：解决教育机会的不均等要求增强教育资源流动性的市场化改革，但行政化体系扭曲了市场的作用，由此带来了择校、入学、教育资源分配等问题；克服财政教育支出的不足要求建立市场化的教育成本分担机制，但行政体系主导下的教育规模增长和资源浪费问题又扭曲了市场作用，以至于个体教育成本负担不断加重；消除教育寻租腐败要求引入市场监督，而行政化的运作体系扭曲了市场作用，导致了教育腐败的加剧，并激发了新一轮的寻租；整体教育投入的不足要求学校财务运行的市场化，而行政性体系下的功利化和预算软约束却进一步恶化了其财政状况。

当然，为克服上述行政体系下市场化改革的扭曲，只有加强对教育的行政管理，而由此导致的教育行政性增强又只会恶化原有的种种问题。由此可见，教育体系行政化所带来的教育改革“二元化”困境才是我国教育体制改革的核心问题所在，相应的机制改革也理应围绕这一问题展开。

四、教育体制的改革对策：总体思路与具体机制调整

综合以上分析，我国教育体制改革的总体思路应当是：以克服教育行政化倾向为起点，通过对教育资源成本分担机制、分配享用机制、组织管理机制、投向使用机制四个领域的综合性改革，彻底消除教育体系的行政化倾向，在此基础上实现真正有效的教育市场化改革。

1. 外部体制层的机制调整对策

教育的外部体制层改革主要包括成本分担机制设计与分配享用机制

设计两项内容。从发达国家的基本经验看，无论是非市场化的欧洲模式还是市场化的美国模式，在义务教育阶段都采用了政府承担成本、受教育者公平享有教育机会的外部体制模式，这也是对市场条件下义务教育纯公共品性质的一种尊重和承认；而在非义务教育阶段，美国模式的市场化在运行结果上则明显优于欧洲模式的非市场化，因此，我国教育的外部体制层改革应当区分义务教育和非义务教育分别加以推进。

(1)义务教育阶段的外部体制层改革。

基于前面的分析，历史形成的教育资源配置不均等、过度行政化导致的市场压抑、义务教育投入的不足是乱收费、择校以及农民工子女入学难三大难题的根本原因所在。因此具体改革也应围绕这三个方面展开：首先，应当依据市场需求重新进行义务教育资源的配置，推动义务教育供给与需求的匹配；其次，应当努力改革原有的行政化管理模式，承认合理的市场需求，正确引导而不是行政干预个体选择公共产品(义务教育)的行为；再次，必须加大国家公共产品投资，改革义务教育拨款制度，使其真正面向受教育者，从而解决教育资源投入不足问题。实际上，这一改革的核心在于通过消除行政化倾向并顺应市场需求特征，强化义务教育的监督约束机制，全力构建政府承担的成本分担机制、受教育者公平享有教育机会的资源分配享用机制。

(2)非义务教育阶段的外部体制层改革。

非义务教育具有典型的准公共品性质，因此其外部体制改革应当符合市场条件下准公共品的基本运作规律；从实践看，美国的市场化模式在效果上显著优于欧洲的非市场化模式，基础教育的累积效应和家庭差异化需求的忽视是我国非义务教育机会不均等的主要原因，行政主导下的教育规模过快增长和行政化体系下教育资源浪费是我国个体成本负担加重的主要原因，因此其改革应当以破除教育体系的行政化倾向为突破口，重点围绕以下两个方面展开。

一是在教育成本分担机制上，应逐步建立政府、社会、个体共同承担的教育成本分担机制，据统计，美国大学经费来源中社会捐赠比例达到10%，而日本公立高校中社会捐赠占学校总收入的15%，私立学校则高达50%以上；因此在政府财政能力有限的情况下，应重点营建社会捐赠机制，扩大社会捐赠规模，考虑到发达国家社会捐赠直接面向受教育者，并由捐赠机构监督实施，因此我国必须改变现有社会捐赠面向教育机构，并由教育机构全程负责的行政化做法，通过市场化改革增强教育机构投资经营能力，从而提升社会捐赠的积极性。

二是在教育资源分配享用机制上，必须改变以往教育资源分配一刀切的单一化思路，充分注重社会不同阶层的差异需求，增强教育资源分配的兼容性。具体而言，应根据不同群体的需求，实现就业教育和素质教育的综合，例如在入学形式上对低收入阶层子女进行学费减免，并根据受教育者的需求差异(就业导向或素质导向)强化专业和课程设置的差异性等。

综合以上两个方面，非义务教育外部体制层改革应以破除教育体系行政化为重点，根据教育产品的公共性和市场需求情况重新配置教育资源，并根据投入增长情况稳定教育规模增长，防止行政化的“一刀切”和“大跃进”在教育体系中上演。

2. 内部体制层的机制调整对策

教育的内部体制层改革包括组织管理机制设计与投向使用机制设计两项内容，从欧洲模式和美国模式的实际效果对比看，市场导向相对于行政化管理无论在教育资源的组织、调配和使用方面都具有更高的效率；而从我国实际情况看，教育机构盲目扩张所导致的财政状况恶化，教育机构日趋严重的寻租腐败现象，其根源都在于行政化体制下的预算软约束和教育功利化。因此无论在义务教育还是非义务教育阶段，逐步消除行政化管理倾向，引入市场竞争机制和持续经营意识，都应作为教育内部体制层改革的重要方向：

首先，在教育资源组织管理机制上，应改革现有自上而下的委任制度，淡化教育机构的行政色彩，强化其公益性，逐步实现“教师治校”、“教授治校”。一方面，将教育机构的运行与行政职务的调动升迁彻底脱钩，全力防止外部行政力量对于教育机构运行的非法干预，从而避免学校发展的功利性和短期化；另一方面，应逐步消除教育机构组织管理体系的官僚化特征，防止教育机构内部权力的过度集中，从而压缩寻租腐败的空间。

其次，在教育资源投入使用机制上，应通过市场竞争和社会监督强化教育机构的预算约束，实现教育资源投入使用的合理化。一方面，理清学校与政府、学校与银行间的财务关系，消除教育机构的非理性扩张；另一方面，改变现行教育体系的行政化纵向评价机制，以长期教学质量和科研能力的提升作为管理者业绩的主要评价标准；当然，增强教育机构财务状况和资金往来的透明度，增强资金使用的社会监督力度也是不可忽视的重要方面。

总体而言，我国教育内部体制层的改革必须以重构政府与学校关系、破除原有行政化管理体系和行政性评价机制为突破口，增强市场竞争和社会力量对于教育机构内部运行的监督和约束，从而逐步消除教育腐败与教育资源非理性使用问题，而不是简单地将所有罪责都追加到教育市场化改革之上。

作者说明

建立市场经济的一个重要内容，是要形成良好的社会保障制度、教育制度等与市场经济相配套的社会体制，也就是政府要为市场经济提供良好的公共产品，这些公共产品主要表现为社会保障、教育、医疗等内容。我在近几年花了很大的精力与我的博士生研究这方面的问题，本文就是我在这方面所写的有关教育制度改革的文章。因为教育既是公共产品(例如义务教育)，但也具有非公共产品性质(例如高等教育)，所以这种公共产品的提供成为改革中的一个重要问题。本文与王韧合作，发表于《学术月刊》2006 年第 8 期，后被人大复印资料教育学 2006 年第 11 期转载。本文对教育这种公共产品的改革方向提出了自己的想法及政策与体制建议，这些想法和政策建议与教育改革的实践基本是吻合的。

基尼系数与中国现实的碰撞

一、引言

关于收入分配不平等状况的研究，历来是经济学家们关注的交点。为了从数量上刻画收入分配不平等的程度，学者们建立了很多可计算的指标，Debraj(1998)对所有这些指标进行了总结和评价，根据度量不平等的四项准则，即匿名准则、人口准则、相对收入准则和达尔顿准则，认为变差系数和基尼系数能满足所有的四个准则，具有洛伦兹一致性，是比较令人满意的指标。在实际的应用中，大部分机构和学者通常会选择这两个指标来刻画收入分配不平等的状况。世界银行更是给出了使用基尼系数判断一个国家收入分配是否平等的标准，认为基尼系数在0.2以下为绝对平均，0.2～0.3之间为比较平均，0.3～0.4之间为比较合理，0.4～0.5之间为差距较大，0.5以上为差距悬殊。于是根据这个标准，当我国的基尼系数达到0.4以上时，国内一些学者就判断我国的收入差距太大了。当我们用中国的基尼系数和其他发达国家或发展中国家比较时，就得出结论我国的收入差距在世界上已经处于严重不平等的行列了。中国的收入差距的确在不断扩大，但是否可以仅仅根据基尼系数一项指标就得出收入严重不平等的结论呢?

让我们先看一个简单的例子，假设一个国家中存在四个人(应用人口准则可以代表四个不同的收入组)，分别有收入(75，125，200，600，应用相对收入准则这里只是表示一种比例)，而在另一个国家中同样存在四个人，他们的收入分配方式是(25，175，250，550)，可以计算出他们的基尼系数都是 0.4125，但是他们的收入结构存在明显不同。第一个国家中最富人的收入是最穷人的 8 倍，而第二个国家中最富人的收入是最穷人的 22 倍！由此可见，基尼系数存在一定的局限性，虽然它综合了各个收入组的信息，但并不能体现出收入结构的不同，相同的基尼系数背后可能隐藏着明显不同的收入分配状况。所以，不能简单地得出结论，基尼系数大于 0.4 就一步跨入了严重不平等的行列，关键还要分析基尼系数背后所隐含的收入分配结构。

基尼系数、变差系数等指标，一方面可以将收入分配不平等的复杂情况简化为一个数值便于比较，另一方面却忽略了很多重要的信息，导致了比较结果的模糊性。Weisskoff(1970)和 Fields(1980)在研究 20 世纪 50 年代波多黎各、阿根廷和墨西哥的不平等变化时，发现基尼系数和变差系数的结果相互矛盾，说明不能完全依靠某种特定的不平等指标做出判断，应该同时考虑一系列的指标。在某些情况下，仅仅根据度量不平等的四个准则，并不能准确地判断收入分配的不平等状况，基尼系数等指标会出现模糊性，这时，直接研究洛伦兹曲线的变化会更加直观。本文接下来将对基于洛伦兹曲线的分析框架进行综述和评价，并在此基础上，对中国的收入不平等状况进行实证分析，最后提出政策建议。

二、现有理论的综述和评价

洛伦兹曲线是在度量不平等的理论和方法中，一种比较直观的图形，横轴是人口的累计百分比，纵轴是收入的累计百分比，曲线上的点代表某一人口比重所拥有的收入比重。一个国家的不平等程度可以从洛伦兹曲线的弯曲程度中表现出来，45 度线和洛伦兹曲线之间的总体距离就暗示了这个国家所存在的不平等程度大小。洛伦兹曲线包含了所有人的收入分配信息。

如何来比较两条洛伦兹曲线的不平等程度呢？为了说明这个问题，首先要弄清几个定义。

定义 1：累退性转移(regressive transfer)和累进性转移(progressive transfer)。设(y_1，y_2，…，y_n)是一组收入分配，其中两种收入 y_i 和 y_j，$y_i \leqslant y_j$，将收入从相对贫穷的个体 i，转移到相对富裕的个体 j，我们称之为累退性转移。相反方向的收入转移就是累进性转移。

Dalton(1920)认为如果一个收入分配是由另一个收入分配经过一系列的累退性转移后得到，那么前者相对于后者来说收入分配更加不平等，这个准则被称为达尔顿准则。Atkinson(1973)和 Sen(1973)都进一步地研究了这种收入转移，证明将一个固定收入从穷人转移给富人将增加收入分布的不平等。

定义 2：洛伦兹占优。用 $L(i;\ P)$代表洛伦兹曲线，其中 $i=f$ 或 g，分别代表两条不同洛伦兹曲线的概率分布，P 表示人口的累计百分比，如果 $L(f;\ P) \geqslant L(g;\ P)$在 $\forall P \in [0,\ 1]$时成立，同时存在某一个 P 下大于号($>$)成立，我们就说 f 洛伦兹占优于 g，记为 fLg[①]。

根据这个定义，如果 f 洛伦兹占优于 g，从图形上看，就是洛伦兹曲线 g 完全在曲线 f 的右侧。对于这种情况，很容易判断出收入分布 g 比收入分布 f 不平等，不存在模糊性，用不平等指数 I 表示为 $I(f)<I(g)$。通过简单的画图分析，也不难看出，如果 g 是由 f 通过一系列的累退性转移获得，那么 fLg。计算基尼系数、变差系数等，也可以表现出比较好的一致性，即如果 fLg，则收入分布 f 计算出来的基尼系数会小于收入分布 g 的基尼系数。

但是，如果两条洛伦兹曲线发生相交时，就很难判断哪条曲线是洛伦兹占优的，也就很难判断两条曲线的不平等程度了。下面再来看一下引言中的那个例子，国家 1 和国家 2 的基尼系数相同，从图形上看(见图 1)，就是两条洛伦兹曲线与 45 度线围成的面积相同，但不同的是国

① 这里定义的洛伦兹占优是一阶随机占优，Menezes、Geiss 和 Tressler(1980)还定义了洛伦兹二阶占优和三阶占优。

家1低收入组距离45度线近，高收入组距离45度线远，国家2的情况恰恰相反。这种情况下，很难根据累退性准则进行判断了，因为国家1需要同时经过累退性转移和累进性转移才可以变成国家2的状况，产生了洛伦兹比较过程中的模糊性。

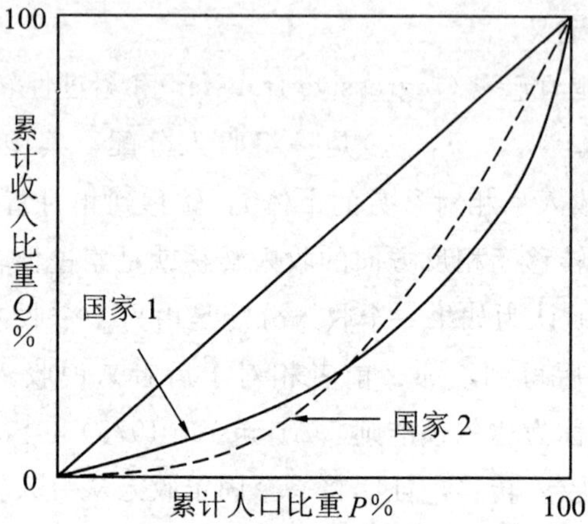

图1 两个国家的洛伦兹曲线

对于洛伦兹曲线相交情况下的比较，Shorrocks 和 Foster(1987)做了探索性的工作，提出了转移敏感性(transfer sensitivity)的概念，试图比较收入分配低端的累进性转移和收入分配高端的累退性转移对收入不平等程度的作用大小，解决比较中遇到的模糊性问题。他们通过严格的数学证明了，如果两种转移的数量一样，则收入低端的累进性影响效果要大于收入高端的累退性转移，也就是说，如果两种转移同时发生的话，不平等程度应该下降。根据这个准则，可以判断出引言例子中，国家1相比国家2的收入分配更加平等。

转移敏感性分析的方法，很好地解决了洛伦兹曲线存在一个交点的问题，但在现实分析中，洛伦兹曲线可能会相交多次，也就是说，一个收入分布 f 可能要经过一系列的累退性转移和累进性转移才可以达到收入分布 g，这时转移敏感性分析就遇到了麻烦，仍然不能很好地解决比较的模糊性。

针对有多个交点的洛伦兹曲线比较，学者们在不断地进行探索，其中一个比较好的分析范式，是 Menezes、Geiss 和 Tressler(1980)以及 Davies 和 Hoy(1995)提出的 ADI(aversion to downside inequality)分析范式。这个分析范式的想法来源于信息经济学中的一个类似概念，即厌恶可能下降的风险(aversion to downside risk)。Rothschild 和 Stiglitz (1980)在比较两个具有相同均值和方差的选择时，引入了可能下降的风险，说明虽然两种选择的均值和方差相同，但人们会比较厌恶潜在下降风险比较大的选择。

Menezes、Geiss 和 Tressler(1980)将这种分析范式引入到比较收入分配不平等程度中，对一些概念进行了定义。

定义 3：收入分布中的维持均值方差不变的转移 MVPT。这里的 MVPT 同样是由均值不变的扩散转移(MPS)和均值不变的收缩转移(MPC)组成[①]，并满足在低收入组中主要发生扩散转移(MPS)，且两种转移对方差影响的效果相无抵消，保持方差不变。

定义 4：不平等状况变差(downside inequality)。如果收入分布 g 是由收入分布 f 通过一系列 MVPT 获得，则收入分布 f 相对于 g 表现出更低的不平等状况变差。

根据这个定义，可以看出虽然 f 和 g 拥有相同的均值，但 f 表现出更低的不平等状况变差，所以在 ADI 情况下，f 的不平等程度要低于 g。

定义 5：洛伦兹曲线 f 与 g 相交 n 次，且 f 初始在上。如果存在一系列点 P_i，$0\equiv P_0<P_1<P_2<\cdots<P_n<P_{n+1}\equiv 1$，满足(1)，$L(f, P)\geqslant L(g, P)$，$\forall P\in[P_{i-1}, P_i]$，且存在一个 $\varepsilon>0$，$P\in(P_i-\varepsilon, P_i)$，大于号($>$)严格成立；(2)$L(f, P)\leqslant L(g, P)$，$\forall P\in[P_i, P_{i+1}]$，存在一个 $P\in(P_i, P_i+\varepsilon)$使得小于号($<$)严格成立，则两条洛伦兹曲线相交 n 次，且 f 初始在上。

有了上述几个定义，就可以利用 ADI 范式来比较洛伦兹曲线相交时的收入不平等程度了。首先可以用 ADI 范式来陈述 Shorrocks 和 Foster(1987)关于洛伦兹曲线存在一个交点的转移敏感性分析的命题。

命题 1：假设存在两个收入分布 f 和 g，有相同的均值，且洛伦兹曲线有 1 个交点，满足(1)两条洛伦兹曲线初始相交时，f 在 g 之上；(2)$V(f)\leqslant V(g)$，则所有满足 ADI 的不平等指标 I，有 $I(f)<I(g)$。

Davies 和 Hoy(1995)在 ADI 分析范式下，严格证明了洛伦兹曲线

① 维持均值方差不变的转移 MVPT(mean variance-preserving transformation)；均值不变的扩散转移 MPS(mean-preserving spread)，是将权重从分布的中央移到尾部；均值不变的收缩转移 MPC(mean-preserving contraction)，是将权重从分布的尾部转移到中央。

存在多个交点情况下的命题。

命题 2：假设存在两个收入分布 f 和 g，有相同的均值，且洛伦兹曲线至少相交一次，满足 $V_i(f)\leqslant V_i(g)$，$\forall i=1, 2, \cdots, n+1$，这里 P_i 是人口的累计百分比(和定义 5 中 P_i 的含义相同)，$V_i(\cdot)$是人口子集 $P\in[0, P_i]$中的收入方差，则所有满足转移准则(达尔顿累退性转移准则)和 ADI 的不平等指标 I，有 $I(f)<I(g)$。

命题 2 的意思是说，在 ADI 的分析范式下，首先找到两条曲线的所有交点，然后在所有 0 到交点的人口累计百分比的子区间内，f 的方差都要小于等于 g 的方差，在这种情况下可以判断出 $I(f)<I(g)$。当两条曲线只有一个交点时，命题 2 和命题 1 的结论是一致的，也就是说，命题 1 是命题 2 的一种特殊情况。对于命题 2，当 $n=1$ 时，$V_1(f)\leqslant V_1(g)$可以推导出 f 曲线和 g 曲线初始相交时，f 在 g 之上，这与命题 1 的结论也是一致的。因此，对于两个收入分布，无论存在多少个交点，如果 $I(f)<I(g)$，都需要 f 初始相交时在 g 之上。

综上，当我们基于洛伦兹曲线比较收入分配不平等时，首先要判断两条曲线是否存在明显的洛伦兹占优。如果两条曲线存在相交的情况，就需要借助 ADI 的范式进行分析。不过，现有的分析对于存在多个交点，人口子集的各个收入方差大小方向不一致的两条曲线，仍然存在比较的模糊性，还需要进一步的研究。

三、对中国收入不平等状况的实证分析

现有文献中对中国收入不平等状况的判断，大都是基于基尼系数的估算和比较[①]，而很少有基于洛伦兹曲线的比较。在这一部分中，我们将结合 1988—1999 年洛伦兹曲线的变动趋势，利用第二部分中的理论，分析一下中国的收入不平等状况。

1. 1988—1999 年的洛伦兹曲线

要想准确地画出洛伦兹曲线，必须要有各个收入组的人口比重和收

① Deninger 和 Squire(1996)建立了世界收入不平等的数据集，中国的基尼系数从 1984 年的 25.7 增加到 1992 年的 37.8；陈宗胜(2002)使用分层加权法，向书坚(1998)使用城乡加权法，赵人伟、李实(1999)使用入户调查数据，分别对中国的基尼系数进行了估算。他们的结果基本都表明了中国的收入差距在不断扩大。

入比重。但是这些数据在中国很难直接找到，因为国家统计局在统计居民收入时，是按照城镇居民和农村居民分开统计的，因此要想画出全国居民的洛伦兹曲线，首先就要将两组数据统一起来。陈宗胜(2002)根据《中国统计年鉴》公布的农村居民收入和城镇居民收入，按照人均收入水平的高低将全国居民进行了统一排序。根据陈宗胜(2002)的数据可以画出各个年度的洛伦兹曲线。

2. 1988—1999 年洛伦兹曲线的变动趋势

在考察洛伦兹曲线变动趋势之前，先来看一下基尼系数的变动趋势是否可以很好的解释 1988—1999 年间的收入不平等变化，如果比较存在模糊性，就有必要进一步分析洛伦兹曲线的变动。

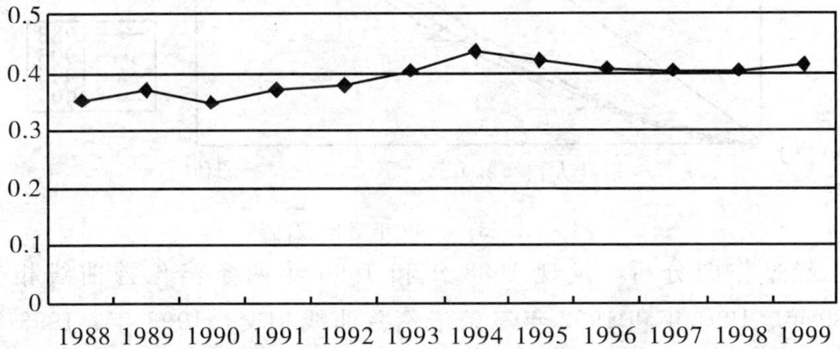

图 2　1988—1999 年中国的基尼系数

陈宗胜(2002)根据全国排序的收入比重和人口比重，采用分层加权的方法估算了基尼系数，具体的变动趋势见图 2。这 12 年基尼系数的变动，基本上可以分为两段，一段是 1994 年以前基尼系数呈逐渐上升的趋势，在 1990 年稍有波动；另一段是 1994 年以后基尼系数略有回落，趋于平稳。通过基尼系数的分析，可以对 12 年的基本趋势有一个了解，但是对其中一些年份的比较存在模糊性，比如说，1993 年、1997 年和 1998 年的基尼系数都近似在 0.402 左右，它们之间的收入不平等程度比较，很难通过基尼系数反映出来。因此，需要进一步的比较这 12 年间的洛伦兹曲线。

图 3 给出了部分年份洛伦兹曲线的情况，洛伦兹曲线从 1988 年开始逐渐向右扩张，1994 年到达最右端，$L(1994;P)>L(1993;P)>L(1988;P)$，因此，1994 年的收入分布洛伦兹占优于 1993 年，1993 年又洛伦兹占优于 1988 年，收入不平等程度逐渐增大，$I(1988)<I$

(1993)<I(1994)，这是与基尼系数的判断一致的。可是 1994 年以后，洛伦兹曲线开始向左收缩，L(1994；P)>L(1997；P)，1994 年的收入分布也洛伦兹占优于 1997 年，I(1997)<I(1994)。1997 年的洛伦兹曲线与 1993 年的曲线发生了相交，两条曲线不存在明显的占优关系。

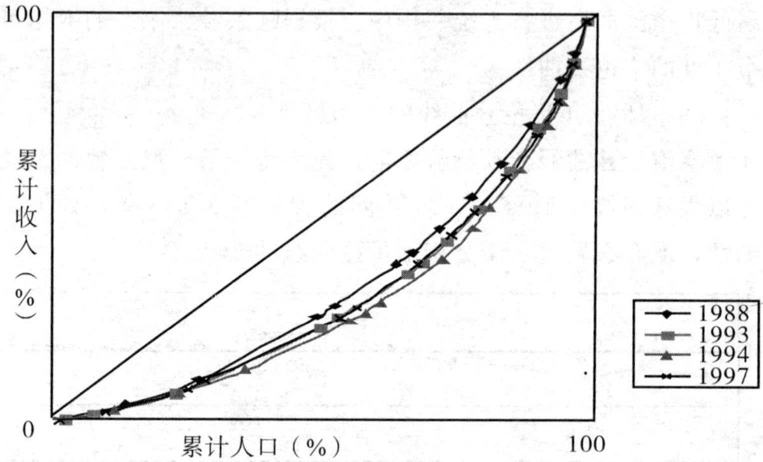

图 3　1988—1999 年洛伦兹曲线

经过作图分析，发现 1988 年和 1990 年两条洛伦兹曲线相交，1989 年、1991 年和 1992 年三条洛伦兹曲线相交，1993 年、1996 年、1997 年和 1998 年四条洛伦兹曲线相交，1995 年和 1999 年两条洛伦兹曲线是相交的，在这些洛伦兹曲线相交的年份中，彼此的基尼系数都相差非常小，都在 1%以内，可见通过基尼系数很难判断这些年份的收入不平等状况，需要利用 ADI 的分析范式，对这些年份的洛伦兹曲线进行比较。

3. 以 1993 年和 1997 年两条相交曲线为例进行洛伦兹比较

1993 年的基尼系数是 0.40173，1997 年的基尼系数是 0.40269，两年基尼系数相差 0.00096，仅仅依靠这一点差距，直接判断 1997 年比 1993 年的收入不平等是很难让人信服的。接下来，我们将根据洛伦兹曲线提供的更多信息，在 ADI 范式下，比较两年的收入不平等程度。

通过作图计算，1993 年和 1997 年两条洛伦兹曲线共有 4 个交点，分别在人口累计比重为 6.02%、26.17%、63.62%和 82.65%四处(见图 4)。1993 年洛伦兹曲线初始相交时在 1997 年曲线之上，1997 年曲线可以由 1993 年曲线经过 3 次累退性转移和 2 次累进性转移获得，3 次累退性转移分别发生在最低 6.02%收入组、处于 26.17%～63.62%之间的中收入组和最高 17.35%收入组。我们分别计算一下两条洛伦兹曲线在 5 个人口子集空间[0，6.02]，[0，26.17]，[0，63.62]，[0，82.65]，[0，1]内的方差系数 CV[①]，1993 年的方差系数 CV_1、CV_2、CV_3、CV_4、CV_5，分别为 0、0.564568、0.633272、0.639138、0.747534。1997 年的方差系数分别为 0、0.568403、0.659451、0.66555、0.759462。因为在[0，6.02]区间内两条洛伦兹曲线的数据太少，不能求出标准差，故都取为 0，不影响最终结果。比较其他的方差系数，1997 年的值均大于 1993 年的，加上先前分析的 1993 年曲线初始相交在上，得出在 ADI 情况下，1997 年的收入分布比 1993 年更加不平等，即 $I(1993)<I(1997)$。

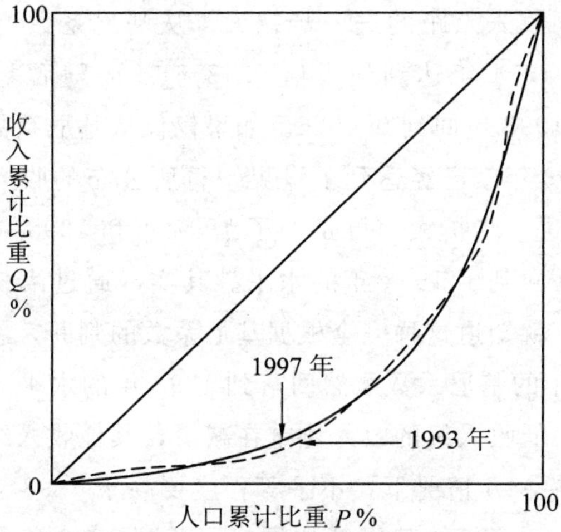

图 4　1993 年和 1997 年洛伦兹曲线相交

对于其他年份洛伦兹曲线相交的情况，可以使用同样的方法进行判断。

四、结论与政策建议

通过前面的分析可以得出以下几个结论。

第一，1988—1999 年 12 年间，洛伦兹曲线相交的情况比较多，说明这段时期各个收入组收入结构的变化比较频繁，收入结构的不同是决

① 在实际比较中，一般使用方差系数，而不是方差。方差系数 CV 等于标准差除以均值。

定收入不平等程度的重要因素之一，不能忽略。因此，仅仅使用基尼系数指标，只能大概判断 20 世纪 90 年代中国的收入不平等程度，而对于各个年度之间的不平等比较，结果是模糊的，必须借助洛伦兹曲线，利用更多的收入结构信息进行比较。

第二，基尼系数在比较收入不平等程度时会出现模糊性，完全依靠这一个指标进行分析，可能会带来错误的判断。考虑我国 20 世纪 90 年代收入不平等程度的变化，1993 年十四届三中全会是一个重要的时间点。这次全会对收入分配制度进行了改革，提出“个人收入分配要坚持以按劳分配为主体，多种分配方式并存的制度”；“劳动者的个人劳动报酬要引入竞争机制，打破平均主义，实行多劳多得，合法拉开差距”，这就带来了人们收入差距的进一步拉大。从基尼系数上看，1993 年首次突破了 0.4，1994 年达到最大值 0.43561，而随后基尼系数有所回落，1997 年和 1998 年回到 0.4026。如果仅仅从基尼系数这一项指标分析，我国在 1993 年就已经达到了世界银行所公布的收入差距过大的标准，而 1994 年进一步扩大，可是到了 1997 年和 1998 年不平等程度得到了改善，似乎回到了 1993 年的水平。其实，通过第三部分基于洛伦兹曲线的分析，就知道这种完全根据基尼系数的判断，忽略了收入结构的信息。1997 年的基尼系数虽然回落到 1993 年的水平，但收入结构已经发生了变化，低收入组的收入比重在减少，其他收入组的收入比重也发生了变化，在 ADI 情况下，不平等程度要高于 1993 年。所以说，我国在 1997 年和 1998 年的基尼系数虽然回落到 1993 年的水平，但不平等程度却加深了。

第三，低收入组的居民以农民为主，他们的绝对收入虽然不断增加，但是占有国民收入的比重却在不断降低。我们选取 1988 年、1991 年、1995 年和 1999 年四年，前三年的洛伦兹曲线互不相交，存在明显的洛伦兹占优，$I(1988)<I(1991)<I(1995)$。后两年洛伦兹曲线相交，在 ADI 的情况下，$I(1995)<I(1999)$。根据陈宗胜(2002)的数据集，可以看出最低收入的四个分组都是农民，将这四个组的人口和收入加总到一起，求出平均收入、占全国的人口比重和收入比重，见表 1。1988 年、1991 年和 1995 年农民的人均年收入不断提高，但更多的农民下滑到低收入组，在国民收入中所占的比重不断降低，导致收入不平等程度不断增加。1999 年农民的人均收入仍然在不断提高，但与 1995 年

的洛伦兹曲线初始相交时，在1995年曲线之下，说明低收入农民发生了累退性转移，他们在国民收入中所占的比重仍在降低，不平等程度增加。

表1 低收入农民的人均收入及占全国的人口比重和收入比重

年份	人均年收入(元)	占全国人口比重	占全国收入比重
1988	394.37	50.51%	26.42%
1991	519.83	51.25%	25.81%
1995	1 124.27	55.93%	25.78%
1999	1 711.5	47.94%	20.25%

结合前面的分析和结论，我们提出以下几点政策建议。

第一，不仅要提高低收入者的收入水平，更重要的是提高低收入者的收入比重，特别是要提高农民的收入水平和比重。低收入者收入比重不断降低是20世纪90年代中国不平等程度增加的一个重要原因，而这种降低趋势在本世纪初仍在继续[①]，因此，要想改善中国的收入不平等程度，就要提高低收入者的收入比重。在1988年到1999年的12年间，低收入农民的平均年收入从394.37元增加到1 711.5元，平均年增长率为14.3%，但低于高收入阶层18.8%的增加速度[②]，其在国民收入中的实际比重在不断下降。提高低收入者的收入水平非常重要，可以保障低收入者的基本生活，维持社会稳定，在党的十六大报告和“十一五”规划建议中都明确提出要“提高低收入者收入水平”。不过，从改善收入不平等的角度来看，仅仅提高低收入者的收入水平是不够的，关键还要提高低收入者的收入比重。我国低收入者的主体是广大农民，因此，提高农民的收入水平和收入比重，是改善收入不平等状况的重点工作。

第二，通过调节过高收入，扩大中等收入比重的方式，实现累进性转移，使洛伦兹曲线整体左移，降低社会的收入不平等状况。将高收入者的部分收入通过收入再分配转移给中等收入者或低收入者，根据达尔顿准则，将提高整个社会的平等程度。在党的十六大报告和“十一五”规

① 根据世界银行的数据，2001年最低20%，第二个20%和第三个20%的人口所占的收入比重比1998年都有所下降。

② 这里是根据城镇最高的两个收入组和农村最高收入组加总后算出的平均年收入增长率。

划建议中都明确提出要“加强政府对收入分配的调节职能”、“逐步扩大中等收入者比重，有效调节过高收入”。政府可以通过税收、转移支付等调节收入再分配的手段，调节过高收入者的收入比重，避免财富的过度集中，提高中低收入者的收入比重，这样将改善现有的收入不平等程度。

第三，特别关注低收入者的收入转移，尽可能地保证低收入者发生累进性转移，防止低收入者发生连续的累退性转移。根据命题1和命题2的结论，如果发生同样数量的收入转移，收入低端的累进性转移影响效果要大于收入高端的累退性转移，也就是说，当我们不能保证进行完全的累进性转移时，应该尽量保证收入低端的人们可以实现累进性转移，这样可以抵消收入高端进行累退性转移带来的负面影响。因此，从改善收入分配不平等的角度看，政府应该更加关注低收入者的收入转移问题。

作者说明

中国从2000年开始，基尼系数已经很高，因而人们对中国收入差距过大极其关注，这是对的，但是有人因此而对我国改革方向提出了怀疑，这是不对的。基于这种认识，我与谭伟合作写出了这篇文章，发表于《经济学动态》2006年第3期，并被《高等学校文科学术文摘》2006年第3期转载。本文从中国现实出发，对中国基尼系数居高的原因作了探讨，提出了基尼系数并不能全面反映收入的差距过大的问题，平均数在中国实际上没有意义，因而我们不能将基尼系数单纯地作为判断收入差距过大的标准。我们在收入分配改革上的方向是扩大中产阶层的规模，提高中产阶层在整个社会人口中的比例，因此，我们不能简单地讨论基尼系数高低的问题。从现在的情况来看，本文所得出的结论是证确的，对改革的现实是有意义的。

法治社会的科学解释

在现代社会经济条件下，人们都认为法治社会是一种最佳的社会体制，尤其是人们认识到它也是建立和谐社会的基础和保障，对社会发展和社会稳定具有重大意义。因而建立和完善法治社会，是人们现在的共识。但是，究竟什么是法治社会，其核心内容是什么？对此，人们有不同的认识，例如，有人认为具有完善的法律就是法治社会。法治社会确实需要有完善的法律，但是有法律并不就等于是法治社会，比如，封建社会也有完善的法律，但它并不是法治社会。因此，我们对法治社会要有正确的理解。我认为法治社会的要点有三。

一、法治社会首先表现为契约社会

所谓契约社会，就是人们所共识的并以此为自身行为准则的共同规则全部是人们的共同意愿和自身意志的体现。因而作为社会契约最高形式的法律体系，也应当是人们共同认可的结果，其形成过程和内容，都是以民主方式为基础的。正因为如此，人们经常将法治社会和民主相联系，甚至称其为民主法治社会。可以说，没有民主，就没有法治社会，法律的形成过程和内容反映着民意，体现着民主，是人们的共同认可。当然，这种共同认可并不是指人人都认同，而是指是社会大多数成员认可的结果。因此，从这一点上讲，法律实际上是民主的产物，是公众认可的并以民主方式所选择的社会公共契约，即人人都必须遵守的社会契约。在社里，法律与民主内在结合在一起，形成了契约社会，也就是人们所讲的法治社会。

民主的最高形式是一人一票的投票制度，民主的最高原则是少数服从多数。以这种民主方式而形成的人们的共识，就是社会契约，其最高形式表现为法律体系。正因为如此，所以从这一点上讲，民主似乎也不“公平”，因为它要求少数人服从多数人，并不承认少数人的意愿，这也表明了绝对个性自由的公平实际上是不存在的。由此可见，法律作为公众认可的共同规则，即社会契约，其形成方式必须以民主为基础，在民主程序的认可下形成，这是法治社会的首要特征。如果法律只是某些个人意志或少数人的意见，那么这种法律就不是法治社会的范畴，而是“皇权”的标志，是封建特权的产物。如前所述，封建社会虽然也有法律，但它不是法治社会，因为封建社会的法律仅仅是统治者的个人意志，而并不是人民的共识。因此，不能认为有法律就是法治社会，关键是法律如何形成的，体现了谁的意志。可以说，法治社会的首要特点和标志，就是法律的形成是大多数人的共识，其形成过程是以民主方式为基础的，是以民主程序为准则的，体现了人民的意志和要求。

但是，在法治社会中，对法律的形成不能搞“泛民主化”，也就是不能将人们的所有行为规则的形成，以及这些规则的内容，都以民主方式来决定。因为，有些人们必须遵守的共同规则，也就是社会契约，并不是由民主方式决定的，而是人性本身的反映和要求。也就是说，由人性本身所决定的社会契约，它是“天然”存在的，并不需要由民主方式来确定。而且，不仅不能以民主方式来决定，尤其是不能由一人一票的少数服从多数的民主方式来决定，而是民主方式必须体现和尊重它。这种情况，就是人们所说的，人类本身的内在规律必然要赋予法律本身的“特权”，要求法律必须体现和反映它，或者说，法律必须要尊重和认同人类社会的内在要求。法律必须反映和体现的人类社会的内在要求是什么？这种内在要求有三个要点。

一是尊重人权。也就是说，任何人一出生就必须要享有人权，这种人权并不是法律赋予人类社会的，而是人类社会赋予法律的，法律必须体现人权的意志和要求，法律必须要保障人权。如果法律不体现人权和保障人权，甚至无视一些人的人权，那么轻者说它是侵犯人权，重者则可以说它是犯有反人类罪，因而无论这种法律是以民主方式而形成的大多数人的共识，还是某些人的自身行为，都是有悖于法治社会的。正是因为尊重人权是具有“天然性”的人类社会的必然要求，因而尊重人权并不是由法律来决定的，而是人类社会赋予法律的任务和职能，法律必须要反映人权要求和保障人权。从这点上讲，尊重人权是“超法律的”，是法律不能改变和破坏的，法律必须要遵守和保障人权。例如，当一个人已无法经过自身努力而获得生存条件时，社会就必须要救助，并且要在法律体系上真正体现救助，这是人权所赋予法律的责任和职能，而并不是由法律来决定要不要救助。法律所能决定的，是如何更好地救助，以何种有效方式救助，而不能决定要不要救助。因此，从这一点上讲，人权要求决定了法律体系，人权赋予了法律的责任和义务，而不是相反。

二是尊重财产。也就是说，任何人和机构，甚至包括国家，都不能随便剥夺某些个人或者某个群体的合法财产，合法的财产是不能侵犯的。而且，任何财产都具有平等性权利，没有一种财产超过另一种财产的问题，例如可以讲国家利益高于个人利益，但不能讲国有财产高于个人财产，财产面前一律平等。尊重财产是人类社会的内在要求，是人类社会赋予法律的责任和义务，法律必须尊重和保障人们的财产，这是法律的核心内容。也就是说，不是法律规定并要求人们必须尊重财产，而是人类社会和财产本身要求法律必须体现和反映尊重财产的要求，要求法律必须平等地保护各种合法财产。因此，对合法财产的保护，是法律的天然职责和功能，任何人都不能通过一人一票的少数服从多数的民主原则，形成剥夺别人合法财产的所谓法律。因为这种法律似乎体现了民主原则，但它却违反了人类社会本身的内在要求，颠倒了人类社会本身的内在要求和法律的应有关系，人类社会的内在要求决定了法律，而不是法律决定人类社会本身的内在要求。因此，从这一点上讲，尊重财产是“超越于”任何法律体系的，即法律不能决定剥夺任何人或机构的合法财产，而只能是以维护各类合法财产为己任。为什么法律必须保障合法的财产？因为人类社会的实践表明，任何无视甚至随意剥夺别人财产的行为，都会破坏生产力的发展，不利于人类社会的进步。因此，在这里，一人一票的少数服从多数的民主原则是行不通的，民主是不能以法律形式剥夺别人合法财产的，否则，就会出大问题。最近我们给一家民营企业员工发了一个调查问卷，其中有一个问题是，你如何看待你们老板收入高，如何对待这种收入高？结果是，收到问卷的80％人竟然回答是，“因为老板剥削了我们，最公正的方法是平均分掉他们的财产。”试想，在这种情况下，我们要以一人一票的少数服从多数的民主方式来对待这个问题的话，那么“老板”肯定是少数，因而在一人一票的少数服从多数的民主方式下来制定不尊重财产的法律，那么其结果当然可想而知了。在这种条件下，生产力如何发展？因此，尊重财产是人类社会的内在要求，无论法律是以何种方式形成，是以强制形式的方式还是民主方式，都不能把随便剥夺别人的合法财产作为内容和规则。中国宪法关于平等保护各类合法财产的条文，以及《物权法》的实施，正是体现了法律必须尊重财产的法律精神。

三是尊重契约。所谓尊重契约，就是指法律必须保护当事人在法律基础上的自我选择，一旦人们之间就某种问题达成了契约，即形成了共同的认可，那么法律就必须保护这种契约。在现代市场经济条件下，人们之间日益深入的分工协作关系往往都以交易方式表现出来，而交易方式得以运作的基础和前提就是契约，也就是当事人对这种交易的各个方面都取得了共识和认可，因而都要遵守和共同实现这种契约，法律有责任和义务来确保这种契约的实现和贯彻。尊重契约实际上反映的是社会的信用程度。如果人们都不遵守契约，也就是社会缺乏信用，那么社会的经济秩序就一定是混乱的。因此，尊重契约是社会经济秩序的基础和最基本条件。正因为如此，法治社会的最基本内容之一，就是保护契约，尊重契约。现代人类社会中的每个个体的自由选择，都必须以尊重当事人的利益和以当事人的认可为前提，因而人们之间实际上是一种利益之间的互换，即人们常说的交易。交易实际上是以双赢为基础的，是当事者的自愿选择，这种自愿选择的交易表现为契约，因而任何法律必须保护和尊重这种交易，也就是保护和尊重契约。也就是说，法治社会中的民主和法律，必须以尊重契约为基础。法律要保护契约，而且一人一票的少数服从多数的民主，也不能否认契约，而是必须尊重契约。契约是以人性即人的自由选择以及人们之间的共同认可为基础的，因而法治社会必须把尊重契约作为一个重要的核心内容，法律和民主都不能不尊重甚至破坏契约。人类社会进步的重要标志是个性的自我选择程度越来越宽泛，而这种个性的自我选择又以当事人的共同认可即契约为基础，所以法律必须反映这种社会进步，尊重契约。尊重契约等于尊重个性的自我选择，尊重社会进步。因此，法律以尊重契约为基础。

上述三点分析表明，法治社会的核心是尊重人权、尊重财产、尊重契约。因此，法律必须保护人权、保护财产、保护契约，而且作为法律形成基础的民主，也必须尊重人权、尊重财产、尊重契约，不能以一人一票和少数服从多数的民主方式损害人权、侵犯财产、破坏契约，而是必须以尊重人权、尊重财产、尊重契约为责任和义务。正是从这种意义上讲，尊重人权、尊重财产、尊重契约，是法律和民主的任务和目标，是法治社会的核心问题。任何法律和民主，都不能危及人权、财产、契约，而是要以尊重人权、尊重财产、尊重契约为己任，这也是我们判断法律和民主状况的标准，当然也是评价法治社会状况的度量标准。也就是说，任何法律及民主的选择，都必须以尊重人权、尊重财产、尊重契约为前提，否则，它将是对人类的反动。

二、法治社会的基础是法律面前人人平等

所谓法律面前人人平等，就是指法律一旦实施，任何人或机构，包括政府机构，都必须遵守法律，依法办事。如果完善的法律体系没有贯彻法律面前人人平等的原则，那么法律体系越完善，就距离法治社会越远，因为它在破坏法治社会的根本。因此，从这一点上讲，法律面前人人平等，是法治社会的基础，我们在现实中必须坚持这个原则。就我国的现实情况来看，虽然法律面前人人平等原则的实现涉及多方面问题，但以下四种关系必须处理好。

一是强势利益集团和法律的关系。在多元化利益主体存在的社会里，利益集团的存在是必然的，但是任何利益集团都必须遵守法律，任何利益集团都不能凌驾于法律之上，尤其是强势利益集团。强势利益集团既包括拥有较强财富力量的集团，也包括拥有某种垄断地位或话语权的集团，例如媒体等。强势利益集团往往会利用自己在某些方面的力量，影响法律公正，为自身利益服务，因而法律面前人人平等原则的贯

彻，一定要将防范强势利益集团危及法律公正作为重要任务，加大对这方面执法情况的监督，其中最主要的是提高执法情况的透明度，实现信息对称。因为强势利益集团影响法律公正的手段往往是“暗箱”操作，所以只有增强透明度，才能防范强势利益集团对法律公正性的影响。在多元利益主体存在的条件下，各个利益阶层及利益集团寻找自身利益和保护自身利益是很正常的，正是因为它们各自寻求和保护自身利益，才形成了一种利益上的均衡和相互制衡，这种均衡和相互制衡就是和谐。但问题是所有这些行为都必须以遵守法律为前提，任何人都不能超越法律，尤其是对于强势集团来讲，更应该如此。

二是行政权力和法律的关系。行政权力往往拥有无视法律甚至破坏法律的某些“天然优势”，尤其是在我国这样一个“官本位”极强的国家，这种“天然优势”就更加强大。因此，要坚持法律面前人人平等的原则，就必须加大对行政权力的约束。在我国的违法事件中，行政违法的比例很高。而且这种行政违法往往打着“合法”的幌子，以“经济发展”和所谓“民意”为理由。最近我看到一篇报道，说某个地方官员公开讲：“别老是用法律压人，如果什么都按法律办，那什么事都干不成。经济怎么发展，老百姓怎么富有?”这种无视法律的“法盲”，之所以敢于公开这样讲，就是因为我们对行政以法为本的原则坚持得不够，对行政权力的法律约束得不够。现在人们对行政不作为较为关注，设制了各种考核指标；但对行政不依法关注不够，甚至对那些违法性的所谓“有利于经济增长”的行为，能够容忍，甚至赞扬，似乎只要能带来GDP增长，违法也是可以的。当然，这里也有一个法律是否合理的问题，尤其是在我们这样一个转型国家，这种问题比较突出。例如原来我国宪法明文写着我国实行计划经济原则，因而我们在未修改宪法前所搞的市场经济的改革探索，似乎也有违法之嫌。但这种情况总体来说是少数，而且这种情况不属于行政违法问题，而是人们在实践中对不合理法律的校正。正因为如此，所以我们认为在我国防范行政违法是个复杂问题，需要我们下大力气解决。我们应该看到，大量的行政违法，其背后都是为了某些个人利益和某些利益集团的私利，其结果必然是破坏社会的公平正义，因而必须严格查处。

三是党和法律的关系。这里所讲的党与法律的关系，是指作为中国执行党的共产党与法律的关系。中国共产党领导全国人民建立了新中国，因而似乎作为执政党的共产党就可以凌驾于法律之上。实际上共产党作为执政党，照样不能超越法律，必须遵守法律。以党代法，把党置于法律之上，是我们党过去犯错误的重要原因。因而作为执政党的共产党，也要在法律的框架下活动，依法办事。

四是弱势群体和法律的关系。弱势阶层并没有任何影响法律的力量，因而似乎探讨弱势阶层和法律的关系是个奇怪的问题。其实不然，在我国，由于各种原因，弱势阶层也会以违法的形式凌驾于法律之上。例如大街上乱摆摊的小摊小贩，以及行乞的人，往往不遵守有关法律，和执法部门搞猫捉老鼠的"游戏"。我国是具有"流氓无产者"的社会基础的，"要钱没有，要命有一条，我是无产者我怕谁"的观念甚强，因而有人经常借此种方式无视法律，因为穷而凌驾于法律之上。尤其在我国目前公众浮躁心理极重的条件下，这种情况更为严重。因此，法律既要将保护弱势阶层作为重要任务，但也要宣传法律面前人人平等的原则，任何人都不能以任何理由无视法律。穷并不可怕，我们会想办法使人们走向共同富裕，但不能因为穷而无视法律，以致违反法律。

三、法治社会的关键是司法公正

司法公正既是法治社会的重要内容和原则，也是法治社会能否实现的基础和关键。因为，所有法律最终都是要通过司法机构来监督实现和贯彻的。如果出现了司法不公正，甚至出现司法腐败，那么任何公正和完善的法律都会失效，而法治社会就只是一个空话。尤其是在这种情形下，法律不仅不可能实现，而且还会成为某些人或机构的"帮凶"。因此，我们要建立法治社会，就必须要实现司法公正。如何实现司法公正？虽然它涉及很多方面的问题，但我认为，就我国目前的状况来看，关键是要做到以下几点。

一是司法独立。司法独立不是指司法机构独断专行，其行为不受任何约束，"无法无天"，而是指司法机构以法律为本，将法律作为自己的行为准则和方向，法律至上，"以法为天，唯法为大"。也就是说，司法机构不能成为某些人或机构手中的工具，司法机构只效忠于法律，并不听从任何超越法律的人或机构的摆布。因此，从这一点上讲，司法独立是司法公正的前提，如果司法机构不能独立地按照规定而执法，那么肯定就谈不到司法公正。在这个问题上，我们要处理好党管司法的问题。我认为，党管司法必须以法律为准绳，党不能超越或取代法律，因而党管司法的准则就是党的意图和行为不能取代司法机构，司法机构依法办事，而不是依党的意志办事。因此，司法机构的行为准则是法律，而不是党的指示或命令。法律至上是司法机构的行为准则和灵魂，党管司法不能影响或干预法律至上这个司法原则。我国司法不公正的一个重要原因，就是司法机构往往不能依法独立办案，因而我们在党管司法和党管干部的问题上，要以保证司法独立为前提。

二是司法监督。所谓司法监督，是指对司法机构及其执法过程和结果的监督。司法公正的实现，有赖于对司法机构的有效监督。可以说，没有良好的司法监督，就不可能有司法公正。司法监督首先涉及的是司法机构的内部监督，例如公安、检察院和法院之间的相互约束和监督，因此，我们应该构建良好的司法机构内部的监督，在这方面，世界各国已有许多好的经验供我们借鉴。但是，司法监督的关键还是在于对司法机构的外部监督。外部监督既包括立法机构及政府对司法机构的监督，也包括民众对司法机构的监督。立法机构及政府机构对司法机构的监督是很重要的，因而我们必须进一步完善人大及政府等机构对司法机构的监督。不过，我们不能忽视民众对司法机构的监督，要从有效性和有序化上为民众监督司法机构提供更多的路径和方式。当然，上述的各种司法监督都需要一个重要的前提条件，就是司法机构运作和司法过程的高度透明性，也就是要使各种监督能实现信息对称。因为各种监督失效和欺诈，都发生在信息不对称的时候，因而我们必须提高司法机构运作过程和执法情况的透明度，让人们随时掌握司法机构的所有信息。公平公正的前提是公开，没有公开就没有公平公正，因而只有在信息高度透明的条件下，所有监督才是有效的。因此，我们必须提高所有执法行为的透明度，为司法监督提供良好的基础。

三是司法效率。司法效率是指司法机构必须高效率执法，随时维护法律的尊严并保障法律的实施。司法如果无效率，那么法治社会就是一句空话。因此，司法效率也是司法公正的重要内容。司法无效率，实际上也就是司法不作为，就其结果来说，实际上同非法治社会没什么两样，因为它们都是无益于社会的公平正义，因而谈不到司法公正。如何实现司法有效率？当然首先是要构建一套有效的奖惩分明的司法机构管理制度，形成优秀的司法队伍。在司法队伍的构建及其内部管理体制的建立上，全世界各国都有许多经验可以借鉴。不过，司法效率也有赖于监督体制的完善，包括对司法效率的考核目标体系的建立及评价标准的设置等。总之，我们应该从各个方面形成高效率司法体制，从而使司法管理现代化，确保司法机构高效率运转，实现效率意义上的司法公正。当然，司法效率是建立在执法的准确性上的，首先要确保执法的准确性，如果"冤案"和"假案"太多，那么司法越是有效率，就越会破坏司法公正。因而提高执法准确率，是实现司法效率的前提和保证，我们必须确保执法的准确性，将司法效率建立在执法准确性的基础上，实现真正的司法效率。

作者说明

我在学术上一直有这样一个观点：民主社会的前提和基础是法治社会，没有法治社会，就不可能有真正的民主社会。因此，我一直主张中国首先要建立法治社会，在此基础上，才能逐渐实现真正的民主社会。但是，什么是法治社会，法治社会的真正内涵是什么，人们的认识并不统一。因而我对法治社会作了一段时间的研究，明确提出了法治社会的内涵以及我国如何建立法治社会的举措。此文对我国的法治社会的实现是有意义的。本文选自中国发展出版社 2008 年版《崛起中的磨合》。

建立科学的经济利益和谐观

和谐社会包括人与人的和谐，人与自然的和谐，以及人与自我的和谐。而在人与人的和谐关系中，最基本的是人与人之间的经济利益和谐，因为经济利益和谐是人与人之间和谐的基础。由此可见，人与人之间的经济利益和谐，是和谐社会的基础，也是和谐社会的最基本要求。

但是，人与人之间的经济利益和谐，并不是无原则的经济利益和谐，而是有着自身内在的规律性的。人与人之间经济利益和谐的目的，是要最大限度地解放生产力，调动各个方面的积极性，使所有人都能在和谐的氛围中努力地创造财富和最充分地享受财富所带来的幸福，因而每个人创造性的最大程度地激发和公平地享受所得，是经济和谐的核心内容。也就是说，经济利益和谐的实现，是为了推动社会财富的创造和社会的进步，并在社会财富的创造和社会进步中，使每个社会成员都拥有应有的“幸福指数”。因此，我们所讲的经济利益和谐是科学性的经济利益和谐，可以称之为科学的经济利益和谐观。什么是科学的经济利益和谐观？我们认为讨论科学的经济利益和谐观，必然会涉及如下一些内容。

一、差异性和谐与平均主义和谐

差异性和谐，是指在机会均等的条件下，承认人们之间因能力差别而形成的分工差别及收入差别。这些差别虽然存在，但它是以权责利对称原则和社会公正原则为基础的，体现了人们之间的正常经济利益差别，因而人们对此都是一致认可的，所以人们之间虽然有利益差异，但是人们之间是和谐的。也就是说，差异性和谐是在承认人与人之间存在正常的和共识的个体差异的基础上，构建经济利益和谐，这种差异包括禀赋、能力、财富、性格、技能等方面的差异，当然最终会表现为经济利益差异，但这种差异体现着和谐。而平均主义和谐则与此相反，它盲目地反对差异和主张消灭差异，因而它试图通过社会制度的安排和人为地对经济的调控，实现对经济利益的所谓平均分配，从而实现所谓和谐，因而平均主义和谐的最主要特征是平均主义“大锅饭”。

大家知道，“和谐”是指存在差别的各个社会主体是可以相互有效地组合在一起的。从和谐的这种含义上，我们可以清楚地看到，差异性是和谐所固有的一个方面。只有当各个社会主体之间存在差异时，人们才有必要讨论将这些有差异地社会主体有机地组合在一起，构成和谐。如果社会各个主体之间没有差异，那就意味着各个社会主体是完全一致的，因而也就无所谓讨论实现“和谐”的问题了，而强调一致和统一了。因此，我们讲和谐，就意味着有差异，有差异才要和谐，无差异也就无所谓和谐了。由此可见，和谐问题反映在社会经济利益方面，就首先表现为社会各成员之间经济利益的差异。正因为有差异，所以才需要我们将社会成员间的有差异的经济利益有效地协调在一起。因此，我们这里所讲的经济利益的和谐，是指差异性和谐。具体来说，差异性经济利益和谐，有以下几个方面的内容。

第一，经济利益和谐的起点是承认社会成员之间确实存在经济利益差异。也就是说，对于一个社会而言，其社会成员在个人能力、个人禀赋和个人生存环境等方面必然存在着自然差异，也正是这些差异才导致社会成员之间有了经济利益差异。有差异，就需要强调和谐，因而经济利益和谐就是在承认成员个人自然差异的基础上，将经济利益差异有效地协调起来，并且通过经济利益有效协调，将社会成员之间的自然差异有效地组合起来，从而充分发挥各个社会成员在社会发展和经济发展中的各自的应有作用。可以说，经济利益和谐，是社会成员之间的自然差异，在和谐社会的实现过程中的外在表现的形式。如果否认经济利益差异，认为和谐的起点是经济利益平均化，那就意味着忽视了社会成员之间的自然差异。这是违背社会发展规律的，也根本谈不上经济利益和谐。

第二，实现经济利益和谐的目的是为了有效地调动各方面的积极性。实现经济利益和谐的过程，实际上就是将有差异的经济利益有效地协调在一起的过程。在这个过程中，并不是要将这些差异消除，而是要利用这些差异，更好地发挥社会成员各自的应有作用。比如在企业管理方面，企业的员工存在能力上的差异，进而所产生的经济利益差异，可以认为是奖励优秀员工和激励其他员工的管理手段之一。同样，在社会管理方面，经济利益差异也有相类似的作用。由此可见，实现经济利益和谐的过程，同时也是有效发挥各个社会成员的应有作用的过程。尤其是应该看到，承认差异性的和谐，会有效调动人们各自的积极性，从而会带来经济发展和社会进步，并因此会使社会成员之间出现新的经济利益上的差异，新的差异会要求有新的调节，新的调节又会实现新的和谐。也就是说，新的经济利益差异必然会伴随着社会和经济的发展而出现，这些新差异的出现并不是以人的意志为转移的，因而又要求人们进行协调，实现和谐，不过，这是在新的社会进步起点上的和谐。由此可见，新的经济利益差异的协调和原有的经济利益差异的协调，是有机地联系在一起的。这种不断反复的有着内在联系的经济利益协调过程，才构成了完整的经济利益和谐的过程。这意味着，在经济利益和谐的过程中，自始至终都存在着经济利益差异，正是差异带来了新的发展，要求有新的利益协调。

第三，经济利益的和谐并不是要消除经济利益差异。从经济利益和谐的含义上，可以知道经济利益和谐并不代表经济利益差异的消除，而是指将经济利益差异有效地协调起来，达到经济利益和谐的状态。因此，经济利益和谐标志着各种经济利益差异间的关系是协调的，而并不是指消除了差异。经济利益的差异在社会的各个领域以及社会的各个形态当中，始终都是存在的，并不会随着差异间的有效协调而消除。中国当前所提倡的“各尽所能，各取所值”的社会分配原则，正是标志着承认经济利益差异，将是我们的最基本国策。

与上述所讲的差异性和谐的观点相反，平均主义和谐的观点，则是要求无论各个社会成员的能力和贡献如何，都要使社会中每个人的经济利益完全一样，没有差别。这显然是难以实现的，也是不符合社会发展趋势的，更谈不上是和谐了。平均主义和谐观无视权责利相对称的原则，无视贡献与收入的内在关系，严重地损害了能力强且贡献大的人的收入和地位，这不仅从尊重人权的意义上破坏了公平正义原则，而且还会严重阻碍社会的发展和进步。从我国经济发展的历史实践来看，这种平均主义思想曾经严重地阻碍了我国的经济建设和社会发展进程。所以，经济利益和谐只能是差异性和谐，而不可能是平均主义的和谐。

二、奋发性和谐与福利主义和谐

这里所说的奋发性经济利益和谐，指的是每个人的收入都是自身努力的结果，因为自身努力而获得了“幸福”，因而奋发性经济利益和谐首先是尊重个人或机构的自身积极努力，在尊重自身努力的基础上，使得人们之间实现经济利益的和谐，因而奋发性和谐是在尊重个体创造性的基础上取得的。与此相对应的福利主义和谐则指的是，试图仅通过对社会财富的分配、他人的帮助或救济等外界所提供的福利，而使一些人获得“幸福”，从而使他们有满意感，最终求得和谐的状态。因而福利主义和谐强调的并不是社会主体的自身努力，而是外在的分配或帮助。

对于一个社会而言，其和谐程度与生产力水平的高低有着很大的关系。对于经济利益和谐，生产力的发展水平尤为重要。只有当社会生产力持续不断地发展时，才能对经济利益进行再分配，才能将有差异的经济利益有效地协调起来，进而达到经济利益和谐。因此，如果不发展社会的生产力水平，仅单单从和谐出发而依靠分配财富而满足有些人的物质欲望，实现所谓的和谐，那将会陷入“无源之水”、“无米之炊”的状态。而社会的生产力水平与社会成员的个人努力程度又是有很强的联系的。只有当社会成员的个人努力程度提高，个人的劳动付出增加时，才能够提升整个社会的生产力水平。由此可见，通过自身积极努力所取得的经济利益才是可持续增长的经济利益，才有可能使社会在财富增长的基础上协调经济利益差异，从而实现稳定的和谐状态。任何社会成员仅靠别人的帮助而获取的经济利益，从而实现所谓的经济利益和谐，是一种暂时的、对社会生产力水平发展没有实质作用的经济利益和谐。这种经济利益和谐具有很大的依赖性和不确定性，即使能够达到一定的和谐状态，那也是暂时的、不稳定的和谐。在构建和谐社会的过程中，外部的帮助只能够起到辅助作用，自身的积极努力才能起到内在的、实质性的作用。所以，奋发性和谐才是经济利益和谐的内在本质。

我们在推进经济利益和谐的过程中，一些地方和个人盲目地崇尚西方一些发达国家的福利主义，把财富的获取寄希望于“等、靠、要”，而不增强自身内在的发展能力，结果导致自身获取经济利益的能力越来越差，更谈不上经济利益和谐。即使是西方国家所实行的福利主义制度，在近十几年也面临着诸如社会保障入不敷出、影响经济发展等方面的问题，招致越来越多的批评。这些历史经验和现实充分说明福利主义并不意味着社会和谐。福利政策和措施这些外部援助，对经济利益和谐来讲，只可能是临时性的、应急性的。获取真正的经济利益只能依靠自身的努力。因此，在构建和谐社会的过程中，要实现经济利益和谐，应该重点强调的是奋发性和谐，而不是福利主义和谐。

当然，在推动经济利益和谐的过程中，我们强调适当地调整收入差距，扩大公共产品的范围和提高公共产品的比例，这是对的，但是不能搞成福利主义。福利主义从表面上看，确实可以在一定程度上有效调整人们之间的经济利益关系，有利于经济利益上的和谐，但它会从长远和根本上破坏经济利益和谐，甚至阻碍生产力发展。因而我们要把握好社会福利的程度，要把工作重点放到奋发性和谐上，调动各个社会主体的积极性和活力，从而在社会财富快速增长的基础上有效地实现经济利益和谐。

三、自比性和谐与互比性和谐

一般来讲，人们在分析自身的经济利益状况的时候，通常会选择两种方法来判断。一种是将自身现在的经济利益和以前的经济利益作比较，与将来的经济利益作比较，当感觉到自己的经济利益是不断增长时，就会因此而比较满足。当公众都有这种感觉时，这时表明人们在经济利益上是和谐的。而另一种则是自己的经济利益和他人的经济利益相比较，如果认为自己的经济利益增长同他人经济利益增长是协调的，就会有满意感，自我满足度比较高，当公众都有这种感觉时，这时说明人们在经济利益上是和谐的。对前一种比较方式所达到的经济利益和谐，可称之为自比性和谐，而后一种则称之为互比性和谐。

经济利益的比较是一个非常复杂的对比过程。不但要考虑个人所获得的具体经济利益，还要看个人为获得这些经济利益所付出的劳动。只有这样，才可能对有差异的经济利益具有认同感，从而实现和谐。但是很多人在比较经济利益的时候，却只注重自身的经济利益，而忽略了自己的劳动付出，从而就简单地认为经济利益差距大是不和谐的。这是没有考虑到经济利益的自比性和互比性所产生的问题。

在现实社会生活中，个人获取的经济利益可能比较容易的被外界知道，但是个人付出了多少劳动、什么样的劳动，具体的劳动强度多大，以及获取的经济利益是否会和以前的劳动积累相关等情况，这些外界就很难知道了。前段时间，网上对国内某知名大学副教授的工资收入展开了很激烈的讨论，很多人认为该副教授 4 000 多块钱的月收入已经是很高了，超过了很多普通老百姓的收入。表面上看，似乎一个国内一流大学副教授的收入确实是比一个普通工人的收入高出很多，但仔细考虑一下就会发现，这个副教授工作 8 小时所付出的劳动和普通工人所付出的劳动根本不具可比性，而作为副教授所具备的十几年的知识积累和劳动积累也不是普通工人所能比的。所以，只是简单的比较所获取的经济利益，就认为经济利益不和谐观点，是不合理的。

另外，在对经济利益进行相互比较时，人们往往仅仅关注社会成员之间的经济利益，而忽略引发经济利益差异的具体的历史环境和政策环境。随着具体的历史环境和政策环境的变化，社会成员所获取的经济利益也会发生显著的变化。此时，经济利益的相互比较(互比)容易出现偏差，难以得到关于经济利益是否和谐的正确结论。举个例子来说，我们国家在新中国成立初期采用农业支持工业的政策，农产品的价格相对偏低，农民收入也比城市居民的收入来的低，这是当时的我国为了加快发展工业的具体历史环境所决定的；而现在政府决定提高农民收入，工业反哺农业，力图缩小城乡收入差距。像这种情况，我们就不能简单地说，到底是城市居民收入较高的时候，经济利益是和谐的，还是农民收入较高的时候，经济利益是和谐的。

因而，要比较经济利益，就应该比较自己在不同时段所获得的收入，在不同劳动付出下所获得的收入，才可以得到正确的比较结果，有利于经济利益的和谐；而仅考虑互比性的结果，则可能会产生较大的偏差，影响经济利益和谐。所以，对于经济利益，我们更应该强调自比性和谐，而不是简单的互比性和谐。

一般来讲，和谐作为人的自我满足感，人们应该将自身利益增长状况作为最重要的目标，只要自身经济利益增长了，就应该满足，因而不能老是盯着别人的经济利益变动状况，把别人的利益增长状况作为自己满足度的衡量指标，尤其是不能认为只有自己利益增长比别人快，才感到满足，才有幸福感，而自身利益增长没有别人快，就认为不公平，就有情绪，就认为不和谐。我国有的人有一种不好的倾向，就是他们总是把别人的利益变动情况作为自己满足度的衡量指标，见不得别人的利益增长比自己的快。别人的利益增长比自己的增长快，就有意见，而不管别人是不是比自己贡献大，似乎只有别人的利益没有自己的增长快才感到满足。这种盲目地简单追求利益平衡的倾向，并不是好倾向。人在经济利益问题上，应该重点考虑自身经济利益增长状况，只要自身经济利益随着社会发展而有增长，就应该满足，就应该以和谐心态对待社会。

四、相对和谐与绝对和谐

在前面的内容中已经论述了，人与人之间的经济利益在当前以及未来相当长的一段时间内，是必然会存在差异的。构建和谐社会就是努力对这些差异进行有效的协调。在不同的历史环境下，这种有效协调也具有不同的形式。也就是说，经济利益和谐，也就是经济利益差异的有效协调，在不同条件下，必然具有不同的形式，协调方式本身就有差异，因而不同条件下的和谐也有不同的状况。而且，任何和谐都是条件限制的，在当时的条件下是和谐的，但随着条件变化，就会又出现新的不和谐，从而要求进行新的调节以实现新的和谐。因此，经济利益的和谐就应该是相对的，而不是绝对的，没有绝对的经济利益和谐。相对的经济利益和谐，具体体现在以下三个方面。

第一，经济利益和谐的衡量标准是相对的。经济利益和谐的最终目的是为了促进社会和谐，促进生产力的发展。因而，在生产力发展的不同阶段，经济利益和谐的标准可以不同。在改革开放初期，我国的生产力水平低下，政策鼓励“部分人先富起来”。与之相对应的衡量经济利益和谐的标准就是：合理拉开收入差距，充分体现“按劳分配”的原则。而在当前，我国的生产力水平有了较大的发展，收入差距过大成为制约生产力发展的重要因素，因而经济利益和谐的衡量标准也就可以适当地调整为：扭转收入差距过大的趋势，形成合理有序的收入分配格局。在不同的衡量标准下，所达到的和谐状态肯定也是不同的。

第二，经济利益和谐的实现形式是相对的。在不同的地域、不同的社会层次、不同的产业结构，经济利益和谐的实现形式可以不一样。例如，现在有的地方，工业基础比较扎实，相应的就可以让工业补助农业更多一些；而有的地方正好相反，农业基础比较好，工业反哺农业的力度就可以弱一些，这些不同的形式都可以达到经济利益和谐。因此，经济利益和谐的实现形式可以是多种多样的，而且，我们只有在具体条件下，从理论和实践的相互结合上，反复摸索才能找到好的方式，因而实践中没有也不可能有一个统一的模式。

第三，经济利益和谐的结果是相对的。也就是说，任何和谐都是有条件的，都是相对的，并没有绝对不变的和谐。因此，只要条件发生了变化，原有的和谐社会被打破，从而就需要对经济利益进行新的调节，以实现新的和谐。例如，在1998年以前，我国公共产品的供给状况和现在没有太大的差别，甚至还没有现在好，但是人们对此并没有太大的意见，因为当时人们对经济利益的追求还表现在温饱及家电等方面，因而当时的和谐度还比较高，但1998年以后，人们随着生活水平的提高，就逐渐将目标转向公共产品方面，需要更大范围和更高程度的公共产品供给，因而不和谐的情况似乎日益增多。这就要求政府更多地关注民生，加大公共产品供给，把公共产品的增加和均等化，作为协调经济利益的重点，从而实现新的和谐。总之，和谐是相对的，没有绝对的和谐。

五、动态和谐和静止和谐

如上所述，人与人之间的经济利益关系是随着社会的进步、经济的发展而不断变化的。与之对应的是，经济利益和谐也是一个动态的实现过程。因此，我们不能搞静止性和谐，不能把某种状态的和谐当作永久性和谐，而是要从动态上考虑和谐。

动态性和谐首先表现为人们对和谐的内涵的理解是不断变动的。社会发展会经历不同的阶段。在不同的阶段，人们对经济利益和谐内涵的理解是不一样的。有的时候，可能认为人人都能达到温饱，经济利益就是和谐的；而有的时候，对经济利益和谐的理解更深刻了，可能就不仅仅满足于温饱了，还要求经济利益分配的公平、公正。因此，经济利益和谐的内涵就是动态变化的，而不是静止不变的。

动态和谐还表现为和谐的范围和程度是不断变动的。因此，即使经济利益和谐的内涵在一段时间内相对固定，但是它的实现过程也不可能是静止的。经济利益总是先在社会部分人之间达到和谐，然后逐步的在更大范围的人群之间达到和谐；先在人与人的部分经济利益方面达到和谐，然后再扩展到更大范围的经济利益方面，最终才能达到全面的经济利益和谐。这种实现过程就是一个动态的过程，而不可能是静止的。所以经济利益和谐，只可能是动态的和谐，而不会是静止的和谐。

经济利益的动态和谐，是与生产力的不断发展联系在一起的。或者说，只有生产力得到发展，人们才会有经济利益和谐的基础，才有可能使每个人的经济利益得到更好的满足。因此，从这一点上讲，我们在推动经济利益和谐中，要大力发展生产力。也就是说，我们不能只考虑如何分"蛋糕"的问题，而是首先要考虑如何将"蛋糕"做大的问题。例如，2007年我国政府之所以能拿出七千多个亿的人民币关注民生问题，从而有效推动社会和谐，就是因为生产力的发展，使政府有能力关注民生问题。正因为经济利益和谐的动态变动有赖于生产力的发展，因而我们必须坚持有利于生产力发展的创新方向，例如要大力推动技术创新、体制创新、观念创新等创新活动，从而使生产力的发展将我们由原有的和谐，带向更高级的和谐，在社会进步中不断推动新的和谐的产生。

动态和谐实际上表明人类对和谐的追求是无止境的。如前所述，实践中并没有绝对的和谐，任何和谐都是相对的和谐，就像公平没有绝对的公平，而只有相对的公平一样。因此，人类社会总是要从一个相对的和谐，走向另一个更高级的相对和谐。大家知道，和谐取决两个条件，一个是生产力发展，另一个是社会公平正义。这两个决定和谐的条件是永远不变的，即任何时候都要靠这个条件实现和谐，但这两个条件本身都是在不断发展变化的，例如生产力在不断发展，社会公平正义的内容及程度都是在不断变化的，因而和谐总是一种动态的和谐，即从一种和谐状态进入不和谐状态，再从不和谐状态走向和谐状态，这样反复无穷，在动态中实现了和谐。因此，我们对于出现的不和谐状态，不要大惊小怪，正是因为有了不和谐，所以才要推动和谐，实现新的和谐。

从上面的分析中我们可以知道，人与人之间的经济利益和谐是一种差异性和谐、奋发性和谐、自比性和谐、相对的和谐和动态的和谐。深刻理解经济利益和谐在这五个方面的内在规定性，对于把握和谐的真正含义和构建和谐社会可以起到积极的作用。

作者说明

和谐社会是我国经济社会的发展目标，而和谐社会的基础是经济利益和谐。什么是经济利益和谐？人们的认识并不统一。本文将利益和谐界定在五个要点上，对以这五个要点为内容的经济和谐作了分析和探索，提出了建立真正的经济利益和谐的路径，并对这些路径进行了分析，提出了体制与政策的建议。后来的事实证明，我们的观点是经得起实践的检验的。本文是与我的博士生叶榕一起完成的，发表于《理论前沿》2007 年第 9 期，后被《新华文摘》2007 年第 16 期转载。

民生不是简单的福利主义

关注和完善民生，既是我国社会发展和经济改革的重要内容，也是我国社会发展和经济体制改革的重要目标，因而中共十七大政治报告将关注民生作为我国目前重要的战略任务。如何关注和完善民生？人们实际上有着不同的认识，甚至有人将民生当作福利制度来看待，这显然是有问题的，因而我们需要对民生的真正含义作出科学的探讨。我们认为，关注和完善民生需要确立下述几个要点。

一、民生问题是市场经济的应有之意

在讨论民生问题的过程中，有些人往往把民生问题和市场经济对立起来，认为市场经济以效率和竞争为中心，因而会损害民生，例如市场经济会形成企业破产和个人失业，从而会导致一些人生活受损。这种看法是不对的。市场经济确实注重效率和竞争，因而优胜劣汰的规则必然起作用，但是市场经济同时也关注社会保障，比如利用包括保险和再保险等在内的现代保险制度，利用包括失业保障和收入保障等在内的现代社会保障制度，对企业破产和个人失业进行有效的保障，从而化解和消除各种社会危机。因此，市场经济越发达，社会保障制度就越完善。从这点上讲，社会保障制度同社会性质和社会制度并没有太大的关系，而恰恰是市场经济的必然要求，例如市场经济发达的西方国家的社会保障制度都非常完善，比我们国家的社会保障制度完善得多。

由此可见，市场经济一方面会给我们带来“麻烦”，例如引发企业破产和个人失业，但它同时又能自己解决“麻烦”，例如通过社会保险制度和社会保障制度，最大限度地化解和消除破产与失业的负面影响。这也正是市场经济的魅力所在。因此，我们要大力发展市场经济，就必须更加关注民生，切不可将发展市场经济与关注民生对立起来。市场经济不仅仅强调效率和竞争，市场经济同时也注重人文关怀，注重效率和注重人文关怀是相统一的。试想，一个只注重效率和竞争，而不关注弱势群体的社会能有效实现和谐吗？社会不能处于和谐状态之中，市场经济能够有效发展吗？答案显然是否定的。因此，不解决民生问题，就不可能有效地发展市场经济。

市场经济强调公平公正原则，这种公平公正原则的核心是机会均等，机会均等就是公平公正。但即使是在机会均等的条件下，人们也会因为禀赋等方面的差异而出现收入及生活上的差异，甚至有些人会出现生活上的巨大困难，以至于难以维系生存，这就需要社会的救助和关爱，需要强调关注民生，这也是社会公平公正原则的必然要求。因此，关注民生是市场经济公平公正原则的应有之意。由此可见，发展市场经济与关注民生是统一的，不能将它们对立起来，不能认为发展市场经济就必然损害民生。现在有人讲，计划经济是民生经济，市场经济就是非民生经济，这是不对的。市场经济才是真正的民生经济。

实际上，市场经济也为关注民生提供了强大的物质基础。因为，关注民生虽然首先需要制度的安排，但关注民生更需要有强大的物质财富的支持。如果没有强大的物质财富的支持，我们就不可能真正做到关注民生。在短缺经济条件下，我们根本就不可能为人们提供民生所需要的物质财富，而市场经济恰恰能提供满足民生所需要的物质财富。为什么这样讲呢？因为，市场经济是一种强调效率和竞争的经济，市场经济能有效地促进生产力的快速发展，能有效地实现资源的最佳配置，因而能使物质财富快速地增长，从而为关注民生提供强大的物质基础。因此，关注民生，有赖于市场经济的快速发展。

由上述分析可见，民生问题是市场经济的应有之意，市场经济的发展有赖于关注民生，关注民生也有赖于市场经济，因而关注民生并不是要否定市场经济，而是需要市场经济的快速发展。因此，我们现在强调关注民生，就必须深化体制改革，消除一切有损于和不利于市场经济发展的体制障碍，力争在2020年建成完善的市场经济体制，从而为关注民生提供制度和物质条件上的保障。从这一点上讲，深化体制改革就是关注民生，大力发展市场经济就是关注民生，而且是从根本上关注民生。

二、关注民生首先要扩大公共产品范围和实现公共产品享受均等化

居民消费分为居民人个消费和居民公共消费，居民公共消费就是指居民对公共产品的消费，公共产品主要是指医疗卫生、文化教育、社会保障、基础设施。关注民生虽然要对那些不能靠自身的努力而满足自己个人消费的弱势群体提供个人消费保障，而且对此不能有任何程度的忽视，但关注民生更多的是要考虑为人们提供更好的公共产品消费的保障。也就是说，关注民生首先要重点关注为人们提供更大范围的公共产品服务。因此，政府要加大对医疗卫生、文化教育、社会保障、基础设施这些公共产品的投资，让人们在这些公共产品的享受上不是依靠自己财力支付，而是要作为公共产品而最大限度地免费享受。例如，政府若加大对医疗卫生的投资，扩大医疗卫生的公益性范围，就会使人们都能看得起病，解决看病难和看不起病的问题。同样，政府若加大对文化教育的投资，就会提高教育的公益性范围，从而使包括穷人在内的所有人的子女都能上得起学。由此可见，关注民生首先要扩大人们的公共产品消费的范围。

可以说，人们在公共产品享受上的免费程度，是评价民生状况的重要指标，人们在公共产品享受上的免费程度越高，就表明民生状况越好。同时，因为居民消费分为个人消费与公共产品消费两个部分，所以

在社会消费支出上，居民个人消费和居民公共消费的支出比例，也是评价民生状况的重要指标。如果居民公共消费处于不断上升的状态，那就表明民生状态很好。因此，扩大居民公共消费的范围和提高其公益性程度，是关注和完善民生的重要内容。不过，公共产品都是由政府投资的，所以扩大公共产品的范围和提高其公益性程度，有赖于政府财政支出的增加，因而关注和完善民生需要财政体制的转型，也就是从过去那种以生产性经营投资为中心的生产性财政，转向以公共产品投资为重点的公共性财政。可见，关注民生需要有新体制。

关注民生，不仅仅要扩大公共产品的范围和提高其免费程度，而且要实现公共产品消费上的均等化。所谓公共产品消费上的均等化，就是人们平等地享受公共产品。如果公共产品享受上实行的不是均等化原则，例如在医疗卫生上，国家投入不足，看病费用很贵，而且又在医疗资源的享受上实行行政性的等级制，那么就会有人看不起病，从而会影响民生。因此，公共产品消费上的均等化原则，是关注民生的重要原则。

如何实现公共产品消费上的均等化原则？首先要消除各种体制障碍，例如户籍制度使得民工的孩子不能在城里享受义务教育，农村人因为农民身份而不能享有同城里人一样的社会保障，等等。当然，公共产品享受的均等化原则的实现，也有赖于提高公共产品享受上免费程度的提高。如果公共产品享受上的免费程度不提高，就会使穷人无法同富人一样享受公共产品，从而就会有损于民生。但是公共产品免费程度的提高，又有赖于社会财富的增长，如果社会财富没有那么多，我们就不可能大幅度地提高公共产品享受上的免费程度，从这点上讲，民生实际上有赖于生产力的快速发展，没有生产力的快速发展，就不可能提供良好的民生条件。世界上没有免费的午餐，只有将“蛋糕”做大了，人们才能享受足量的“蛋糕”，所以对民生问题来说，“发展是硬道理”，我们必须又好又快地发展经济，才能有效地促进民生。但是，财富的增长又不是一朝一夕的事，需要人们较长时期的努力，所以在民生问题上，不能过于着急，更不能不顾国家实际情况，而搞那些脱离国情的所谓民生，尤其是不能把关注民生变成搞福利主义，这反而会有损民生。民生必须根植于经济发展之中。因此，为了推动民生，我们必须继续深化改革，推动生产力高速发展。

三、关注民生的重点是优化弱势群体的生存环境

关注民生问题，首先要关注弱势群体的最基本生存条件，但是关注民生的最终目标并不在于加大对弱势群体的生活补贴，而是在于改变弱势群体的生存环境，尤其是要为弱势群体创造良好的就业和创业机会，使弱势群体能依靠自身努力而提升自己的社会经济地位。这就是人们通常所讲的，对弱势群体要注重形成“造血功能”，而不是使他们“靠输血生存”。

为弱势群体创造就业机会，首先要改革那些不利于弱势群体就业的体制障碍，例如农民工因为户口及住房困难等原因，难以在城市就业，这就需要在为农民工提供就业机会的同时，为他们创造相应的可供他们正常生活的社会生存条件。同时，要注重对弱势群体的就业培训，政府应该提供各种免费的技术和技能培训，不断提高弱势群体的自身素质和职业修养，使他们能够进行有效的就业选择。当然，就业机会的增加，最终有赖于国民经济的快速发展。只有国民经济快速发展，才能为人们提供更多的就业机会，因而我们应该仍然把经济发展放在第一位，加快改革，千万不要中止目前良好的经济发展势头。

弱势群体的形成，虽然有各种各样的原因，但在我国目前主要是体制和教育的原因。例如，目前因为体制原因而使人不能自由流动，无法使人从那些并不适合生存的地方流向适宜于生存的地方。在不适合于人生存的地方，再有能力的人，也无法摆脱其命运，因而必须创造能使人顺畅流动的体制。又例如，目前的体制使得财富不能随着人的流动而流动，像农民工在农村的土地及住房不能随着农民工的进城而变成资本进城，因而农民工在农村虽然有很大的住房，但却在城里只能住入简陋的工棚。再例如，目前的教育体制非常不完善，义务教育本应由国家投资，但因为国家投资少而使有些穷人不能接受高质量的义务教育；高等教育及职业教育不仅收费高，而且专业设置陈旧，知识老化倾向严重，无法满足现实的需要，因而即使有些人接受了高等教育和职业教育，也无法找到合适的就业机会，收入低下。因此，我们解决弱势群体的民生问题，必须要深化改革，唯有如此才能有效推动民生。

弱势群体摆脱自身命运的最基本条件是实现良好的就业，但是我们

也要创造条件，使他们能够实现创业目标，创业才是弱势群体彻底摆脱自身命运最根本的方法。可能有人会认为弱势群体并没有创业的能力，其实这种观点是不对的。弱势群体中一些人有独特的天赋，这种天赋如果从外部加以支持，就会形成创业的力量。例如，有人有一手很好的餐饮手艺，如果能给他一定的资本支持，他就会创办起很有效益的餐馆。因此，我们在努力解决弱势群体就业问题的同时，也应创造条件，为他们创造良好的创业机会。

四、关注民生是包括政府在内的整个社会的责任和义务

关注民生是政府的责任和义务，因而人们往往把政府作为关注民生的主体。但是关注民生并不仅仅是政府的责任和义务，而是所有人的责任和义务，因而关注民生应该是整个社会的责任和义务。政府作为公共事务管理机构，确实应该把关注民生作为自身的重要责任和义务，但关注民生，仅靠政府确实是不够的，而是需要整个社会的参与，只有在整个社会的共同努力下，才能完成关注民生的任务。

实际上，整个社会关注民生，是现代社会经济体制的重要组成部分。大家知道，社会公平的实现，需要三次分配活动，第一次是初次分配，第二次是再分配，第三次就是通过社会捐赠等方式进行的道义性分配，而第三次分配，实际上就是社会参与关注民生的过程。在社会经济发展过程中，那些富有阶层，愿意将自己的收入以捐赠方式从事慈善事业，这种道义性慈善事业，是富有阶层实现自我价值的重要选择，因而社会应该为他们关注民生提供良好的机会和条件，使其社会化和法治化。但是目前我国还没有民众参与关注民生的良好制度和条件，例如民众自发组织的扶贫机构还不被允许，民间的扶贫基金会则更遥遥无期。

整个社会参与关注民生，有许多形式，例如助学赠予、扶贫赠予、救灾赠予、医疗赠予，等等。国家可以设立相关的扶贫机构和基金，居民个人或者非政府组织也可以设立相关的扶贫机构和基金。例如有些富有的居民愿意在某个高校设立奖学金，我们就应该同意其依法设立；有些居民自愿组成一个扶贫或助学基金，我们就应该允许其依法设立。这对于关注民生是非常有好处的。但是我们现在对于民间自发的设立相关

扶贫基金或助学基金，几乎一律不允许，例如经济学界一些同志一直想发起设立相关扶贫基金，但都很难获得批准。我们现在非常希望有关人士加入政府所设立的扶贫基金，但有人对于加入此类扶贫基金的积极性不高，很希望自发组织一些基金。因为他们认为自发组织的扶贫基金更体现自己的人生价值，因此，我们在大力发展政府设立的相关基金的同时，也应允许民间自发性扶贫基金的形成，这有利于形成全社会有效关注民生的社会体制。

五、关注民生需要全社会形成共生与和谐意识

关注民生的基础是社会存在着巨大差异，确实有人需要社会的救助和帮助，社会也确实需要通过民生来平衡人们之间的差异，实现人类的共生与和谐。因此，民生的社会意识应该是共生与和谐意识。共生与和谐，是人类追求的崇高目标，也是民生的主题，因而关注民生需要有共生与和谐意识的形成，而且要成为全社会的共识，即社会意识。

社会经济发展中形成的人们之间的差异，是有着各种各样原因的。对于人们之间所存在的差异，应该通过关注民生的方式来解决，但绝不能采取任何不利于社会和谐的方式激化人们之间因差异而形成社会矛盾。我认为，社会经济再发达，人们也仍然会存在着差异，我们所能做的事情，是通过关注民生的方式不断缩小和协调这些差距，因而在社会意识上，不能因为差异而宣扬任何敌对的意识，而是要使社会形成共生与和谐的社会意识。但是目前社会上存在着一种极为不好的倾向，这就是有人在不断地散布非常不利于共生与和谐意识形成的观点，有意激化人们之间因差异而形成的矛盾。对于那些因制度缺陷而形成的差异，我们要通过改革而消除差异；对于那些因为生产力不发达而形成的差异，我们只有通过发展生产力而消除差异；对于那些因为当事人素质而形成的差异，我们需要提高人力资源素质来消除差异，等等。总之，我们应该设法消除和缩小差异，但所有这些，都需要时间和各方面的努力，不可能在较短的时间内实现，因而这就需要社会有共生与和谐的共识，而不能有敌对意识。而且即使是消除了现有人们之间的差异，还会产生新的差异，完全的“同一”是没有的，因而差异决定了关注民生的重要性和永久性，需要社会各个阶层的理解和参与，需要人们之间形成共生与和

谐意识，而不是敌对意识。

正是基于上述认识，我们才提出要把建立和谐社会作为我们的发展目标。在存在阶层差异的社会中，各个社会阶层应该形成共生与和谐的意识，共同关注民生，从而形成人与人之间的和谐。对于差异和矛盾，我们只有在关注民生中加以解决和协调，任何不利于和谐的观点，都将无助于问题的解决，而只能激化矛盾。现在有人动不动就大讲“既得利益者论”，似乎在改革中的有些获利者会反对改革，甚至将目前存在的阶层称为对立的阶层，似乎只有消灭某些阶层或集团，才能有助于发展。实际上，问题不在于消灭某个利益阶层和集团，而是要在法治的基础上平衡各个阶层的关系，实现人与人之间的共生与和谐。例如，我们可以通过劳动合同法及工会法而协调劳动与资本之间的关系，可以通过社会保障制度法来保障弱势群体的利益，等等。关键在于以民生为目标，实现社会的和谐。

六、关注民生是关注各个社会阶层民生的社会民生行为

关注民生首先是要关注弱势阶层的民生，这是毫无疑问的。但关注民生也要关注所有社会阶层的民生，其中包括强势阶层的民生，所不同的是关注的重点不同而已。例如，对于弱势群体要关注他们的基本生存条件，要为他们就业或创业提供良好的环境和条件，而对于企业家阶层，则要为他们创造更有利于创新和发展企业的环境和条件，使他们能为社会创造更多的财富、税收和就业机会，为社会发展作出更大的贡献，从而为社会关注弱势群体的民生而提供应有的物质基础。因此，关注民生是“普照”所有社会阶层的社会民生行为，不能仅仅理解为只是对弱势群体民生的关注。

民生的真正含义，是指整个社会中的所有群体和个人，都能获得良好的生存和发展权，拥有良好的生存和发展的社会环境和条件，因而关注民生是关注整个社会的民生，关注所有群体和个人的民生。在改革开放的前三十年，我们对于弱势群体的民生关注得不够，例如对农民工问题、失业下岗等问题的关注就不够，这就需要我们加强这方面的工作，因而中共十七大政治报告将关注弱势群体的民生作为重要任务。但这并

不是说我们可以忽视别的社会阶层的民生问题，我们也要关注别的社会阶层的民生，例如我们还要通过改革，为企业家阶层创造良好的经营环境，使他们能获得良好的发展空间和条件，从而提升中国企业的竞争力。

因此，不能将关注民生和深化改革对立起来，优化民生的环境和条件，提升民生的水平，是需要深化改革的，而且民生问题也只有在深化改革中才能得以完善。例如，我们只有改革原有的社会保障体制，才能为人们提供良好的失业及收入等方面的保障；我们只有改革原有的文化教育体制，才能为人们提供良好的教育保障；我们只有改革原有的医疗卫生体制，才能为人们提供良好的医疗保障，等等。总之，民生问题的完善有赖于改革的深化。因此，中共十七大政治报告强调对民生的关注，并不是说我们可以放慢改革。恰恰相反，我们必须坚定不移地推动改革。改革与关注民生不是对立的，而是内在地融为一体的。

作者说明

关注民生，建立以民生发展为中心的社会经济体制，是我国改革开放的重要目标。但是对于什么是民生，如何关注民生，人们则有不同的认识。本文对什么是民生，如何关注民生，作了较为全面的分析，将民生与福利主义作了清晰的界定，认为不能将民生等同于福利主义。本文提醒人们不能将民生等同于福利主义，要防止福利主义对经济发展与改革产生危害，应该说本文对于建立良好的民生社会是有意义的。本文发表于《中外企业家》2008 年第 8 期。

不能将危及公平的帽子戴在效率的头上

中国经济学界在近几年开展了一次关于效率与公平的相互关系的大讨论。讨论缘起于有人认为，我国的改革开放虽然极大地提高了效率，但是追求效率却损害了公平，因而需要重新调整效率和公平的相互关系，我们不能仅仅注重效率，而是要更加注重公平。也就是说，在有的同志看来，效率严重地损害了公平，他们将损害公平的帽子扣在了效率的头上。我一直没有参加这场讨论，因为我一直弄不明白这样一个问题：效率怎么能和公平相对立？社会越有效率，应该是越好呀！而且只有公平得以实现的时候，人们才有积极性，社会经济活动也才能效率高呀！怎么效率提高了，公平却反而受到了损害呢？我不得其解地思考了几年，总算理出了一个头绪，形成了这样一种认识：效率实际上并不是与公平相对立的，我国目前不公平现象的出现，并不是因为我们过于注重了效率。不公平现象的形成与效率没有任何关系，我们不能将危及公平的帽子错误地戴在效率的头上。

一、效率与公平根本不可能是此消彼长的对立关系

我认真拜读了这场争论中的大量文章，我感到之所以有些人将危及公平的帽子戴在效率的头上，是因为他们对于有关效率与公平的相关理论并不熟悉，甚至可以说理论功底很不深厚，因而误解了我国目前的严重的不公平现象，把危及公平的帽子戴到了效率的头上，这些人的意见只是认识上的偏差。但是我也发现，有些人将危及公平的帽子戴在效率头上的目的，是为了批评我国正在进行的改革开放，他们认为改革开放只注重了效率，忽视了公平，效率危及了公平，因而在他们看来，改革开放的基本思路需要调整，例如对于市场经济和非公有经济就不能过分强调，因为它们虽然带来了经济效率，但却损害了社会公平。

怀疑乃至反对中国改革开放的人，在改革开放的初期往往以意识形态为基点，把姓社姓资作为批评和反对改革的工具，这在当时确实是有效的。但随着改革的推进，人们慢慢开始自觉地将判断改革开放的标准放在了是否有利于生产力发展这个基点上。尤其是改革开放取得了举世瞩目的巨大成就，从而使得改革开放的必然性抉择已经深入人心，人们从内心里拥护和支持改革开放，因而在这个时候，如果还从意识形态的角度出发，用姓社姓资来批评和反对改革，恐怕呼应者会非常之少了。因此，那些怀疑甚至反对改革的人，不可能再利用意识形态方面的内容来批评改革开放了。这个时候，改革开放中的某些偏差和某些不完善的地方，就为怀疑甚至反对改革的人提供了口实，尤其是改革开放中的某些偏差和不完善所引起的不公平性现象，就成了批评改革开放的重要依据。关于效率与公平相互关系的这场讨论，实际上就是在这种背景下发生的。有人认为改革开放虽然带来了效率，但却损害了公平，而且将公平与效率的关系上升到理论层面上讨论，掀起了公平与效率相互关系的大讨论。从公平上反思改革开放，在目前具有民众性，因为我国目前确实存在着大量的不公平现象，人们对此恨之入骨，所以从不公平上来批评改革开放，要比从意识形态上批评改革开放更具有社会基础。但问题是效率并没有引发社会不公平，现在社会经济生活中的不公平现象，并不是由效率造成的。或者说，并不是因为改革开放造成的，而恰恰是由改革开放不彻底和不完善造成的，因而实现社会公平的最根本办法，并

不是放慢改革开放或中止改革开放，而是要加速改革开放和深化改革开放。因此，我认为，目前所进行的关于公平与效率相互关系的讨论，与改革开放初的关于姓社姓资问题的讨论，具有相同的性质，都是有人试图通过讨论改变正确的改革方向，甚至试图中止改革，因而都会对改革开放产生严重的负面影响。所不同的只是，前者以意识形态为基础，后者以所谓的民意为基础。

在公平与效率的问题上，经常有人列举改革开放以前的例子，认为那个时候虽然人们都很穷，经济效率也不高，但人与人之间的收入及生活差距不大，人们的公平感很强，因而是公平的。这种例子的举证是错误的，因为公平并不是平均主义，不能简单地认为均等就是公平。在改革开放之前，那种平均主义大锅饭不仅不是公平，而且严重地损害了公平。因为那个时候干好干坏一个样，效率高的人和效率低的人一个样，那些效率高的人，干得好的人，没有按照自己的贡献而获得应有收入，收入与贡献严重脱节，这是对公平的最严重的破坏，公平的实质和基础是贡献与收入相对称。因此，改革开放前我国社会经济生活中贯彻的不仅不是公平原则，而是严重损害了公平的平均主义原则，平均主义实际上既是效率的大敌，也是公平的大敌。

何谓效率？就个体概念来说，例如就某个企业或者个人来说，就是指以自身的努力获得了更多的收入，这种收入对企业来讲就是利润，对个人来讲就是薪酬。一般来讲，在市场经济条件下，企业效率越高，企业利润就越高；个人效率越高，薪酬就越高。因此，企业利润和个人薪酬可以看作为评价企业和个人效率状况的指标体系。同时，因为企业利润和个人薪酬建立在企业和个人的贡献的基础上，任何企业和个人没有较大的贡献，就不可能有较高的利润和薪酬，所以企业利润和个人薪酬又是评价企业和个人贡献状况的指标体系。因此，就企业和个人来讲，效率越高，贡献就越大，收入就越高。在效率、贡献、收入的这个链条中，效率并没有危及任何公平。而且，对企业和个人来讲，越是坚持效率原则，他们收入就越高，他们就越感到公平。如果不坚持效率原则，没有使他们获得与效率相对称的收入，他们就会感到不公平，因而效率与公平在这里实际上是统一的。

某个企业在遵守法律的框架下，一没有偷，二没有抢，三没有骗，而且也完成了自身应有的社会责任，它在此基础上靠自身的努力和竞争力而获得了良好的收益，也就是它具有高效率的特点，它的这种效率在什么地方损害了公平？我实在看不出它和公平在哪里发生了冲突！

某个人并不是靠某种外在的因素，而是靠自身的勤奋和才干，也就是靠高效率，获得了较高的收益，并且按照法律要求依法纳税，他并不是在损害别人乃至社会利益的基础上而获得了高收益，他的这种高效率究竟在哪里损害了公平？我实在看不出来！

中国改革开放的三十年，打破了传统社会主义经济理论和传统社会主义经济体制的束缚，极大地解放了生产力，推动了整个社会的效率的提高，这场变革所释放出来的巨大创造力和能量，使中国经济取得了举世公认的伟大成就，这种高效率本身并没有和公平发生矛盾，更没有危及和损害公平。我们现在确实存在着不公平现象，但这些不公平并不是由效率本身而引发的，而是体制的不完善引发的，例如权钱交易的腐败和行政性垄断，就使得有些人不是靠自身努力而获得了高收入。但这种不公平并不是效率所引发的，而恰恰是由于没有很好地坚持效率原则而形成的，而且那些靠权钱交易而获得高收入的行为，实际上就是对效率原则的严重破坏。因此，不能将不公平问题同效率联系在一起，效率并没有危及和损害公平。高效率而获得高收入，这本身就是公平，因而效率差别引发了收入差别，也是公平的。至于效率的巨大差别引发了收入的巨大差别，我们虽然要进行有效调节，但不能笼统地讲收入差别过大就是不公平，更不能认为效率引发了不公平。

二、市场化收入分配过程充分体现了效率与公平的相结合

效率与公平的统一，充分体现在市场化的整个收入分配过程之中。大家知道，在市场经济条件下，社会收入分配活动是由初次分配、再分配、第三次分配这样的“三次分配过程”而构成的。初次分配是指微观收入分配过程，也就是市场对企业的分配，企业对个人的分配。企业按照各自的效率而获得相应的利润，个人则按照各自的效率获得相应的薪酬。在这里，收入分配活动贯彻的最基本原则是效率原则，也就是谁的效率高，谁获得的就多。比如，哪个企业的效率高，其利润就高；哪个人的效率高，其薪酬就高。收入与效率的这种充分对称，就是最大的公

平。因此，在初次分配过程中，越是强调效率原则，就越公平，越不强调效率原则，就越不公平。因为按效率分配，实际上就是按贡献分配。所以在财富的创造中，哪个企业贡献大，哪个企业就获得较高的收益；哪个生产要素贡献大，哪个生产要素的收益就获得较高收益。在这里，收益与贡献是相联系的，收益与贡献是相对称的，因而按效率分配，实际上追求的就是收益与贡献相对称。收益与贡献相对称，就是最大的公平，因此，按效率分配，就是最大的公平，效率与公平在这里是统一的。有人讲，在初次分配过程中，既要强调效率，也要强调公平。实际上在初次分配过程中强调效率就是强调公平，越是按效率分配，就越体现公平。我想，强调在初次分配过程中既要按效率分配，也要注重公平的同志，可能是认为初次分配过程中按效率分配会形成差距过大的现象，把这种收入差距过大当成了不公平，所以主张初次分配过程也要强调公平。实际上，如果初次分配过程贯彻了效率原则，按要素贡献分配，实现了收益与贡献的对称性，那么即使出现了收入差距过大，也不能简单地将这种收入差距过大称为不公平，更不能认为这种收入差距过大是因为效率原则而带来的。在这里，收入差距过大实际上是因为各企业及各生产要素自身的原因而形成的。那些收入低的要素，是因为自身能力不强和自身贡献不大而引发的，并不是效率原则造成的。因此，在初次分配过程中，强调效率原则，就贯彻了公平原则，并不存在既要强调效率，又要强调公平的问题。因而认为在初次分配过程中效率损害了公平，实际上是个伪命题。

但是，对于初次分配过程中所形成的收入差距过大，并不是说社会可以不管，使其放任自流，恰恰相反，社会必须要在再分配过程中对其加以有效调节。因为，从人本主义和国民经济持续发展的角度来看，收入分配差距过大不仅会损害人权原则，也不利于国民经济的持续稳定发展。例如，收入太低的弱势阶层必然会无法充分实现自身应有的人权，这将不利于个性发展和社会的稳定；又例如，市场消费需求会因为有人收入过低而无法正常增长，出现市场需求萎缩，进而会使国民经济因为市场需求约束而出现发展停滞，等等。因此，社会必须在再分配过程中对收入差距过大进行应有的调节。这种调节表现为收入的转移支付，主要包括两个制度：一个是累进的所得税制度，即以累进的所得税将过高收入者的收入调节下来；另一个是包括收入保障在内的社会保障制度，即将所征收的高收入者的收入税用于增加公共产品投资和保障低收入者的应有收入水平，从而从公共产品消费和收入上保障低收入者应有的生活水平。这种对初次分配的结果所进行有效调节的再分配过程，就是被人们称之为以公平原则而对国民收入进行再分配的过程，其目的是实现公平。但是这里所讲的公平，不同于初次分配过程中所讲的公平，初次分配中的公平就是指按要素贡献分配，因而越坚持效率原则，越强调效率，越能保证收益与贡献相对称，就是越公平。而这里讲的公平，实际上就是指调节收入差距过大，因而越能将收入差距保持在应有的范围内，就越公平。由此可见，实际上是收入差距过大与公平相对立，而不是效率原则与公平相对立，我们不能将有损公平的帽子硬戴在效率原则的头上，而应该从收入差距过大的角度来讨论公平问题。而且，我们应该看到，在再分配过程中，对社会做出应有贡献的人，也就是纳税多的人，恰恰就是初次分配过程中最有效率的人，因而高效率者，也是对社会公平作出最大贡献的人，我们不应该批评他们，而应该尊重和感谢他们。从这点上讲，效率不仅仅没有危及公平，而且还在为公平作贡献。

不过，再分配过程并不标志着社会收入分配过程的完结，社会收入分配过程还有一个环节，这就是第三次分配过程，也就是以道义原则对收入分配过程所进行的调节，具体表现为慈善事业和社会捐赠。那些收入高的企业和个人，虽然在再分配过程中已经纳税，但是还有较多的财富，这些企业和个人从自我价值实现的角度出发，还愿意将自己的财富以慈善事业和社会捐赠的方式给予社会，用于社会事业的发展和救助社会的弱势群体，如用于助学捐赠、救灾捐赠等。第三次收入分配过程并不具有强制性，而是财富拥有者自觉自愿的行为。在这里，能对社会给以捐赠的财富拥有者，往往都是在初次分配过程中效率高的人，因为效率高而拥有了更多财富，他们愿意将自己的财富捐赠给社会，因而第三次收入分配过程是以初次分配过程的效率原则为基础和前提的。如果没有初次分配过程坚持效率原则，那些效率高的人就不可能有较多的财富，当然也就没有能力向社会捐赠财富，所以效率原则并没有损害公平，而恰恰是为公平原则的实现提供了强大的物质基础和有力的保障。由此可见，初次分配过程越坚持效率原则，就越能促进第三次分配过程的形成，就越能通过道义形式而调节收入差距过大，从而实现公平原则。在这里，效率原则与公平原则是相统一的，根本谈不到效率损害公平原则的问题。

从上述对于社会收入分配活动的整个过程的分析来看，效率原则并不与公平原则对立，而是与之内在统一的，因而效率并没有损害公平。实际上，与公平原则相对立的，是收入差距过大，而不是效率原则。不能将收入差距过大简单地与效率原则划等号，更不能认为效率危及了公平。我国目前社会经济生活中所存在的不公平现象，并不是由效率原则所造成的，而是我们对收入差距过大调节不力所造成的，我们应该完善再分配过程和第三次分配过程，将收入差距调节到应有的范围内，防止收入差距过大危及社会公平。因此，在目前条件下，我们并不是要在初次分配过程中强调所谓公平的问题，而是要继续坚持效率原则，把调节收入差距过大的任务交给再分配过程和第三次分配过程。我国目前确实存在着初次收入分配过程企业利润增长较快，而劳动者收入增长较慢的问题，但这并不是忽视公平原则的问题，而是没有很好地坚持效率原则的结果。因为在初次收入分配过程中，劳动这个生产要素的贡献与其收益已经脱节，劳动没有获得应有的收益。贡献与收益不对称，就是没有坚持好按要素贡献分配收益的原则，没有坚持好效率原则。因此，在初次分配过程中，并不是要关注所谓的公平的问题，而是要坚持效率原则，按要素贡献分配。如前所述，在初次收入分配过程中，坚持效率原则，就是最大的公平。在发达市场经济国家，按要素贡献分配有体制保障，也就是坚持效率原则有体制保障，例如在劳动与资本的各自的贡献与收益相对称的问题上，有工会与雇主协会在体制上的相互制衡，这种机制保障了劳动与资本的各自的贡献与收益的相对称性，实现了按要素贡献分配，即实现了按效率分配。一般来说，当资本的收益有了较大增长的时候，劳动的收益也就会随之增长，资本的收益与劳动的收益是互相促进的。

三、权钱交易和行政性垄断危及了公平

对于当前的所谓的收入差距过大问题，人们并不是笼统的一概反对，人们最为反感的是权钱交易的腐败和行政性垄断所形成的高收入，对于依靠自身努力和禀赋而获得的高收入，人们往往是可以理解和认可的。因此，我们应该把解决收入差距过大问题的重点，放在消除腐败和

行政性垄断的问题上，而并不是要削弱甚至放弃效率原则。把收入差距过大的罪责记在效率原则的账上是不对的，效率与收入差距过大，尤其是与收入分配不公，实际上并没有必然的联系。我们现在要集中力量解决腐败和行政性垄断，因为它们对社会公平原则的破坏力是最大的。可以说，腐败和行政性垄断是社会收入分配不公平的最主要原因和社会经济基础。不消除腐败和行政性垄断，就难以实现真正的社会公平。

当然，对于因为自身努力和禀赋所形成的高收入，我们也要从人权原则和国民经济可持续发展的角度，进行应有的调节。但这种调节并不是要否定效率原则，尤其是我们不能将这种收入差距简单地归结为不公平。如上所述，公平在初次分配过程和再分配过程的含义是不同的。在初次分配过程中，坚持效率原则，按要素贡献分配，实现了贡献与收益的相对称，就是公平；在再分配过程中，如果有效调节了过高的收入，把收入差距调控在应有的范围，就是公平。当然，在第三次分配过程中，如果高收入者将自己的收入更多地用于慈善事业和社会捐赠，那就更有利于实现道德意义上的社会公平，但高收入者如果没有将自己更多的收入用于慈善事业和社会捐赠，我们也不能将此称为不公平，因为第三次收入分配活动是建立在当事人自觉自愿的道义基础上的。由此可见，公平的含义在整个社会收入分配过程的各个环节上有不同的含义，因而我们不能不加分析地乱用公平这个范畴。

在公平与效率的问题上，我们必须坚持法治原则。凡是合法的高收入，我们都应该承认，因为这种高收入既体现了效率，也反映了公平。对合法性的高收入，我们不能简单地称之为不公平，而且对它的调节，也应该看做是它对社会的贡献，而不能将它作为不公平性范畴来对待。当然，现在也存在合法但不合理的高收入，不过对于这种高收入也不能简单地否定，因为它的存在是因为我们的法律体系还不完善，法律还没有有效地反映社会经济生活的内在要求，所以我们对这种高收入的调节，重点在于修改法律，从而实现合法与合理的统一。总之，我们要将效率与公平问题纳入法治的范畴，在法治的框架中实现效率与公平的统一，不能离开法治而抽象地讨论公平与效率的问题。道义原则当然对于评价公平与效率的问题有作用，但恐怕最根本的还是法治原则，而且道义原则必须反映我们所实行的法治的要求。道义原则往往表现为一种社会的倡导，而法治原则是必须要坚决贯彻的原则，因而我们不能将它们混为一谈，更不能用道义原则取代法治原则。虽然我们的社会要充分反映人文关怀，但我们也更要坚持法治原则。

从现实社会经济生活的实践来看，腐败和行政性垄断不仅损害了公平，而且实际上通过损害公平也损害了效率。因为在权钱交易和行政性垄断的条件下，人们具有强烈的不公平感，不公平感当然会严重损害人们的积极性和创新动力，当人们丧失积极性和创新冲动的时候，社会经济生活当然是不可能具有效率的。因此，腐败和行政性垄断既是公平的大敌，也是效率的大敌，我们必须通过深化改革消除腐败和行政性垄断。由此可见，在效率与公平的问题上，我们应该将重点放在深化改革上，通过消除腐败和行政性垄断，从而彻底消除社会不公平的体制基础。

作者说明

有人将破坏公平的帽子戴在效率的头上，对效率进行无端批评，本文就是针对这种试图否定效率的思潮而写的，发表于《中国经济时报》，2008 年 4 月 21 日。本文全面分析了效率与公平的相互关系，提出效率原则的贯彻，是最有利于实现公平原则的，效率与公平不是对立的，中国目前破坏公平的因素并不是效率。效率恰恰是有利于公平的。本文对如何推进效率，在推进效率过程中如何实现公平做了细致的分析，这种分析对改革实践是有价值和意义的。

协调多元化利益群体格局的基本原则

如何协调多元化利益群体之间的相互关系，是建立和谐社会的关键问题。如果能够协调好不同利益群体的关系，缓解和消除利益群体之间的矛盾，我国社会的利益群体格局必定会朝着良性的方向成长和发展。

我们这里主要从协调多元化利益群体格局的基本原则谈起，主要内容有三条：一是共识共赢原则；二是公平公正原则；三是国家超越原则。

一、共识共赢原则

所谓共识共赢原则，有两个方面的内容。一方面是对社会发展关键问题和利益群体之间的一些不同意见取得共识；另一方面是社会中的各个利益群体要实现利益上的共赢，而且共识和共赢要共同实现。因为如果只有共识而没有共赢，就失去了共识的意义；而如果只有共赢而缺乏共识，这样的共赢必定不会长久。所以共识和共赢必然是相辅相成的。

(一)共识原则

所谓的共识原则，指的是要承认现有的利益群体格局，包括从意识形态和法律上承认它，达成共识，而不是像改革开放前，只强调阶级的利益，而否定不同群体中、不同个体间存在的不同利益。在共识原则中承认利益群体格局有以下两个层面的内容。

1. 第一层面的内容是意识形态上的承认

首先我们要从意识形态上承认现有的利益群体格局，推动社会共识的建立。中国改革开放初期，实际上对很多问题都是存在争论的，尤其是出现了不同的利益群体之后，国家和社会是否应当承认这些利益群体，并听取他们的利益诉求，成为争论的焦点。这样的争论在某种程度上束缚了改革的手脚，很可能会延误中国经济发展的时机。因此当时邓小平同志果断地提出“实践是检验真理的唯一标准”，在后来的改革过程中又接着提出“发展是硬道理”、“三个有利于”等理论，实际上是对各种争论讲“不要争了”，将一些有争议的问题暂时搁置起来，结果在很多问题并没有取得整个社会的共识的情况下，改革就大刀阔斧地推行下来了，并且取得了很大的成功。我们必须承认，在当时的时代条件下，这样的处理方式是正确而且有效的，为改革赢得了很多时间和机会。

但是改革进行到现在这样一个阶段，对于利益群体格局没有取得共识的问题也必然会开始暴露出来，有些问题还比较严重，主要就是意识形态上的抵触和不承认。比如生产要素要不要参与社会分配的问题，就是一个典型的在意识形态上没有取得共识的问题。实际上这个问题我们过去一直在讨论，但并没有取得共识，具体到实践中，就体现为民营企业主是否应该参与分配，如果参与，应该分配多少才算合理。有人认为民营企业主出的仅仅就是资本，现在资本为什么参与这么多分配。首先是资本对于价值创造有没有贡献的问题，如果有贡献可以参与分配，这个贡献是多大，如何衡量？如果没有贡献，那就不应该参与分配。这样的一些观点的存在，反映了我们在这个问题上实际没有取得共识。最近我们给 14 个民营企业发放了调查问卷，发放对象主要是工人，其中有一个问题是“你怎么看待企业的发展问题”，还有一个问题是“在企业发展中，你的利益是不是得到保障”。问卷回收率为 90%，合格问卷中 85%的人认为：我们在民营企业虽然有一点收入，但民营企业主是剥削我们的。这就很明显的没有取得共识，大多数的工人认为这个是不合理的，因为在他们的知识形成过程中，从义务教育到主流舆论都长期讲这个是剥削的问题，没有讲到不同要素参与整个生产的创造过程，并没有在这个问题上形成共识，所以就是这样的一个结果。实际很多人在意识形态上还是没有承认要素参与分配的合理性。

再比如，我们在收入差别的标准上，也存在一些没有达成共识的地方。本来我们改革的起点就是收入差别，没有收入差别没有活力，所以我们的结果也有差别，但是具体到结果上差别有多大，人们并没有共识。这个是有道理的，当时小平同志提出来“允许一部分人先富起来”，经济增长成为政府的主要目标，收入差距开始产生。随着改革开放的深入，经济快速增长，对效率的强调导致人们的收入差距不断扩大。收入差距达到现在这个比较高的水平以后，没有共识的问题就出来了，到底中国的收入差距保持在什么样一个水平，是最兼顾效率与公平的呢？这就要求我们在意识形态上正确认识收入差别，不能因为收入差别的扩大，就一味地否定利益群体格局的合理性，甚至否定改革。正确的对待方式，应该是反对和打击由垄断和腐败所带来的收入差距，认可由天赋和机会带来的收入差距，而且要从意识形态上承认它。总之，承认收入差距是在我国“共同富裕”路径上的一个重要动力来源，同时也要承认，实现共同富裕后，也会存在收入差距，否则就是倒退回平均主义。

现在我们感觉到，和谐社会的第一条就是共识，没有共识就谈不到和谐。而所谓的共识，主要就是意识形态上的共识。我们过去在很多问题上没有共识，主要就是因为在意识形态上缺乏共识。随着我国改革开放进程的推进，一部分群体感受到了阵痛和压力，主要是由利益群体格局的变动带来的，对此我们不能过激地去看待和处理，用意识形态的大棒去一棒子打死，而应当首先从意识形态上承认现有的利益群体格局，避免出现社会的动荡。只有坚持这个意识形态上承认的原则，才有可能保持改革的稳步推进，保持社会和经济的稳定发展。

2. 第二个层面的内容是法律上的承认

前面谈到意识形态上承认的原则，但我们应当看到，对于现有利益群体格局，光有意识形态的承认还不够，还要落实到法律层面。对某个利益群体在意识形态上的承认，仅仅是给予了其应有的政治地位，还需要通过立法等手段，给予它相应的法律地位。因此，我们也必须注重法律上承认的原则，这样才是对意识形态上承认原则的补充和固化。

现在比较突出的是对非公经济的法律承认问题，虽然党和社会在意识形态和理论上已经给予了一定程度的承认，但法律层面的承认还相对比较落后，非公经济在各类产权和产权关系上缺乏有效的法律保护，往往在事件的仲裁上更多地被歧视。比如贪污罪发生在国有企业的，是属于触犯刑律，可以以刑法惩处，最高刑罚可以处死刑，而发生在民营企业则属于民事纠纷，属民法范围，一般只以侵犯财产罪论处；还有“征地难”的现象，现行《土地法》只明确了国有、集体企业可以征地，对非公经济的，则没有相关的条款，很多地方政府只能采取“特批”的办法，解决少数大型民营企业扩大生产的土地需求，对于大多数的中小型企业，则很难满足他们的土地需求。因为这些法律层面的缺失，给非公经济带来了一定的歧视性和不公平待遇，实际上造成了法律上的不承认。在未来对这些法律的修订和新法律的制定中，必须消除对非公经济的歧视，还非公经济以国民待遇，才符合法律上承认的原则。

还有一个重要的问题就是对财产的承认问题。国家利益高于个人利益，个人利益服从于国家利益，这个是不容置疑的；但财产不等同于利益，从财产权上来讲，私有财产和国有财产的权利应该是一样的，应该是公平对待的。事实上，财产权是一项最基本的权利，各国宪法都把财产权利作为其宪政的基石之一。但是在我国的传统上，由于“革命”思维的影响，经常会侵害个人和群体的财产权。因此，进入新时期的我国，迫切地需要在宪法上确立对私有财产权的保护，也就是对财产权在法律上的承认。如果不能承认私有财产与公共财产一样是不可侵犯的，就还有可能发生对私有财产的“合法”剥夺。2004 年 3 月举行的全国人大十届二次会议上通过的《宪法修正案(草案)》，将第 13 条“国家保护公民的合法的收入、储蓄、房屋和其他合法财产的所有权”，正式改为“公民的合法的私有财产不受侵犯”。“国家依照法律规定保护公民的私有财产权和继承权”，体现了在法律上承认财产权方面的一大进步。在未来，对财产权的法律承认问题还有许多工作要做，除了在宪法层面完全的承认以外，还要制定建立完善与此相关的法律如《物权法》。

所以，在未来的立法过程中，必须要强调法律上承认的原则，只有加强对各个群体的合法利益在法律方面的承认，才有利于社会利益群体的和谐发展，才能从法律层面避免出现大规模的利益冲突。

(二)共赢原则

从利益的角度来讲，只有各个利益群体都实现了共赢，才有可能实现和谐。所谓共赢原则，指的是在社会和经济的发展过程中，社会应当尊重每一个群体的利益，保护各群体利益的实现，也就是说，各个群体的利益都要得到良好的体现。

前面我们谈到比较多的是群体的优点，事实上，各个利益群体也都有自己的弱点：比如有钱人容易恃财自傲，有了钱容易目空一切，老想摆脱法律的约束；而弱势群体则一般是保守和极端的矛盾体，在思维上比较保守，但在行为上很容易极端化，一般革命都发生在这个群体里面。所以如果没有共赢原则，这两个群体是很容易起冲突的。在共赢的原则下，针对不同的群体有不同的政策。对强势群体应该强调正确对待财富，告诉他们拥有财富不能无视法律、人权和社会公德，必须履行应尽的社会责任；而对于弱势群体，一方面要保护，另一方面同样要告诉他们正确对待财富，主要是不能仇富，应当正确看待收入差别，追求机会的平等而不是财富的平等。只有这样，才能够实现双方的共赢。这就是共赢原则的典型处理方式，在共赢理念的指导下，发挥各群体的优点，避免各群体弱点导致的不和谐。

共赢原则的另一个重要内容，就是要有相对的增长，也就是说，不能单方面的增长。比如我国农民工的工资从 20 世纪 90 年代初以来基本没有什么大幅度上涨，以尤其是珠三角地区，一直到现在都还处于 600 元左右的一个水平。相对于其他利益群体的收入上升和生存成本的提高，农民工的工资实际上是在下降的，这样长期下去是不行的，不符合共赢原则所要求的相对增长。所以前两年珠三角出现了“民工荒”，就是对相对利益受损的一种自然的反抗。还有，我们国家有些企业在分配上往往忽视了各种利益的共赢问题。比如说有些民营企业，没有注重在自己作为投资者的利益增长的同时，也应该使员工的利益能够增长，结果导致利益分配的严重失衡，失衡就是没有共赢，没有共赢当然使员工最终没有积极性，因而企业缺乏活力；与此相反，另外一些国有企业，仅仅强调员工利益的实现，结果滥发奖金，滥发各种补贴，从而最终危害了国有资产的利益，这种企业，最后也会产生利益的严重失衡，在企业经营情况变差时，马上就会变得脆弱，最终甚至解体。所以我们要讲求相对的增长，在同一的平台下，各个利益群体、各种生产要素都要得到相对的增长，才能够体现共赢原则，实现多方的共赢。

总之，在共识共赢原则中，共识和共赢二者是相辅相成，缺一不可的。这是应对多元化利益群体格局的第一条基本原则。

二、公平公正原则

当前我国社会出现利益差距，有一些正常合理的因素，比如人的能力导致的差距，但有些利益差距的产生是因为一些不公的因素，比如权钱交易、行政垄断等，在协调不同利益群体关系的时候，就必须要本着公平公正的原则，鼓励合理的正常的利益差距，剔除不公带来的利益差距。目前我国社会层面存在的不公平，主要集中在四个方面：一是腐败，二是垄断，三是歧视，四是机会不均等。公平公正原则，主要也就是消除腐败、消除垄断、消除歧视和机会均等的问题。

(一)消除腐败

“权钱交易”的腐败行为是引发利益群体矛盾的重要原因之一。自改革开放以来，政府一直积极推进经济体制的转轨，市场机制的调节作用越来越重要，不过，计划经济的惯性仍存在，市场配置资源的功能仍不完备，政府在资源配置中仍起着举足轻重的作用。一些拥有行政权力的政府官员，并不把自己作为市场经济的服务者，而是作为管理者，利用手中的权力，向企业寻取租金，提供不公平的竞争环境。他们同时还想方设法阻碍政府体制的深化改革，努力维持对经济行为的行政干预，不断寻找制度的空子获得非法收入，聚集财富。“权钱交易”成为部分政府官员收入的重要来源。

“权钱交易”行为的存在，造成了收入分配制度的严重不平等，引发了一定的利益矛盾。人们付出同样的工作量，一些人就因为占据比较重要的部门，拥有行政权力，实际收入就比其他人高出很多，造成人们心理失衡。人们都会争取进入行政权力大的部门，一旦进入就会想方设法使用权力，获得大量非正常收入。那些拥有权力相对较少的人们会尽力扩大行政权力，处处设卡。那些处在政府之外的人们，会有不满情绪，怨声载道。最终导致基于行政权力的非市场化分配成为分配制度的一种主导，正常的收入分配既不能体现人们的付出，也不能反映人们的实际收入差异。因此，要消除“权钱交易”带来的利益冲突，首先必须有消除腐败的原则。

(二)消除垄断

垄断有两类，一类是行政垄断，一类是非行政垄断。由于非行政性垄断主要是由于地域等限制自然产生的自然性垄断和由正常市场方式产生的一般性垄断，不属于不公平的范畴。因此，消除垄断主要指的是消除行政垄断。事实上，通过行政垄断获得垄断利润，然后再将利润转化为个人收入，是造成收入分配不公和利益群体矛盾的又一个重要原因。在经济体制转轨过程中，政府逐步放开很多领域的经营权，促进市场竞争，但在某些行业政府的行政垄断仍严重干扰甚至限制市场的作用，造成许多不平等竞争现象。在电信、电力、铁路运输、自来水等行业，政府控制着大量资源，进入门槛很高，通过行政力量进行垄断经营，获得高额的垄断利润。以中国电信为例，在没有引入其他电信运营商之前，电话的初装费需要5 000元，而随着中国联通等公司的成立，初装费就取消了，可见其垄断利润之高。这些行政垄断部门和企业中的成员，将企业获得的垄断利润转化为自身的高额收入，甚至有的成员还将企业消费转化为个人消费。据统计，2001年行业收入水平前四位的是金融保险、电力、电信、交通运输，这些行业职工收入水平比全国平均收入水平高出30%左右。

行政垄断的存在，造成收入分配的严重不平等，这些行业中的员工，不用担心企业的亏损，无论工作的努力程度如何，都可享受垄断利润，获得高于全国平均水平的收入。而市场中的其他企业无论付出多大努力，都只能获得市场竞争后的正常利润，员工也只能得到正常的收入水平。这就导致行政垄断行业的员工和其他企业的员工，在收入分配之初就处在不平等的地位，非市场化的因素成为他们收入差异的主导。目前，社会上对于垄断性行业职工经济利益过高的意见非常大，要求降低垄断行业员工工资和福利待遇的呼声很高。要解决这一问题，主要还是要从消除行政垄断入手，在协调不同利益群体关系时坚持消除垄断的原则。

(三)消除歧视

前面我们提到在意识形态和法律上承认民营经济的问题，主要就是要消除民营经济在这两个方面所受到的歧视。事实上，除了以上两个方面，在社会的各个层面，民营经济仍然受到不少的歧视。比如在融资方面，民营经济就很少能够像国有企业那样正常获得贷款，资本市场的融资渠道也相当狭窄；在市场准入方面，很多竞争性又不涉及国家重大安全的行业，比如金融业，就还没有向民营资本放开，这些都是对民营经济的歧视。从消除歧视的角度出发，我们应该一视同仁地对待民营企业，不能歧视民营企业。因为对政府来说，最大的利益就是税收和就业机会，只要能提供这两者中的任何一个企业，都是政府应该扶持的企业，至于企业是谁的，是国有的，还是民营的，都是不重要的。因而政府应该放松对民营企业的过度干预，使其能为社会创造更多的利益和价值。

还有一点，现在社会上歧视农民工、歧视外来人员的倾向很严重，甚至在政府也存在这样的行为。比如有的地方出现一定的就业压力，地方政府为了提高就业和再就业的数量，就开始清理外地人员及民工，排斥外地人员在本地区就业。事实上，评价政府对于就业问题的贡献的标准，应该是对就业机会的创造，创造就业机会是政府应做的事情，是评价政府政绩的指标，至于哪些地区的人就业，则是就业者之间的选择和竞争问题。因此无论何种原因，清理外地人员及民工的倾向都是不对的，必须消除这种歧视。

总之，与人对人的歧视一样，群体对群体的歧视也是必须反对的，因为这样的歧视更容易产生和积聚群体矛盾和社会仇恨。对于各种利益群体之间的歧视问题，我们要及早发现、及时解决，尤其是那些可能带来群体矛盾、引发群体冲突的歧视，一定要作为建设和谐社会的重点来抓，切实贯彻消除歧视的原则。

(四)机会均等

机会的不均等是引发利益分配不公的一个重要原因。人们在获得收入之前，就已处在不同的起点，面对不同的机会，必然会导致人们经济利益的不平等。中国是一个人口众多的国家，伴随经济的起飞，只有部分人可首先占据稀缺资源富裕起来，他们一旦起步将占据更多的资源，而更多的人尤其是农民在经济发展中处在后发位置，这时政府是否可以协调资源，给每个人提供一个平等发展的机会变得至关重要。然而，现阶段政府在很多方面的工作还不到位，人们在教育、医疗、社会保障、就业、融资等方面都存在着严重的机会不均等。以教育为例，现阶段我国仍没有实现全面的义务教育，很多地方的人们缺乏基础教育，这就导致这些人缺乏竞争力，收入自然得不到提高。以就业为例，现阶段我国城乡分割的户籍制度使大量农民不能像城市居民一样选择工作，只能从事那些“脏、累、苦、险”的工作，收入自然无法与城市居民相比。再以融资为例，现阶段银行等金融机构都愿意给大企业提供资金，而小企业、农户很难得到贷款，只能小本经营原地打转。

然而问题还不光出现在机会的不均等上。很多因为机会不均等而利益受损的群体，并没有意识到是机会不均等的问题，而往往认为是不合法的问题，因此出现了仇富的心理，在一小部分人中甚至出现了劫富济贫的想法。事实上，这些利益受损的群体，应该将机会均等作为追求的目标，而不是将分配到一点财富作为自己的目标，这样才是走出利益弱势状态的有效方式。

当然，要想改变机会不均等带来的利益分配的不平等，仅仅依靠没有得到公平对待的人们进行呼吁，或者期待机会拥有者主动放弃一些不平等的机会是不现实的，政府必须加大投入力度，促进各项制度的完善，为所有人提供平等的机会。这是政府的职能所在，也是机会均等原则的要求。

值得一提的是，除了以上提到的腐败、垄断、歧视和机会不均四大不公以外，还有一种隐形的不公。所谓隐形的不公，指的是看似公平，本质上却是不公。比如在 2005 年调整个人所得税起征点之前，起征点对任何人都是一样的，因而似乎是公平的，但实际上并不公平，因为人们的生存条件及社会保障有很大的差异。例如，对农民的起征点是 800 元，对政府公务员的起征点也是 800 元，但对农民来说这是不公平的，因为政府公务员拥有良好的社会保障，而且有一定的职务消费，个人收入是实实在在的收入；而农民则既无就业保障，又无医疗保障，连子女教育等都需要自己多花钱，个人收入并不是自己实实在在的可支配收入，所以和政府公务员使用同样的起征点对农民并不公平。又例如，一个养活三个人的所得，与一个只养活自己一个人的所得，实际上有很大的不同，但所得税的起征点却是一样的，所以公平中存在不公平。由此可见，虽然个人所得税对所有人都是一样的，似乎是公平的，但实际上并不是真正的公平，因为每个纳税人的生活和工作的基础不同，所以应该有所区别。总的来说，现在个人所得税的起征点偏低，而且税率过高。消除不公的原则就要求我们提高起征点，使穷人少缴税，同时也要求我们制定合理的个人所得税制度。

总之，公平公正原则中，除了要消除腐败、垄断、歧视和机会不均这四大不公以外，还要注意消除隐形的不公的问题，这样才是公平公正原则的体现。

三、国家超越原则

在协调各群体利益关系的时候，国家处于什么样的一个位置，会起到决定性的作用。如果国家只支持某一个群体，那就必然会出现该群体独大的局面，而且会出现消灭其他群体的趋势。比如在“文革”时期，国家基本只代表农民阶级和工人阶级的利益，因此就出现了农民阶级和工人阶级否定和打倒一切其他阶级的情况，就连知识分子都没有幸免。所以说国家在利益群体中的位置，是决定国家利益格局的关键。

因此，在这里我们要提出国家超越原则。所谓国家超越原则，指的是在现代社会体制下，国家应该超越任何一个利益群体，不单独代表某一特定群体的利益，而应该代表所有群体的利益。江泽民同志曾经提出：“八十年来我们党进行的一切奋斗，归根到底是为了最广大人民的利益”，而“人民群众的整体利益总是由各方面的具体利益构成的。我们所有的政策措施和工作，都应该正确反映并有利于妥善处理各种利益关系，都应认真考虑和兼顾不同阶层、不同方面群众的利益，这始终关系党的执政的全局。”这样的一个判断就非常清晰体现了国家超越原则，表明党和国家的始终都应该考虑和兼顾不同群体的利益。

之所以提出国家超越原则，除了吸取“文革”的教训以外，还吸取了转型后俄罗斯共产党的教训。在 1992 年年底俄共复出的时候，迅速赢得了杜马的选举，成为俄罗斯第一大党。但是现在在杜马的席位只占到 12%，经历了一个从复兴到极盛最后走向势衰的过程。他们失败最主要的原因，就是由于他们在政治理念和宣传中，只代表弱势群体，也就是社会贫困阶层，而不是大多数人利益的代表，这样就无法代表新兴阶层的利益，无法接纳他们的加入。随着俄罗斯改革的推进和执政党的政策调整，中产阶层迅速成长起来，使得弱势群体的比重越来越少。而俄共仍然死守代表弱势群体的路线，最终走向极端和保守，被人们所抛弃。所以，无论从我们的历史经验还是从俄共的历史教训来看，强调国家超越原则都是非常有必要的。只有长期坚持国家超越原则，国家才能站在所有利益群体之上，以公平的第三方身份，对不同利益群体的关系进行协调。

要保证国家超越原则的实现，很大一方面要依赖于现代社会体制的建立。传统的社会体制，有三大特点，那就是人治社会、臣民社会和专制社会，随着中国的解放，我国的社会体制开始向现代社会体制变革。所谓的现代社会体制有三大要点，一是法治社会，二是公民社会，三是民主社会。也就是说，从传统社会体制向现代社会体制的过渡，就是从人治社会转向法治社会，从臣民社会转向公民社会，从专制社会转向民主社会。这是国家超越原则的具体要求，也是实现国家超越原则的必由之路。因为在法治社会、公民社会、民主社会下，可以由社会来完成以往由国家机器来完成的一部分职能。比如提供某些基础的公共服务，进行一定程度的公共决策，这样才能够保证国家能够独立于各个利益群体之上、置身于利益矛盾之外，实现国家超越原则。所以，努力建立现代社会体制是保障国家超越原则实现的一个重要内容和目标。

改革开放前，我们在向现代社会体制转型的过程中走了一定的弯路。改革开放后，随着利益群体格局的发展，多元化利益群体的出现，要求建立现代社会体制的呼声也越来越高。现代社会体制中的法治社会、公民社会和民主社会，这三者是相辅相成，缺一不可的。

(一)建立法治社会

提到“法治”，很容易与“法制”相混淆，这里首先来清晰这两个概念。所谓的“法制”，是法律制度的简称，是以法为核心的某国、某地区法律上层建筑的整个系统，包括现行法以及与现行法相适应的法律意识、法律实践。法制所对应的是经济制度、政治制度等其他类别制度。而所谓的“法治”，是指社会主义国家的一切国家机关、社会团体、公职人员和公民，都必须严格遵守宪法、法律、法规，坚决依法办事，依法治理国家。“法治”是与“人治”相对应的。

法制是与国家并存的，因为有国家就有法，就有一定的法律制度。但需要注意的是，仅仅有国家、有法制，却不一定能实现法治社会。也就是说，有国家就有法制，但有法制不一定有法治。这主要是由于法制作为一种社会制度，它既可以与法治相结合，也可以与人治相结合。在与人治相结合时，法制就是为人治服务的，因此社会的权力中，政府的权威要高于法律的权威。这也就解释了为什么在我国的有些地方，行政命令比法院的判决执行起来可能要更有效。

所以要实现从传统社会体制向现代社会体制的过渡，第一个要解决的就是停止人治，建立法治社会的问题，做到有法可依、有法必依、执法必严、违法必究。根据英国法学家戴雪对于法治的经典定义，建立法治社会应该包括以下三个方面的内容：第一，法律具有超越也包括政府的广泛裁量权在内的任何专制权力的至高无上的权威；第二，任何公民都必须服从在一般法院里实施的国家一般法律；第三，权力不是建立在抽象的宪法性文件上，而是建立在法院的实际判决上。

对于我国现阶段的利益群体格局，法治社会还有两个重要的内容，一个就是承认财产，这个在前文中已经有讨论；另一个就是承认契约，承认各种形式的合法契约，对于保障各个群体的利益，也有着极其重要的作用。

(二)建立公民社会

所谓公民社会，指的是政府系统和市场系统之外的所有民间组织或民间关系的总和，它是官方政治领域和市场经济领域之外的民间公共领域。在公民社会的框架下，我们可以把社会看成是一个大家庭，任何组织或个人都是社会的公民，社会团体也是社会的公民，叫团体公民。在这样的一个公民社会下，任何人对社会如何发展都可以发表自己的意见。

建立公民社会，是构建和谐社会的社会基础和客观要求。公民社会的建立，将直接有利于各个利益群体之间的交流和沟通，缓解社会压力；而且，也有利于提高国家系统的运行效率，填补国家在其公共职能之外的空缺，形成国家与市场之间的一个缓冲区间，保证经济的平稳运行；最为重要的是，由于公民社会参与到社会决策中来，有利于协调各群体的多元化利益与社会整体利益之间的矛盾，增强社会的凝聚力和向心力。

统计数据显示，1980 年我国居民收入占 GDP 的比重为 57%，1993 年上升到 71%，预计到 2010 年将上升到 81%。意味着国家的经济成就将更多地转化为公民手中的财富，也意味着公民的意见对于国家和社会的发展将更具有举足轻重的作用。公民社会的建立，将会是利益表达的一个重要方式。因此，我们必须完善公民社会的相关制度和法律，强调和重视公民权利，逐步培育各个利益群体的公民意识，努力建立有社会主义特色的公民社会。

(三)建立民主社会

在改革开放前大一统的利益之下，各个群体之间的利益趋同，民主发挥作用的空间并不是很大。而随着改革开放，社会的利益格局和利益关系发生了重大的变化，产生了具有不同利益要求的利益群体，在此过程中，原有的政治共识面临着瓦解和分化的风险。在这种时候，就需要推动民主社会的建立，在不同群体的不同利益需求和不同价值观之下，重建对于政治的共识。

对于民主社会，邓小平在深刻反思共产党在民主建设方面所经历过的曲折之后，曾经提出过“没有民主就没有社会主义，就没有社会主义现代化。”把民主与富强、文明一起作为社会主义的目标之一。现在我们所建设的和谐社会的基本特征，是民主政治、公平正义、诚信友爱、充满活力、安定有序、人与自然和谐相处，其中民主就排在第一位，也说明了建立民主社会的重要性。

民主社会建立的关键在于制度设计和制度建设。比如，民主的最高形式是一人一票，投票表决，少数服从多数，在这种形式下，实际上民主也不公平，因为在简单多数下，49%的人必须服从于51%的人。所以，如何建立社会主义体制下的民主社会，还有许多问题需要我们去思考和解决。

由上面三点来看，建立现代社会体制，主要就有法治社会、公民社会和民主社会这三方面的内容。值得强调的是，这三者中，法治社会是核心基础。如果忽视了法治社会建设，而片面强调公民社会和民主社会，就有可能造成问题。举例说，如果法律对财产权的保护不强，根据简单多数的民主原则，大多数人投票把少数富人的财产分掉，就是有可能的。所以简单多数也不一定是最好的，一味追求简单多数的民主，带来的不是和谐，而可能是动荡，甚至有可能引发第二个“文化大革命”。所以现代社会体制的建立，其重心应该是法治社会，最先建立起来的，也应该是法治社会。

总的来说，国家超越原则是我国应对多元化利益群体格局中的一个重要基本原则，建立现代社会体制是国家超越原则的实现保障和建设目标。我们必须加大力度建立现代社会体制，也就是建立法治社会、公民社会和民主社会。只有这样，才能真正实现国家超越任何一个利益群体而代表所有群体的利益。

作者说明

中国的改革开放已经使社会存在不同利益群体，因此，如何实现不同利益群体之间的和谐，就成为我国改革开放必须要解决的问题。我对此问题做了近三年的研究，本文所讨论的是协调不同利益群体的基本原则。这些原则的提出，对我国协调不同利益群体的关系是有意义的。本文选自中国发展出版社 2007 年版《动摇不得》。

协调不同利益群体的基本措施

协调多元化利益群体格局的具体措施，主要有六点：一是坚持改革的基本方向；二是完善收入分配体制；三是加速法治建设；四是完善社会组织；五是增加捐赠渠道；六是加强舆论引导。

一、坚持改革的基本方向

现有的利益群体格局，使某些局部出现了一些质疑改革的声音，对此我们必须予以重视。但是，改革的基本方向我们必须坚持，要通过持续深入的改革来实现现有利益格局的优化和和谐，而不能因为出现的各种问题就倒退回传统社会。

刚刚发生的一件事情给我们非常深刻的印象，那就是联合国鉴于我国在解决贫困人口温饱问题上的巨大成功，宣布于2006年1月1日停止对我国的粮食援助。这个粮食援助持续了26年，差不多正好是我国全面推行改革的时间。而12年前，美国地球政策研究所所长莱斯特·布朗曾经写了一篇文章《谁来养活中国》，对我国的粮食问题提出质疑。就现在看来，联合国的这一次停止援助的决定，对这个“谁来养活中国”的质疑给出了很好的回击，从一个侧面说明了我国在消除贫困群体方面的成就。

从这个问题我们可以看到，过去二十多年来，虽然出现过一些波折，但总的来说，中国的经济环境一直都是在改善的。这主要得益于国家在各个方面的改革，对于改革的成果我们是要充分肯定的。事实上，现在国际上对中国改革的评价是非常高的，而国内，现在虽然存在一些质疑，但我们不能否定改革的成果。改革开放以来，中国贫困人口从2.5亿减至目前的2 610万，占世界同期减贫人口的70%；二十多年来，中国GDP保持了年均9%以上的高增长速度，邓小平在中共十二大上提出的1980—2000年20年间，国民生产总值翻两番的战略目标也提前5年实现，中国成为世界上经济增速最快的国家，也成为世界上第六大经济体，用购买力平价的方法计算，已经成为世界上第二大经济体。这些都是过去二十五年来改革的伟大成就，也是坚持改革的根本方向不动摇的结果。

因此，在改革进入新时期，利益结构开始出现新一轮变动的时候，虽然存在对关于改革的不同声音，我们仍然要做到坚持改革的根本方向，绝不能动摇。对于现阶段的改革，我们最起码要坚持四个要点不动摇。

一是市场经济改革的方向不能动摇。市场经济本身是中性的，这个我们是有共识的，并不存在“姓资姓社”的问题；同时，有很多问题，比如权钱交易和腐败，并不是市场经济本身带来的，在计划经济的时代，这些问题一样存在；还有一些市场化的改革走样了，也不是市场经济本身的问题。总之，我们不能把所有的问题都归罪到市场经济身上。从市场经济中我们已经取得了无数的成就和收获，不能因为出了一点问题，就批评市场化，否定市场化，这样对于我们建立完善的市场经济体制是非常不利的。因此，要坚持市场经济改革的方向不动摇。

二是国有企业改革的方向不能动摇。现在对于国企改革的讨论是比较多的，一部分人只看到国企让工人下岗这一面，甚至有人主张停止国企改革，这是对国企改革根本方向的否定，是很危险的。十六大所提出的国企改革方向，仍然是“两化”方向：不属于国家安全和国民经济命脉领域的国有企业要非国有化；属于国家安全和国民经济命脉领域的国有企业要股份化，这“两化”方向绝对不能动摇。

三是非公经济的发展方向不能动摇。我国改革开放以来，在实践及理论上的一个极其伟大的创新，就是承认非公经济的地位和注重发挥非公经济的作用。国家对于非公有制经济的定位，从十二大报告提出的“必要的、有益的补充”到1997年十五大报告中的“重要组成部分”，再到十六大明确提出“保护私人财产”，指明了非公经济的发展方向。十六大重要贡献之一，就是对非公有制经济发展提出一整套的思路。我们必须看到，不是只有民营企业主、个体工商户等一批群体为此受益，实际上是整个社会都因为非公经济的发展而受益匪浅。因此，非公经济是必须发展的经济形态，我们必须坚持发展非公经济的总体方向绝不动摇。

四是对外开放不能动摇。现在社会上有一些舆论在质疑对外开放，讨论得比较多的一个问题是四大国有银行的股份化，总有人不断出来批评说贱卖了，实际上很多同志不了解银行股份制的背景和目的，总以为卖给外国人就是便宜了。另外还有人出来批评龙永图，批评中国加入WTO的时候一些市场开放得太快，实际上也是不了解情况，只看到对外开放的一小点弊病，却看不到我们一直以来从对外开放政策中获得的利远大于弊。全方位的对外开放，是市场经济的内在要求，发达的市场经济国家，没有一个是在封闭条件下快速发展起来的。只有全面对外开放，才能享受和利用比较优势带来的优势资源，持续推动经济快速发展。事实上也是这样。过去的二十五年来，开放一直作为一股非常重要的力量，推动着改革的前行和国家的进步。因此，我们必须坚持对外开放不动摇。

总的来说，在这个比较特殊的时期，我们要在改革的关键问题尤其是上述四个问题上达成共识，坚持共识共赢原则，保证改革的根本方向不动摇。这是协调不同利益群体的第一个基本措施。

二、完善收入分配体制

收入分配体制是国家社会经济体制的一个极为重要的组成部分。通过对收入分配政策的调整，可以实现对利益群体的利益调整，是政府用来减小贫富差距、保证公平公正的主要手段。

我们把反映市场经济内在要求的收入分配体制，称为市场化收入分配体制。市场化收入分配体制是市场经济体制一个极为重要的组成部分，它既是市场经济配置资源的现实过程，也是市场经济配置资源所必需的前提条件，即市场经济配置资源需要有完善的市场化收入分配体制的存在，否则，市场经济是不可能实现对资源的有效配置的。因此，我们讨论的完善收入分配的问题，主要是建立市场化收入分配体制的问题。接下来我们主要围绕收入分配体系，讨论如何通过政策的设计和调整，来协调不同利益群体的关系。一般来说，市场化收入分配体制的核心内容，主要包括下述两个方面。

1. 市场化收入分配体制的原则

市场化收入分配体制在分配收入的过程必须贯彻三大原则。

一是按要素分配的原则。这里讲的生产要素，既包括出资人的货币资本，也包括出资人的资产及土地，还包括所谓企业家创新精神、职业经理人的贡献，以及工人的劳动，等等。正是因为这些生产要素共同创造了社会财富，所以要给这些生产要素分配它们所创造的社会财富。

二是按效率分配的原则。生产要素参与社会财富的创造过程，仅仅只是生产要素参与社会财富分配的前提条件，但并不能决定生产要素参与分配的具体数量。生产要素在分配过程所分配到的社会财富的具体数量，是取决于生产要素在社会财富创造过程中的贡献的。而生产要素在社会财富创造过程中的贡献，在现实经济活动中则往往表现为效率，因而按照生产要素的贡献分配社会财富，实际上就是按效率分配社会财富，称之为按效率分配的原则。

三是保护弱势的分配原则。也就是说，市场化收入分配体制往往在强调按效率分配原则的同时，也极为重视和顾及这个原则所带来的一个严重后果，即引发了弱势群体的产生。因而市场化收入分配体制在贯彻按效率分配的原则的过程中，同时也非常注重对弱势群体的保护，也就是往往强调有效贯彻保护弱势的分配原则。

上述三大原则，就构成了所谓市场化收入分配体制的最主要作用原则，它们也共同体现了公平公正原则。这些原则往往是通过市场化收入分配体制的运行过程而贯彻下去的。因此，市场化收入分配体制的第二个方面的内容，就是市场化收入分配体制的构成框架，简称为市场化收入分配体制的构架。

2. 市场化收入分配体制的构架

所谓市场化收入分配体制的构架，就是指市场化收入分配体制的组织形式及其体制模式。从现实经济运行过程来看，市场化收入分配体制往往表现为双层次的纵向化收入分配体制。所谓双层次，就是指它的分配过程，是由微观经济分配过程和宏观经济分配过程这两个层次的分配过程构成的；所谓纵向化，指的是微观层次的分配结果，还必须要经过宏观层次的再分配，因而这两个层次的分配过程具有纵向性关系。

所谓市场化收入分配体制的微观经济分配过程，实际上就是指市场对企业的分配过程和企业对生产要素的分配过程，这两个分配过程都属于微观经济分配过程。也就是说，企业在市场竞争中获得企业应有的收益，然后在企业内部给各种生产要素分配收入。微观经济分配过程必须坚持按效率分配的原则。首先是在市场对企业的分配过程中必须贯彻按效率分配的原则，即：哪个企业的效率高，哪个企业分到的社会财富就多，市场收益就高；其次是在企业对生产要素的分配过程中也必须完全按照生产要素的效率来分配，哪个生产要素的效率高，哪个生产要素的回报就高。但是，在这种微观经济分配过程中，各个要素所分配到的收入，还不能马上直接使用，也就是所谓的不可支配收入，它还要经过市场化收入分配体制的宏观经济分配过程的再分配。

所谓市场化收入分配体制的宏观经济分配过程，实际上就是指国家利用所得税制度和收入保障制度以及转移支付制度，对微观经济分配过程的结果进行再分配的过程，往往也被称之为对不可支配收入的调节过程。宏观经济分配过程对不可支配收入的再分配，必须坚持公平原则。

首先是不可支配收入要经过税收制度的调节过程，目前主要的手段是按照所得税制度缴纳所得税。针对高收入群体设定的高税率，使得高收入群体的收入在经过再分配后被降下来。国外现在还有一些其他的税种，如奢侈品消费税、房产税、遗产税、赠予税等，目的也都是为了调节高收入者的收入。比如德国的遗产税率高达50%，这么高的一个税率，开玩笑地说，如果子孙仅仅靠吃遗产过活，肯定“富不过三代”。现在我国目前已经开征的有奢侈品消费税，其他的如房产税、遗产税等税种也都在讨论中，它们的开征只是时间的问题。总之，这些税收制度主要是用来降低高收入的。然后，低收入也要经过宏观经济分配过程的再分配。在宏观经济分配过程中，收入保障制度和转移支付制度起着重要的作用，当一个人的收入达不到社会规定的最低收入线的时候，就要按最低收入线对低收入者补齐。由此可见，宏观经济分配过程实际上是要强调保护弱势群体的原则，也就是要把高收入者的过高收入降下来，同时要保护低收入者，使其收入不能低于最低收入保障线。

市场化收入分配体制分配收入的过程，实际上就是由上述这样两个层次组成的，这两个层次各自发挥着自己所应有的功能，即：微观层次贯彻了按效率分配的原则，宏观层次贯彻了保护弱势的分配原则，从而最后实现了效率与公平的内在相结合。

总之，要完善收入分配制度，就必须建立起市场化收入分配体制，强调按要素分配原则、按效率分配原则、保护弱势的分配原则三大原则，同时建立起微观和宏观两个层次有效结合的纵向双层次分配体制，努力实现对各群体利益的公平分配，体现公平公正原则的要求。这是协调不同利益群体的第二条基本措施。

三、加速法治建设

目前我国在法律层面需要做的工作主要就是建立法治社会。从协调利益群体关系的角度出发，主要是在法律承认的基础上，通过立法的手段来进行协调。立法的方向，一方面，需要进一步充实我国的法制体系；另一方面，则需要加强对现行法律的修订和完善。

首先是进一步充实我国的法制体系。我国从20世纪70年代末期开始，逐步建立社会主义市场经济时代的法制体系，到目前为止，仅仅经历二十多年的时间，所以现行的法制体系还不是很完善，一些比较重要的法律处于缺失的状态，比如物权法和反垄断法等经济领域的基础性法律都还没有颁布。最近讨论的比较多的反垄断法草案，实际上在1994年就已经被列入立法规划，但主要由于反行政性垄断的内容是否纳入反垄断法这一关键问题而长期难产。再比如前面提到的非公经济的法律地位问题，我们虽然对宪法做了修改，承认非公经济是社会主义市场经济的重要组成部分，但是目前将非公经济的法律保护重点放在民法上还是不够的，其结果必然会造成法律上的歧视效应，使非公经济得不到完整的法律保护。因此，必须从完善新生代民营经济的法律地位出发，进一步充实刑法和民法体系。总的来说，要进一步充实我国的法律体系，还有很长的路要走。

其次是加强对现行法律的修订和完善。在我国改革开放初期，由于经济的迅速发展和新经济现象的不断出现，国家颁布了很多临时性、过渡性的法律法规，随着改革进程的深入，很多法律法规都需要进行调整。“个人所得税法”就修订了三次，最近的一次是 2005 年 8 月，将起征点从 800 元上调至 1 500 元，同时对高收入者实行自行申报纳税。目前还有许多的法律，都需要做类似的调整。比如内外资企业所得税法的问题，就是近期各界关注的焦点。在原有的内外资区别所得税的情况下，外资的名义税负是 15%，实际税负是 11%；内资的名义税负是 33%，实际税负是 23%。仅税负一项，内资企业就比外资企业高出一倍以上，还不包括外资在税基方面所拥有的巨大优势。这样的一种政策，将内资企业和外资企业置于不公平的竞争环境之下，实际上是对内资企业的一种歧视，所以内外资税法的统一是势在必行的，必须通过“两法合并”来实现。

总之，加速法治建设作为建设法治社会的具体要求，还有一系列的工作要做，尤其是立法工作迫切需要完成，这是协调不同利益群体的第三条基本措施。

四、完善社会组织

在西方的理论中，利益群体的社会组织可以归于三个部门。第一部门是政府部门，主要是以公共服务为职能的政府机构；第二部门是市场部门，主要是以营利为目的的企业；而第三部门，指的是介于政府组织和营利机构之间的一切社会组织。这种社会组织往往不执行产生利润的社会职能，专门提供那些不能由企业及政府充分提供的服务，是以实现公共利益为目标而存在的组织。

我们这里所说的完善不同利益群体的社会组织，指的就是政府和企业之外的社会组织形式，也就是所谓的第三部门组织，由于其具有非营利性的特征，也可以称其为非营利性组织。完善不同利益群体的社会组织，是建立公民社会的客观要求。事实上，公民社会的组成要素主要就是各种非政府和非企业的公民组织，包括公民的维权组织、各种行业协会、民间的公益组织、社区组织、利益团体、同人团体、互助组织、兴趣组织和公民的某种自发组合等。具体举例，包括行业协会、雇主协会、商会、工会等组织，都是属于非营利组织的范畴。

在市场经济的运行过程中，有些社会经济职能是政府和企业这两者都不可能高效完成的，甚至有些社会经济职能是企业和政府根本就不可能完成的，这些不能由政府或企业高效完成，甚至根本不可能完成的社会经济职能，只能由非营利组织来完成。正规的非营利性组织，具备有很强大的职能，其中行业协会就是一个典型的代表。下面我们以行业协会为例，介绍一下非营利性组织的功能。

第一，维利功能。所谓维利功能，就是指行业协会实际上是本行业中的所有企业的根本利益与整体利益的代言者，通过各种方式向立法机构及政府反映本行业中的企业的总体利益要求及愿望，并以民间组织的身份参与国家有关法律及政策的讨论及制定，甚至参加政府同别国政府所进行的双边及多边贸易协定的谈判等活动。例如，我考察过一些国家的工业发展协会，它们几乎参与了国家所有有关经济方面的法律及政策的制定过程，而且参加了政府同别国所进行的有关经贸方面的谈判活动，从而使本行业中的企业的根本利益及整体利益得以反映。从现实状况来看，国家在制定有关法律及政策中，不可能面对众多的企业去一个一个地征求企业的意见，同时，为数众多的企业也不可能每个都直接找政府，向政府反映法律及政策方面的要求。而行业协会则能起到这方面的作用，可以统一代表企业向立法机构及政府反映自身利益要求，或者向企业解释政府的有关法律及政策规定。

第二，沟通功能。所谓沟通功能，就是指行业协会注重沟通本行业的企业与政府的关系，以及本行业的企业与新闻媒体、工会等社会组织及其他行业的相互关系，在企业与社会的有关方面发生某些矛盾时，行业协会代表企业与有关方面进行求同存异性的友好协商，求得共生共存，以维系社会经济的稳定发展。

第三，服务功能。所谓服务功能，就是指行业协会为本行业的企业提供各种有关经营方面的服务，包括咨询服务、员工培训服务、市场调研服务、信息服务、产品展览服务、国际商务联络服务等。从我所考察过的国外行业协会来看，可以说，行业协会的服务功能极为齐全，而且非常周到。有些活动，例如员工培训，如果单个企业自己搞，可能成本太高，但是由行业协会来搞，则因为服务面广而成本很低，因而企业有些活动只能由行业协会来统一进行。

第四，协调功能。所谓协调功能，就是指当行业内各企业之间发生各种利益矛盾时，行业协会从行业的整体利益及根本利益出发，通过各种手段协调企业之间的矛盾，以保证行业内部企业的协调发展。企业之间的相互关系是以竞争为基础的，但竞争也离不开协调，行会的协调作用是有效竞争的重要前提和条件，对竞争是极为有意义的。

第五，自律功能。所谓自律功能，就是指行业协会促进各个企业能遵守国家法律及各种政策，进行自律性管理。也就是说，行业协会既维护本行业中企业的整体利益，也通过各种方式清除那些“害群之马”。

第六，管理功能。所谓管理功能，就是指政府往往会将某些管理权力或功能授予行业协会，由行业协会代替政府实行某些管理功能。例如，一些国家政府授权给工业行业发展协会，由工业发展协会为企业发放产品的原产地证书。也就是说，行业协会虽然并不是政府机构，但可以在政府的授权范围内，代行某些政府职能。

以上六点就是行业协会所具备的功能。其他非营利性组织，除了目的不一致以外，与行业协会的功能差异一般不大，可以参照理解。值得澄清的是，就算是非营利性组织，也是需要依法在政府登记备案的，不能将非政府组织与“非政府承认的组织”画等号。这些非营利性组织，不具有政府的功能，与政府没有任何上下级的管理关系，但是它却有着一种不同于政府的社会管理功能的社会管理作用，因而可以说它也是一种社会管理机构，只不过是不同于政府的管理而已，是一种非政府的社会管理机构。我们认为非营利性组织实际上是市场经济的内在组成部分，要发展市场经济，就必须促进非营利性组织的形成。这个进程在我国还比较落后，比如我国就很不重视行会组织的建立，虽然也建立了一些行会，但这些行会基本上是有其名而无其实，不是真正意义上的行会，甚至有的行会只是政府安排过剩干部的机构，只能增加财政负担而没有任何功能。特别是有些行会成为只向企业收费的机构，因而实际上成为企业的额外负担。

总之，为了更好地协调不同利益群体的关系，需要我们进一步完善利益群体在政府和企业之外的第三部门组织形式，维护各利益群体的利益，最终实现公民社会的建设目标。这是协调不同利益群体的第四条基本措施。

五、增加捐赠渠道

目前，政府对收入差距的调节主要是通过上述收入分配体系来实现。通过对高收入者征收高额的个人所得税，来贴补低收入者，实现收入的再分配，进而缩小高低收入者之间的收入差距。这种体系，存在一定的先天缺陷，那就是对高收入者来说，是一种强迫式的、非主动性的行为，一些不理解甚至抵触税收政策的人，不关心税收是否会帮助穷人，也不会自觉将纳税作为自身的义务。他们会想尽各种方法偷税漏税，这将导致国家蒙受损失，使收入再分配不能顺利进行。其实一些高收入者是愿意帮助低收入者的，我们经常可看到高收入者资助贫困儿童上学的例子，这就涉及所谓的社会捐赠问题。

社会捐赠，在我国目前来说还是一个比较新的词汇，但相信大家都并不陌生，1998 年洪灾的捐赠会，大家应该都有所记忆。所谓社会捐赠，指的是个人或组织将拥有处置权或所有权的财物交与他者使用或拥有。在西方，社会捐赠也是协调不同利益群体关系，缩小社会贫富差距的重要手段，但社会捐赠在我国的发展还很落后。2004 年，美国社会捐赠数额为 2 400 多亿美元，而中国的这一数字仅为 10 多亿人民币，相比之下，中国的社会捐赠实在太少。社会捐赠所处于的这样一种境地确实很让人尴尬，中国的企业和富人在这一个问题上受到了很多的批评。当然，除了主观的因素之外，捐赠相关法律政策的空白和捐赠渠道过少，也是一个不容忽视的客观原因。

这里我们要首先注意到一个情况，那就是社会捐赠不属于企业的社会责任。企业的社会责任主要有三个，一是为政府提供税收，二是为社会提供就业，三是为市场提供产品或服务。捐赠对于企业，只能算是道义责任。所谓道义责任，是属于道德性质的企业责任，它不像企业社会责任那样具有法制性和强制性，而是企业的自愿行为，是意愿性责任。企业的道义责任最主要的表现形式就是社会捐赠，也就是人们所讲的慈善事业。所以有的机构在评价企业社会责任时，将企业的慈善捐赠作为最主要的指标，这是不对的。企业责任分为社会责任和道义责任两大类，这两者绝对不能混同。

由于社会捐赠对于企业来说是道义性责任，所以对企业的捐赠要求不能强制而只能鼓励，对于高收入者，也只能采取自愿和引导的方式。这就从客观上要求政府给予优惠的捐赠政策，开通多样化的捐赠渠道，让企业和高收入者高兴、自愿地拿出钱来帮助低收入者。一般来说，税收这种强迫性的调节手段，往往会受到反感，政府如果提供更多的非强迫性的捐赠渠道，供高收入者自己选择，往往有助于引导走向捐赠。事实上，发达国家的很多企业之所以热衷于福利事业，除了有利于提高社会声望外，也能获得不少经济上的利益以抵补捐赠的投入。我们的政府可鼓励企业和高收入者从事慈善事业、资助失学儿童、建立希望小学或建立敬老院等，还可鼓励他们拿出部分收入成立非营利性组织，完成一些针对低收入者的资助项目，对从事这些捐钱的高收入者，政府可考虑适当的减免税收等。这些方式在发达国家非常常见，形式多样，而在我国还比较少见，我们应吸收和借鉴其中比较好的方式，为企业和高收入者提供多样化的捐赠渠道，作为公民社会建设的一项重要内容。这是协调不同利益群体的第五条基本措施。

六、加强舆论引导

在过去，我们是比较少谈论舆论措施的，但是现在出现了一个新的情况，那就是“好事不出门，坏事传千里。”这句话通过网络等新兴媒介的发展，已经得到了很大的“实现”。正面的报道大家很少关注，但是负面的报道却往往能快速传播。

当然，网络上出现这样的讨论是正常的，值得我们关注的主要是一些不实的报道，一般还伴随着一些过激言论。类似的舆论，是需要我们在不干涉言论自由的前提下加强引导的。以收入差距过大的舆论为例，针对过大的收入差距，社会中的普通大众和一些网民经常进行讨论，其中不乏一些过激的言语。他们往往把收入差距过大的诱因，全部归结为腐败、权钱交易、行政垄断、机会不均等这些社会问题，很少冷静分析自身能力的差异。一旦自身收入低了，就充满情绪，怨声载道，仇视富人，甚至采取一些过激的行为危害社会。对这些情绪化的低收入者及社会中存在的过激言论，政府应加强引导。首先，政府应引导人们正确认识收入差距的成因。政府一方面要正视存在的社会问题，承认腐败等不平等收入分配现象确实产生了收入差距，不能完全否定大众的声音；另一方面要逐步引导人们意识到这些社会问题不是产生收入差距的唯一原因。让人们明白即使没有腐败，没有各种不平等的社会问题，也会存在收入差距，收入差距是市场经济中的一种常态，适当的收入差距可促进社会的效率，因此要承认差距，不能消灭差距。同时，让人们看到自身能力的差异是引起收入差距的重要原因，引导人们通过提升自身能力来缩小收入差距。其次，政府应适当疏导人们的情绪，不能挑动人们的不满心理。对社会中存在的不满情绪，政府不能采取不管不问的态度，应加以区分，适当引导。社会中对收入差距过大不满的人，大概分两种，一种是绝对有意见，他们往往受到严重不平等的对待，态度坚决，在网上或现实中的言论比较过激；另一种是相对有意见，他们往往是出于对社会问题的关心而参加讨论，并不是完全否定，基本可适应收入分配的现状。对绝对有意见的人，政府要加强疏导，缓解他们的情绪，避免产生过激行为；对相对有意见的人，政府既不能有意无意挑动他们的不满心理，又不能使他们被一些过激言论影响，变成绝对有意见的人。政府还应该同时加强正面引导。

对于其他问题的舆论引导，比如质疑改革声音的舆论引导，其方式都是类似的。在各种舆论媒介飞速发展的今天，负面的舆论和激化的言论往往容易占据主流，我们非常有必要提倡舆论引导的措施。否则，就有可能出现负面舆论充斥各种媒体，社会矛盾激化，改革进程受阻的情况，甚至有引发社会冲突的危险。

前面谈到的六点，就是协调不同利益群体的基本措施。接下来，我们要谈的是加强弱势群体保障的问题，事实上，加强弱势群体的利益保障，也可以说是协调不同利益群体的基本措施之一。由于弱势群体在当前的社会已经成为首要的不稳定因素，如何加强他们的利益保障，已经成为当前利益群体格局中的重中之重，也是政府需要严肃对待的问题，所以我们单独用一个部分来讨论弱势群体的利益保障。

作者说明

本文是上篇文章内容的延续，着重讨论协调不同利益群体相互关系的基本举措，这些举措是我们在大量的实践调研中形成的，应该说是有实践基础的。这些举措的实施，肯定会在协调不同利益群体的相互关系方面发挥重要作用。本文是与博士生吴健共同完成的，发表于《湖北社会科学》2008 年第 2 期。

当·代·中·国·经·济·学·家·文·库

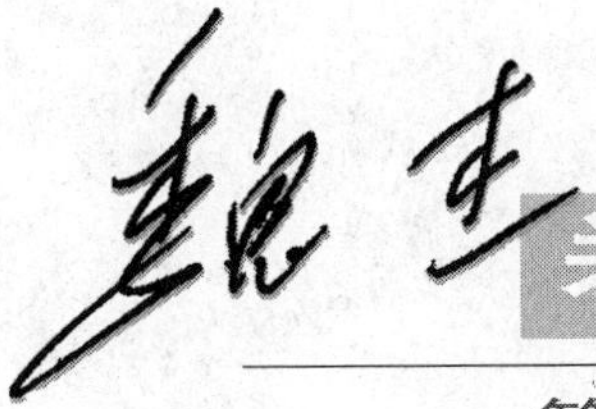

卷

第三篇

中国转型中的企业改革

中国企业改革的若干要点：1978—2008

企业改革是中国经济体制改革的一项极其重要的内容，曾经被称之为是经济体制改革的中心环节。企业改革主要包括两个方面的内容。一个是对传统体制下形成的企业进行改革，包括对原有的国有经济企业和集体经济企业进行改革。但是因为传统体制下的集体经济主要存在于农村和农业上，并不是以企业形态出现的，因而企业形态的集体经济在当时的中国实际上数量是相当少的，所以对传统体制下形成的企业的改革，主要表现为对国有企业的改革。另一个是对改革开放后形成的各类非公有经济企业进行改革。这些在改革开放中新形成的企业之所以也需要改革，是因为虽然这些企业与传统体制下形成的企业相比，确实要有活力，但这种活力仅仅是相对性活力，也就是相对于缺乏活力的国有企业来说，这些企业具有活力，因而它们从根本上讲还并不属于现代企业。它们中的有些企业是因为作为其竞争者的国有企业严重缺乏活力，才得以生存和发展的，甚至有些企业是靠体制漏洞而获得生存和发展的，因而它们的自主创新能力实际上也严重不足，同样也需要不断进行改革。因而在改革开放中形成的非公有经济企业的改革，也是企业改革的重要内容。

企业改革的最根本目的，是使企业具有强大的自主创新能力，从法律形式上的企业转变成为真正意义上的企业。大家知道，法律形式的企业的生存标准是企业必须符合《公司法》，而真正意义上的企业的评价准则是企业要具有自主创新能力。对于创办和经营企业的人来说，成为法律形式上的企业比较容易，只要注册成功就行了，最难的是成为真正意义上的企业。当人们根据《公司法》在工商管理部门成功注册了一个企业的时候，法律形式上的企业就诞生了，可以说，人们拥有了法律意义上的企业。但是这个企业能不能在现实中生存下去，就不仅仅取决于法律上是否允许它存在的问题了，更是取决于这个企业自身是否具有自主创新能力。任何一个企业若没有自主创新能力，就必然会被市场淘汰，从这种意义上讲，企业能否真正生存的关键性条件是自主创新能力，只有具有自主创新能力的企业才能生存下去。由此可见，法律形式的企业的生存标准是企业必须符合《公司法》，而真正意义的企业的评价准则是企业具有自主创新能力，因而对于创办和经营企业的人来说，获得法律形式上的企业一般来说比较容易，但获得真正意义上的企业则比较难，因为后者的关键是要形成强大的自主创新能力。

如何在改革中使我国的企业具有强大的自主创新能力？从我国三十年的企业改革实践来看，主要涉及五个方面的内容：第一，企业制度问题；第二，企业战略问题；第三，企业文化问题；第四，企业社会定位问题；第五，企业哲学问题。

一、企业制度问题

企业制度是企业赖以存在的体制基础，是企业及其内部构成机构的行为准则，是包括经营管理层在内的企业所有员工的行为规范，是企业高效发展的活力源泉，是企业有序化运行的体制框架，是企业高效率从事经营活动的体制保障。因而企业自主创新能力的形成，往往首先来自于企业制度的创新。因此，企业改革的首要内容是企业制度的改革。在我国三十年的企业改革中，企业制度改革主要涉及下述内容。

第一，企业产权制度。企业产权制度包括五大要点，因而企业产权制度改革也主要集中在这五个要点上。一是产权清晰，产权清晰既包括产权在法律上的清晰，也包括产权在经营过程中的清晰，是两种清晰的统一。因此，对于产权在法律上清晰而经营过程中不清晰的国有企业来讲，产权改革的重点在于实现产权在经营过程中的清晰；而对于产权在经营过程中清晰而法律上不清晰的非公有经济企业来讲，产权改革的重点则在于实现法律上的清晰。二是产权结构多元化，即把出资者只有一个的一元化产权结构，转变成出资者有好多个的多元化产权结构，形成包括各类经济成分在内的企业形态的混合经济体制，从而消除国有企业的行政性干预和非公有经济企业的家族血缘关系干预，使产权制度成为能充分发挥各种出资者比较优势的开放性产权制度。三是产权顺畅流动，使产权制度能够适应企业的生产性经营和资本性经营的需要，实现快速的交易和重组，这就要求我们必须完善作为产权流动基础的资本市场，完善产权的定价机制，完善产权交易的法律界定，从而有效提高产权流动的交易效率。四是产权组织方式合理化，也就是使企业内部的各类产权能够以最有效的组织方式组合起来，并形成强大的合力。因为现代企业内部的各类产权的最有效组织方式是公司制，既包括有限责任公司，也包括股份公司，所以企业组织方式的合理化就是要彻底改革工厂制而形成公司制，实现公司化股份制改革，形成包括有限责任公司和股份公司在内的现代公司体制。五是产权权责明确，也就是要处理和界定好人权体系、产权体系、国家权力体系这三大类人类社会的权力体系的相互关系，防止人权体系和国家权力体系对产权体系形成不应有的干预和侵蚀，尤其是要防止国家权力体系对产权体系形成各种行政性干预，因而必须重点处理好企业与政府的相互关系，杜绝政府对企业的任何行政干预，确保产权的权责利的有效实现和相互统一。

第二，企业法人治理结构。企业自主创新能力来自于对企业的各种利益相关者之间关系的有效界定，这种界定所有利益相关者之间关系的制度设计，就是人们所讲的公司治理或公司治理结构。其中包括：界定股东之间的相互关系的股东治理结构；界定不同层次的委托代理者之间相互关系的委托代理结构；界定不同层次的经营者之间相互关系的经营者治理结构；界定经营管理者与普通员工之间相互关系的内部人治理结构；界定经营者与所有者之间相互关系的法人治理结构。由此可见，企业法人治理结构不同于人们通常讲的公司治理或公司治理结构，公司治理或公司治理结构是讨论所有的利益相关者的相互关系如何界定，而企业法人治理结构的重点则是只讨论企业所有者与经营者的相互关系如何界定。企业所有者与经营者的相互关系在过去相当长的历史时期内表现为三个特点：一是所有者属于资本，而经营者则属于劳动；二是所有者说了算，经营者必须听所有者的，这种情况通常被称为资本统治劳动；三是因为只有作为利益相关者的一方说了算，即资本说了算，所以这种治理制度属于单边治理。但是近三四十年以来，随着生产力的发展，经营者在企业经营中的地位和作用都发生了根本性变化，因而所有者与经营者之间的相互关系出现了新特点。一是所有者是资本，经营者也属于资本，只不过是所有者被称为货币资本，而经营者被称为人力资本。也就是说，所有者同经营者都作为资本而存在，只不过是分别属于不同种类的资本而已。二是在企业经营过程中，不仅仅作为货币资本的所有者说了算，而且作为人力资本的经营者也说了算，是两种资本的相互制衡，而不是一种资本统治另一种资本的问题。三是作为利益相关者的两个方面都说了算，所以法人治理结构不再是单边治理，而是表现为双边治理。这就是人们所说的企业法人治理结构革命，其核心是人力资本登上了历史舞台。由此可见，现代企业法人治理结构的内容主要是实现两种资本的相互制衡，其中包括：一是建立人力资本的激励机制，重点在于经济利益激励、权力和地位激励、价值理念激励；二是建立人力资本的约束机制，重点在于企业内部约束、社会机制约束、自我约束。在这里，讨论人力资本的激励机制和人力资本的约束机制，似乎都是在讨论人力资本问题，但是实际上这些机制能够起到两种资本相互制衡的功能。因为人力资本的激励机制是承认和尊重人力资本的地位、利益和作用，而人力资本的约束机制则是承认和尊重货币资本的地位、利益和作用，所以人力资本的激励机制和约束机制可以有效实现两种资本的相互制衡。

第三，企业组织结构。所谓企业组织结构，主要是讨论企业内部应该设立什么样的机构，如何界定这些不同机构之间的相互关系。这主要涉及两个原则。一个是财产制度原则，也就是按照财产制度的要求设置各种机构。例如，按照财产制度原则，股份制企业应该设置的机构有股东大会、董事会、监事会、经营机构等，它们之间的相互关系表现为委托代理关系、授权关系、博弈关系、异化关系、影子关系、责权利关系等，这些关系的界定涉及董事会如何完善的问题以及母子公司关系如何协调的问题，等等。另一个是经营需要原则，也就是按照高效率经营企业的需求而设置相关机构，并按照高效经营的需要来界定他们之间的相互关系。例如，按照经营中的功能定位需要设置相关机构，按照经营中的职能分解需要设置相关机构，并使这些按照经营需要而设置的相关机构的关系的界定，真正贯彻纵向组合原则、横向组合原则、纵横组合原则，这些原则涉及纵向上的上下级机构的责权利关系，横向上各种机构的分工协作关系，以及上下级责权利关系与横向分工协作关系的相互协调等。

第四，企业管理制度。企业管理制度主要是讨论企业管理制度的创新，主要包括：一是管理模式创新，涉及亲情化管理模式、友情化管理模式、温情化管理模式、随机化管理模式、制度化管理模式等；二是管理轴心创新，包括以生产要素管理为管理轴心、以经营流程管理为管理轴心、以质量管理为管理轴心、以岗位管理为管理轴心、以资源管理为管理轴心等；三是管理目标创新，包括利润最大化目标与人性化管理目标的相互关系的组合、企业选择目标与市场认可目标的相互关系的组合、企业目标与非企业目标的相互关系的组合、企业规模目标与流动性目标的相互关系的组合、企业速度目标与企业稳定目标的相互关系的组合等；四是企业管理手段创新，涉及技术设备性管理手段、利益性管理手段、契约性管理手段、新技术性管理手段、社会科学性管理手段的有效配合，重点是将人类在自然科学和社会科学上的创新及时应用于企业管理中；五是企业管理组合创新，包括正常管理与防危机管理的有效组合、工作性管理与非工作性管理的有效组合、调动积极性与有效控制的有效组合、有形资产管理与无形资产管理的有效组合、管理者与被管理者的有效组合等。

第五，企业人格化制度。企业抛开物的因素，实际上就是一群人。这群人的相互关系如何界定，人与企业的关系如何界定，直接涉及企业自主创新能力的形成。因而确定人与人的相互关系以及人与企业的相互关系如何界定，是企业制度的重要内容，这些内容就是人们所讲的企业人格化制度。从我国三十年的企业改革实践来看，企业人格化制度的设置包括两人内容：一是企业经营中人与人相互关系的界定，界定人与人的相互关系要做到人际关系制度化、人际关系目标化、人际关系契约化、人际关系人本化、人际关系组合化、人际关系融合化；二是人与企业相互关系的界定，界定人与企业相互关系的制度设置原则，是企业不能危害人的利益，当然人也不能危害企业的利益。例如，企业应该成为既能够充分发挥每个人的聪明才智和积极性的“平台”，同时又能够成为提升人的聪明才智的学习型组织，从而实现企业与人的相互关系的有效协调。反过来，每个人也要尊重企业利益，例如，要从有利于企业发展的角度来对待企业，在薪酬要求与职业选择上不能脱离企业的现实，不能脱离企业利润增长状况而提出超越现实的薪酬要求，等等。总之，人格化制度要有效协调人与人的相互关系，有效协调人与企业的相互关系，从而推动企业自主创新能力的形成。

第六，企业契约制度。所谓企业契约制度，就是指企业的所有利益相关者之间有着深厚的共同认可与共同承诺，因而企业契约制度实际上是企业的所有制度赖以存在的基础。因为，如果没有利益相关者对包括产权制度在内的所有企业制度的认可和承诺，就不可能有企业制度的建立和有效发挥作用。因此，企业契约制度当然也是企业制度存在和运行的主要形式。因为企业制度的各个内容都要以当事者的共同认可为基础，并以契约形式加以确立，如果没有共同的认可和承诺，任何企业制度实际上都难以存在和发挥作用。当然，契约制度不仅是企业制度的存在基础和表现形式，而且是企业制度的重要组成部分，因为企业制度的各个组成部分都包含着各种契约制度，例如，产权制度中的股东之间的合约，法人治理结构中的所有者与经营者之间的合约，等等。因而企业契约制度是企业制度的重要内容。可以说，契约制度是企业中的各种生产要素的最基本组合方式，是企业中的各种组织机构的运行规则和机制，是企业内部分工协作原则发挥作用的体制基础，是企业制度设置的组织原则及企业制度所采取的最基本形式，是企业人格化制度的最基础性内在规则，是企业调节自己同外部关系的最基本方式，是企业有序化高效发展的最基本保障。从我国企业三十年的改革实践来看，企业契约制度具体表现为企业与人之间的契约制度、各种产权要素之间的契约制度、企业的各个组织机构之间的契约制度、企业的各个岗位之间的契约制度、企业同外部的各种利益相关者的契约制度等。所有这些契约制度的有效实现，有赖于契约制度在形式上具有完整性、在内容上具有清晰性、在参与主体上具有意愿性、在属性上具有严肃性、在执行上具有可操作性、在监督上具有惩罚性。因此，我们应该从上述这几个方面有效完善企业契约制度。

二、企业战略问题

企业战略是决定企业经营活动成败的关键性因素，是企业实现自己理性目标的前提条件，是企业长久高效发展的重要基础，是企业充满活力的有效保障，是企业及其所有员工的行动纲领。因此，企业改革必然涉及企业战略问题，要求企业进行战略创新。因而企业战略创新就成了企业改革的一个极其重要的内容，这就使得企业改革不仅仅表现为企业制度的变革过程，也包括企业战略的创新过程。所以企业战略创新既是三十年来我国企业改革的重要内容，也是我国企业形成自主创新能力的重要举措。具体来说，企业战略创新涉及下述内容。

第一，企业产业战略。企业作为从事经营活动的主体，其最终目的是要为市场提供社会所需要的产品和服务，因而企业必须要根据自身的比较优势选择自己的经营活动的方向和范围，也就是要回答自己到底该从事于何种产业，是从事某一种产业，还是几种产业，从而实现对产业的选择。企业对产业的有目的的选择，就是企业的产业战略。一般来说，企业的产业战略主要包括两个内容。一个是产业方向战略，也就是指企业要确定将哪一种产业或者哪些产业作为自己经营方向，这种选择贯彻了两方面原则：一个是比较优势原则，也就是根据自己在体制上、管理上、经营上、技术上、要素上的比较优势，选择那些自己最有比较优势的产业；另一个是市场规模巨大化原则，也就是要对各产业的市场拥有量进行分析，确定哪些产业是朝阳产业或潜在性朝阳产业，哪些产业是夕阳产业或潜在性夕阳产业，哪些产业是成长性产业或潜在性成长性产业，等等，从而选择最具有市场前途的产业。二是产业结构战略，也就是要回答搞某个产业，还是搞好几个产业的问题，具体表现为是选择单业性产业发展战略，还是选择多业性产业发展战略。如果选择单业性产业发展战略，就还涉及选择何种产业，是选择某个产业的整体，还是选择某个产业的某个环节、某个行业、某个层面；如果选择多业性产业发展战略，那就还涉及选择哪一种多业性产业发展模式，是选择各个产业之间会形成一种合力的合力型多业性产业发展模式，还是选择以产业链的组合为切入点的产业链型多业性产业发展战略，或者是选择产业之间并没有任何关联度但具有整体竞争力的混合型多业性产业发展模式。从我国的企业改革实践来看，选择单业性产业发展战略有失败的，也有成功的，选择多业性产业发展战略有成功的，也有失败的，问题并不在于这些战略本身有什么问题，关键的问题是企业要根据自身的能力和比较优势来确定自己的产业结构战略。这是中国企业在三十年改革中总结出的重要经验教训。

第二，企业市场战略。企业市场战略是企业战略的一个极其重要的组成部分，甚至可以说是企业战略的基础和核心。因为企业生存和发展的基础是市场，企业的经营状况由市场来决定，并随着市场的变动而变动。企业经营活动总是在一定的市场条件下进行并必然受制于市场状况和经济规律，这决定了企业的经营活动必须以市场为核心和基础，这是企业经营活动的本质性特征。因此，企业必须要选择好自身的市场战略。从我国三十年来的企业发展实践来看，企业市场战略的选择涉及两个方面的内容：一是要利用市场的十大要素来争夺自身的市场份额，包括利用价格、质量、效用、客户、服务、品牌、资源、技术、文化、营销等市场要素，从而形成争夺市场份额的价格战略、质量战略、效用战略、客户战略、服务战略、品牌战略、资源战略、技术战略、文化战略、营销战略；二是判断影响市场发展趋向的宏观经济走势，包括分析宏观经济的各种变量，例如分析总供求关系，分析货币变量、财政变量、国际收支变量等各种宏观经济变量，并且在此基础上把握包括货币政策、财政政策、国际政策在内的各种宏观经济政策的走势，从而形成对市场变动趋向的正确认识，最终制定出科学的市场战略。

第三，企业资金融通战略。资金是企业最基本的生产要素，因而企业资金融通战略也是企业战略一个最基本的内容。一般来说，企业资金融通战略包括两个重要组成部分：一是货币形态的资金融通战略，其中涉及选择债务资金与资本金的最佳组合，选择不同种类的债务资金的最佳组合，选择不同种类的资本金的最佳组合，最有效地利用各种货币形态的资金；二是基于资金融通战略的资本经营，包括选择资本经营的各种形式，其中涉及企业并购形式的资本经营、上市形式的资本经营、上市后的资本经营、买方形式的资本经营、卖方形式的资本经营、中外合资形式的资本经营、利用国际资本市场的资本经营，等等。当然，还要为这些不同形式的资本经营寻找良好的体制和政策环境，从而使各种形式的资本经营能够高效顺利地进行，最终使企业能够在实物和产权形态上获得融通资金的效应。

第四，企业技术战略。企业竞争虽然也可以依靠成本优势，但最终自主创新能力的形成，则主要依靠技术优势。技术优势是企业自主创新能力的基础，因而企业技术战略也是企业战略一个极其重要的内容。这对于低成本时代已经基本结束，高成本时代已经到来的中国企业，就更为重要。从我国企业三十年来的技术创新实践来看，企业技术战略的内容主要有十大要点：一是企业技术创新方向如何选择的问题；二是企业技术创新切入点的确定问题；三是企业技术创新的技术来源问题；四是企业技术创新模式的选择问题；五是企业技术创新资金的筹措问题；六是企业技术创新力量的组合问题；七是企业技术创新团队的组建问题；八是企业技术创新机构的建设问题；九是企业技术创新的可持续发展问题；十是企业技术创新的社会基础如何扩展的问题。

第五，企业人力资源战略。人是企业经营过程中的首要生产要素，因而人力资源战略是企业战略的重要组成部分，人力资源战略创新是企业战略创新的重要"亮点"。在我国企业改革的三十年实践中，人力资源战略创新主要表现在下述几个方面：一是基于人首先是人权主体的人力资源战略，重点强调尊重人格，突出柔性管理，关心员工发展，实现制度管理与人本主义的有效结合；二是基于人都是利益主体的人力资源战略，重点在于以尊重人的利益为出发点，并且以责任为中心而设计人的权利与利益，实现人的责权利的有效统一；三是基于人普遍都有优缺点的人力资源战略，在实践中强调贯彻团队精神原则，实行使人与人之间能够有效优势互补的内在融合原则；四是基于人都是具有流动性特点的人力资源战略，在人力资源管理中实现人才流动与团队稳定的相结合、人才引进与培养的相结合、人才社会化与企业化的相结合、人才本土化与国际化的相结合；五是基于人都需要不断提升的人力资源战略，重点在于使企业能够真正成为学习性组织，从而使每个人都能在企业经营的过程中实现才干和精神修养上的不断提升，把企业发展与个人发展能够有效地统一起来。

第六，企业国际战略。任何企业在开放条件下都必然既要面对国内市场和充分利用国内资源，也要面对国际市场和充分利用国际资源，因而企业国际化战略也是企业战略不可缺少的组成部分。我国三十年的企业改革实践表明，企业国际化战略的科学性，首先在于企业国际化战略的选择必须以国际化的变动实践为出发点，要有效适应国际化变动的新特点和新要求。例如，在2003年以前的国际化进程中，我国的企业应该将“整合国内资源而占领国际市场”作为战略出发点，但在2003年以后则应该将“整合国际资源而开发国内市场”作为出发点，这就是人们通常所说的是选择外向型国际化模式，还是选择内向型国际化模式的问题。也就是说，企业国际化战略的模式选择，要以国际化的变动趋向为基础。一般来说，企业国际化战略涉及两个内容，一个是企业产品的国际化，也就是国际贸易问题；另一个是企业资本国际化，也就是企业对国际资本的利用问题。我国企业在改革开放的三十年中，在这两个方面都创新出了许多成功的经验，取得了巨大成就，使中国经济开始融入国际经济潮流之中。

三、企业文化问题

企业文化作为企业制度和企业战略在人的价值理念上的反映，对企业自主创新能力的形成和提升都具有极其重要的作用。可以说，企业文化是企业生存和发展的灵魂，是企业制度和企业战略得以有效实现的重要思想保障，是企业制度创新和企业战略创新的理念基础，是企业活力和创新能力的内在源泉，是对企业行为规范的深层次自我约束。因此，企业改革必然伴随着企业文化的变革，企业文化变革实际上是企业改革在人的价值理念上的深化。正因为如此，我国企业在改革的三十年中，非常注重建立和创新企业文化，使得企业文化的建立和创新，成了企业改革的重要内容。在改革的进程中，几乎所有企业都不断探索适合中国企业的企业文化，从而逐渐形成了一套有中国特色的企业文化体系。这套有中国特色的企业文化体系的主要内容，包括了四个方面：经营性企业文化、管理性企业文化、体制性企业文化、转型性企业文化。

第一，经营性企业文化。所谓经营性企业文化，就是指企业在经营活动中要求员工必须具有的价值理念，这些价值理念反映在企业的所有经营活动中，是员工从事经营活动的思想基础，支配着员工的经营行为和经营实践。通过对中国企业三十年来在这方面的经验和教训的总结，我们发现中国企业的经营性企业文化包括以下的内容：一是内在性诚信理念，强调诚信是企业经营的基本准则，并要求企业全方位地贯彻各种形式的诚信，以诚信为本；二是主动性市场理念，强调市场是决定企业生存和发展的基础，要求企业必须要尊重市场经济规则，掌握争夺自身市场占有额的有效方法，并且要爱护市场，在爱护市场的基础上创造市场和开发市场；三是能动性创新理念，强调创新是企业活力的源泉，要求企业进行各种内容的创新和各个层次的创新，并且要注重对创新的投入，尊重和激励创新；四是自觉性法律理念，强调企业经营活动必须以遵守法律为基础，并且要全面地掌握法律，充分地利用和运用法律；五是全方位性经营理念，强调企业既要注重生产经营，也要注重资本经营，实现两种经营的有效结合，特别是在资本经营上要充分运用资本经营的各种方式和手段，选择良好的资本经营战略；六是理性化双赢理念，强调双赢理念是企业长远利益和企业可持续发展的根本，要求企业在经营中要协调好自己与利益相关者的相互关系，使自身利益与利益相关者的利益在经营过程中实现双赢；七是有效性竞争理念，强调有效竞争是企业依靠自身努力的竞争，是比较优势的竞争，是理性竞争，是规范性竞争，是反垄断的自由竞争，从而要求企业一定要关注和实行有效性竞争，而不能搞那些非有效性竞争；八是可持续发展理念，要求企业在经营中要实现各种经营目标的有效组合，实现能力与机会的有效组合，实现稳定与扩张的有效组合，实现当前利益与长远利益的有效组合，从而确保企业的可持续发展；九是快速应变理念，强调企业在经营中要随着技术发展而快速应变，要随着市场变化而快速应变，要随着产业变化而快速应变，要随着宏观经济变化而快速应变，要随着竞争对手变化而快速应变，等等；十是多层次性品牌理念，要求企业在经营中要注重产品品牌、产业品牌和企业品牌这三种不同层次的品牌，并且要善于创造品牌和充分利用品牌，尤其是要在经营过程中不断提升品牌的品级和含金量；十一是预警性反危机理念，强调企业在经营中要注重防范各种形式的危机，并且要注重构建反危机的体制基础和储备反危机的资金力量，尤其是要寻求包括社会力量在内的各种反危机力量的支持，实现企业快速发展与稳健经营的有效结合；十二是比较优势理念，强调企业在经营中要注重自身比较优势的发挥，全方面地创造自身的比较优势，把比较优势作为自主创新能力的基础；十三是开放性拓展理念，强调企业在经营中要注重国际分工协作的特点，实现自身的产品和资本的全面开放，并且构建能使自身有效实现全面开放的体制基础。

第二，管理性企业文化。所谓管理性企业文化，就是指在管理活动中企业员工所应具有的价值理念，企业通过这些理念来界定和处理在管理活动中所遇到的各种矛盾和各种关系，因而管理性企业文化是企业管理活动的重要思想基础。在我国企业三十年的改革中，我国企业逐渐形成了一套有效的管理性企业文化，其中主要包括以下八点：一是责权利对称性管理理念，强调要以责权利的对称为基点，安排企业的管理活动和处理企业管理中的各种问题；二是高效率性管理理念，强调要处理好管理成本与收益的相互关系，选择最低成本和最高收益的有效管理方式；三是共享共担性管理理念，强调企业要与员工在利益上实现共享，风险上共担，实现企业与员工在风险及收益上的有效组合；四是互动性管理理念，强调要处理好管理者与被管理者的相互关系，要从管理者与被管理者的互动性上选择管理方式；五是员工主体自觉性管理理念，强调要从经济利益激励和精神提升等方面塑造员工在管理活动中的自觉性意识，有效形成管理中的员工的自我约束；六是人本主义管理理念，强调以尊重员工人格为基础，以温和性管理方式为中心，以员工与企业的共同认可即契约规则为基点，实现人性化管理模式；七是理性化管理理念，强调管理现代化与企业适应性相结合，虽然管理现代化的方向不能改变，但必须考虑企业的适应性的问题，从现代化与适应性的有效组合上选择管理方式和手段；八是有序化管理理念，强调管理手段的选择不能为所欲为，而是要考虑企业的管理目标问题，实现管理手段与管理目标的有效组合，从而形成有序化管理模式。

第三，体制性企业文化。所谓体制性企业文化，就是指维系企业制度存在和运转的价值理念，它是企业制度在人价值理念上的反映，因而体制性企业文化是企业文化的重要组成部分。在我国三十年的企业体制改革中，改革实践往往都会引发起人们相关价值理念的变革，因而企业体制改革的过程，实际上就是人们相关价值理念的变革过程。在这种变革过程中，随着新的企业体制的建立和完善，我国企业已经逐渐形成了一套新的体制性企业文化，其主要内容有：一是契约理念，其要点是，契约理念作为当事者在价值理念上的共同认可和承诺，决定了契约理念既是企业制度的最主要表现形式和存在基础，也是企业处理各种关系的准则，而且契约理念还体现在企业制度的各个方面，因而企业在新体制的建立中和新体制运转中，都必须全面贯彻契约理念；二是共赢平台理念，其要点是，共赢平台理念不仅是构造企业制度的基础，而且也是所有利益主体赖以存在的基础，企业体制中的任何利益主体都只有在企业这个平台中才能实现自身的自我价值，因而这不仅要求企业要在体制上关爱各种当事者，而且也要求所有当事者也必须关爱企业，从而实现当事人利益与企业利益的共赢；三是内在融合理念，其要点是，内在融合是以尊重个性平等为前提的，内在融合的关键在于实现比较优势的有效组合，内在融合的基点在于必须承认个性之间的差异，内在融合的目的是实现人与人之间的相互关爱，因而企业必须全方位地实现内在融合理念；四是忠诚理念，其要点是，忠诚理念是企业制度存在和发挥作用的基础，忠诚理念的关键在于处理自身利益与企业利益的相互关系，忠诚理念的前提是把承认个体主体性作为基础，忠诚理念的实现需要人们以真诚和善良为中心，因而企业要全面贯彻忠诚理念；五是团队精神理念，其要点是，团队精神理念最充分地反映了现代生产力的内在要求，团队精神理念是协调人与人之间关系的基本准则，团队精神理念是企业综合效益的最根本保证，团队精神理念实现了个体自我创新能力与团队协作原则的有效组合；六是敬业进取理念，其要点是，敬业进取是企业活力的内在性源泉，敬业进取是企业可持续发展的基础，企业制度设置必须以敬业进取为中心，敬业进取要求人们要实现德与能力的内在统一，企业与员工利益都只有在敬业进取中才能实现；七是现代差别理念，其要点是，现代差别理念是人本主义与效率原则的有机统一，能力差别导致了分工差别及收入方式差别和收入水平差别，这些差别的存在是公平合理的，它们充分体现了公平原则和效率原则的有效结合，因而企业要全方位贯彻现代差别理念；八是效率唯一性理念，其要点是，企业制度设置以效率为中心，效率是界定企业内部差别的唯一准则，尊重效率是员工行为的重要基准，效率与人本主义实际上是有机统一的，因而企业必须贯彻效率唯一性理念；九是制度至上理念，其要点是，企业制度是企业活力与可持续发展的最根本保证，企业制度是界定和处理企业内部矛盾的最基本原则，忠于企业制度是员工行为及理念的出发点，因而企业必须贯彻制度至上的理念，并且实现企业制度的稳定性与变革性的内在统一；十是生产力中心理念，其要点是，企业制度设置必须充分体现生产力的内在要求，在生产力中心理念与传统理念的冲突中，要以生产力中心理念为基点而变革传统理念，并且要处理好生产力中心理念与社会道德的发展、与人类社会的全面发展、与社会制度的调整之间的相互关系。

第四，转型性企业文化。所谓转型企业文化，就是指中国正处于转型之中，这种转型要求企业员工要有与之相应的价值理念，因而转型性企业文化是企业处理自身与社会变革之间相互关系的价值理念。转型性企业文化虽然涉及因为转型而引起的许多价值理念，但是最主要有下述的价值理念：一是理性化公平分配理念，强调人们要正确对待目前出现的收入差距问题，对于那些非正常因素而引起的非公平性收入差距过大，我们必须调节和消除，但对于公平性收入差距，我们则必须承认，我们只能通过三次分配过程将收入差距调节到应有的范围内；二是新型工业化理念，强调企业在工业化进程中要坚持信息化工业化、绿色工业化、人文工业化、市场化工业化、效益性工业化、和谐性工业化、知识化工业化；三是最佳城镇化价值理念，强调企业在参与城镇化的进程中，要以效益提升为目标，以人文关怀为原则，以可持续发展为中心，以全方位开放为基点，实现大中小城市的有效组合；四是和谐社会理念，强调企业要在和谐社会的构建中承担应有的社会责任和道义责任，使自己成为责任企业；五是科学性发展理念，强调企业在发展中要注重处理自身发展与环境的关系，注重协调自身发展与资源消耗的矛盾，从而使自己实现效益基础上的可持续发展。

四、企业社会定位问题

任何企业都是生存于一定的社会条件下的，因而企业必须处理和界定好自己同外部社会的各种关系，也就是要搞好自己的社会定位。企业的社会定位直接涉及企业的生存和发展问题，因而企业社会定位同企业制度、企业战略等问题一样，也是企业的重大问题，所以企业改革当然包含了企业社会定位问题。一般来讲，虽然企业同社会各方面的根本利益是一致的，但企业也确实同社会各方面存在着利益差别甚至矛盾。因而企业在协调自己同社会各方面的利益关系的时候，强调自身的利益是对的，但绝对不能突破法律和道德底线而追求自身利益，也就是在追求自身利益中必须遵守法律与道德的基本准则，在同社会的和谐中获得合法有德的自身利益。从我国企业改革三十年的实践来看，企业在处理和界定自身与社会各个方面的关系中，也就是确定自身的社会定位的时候，涉及企业与社会、企业与政府、企业与社区、企业与市场、企业与宏观经济、企业与产业、企业与环境这些相关关系。

第一，企业与政府的关系。我国传统体制下形成了政府过度干预企业的政企不分的政企关系，因而改革开放以后我国企业改革的一个重点就是要调整和消除政府对企业的过度干预，建立市场经济基础上的政企关系，例如，强调政府要为企业服务，要将过去政府对企业的审批制转变成备案制，要使政企关系以法律为准则，等等。按照市场经济的要求，在政企关系上，一方面，政府对企业的调控要建立在现代宏观经济体制的基础上，不能对企业进行不必要的行政干预，确保企业能够有效地进行独立自主的经营；另一方面，企业影响政府应该以法律为基础，通过正当的渠道实现自身的利益诉求和政治表达，并通过参与法律及政策的制定来获得自己应有的经济利益和满足自身的政治意愿。但是企业绝不能通过一些不合法手段而迫使政府为自身提供特殊服务，以损害社会和其他企业的利益来换取自身的利益。例如通过搞权钱交易的行贿方式而获得自身的不合法利益。总之，在政企关系问题上，政府对企业的影响和企业对政府的影响，都应该以法治为基础，形成“阳光影响渠道”，而不能搞“黑色渠道”。

第二，企业与市场的关系。市场是企业存在和发展的基础，企业是市场运行的微观基础，因而企业与市场是相互依存和相互影响的。企业与市场的这种关系决定了企业必须尊重和有效地选择市场，当然也可以开发和创造市场，但企业绝不能超越和决定市场。在中国企业的改革中，一个重要的问题是企业如何适应和选择市场，爱护和开发市场，并形成强烈的市场意识，按照市场的内在运行规律办事。中国不少企业就是没有市场意识，无视市场的变化动向，最终被市场所淘汰。不过，经过三十年的努力，中国企业已经开始形成了一套选择和创新市场的体制及机制，并形成了一套相应的市场理念。可以说，企业成为市场化的企业，是中国企业改革的重大成就。

第三，企业与社会的关系。在现代生产力条件下，企业是社会存在和发展的基础，因为企业为社会提供了就业机会和创造了财富，并为社会提供了税收和公益事业。但同时社会也是企业存在和发展的基础，因为社会为企业提供了各种生产要素，为企业经营提供了包括法治在内的所有社会基础，为企业提供了赖以存在的市场支撑。因而企业与社会是共存和互动的关系。企业与社会的共存和互动是建立在诚信基础上的，因而企业要对社会诚信，社会也要对企业诚信，这种诚信已经在三十年的企业改革中得以逐渐形成。虽然我们在这方面付出了巨大的成本，但企业与社会的诚信体系在不断形成和完善，这也是中国企业改革的巨大成就。

第四，企业与宏观经济的关系。任何企业的经营都总是在一定的宏观经济条件下进行的，因而企业经营过程必然受到宏观经济运行过程的影响和制约，这就要求企业必须分析和把握宏观经济运行状况，并据此调整自身的经营活动。当然，企业的经营活动也会影响宏观经济运行状况，需要政府了解和把握企业的经营动向，并据此调整宏观调控的力度和方向。企业与宏观经济的关系实际上是建立在企业与政府相互博弈的基础上的，也就是它们之间相互预期，各自形成了合理预期，从而实现着相互制衡。在中国企业改革的三十年中，企业已经逐渐形成了对宏观经济流量、宏观经济政策的分析能力，尤其是已经开始形成了与政府进行合理预期的能力，并逐渐形成了相应的体制和机制，这也是企业在改革中逐渐成熟的标志。

第五，企业与产业的关系。企业是产业的构成实体，产业是企业的经营对象，因而产业与企业之间是相互依存和相互选择的关系。企业对产业的选择涉及市场机遇、比较优势、制度机遇、结构机遇等问题，产业对企业的选择涉及进入门槛、准入条件、环境要求、理念认同等问题。我国企业经过三十年的改革，已经在产业选择上逐渐形成了较为成熟的选择体制，当然产业对企业也形成了良好的选择制度，企业与产业已进入良性的循环状态。因此，我国现在的产业结构调整，已经不像改革开放初那样，容易造成经济的大起大落和对生产力的损害，而是开始逐渐有序化和平滑化。

第六，企业与社区的关系。企业总是存在于一定的空间之中的，因而社区与企业的关系，是企业社会定位问题的重要内容。企业对社区有巨大贡献，如财富贡献和无形资产贡献等，同时社区对企业也有巨大贡献，如区位贡献和要素贡献等。因此，企业与社区之间实际上是相互依存和相互选择的关系。从我国三十年的改革实践来看，企业对社区的选择表现为区位选择、市场选择、要素选择、体制选择等，社区对企业的选择表现为贡献选择、无形资产选择、环境状况选择、比较优势选择等。可以说，经过三十年的企业改革，我国企业与社区已逐渐形成了双赢的选择关系，要素能够顺利地在社区之间进行流动，因而企业的比较优势与社区的比较优势实现了最佳组合，企业与社区开始形成良好的互动关系。

第七，企业与环境的关系。企业与环境是相互依存和相互影响的关系，因而企业必须要处理和界定好自身发展与环境的关系。从我国三十年的企业改革实践来看，在企业与环境相互关系问题上，有四个要点必须强调：一是企业与环境的协调发展需要有企业自身的努力，例如企业要从资源高消耗型的粗放式经营向节约型的集约化经营方式转变，要从环境高污染的粗放式经营向清洁型的集约化经营方式转变，等等；二是企业与环境的协调需要有良好治污体制的形成，其中涉及治理主体、治理模式、治理成本如何支付等问题；三是企业与环境的协调需要有环保产业的大力发展，包括大力发展以治污为经营目标的环保企业，大力发展环保设备制造业，推动环保技术创新，加大对环保产业的利益和金融政策的支持，等等；四是企业与环境的协调发展需要有社会和政府的大力推动，包括大力推进环境准入制度，努力完善环境监督和监管体系等。

五、企业哲学问题

哲学是每个人都具有的世界观和方法论，也是每个人的精神家园，因而企业家在经营活动中必然要受制于自身的世界观和方法论，受制于自身的精神世界，这就决定了企业哲学是涉及企业前途与命运的生死攸关性根本问题。我国企业改革的三十年，也是我国企业哲学不断变革和提升的三十年，有的企业家因为哲学思考的偏差而在经营中失败，而有的企业家则因为有良好的哲学倾向而使企业成长壮大。这种经验和教训，使中国企业逐渐形成了一套自身的企业哲学体系。从其内容构成划分上，可以划分为三大类：第一类是立身哲学，即企业家如何为人处事的哲学思想；第二类是经营性哲学，即企业家在经营活动中所具有的哲学思想，其中包括差别哲学、资源哲学、共赢哲学、生存哲学、危机哲学等；第三类是用人哲学，即企业家在企业经营中如何用人的哲学思想。

第一，立身哲学。立身哲学是企业哲学最为重要的组成部分，它甚至决定着经营哲学和用人哲学，因而企业家的立身哲学如果出现了偏差，企业就很难正常运行。从我国企业改革的三十年实践来看，立身哲学的主要内容包括以下方面。一是要正确对待财富。企业家作为拥有财富和运作财富的人，必须要正确对待财富。拥有财富而不能无视法律，拥有财富而不能无视人权，拥有财富而不能无视学习，拥有财富而不能无视使命，拥有财富而不能无视公德，拥有财富而不能无视责任。要真正做到是人支配财富，而不是财富支配人。二是要正确对待诱惑。企业家是整天和财富打交道的人，因而实际上每天都处于各种诱惑之中，所以一定要能正确对待各种诱惑。要正确对待利益的诱惑、政治的诱惑、名誉的诱惑、权力的诱惑等，要能抵抗诱惑，保持清醒的头脑，使企业不能因为自己抵抗不了诱惑而走入经营的歧途。三是要正确对待自己。企业家的特殊地位决定了企业家几乎每天都处于被赞扬甚至被吹捧的包围中，所以企业家一定要正确对待赞扬和抵制吹捧，正确对待自己。要正确对待自己的经营能力，正确对待自己的心理承受能力，正确对待自己的作用等。如果自己确实已江郎才尽，不能维系企业的发展，就要自觉地让贤于人。四是要正确对待选择。既然选择了经营企业，就要有吃苦受累和终身辛劳的心理准备，把勤奋和拼搏作为自己的精神基础。因为创办和经营企业并不是意味着享受，而是意味着艰辛和奉献，意味着终生的吃苦耐劳。五是要正确对待经营环境。要在经营的逆境中守住法律和道德底线，加强企业自身的内功训练，辩证地适应和完善经营环境，不能因为经营环境不好而放弃自身的做人准则，甚至不惜以违法和丧失道德操守而换取经营利益。要守住做人的基本准则。

第二，差别哲学。差别哲学属于经营哲学的内容，重点是强调企业要依靠自身不同于他人的比较优势，即差别，来获得经营优势和竞争力，其中包括：价格差别，即与同质的产品相比，具有价格竞争优势；产品差别，即在产品质量、效用、品牌等方面优于同类产品；服务差别，即在服务形式、服务水平、服务内容、服务方法、服务费用等方面具有不同于别的企业的竞争优势；成本差别，即在成本上比别的产品成本低，成本低使企业更具有竞争力；技术差别，包括技术水平差别、技术路线差别等，在技术上比同类产品更具有竞争力。实际上，说到底，企业之间的竞争就是差别的竞争，因而差别哲学是企业取胜的重要经营思想。那些具有创造差别能力的企业，就是竞争力最强的企业。

第三，资源哲学。资源哲学属于经营哲学的内容。众所周知，企业是靠资源配置而实现自身经营利益的，因而企业自主创新能力的重要标志，是企业在资源问题上拥有强大的比较优势。例如，有的在资源创造上有比较优势，有的在资源组合上有比较优势，等等。企业正是依据这些资源优势而获得生存和发展的，所以企业经营哲学的一个重要内容，是有关资源的哲学思想。其重点是强调企业通过对资源的运作而在经营中获得自主创新能力，其内容包括五点：一是创造资源；二是控制资源；三是使用资源；四是配置资源；五是组合资源。

第四，共赢哲学。共赢哲学属于经营哲学的内容，它是企业在经营和发展中处理自己同利益相关者相互关系的一种哲学观念，其要点是：企业在自身的经营和发展中，虽然要将自己的利益和价值取向作为出发点，但是企业绝不能因此忽视利益相关的利益和价值取向，而是要尊重利益相关者的利益和价值取向，协调好自身利益和价值取向与利益相关者的利益和价值取向的关系，从而使自己与利益相关者在经营上实现共赢。共赢哲学的主要内容包括以下五点：一是与要素价值的共赢；二是与社会价值的共赢；三是与客户价值的共赢；四是与竞争者价值的共赢；五是与发展价值的共赢。

第五，生存哲学。生存哲学是关于企业能否可持续发展的哲学思想。在我国企业改革的三十年中，我们经常看到有些企业在快速发展之后突然地衰落甚至消亡，为什么这些企业突然地膨胀而又突然地消亡？背后的原因是多方面的。但在哲学思想上没有处理好生存与发展的关系，是最根本性的原因。也就是说，主要是在企业发展的指导思想上出现了偏差。因而任何一个企业要能够实现快速增长与可持续发展的最佳组合，就必须要把握好生存哲学。从我国三十年企业改革的实践来看，生存哲学涉及三大内容。一是企业的发展速度不能超越企业所能承受的极限，因为企业发展需要有资金的积累、市场的积累、技术的积累、经营经验的积累、管埋能力的积累、管理团队的积累、企业文化的积累、品牌的积累、员工的积累、社会关系的积累等，企业的发展一旦过度地超越这些积累，其结果就只能是导致企业的衰落和消亡。二是企业必须要有良好的生存基础，其中包括生存的制度基础、战略基础、文化基础、社会基础等。如果企业发展超过了其生存基础的承受能力，就只能导致企业的消亡。三是企业自身不能破坏自己的生存条件，从我国的实践来看，企业破坏自身生存条件有两种情况：一种是由保守性的哲学思想引起的，即有些企业不能随着实践的发展要求而调整自己，从而被发展着的世界所抛弃；另一种是由盲动性的哲学思想引起的，即有些企业盲目追求根本不可能实现的目标，完全超越了现实的可能，最后被现实所抛弃。这两种情况都表明，生存哲学要求企业必须要处理好自身发展与客观条件的相互关系，既不能过度超越客观条件，也不能过于滞后于客观条件。

第六，危机哲学。危机哲学是企业关于选择风险、管理风险、防范风险的哲学思想。其主要内容包括：一是要具有强烈地反危机意识，认识到企业实际上随时随地都处于危机的包围之中，存在危机是必然的，没有危机才是偶然的，因而要经常性注重反危机；二是要具有强大的阻止危机产生的能力，例如能从易于引发危机的自我冲动上约束自己，能从易于引发危机的发展战略上约束自己，能从易于引发危机的外部关系上约束自己，等等；三是要构建灵敏的危机预警系统，能随时随地有效地发现危机，并将危机信息迅速地传达给企业管理层；四是要形成强大的反危机力量，包括资金力量、体制力量、团队力量、员工力量、技术力量和舆论力量等；五是要构建危机防火墙，能有效地将危机隔离在它所发生的空间内，防止危机扩散；六是要注重反危机的社会力量，在反危机中能够及时获得来自社会各个方面的支持；七是要正确对待危机，例如，能够迅速而如实地向利益相关者反映危机状况，并在反危机中将公众利益放在第一位，等等；八是要避免危机损失扩大，将危机的损失限制在最小范围内；九是要迅速化解危机，能够以最快地速度抑制住危机；十是要变危机为动力，也就是企业不能因为有危机而害怕危机，而是应该在反危机中通过总结经验教训和锻炼队伍而提升自己，并通过反危机而寻找自己新的发展机会，从而将危机作为自己发展历程上的一个新起点。

第七，用人哲学。用人哲学是企业在用人方面的哲学思想。企业实际上是人对物的控制和运用，因而要控制和运作企业，就必须要首先控制和运作好人。从这点上讲，企业的经营活动实际上最终表现为对人的运作，这就要求企业必须要有一套良好的用人哲学。在我国企业改革的三十年实践中，我国企业逐渐形成了一套用人哲学，其主要内容有二。一是把握好用人哲学的最基本原则，其要点是从人性出发，认识人性的五大基本特征，这就是：人首先是有人权的人，人都是有七情六欲的人，人都是优缺点并存的人，人都是不断寻找更好机会的人，人都是处于动态中的人。根据人性的这些特征，企业在用人中必须以尊重人性为出发点而制定相关原则，从而实现对人的控制和运作。二是运用好用人哲学中的辩证法。在这方面，不少企业都有自身独特的创新，形成了一套有效用人的辩证方法。例如，良心有限与制度无限的组合，个人能力有限与团队能力无限的组合，需求差异与满足差异的组合，顺耳之害与逆耳之利的组合，诚信有限与契约无限的组合，用之长与控之短的组合，岗位需要至上与员工能力至上的组合，商业规则与亲友之情的组合，大者之气与不拘小节的组合，性格缺陷与能力高强的组合，创业元老之功与竞争新秀之能的组合，忠诚老实与能力平庸的组合，等等。

作者说明

本文写于2008年年初，目的是对我国改革开放三十年以来的企业改革进行系统性的历史回顾，从中总结我国企业改革的经验和教训，并在此基础上提出我国企业改革的方向与路径。本文发表于《改革》2008年第8期。本文将中国企业改革分为企业制度、企业战略、企业文化、企业社会定位、企业哲学这五个方面，并详细分析了这五个方面的改革进程和未来的方向。这样讨论企业改革在我国并不多见，这种讨论无疑对企业改革实践是有意义的。

立身哲学

企业是靠企业家来运作和经营的，而企业家要能够很好地运作和经营企业，自身就必须要有极强的素质和能力，常言所讲的打铁先要身板硬，讲的就是这个道理。因此，企业家要运作和经营好企业，自己就必须首先要立身，即自身拥有极强的运作和经营企业的素质与能力。决定企业家运作和经营企业的素质与能力的因素很多，但最关键的是企业家的立身哲学，即企业家做人处世的世界观和方法论，或者说是企业家为人处世的价值理念和原则。如果企业家的立身哲学出了问题，那么企业家就根本不可能运作和经营好企业。因此，讨论企业哲学首先要讨论企业家的立身哲学。

一、立身哲学总论

立身哲学包括哪些内容呢？要回答这个问题，我们必须首先要从分析企业家这个职业的特点谈起。因为不同的职业，要求人们有不同的立身内容，也就是要求人们有不同的素质和能力，从而要求人们有不同的做人处世的世界观与方法论。

我的一个学生曾经问我说："魏老师，你对企业非常熟悉，很有研究，不少企业家都认为你对企业的研究很深，把握住了企业的一些根本性问题，为什么你自己不去下海经营企业，去干一番大事业?"我听后对他说："研究企业和经营企业是根本不同的两回事，是两种不同的职业。对我来说，我的偏好和特长，决定了我只能研究企业，而不能经营企业。"

我的上述回答，实际上是想说明一个道理：人类社会中有各种各样的职业，这些不同的职业都有着各自的内在特点和要求。从事它的人必须要适应它，否则，就不可能干好这种职业。因此，现实中并没有哪个职业好，哪个职业不好的分别，对于一个人来说，关键是你适合于哪种职业。也就是说，人在能力上是各有特点和优势的，每个人应该选择最适合于发挥自己的特点和优势的职业。因此，并不是每个人都能选择经营企业这种职业的。

商海泛舟，往往风云莫测，前途不定，对于企业家来说，最根本的就是要能够摆正自身的位置，加强个人内功的修炼。任凭波浪汹涌，我自岿然不动，小心谨慎，积极应对各种突如其来的风浪。

其实，选择企业家这个职业需要一定的勇气和霸气。"三百六十行，行行出状元"，但是，每一个职业都有各自的特点，因而不同的职业对于相应的从业者也有其特殊的要求。企业家这个特殊的职业当然也不例外，并不是每一个想要从事企业家职业的人都能够有所成就，寄希望于通过各种系统的培训就能把一个人变成一名优秀的企业家的想法很不切合实际。想要成为一名成功的企业家，一个人必须具备成为企业家所要求的一些基本的天赋。而且他还需要在各种实战中累积经验，经过时间和事件的洗礼，形成相对成熟的哲学观和世界观。这时，他才算真正地成长为一名优秀的企业家。

目前，很多人对于企业家的成功存在着一定的误解，他们普遍认为企业家的运气对成功非常重要。言外之意，都是时势造就了英雄，成功的企业家都是天之宠儿，在他们成功的道路上，机遇的成分要远远大于他们所付出的努力——他们只不过是遇到了好的时机，并且敏锐地感觉到并且把握住了这些时机而已。其实，就我国而言，在由计划经济体制向市场经济体制的渐进式改革进程中，各种机遇层出不穷。但是当每一次机遇出现时，也只是一小部分人才能够捕捉到这些机遇。而且即使是在这些人中，也只有一小部分人能够最终成长为成功的企业家，能够取得整个社会的认同。这就说明，成功并不仅仅依赖机遇。事实上，成功更加青睐汗水。每个成功的背后都需要企业家们付出异乎常人的艰辛劳动，但这些创业时的艰辛往往被一般民众所忽视。

毫无疑问，企业家们正在逐步得到社会的肯定，因为他们为社会作出了很大的贡献：首先，整个国民经济的增长是以每一个企业的发展为基础的，企业的经营状况决定了整个国民经济的良好运行与否，而企业的航行完全取决于企业家的掌舵；其次，企业家们创办企业，能够吸纳大量的人员就业，从而解决人们的就业问题；再次，企业家们按时按量的纳税，保证了国家财政收入，从而使得财政支出可以正常进行，国家机器可以正常运行；最后，在每一个国家里，企业家们的慈善行为总是社会的亮点，他们的捐赠可以使很多慈善活动得以顺利开展，社会保障体制没有覆盖到的人可以得到一些最基本的保障，有志于深造的贫困学生可以安心完成学业，等等。

正因为企业家在社会发展中所起到的积极作用，整个社会充满了对他们的赞美。作为一群被社会所宠爱、政府所倚重、人们所羡慕的群体，企业家们有了一定的社会地位，各种荣誉和利益也接踵而来，纷纷“砸向”他们。

但是，正如英国谚语中所说，“每一枚硬币都有正反两面”。企业家们在社会中得到的不仅仅是宠爱，他们也可能会处处碰壁。外界环境对于他们正常合法的经营也不会总是事事配合，很多市场的和人为的障碍会不时树立在企业发展的进程之中，而企业家则要被逼去为这些问题费时费力地周旋。所以，企业家能否保持一个良好的心态，正确对待外界环境，正确对待自己，是企业能否持续前行的关键。

对于企业家来讲，在自己的事业一帆风顺之时，应该保持清醒的头脑，理性面对各种纷至沓来的鲜花和掌声，正确对待各种诱惑；在自己的事业遇到困难和障碍之时，应该做到临危不乱、处变不惊，循序渐进地解决相应的问题。这些话说起来简单，可是实施的过程却不会那么轻松，因为这些都要求企业家必须具备良好的立身哲学。而要形成一个良好的立身哲学，企业家主要是要做好“五个正确对待”。

1. 企业家要正确对待财富

企业家一旦拥有了财富，就会自我感觉良好，正如成语“财大气粗”，但是若因此而忘乎所以，认为“有钱就能搞定一切”则非常错误，也非常可怕。所以，企业家要正确对待财富。第一，不能无视法律。现今的社会是一个法治的社会，任何在其中生活的公民都必须要严格遵守法律。第二，不能无视社会公德。每一个人在社会中，都要遵守社会中约定俗成的各种公德。第三，不能无视社会责任。纳税是企业家的责任，维护社会的可持续发展也是企业家的责任，履行这些责任是对企业家的基本要求。第四，不能无视学习。社会总是在不断发展着的，没有一成不变的灵丹妙药，企业家要有时刻学习的迫切渴望。第五，不能无视人权。人生而平等，每一个人的财富和社会地位不尽相同但是从人权来讲每一个人都是平等的。第六，不能无视事业。不能因为自己小有成就而故步自封，“逆水行舟，不进则退”，安于现状只会使得企业在市场竞争中丧失优势。

一些企业家在财富积累起来以后，就开始忘乎所以，从此和社会公德“绝缘”，漠视自己本来应该担负起的社会责任和社会义务，更有一些唯利是图者，不惜触犯法律法规，公然挑战法律的威严。这些不能守住法律和道德底线的企业家，违背了自己生存的环境规则，而一旦违背了环境规则，他们也就失去了存在的理由。毕竟人不可能要求环境来适应自己，只能自己努力去适应环境。

2. 企业家要正确对待诱惑

企业家有了财富和社会影响力，就会有各种诱惑蜂拥而至，稍不留神，就会被这些诱惑拉下水，不只有输掉自己企业的可能，也会有丢掉自己身家性命的危险。所以，企业家要正确对待诱惑。第一，正确对待短期利益的诱惑。短期利益会使企业家短视，毕竟这些利益来得快，来得容易，但是企业家却必须从短期利益和企业的长期发展中做出一个选择，只是追求短期利益，企业永远也做不大。第二，正确对待政治的诱惑。由于中国的国情，成功的企业家往往会得到相应的政治荣誉。这虽然可能有利于企业家摆脱某些影响企业发展的不利因素，但是很难想象一个顶着各种政治头衔、整天忙于出席各种政治场合的企业家，是怎么能够有精力搞好自己的企业的，　个合适的“度”的确很难令人把握。第三，正确对待名誉的诱惑。无法否认，每一个人都有被别人知道、被别人承认的渴望，成名的确能够给人以自我满足的愉悦，但是为了成名而整日作秀的做法却是本末倒置，不能长久。“桃李不言，下自成蹊”，企业家如果把自己的企业搞好了，即使不主动暴露在镁光灯下，也会为众人所知。第四，正确对待权力的诱惑。中国的企业家习惯于在企业中高度集权，目前绝大部分企业都是“一言堂”。权力容易使人过度自满，无法听取别人的意见建议，企业的活力也就无法调动。而一个企业要想发展壮大，每一名员工的积极能动性都是非常重要的。第五，正确对待论道的诱惑。企业家经常到各地讲学，为社会无私奉献自己成功或者是失败的经验，会使其他企业家或是未来的企业家少走弯路。然而很多企业家为了给自己做宣传，为自己树立各种丰碑，而整日游走于各种研讨会和各个大学校园之间，那么他们还有精力继续提升自己的企业吗？第六，正确对待游玩的诱惑。企业家在事业基本有成以后，适度出去游玩放松是情理之中的事，但是如果整日沉迷于世上的良辰美景之中，那么企业必然被荒废。第七，正确对待美色的诱惑。“美人计”是商场中最惯用而且是最好用的一条计策，虽然是英雄难过美人关，但是“江山”和“美人”，企业家在很多时候只能选择一个，其中利弊，值得斟酌。第八，正确对待金钱的诱惑。国有企业的企业家因为金钱问题而失足的现象已经引起了全社会的关注，“君子爱财，取之有道”，又何必去拿那些本来不属于自己的东西呢？

对于企业家，最基本的出发点就是企业，企业成功了，才能说明企业家的成功，一旦企业失败，企业家也丧失了立足的资本，这是再浅显不过的道理。但是，很多本来已经非常成功的企业家却往往忘记这一点，面对各种诱惑，他们常常被冲昏了头脑。不难想象，当一名企业家关注的事物不再是他自己企业的时候，他就到了危险的边缘，因为他所依赖的根本已经被动摇。

3. 企业家要正确对待自己

“人贵在有自知之明”，对于企业家来讲，在任何时候，都要对自己的能力有一个清醒的认识。第一，要正确对待自己的经营能力。每一个人都有自己擅长的方面，也有自己不了解的领域，尤其是在当前行业分工越来越细的情况下，“隔行如隔山”，盲目地进行多元化扩张、进入自己不熟悉的行业只会导致企业家最终异常被动却抽身不得。如安然公司这样的大公司盲目多元化扩张尚且以破产收尾，何况我们国家企业现有的实力。第二,要正确认识自己的心理承受能力。企业家在开展企业的经营业务之前,最好自问一下是否真正做好了心理准备。毕竟市场竞争中的磕磕绊绊在所难免,企业家尽量要把事情的最坏方面考虑到,输得起就做,输不起最好不要尝试。

在企业家一帆风顺之时,拥到身边的肯定是各种追捧和诱惑。然而,企业在发展过程中必然会出现或大或小的问题,而这时社会和舆论的关注会给企业家无形的压力,唯恐失败的想法会使他们时刻绷紧神经并且始终无法得到放松。这很容易导致企业家陷入心理危机,最糟的后果就是导致自身的崩溃。"胜不骄,败不馁",顺利时能够清醒地应对各种外来的赞美和诱惑,困难时能够及时稳定住自己的情绪,冷静地解决相应的问题,这是一名成功的企业家所必需的品质。因为在企业家成功的过程中,他最大也是最需要克服的障碍就是自己。

4. 企业家们要正确对待选择

企业家这个职业有其自身的特点及其对从业者的要求,并不是任何一个人都能够轻松胜任的。这个职业非常辛苦,一旦选择,就相当于把自己推入了炼狱之门,时时刻刻都是在奉献,更多意义上是把自己企业成功的愉悦作为自己的享受。所以,企业家要正确对待选择:第一,企业家的职责就是奉献,没有什么休闲和享受,企业家的使命就是要一直做大、做强企业;第二,企业家的财富积累要靠正途,不能靠坑蒙拐骗来发财;第三,企业家创办企业的目的是发展企业,而不是单纯的赚钱,这两者并不是等同的;第四,目前的市场环境并不完善,企业家要做事业,就要做好低头求人的准备,等等。

一旦选择了这个职业,企业家的生活从此就会很"单调",他们要时刻绷紧神经,在各种市场风险中搏击。虽然创造了财富,自己却不能尽情消费。因而,对于企业家来讲,个人满足度的提高在于企业成功后为社会作出更多贡献。

5. 企业家要正确对待环境

中国在市场经济体制的渐进式改革进程中,没有任何可供借鉴的经验,因此,我们的改革一直都是、也只能是在自己的探索中进行,这也就是目前我国的法律环境和制度环境都不甚健全的原因。这给企业家们平添了许多不确定因素。所以,企业家要正确对待环境。第一,社会大环境是企业家个人的力量所无法左右的,环境的改良毕竟不是一朝一夕能够完成的，企业家可不能坐等下去，他们所能够做的只有是去适应这个环境。但是一定要坚持一个原则，那就是要坚守住法律的底线，走不通的路不要走，宁可回头也不要去触及法律。第二，企业受到外部环境的影响极深，但是一个企业的发展最终还是要看企业自身的内功修炼，无论面临什么样的外部环境，企业家最根本的就是要培养起企业的核心竞争力。

上述我们分析的五个方面，就是企业家立身哲学的全部内容。可以说，一名企业家自身的立身哲学决定了他可能成功的程度，因而任何一个企业家都应形成良好的立身哲学。按照我们对于企业家立身哲学的理解，我们从下一部分开始，分别对以上几个方面的成功的企业家所应当具备的健康的立身哲学进行分析。其内容分别是：正确对待财富；正确对待诱惑；正确对待自己；正确对待选择；正确对待环境。

二、正确对待财富

人与财富的关系，似乎一直在“困惑”着人类。有时财富表现为人类存在和发展的基础，人们赞扬财富；有时财富却毁掉了一些人，因而人们咒骂财富，将财富当作万恶之源，当作罪恶。其实，财富确实是人类存在和发展的基础，财富有时似乎毁了一些人，但这并不是财富本身的错，而是有些人不能正确对待财富。当人不能正确对待财富的时候，财富就会支配人，就会出现财富毁掉人的现象；而当人能正确对待财富的时候，则是人控制财富，那就不会有任何问题。因此，正确对待财富对企业家极为重要。

企业家实际上是运作财富的人，因而企业家首先要界定好自己与财富的关系。在现实经济生活中，当企业家控制财富的时候，企业的发展就是好的，但当财富支配企业家的时候，那么企业可能就要出问题了。一般来说，一个人在没有钱的时候，做事情一般都会非常谨小慎微、小心翼翼；然而，一旦拥有一定的财富，他就很容易变得目空一切、忘乎所以，这是人性的普遍弱点。企业家事业上的成功会给他们带来巨大的物质回报，随着财富数额的逐渐积累，自己的底气越来越足，这不仅体现在资金的充足会给企业的发展积聚更多实力，而且在社会生活的其他方面，企业家也都会由于自己的财富而感到具有相对的“优越感”。

这个时候，有一些企业家就开始忘乎所以，把法律、社会公德、社会责任、学习、人权等，全部抛到一边，最终的唯一结果就是把自己推向悬崖边缘。西晋末年富可敌国的石崇就是一个例子，正是由于财富不计其数，他才会恃财傲物，不把任何事情放在眼里，公然和晋武帝司马炎的舅舅王恺斗富，冲昏头脑的结果就是最终被赵王伦派兵抄没家产，并且诛杀全家。

如果企业家能够以一个正确的心态对待自己的财富，那么就不会为了一些不义之财而从事违法乱纪的活动；不会无视社会公德，挑战道德标准；不会因为一些短期利益而忽视自己的社会责任；不会因为自我满足而停止学习；不会因为自己的财富而把自己抬高，蔑视他人的人权；不会因为眼前的成就而安于现状，停步不前。

1. 拥有财富不能无视法律

法律面前人人平等，企业家当然也不例外，因而企业家必须遵守法律，不能突破法律的底线。2002 年曾经发生过一个案例。浙江省绍兴市轻纺科技中心有限公司的总经理徐某是一名非常成功的企业家，他不仅在经营自己的事业上取得了巨大的成就，而且也为中国纺织业的发展作出了卓越的贡献，受到行业内的一致好评，以他本人的名义申报的国家专利达 10 项。

就在其事业一帆风顺之时，一次醉酒之后，他和妻子发生了争执并将妻子掐死，为了掩盖罪行，他将妻子的尸体肢解。罪行败露以后，2003 年 4 月，徐某被绍兴市中级法院一审判处死刑。

然而就在一审判决前后，有将近 200 人上书法院请求“法外施恩”，枪下留人，他们的理由就是“徐某为中国纺织行业、为地方轻纺科技事业作出过突出贡献”。

这件事情经过国内多家媒体转载之后，引起全社会的关注，很多法律专家纷纷提出了自己的意见。最终，大多数人都认为，“法律面前人人平等”是法治社会的最根本要求，不管是谁，不管他的社会地位如何或者曾经作出过什么样的贡献，只要触犯法律，就必须依法判刑，而没有任何特权享受豁免或是减刑。

法律面前人人平等，这对于目前正在进行市场经济体制改革的我国来说尤为重要。市场经济强调的是一个规则，整个社会一旦形成了一个规则，所有的成员在日常的经济生活中就必须严格遵守。春秋战国时期的法家学派代表人韩非子曾经指出，“国无常强，无常弱，奉法者强则国强，奉法者弱则国弱”，这就强调了法律在社会发展中的重要性。而亚里士多德也特别强调法律的至高无上性，“法律应在任何方面受到尊重而保持无上的权威”。虽然由于历史和文化的原因，儒家思想的“人治”和“德治”的观点一直统治着我国过去几千年的社会，但是在市场经济中，国家的发展必须突出“法治”的权威性。对于“法治”国家而言，法律是十分威严的，任何单位、团体和个人都必须维护法律的权威和尊严，无论是谁，只要触犯法律，都必须承担相应的责任。

因而，企业家拥有财富以后，更应该重视法律法规，培养相应的法律意识。最近几年间，一批企业家纷纷落马，其中不乏有胆有识之士，他们也具备了严格意义上的合格的企业家所要求的素质，比如危机意识、品牌意识和质量意识等。但是，他们的失败在于缺乏法律风险意识，无视或者忽略了法律法规，最终因为触犯法律而倒下。

其实，这种现象的背后存在一定的历史原因。改革开放初期，我国的法律法规体系尚不健全，很多企业家想方设法地去钻法律政策的空子，通过规避一些法律规则，绕开相应的管制，从而完成了原始积累得到“第一桶金”。在这个时期，抢注别的企业的商标，仿制其他企业的产品，制假造假，以次充好，偷税漏税，赖账不还等现象层出不穷。而且企业家通过对政府官员行贿的手段，大搞钱权交易，通过这些不正当的政治手段来获取利益的现象也非常普遍。这些情况皆因为法律法规体系尚不健全，无法对这些不法行为进行有效的监督控制。然而，随着我国市场经济的发展，法律法规体系也在逐步健全。如果企业家在开展企业的经营活动时，仍然死抱着原来的旧观念，那么他们因为触犯法律而落马的现象也是比较容易理解的。

目前，我国各种法规的数量不断增多，专业性也在不断增强，而且根据法规追究责任的机制也已经日益成熟。对于企业家来讲，为了更好地发展自己的企业，他们不仅需要熟悉自己的主营业务知识，而且也应该懂得法律，具备最基本的法制观念。虽然说企业家应该了解法律，但并不是要他们像法学专家或是法官那样非常清楚法律规定的每一项条款，企业家应该对和自己企业的发展密切相关的法律比较熟悉，比如和企业的经济业务相关的法律，关于企业内部的法律，以及有关经济仲裁和经济诉讼相关的法律，等等。

如果企业家在做任何决策的时候，都能够严格遵守法律准则，并时刻做好承担相应的法律责任的准备，那么企业的日常经营活动就能够在法律的保护下有序地开展，企业每一步的发展才能够依法、有序地进行。事实上，也只有法律的尊严和司法的公正得到维护，企业家的利益才能够得到真正的保护，经济活动才能有章可寻，市场经济良好的运行才能真正地维持。

拥有财富千万不要无视法律。因为法律面前人人平等，别以为有钱了就可以超越法律了，那是不行的，拥有财富千万不要无视法律。我国有些有钱人，把法律都不放在眼里，最后都会出大事、都会出麻烦事，好多人毁在这一条上，我们觉得很可惜。中国企业家成长成不容易啊，成长到现在，因为不遵守法律，出了问题，我确实觉得很可惜。我发现有些人不注意法律，老琢磨把谁摆平的问题。你要注意总有摆不平的时候，你就完蛋了。最近我去东北，人家告诉我，我们一个企业老总开着汽车出了门，喝了点酒，可能酒喝多了但是没醉，结果一个行人过来，他把人家撞了一下。他下来非要说你把我的倒车镜撞了，就辩论，周围的人都劝。那个行人也说："算了吧，你把我撞了一下，无所谓的，什么你的倒车镜?"人家走了。人家一走，他就开着车在后边追，冲上去就把人家撞出去了，而且轧了两下，轧死了。你想想，这是什么事情，你以为你就了不起了？最后他第二天去自首，要求判定为交通肇事，人家说不对，你是有意谋杀。有了钱一定要冷静。不是钱多了，你就能超越法律。法律面前人人平等。这一条我们应该学外资，外资这一条做得比我们好。你们看外资到中国的投资可行性报告，包括两个内容，第一个内容是这个投资项目有没有法律障碍，第二个内容才是能赚多少钱。在这里要提醒大家，我们在座的老板一定要经常提醒自己，拥有财富千万不要忽视法制。要考虑到法律问题，尤其现在，我们鼓励很多民营企业海外上市，一到海外上市，更要注意法律问题。像到中国香港上市，中国香港的公司法体制和我们不一样，一定要注意它的法律问题，中国香港法律把自然人财产和法人财产严格分割开来。什么叫自然人财产，比如说我有五千万，把五千万放在银行，可以宣布这五千万是你的。但用这五千万办个企业就不能说这个企业是你的。为什么？因为这个企业取得法人资格，成了法人财产，你自然就不应该动，谁动就收拾谁。这是很严格的。包括母子公司，母公司就是母公司，子公司就是子公司，母公司对子公司只有以下三个权力：第一，按出资比例派人进董事会；第二，按出资比例分享利润；第三，有知情权。除了这三个权力外，母公司对子公司没有别的权力，并且不能动用子公司的钱，动用就是挪用罪。因为子公司是一级法人，法人财产之间只能有这三个权力，除了这三个，不可能有别的权力。在中国香港，只要你一挪用，马上法律就来了。我们有人以为在内地，那是我的公司，对不起，你的公司也要把你抓起来，法律问题很重要。所以建议一定要学习一些法律知识，尤其法治社会，像财产权、人权、司法权、行政权，怎么对应，大家都要明白才行，不然会出问题的。所以说拥有财富千万不要忽视法律。

2. 拥有财富不能无视社会公德

财富与社会公德不是对立的，财富应该和社会公德统一起来，因而企业家应该在财富增长的同时，更加遵守社会公德。2004 年上半年，民生银行的前董事——深圳前进科技开发有限公司董事长邱影新有关于民生银行造假的报告，就曾经一语惊起千重浪。邱影新指出，民生银行没有上市以前，在国家工商总局进行股东登记的名称是“中国民生银行”，如果想要上市，公司的名称应该在国家工商总局变更为“中国民生银行股份有限公司”，在民生银行上市之前申请更名时，相关的文件上关于“邱影新”的签名都是伪造的。

对于这项报告，有关法律专家指出，民生银行在上市前的更名只是由工商总局批准，出现冒签文件这种情况，并不会影响到企业上市后的日常运营活动。但是，由于企业没有遵守相应的社会公德，企业的诚信度会受到置疑，如果民生银行不能认真处理这一事件，这必定会对企业今后的发展造成一定的影响。

值得庆幸的是，邱影新的指责立即引起了民生银行高层的关注，企业对此成立了专责委员会，严格按照国际惯例进行严密调查。为了体现这次调查的独立性，调查的专责委员会由高尚全独立董事牵头，成员包括中国独立董事吴志攀、美国独立董事 James Stent、美国顾问 J. Thomas Macy，还有一名国际律师。

2004 年 5 月 25 日，民生银行就“假造签名”事件全文公告了专责委员会的独立调查结果：的确有部分员工为了民生银行能够顺利上市，从而编造了一些资料，但是民生银行的上市完全合法；在有关事实查验核实以后，民生银行已经立即向工商管理等上级部门进行了汇报和说明，并补充了相关资料。至此，民生银行就这起事件给了广大股民、机构投资者以及全社会一个比较满意的交代。

在整个事件过程中，民生银行的高层态度非常坚决，他们对于这起事件的重视程度和处理态度也充分说明了我国的企业家对于社会公德的重要性已经有了一个更高层次的认识。在市场经济日益完善的环境下，企业家越来越重视社会公德意识，这就体现出我国的企业家是在不断地成长、成熟，同时也为他们自己的企业能够在市场中长远发展提供了重要的保障。

但是由于历史原因，我国的企业家在遵守社会公德方面仍然存在着一些问题。比如一些企业家为了能够上市圈钱或是达到增发的目的，不惜做假以编制经营业绩，伪造良好的企业数据，操纵股市，欺骗股民，完全把股市作为给他们自己敛财的场所，这以郑百文和银广厦为代表。另外，以南京冠生园为代表的一些企业，因为一时的小利而弄虚作假、以次充好，导致百年老店在消费者心目中的地位轰然倒塌。

在由计划经济向市场经济过渡的过程中，由于我国经济发展处在特殊阶段，普遍短缺的经济现实致使无视社会公德的行为在一段时期内异常泛滥。一些企业家抓住了制度上的漏洞，瞅准了社会监督管理机制还不完善的机会，为了能够迅速敛财，不择手段地从事制假造假、投机倒把行为，严重违背了社会公德的要求，给人们带来了极恶劣的影响。

在市场经济运行中，如果企业家还是目光短浅，只盯住一时，不惜做假以贪图短期经济效益，那么不遵守社会公德的后果就是完全忽略企业的长期发展，永远也不会把企业做大、做强。

在美国安然公司、世界通讯公司等一连串美国大企业造假破产案发生以后，很多国内的企业家借此提出了“造假有理论”和“失信无奈论”等观点，认为造假是全世界企业界普遍存在的现象。其实，成熟的市场经济要求企业家必须遵守社会公德，其中最为基本的就是不能骗人、不能做假账、不能搞伪劣产品。在西方发达国家中，随着经济发展水平的提高，企业家一般会更加重视社会公德的遵守，他们在财富优越于他人的同时，也会在思想道德方面做出榜样。这也就是安然、世界通讯公司这样具有世界顶尖实力的大公司，一旦违背社会公德，就会被市场所淘汰的原因。

在我国社会主义市场经济体制逐渐完善的今天，市场的调节作用和选择作用越来越强，竞争日益激烈，在目前的买方市场上消费者是“用脚投票”。如果那些已经习惯于造假的企业家们拥有财富以后，不珍惜已经取得的成果，还是无视社会公德、继续丧失诚信的话，那么在市场这种优胜劣汰的机制中，消费者就不会再购买企业的产品，而没有竞争力的企业和企业家们都会被淘汰出局。

3. 拥有财富不能无视自身责任

最近一个时期人们非常注重讨论企业责任问题，这是很有必要的。拥有财富必须要承担自己的责任。但是在讨论中有人混淆了企业的不同类的责任，例如有的机构在评价企业社会责任时，竟然将企业的慈善捐赠作为最主要的指标。这是不对的。企业责任分为企业社会责任和道义责任两大类，这两者绝对不能混同。

企业的社会责任是法定的企业必须承担的责任，其特点是具有法定性和强制性，因而这种责任是否真正履行，直接涉及法律问题，所以它属于企业的法制性责任。一般来说，企业社会责任包括以下三大内容。

第一，为政府提供税收。这是企业的重要社会责任，企业应该勇于承担这个社会责任，要坚决按照法律规定为政府缴税。当然，企业可以合理合法地避税，但是企业绝不能偷逃税收，因为前者是企业的合法权益，而后者则是企业不承担社会责任的违法行为。所有企业都应该充分认识到纳税是自己必须履行的法定的社会责任。

第二，为社会提供就业机会。这也是企业极为重要的社会责任，企业应该为社会提供充分的就业机会。不过，这种就业机会是指合乎法规的就业机会，例如就业机会必须尊重人权，也就是说，就业机会在生产条件和劳动条件等方面是合乎法律规定的，不能是有害于就业者健康甚至摧残就业者生命的就业机会；又例如就业机会必须体现责权利对称的原则，就业者应该在就业机会中获得自己应有的劳动收入和社会保障，而不是克扣劳动者应有收入和无视就业者社会保障的就业机会。总之，就业机会应该是符合法规的就业机会。

第三，为市场提供产品或服务。企业的这个社会责任关乎人们的生命和健康，关乎整个社会的生活质量和社会经济生活的正常运转，因而企业的这个社会责任，要求企业必须保质保量地为市场提供优良产品和优质服务，绝对不能搞伪劣产品和虚假服务。否则，就是企业根本没有履行自己应有的社会责任。那些为市场提供劣质产品的企业，实际上是在践踏自己应有的法定社会责任，是违法行为。

第四，维系和保护人类所需要的自然环境。也就是说，企业在追求自我利益和为市场生产产品的过程中，不能破坏自然环境，要按照环境的要求建立自己的生产设施，生产中的废水、废物和废气的排放，必须符合环境的标准，从而完成自己应有的维系和保护环境的责任。

总之，企业必须要认真完成上述的社会责任，这是具有法制性和强制性的企业责任，那些偷逃税收、以不惜危害就业者身心健康的生产方式从事生产经营活动、生产和销售伪劣产品等行为，是绝不允许的。评价企业的社会责任，主要指标是为政府缴税的状况、为社会提供就业机会的状况、为市场提供产品或服务的状况、维系和保护环境的状况。

企业的道义责任是属于道德性质的企业责任，它不像企业社会责任那样具有法制性和强制性，而是企业的自愿行为，是意愿性责任。企业道义责任的最主要表现形式就是社会捐赠，也就是人们所讲的慈善事业。我们虽然希望企业更多地将自己的财富贡献于慈善事业，但是我们不能像要求企业完成自己应有的社会责任那样去强制企业，而是要立足于自愿性。有一次我乘坐出租车，和司机谈到企业捐赠时，司机说对于那些不捐赠的企业，我们可以将企业封了，这种情绪是不对的。

正因为企业的社会责任具有法制性和强制性，而道义责任则具有自愿性，所以企业首先必须完成社会责任，在此基础上再去考虑道义责任的问题，再去从事慈善事业，多多为社会捐赠。现在有些企业不认真履行自己应有的社会责任，而去搞慈善事业，这是不对的。尤其是那些将自己的社会责任当儿戏，而去通过慈善事业沽名钓誉的企业，更应该受到处罚。我认为，就企业责任来说，社会责任第一，慈善事业第二。西方国家对于那些从事慈善事业的企业经常会给予减免税收等政策，但是这是建立在企业首先完成自己社会责任的基础上的，并不是无视企业社会责任而只注重企业所搞的慈善事业。因此，企业社会责任排行榜不能将慈善事业作为标准。

企业对于社会责任必须完成，是没有讨价还价的余地的，但是对于道义责任，也就是慈善事业，则要量力而行，不能为了慈善事业而危及到企业的正常经营。如果那样的话，那就必然影响企业社会责任的完成，对社会发展是不利的。企业为政府提供税收、为社会提供就业机会、为市场提供产品和服务的行为，可能比慈善事业更能推动社会的发展，因而企业应该在确保社会责任能有效完成的基础上，根据自己的具体情况，量力而行地从事于慈善事业。企业千万不要为了慈善事业而影响自己履行社会责任。当然，社会也不要迫使企业搞那些超越自身能力的慈善事业，而应让企业更好地完成自己的社会责任。

财富与社会财富是统一的，因为拥有财富为人们更好和更多地完成社会责任提供了物质基础，因而企业家应在拥有财富的同时，更好地承担社会责任。2002年，国家税务总局计划统计司首次公布了一份“中国(内地)私营企业纳税百强”名单，名单中所列的企业年度实际纳税额是以国库的实际入库数为准，比较真实地反映出了企业为国家所做出的年度税收贡献。这份名单真正体现了这些私营企业家对社会发展所做出的税收贡献，它成为这些企业家赢得社会的诚信度和美誉度的一个基本参考系，上榜的私营企业家们被人们誉为真正富国利民的英雄。

其实，中国改革开放二十多年来的实践已经从各个方面潜移默化地改变着人们的传统观念。随着经济的发展，人们逐渐意识到，企业家也不都是为富不仁、唯利是图的“小人”，他们在“索取”财富的同时，拥有了更大的经济实力来承担相应的社会责任，更多的是向社会贡献。比如企业的发展构成了整个国民经济发展中最基础的单位，提供就业岗位吸纳劳动力就业，缴纳税收由财政部门统一进行资金使用的调度安排，另外，企业家还经常会对社会的一些公益事业进行捐赠，等等。

但是，目前我国偷税漏税之类的现象还是比较严重的，其中一个很重要的原因就是一直以来并没有形成一个依法纳税的社会氛围。因为偷税漏税的惩罚机制很不健全，而且惩罚力度过小，因而也就无法对企业家形成足够的威慑力。企业家争相把能够逃税作为自己的本事，而没有把纳税作为自己应尽的社会责任来对待。根据相关部门统计，目前在我国所有省市中，个人所得税主要依靠中低收入的工薪阶层来支撑，而高收入的企业家们所缴纳的所得税与其收入水平却不成比例。

其实，依法纳税是企业家必须承担的社会责任，而纳税的多少也已经成为衡量一个企业家是否成功，或是说是衡量其对于社会的贡献多少的一个重要标志。“中国(内地)私营企业纳税百强”的名单已经引起了人们的关注，他们开始把财富排行榜和纳税排行榜结合起来进行对比，但是很多进入中国“福布斯”富翁排行榜中的企业家却在“中国(内地)私营企业纳税百强”名单中不见踪影，同时名列前茅的只有华为的老总任正非。尽管企业家的纳税额与其收入不会完全一致，但是在一些西方发达国家，企业家的财富与其纳税额的排名情况是不会有太大出入的。朱镕基曾经说过，“最好的民营企业家就是交税的企业家！不交税，我就不承认你是个民营企业家！”

除了税收以外，企业家的责任还体现在对于社会公益事业的支持上。中国首个慈善富翁排行榜——2004 年中国内地慈善企业家排行榜——也于近日出台，引起了国人的瞩目。我身边有贵州省的朋友，一次聊天，他们提起这个中国慈善富翁排行榜，很是为神奇集团的张芝庭感到自豪，因为他们认为贵州很穷，但是张芝庭在慈善事业中的捐赠额在 2003 年的捐赠达到 1.28 亿元，在排行榜中位居第二，他们认为这是贵州的骄傲。

在中国目前的市场经济改革进程当中，由于政府的经济实力非常有限，从而导致了很多公益事业亟待企业家的参与。比如由于高等教育的改革，很多大学生无力完成学业，虽然目前银行已经开始提供助学贷款，但是辐射到每一个需要帮助的学生却比较困难。另外，中西部的发展也需要企业家的帮助，不只是资金上的，更重要的是技术上的，“授人以鱼，不如授人以渔”，中西部的发展需要国家政策上的重视和支持，同时也需要企业家们提供技术上和经验上的帮助。

企业家从事公益事业，给予需要帮助的人群以资助，同时这也是对自己的企业进行无形的广告宣传，有利于扩大企业的知名度，最终达到双赢的理想效果。

除此之外，环境保护日益受到人们的关注，可持续发展才是一个国家最为理想的发展方向。而为了降低生产成本而造成的工业污染占了目前污染的绝大部分，毕竟地球只有一个，企业家在环境保护的事业中员有不可推卸的责任。

随着“福布斯”上榜的富豪一个接一个地出事，很多企业家都抱怨说中国社会整体存在仇富心理，他们都对自己的人身安全感到担心，既然这样，他们又何必去“以德报怨”、承担起社会发展的责任呢？其实这个想法是非常片面的，正泰集团的老总南存辉在社会公益事业中曾经先后捐了 5 000 多万元，他的话也许能够打消大部分企业家的上述疑虑，“回报曾经给过你支持和哺育的社会，尊重他人，别人自然也会爱戴你，尊重你。人身安全问题自然而然就解决了。”其实，只要企业家履行起自己应尽的社会责任，以自己的实际行动消除人们抱有的“为富不仁”的想法，一切问题都可以迎刃而解。

4. 拥有财富不能无视学习

“满招损，谦受益”，自满只会使得企业家故步自封，只有谦虚地不断学习、善于学习，才能使企业家们最终受益。企业家拥有的财富只能代表着他们已有的成功和辉煌，然而经济环境是在不断发生着变化的，各种新事物也不断出现。因而，企业家们只有坚持学习，不断充电，才能适应这个不断变化的环境，跟得上时代进步的步伐。

值得注意的是，目前我国的经济大环境已经改变了。我国现在比较成功的企业家大部分都是在改革开放的初始阶段完成了自己财富的原始积累，那个时期正是经济的转型阶段，计划经济体制形成了完全由企业主导的“卖方市场”，社会主义国家普遍的“短缺经济”，使得几乎每种商品都是供不应求，商品只要能够被生产出来，就必然会被销售出去。

然而，中国经历了二十多年的改革之后，市场经济这种资源配置方式在宏观经济中起的作用越来越大，各个产业都得到迅猛发展，社会中的商品数量急剧增加，以至于很多产业都出现了供大于求的情况，市场环境转变为完全由消费者主导的“买方市场”，企业的利润也随之下滑。

在20世纪80年代，很多社会主义国家的经济学家曾经提出，社会主义国家的一个明显特征就是“短缺经济”，包括西方的经济学家在内的绝大部分经济学家也都认为，所谓的“生产过剩”只可能出现在资本主义国家中。因而，当我国宏观经济中出现了供大于求的情况后，很多企业家就感到非常迷茫，因为生意难做了，也很难发现像以前那种能够轻而易举获利的项目了。改革开放后连续十几年的产品供不应求，使得大多数企业家的自信心极度膨胀，而且多年丰厚利润回报的积累也会使他们具有多元化扩张的能力，所以很多企业家一度争相追逐多元化经营的战略方案。然而由于他们的盲目自信，没有考虑到经济大环境已经变化了，不注意更新自己的知识，缺乏对相关产业的了解，却一味地涉猎多个产业，最终导致决策失误。

这个时候，摆在企业家面前的只有一个选择——学习。其实，“短缺经济”时期的市场环境使人们忽略了一个事实——很多企业家的文化素质比较低下。相比较而言，国有企业中企业家的文化素质较高，但是在绝大部分的民营企业中，企业家们大部分都是初中毕业，而且很多只是受过小学教育，他们的文化素质和思想观念严重制约了企业的长期发展。全国工商联曾经在国内的二十一个城市进行过一次抽样调查，绝大部分的企业家不懂得英语和计算机，而且大多数的企业家竟然不看书、不看报，更不用说去接受一些新的知识和理论了。

但是，当经济环境变化了，企业家们的思想也应该随之变化，靠着领导批条子、打政策的“擦边球”、制假造假等手段来获取利益的行为都已经行不通了。企业家最好是深入学习市场经济的规律，以便更好地把握市场经济的要求。

随着科技的发展，很多新技术、新发明不断投入到应用中来，企业家不能再像原来那样凭着“小米加步枪”行走商界了。毫无疑问，采取已有的设备无疑会比较轻车熟路，而且也不用为购进新的机械设备而支付高昂的费用。但是，新技术之所以出现必然有其一定的合理性，生产效率的提高足以弥补新增成本的投入，如果不采纳这些新的技术发明，那么我国的企业家在和国外的厂商进行竞争时，根本就不可能有竞争力。

而且，目前理论界中也不断涌现出来很多经济和管理学方面的新知识以及新的管理理念，这些新的知识和理念都是从成功的案例实践中总结而来，并且又被逐渐运用到实践中去。随着外部环境的变化和自己企业规模的扩张，企业家不可避免地会遇到一些前所未见的问题，这不是仅仅靠他们创业时的经验和已有的知识能够解决的。因而，企业家不断地学习，进行再教育，是非常必需的。

目前我国的一些企业家已经意识到了再学习的重要性。有一部分企业家选择了在高等院校中继续攻读 MBA 学位，利用周末或不太繁忙的时间进行学习，保持自己领导知识的先进性。另外，针对那些比较繁忙的企业家，一些专门进行职业再培训的学校开始纷纷建立，部分高等院校的经济管理学院也开始设立一些短期的培训课程，对他们进行短至一周，长至一个月的各种项目培训。

事实上，目前就知识的更新速度和更新程度来讲，最好而且是最方便的学习工具就是上网，进行 E-learning(电子学习)。网络的出现，使得无论何时何地，只要拥有电脑和网络，企业家都可以了解到最先进的知识、最近的经济形势，而且也节约了成本，提高了效率，这对于业务繁忙的企业家来讲显得尤为方便。

一旦忽视学习，以静态不变的个人素质就很难支撑起企业家日益庞大的财富。抱着陈旧的观念刻舟求剑，在经济大环境不断变化和知识日新月异的今天，他们的企业很难拥有继续存在、发展的理由。

拥有财富一定要注意学习。忽视学习会被淘汰，现在整个人类历史发展这么快，你原来能办企业，现在不一定能办了，比如说20世纪80年代初，我们面临着严重短缺的经济，什么都缺，只要你能生产产品就能卖掉，能卖掉就能赚钱，所以出现农民办企业。老外一直不理解，农民怎么办企业，办企业的都应是素质很高的人，但他弄错了，因为他不知道我们国家在一个经济短缺的时代，什么都缺。现在你办企业试试，越来越艰难了，你不学习跟不上这个步伐。有一次，北京一个老板打电话给我，说晚上在家里搞个家庭"party"，可能有各方面的几十个人，我说行，有时间去看看。碰到他儿子在那里，十六七岁，就跟他聊，我说小家伙，英语怎么样，他告诉我不学，我问为什么，他说："我爸一个英文单词都不懂，一句英语都不会说，但他全世界跑，全世界做买卖，因为他有翻译，有翻译就行了，不用学了。"我想这小子肯定是败家子。你不能把这种思想传播下去，所以正泰的南存辉先生要搞一个败家子基金，为什么？正泰集团也到接班的时候，100多个股东，股东的后代能否进入正泰，有一条严格规定，能力不行，照样不能进正泰。你们要生活怎么样，给你们搞个败家子基金把你们养起来就行了，你不能到我企业中来，我的企业是百年老店，能力不行，照样不能来。这是很对的，要注意学习。说老实话，我国融入国际社会，发展非常快，不注意学习不行。现在形势好一些，给我们企业家一种学习方式，叫EMBA，清华大学从2001年就开始搞了，学费收得很高，一个近30万元，但我发现企业家打破头地往里涌。清华EMBA中85%的是非公有制企业，这么大的成本不是给他个牌子的问题，办企业来讲，牌子无所谓，给你什么都没意义，企业办坏了什么都没意义，办企业的人只要企业办好了就行了，没别的。给你个人大代表、政协委员，企业办不好，明天就把你免了，你的责任主要是把企业办好，所以不是给你什么牌子的问题。我发现碰到真要学习的人还真不太好办，讲不出个所以然，会把你赶下去，有的人就被赶下去。为什么？这种学习不是知识传播，而是思维和信息的交流，没有新的思维和信息，你讲什么？我们没有办法，组建了三个1/3的师资力量，1/3是海外对这个问题非常有研究的，1/3是海归派中优秀分子，1/3是"土鳖"——我们自己培养起来的。三个1/3才能解决问题。我发现这是好现象，所以我提醒大家，中国企业这些年来的变化大家要看到，非常之大。比如班里面有一个同学，多次找我到他企业中去看看，非常认真，上半年不行，下半年找你，今天不行，明天找你，最后我不好意思再拖去看了。一看发现是个非常现代的企业，我没想到这个企业产品全部出口，国内没有一分钱市场，我和董事长聊天，问你这个企业里面有没有和你有家族关系的人，告诉我一个都没有，我不能用他们，比如说如果任命我弟弟为副总，任命他等于这个企业提拔任命干部有两个原则，一个是和我有亲属关系，一个是他的能力。两个原则是没法搞的，有能力的人永远跟我隔一层皮，知道我会与我弟弟更亲，更相信我弟弟，但不能这么办。后来吃饭期间他的管理层陪我吃饭，一听南腔北调的口音，来自全国各地。所以越是接近国际市场的企业管理者越懂得怎么样办企业，这些民营企业已经进入现代企业行列，不是我们原来讲的“土老帽”。我发现他们是很注意学习的。我最近去深圳看了一个企业，是个做药的，公司700多名员工全部清一色的医科大学毕业的大学生。接待我的办公室主任是个女的，告诉我是儿科系毕业的，当了5年的儿科大夫，现在在这个企业当办公室主任。我发现这个企业是个典型的现代民营企业。董事长告诉我，我们只有不断学习才行。原来我们是卖药的，而且卖药一开始不让民企卖，是国有企业卖，后来可以卖了，卖了一段时间发现，光卖药不行，自己不生产可能利润不行，也保不住，怎么办？没有新药还是没有太大利润，所以有钱之后投资于新药的研发，而且新药的研发是组合世界力量，光靠自己不行，美国的实验室他也利用，中国的北京、天津也有他的实验室，而且新药出来，首先在美国进行临床试验。美国很严格，美国一旦临床试验，整个世界都会承认，他告诉我，为了未来的发展他自己根本没有钱，他的钱就是那个企业中的股份。全部的利润用于新药的研发，最后走向研发，他是贸工技这样发展起来的。所以他很注意学习，遇到问题就突破它朝前走，出现了这样一大批非公有制企业，都是注意学习的结果。所以清华大学的EMBA，我发现这种学习也包括了互相学习。每年招300人，连着招了四五年，一千多人，这些人整天在一起，就像俱乐部互相学习，一打听他们控制我们国家财富不小的数量，这是个重要的值得人们注意的阶层。学习是个广泛的概念，互相在促进、提高。所以拥有财富千万不要忽视学习。

5. 拥有财富不能无视人权

几千年来的中国社会一直就是“人治”，由于路径依赖，当今的中国企业家也就沿袭了传统观念，他们过于迷信金钱的力量，认为有钱能使鬼推磨，无视法律的约束和制约。

这些思想导致部分企业家总感觉自己高别人一等，当他们在生活中侵害了别人的人权时，他们并没有意识到是自己触犯了法律，反而过于相信财富的力量，习惯于用金钱开道，无视别人的感受。有些企业家甚至为了达成自己的目的，不惜任何代价，运用金钱诱惑或是恐吓威逼等手段，强迫别人就范。

事实上，每个公民在社会中都是平等的，都依法享有相应的权利和义务，只有从事岗位和职业的不同，没有高低贵贱之分，财富只是地位和成功程度的代表，而不是人权高低的区别。

另外，一些部门目前已经做出的调查结果表明，在我国现阶段，企业家不尊重劳工人权的问题已经达到了一个不容忽视的程度。一些经济学家认为，我国的产品之所以在国际上有很大的竞争力，主要是由于价格便宜，而其中有相当大一部分是牺牲了劳动者各种应得的权益而获得的，这也从侧面说明在我国忽视劳工人权并不是个别现象。

首先，劳工们的人身安全不能得到保障。我国的中小企业经常事故不断，比如采矿矿井塌陷、高空作业出事、企业员工食物中毒或是操作中中毒等，总是一件接一件。其背后的原因就是很多中小企业的企业主为了节约成本，不愿意花钱购置安全的生产设施，导致工人的施工环境无法达到国家要求的安全标准，从而使得劳工们在生产工作中面临更大的危险。据《南方日报》报道，在 2002 年，广东省的非公小企业发生的安全事故占全省工矿企业总事故数的 75%，其死亡人数占全省工矿企业事故死亡人数总数的 68%。而根据调查，在南方沿海城市，出现事故最多的企业集中在对外加工贸易企业、出口企业、中国港澳台投资的企业和做贴牌生产 OEM 的企业，这些企业多是从事劳动密集型的产业，大多数从事简单劳动，对劳动力的素质要求不高，因而他们用特别低廉的价格就可以雇用到自己需要的工人，所以这些企业主们就无视员工的人权，不注意工作环境的安全要求，导致生产安全事故层出不穷。

其次，一些企业员工被随意克扣工资，延长工时，或是免费加班。根据 2003 年对在南方沿海城市打工的人群进行调查的结果显示，一名从事劳动密集型产业的工人月工资大约为600元左右，而在20世纪80年代，同样从事劳动密集型产业的工人月工资大约为400元左右。二十多年间，我国的物价已经上涨了好几倍，但是对于从事技术含量低的工人们来讲，他们的生活水平却在直线下跌，这样的低工资根本就无法使劳动者日后拥有社会保障能力。而且，在一些恶劣的生产环境下，劳动者的健康被极大地伤害，这样的工资水平连他们的健康损失都弥补不了，更不用说今后的养老保障了。与此同时，拖欠民工工资的现象也非常严重，辛辛苦苦地工作了一年的工人，到头来却拿不到自己应得的工资，这种现象非常普遍以至于最终引起了政府的高度重视，才让这种企业主拖欠工人工资的恶风得以遏制。根据广东省有关部门的统计，在2003年，关于劳动争议处理问题的案件有80起，而有关工资、工时问题的案件也有173起。很多企业在赶制订单时，员工们一般一天都要工作12个小时以上，但是加班工资却少得可怜；而有的企业则做得更为隐蔽，他们以计件工资为标准，员工完不成任务就无法下班，但是他们每一天的任务量却是不加班根本就无法完成的，因此企业主可以逃避支付加班费。

再次，很多企业的员工并不能够和企业签订相关的劳动用工合同。因此，当他们在遇到职业病、拖欠工资或是被无故辞退时，就无法找到证据来帮助自己投诉这些问题。而且，有的企业主为了逃避对员工所得的职业病承担责任，他们往往采取每隔一定的时间就换一批工人的做法，这样，当企业员工所患的病症在一段时期后表现出来时，他们已经不再为原来的企业工作，也就很难找出证据来给自己申诉作证。

由于几千年封建思想的遗留，一些企业家认为自己的企业一旦雇用了员工以后，自己就成了他们的“家长”，他们就相当于签了“卖身契”，要完全听从自己的命令和指挥。而抱着这种思想的企业家们，也就不可能尊重员工的人权。

然而，发达国家的跨国公司一般比较注意尊重劳工的人权问题，当他们发现某些国内的企业有侵害自己员工权益的情况后，比如企业工人的工资没有达到当地的最低工资标准，或是工人的工作环境条件恶劣，或是工人的人身安全无法得到充分的保障的时候，这些跨国公司会马上取消和这些国内企业的合作，理由就是这些企业的企业家并没有真正关怀企业员工的权益。

因而，当企业家希望自己的企业能够走国际化道路时，要特别注意自己企业中的人权问题。

其实，真正为企业家创造价值的就是他们的员工，企业只有树立起以人为本的理念，才能真正使员工全心全意地为企业工作。如果只是依靠上述手段来获得利润，“军心涣散”必定导致产品质量不高，而且这种靠牺牲劳动者的健康或是他们应得的利益而实现产品的生产成本降低，从而形成产品竞争力的做法，在社会舆论监督日益强化的今天，一旦被曝光，对企业的影响将是致命的。

企业家应强调“以人为本”，首先，为自己雇用的员工提供良好的工作环境，给予他们应有的权益和保障，改善他们的工作条件，保障他们的安全；其次，保障员工能够拿到合理的收入，不以各种借口克扣他们的工资，压低劳动力的价格；再次，为员工及时地缴纳各种社会保险基金，以预备他们将来的社会保障需要。这是符合相关的法律法规规定的最低标准，在尊重员工人权的工作环境中，企业家和员工就很容易达到双赢的局面。企业家在积累财富的同时，也获得了公众的好感，赢得了良好的社会形象和品牌效应，同时“众人拾柴火焰高”，员工和企业家共同奋斗，同舟共济，必定会使企业的业绩蒸蒸日上。

拥有财富千万不要忽视人权。一定要尊重人权，别有钱了就张牙舞爪，把谁都不放在眼里，人权面前人人平等。这是社会公正的主要概念，对内对自己的职工，要尊重人权，不要把生产环境搞得很差，让大家染上一身病，不要延长工作时间，要有人权概念；对外要低调做人，别以为有钱了就张牙舞爪。2003 年我到上海参加长三角论坛，碰到了王均瑶，这个人 2004 年去世了，纯粹是累死的。当时碰到他，在一桌吃饭时他告诉我，我以后不能叫王均瑶了，为什么？均瑶是这个集团的名字，这个集团有 100 多家股东，我再叫不好。均瑶集团是很大的，收购了三峡机场，控股了武汉航空公司的，非常厉害，但王均瑶非常低调，这个人与人在一起聊天，他没有任何盛气凌人，照样很虚心，跟你讨论问题，有时别人不介绍他，他就像一般社会青年一样。所以我想，越是这样才越能成大器。拥有财富越尊重人权才能不断地发展。钱多了，不是张扬的基础，恰恰应该更虚心，因为这个责任越来越大了。所以你接触温州商人，像王均瑶这些人十几年来都很低调，在机场见面，你还没注意他老远就打招呼，没有一点趾高气扬的感觉，所以我们叫他

“两板”干部，白天当老板，晚上睡地板，很辛苦，不像有些人有了钱老想让别人知道，脖子上戴个大粗项链，弄个戒指戴上，晃晃悠悠，要注意这个问题。我要告诉大家我的祖上也是山东人，我对山东人一直觉得纯朴、诚实，但最近几件事让我改变了看法，我觉得大家要注意，而且尤其是有钱人应该注意。上次我从重庆坐飞机回家，飞机晚点有大雾，我坐在头等舱，上来一个讲山东话的小伙子，戴非常粗的项链子，非常大一个戒指，一上来非要坐在头等舱，服务员说先生你不能坐，你必须到后面对号入座。这小伙子蛮不讲理，说他就坐在这里。我说，你知道吗，你坐在这里可以，但票价得加一倍钱。后来他坐到后面去。我说你是山东人，我觉得我们山东人挺好，你怎么这样子。但他好像无所谓，我觉得确实有点问题，一定不要因为财富而使自己变态，因财富变态不是个好现象。所以拥有财富更要注意人权，要低调做人。有的人不太注意，比如俄罗斯一个有钱的老总，有点钱他琢磨当总统，你当什么总统，先把你抓起来再说，因为你的财富是俄罗斯私有化中的非公平要素造成的，私有化是俄罗斯宪法规定的，但他是因为非公平要素而形成的。你真正要从事公共事务，财富必须洗干净。所以有时有钱了，更要注意人权问题，人家对普通人不挑剔，但对你会很挑剔。

6. 拥有财富不能无视事业

拥有财富千万不要忽视事业。因为对企业家来讲，自己个人消费是一点点，到了一定时期还要努力拼命地干。支持他的不是财富问题，而是事业问题，只有把事业作为立足点，企业才能做大。如果只有自己消费，那是小富即安，不是我们所希望的企业家阶层。大家知道，办企业很累，那么还要拼命地干，力量来自哪里，支持他的是事业。所以我告诉大家，财富越多，责任越大。财富多得晚上都睡不着觉，这么多的财富要保值增值，压力多大。最近有个企业老板告诉我，晚上睡觉之前接个电话，如果是坏消息，又会愁得一晚上睡不着觉。我说你真麻烦，需要调整，企业家不仅仅有创造力还要有承受力才行，承受不住就干不了这个事业了。所以企业家阶层，要把事业作为自己的立足点。要讲财富，早就够了，根本无所谓。我认识广东一个企业老总，一次他到北京来，一见面脸都肿了，一脸疲惫，问他怎么了，他告诉我最近在墨西哥有一个投资，数量很大，是一场打不起也输不起的战争(企业家一定要注意这场战斗是输得起输不起，输得起好办，输不起就不行了)，十几天睡不好觉，所以到北京来找你们，想开个座谈会，聊聊这个投资怎么办。我跟他开玩笑，说你这么累干什么，钱不少了吧，那么累。中国人有钱就几件事，第一是自我消费，自我消费能有多少？比如吃鲍鱼，很贵，但大夫告诉我鲍鱼吃多了会得风湿病。第二是留给后代，中国人明白了，不能把钱留给后代。第三是投资，投资是无限的，但投资首先为社会创造就业机会和财富。第四是社会捐赠，捐赠是无限的，越多越好。你要钱干什么？你的钱不少了吧！这位企业家告诉我说，教授，这是最后一个项目，不干了，收手。结果过了两年又到北京来，说有一个项目论证来请你们参加，我说你不是不干了，怎么又干，我早知道你要干，为什么？你现在已经不是人，你是资本的人格化，表现是人，推动你的是资本，资本的人格化、人格的资本化就是你的现状，你一定会干。这是我们所想要的企业家阶层，整个支配他的，已经不是别的，是事业问题。所以希望大家注意，一个人的财富多到一定程度，不能扩张，不能发展，推动他的，肯定不仅仅只是赚钱的问题，而是事业的问题。到一定时期，都是为社会的。我在日本的同志社大学学习的时候，拿的是新岛基金，根本不知道新岛是谁。去了才知道，同志社大学是日本三所最大的私立大学之一，是一个叫新岛的人办的，这个人 19 世纪末认为日本落后的主要原因是教育落后，因为日本没有资源，唯一的资源就是人，一定要提高人的能力，能力就是要通过教育，创办教育。寻找志同道合者，创办的学校叫同志社，从小学办起。现在同志社大学非常大，在校生 14 万人，但这个学校是谁的谁都不知道，因为新岛去世的时候，没有把这个学校交给他的子子孙孙，交给了同志社大学的教授们。这个学校有 300 名教授，300 名教授任何一个都可以竞争校长，选上了当两年，不连任，当校长期间实行承包制，就是你当校长的这两年，学校只能扩大不能缩小，所以校长一上台就不干自己的事了，到处挖人拉钱。我的导师叫世田尤三郎，我回来后他当过一任校长，到北京来我发现他满世界地挖人拉钱，干完两年拉倒。你说这个学校是谁的，谁都说不清楚。最高的机构是教授会，300 多名教授，校长对教授会负责任。这个学校只能扩大不能缩小，整个社会都在享受它的好处。后来我去时住在新岛的老家，碰到他的后代问他，这个学校跟你们家什么关系，不知道第几代子孙告诉我："什么关系都没有，而且我告诉你同志社大学的人没有良心，过去校庆还请我们家吃顿饭，现在连吃饭都不请了，你说什么关系。”这叫什么所有制？我看叫社会所有制。他说的私立是他的文部省没有拿钱，就叫私立，实际就是社会所有制。发展到一定时候财富都归社会。我们中国企业家要正确提升自己，关键问题是正确对待财富。

当企业做大的时候，企业家实际上是在为社会“打工”，为社会创造财富，并不是为自己，因而企业家往往需要抛弃自我而注重事业，也就是说，其自我价值的实现在于事业的发展，这就决定了其必须是拥有财富而不能无视事业。重视事业不仅仅表现为努力工作，而且还表现为为了事业，必须要牺牲自己的利益。2003 年 12 月，深圳丽斯达日化有限公司的董事长李志达，把旗下的成功品牌“小护士”卖给法国欧莱雅集团，这成为中国该年度最受人瞩目的收购案例。根据双方签订的协议，“小护士”的业务将在 2004 年上半年并入欧莱雅，其财务报表也将和欧莱雅集团合并。

李志达在 1992 年创立了“小护士”品牌，他在创建之初就花大力气构建了覆盖全国的 280 000 个销售网点，在建立品牌后短短的 11 年间，“小护士”就已经在中国拥有高达 90%的品牌认知度，并具有了 5%的市场占有率，成为中国化妆品市场上三大护肤品品牌之一。

正在“小护士”稳定发展的时期，创始人李志达却将她卖了出去，这让很多业内人士跌破眼镜，也引发了人们对于“小护士”今后发展的诸多担心。很多人都担心“小护士”会像曾经的“中华”和“熊猫”一样，被别的企业收购以后即销声匿迹，直到其在国内市场中的份额越来越小。中华牙膏在被联合利华收购以前曾经是中国国产牙膏中的第一品牌，但是在被收购以后，整整三年没有做过任何广告，到了 2001 年销量只剩下 6 000万支，同样命运的还有熊猫洗衣粉。

所以，考虑到这个问题，李志达也曾经动摇过。但是，盖保罗拿出了详细的品牌发展计划书，保证“小护士”绝对不会消失，因为“小护士”多年从事防晒产品的开发，她的出现正好弥补了欧莱雅公司产品线中防晒产品的空缺。并且，盖保罗多次表示，在科研、配方、广告方面，欧莱雅都会加大对“小护士”这个品牌的投入，等到时机成熟，“小护士”也会作为一个成功的品牌推向国际市场，就像“美宝莲”，欧莱雅公司把这个美国纽约的区域性品牌推广成为一个时尚的国际流行品牌。“小护士”如果能够进入国际市场，这个由李志达一手培养起来的品牌才会真正让他感到自豪和欣慰。因此，经过再三考虑，李志达最终打消了疑问。

仔细分析，李志达将“小护士”卖给欧莱雅公司，无论是对“小护士”这个品牌，还是对于李志达，都是非常有益的。首先，如果“小护士”再留在李志达的手中，很可能会出现发展后劲不足的情况，她可能依然是国产品牌中的前几名，但却始终无法成为一个世界知晓的品牌，毕竟目前国内的企业家对于品牌的管理能力还很薄弱，经验不足。其次，对于李志达，他可以获得一笔充足的资金。欧莱雅在并购的同时，已经把“小护士”未来几年的预期收益提前支付给了丽斯达公司，这些资金足够李志达发展其他业务，用他自己的话来讲，“卖掉‘小护士’和整个公司的长远规划有关，也和我的人生计划有关。”根据国际惯例，由于涉及商业秘密，李志达在未来几年内不能再涉足相关行业领域，但是化妆品行业的巨大市场规模和高利润空间，决定了李志达杀回该行业是迟早的事。

中国的企业家特别害怕自己的企业被兼并，即使是自己的企业被兼并以后拥有更广阔的前途，能够得到更大的发展，那也不行，自己一手创办的企业是自己的孩子，不管它是大是小，是盈是亏，怎么能够“随外人的姓”呢？因此，即使是自己的企业已经偏离正常运行的轨道，也要坚守住自己的“家业”，无论如何也不让自己的企业被其他企业兼并。

不管这些企业家出于什么考虑，他们在自己的企业规模有成、积累起一定的财富之后，便不想再奋斗了，在企业的发展中不思进取、畏首畏尾、缩手缩脚，“小富即安”的思想充斥着他们的头脑，他们开始“安于现状”，注重享受。这样，他们开始把原来花在事业上的时间和精力，越来越多地投入到娱乐和休闲上，为了方便自己享受，他们纷纷涉猎自己主业以外的娱乐服务业，开始建立夜总会、度假山庄等，并为自己备有专用房间。因此，不用多久，这些企业家们的歌艺渐高，舞姿渐美，钓鱼技术见长，生活越来越丰富多彩，但是，他们无疑也无暇再顾及自己的事业，自己的主业便跟着一蹶不振、停滞不前，甚至最终走向灭亡。

“打江山容易，守江山难”，市场上竞争激烈、群狼嗷嚎，企业家安于现状，固守已有的市场份额而不想再努力进取，是不可能守住自己的企业的。别的企业在开拓做大，“狭路相逢勇者胜”，停步不前的代价就是自己的份额被别人蚕食，直到企业失去竞争力，“逆水行舟，不进则退”，企业家最终不得不品尝被市场淘汰的失败滋味。

三、正确对待诱惑

企业家是运作财富并拥有财富的人，因而他们随时都要面对各种诱惑。而且，企业家所面临的诱惑的压力，要远远比拥有权力的政府人士的诱惑的压力还要大，因为权力诱惑的背后还是为了财富，而不是权力本身。因此，企业家必须要正确对待各种诱惑。否则，就会在诱惑中毁灭。经济学家们早就指出，为什么中国大多数中小企业的寿命也就是三五年，就是因为很大比例的企业家们并没有远大的、切合实际的抱负，一旦拥有财富之后，他们就会过于沉迷于其面临的各种诱惑之中，最终在诱惑中消亡。

企业家完成初步积累，得到自己的第一桶金以后，由于财富的辐射效应，会使得他们面临各种诱惑，摆在他们面前的短期利益、政治、名誉、权力、论道、游玩、美色和金钱等，时刻都对他们形成考验。而事业的小有成就会让其中的一部分人沉迷其中、流连忘返。大家知道，企业家之所以能够得到整个社会的尊重，是因为他们的企业为社会作出了巨大的贡献，他们立身的根本就是他们企业的业绩。因此，一旦企业的经营状况不好，那么他们能够得到政治、名誉、权力、尊重等的根源也就随之枯竭，因为没有企业，也就没有企业家。

正是由于企业家随时都会面临着巨大的诱惑压力，因而企业家要正确对待诱惑。当然，有时接受点小诱惑也难免的，因为人无完人，但世界上任何事物都是应当适度而为之。如果企业家能够安于寂寞，多一点忍耐，少一点浮躁，真正是把自己的企业发展放在第一位，那么他就能排除来自外界的各种诱惑，积极地为企业掌舵，从而使企业可以在广阔的商海中顺利航行。

1. 正确对待短期利益的诱惑

连续六年获得《财富》杂志“最富创新精神的公司”称号的美国安然公司，因为涉及“长期通过复杂的财务合伙形式掩盖巨额债务并虚报盈余，最终给众多股民造成巨大损失”，成为美国历史上最大的破产案，也创造了美国大型企业从辉煌到破产时间最短的纪录。安然公司的前副董事长巴克斯特因为不堪忍受安然破产丑闻所带来的巨大痛苦而自杀，安然公司的前董事长肯尼斯·莱被指控犯有包括共谋欺诈、欺骗股民、银行欺诈和虚报经营业绩等11项罪行，安然公司前首席执行官斯基林也被指控犯有包括欺诈和内部交易等35项罪行。

这件轰动全球的破产案给所有企业家提了一个醒，短期利益看似好赚，实则风险巨大。在我国，企业家赚取短期利益的行为主要表现在两个方面，而也正是因为这两个方面的行为而使企业遭受重创。

一是企业家制假造假，倒假卖假。很多人现在还对80年代末90年代初时的“温州产”印象颇深，由于温州企业善于仿制商品，而且偷工减料，质量不过关，因而温州产品一般都和“假冒骗”划上等号，尤其是温州产的皮鞋被称为“一次性皮鞋”和“开口鞋”，最终在全国都出现了消费者排斥温州产品的行为，这给温州企业带来了沉重打击。

二是上市企业靠会计事务所做假账，制造良好的企业数据，随意编造经营业绩，以达到上市或是增发配发的目的。这些企业家欺骗股民、诈骗民众，把股市当作取之不尽的“大金矿”，把上市等同于“圈钱”，他们获得大量资金的目的，并不是用来发展企业，而是为了个人的消费挥霍。第一个倒下的企业就是郑百文，据郑百文的一位财务经理回忆，“郑百文其实根本不具备上市资格，为了达到上市募集资金的目的，公司硬是把亏损做成盈利报上去，最后蒙混过关。”为了上市，公司几度组建专门的做假账班子，把各种指标准备得一应俱全，企业在1998年时已经举步维艰，但是年终出财务报表时，公司高层的意见仍然是“要盈利”，然而窟窿已经包不住了，最终郑百文首次公布了重大亏损的实情。

实践证明，企业家为了获得短期利益的短视行为和企业的短命是密不可分的。一般说来，我国的民营企业出生快，死亡也快。据统计，全国每年有15万家民营企业成立，但同时每年又有10万多家民营企业倒闭；民营企业有60%在5年内破产，有85%在10年内死亡。究其原因，我国的民营企业家们抱有很强的机会主义想法，很多人都是靠着制假造假而起家，并把这些手段当作自己屡试不爽的武器。

一些企业家认为，开办企业的目的就是尽可能地赚钱，他们把企业当作是单纯的赚钱工具，为了获取一些比较好赚的短期利益，他们甘冒巨大风险，一旦企业出事，立即改头换面，重新组建一个新的企业。急功近利容易导致企业家的短视行为，使企业家们产生投机的心理，这种“打一枪换一个地方”的做法，完全摒弃了企业的长期发展，这是很多中国民营企业根本长不大的主要原因。

对于企业家来讲，逐利是他们工作的应有之意，但是，这里有短期利益和长期利益之分，追逐短期利益不能忘了长期利益，尤其是在目前社会相关监督机制日益健全的市场经济中，“只见树木，不见森林”的做法，会让这些短视的企业家最终被淘汰出局，并且很难获得东山再起的机会。

2. 正确对待政治的诱惑

企业家的本职工作是搞好企业，虽然企业家在经营企业中离不开政治，但企业家绝不能“玩”政治。在我国现阶段条件下，更要注意这一点。中国几千年来一直提倡“学而优则仕”，认为进入仕途发展是社会中最优秀人才的最佳选择，在目前以经济发展为中心的情况下，各级政府都非常重视他们，作为优秀的企业家也同样有机会进入仕途发展。正是由于传统观念的影响和现实情况所带来的机遇，很多企业家取得一定的成绩之后，就要求拥有一定的政治发言权，从而真正名正言顺地树立起自己的社会地位，光宗耀祖。一部分企业家创办企业的初衷完全是为自己捞取政治资本而铺路，他们把进入仕途作为自己终身追求的目标，老实说，这部分人并不是真正的企业家。而另外一部分企业家原本并不打算和政界搅和在一起，但是由于自己企业的成绩斐然而被动地获得一些政治资本，由此得到了很多意料之外的好处，从此也就流连忘返，迷恋于政治了。

由于企业家的贡献巨大，他们获得一定的政治权力也是无可非议，所罗门的格言中曾说，“假如一个人勤勉敬业，他将在国王面前站立，而不与小人为伍。”但是如果过于专注于政治而忽略自己的企业发展，那就完全本末倒置了。当前很多企业家顶着各种政治头衔，什么政协委员、人大委员等，活跃在各种政治场合中，以至于人们根本就不清楚他们究竟是企业家还是政治家。而且，很多企业家最后因为没有很好地处理“官场”和“商场”的关系，不仅没有获得自己预期的政治资本，而且也因此荒废了自己的主业，导致企业的运行出现问题。

事实上，对于一心想做好实业的企业家来讲，和政治过于接近是非常危险的。也许企业家可以靠着政治特权而获得一些赚取巨额利润以的机会，但这只会是风光一时，而不可能长久一世。清朝后期的“红顶商人”胡雪岩，曾经官至三品，并且富可敌国，可以说是风光无限，但是最终也是落得被抄家的下场。曾经获委任为朝鲜的新义州经济特区的最高行政长官杨斌，想要依靠拉起政治大旗做虎皮大衣，最终也落得锒铛入狱的下场。历数中国历史上的诸多富豪，自古到今，最为风光者多与政治结缘，比如吕布韦、邓通、董贤、石崇等，因此他们积累财富的速度很快而且数量极大，但是也正是由于和权力太过接近，他们家业败落的速度也是快得惊人。

权力的诱惑是很巨大的，而且在中国尤为突出。然而，政界历来都是风云瞬息万变之处，人们都说商场上处处危机，遍地陷阱，但是政界也是如此，并且这两种风险并不完全一样，应对的权变之策也不尽相同。而且商界和政界的行业准则、成功的评价标准、成功的目标都完全不一样，企业家如果在商场失意，可能会导致自己倾家荡产，但是一旦企业家在政界失败，结果很可能是要搭上自己的性命。所以，如果企业家真正想把自己的企业办好，最好能够和政治保持适度的距离，美国独立运动的领导人之一本杰明·富兰克林的原则就是，“永不谋求职位，永不拒绝职位。”

3．正确对待名誉的诱惑

企业家因为成绩和贡献巨大，获得各种名誉是完全应该和必要的，对此我们不应有任何非议，而且企业家的名誉也会成为企业的无形资产，有利于企业经营，但是企业家不能被名誉所诱惑去沽名钓誉。英国人胡润曾经说过，每年他在评“福布斯中国富翁排行榜”的时候，经常会有一些企业家来找他，和一般富翁们不希望露富的情况相反，这些企业家是希望自己的财富可以再“增加”一点，让自己能够上这个排行榜或是可以在排行榜上再靠前一些，他们的目的就是为了吹捧自己，扩大社会知名度，获得更多的名誉。

企业家在事业成功以后，随着他们被社会所肯定，能够扩大知名度并获得各种荣誉，具有较高知名度的企业家在继续发展自己的企业时，肯定可以方便许多，这是可以理解的。但是，在此问题上，政府和企业都要把握好度，不能因此而毁了企业。大家知道，企业家能够给地方政府创造利税收入，又可以解决地方上的人员就业问题，因而一些地方政府就把成功的企业家当作是本地发展的支柱和救星，并尽可能地给予他们各项荣誉和奖励，只要企业家开口，这些地方政府一般都会尽力提供方便，尽量配合。在这种氛围下，即使有时候企业家出现一些小问题，地方政府也是得过且过，尽可能避免事态严重化，甚至有一些地方领导或是担心企业家一旦倒下，就会缩减当地的财税来源，并且增大地方上的就业压力，或是担心这些被地方政府树立起来的典型一旦倒下，自己的政治业绩上就会出现败笔，而这两者显然都非常不利于自己的仕途发展，所以，为了自己的私利，他们经常还会袒护那些出现问题的企业家。除非这些企业家的问题过于严重，以至于地方政府已经没有能力或是不宜再继续包庇他们，否则企业家可以顶着这些名誉的光环享用终生，甚至可以蒙荫自己的子孙，这也就是很多企业家煞费苦心追逐名誉的根本原因。

很多企业家关心自己的人气指数远甚于自己的企业和客户，他们把目光紧紧锁定在获得名誉以后的种种好处上，通过各种手段来获得自己远不能承付的名誉。原沈阳欧亚实业公司董事长杨斌，在 2001 年度以 75 亿元人民币的身家位列福布斯中国富翁榜的第二位，他曾经获委任为朝鲜的新义州经济特区的最高行政长官，一直是媒体关注的焦点，但是在 2002 年 10 月，杨斌在荷兰村被捕，2003 年 7 月，沈阳市中级人民法院一审判决杨斌犯有虚报注册资本罪、非法占用农用地罪、合同诈骗罪、对单位行贿罪、伪造金融票证罪，数罪并罚被判处有期徒刑 18 年，罚金为 230 万元人民币。极为类似的还有原上海农凯集团总裁周正毅，在 2002 年度福布斯中国富翁榜上位列第 11 位，一直富有传奇色彩，然而在 2003 年 6 月，却因“涉嫌虚报注册资本和操纵政权交易价格”而被上海市警方正式逮捕，最终上海市第一中级人民法院决定对其执行有期徒刑 3 年。

目前，社会监督机制日益完善，包括新闻舆论的监督力量也越来越强，鉴于诸多知名企业家纷纷落马的事实，整个社会对于企业家的关注与日俱增，越是知名的企业家也越容易成为媒体的焦点。而且，市场经济正在逐步成熟，企业家一旦出现问题，就不会再像从前那样容易遮掩而不会被太多人所知，舆论的监督力量要求企业家们必须对自己的行为负责，法律面前人人平等，企业家不可能凭借自己曾经作出过的贡献而受到法外开恩。所以，企业家即使获得与自己实力不相匹配的名誉，也并不见得会带来理想的结果。其实，只要企业家们全身心地发展企业，能够依法经营，那么他们必定会得到应有的名誉。

4. 正确对待权力的诱惑

这里指的权力不是指政治上的权力，而是指企业内部的控制权。应该说，企业家要经营好企业，就必须要拥有应有的权力，但是企业家不能迷恋权力和搞“独权”，甚至排斥集思广益和毁坏企业应有的制度。这一点，对我国的民营企业来说，更为重要。因为中国的企业家们大多是集创业者、所有者、决策者和执行者于一身，企业内即使存在董事会，其作用也非常微小，而且大部分中小企业迄今为止还没有设立董事会，企业家把权力高度集中在自己手中，企业内部的“家长制”色彩很突出。也就是说，因为中国的大部分企业家都是从“无产者”起步，通过艰辛创业，付出了异于常人的努力才建立起自己的一番事业，所以很难心甘情愿地把自己的企业交给别的职业经理人来管理。因此，即使是企业内部设立了董事会，聘用了职业经理人来管理，甚至为了追赶“流行”而招聘了大批的高学历的管理人员或是 MBA，或是请了著名的学者做顾问，但是出于对权力的执迷，他们不会把大权轻易下放。而且由于受到中国几千年来封建君主专政体制的影响，企业家也偏好于自己做出一切决策，一言九鼎。

这样，虽然一些企业的内部机构设置齐全，但是在企业家这种专制的情况下也是如同虚设，企业家很难会听取相关部门经理或是专家与自己不一致的意见，企业里就是“一言堂”，这些高级知识分子、职业经理人或是董事会也就成为了美丽的摆设，先进的管理理念无法得到实施，企业管理模式的现代化进程也就深受阻碍。企业的其他员工只能服从企业家的命令，一旦提出与企业家相左的意见，企业家就会觉得这是对自己权力的不尊重，这个时候的他们对于自己手中权力的热爱已经达到了几近疯狂的程度。

在企业开始起步发展之时，权力的集中可能还有利于企业家迅速做出决策，以便灵敏地把握住市场上随时可能出现的商机。然而，当企业已经初具规模、步入正轨以后，面对日益复杂的市场竞争，企业对于领导的素质要求越来越高，对于企业团队合作的要求也越来越高。一个人的能力总归是有限的，尤其是我国企业家整体的受教育水平比较低，根本就无法支撑起他们去管理日益庞大的企业。如果企业家对于权力的迷恋使得他们无法接受企业员工所提出的合理建议，而只是依靠自己的“经验主义”和“本本主义”，那么这样的个人集权只会增加企业家决策失误和经营失误的可能性。

史玉柱在分析失败之时就曾经说过："巨人的董事会是空的，决策是一个人说了算。因为我一人的失误，给集团整体利益带来了巨大的损失，这也恰好说明，权力必须有制约。"其实，因为这个原因而倒下的知名企业家不止是史玉柱，我们还记得，当姜伟在沈阳飞龙中出现"决策的浪漫化、决策的模糊化、决策的急躁化"之时，没有人能够阻止他；当吴炳新提出"三株年销售额在1999年达到900亿元"的宏伟目标时，也没有人能够发表自己的意见。

其实，由国内外诸多企业发展的经验也可以看出，当企业发展到一定的规模以后，引进相应的约束机制势在必行。企业家需要懂得现代管理科学的专家提出战略规划和目标管理等方面的合理意见，需要专职的职业经理人料理企业中日益繁杂的业务，也需要企业的员工们能够充分调动他们的积极性，集思广益，使企业得到更好的发展。通用公司的首席执行官杰克·韦尔奇在这个方面就做得非常好，每当他和部门经理们开会讨论某一项方案时，如果没有任何人有异议，他就认为大家并没有认真考虑过这项方案，所以没有自己的看法，这时他就会结束会议，留出一定的时间让大家仔细考虑这项方案，在大家都形成自己的意见以后，再继续会议，以此来真正调动起所有人的智慧。

5. 正确对待论道的诱惑

企业家处于企业经营的第一线，是企业经营的实践者和领导者，因而就企业的经营和发展来说，最有论道资格的人莫过于企业家，所以我们主张企业家就企业问题多论道。例如，企业家到各个高校去讲学，或是到各种研讨会做讲演，可以把自己的成功经验或是失败教训与众人分享，这些经验和教训都是他们在商海中第一线摸爬滚打多年以后，用血和汗换来的，可以说这些都是千金难买的财富。

企业家把自己的经验和教训通过论道无私地贡献出来，这些素材可以被大众所获知，其他企业家或是有志于成为企业家的人们获得相关的宝贵经验，既能够更加清楚地了解市场中的种种风险和陷阱，避免以后再犯这些错误，也可以由此得到启迪，探索到新的市场机遇，发现自己的奋斗目标。另外，企业家的经验和教训也可以成为高等院校商学院案例库中的珍贵案例，比如已经被美国南加州大学收录成册的无锡小天鹅集团的"小天鹅营销案例"，这些案例在经过商学院的专家学者分析研究之后，这些研究结果一方面可以改革更新现有的教材，使那些缺乏社会经验的学生们能够及时地把握好市场上的最新动态，经过借鉴学习这些企业家的经验和教训，有助于他们的成长；另一方面，这些研究成果也可以从侧面反映出目前政策和制度对企业发展构成制约的不完善之处，可以供政府的经济管理部门参考并进行修改完善，以消除与改革进程不相匹配的桎梏。

但是，企业家不能迷恋于论道，应该明白自己的职业是经营企业而不是教授，是创造经验而不是传播经验，是实践者而不是宣传家。也就是说，虽然要论道，但不能被其诱惑。至于将论道用于作秀，那就更不应该了。现在有一些企业家过于看重论道，他们成功以后，有了一定的资本，就到处讲学，为自己树功立碑。他们只要一听到某个地方又有研讨会了，或是某个高校的学生组织又请他们做讲演了，就无法抵御诱惑，无论地方多远或是自己多忙，他们都会把手头上正常的企业事务暂时放下，以便赶到演讲现场，为自己摇旗呐喊。有些企业家甚至主动去高校联系讲学，希望能够在讲坛上过过瘾，为自己做宣传，扩大知名度。

有些企业家在讲学的时候从不谦虚，往往在他们已有成就的基础上，添油加醋地过分夸大。他们的讲演内容不外乎是自己的成功非常艰辛，自己的品质非常高尚，自己的决策非常灵敏和果断，自己的能力在企业的发展中起到了决定的作用，一步步地开拓市场、把蛋糕做大，自己的企业目标就是进入世界五百强，等等。当他们听到其他人吹捧的时候就会感觉特别受用，尤其是当没有进入过社会的大学生们为他们喝彩、欢呼雀跃的时候，他们就得到了极大的满足，实现了自己的精神享受。

我们不反对企业家在论道中为自身和企业积累无形资产，但要把握好度。现在有些企业家四处论道，一方面可以主动宣传自己，另一方面也可以打通一些舆论媒体，通过社会中巨大的媒体力量扩大自己的知名度和影响力，其最终目的就为自己捞取政治或是荣誉的资本，这是不对的，这种论道实际上已经变味了。

有些企业家甚至将论道变为“吹牛皮”，例如有些企业家到处宣讲自己的功劳，突出自己的领导才能，把自己的企业描绘得尽善尽美，但是，人们一旦真正深入到企业内部，就会发现盛世繁华只是表面上的东西，一些企业早就已经问题重重、员工抱怨诸多了。

其实，这些企业家确实是有到处论道的资本，毕竟没有人能够轻而易举地成功，他们都是凭着自己的胆识和把握机遇的能力才取得已有的成就。但是，值得注意的是，仅仅依靠论道并不能把自己的企业再做大。对于到处论道的企业家来讲，他们的主业已经成为到处讲学，为自己宣传，而真正做企业、做实业早就已经被他们抛到九霄云外。他们时刻惦念着研讨会和演讲会，也就没有足够的精力管理企业，企业的日常经营无法放在心上，不能够时刻保持对市场风险的警惕性，这样，企业也就根本无从发展。

6. 正确对待游玩的诱惑

企业家确实是人类社会中最累的一个阶层，如果把人类社会比作一般在大海中航行的大船的话，那么企业家就是划桨者。可以说，市场之中风起云涌，企业家身处其中，劳心劳力，片刻不得轻闲。因此，企业家在企业有了一定的基础、业务步入正轨以后，或者说其事业小有成就时，就可以适度放松一下自己，出去游玩散心，给自己放假几天做出适当的调整，毕竟“文武之道，一张一弛也”。

但是，这里也有一个度的问题。我们曾经说过，企业家是一种高风险和高劳累的职业，一旦选择了这种职业，就意味着一辈子操劳和辛苦，因而企业家不能迷恋于休闲。有一些企业家过于放松自己，他们整日或是游览祖国的壮美河山，或是出国领略异国风情，这样，他们的大部分时间都是在旅途中或是在风景名胜中度过的。这些企业家也声称自己时刻关心着企业的经营活动，虽然他们没有留在企业，然而由于现在通讯和网络非常发达，他们可以进行“网络办公”和“移动办公”，随时遥控、指挥着企业的日常经营，做出最终决策。这样他们可以一边游玩，一边处理企业的事务，做到两边都不耽误。不过，很多企业家为了使自己在游玩时能够保持一个好心情，玩得尽兴，就不太愿意被别人打扰，所以，他们一般都关掉手机，切断和外界的联系，也只有在一天的游玩结束以后才重新开通和外界的联系。这样，即使是他们可以进行“网络办公”和“移动办公”，可是市场中风云瞬息万变，他们根本就没有能力和市场变化保持一致，行为的滞后肯定是不可避免的，节奏上总是慢半拍不只会使企业错失很多市场机遇，而且还会使企业陷入种种市场风险之中。因而，企业家也就无法做到一边游玩，一边保持正常的办公，企业会因为企业家的懈怠而被迫陷入危机之中。

总之，企业家应该把握好工作与休闲的关系，尤其是应该看到企业家这种职业决定了自己只能是比别人更辛苦、更劳累，不可能有太多的休闲。政治家迷恋休闲误国，企业家迷恋休闲误企。

7. 正确对待美色的诱惑

俗话说，爱美之心人人有之，因而美色对于任何社会阶层都有诱惑，任何社会阶层都有一个抵御美色诱惑的问题，但对于企业家来讲，这个问题更为重要。因为试图以色而诱惑人的人，其目的都是为了钱，是一种钱色交易。需要指出的是权色交易的背后目的也是为了钱，因为权能带来钱，因而从这一点上讲，企业家在这方面被诱惑的压力，要比政治人士还大。正是因为如此，企业家要认真对待这个问题。有位企业家告诉我，对于这种诱惑，要加上两道保险杠：第一个是最好不要被其诱惑，千万不要将为了钱的色看作感情问题，看清这是一种在情包装下的钱色交易，这里没有爱情问题，是脱离了爱的性问题，而且是性与钱交易的性问题，顶不住诱惑者大都是将钱与性的交易看成为爱情问题；第二个是不能因为顶不住诱惑而危及企业，就是说那些经不住色的诱惑的人，绝不能因为自己的钱与色的交易而影响到企业的正常经营与投资，那种以色诱惑人而为了拥有企业利益的人，是更为可怕的，因为其目的不是在于一点钱色交易的小钱，而是有更大的阴谋，对此更应警惕，因而企业家必须守住钱色交易不能影响企业的这个底线。对于这位企业家的这种讲法，有人似乎觉得比较“俗”，但是这种“俗”有它的哲学，这就是企业家必须随时要视保护自己的企业为己任，任何诱惑都不能影响企业的生存与发展。当然，对于真正的爱情，那就另当别论了。企业家因为很优秀，所以有人明知其已结婚，也会对其产生爱情，甚至爱得很深，以至于发生越轨行为，对此企业家要从事业及家庭两个方面考虑此类问题，不过这已是道德问题及个人隐私问题了，不是我们这里所讨论的问题。

很多原本很优秀的国有企业的企业家，他们原本非常清正廉洁，有能够拒绝几乎所有诱惑的能力，但就是“英雄难过美人关”，由于受到美色的诱惑，这些企业家被逼无奈，只有贪污受贿、徇私枉法，以满足美色对于金钱以及权力等方面的需要。

北京市751厂原厂长兼党委书记陈某，曾经是一名业绩非常突出的正厅级领导，获得过很多荣誉称号，然而，为了情妇的享受，他私自动用25万元公款为她包租了一个四星级饭店的豪华房间。为了满足自己和情妇奢华消费的需要，他们在所包的房间内进行各种钱、权、色的交易，在1992年10月到1994年3月这一段时期内，他一共贪污了416.6万元，挪用公款158万元，最终因为他的失职给企业带来了1 500多万元的经济损失。1997年3月12日，陈某被北京市中级人民法院判处死刑，剥夺政治权利终身。

很多企业家难以抗拒投怀送抱的美色，而别人也正是抓住了他们这一个弱点，通过美色进攻，一下子就把这些号称“百毒不侵”的优秀企业家们拉下了水。“美人计”恐怕是商界中最为奏效也是使用最为普遍的计策了，通过美色的诱惑，企业家的竞争对手可以轻易刺探出商业秘密，获得足以对企业致命的情报。商界中“美人计”的使用无处不在，企业家们不得不小心提防，面对美色的诱惑，倒下的企业家们可以说是一批接着一批，很多企业家非常清楚其中的危险性，但是由于人性自身的弱点，使得他们“情难自持”。

另外，有些美色因为贪图企业家的财产而借故接近并诱惑他们，在掌握了充分的证据以后，借此来威胁他们，迫使他们破财消灾，最终导致企业元气大伤，企业家人财两空。还有一些美色是因为看重企业家的人，希望可以由此组建一个稳定的家庭，如果这些企业家已经拥有了自己的家庭，无法给予美色们名分的时候，她们会通过各种手段尽力折腾，最终的结果就是企业家片刻不得安宁，从而导致企业家原来的家庭破裂。

因而，无论出现哪一个结果，对于企业家的打击都是异常巨大的。企业家要想真正发展自己的企业，不想被竞争对手抓住把柄从而在商场中丧失竞争优势，不想被迫拆散家庭、妻离子散，那么企业家在面临美色诱惑的时候，要多问问自己，自己的所作所为会带来什么样的后果？值不值得自己放弃其他的一切？

8. 正确对待金钱的诱惑

金钱对任何人都有诱惑，但对于企业家的诱惑更甚。因为企业家是运作金钱的，但其运作的有些钱并不是自己的，因而企业家必须尊重别人的产权，不能将别人的钱占为己有。曾任中国长江动力集团公司党委书记、董事长兼总经理的于某，是一名获得过很多荣誉的资深老党员，也是享受政府津贴的“国家级有突出贡献管理专家”。长江动力集团公司曾在菲律宾投资兴建了一个电厂，注册资金50万美元，年电费收入1 000万美元。在电厂建立之初，就是以于某的个人名义进行注册的，他在1995年出逃到菲律宾后，便“合理合法”地将该厂据为己有。极其类似的是，原为黑龙江省石油公司原总经理的刘某，也曾经获得过多种荣誉称号，他把1亿多美元的国有资产转移到了国外，在为自己铺平道路以后，他迅速地在美国为一家八口办好了定居手续。就在1998年9月前后，几个曾经获得过“全国五一劳动奖章”、“全国优秀企业家”、“全国优秀企业经营者”的国有企业的企业家因为经济犯罪案件而落马，他们包括兰州钢铁集团公司总经理张斌昌和兰州连城铝厂厂长魏光前等。

如此密集的优秀国有企业家涉嫌经济犯罪案件的现象引发了社会上关于“59岁现象”的大讨论，正在这场讨论如火如荼地进行之时，人们突然发现，新近揭露出的涉嫌经济犯罪的案件中，国有企业家们犯罪的平均年龄降低了，正是看到了“59岁现象”，年轻的国有企业家们及早地为自己做好了安排，晚贪不如早贪，与其在59岁时被人重点盯防，不如及早下手。这些获得过多项荣誉，得到过国家各项奖励的社会栋梁之才，却在金钱的诱惑面前低下了高贵的头颅。

毋庸置疑，他们为自己的企业发展作出了巨大贡献，立下了汗马功劳，但是由于我国市场经济体制改革中的诸多不完善，他们却无法获得与自己所做出的实际贡献相匹配的收入，因而一旦和民营企业或是外资企业的企业家相比，他们的收入不免逊色许多，心态的失衡逼迫他们只能够通过别的手段来获得其他收入，比如任意挥霍公款，贪污受贿，生活腐化，等等。根据有关部门统计，在1988年我国曾经评选出来第一批“优秀企业家”共20人，在10年后的1998年，其中的6人或者被枪毙，或者被判刑、处分，或者叛逃，继续留在企业家岗位上的只有4人。有人就曾经说过，没有褚时健，云南省的收入会少一半，十几年来，玉溪卷烟厂共为国家创税1 000多亿元，连续多年保持全国利税的十强之首。但是，企业家即使是在政府不能公正对待他们的时候，也无论如何不应该违法。

目前针对优秀的国有企业家纷纷落马的现象，有关部门已经开始实施积极的措施来完善相应的环节，在给予优秀的国有企业家们各项荣誉和政治地位的同时，也正在逐步提高他们的物质回报，以使得他们的各种收入可以和努力付出大体相平衡。这是很对的。因为形成国企老总不能正确对待金钱的一个重要原因，就是体制有问题，有其体制基础，我们应该通过体制改革解决问题。当然，体制末完善之前，对于国有企业家来讲，如果非常看重金钱回报，那么他们可以选择进入民营企业或是外资企业，但是不管到哪里都不能触犯法律。

四、正确对待自己

任何人都要正确对待自己，但这个问题对于企业家来说，更为重要，因为企业家身系企业的前途和命运，关乎企业的兴衰存亡。尤其是企业家这种职业不是任何人都能干的，也不是一个人任何时候都能干的，例如有的人在某种情况下是一个好企业家，但环境变化之后可能就不能再干企业家这个职业了。因而企业家必须要正确对待自己，根据自己的状况来考虑要不要继续作为企业家而存在。常言说，“人贵有自知之明”，企业家要了解市场、了解环境，但是最重要也是最根本的，就是要了解自己，因为每一个人最大的对手不是别人，而是自己。只有正确了解自己，企业家才能在决策中保持清醒的头脑，进行有效的自我控制。

企业家们要正确认识自己，一方面是要正确认识自己的经营能力，虽然隔行如隔山，不能好高骛远，避免盲目进入自己不熟悉的领域，但是也不要看轻自己，缩手缩脚；另一方面就是要正确认识自己的心理承受能力，开展企业的经营活动之前要能够做好充足的心理准备，当企业发展遇到磕磕绊绊，或是由于自己的决策失误而错估了市场前景时，要及时调整好自己的心态。同时还要正确对待自己的作用，不能过高地估计自己的作用，以保持平衡心态。

1. 正确对待自己的经营能力

企业家在开展企业的经营业务之前，都要仔细估量自己的能力，以形成比较准确的认识，一方面绝对不能过于高估自己的能力，另一方面也不要过于低估自己的能力。高估自己，认为自己是无所不能，那么企业家就会盲目多元化或者盲目追求高速发展，必定造成决策失误；而低估自己，认为自己能力有限，企业家就会变得不自信，总是为了求稳而不敢快进，当面临市场机遇的时候，也就放不开手脚，那么最终企业前进的步伐就会过于缓慢。但是就我国目前的状况来看，前一种情况占主导地位，也就是说目前中国的很多企业家还是过高估计自己的经营能力，贪大求全，倾向于多元化经营，以求把企业做大做强。其实，企业家在选择进入一个产业前，应该对这个产业有足够的了解，而且要对自己能否有能力经营这个产业有认识，这是对企业家最基本的要求。很难想象一些企业家根本不明白如何在一个产业之中运行并盈利，却盲目地选择该产业，尤其对自己能否经营好这个产业根本心里无数。这种不从自身能力上选择产业的作法，是企业家的大忌，但是，这种不正常的现象在我国经济发展中却经常出现。

2000 年 9 月 14 日，浙江省海宁市鼎盛实业有限公司宣告破产，其在 1993 年的销售收入还高达 5 397 万元，利润总额 219 万元，1994 年又荣获“海宁市明星企业”的称号，其正处于企业发展的全盛时期，却轰然倒塌，给当地政府带来巨大的震动。其实也正是在企业鼎盛的时候，企业领导开始对自己的能力盲目自信，为了追逐高利润，企业扩张到自己不熟悉的产业中。由于当时化工产业利润较高，鼎盛公司在 1993 年 12 月开始筹办化工厂，次年 4 月正式投产，但是公司对化工产业完全不了解，公司最初对于化工厂的投资额预算为 210 万元，然而最终的实际情况使得公司不得不把投资额追加到 957 万元，并且垫付流动资金 285.10 万元。由于缺乏相应的配套技术和管理经验，化工厂从投产至停业只维持了 13 个月，截至最后鼎盛公司破产之日，仅就投资化工厂一项就给公司造成损失 1 652.67 万元。除了化工厂以外，公司对外投资近 11 种产业，涉及化工、皮革、贸易、灯艺等，这种跨多个产业的投资战略，直接分散了企业的财力、精力，加大了管理成本。由于企业对于投资产业并不熟悉，这就决定了企业经营的高风险，致使企业最终的负债率高达 118.64％，对外投资决策失误最终导致鼎盛公司资不抵债宣布破产。

改革开放初期，由于我国处于生产者主导的卖方市场，供不应求的情况持续了十多年，而且市场环境也很不规范，企业家无论从事什么行业，只要能够生产出来，就肯定可以盈利，所以我国的企业家可以在短短的十几年甚至是几年内创造出企业跳跃式发展的奇迹。当他们的企业经历了建立期、发展期、成熟期以后，由于企业发展地过于顺利，这些企业家也就自信地飘飘然起来，把机会当成了自己的能力，从而形成一种错觉，似乎自己什么都能干，只要自己想干，就一定能够成功，这时他们的自信心一般都会极度膨胀。而且多年来丰厚利润回报的积累也使他们拥有了"第一桶金"，具备了扩张的雄厚实力，这就不难解释中国的企业家们为什么一度争相实施多元化经营的战略方案。

然而，由于他们的过分自信，从而忽视了现今的市场环境已经发生了巨大的变化，在市场经济日益发达的今天，市场这种资源配置方式对于经济的调节作用越来越明显，优胜劣汰的机制越来越强，"不熟不做"成为商业最基本的法则之一。多元化经营本来是企业发展扩张中的一种常规化选择，很多已经在某些产业很成功的企业家由于盲目自信，误以为自己在一个产业成功的经验也可以如法炮制地实施在其他产业中，他们过于相信自己过去成功的经验和历史，原始积累时期的顺利让他们非常亢奋，认为"别人能干的我也能干，而且能比他们干得更好"，甚至产生"只有想不到的，没有做不到的"想法。因而，即使是他们不懂，而且也没有熟悉相关知识的人才，他们也可以逐步涉猎到自己不熟悉的一些产业领域，盲目扩张。因为在自己不熟悉的新领域中存在着诸多风险和不确定因素，所以，除了一些个别的成功案例以外，绝大部分企业陷入多元化经营的陷阱，留下增长乏力、周转不灵、管理滞后、债台高筑等一系列的后遗症，"四面出击"导致最终"四面楚歌"。

由于企业家不能正确对待自己的经营能力而导致决策失误的例子已经发生的太多了，曾经辉煌一时的巨人集团的总裁史玉柱就称自己是"一个著名的失败者"。当初巨人集团以生产保健品起家，企业的"脑黄金"红遍中国大江南北，企业成功以后，史玉柱也开始盲目自信，完成初步资金积累的巨人集团草率地进入了一个自己完全不熟悉的产业——房地产产业，投资 12 个亿修建巨人大厦，投资 4.8 亿元修建黄山绿谷旅游工程，在上海浦东买下 3 万平方米土地准备修建巨人集团总部。最终在修建巨人大厦时，由于资金链脱节，后续资金无法到位，巨人集团轰然倒塌。在 2001 年的"中国民营科技企业新世纪高峰论坛"上，史玉柱做总结时坦言，巨人集团在今后进行投资时，要把握好几个原则：首先，投资领域要放在朝阳产业中；其次，只投资在熟悉的产业中；再次，在投资的产业中，要能够充分发挥自己公司的人力资源的优势；最后，如果一旦出现投资失误的苗头，要当即不计损失地放弃投资。

目前在很多场合中和媒体上，还是经常听到一些企业家信誓旦旦地要把自己的企业做大到世界五百强。不可否认，企业家拥有宏图大志是一件好事，而且由他们的口号也可以看出，他们具有很强的民族自豪感和民族荣誉感，他们对于国内企业的发展抱有很高的热情和期望。但是这要建立在企业家对自己的经营能力有了全面了解的基础之上，只有在此基础上提出企业的发展目标，才是切实可行的。

有一个典故经常被业内人士所提起，三株的老总吴炳新曾经语重心长地对巨人的老总史玉柱说："不该挣的钱别去挣，天底下黄金铺地，不可能通吃。这个世界诱惑太多了，但能克制欲望的人却不多。"虽然他们两个人后来分别因为"超常规扩张"和"超常规多元化"而失败，但是这句话却非常值得企业家们深思。天底下没有能够赚完的钱，懂得在适当的时候放弃也是一种智慧的体现，因为选择放弃需要比选择拥有具备更大的勇气和胆识。

每一个企业家的能力毕竟都是有限的，由于当前行业分工日趋细化的特点，一个人的能力会不可避免地受到诸多制约，想要在每一个领域里都成为专家是不可能的。非理性地好高骛远、贪大求全，盲目进行多元化战略扩张也就会把自己推进泥潭、不可自拔，苦心经营多年的成果一朝成为泡影。

不只是在中国，国际上很多知名企业的多元化扩张也同样没有得到双赢的结果，在这里不得不提到曾经名列《财富》杂志"美国 500 强"中第七名的美国安然公司，它成立于 1985 年，以电力和销售天然气能源产品起家，在全球拥有 3 000 多家子公司，掌握着美国 20％的电能和天然气交易。公司的领导阶层想当然地认为，只要安然公司投资，无论在任何产业都会取得成功。因而在随后公司的多元化经营中，安然公司把业务扩展到很多领域，例如从事能源零售交易和其他商品配销运送业务，提供全球财务和风险管理服务，并涉足高速电信网络业务等一系列自己完全不熟悉的产业领域。但是，IT 产业充满了高风险，安然公司急功近利地进入知识经济网络科技的前沿，最终导致公司大幅亏损。然而，安然公司饮鸩止渴，为了股市上的股票繁荣而选择了做假账，结果只能无奈地倒闭。

韩国的企业家们对于多元化也同样有着疯狂的热爱，其最大的五个财团所涉及的行业平均达到了 140 多个，而且多元化的速度也异常惊人。可是在1997年亚洲金融危机时，韩国的韩宝钢铁公司、起亚集团、真露公司等一系列巨型企业相继破产，据有关经济学家分析，破产的最根本原因就是“盲目扩张”。另外，在20世纪90年代初期，当索尼公司扩张到美国的娱乐业和房地产业以后，由于不了解相关产业的具体运营，使得索尼公司在1994年成为世界上亏损最多的公司。

目前，很多国际知名跨国公司已经接受了盲目多元化的教训了：菲利普公司卖掉了自己的彩电生产线，西门子卖掉了生产大家电的子公司，百事公司放弃了快餐业和饭店，通用公司卖出了15家零配件厂，爱立信公司放弃了自己的手机生产，等等。

为什么会出现这些情况呢？因为曾经盲目的并购、扩张、多元化，不但没有使这些企业达到“1＋1＞2”的结果，相反，竟然造成了“1＋1＜1”的恶果，有的甚至沦落到“1＋1＝0”的悲惨境地。所以，国内的企业家们最好还是忘掉什么世界五百强，扎扎实实地从最基本的、最简单的事情做起。要做那些自己有能力做好的事情，切不可有不切实际的想法，“人有多大胆，地有多大产”的妄想千万不能重演，其结果只能是既害己，又害人。

因此，企业家们要正确对待自己的经营能力。如果自己感觉到自己已经江郎才尽时，就应该自动退出，不要干自己所不能为之事。有些企业家明明能力不行了，应该自己退出，但却非要自己经营企业，结果导致企业完蛋。人贵有自知之明，企业家应该正确把握自己的经营能力，千万不可太自负。随着生产力的发展，有些人的创新能力不够了，整合能力不够了，就要明智地退出，这种退出行为是伟大的，而并不是无奈的选择。

2. 正确对待自己的心理承受能力

有位企业家告诉我：当他晚上听到自己的企业在经营方面的好消息时，高兴得整夜睡不着觉；但当听到自己的企业在经营上不好的消息时，烦躁得整夜睡不着觉。我听后告诉他说，你的心理承受能力有了问题，一定要注意。提到企业家们的心理承受能力时，就是要看企业家们自己的心理极限是多少。

开办企业，企业家当然希望一切都能够按照自己所预想的发展，但是在充满风险的市场中，这是不可能的，企业家要对企业可能遇到的困难做好充分的思想准备。另外，当面临选择时，企业家要好好考虑一下自己的心理承受能力，如果过于高估自己的经营能力，一旦失败，自己能够对多大的亏损额看得开；如果过于低估自己的经营能力，一旦错失良机，自己会对多大的预期收入损失额想得通。这也就是讲，企业家要正确认识自己的心理承受能力，做到无悔于自己的选择。

人们一般都会把企业家和名誉、金钱、权力、享受等联系在一起，但是却忽视了企业家的付出。商场如战场，企业家为了企业的发展，需要时刻保持警觉，绷紧神经，很少有能够放松自己的机会，他们一般都和压力、竞争、劳累、焦虑、失眠、苦闷等紧紧地绑在一起，所以他们的精神压力比一般人要高很多。

在一些发达国家，人们常说，成功的企业家背后都有两种力量在支撑：一个是法律顾问，解决企业的种种纠纷；另一个就是心理医生，处理企业家自身的心理问题。

但是在中国，由于传统观念的影响，人们对于看心理医生一直有着一种根深蒂固的误解，认为只有精神病才会去医院看心理医生，看心理医生是一件很丢人的事情。所以，当企业家由于心理压力过重而无法释怀时，或是他们不把心理方面的危机看作是一种疾病，因而也就不会去看心理医生；或是他们畏惧人言，不敢去看心理医生。而他们一遇到无法排除的心理压力，或是去娱乐场所一醉方休，或是求神拜佛，求卦算命，更可怕的是有些人希望可以用工作填充自己，让自己没有空闲考虑其他问题，结果却导致压力更大。

可想而知，这些消极化解压力的方式根本就不能解决任何问题，所以，一旦企业家所承受的心理压力超过了他自己的心理承受能力，他们就可能精神崩溃。目前我国企业家们的心理健康状况非常令人担忧，经过几家调查组织的调研显示，在企业家们中间，自杀者有之，杀人者有之，发疯者有之，逃遁者有之，犯罪者有之，抑郁者有之……他们的心理状况问题已经引起了很多人的关注。据分析，我国企业家们的心理问题大约由以下几种情况引起。

第一，过于沉迷于工作，且不懂得休闲。“春都王”高凤来曾经获得过包括“全国五一劳动奖章”的多项荣誉，得到过多位国家领导人的嘉奖。他经常是从早上七点钟工作到凌晨两三点，从不给自己放假，而且他这个人最大的优点，也是最大的缺点，就是不会玩乐。除了行色匆匆地奔波于北京、郑州、洛阳之间以外，他就是默默地工作，独自承担着来自各界的压力，最终因劳累过度而突发心肌梗塞与世长辞。

类似的案例在2004年年初又发生了几起：3月初大中电器公司的总经理胡凯因为过度疲劳突发心脏病而去世；4月8日晚，54岁的爱立信(中国)有限公司总裁杨迈从上海开完会回到北京，因为连续超负荷工作，心脏骤停而在健身房中永远地倒下。

其实，美国《时代》周刊就曾经指出，在1995年这一年内，日本的精工公司、川崎制铁公司和全日本航空公司等12家大公司的总经理相继突然去世，年龄大多在四五十岁，经过医学家的调查，他们都是"积劳成疾、劳累猝死"。

第二，工作压力太大，无处排解。2001年3月，某位曾经上过"福布斯富翁榜"的企业家，在北京市某个夜总会里，拿着一叠叠的钞票砸向旁边的小姐们，口里还不停地喊，"拿去，拿去，都是你的……"

此前在1993年，被誉为"桑塔纳之魂"的老总方宏就是因为工作压力太大而坠楼身亡。

第三，企业失败，无法承受之痛。1993年，年仅29岁的企业家冯某在自己家中用水果刀割腕自杀了，在其留下的遗书中写着，"现实太残酷，竞争和追逐永远没有尽头……我将到另一个世界寻找我的安宁和幸福。"自杀的原因就是此前由他一手创建的永丰面粉厂因经营不善而破产。

曾经获得过"全国五一劳动奖章"的习酒集团老总陈某因为盲目扩张，导致企业拖欠债务高达4亿多元，最后被茅台酒厂公司兼并，他对此无法接受，1997年7月26日，在遵义开枪自杀。

第四，家庭破碎，个人情感无以宣泄。1998年的圣诞节前夜，海口市的人们欢欣雀跃地过平安夜，在拥挤的人群中，一个女人满脸涂满油彩，一边疯狂地叫着"上帝，我爱你"，一边用剪刀将自己身上的衣服剪成碎片。这个疯疯癫癫的女人不是在表演什么行为艺术，她曾经是一位拥有上千万资产的女老板，由于被自己的丈夫骗走了全部财产，又背上了一大笔债务，而神经失常。

某一位成功的企业家，夫妻感情很深，但是妻子在一次车祸中去世了，从那个时候起，他就经常郁郁寡欢，一方面要应对自己企业运营中的各种事务，另一方面还要照顾自己的小女儿，由于找不到可以倾诉的对象，他慢慢地患得患失，得了忧郁症。在某一天，他把女儿送到外婆家以后，就在家中服下大量安眠药自杀了。

第五，不了解自己的经营能力，偏执狂想。曾经的“中国大陆第一富翁”牟其中，利用国内大量轻工产品，从苏联换回4架民航机。在倒卖飞机成功而积累起自己的财富后，他便开始语不惊人死不休，信誓旦旦地要炸平珠穆朗玛峰，让印度洋上的暖湿气流滋润中国的西北干旱地区，还要把生意做到太空去，要玩转卫星，等等。结果在2001年，牟其中因为犯外汇诈骗罪而锒铛入狱。

第六，涉嫌触及法律，把自己逼上绝路。在1998年9月，四川航空公司的总经理杜定欢，因为涉嫌卷入了牟其中走私飞机案，在立案侦察阶段，自缢身亡。

第七，受到恐吓，焦虑成灾。2000年8月，重庆新特药老药房的老总陈华，由于在此前调整了药品价格，将自己药房中药品的价格平均降低30%，从此他就不断收到恐吓电话，导致自己精神恍惚，跳下长江自杀。

河南某个私立学校的老总，在开办学校几年后颇有成就，一日起突然不断收到威胁电话，索要钱财，因此，他整日担惊受怕，惶惶不可终日，停了自己所有的手机和电话，亲朋好友一概不见。

这些原因导致了企业家的心理状况不佳，有些人总是怀疑身边的人背叛自己，防他们就像防贼一样；有些人总是莫名其妙地对员工们发脾气，尽管员工们并没有做错任何事情；有些人总是感觉很孤独，找不到可以倾诉的贴心朋友，因此闷闷不乐，抑郁缠身；一些人总是担心自己的企业会偏离正常的经营轨道，压力过重；还有一些人甚至对这个社会充满了失望，从而产生“出家”的想法。

很多企业家由于心理承受能力到达极限而最终酿成惨剧，这也给其他企业家提供了活生生的教训，千万不要再讳疾忌医，企业家们要正视自己的心理问题，心理健康和身体健康同样重要。其实心理疾病都可以求助于心理医生，通过和医生们相配合，企业家自己适当地调整好自己的心理状态，通过各种手段和方法来缓解自己的压力，正确认识自己的心理承受能力，维护自己心理和身体的双重健康。

所以，企业家们要正确对待自己的心理承受能力。如果感到自己的承受力已不适合再干企业的时候，就一定要收手，不要再勉强自己，否则，对自己将是灾难，甚至连命都要搭进去，而且也会毁掉企业。

3. 正确对待自己的作用

企业发展在很大程度上是依靠企业家的才干和智慧，知名企业背后肯定有一个优秀的企业家，对此人们都是认可的，因而提出要尊重企业家和善待企业家的问题，希望我国产生出更多更优秀的企业家。这是社会的共识。但是对企业家自己来说，则不能过高地估计自己的作用，要看到自己的成绩是大家共同努力的结果，切不可有那种“舍我其谁”的“帝王思想”。如果具有这种思想，必将会不能正确对待自己，做出非理性甚至违法的事情，我们在这方面的教训实在太多了。

企业家在社会对自己的作用评价很高的时候，要认识到自己经营成就的取得，首先有机遇的问题，是才干加机遇的结果；其次是企业员工的配合，企业员工协助自己实现了自己的经营理念，贯彻了自己的经营战略；再次是社会各方的大力支持，是社会为自己发挥才干提供了舞台，任何个人的成就都离不开当时的社会环境。总之，企业家要把自己的作用同企业及社会的共同努力联系在一起，切不可过高地夸大自己的作用。如果过高地夸大自己的作用，必然会听不进别人的有益建议，甚至只能听奉承之语，而不能听忠言劝告，偏听偏信，最后就会一意孤行，为企业和自己带来巨大的损失。

尤其是过分地夸大自己的作用时，往往总会产生企业或社会对不起自己的不好思想，老觉得企业或社会委屈了自己，心理极度不平衡，因而总是想向企业或社会索取回报，从而会做出有违常理或法律的事情，结果受损害的都是自己。我们有些企业老总在退休之前或退休之后的心态不平衡，大都是起因于不能正确对待自己的作用，往往过度地夸大自己的作用，总认为企业或社会对不起自己。对国有企业来说，确实有一个要尊重企业家利益的问题，我们在这方面做得很不够，但对企业家自身来说，在思想上不能过多地有那种不平衡思想，要有理有规有序地获得自己的应有利益，要调整好自己的心态。

当一个企业家过分夸大自己作用时，往往是该引退而不引退，最终会既有害于企业，也有害于自己。这样的案例在中国太多了。有一位我比较熟悉的企业老总，他对于他所经营的企业确实立过汗马功劳，该企业的创立及发展确实与他的个人努力分不开，但是他年过六十之后，我发现他确实已经有些力不从心，无法适应企业发展的新要求了，因而我劝他该成功引退，但是他却认为这个企业就是他搞起来的，认为企业离不开他，坚决不退，而且还因为我的这个建议而和我疏远了，结果是最后出了事，而且涉及法律问题。因此，任何企业家都不能太夸大自己的作用，似乎离开自己地球就不转了，其结果却是毁了自己并危及企业。有一次有位企业家来看我，我发现他有些“狂”，似乎只有他才能办好企业，所以我给他写了个条幅，条幅上只有一句话：你以为你是谁。并告诉他，将此条幅挂在自己办公室，每天多看几眼有好处，可以调整好自己的心态。总之，企业家必须要正确对待自己的作用。

五、正确对待选择

最近有一家民意调查机构在对中学生进行职业选择调查时，发现他们大部分选择的都是当老板，也就是选择企业家这种职业。人们为什么更多地看好并选择企业家这种职业？因为在许多人看来，企业家是运作和拥有财富的人，是财富的代表和化身。我们在这里用不着对人们的这种选择的价值取向给以评价或指责，因为这是人权的重要内容。我们这里要分析的是，是否任何人都可以成为企业家，选择了企业家这种职业，究竟是会成为财富的化身和代表，还是将意味着别的什么。也就是说，人们要正确对待自己的选择。无论是要选择，还是已经选择了企业家这种职业的人，都有一个正确对待选择的问题。从现实状况来看，不少人仅仅看到了企业家是财富的代表和化身这一面，而没有看到企业家意味着操劳、艰辛乃至苦难的一面，而这恰恰是人们正确对待选择的立足点和出发点。

1. 谁能选择企业家这种职业

企业家是运作并拥有财富的人，因而企业家这种职业是许多人向往并喜欢选择的职业，但是企业家这种职业并不是任何人都能干的，因为企业家这种职业对人有着极其苛刻的要求，只有适合于它的内在要求的人，才能选择企业家这种职业。也就是说，企业家这种职业有着自己的内在要求，只有能够适合于它的内在要求的人，才能选择这种职业，否则，必将一事无成。实践中不知有多少人都试图创办和经营企业，但最终都败下阵来，甚至负债累累或进了监牢。因此，从这一点上讲，往往在现实中是职业选择人，而并不是人选择职业。世界上没有哪个职业好，哪个职业不好的问题，关键是你适合于哪个职业。所以对于要选择企业家这种职业的人来说，首先要搞清楚企业家这个职业的内在要求；自己能否适合企业家这种职业的内在要求。一般来说，企业家这种职业的内在要求有如下几点。

(1)强烈的创新意识和能力。

在市场经济条件下，市场经济活动具有开放性和动态性，市场需求和人财物等生产要素的供给是变动着的，政策环境和信息的传递也会发生变化，这决定了为适应这种变化的资源配置优化工作永无止境。在市场经济条件下，企业家是经济发展的带头人，支配着各种经济资源。企业家的根本作用在于创新或实现新的组合。企业家根据社会经济系统的发展变化情况，不断创新，通过改变生产要素和生产条件并使之重新优化组合，推动企业不断向前发展，促进整个社会经济资源效率的提高。从某种意义上说，企业家就是创新家，是决定企业兴衰的主要力量。

企业家区别于一般企业经营者而创建其业绩的重要条件，就是要有不断创新的能力，要有新点子，而不是只会重复别人走过的路。走自己的路，实质就是企业家运用创新意识和创新能力，能注意到别人忽略的问题，想到他人没有想或不敢想的问题，抓住时机，出奇制胜，生产与众不同的产品，创造独具一格的服务，走出一条具有自己特色的经营管理新路。

无数实践证明，企业家是创新家、开拓者，也是敢冒风险的人。在激烈的市场竞争中，无论是管理创新、产品创新、服务创新还是技术创新，本身就充满着市场和技术的不确定性。尽管经过市场调研与预测，经过技术可行性论证，但它仍然存在着难以预料的风险。企业家不仅要有胆识，有魄力，还要甘冒风险。只有在准确估计风险报酬的基础上，才能组织有效的风险管理，减少风险损失。总之，在优胜劣汰的竞争规律支配下，只有具有敢冒风险、开拓创新的企业家精神的人掌握了企业，企业才能在竞争中取胜。

(2)对经济生活的高度敏感性。

企业家是企业的决策者，决策的正确与否决定着企业的兴衰和存亡。在激烈的市场竞争中，市场机遇稍纵即逝，谁能抓住机遇果敢决策，谁就会成为强者；否则，一旦失去机会，就有可能给企业带来不可估量的损失。一个成功的企业家往往具有一般人所不具有的对于经济生活的特殊敏感性。面对瞬息万变的市场，他善于从每一个细小的商情信息中，发现别人尚未觉察的潜在盈利机会，并充分地加以利用，出奇制胜。也正是凭着这种灵敏的触角，企业家能够迅速而准确地捕捉到信息，审时度势，超前决策，并及时根据变化的情况调整自己的经营策略。

中外成功的企业家的实践证明，对经济生活的敏锐的洞察力、准确的判断力、灵活的应变能力是科学决策的关键，这是企业家知识、能力水平和远见卓识的综合体现，它根植于对企业、社会、消费者、市场、同行竞争对手的了解。在世界已进入信息时代的今天，企业家首先必须具备信息收集的能力，在利用各种信息渠道迅速准确获取最新信息的基础上，还要善于结合本企业实际对掌握的大量信息进行分析、加工、提炼，进而提出几种可行性方案，最后，有效地利用信息，果断进行超前决策。为了保证决策的科学性，企业家在作重大决策时必须集思广益，善于借助集体力量，进行民主决策。市场竞争是无情的，失败和困境常常光顾，这就需要企业家全力以赴，灵活应变。摆脱困境的方法多种多样，要根据不同情况，采取相应的灵活应对措施，一计不成再生一计，如制定新目标，改变目标重点，制定新政策，更换原有干部、成员，重新优化组合，引进新技术，等等。

(3)对企业发展有永不满足的追求。

在市场经济条件下，真正的企业家可被称为人格化的资本，其本能就是实现利润的最大化和资金的最大增值。衡量一个企业家是否成功的主要标准也只能是企业的经济效益。正是这种追逐资本增值永不满足的经济冲动，才可能使企业迅速发展起来。而在计划经济体制下，企业只是政府机构的行政附属物，企业领导人是由上级主管部门任命的具有行政级别的国家干部，即企业管理官员，其办企业的目的往往是为了进入更高的行政序列。这种人所具有的是政治冲动而不是经济冲动，因此市场对他来说无关紧要，关键是要让上级行政领导满意，把企业规模搞大了，级别提升了，就算大功告成；而从长远看，企业却可能因此陷入困境，他则不负任何责任。这种政治冲动越强烈，对企业的长远发展越不利。在市场经济条件下，只有把办好企业、实现企业的长远发展当做自己毕生的事业这样一种经济冲动，而不是把办企业当做升官的跳板这样一种政治冲动，才能使企业家真正以市场为中心来组织企业的一切生产经营活动。

企业家对企业发展永不满足的追求还体现为其坚韧不拔的内在毅力。市场如战场，企业家在市场竞争中遇到困难在所难免。面对复杂的环境和强硬的竞争对手，企业家只有具备必胜的信心和勇气，才能够坦然对待职业生涯中出现的各种危机，面对困难，自加压力，顽强拼搏，始终对企业的经营绩效充满信心，不达目的，誓不罢休。在外在因素把企业置于困境的情况下，企业家还要善于在逆境中实施风险决策，灵活应变，在风险的旋涡里识别和把握胜利的机遇，把损失减少到最低程度。真正的企业家，既能在有利的条件下使企业获得超常发展，又能在不利的条件下反败为胜。

(4)具有极高的综合素质和文化底蕴。

企业家在企业中所处的独特地位、所起的举足轻重的领导作用决定了其必须具有极高的综合素质，既要有丰富的专业知识、管理经验和极高的才干，又要有良好的职业道德和气质。特别应该指出的是，作为一个企业家，具有驾驭全局的组织领导能力和管理水平，多谋善断的科学决策能力，机敏灵活的应变能力，知人善用、任人唯贤的人才选拔和利用能力，掌握现代科学知识和专业技术能力等，对于其带领一个企业不断获得成功都是至关重要的。

正是因为作为企业家，必须具有一系列特有的综合素质和能力，因而企业家必然具有令人信服的判断力，并会在追求最大利润的过程中运用这种判断力。一般来说，企业家作出决策需要很多信息，这些信息的获取成本是昂贵的，而且靠直接观察是得不到的，但决策不仅受客观信息的支配，而且受主观信仰的支配。一个人的信仰来源于他的文化、宗教以及直接生活经历。有些文化显得比其他文化更加鼓励企业家精神。有的文化强调个性而非共性，这有助于个人形成对形势的独立判断能力。有的文化强调人类的自主性，而非宿命地屈从于自然，这会促进企业家所需的那种自信心的建立。有的文化强调英雄主义的一面，而非追求权力的腐败效应，这有利于人们执行雄心勃勃的、需要高度组织性的计划，等等。例如，熊彼特提到了创立个人王朝的梦想和愿望、征服的愿望以及创造的快乐；而韦伯(Weber，1930)强调的是新教伦理与天命的概念；雷德利克(Redlich，1956)则强调“实业首领”的军国主义价值观。因此，研究工商业史的作家，几乎无一例外地都强调文化和个性对企业家行为的影响。

2. 选择了企业家这种职业将意味着什么

企业家确实是运作和拥有财富的人，但是当一个人选择了企业家这种职业以后，就会发现企业家虽然运作和拥有财富，但这并不意味着企业家的生活中只有享受财富，享受财富带来的幸福，恰恰相反，当企业家运作和拥有财富时，他们将面临着因运作和拥有财富而带来的责任、艰辛、奉献、苦干，乃至苦难。

有位企业家告诉我说，一旦选择了企业家这种职业，就等于进了炼狱之门。这话不假，企业家这个职业就意味着辛苦、奉献和责任。

除了必须具备职业要求的基本素质以外，一旦选择了这个职业，企业家还应该正确对待自己的选择，明白自己的责任和使命：勤劳致富是前提条件，靠着旁门左道来发财终归不会长久；企业家就是企业的人格化，要全身心奉献给企业，没有太多机会来进行个人的休闲与享受；企业家要把企业做大、做强，而不是单纯以赚钱为目的；企业家在任何时候都应该清楚自己所肩负的各种责任，试图逃避责任必然会受到相应的惩罚；另外，企业家就要专心一意地把企业搞好，耐不住寂寞、受不了单调的企业家也就根本无法做好企业。另外，由于目前中国的市场机制还没有健全，企业家在很多时候必须应对很多不规范的外部干扰，这时他们不得不屈尊求人，耗时耗力地去解决这些本不应该成为问题的问题。

然而，很多人都错误地认为企业家既然拥有大量财富，一定都过着五彩缤纷的潇洒生活，可以尽情地享受人生。有一次我去录中央电视台的一个节目，他们做了一个对于中学生的调查，看看这些中学生们将来最希望从事什么样的职业。其中绝大多数中学生都选择了做企业家，原因不外乎是当企业家以后就会有很多钱，可以想干什么就干什么，从此以后就不用再奔波辛苦了。其实，这些错误的想法根源于他们并不完全了解企业家这个职业的内涵。

(1)企业家意味着勤劳和苦干。

现在办企业非常难，市场上各类商品琳琅满目，自己的产品要是没有与众不同之处，根本就无法脱颖而出，吸引到消费者的注意力。所以，企业家只有勤劳苦干，锐意进取，才有可能形成企业的核心竞争力，突出自己的产品。

企业家始终要为如何形成自身的核心竞争力而苦思冥想，要么使得产品具有特性，和市场上的商品有差别，要么就要使得自己的企业具有特性，争取得到社会的认同，从而推销自己的产品。所以，企业家必须投入大量的努力，在企业制度的安排、企业文化的塑造以及企业战略的选择等方面能够有出彩过人之处，这样才可以推陈出新，最终形成企业的核心竞争力。

核心竞争力首先必须能够给企业带来极大收益，其次表现在别的企业很难模仿，再次它的竞争力不是只能表现在一时半会儿，而是能够持续存续下去。所以，企业要想形成核心竞争力，企业家必须要时刻注意市场的任何风吹草动，能够灵敏地触觉到市场上的变化趋向。消费者对于产品特性的需求是在不断地发生变化，企业要尽量走在市场的前沿，抓住市场的潮流趋势，即使企业无法做到这一点，起码也要能够做到和市场的发展保持基本同步，不能落后。而且，随着企业之间的竞争越发激烈，技术的研究开发速度也在随之加快，技术的升级带动了产品的升级换代，缩短了它们的生命周期，企业家必须能够了解技术发展的现状和趋势，并把握住什么样的技术才是消费者目前所需要的，或者是有在未来能够创造出一片消费市场的潜力的技术。另外，为了应对外部市场环境和技术的变化，企业要有良好的应变体制，通常在运行一段时期后，企业都不可避免地会出现体制僵化和人浮于事的情况，机制设计突显制约，这就要求企业家能够不断地进行管理创新，及时消除企业中出现的问题，赋予企业活力。

所以，无论是外部的市场变化或是技术变化，还是内部管理出现问题，这些方面都需要企业家密切关注，不可有丝毫松懈。毕竟，企业只有创新才有竞争力，企业家必须时刻把心思放在自己的企业上，非常辛苦。

那企业家能不能不这么辛苦呢？有些企业家认为勤劳苦干太累，要时刻保持对市场的敏感太费心，总搞技术的研究和开发太耗费资金，进行管理创新的成本又太高。这样，不如考虑走走捷径，看到市场上什么东西畅销，跟着仿制即可，如果自己的技术水平达不到，做个形似就行，反正能卖一时是一时，即使偷工减料，消费者一时半会儿也发现不了。这些想法完全要不得，任何企业家都必须勤劳和苦干，企业总跟在别的企业屁股后头走，捡人家剩下的市场份额，怎么能够有大出息？而且，在市场经济条件下，偷奸耍滑、坑蒙拐骗的旁门左道做法更不可取。我国在从计划经济向市场经济的转轨中，有些人靠体制及法律的不健全而发了财，但这只是一时的现象，试想：

如果企业家希望靠钻国家政策的空子和打政策的擦边球而致富，那么随着市场经济的发展，各项政策逐步完善留给企业家们的机会越来越小，而习惯于钻空子的企业家们会发现自己的业务越来越难做。

如果企业家希望靠钱权交易来致富，那么随着市场经济的发展，政府职能切实转变到宏观调控、社会管理和公共服务上来，由管制政府过渡到服务政府，任何业务都是按照市场经济的规则来办，而习惯于依靠关系打通关节的企业家会很不适应这套市场经济规则。

如果企业家希望靠着媒体炒作来致富，通过媒体为自己吹捧，虽然可以扩大企业的知名度，但是过多暴露在镁光灯下，企业家根本就没有时间和精力投入到自己企业的日常业务中去。而且，随着曝光次数增多，公众了解企业问题的可能也就越大，到目前为止，生于媒介而又迅速死于媒介的企业已经为数不少。

如果企业家希望靠着制假造假来致富，那么随着社会信用机制的完善，企业家就会失去自己在商界立身的根本。

在竞争日益激烈的今天，企业家这样投机取巧是不用那么辛苦，但却是给自己的企业自掘坟墓，套用当前的一句流行语："出来混，迟早是要还的!"

因此，真正的企业家们是一步一个脚印地辛勤劳作，稳扎稳打，运用自己的智慧和才干开创自己的事业。他们遵纪守法，坚决不触犯法律，在有市场机遇出现的情况下，能够牢牢把握住这些机遇，遵守市场经济的运行规则，让市场来决定企业的命运和前途，但是他们自己一直坚持不懈的就是勤劳、苦干。

(2)企业家意味着付出和献身。

在极其激烈的市场竞争中，任何一个企业要生存，都必须处于高度紧张的竞争中，企业家当然首当其冲。所以企业家意味着付出和献身，不可能有太多个人的享受。

很多人认为企业家都是社会的高收入阶层，他们有足够的财富来满足自己的各种消费意愿，生活应该是多姿多彩才对，怎么可能只是付出和献身呢？其实，大家一般都只看到企业家光鲜亮丽的外表，而不了解企业家艰苦奋斗的一面。说实在话，一旦选择了企业家这个职业，企业家从此也就踏入了炼狱之门。一名真正一心扑在事业上的企业家整日都会忙于工作，心思完全在如何把自己的企业做大、做强的考虑上，根本不可能有时间和精力来休闲与享受。严格来说，企业家并没有自己独立的休息时间，根本就没有上班和下班的分别，就算是企业家正在休闲放松，甚至是在睡觉，一旦得知任何关于企业的消息，他们必须立即投入到相应的企业决策中。可以说，企业家是把自己完全献给了企业，两者早就融为一体，企业的事情就是企业家的事情，而企业家自己的各种杂事在企业面前一切统统都要靠边站。

所以，企业家只能是付出和献身，不可能有太多的物资享受。就算是企业家拥有的财富多，消费时比普通人的选择面要广一些，相对不那么受约束，但是，企业家也是人，无论怎么消费，充其量也只是满足一个正常人的生理需要，何况他们也没有什么时间和精力去大手大脚消费。从一定意义上讲，企业家获得的享受其实就是精神层次上的，是奉献后所体会到的社会认同感。企业家通过艰辛奋斗，逐步积累起财富，他们的成功就意味着带动了社会经济的发展，吸纳更多的劳动力就业，为国家缴纳尽可能多的税收，等等。这么说来，企业家积累起来的财富实际上不是为自己，而是为社会所用。自己企业的成功才是安慰自己的最有效的良药，才是自己真正的享受。可以说，企业家们并不追求成功后财富的享受，而主要是追求成功这个过程所带给自己的愉悦。

因而，既然明白了企业家这个职业意味着什么，那么一旦选择了企业家这个职业，就要无怨无悔地献身，财富为社会，自己又很辛苦，毕竟，这个职业更多的是奉献，而不是索取和享受。而且，市场环境越来越复杂，市场竞争也日趋激烈，各种市场风险时刻焦灼着企业家的心灵，迫使他们不得不和压力、劳累、焦虑相伴终生，而不得轻松。

(3)企业家意味着要把企业做强。

在激烈的市场竞争中，企业生存的唯一选择就是要不断增加竞争力，也就是要不断做强。因为一旦缺乏竞争力，就将很快被淘汰，不进则退的规律在企业家身上表现得最为充分。因此，做强企业是企业家的最主要职责。企业是企业家存在的基础和命根子，没有企业的生存和发展，就谈不到企业家的问题。但是企业家要保证企业的生存和发展，又是谈何容易呀！这涉及技术创新、制度创新、管理创新等诸多问题，因而既要求企业家有聪明才智，又要求企业家必须苦干和勤奋，因此，企业家这种职业要求企业家必须放弃自我，以企业的生存和发展为己任。从这点上讲，离开企业的生存和发展，企业家并没有自身利益可言，企业家只有保证企业的生存和发展，才能有自身的利益。因而企业家只有做强企业，才能有自我。企业家只有做强企业的责任，而并无首先考虑自身利益的可能。因此，一个人若选择了企业家这种职业，就必须要有奉献的精神和意识。

企业是市场经济的主体，企业只有满足社会利益的条件下，才能有企业家的利益。因而从根本上讲，企业家开办企业并不就为了单纯地赚钱，明确企业的长久发展目标，把企业做大做强非常重要。

企业家既然办自己的企业，肯定要想着把它做大做强。毕竟在风云瞬息万变的市场上，企业的实力越强才越能抵御各种市场风险。当企业出现暂时的困难时，大企业肯定比小企业要拥有更强的资金实力，也拥有更强的融资能力，能够相对容易地调配到资金，以应一时之急，帮助企业应对各种市场风险，渡过难关。这好比是在波涛汹涌的海洋中，航空母舰抵御风浪的能力，根本不是一叶扁舟所能比拟的。

随着我国经济的发展，市场上的商品基本上都是供大于求，而且从全球的经济环境来看，总体上也是面临着生产能力过剩、需求相对不足的局面。所以，企业之间的竞争也就越发激烈。企业要把握住市场的走向，要了解技术的革新，要不断进行创新，这都需要实力做后盾。很多巨型跨国公司每年的技术研究开发费用和广告费用，是很多中小企业好几年的营业额都比不了的，这就是实力的差距。当你比不了别的企业的时候，你就要跟在它们后面走，始终受到它们的牵制。即使是小企业的企业家要为自己的商品制定价格时，也要参考同行业中大企业的定价标准，自己基本上没有什么自主权。比如，当时的长虹一打价格战，其他的电视机品牌必须跟着相应降价，否则就没有市场，也就没有活路；当前的几大电器零售商一发威，其他各个中小电器零售商也就没有丝毫的竞争能力。这就是市场上的用实力说话，企业要生存、要发展，就必须要以做大做强为目标。

需要注意的是，企业家发展企业，是在培育自己的孩子，而不是今天炒股票，明天做外汇，什么赚钱就搞什么。那样就像小猴子掰玉米，见到大的就扔了小的，而扔来扔去，最终也不可能获得最大的玉米。企业要赚钱是肯定的，但是不能跟着感觉走，也不能把设立企业当作赌骰子，赌赢了可以大赚一笔，赌输了就关门大吉，这种赌博心理不能作为企业发展的动力。

所以，企业家要定出企业的发展方向，重视企业品牌的建立，真正做好一个企业，根据企业自身的条件制定一个长远的规划，使之符合市场发展的规律，把企业做大做强。企业家做决策时，应该按照企业的基本价值走向，本着发展企业的目的，选择有所为有所不为，把企业的可持续发展作为最终发展方向，果断地放弃那些尽管充满诱惑但是却背离企业价值取向的“诱惑之果”。

(4)企业家意味着责任。

企业是构成国民经济这个有机体里面的基本组成细胞，在它的正常运行过程中，离不开社会中方方面面给予它的支持和帮助，所以同时，它也就形成了相应的责任，企业家必须承当起这些责任，不能随意逃避。

企业家肩负着对社会各方面的责任：第一，企业家要对消费者负责，企业日常经营活动的目的就是把自己的产品提供给消费者，得到消费者的认同，才能获得利润，最终实现生产活动的价值，企业家肩负着提供给消费者最优质、最具竞争力的产品的责任；第二，企业家要对企业的出资人负责，企业能够存续下去的前提是其能够盈利，这样才有可能实现资本的保值、增值，才能够使得企业投资人安心，毕竟每一个投资者投资企业的目的就是为了能够获取比其他投资形式更高的收益，最终可能吸引更多的投资者进来投资，企业家承担着使出资人满意的责任；第三，企业家要对企业员工负责，企业的运营状态和企业员工的待遇直接相关，企业只有越做越强才能相应提高员工的整体收入水平，企业家承担着改善企业员工生活质量的责任；第四，企业家要对社会负责，企业是构成国民经济的基本构成单位，无数个企业的发展才拉动了经济的发展，最终推动整个社会的进步，企业家承担着社会发展动力的责任；第五，企业家要对国家负责，所有企业定时定量的纳税额构成了相当大比例的财政收入，而这些财政收入满足了国家的各项财政支出，最终保证了国家机器的顺利运行，企业家承担着维持国家正常运转的责任；第六，企业家要对环境负责，工业污染已经是目前最重要的污染原因，为了保持经济的长久发展潜力，企业家必须注意加强对工业污染的处理工作，严守相关的污染排放标准，最终实现可持续发展的战略远景，企业家肩负着维护环境质量的责任。

有些企业家可能认为这些责任带来的担子太重，老是琢磨着自己给自己减些压，然而，这种想法绝对要不得。给消费者的责任没尽到，消费者对你的产品不满意，他们会拔腿就走，反正现在市场上各种商品都是供过于求，选择多的是，企业没有客户，肯定完蛋；给出资人的责任没尽到，人家不满意就会撤资，现在的市场要求尽可能地把企业做大做强，资金支持的来源都没了，你凭什么发展；给企业员工的责任没尽到，员工的工资怎么都涨不上去，那员工肯定不干，不行就跳槽，吸引不了人才、留不住人才，企业也就没有发展潜力；对社会的责任没尽到，不遵纪守法经营，老是偷奸耍滑，企业迟早会被社会所淘汰；对国家的责任没尽到，想着法地偷税漏税，一旦被查处，企业名誉扫地，必会失去公众的认可；对环境的责任没尽到，污染物不经处理就偷偷排放出去，把治理污染的成本转移给整个社会去承担，眼前是减少了企业的成本，但是长久下去，整个生态环境的承受能力出现危机，必然会把相应的惩罚回报给企业，再者说，目前我国政府提出要建立可持续发展的社会，对于企业的污染排放都有相关严格的规定措施，一旦被查处，企业省却了一时的微小成本，却不得不搭上巨额的罚款。

所以，企业家就意味着责任，一旦注意到这一点，他们在做经营决策的时候，就会经常问问自己，是否承担了自己应负的责任？是否做出了最为理性的判断？自己对自己的行为是否做好了准备？能不能对自己的选择负责？这样，就不会再有逃避自己应尽责任的想法了。

(5)企业家意味专业化。

企业家一旦选择了这个职业，就相当于把自己和企业合为一体，企业家的唯一任务就是好好地把自己的企业做大做强，所以，企业家要一心一意地做好自己的本职工作，不要再出去做什么“兼职副业”。

现在的职业分工越来越细，每个岗位都需要专业的人才，企业家这个职业也不例外，要求就是要全心全意做企业，而不是什么职业都涉猎的所谓“通才”。要做好本职工作，就要全身心地投入，尤其是像发展到今天的社会，市场竞争趋于白热化，企业家必须完全把自己献身给企业，才能应对市场上的风云变幻。这个时候，企业家就是专业搞企业的人，就是企业的人格化，你很难把企业和企业家分割开来，企业家的生活必须要日趋单一化，职业必须要日趋专门化。

有一些企业家不想把生活搞得这么单调，就开始涉猎到其他领域，比如兼职去当一把政治家，或是去玩玩艺术，或是去过过明星瘾，或是摇身一变成为一个学者，或是去做个野外探险者，等等。事实上，人各有所长，一个人不可能同时从事好几个不同的职业，而且每个人的精力都是有限的，只可能同时在一个领域取得成功。企业家最好不要涉及政治，因为那是很危险的，而且企业家和政治家这两种职业从业者的素质要求截然不同，能够同时在这两个领域大获成功的人屈指可数。企业家偶尔去玩艺术、做明星、谈经说道、游山玩水等都可以，作为正常的娱乐，这些行为无可厚非，但是千万不要混淆主次，企业家的主业就是企业，一旦离开企业，企业家什么都不是。目前为止，没有看到哪个企业家先是把企业做成功以后，再放弃企业去从事另外一个职业，比如做演员、做运动员或是做演讲家，没有这样的成功案例。

所以，企业家就意味专业化，一旦投身到企业中去，就要无怨无悔地献身，企业家很辛苦，生活节奏单一，但是要想把自己的本职工作做好，这是必然的要求。现在看来，企业家都要向张艺谋学习，做导演就是做导演，虽然偶尔客串一把演员做做，但是始终明确自己的工作就是导演，这样的选择才是最明智的，所以他能够做到导演行业中的佼佼者。社会分工越来越细，没有任何人能够多极化发展，专业化是企业家成功的前提条件。

另外，不得不提的是，由于中国的市场机制不甚健全，企业家不可避免地会遇到各种来自于外部环境的阻力，尤其是在中西部不发达地区更为突出。比如说，企业家到某个地方投资创办企业，地方政府对此非常欢迎，认为他们是地方经济发展的“救世主”。但是，由于整个外部市场环境的不成熟和政府长期形成的办公习惯，企业家在经营过程中会遇到诸多阻碍，很多时候相关的地方经济管理部门事前的承诺也无法兑现。就算是承诺一时得以兑现，但是这些优惠措施往往无法形成明文规定，一般都是由当时的领导决定，一旦领导发生变更，这些优惠措施也极有可能会随之发生变化，从而给企业的经营活动带来很大的动荡。因而，只要做企业，企业家必须要时刻准备着放下“救世主”的想法，凡是企业发展所需要的，企业家必须低下头去做，毕竟在不规范的市场经济中，企业家即将面临什么困难是很难预测的。

所以，企业家们一旦选择了这个职业，就要有这些心理准备。不管怎么样，企业家要给自己定一个底线，就是如果自己有能力、有心理准备来承受选择企业家这个职业所跟随的各种结果，那么他们就可以无怨无悔地选择这个职业。如果这种选择太苦，太过不近人情，自己没有能力或是没有心理准备去接受相应的结果，那么即使是有企业家天生的禀赋，也不要尝试这种选择。

总之，企业家们要正确对待自己的选择，要有进入炼狱之门的充分准备，企业家并不仅仅是财富和荣耀的象征，而且是苦难和受罪的标志，而且后者更甚于前者。

六、正确对待环境

我们这里所讲的环境，并不是指企业生存的自然环境，而是指企业的经营环境，即社会环境。企业总是生存于一定的社会环境之下的，因而企业家必须要协调自己与社会环境的相互关系。邓小平同志说过，我们现在的改革就是“摸着石头过河”，由于社会正处于转轨阶段，而且没有任何可供借鉴的经验，我们的改革只能是在自己的探索中进行。所以，相关的法律法规体制都不甚健全，市场环境还很不完善。

与市场经济相适应的各种体制和制度并未完善，政府管得过多，游戏的规则不透明等这些不成熟的法律环境和制度环境给我国的企业家们平添了许多不确定因素，使得他们常常被一些难以预测的突发事件所左右，从而无法做出一些有利于企业发展的长期策略，企业的经营行为不得不深深打上“短期”的烙印。

尽管社会大环境可能存在着诸多问题，然而，这个环境却是企业家的个人力量所无法左右的，他所能够做的就只能是去适应这个环境，走不通的路不要走，宁可回头也不要去触及法律。另外，虽然企业受到外部环境的影响极深，但是一个企业的发展最终还是取决于其自身的核心竞争力。

1. 守住法律和道德的底线

企业不可能脱离外部环境而独立发展，种种外部环境因素的变化都会影响到企业的发展战略。其中，相关宏观经济管理部门会根据宏观经济的现状颁布相应的经济政策，这些政策在企业家制定发展规划中具有很强的导向作用，是企业家规划企业的长期发展时所必须考虑的基本依据，也是最为主要的外部环境因素。

宏观产业政策直接对企业家做出提示，国家鼓励什么产业，或是限制什么产业，很明显，企业家肯定不可能去从事国家政策明令禁止或是限制发展的夕阳产业，只有投入到国家鼓励发展的产业中才能够最大程度地享受到优惠政策，获得最好的发展机遇。除此之外，企业家要注意货币政策和财政政策。如果两者都是紧缩性的，说明国内经济过热，那么企业家最好不要通过筹融资行为来扩张企业，因为收缩的财政政策和货币政策很容易使企业的资金链断裂，稍有不慎，企业家的扩张行为就是导致企业倒闭的导火索。反之，如果两者都是扩张性的，说明国内的经济过冷，国家的政策是鼓励企业扩张生产行为的，那么企业家可以根据自身的实力和外部环境做出恰当的决策。因而，包括政府经济政策调整的很多外部环境因素都会对企业家的决策形成重要的影响。

很多外部环境因素直接关系到企业的生存质量或是企业的命运。比如，由于从去年年底到今年年初的相当长的一段时期内，各个地方的基础建设项目上马过多，从而造成通货膨胀率的上扬，国内生产总值的实际增长率高于预定的增长率，有可能影响到预定的国民经济发展目标，所以在今年上半年，中央银行采取了适度紧缩的货币政策。此前由于各地基础建设项目的上马，拉动了相关原材料企业的迅速发展，这从一些上市公司的股票长势中就可以得到反映。但是在紧缩性货币政策出台以后，这些上市公司的股票上涨势头马上就被压了下来，货币政策对于企业的影响力由此可见一斑。

而民营企业目前所受到的外部环境影响的程度要比其他性质的企业大得多。由于我国的特殊国情，民营企业的合法地位一直没有得到承认，它们长期游离于体制之外，一直在政策和制度上受到歧视，比如在财税财会制度、投融资体制、从事行业等诸多方面，民营企业都受到了严厉的限制。

虽然民营企业在我国国民经济中的作用越来越大，但是对比较国有企业和外资企业所享受到的待遇，它们只能表示羡慕。因而，民营企业家在发展自己的企业时，受到的外部环境因素影响的程度也就更大，发展过程中相对比较困难，他们在经营过程中所感到的外部环境的压力也就更大。

由于我国的市场机制并没有完全成熟，法律制度和经济制度还没有完善，而且企业家制定好长期发展规划后，在实施过程中不可避免地会遇到很多不确定的外部环境因素的变化，这就使他们无法形成一个稳定的预期，给他们的行动造成诸多困难。这样，外部环境达不到企业家预期的标准，不能完全配合他们的经营活动，从而在他们的发展中形成诸多阻碍。

在前些年，如果企业家发现很好的市场机遇，准备上项目时，需要盖很多公章，而且即使是找关系，这些公章盖完最快也要几个月，等到一切公章都已经拿到以后，黄花菜早就凉了，市场环境已经发生变化，如果继续这个项目的话，企业家也不可能再赚到钱了。另外，企业家经常会遇到政府各种名目的赞助摊派，而且地方政府官员也会经常到企业检查工作或是开座谈会，就需要企业家隆重招待，这些都严重影响了企业的正常经营，给企业造成巨大的负担。

随着这些问题不断被曝光，公章问题和各种名目的摊派问题已经得到一定的解决，但是在中、西部一些不发达地区，这些现象并没有得到根本的改善，企业家的负担依旧很重。

在《中国企业家》杂志社发起的“21位中国企业领袖全球竞争力”的座谈会上，柳传志就提出，“我们要更深刻地反省我们所处的环境。中国加入WTO的第一要义，就是要形成一个标准的商业环境。与IBM这些国际企业相比，中国企业的差距可以罗列为资金、技术、管理、人才等诸方面，但是事实上也不仅仅表现在企业层次上，支持我们制定战略和执行战略的环境基础都比较薄弱。”目前摆在中国企业家面前的这个外部环境真的无法让他们真正满意。一些滞后的政策和法规使得企业家在做事业时处处掣肘，“此路不通”的警告使得他们无法前行。很多企业家们也呼吁过很多次，但是，由于种种原因，外部环境不可能立即得到质的改善。

河北孙大午案件又一次把企业家的生存环境问题摆在人们面前。2003年10月，河北省徐水县人民法院以“非法吸收公众存款罪”判处河北大午农牧集团的董事长孙大午有期徒刑3年，缓刑4年，大午集团交纳10万元罚金。在2003年5月孙大午被捕以后，大午集团收到了来自其他省份的一些民营企业家的咨询电话，他们因为同样的罪名而被起诉，希望能够从孙大午的判决中看到一线希望。

孙大午这件案子受到全社会的关注可能远远超过了孙大午和当地法

院最初的臆想。它之所以得到了国内很多专家学者的注意，是因为很多人都说孙大午是做了一件“违法”的“好事”。孙大午的行为确是无奈之举，作为民营企业，大午集团并不能从银行得到合法的贷款，最终的集资行为是不得已而为之。而且他的集资行为并没有使人们受损，没有任何欺骗动机，反而使得大家都获得利益。

但是，孙大午的所作所为毕竟违反了我国当时《刑法》第176条的规定：“非法吸收公众存款或者变相吸收公众存款，扰乱金融秩序的，处三年以下有期徒刑或者拘役，并处或者单处二万元以上二十万元以下罚金；数额巨大或者有其他严重情节的，处三年以上十年以下有期徒刑，并处五万元以上五十万元以下罚金。”

孙大午这件案子使得很多人包括经济学家和律师再一次疾呼，要修订法律中不合理的条款。虽然说是落后的金融体制逼得像孙大午这样的企业家们长期不能够获得银行信贷的支持，只能通过“违法”的手段来融资，以此获得企业的发展，但是，我们不得不承认，不管出于什么“合理”的理由，孙大午的行为确实违反了现有的法律。但是从现在来看，孙大午确实是“冤枉”的，因为我们已明确提出要认可民间信贷，并着手制定有关规定，孙大午之事在新的法律框架下就不属于犯罪。然而法律是以当时的法规为准的。

外部环境的改变并不是一朝一夕所能够完成的，而且这也不是企业家能够用自己的力量所能马上改变的，对于企业家来讲，重要的是要理解。因而，当企业家开展事业的时候，不可避免地会遇到外部环境并不配合的情况，这时，不管企业家怎么做，始终都要牢记的是：一定要守住法律和道德的底线，这是企业家干事业最根本的原则。

在现行的法律制度规定中，有一些条款因为不能够跟上社会和经济的发展而形成了不合理的束缚，急需要修改或是废除，然而，环境的改进是一个随着社会和经济的发展逐步发现问题再逐步改进的过程，是一个渐进的过程，并不是一朝一夕能够完成的。如果法律和政策还没有进行相应的修改，那么大午集团不管贷款是多么的困难，在目前的情况下，它也不能够再走民间融资这条路了，这也是所有企业家应当时刻都谨记的最基本的原则。

外部环境的改善需要时间，非一日之功，也非一人之力，但问题就在于，企业家却没有办法等待，企业要发展，必须要求企业家努力适应这个环境。如果真的是走投无路，“不违规就等死，违规就是找死”，那么企业家最好还是乖乖等着吧，好好的干吗找死，市场环境毕竟是在不断变化着的，走投无路之际也就是峰回路转之时。

其实，在加入WTO以后，随着国民待遇的要求和我国经济发展的需要，曾经由于制度环境的天然缺陷而使得民营企业和国有企业地位不平等的问题，正在逐渐得到解决，民营企业的地位也在逐步提升：2003年，党和国家对于民营经济从政策支持开始转向制度保障；国有经济与民营经济从各自发展开始转向优势互补和统一发展；民营经济明显进入国民经济体系；民营经济“姓社”的问题得到基本解决。而十六届三中全会通过的《决定》则提出了必须要毫不动摇地鼓励、支持和引导非公有制经济发展，个体、私营等各种形式的非公有经济是社会主义市场经济的重要组成部分，在法律上为非公有制经济扫除体制障碍，建立健全现代产权制度，保护私有财产权，促进非公有制经济发展，为民营经济提供了良好的外部环境。

另外，目前国有企业的战略性调整也给民营经济的发展提供了很好的机会，一些民营经济原来无法进入的产业，现在都已经降低了市场准入的门槛，从而使得民营经济可以和国有经济共同竞争，拓宽了民营企业发展的空间。而一直困扰着民营企业的贷款难问题，也正在逐步得到解决。《证券法》的出台，使民营企业和国营企业上市变得没有差别，香港股市的第二板块也向内地民营企业开放，民营企业通过上市融资已经不再是一个遥不可及的梦想。2004年6月25日，深圳中小企业板块正式开盘，其主要目的就是为了帮助中小企业融资。目前中国银行业监督管理委员会已经允许民营资本进入银行业，这样，民营商业银行的建立也会给民营企业的融资提供很大的帮助。相较国有商业银行而言，地区性的民营商业银行在为民营企业提供融资服务中，不仅具有信息上的优势，而且服务成本更低，经营更灵活，控制风险的能力更强。

由于我国目前特殊的经济发展阶段和经济环境，整体市场环境都不甚透明，经济环境仍有很多不可预测性，所以企业家要做成一份事业，必须要付出比在完善的市场体制下要多许多的努力和代价，才能使企业进一步发展。但是，企业家要时刻记得的是，任何时候都要守住法律的底线，“留得青山在”是企业家应当对自己最低的要求。我们认为，即使有的法律确实不合理，而且严重影响了企业的发展，在该法律没有被废止之前，企业家也千万不要去直接碰它。可以向有关方面呼吁修改法律，但不要直接触犯它，甚至宁可不经营，也不要触犯它。法律没有明确规定不能干的，企业家可以干；但是法律明确规定不能干的，即使是法律规定有问题，也坚决不干。

中国现在仍然是一个仇富心理很重的国家，再加之法律体系极其不健全，因而企业家的生存环境是非常不好的，甚至被海外一些媒体称为投资的“高风险”地区，在这种条件下，企业家随时都会有各种“陷阱”。我最近看到一本孙大午先生所写的书，书中对自己的各种艰辛做了详细的描述，看后深感中国企业家之不易。我认为越是在这种条件下，企业家越是要守住法律底线。

2. 加强企业内功修炼

外部环境是企业家自己无法控制的，但是对于企业而言，企业自身的竞争能力却是企业家能够通过努力而提高的。一个企业自身的核心竞争力如果可以得到稳固提高，那么在任何不确定的外部环境下，企业始终能够在同行业的企业中占据相对的优势地位。

外部也许有很多不确定的因素和风险，大环境也许给企业的发展增添了很多阻绊，政府的行为也许不是十分规范，但是如果企业家能够把自己的企业带入良性的发展轨道，那么在市场竞争中，企业自身的竞争力增强了，在和自己的同行竞争时也就会多一份优势。但是，相比而言，企业家热衷于炒作、策划或是玩空手道等对企业自身的发展却没有任何好处。

民营企业的问题一直是社会讨论的焦点，其实它们融资难的问题也和它们自身的实力和信用有着很大的关系。银行一般不会轻易贷款给民营企业，而把资金主要投向国有企业，虽然主要是因为国有企业“国有的身份”，但是民营企业整体信用低下，很多企业的财务关系并没有理顺，经营目标也不明确等，也是导致银行不太敢贷款给民营企业的重要原因。所以，如果民营企业的整体实力上升了，核心能力提升了，那么它们的信用也就增强了，银行在考虑给它们贷款时的种种担心也会随之消除。

企业家通过加快现代企业制度的建立，健全股东大会、董事会和监事会等治理机构，引进先进的企业管理方法，加强企业的科学管理，最终培养企业的核心竞争力，坚持有所为有所不为，考虑到外部经济大环境，以自己的优势为主，选择合适的市场切入点，使得企业在市场竞争中能够拥有自己的优势。

企业修炼内功，对于企业家来说，应该充分了解和把握这样一些问题：企业制度安排问题，企业战略选择问题，企业文化塑造问题，企业外部经营环境问题，企业社会定位问题，企业哲学问题。也就是说，企业家应对企业内外的最根本问题有一个充分的认识和把握，从而使企业能在"恶劣"的环境中求得生存。只有通过练内功，才能适应外部环境、利用外部环境，保证自己立于不败之地。

因此，企业家们要正确对待外部环境，通过自身努力而适应环境，适者生存，这是一个真理，企业家们应牢记这个真理。例如，当中国经济由短缺走向过剩经济的时候，企业家就应适应这种变化而注重管理创新和技术创新；又例如，当中国低成本时代结束，高成本时代到来的时候，企业家就应该注重从成本优势转向技术优势，寻找新的成本优势。总之，应随着环境而调整自己。

3. 辩证地适应与完善环境

所谓辩证地适应与完善环境，就是指企业在和环境发生摩擦和矛盾的时候，要根据环境的不同状况，进行自我调整，要么是自己必须适应自己应该适应的环境，要么是努力地合理合法地改变环境，创造新的良好的生存环境。大家知道企业的外部环境状况所引发的企业不能正常发展和经营的情况有两种：一种是外部环境因为社会生产力及社会体制的变化而发生了变化，从而使得企业适应不了变化了的新环境，从而无法正常经营和发展；另一种情况是外部环境违背了生产力和社会进步的内在要求而使得企业无法正常经营和发展，也就是我们经常所讲的经营环境不好。对于这两种不同的情况，企业应该积极而主动地对待，并选择不同的战略。

对于第一种情况，企业要积极地适应，因为这是生产力发展和社会进步的必然结果，企业只有自己通过调整自己而适应才行，而不能反过来让环境去适应自己，这样只能是自取灭亡。例如，当我国由短缺经济进入过剩经济之后，原来依靠需求膨胀，即市场需求非正常拉动的企业，就必须进行自我调整，通过技术创新和管理创新而提高自己的核心竞争力，从而适应因过剩经济引发的激烈市场竞争，否则，自己就会被淘汰。又例如，当我国经济进入高成本时代以后，原来依靠低成本而生存和发展的企业，就必须要进行自我调整，包括要从成本优势转向技术优势，要从粗放型经营转向节约型经营等，从而通过自身努力适应高成本时代的到来，否则，企业就被淘汰。也就是说，对于因为生产力发展和社会进步而引起的环境变化，企业必须要积极而主动地去适应。

对于第二种情况，即经营环境不好，企业则要努力地合理合法地改变环境，为自己创造良好的经营环境。我们认为，企业不能被动地适应经营环境不好的状况，而是要合理合法地改变环境，这既是生产力发展和社会进步的要求，也是企业自身的应有责任。当然，在这个问题上，企业改变环境必须合理合法地进行，否则，企业也会受到巨大的损失。我们这里所说的合理合法地改变环境，就是指企业家应该通过正常的法律通道及行政通道，修改不合理的法律规定及行政管理方法，从而为自己创造良好的经营环境。例如，通过人大立法这种民意机构修改不合理的法律，通过工商联等社会团体的帮助调整某些不合理的行政管理方式，等等。在这方面，我们这些年已有不少成绩，例如，就民营企业来说，宪法中关于维护合法私人财产条款的增加，以及国务院关于发展非公有经济的“36 条”，都是人们不断完善和改革民营经济生存条件的重要成就，这些法律及行政规定的调整，都为民营经济创造了良好的环境。这就是所谓的合理合法地调整企业经营环境。

在企业对待和改变经营环境问题上，有两个问题需要强调。

第一个问题是企业向政府行贿的问题，也就是钱权交易问题。这种情况存在的一个重要原因，是因为我国政府配置资源的权力太大，控制着巨大的资源，而且其配置资源的方式又主要是行政方式，而不是市场化的方式，因而有的企业为了获得自身利益而搞权钱交易。这种情况的发生，确实有企业自身的问题，企业违法了，但是从深层次上看，确实有一个权力干预经济活动太大的问题，有一个企业经营环境不好的问题，因而关键是要加快政府体制的改革。对于企业来讲，当遇到因为政府体制问题而经营环境不好的时候，应该合理合法地推动政府体制改革，不能搞钱权交易。企业影响政府有一个“阳光轨道”和“黑色轨道”的问题。对此问题，我们在中国发展出版社 2004 年出版的《产品背后的竞争》一书中，做了深入分析，读者可以参阅此书。

第二个问题是宏观调控问题，因为宏观调控经常影响到企业经营环境的变化。宏观调控是国家从总体利益上协调经济发展过程中的矛盾和摩擦的应有方式，对此不应有怀疑，世界上任何政府都要对经济发展过程进行宏观调控，现在的问题是企业如何应对的问题。我们认为，企业对于宏观调控的有效方式就是博弈，也就是根据宏观经济状况进行自我调整，以获得自身的利益。在这方面，企业与政府之间不是企业绝对服从政府的问题，而是要与政府进行博弈，下级政府与上级政府是服从的问题，而企业与政府则是博弈的问题。宏观经济学理论中有一个合理预期理论，就是分析企业如何与政府博弈的问题。当然，对于宏观调控中的行政干预，企业就不仅是博弈，而是必须通过有效方式抵制或改变的问题。对于企业与宏观经济的问题，我们在中国发展出版社 2004 年《产品背后的竞争》一书中做了深入分析，可以参阅此书。

总之，对于自身的经营环境，企业应根据不同情况而选择应有的战略来应对，有时是企业要通过自我调整而适应经营环境问题，有时则是企业要有理有序地合理合法改变经营环境，为自己创造良好的经营环境。适应经营环境和改变经营环境，就是企业在经营环境问题上的唯物辩证法。

作者说明

本文选自我 2005 年在中国发展出版社出版的《企业哲学》一书。企业哲学是我近些年研究企业问题时的一个重点。关于企业哲学的研究，在中国很少，尤其是从经济学的角度研究企业哲学的人更少，但是企业哲学问题又是企业可持续发展的一个重要问题，我国近几年来企业家中出现的各种违法及道德方面的问题，从深层次上来看都是他们的人生哲学出了问题，因而企业哲学是迫切需要研究的重大课题。我近些年对企业哲学的研究已基本形成了一个体系，许多研究成果已被广泛接受和运用。我认为本文对实践的指导意义会越来越大。

企业影响政府的轨道选择

在研究政府与企业的关系时，很多学者、政府官员总是更加关注政府对于企业的影响，他们认为政企关系的好坏主要由政府的职能和行为决定，只要政府采取良性轨道影响企业，政企关系就可以走入正轨。我们认为这种认识是片面的，政府作为社会管理的主体，确实可以影响企业的行为，但这不是政企关系的全部内容，要想处理好政企关系，还必须重视企业对政府的影响。企业并不是天生就处在被管理被影响的地位，他们作为市场经济主体，不仅可以选择是否接受以及如何接受政府的引导，而且还可以通过一定的渠道影响政府的决策。对政府各级机构来讲，应该是下级服从上级，不能上有政策下有对策，但对企业来说，却恰恰就是要上有政策下有对策。宏观经济学的合理预期理论的一个重要内容，就是讨论了企业作为市场中的理性经济主体，如何与政府进行博弈的。因此，企业对政府的影响是客观存在的，也是非常重要的，企业在营造政企关系的过程中应该发挥更加主动的作用。

在现阶段谈我国企业影响政府的轨道选择，主要涉及以下几个问题。

一、企业应不应该影响政府

在开始具体研究企业对政府的影响轨道之前，需要先搞清楚两个问题：第一，企业是否应该影响政府的决策，也就是说企业影响政府有无体制基础，有无内在必然性；第二，企业是否有必要采取一些措施来影响政府的决策，也就是说企业影响政府有无必要性。

1. 企业对政府的影响是必然的

对于第一个问题，答案是非常肯定的，企业是完全可以也完全应该通过自己的行为来影响政府决策的。企业和政府作为两个不同性质的社会主体，它们在分工中共同组成了人类社会，各司其职，它们之间存在着很强的互补性，彼此都离不开对方，在决策过程中不得不考虑彼此的影响。例如，政府是社会管理的主体，它本身不产生价值，但它的运作却离不开资金。政府所有运作所需的资金都来源于企业，因此企业很容易通过“钱”来影响政府或者政府官员的决策。当然这种影响存在着正常手段和非正常手段之分。又例如，政府还需要依靠企业的力量来解决很多社会问题，比如说就业问题。政府不办企业，当然不能解决就业问题，就业是要由企业来解决的，因而政府为了解决就业，就不能不考虑企业的要求。诸如这些方面的问题还有很多，它们都是与政府运作以及政府自身的责任紧密相关的，政府为了利用企业的资源解决一些自己无法解决的问题，维持社会的稳定，就会满足企业提出的一些要求。因此，企业的行为必然会影响到政府在实际中的决策。

2. 企业对政府的影响是必要的

对于第二个问题，答案也是非常肯定的，企业非常有必要采取各种方式主动影响政府决策。政府和企业本来就是相互博弈的两大社会主体，企业只有通过自身的不断争取，才可以在政企关系中处于一个更加有利的地位。例如，企业的发展需要一个良好的外部环境，但企业改变外部环境的能力往往比较有限，这个时候就必须借助外力。政府作为整个社会的管理主体，在塑造企业外部环境方面有着独特的能力和优势，企业通过影响政府的行为，进而获得良好的外部环境，将达到事半功倍的效果。又例如，政府部门作为既得利益集团，往往缺乏改革的内生动力，政府会在现存的制度约束下实现自身目标的最大化，很难主动为了迎合企业的需求进行改革。这时企业如果只是一味等待政府的自我觉醒，将会丧失很多发展机会。相反，企业如果可以主动反映自身需求，并采取一些措施给政府施加改革的压力，政府将不得不认真地考虑企业意见，并做出相应回应，即使政府很不情愿进行改革，为了稳定社会经济的正常运行和平息企业的一些强烈抗争，也会做出一些消极的反应。而不管企业采取了什么样的影响方式，政府出于什么样的目的接受了这种影响并做出回应，企业的外部环境都会向有利于企业的方向发展，企业最终受益。所以，企业在自身能力范围内采取一些措施影响政府的决策是非常必要的。

二、企业影响政府的两种轨道

企业影响政府的能力是很强的，企业可以想尽各种办法，通过各种渠道影响政府，最终达到发展自身利益的目的。但是企业所采取的措施不同，对社会、对企业自身以及对其他企业的影响是不同的。我们根据企业采取的手段以及产生的影响，是否有利于全社会的福利提高，是否损害其他企业的利益，是否合法的标准，将企业可能采取的所有渠道分为两大类：一个是企业影响政府的“阳光轨道”，另一个是企业影响政府的“黑色轨道”。

1. 企业影响政府的“阳光轨道”

所谓企业影响政府的“阳光轨道”是指企业通过一些合法的、以不损害其他企业利益为前提的手段，在满足自身利益最大化的同时可以使整个社会的福利得到帕雷托改进，最终达到影响政府决策目的的轨道。这种轨道的存在对于企业和社会都是有益的，而且是在法律框架保护之下的，体现了公平竞争的原则，因此所有的企业以及政府都是比较欢迎这种影响方式的。企业选择这种轨道，既不用担心其他企业的排挤和阻挠，也不用担心政府有意找麻烦，可以大大方方地通过正常的渠道反映自身的要求，而不是偷偷摸摸地采取地下行为，因此是一种在“阳光下”的轨道。

企业影响政府的“阳光轨道”，在现实中最主要的表现方式就是影响国家对于法律制度的制定和调整，从而为自身的发展提供良好的法律环境。充分利用法律这个武器，企业可以在“阳光下”实现影响政府决策的各种要求。对于企业来说，法律制度是生存发展过程中最基本的外部环境，企业所采取的任何行为都要受到法律的约束，只有合法的行为才可以得到保护，而不合法的行为随时都承担着被处罚的风险，即使已经获得了很高的收益，也会整天提心吊胆，因为可能有一天这些收益将不再属于企业。所以企业要想改变自己的生存环境，最根本的一个问题就是要改变自身所处的法律环境。一方面企业要为自身的经营行为争取有利的法律保证；另一方面企业还要为自身对于政府决策的影响提供合法的渠道。企业通过这两方面的努力，就可以使法律成为企业影响政府决策的桥梁，将企业可能采取的正常影响轨道统一在一起。

谈到法律法规的制定应该是国家立法机关的主要职能，但政府在其中有很大的作用，比如说我国法律体系的建立就是由政府参与制定，最终由人大通过实施的。国家在制定和调整法律制度的过程中，并不是闭门造车，会广泛征求社会各界的意见，尤其在我国实行人民代表大会制度的情况下，会更加注重对于各方意见的收集。在这种法律制度形成机制下，就天然地存在着一条企业影响政府决策的正常渠道，即通过影响国家制定和调整法律的过程影响政府的决策。企业对于政府的各种要求最终都可以通过这条渠道得以实现。

但是在现实中，很多的企业往往会忽略掉这条轨道的存在，还有的企业虽然注意到了这条轨道的存在，但在实际的操作中却偏离了轨道的方向。所以我们有必要对这条轨道中企业可能采取的正确途径进行一下总结。

第一，企业可以通过正常渠道向国家反映自身要求。国家在制定和调整法律的过程中一般都会向社会各界广泛地征求意见，企业要做的是通过正常的途径将意见反映到政府官员手中，而不是采取一些贿赂政府官员的方法达到目的。在这个过程中，企业可以充分利用专家学者和社会舆论的力量。对于大部分企业共同关心的问题，企业可以联合其他企业一起形成一定的社会舆论，同时请一些专家学者从理论的高度对相关问题进行讨论，最后形成一套有利于企业发展的改革方案提交给政府，政府面对社会舆论的巨大压力以及专家学者的意见，就会认真思考现有的问题，组织各方进行讨论，最终形成一套解决方案，将讨论成熟的部分写入法律。企业通过这种正常的渠道影响政府的决策，对于社会中的大部分企业都是有益的，应该大力提倡。企业不应该受到“一人种树，大家乘凉”想法的影响，也不应该总等着其他企业出头自己“搭便车”，这些都不是积极的态度，所有企业都应该主动通过正常途径来影响政府的决策。

第二，企业的经营者可以采取参政议政的方法，直接或间接地进入到立法系统中，参与法律的制定和调整。企业是税收和就业机会的提供者，政府运行过程中所需的所有资金几乎都是由企业提供的，因此政府的存在就要代表和反映企业的利益。在资本主义国家中，这种政府和企业之间的密切关系反映得尤为突出，每一个总统、议会议员的背后都代表着一个甚至几个企业利益集团，这些政府官员一旦上台就会出台一系列有利于企业的法律法规。在我国虽然政府官员的产生方法与资本主义国家完全不同，政治体制也完全不同，但政府与企业的关系同样是非常密切的，现在越来越多的企业经营者有了参政议政的机会，他们可以选择进入各个地区甚至全国的人大和政协，或者是进入具有政府性质的民间组织，比如说工商联。这种企业经营者参政议政的方式是非常好的，是我国政府给企业提供的可以更加直接反映企业要求的机会。因此，企业的经营者们应该非常珍惜这个机会，充分发挥在人大、政协或工商联中的作用，为企业创造良好的法律环境贡献力量。但是，现在一些企业经营者们对于自身的参政议政机会有些错误的理解。他们并不把进入人大或政协当作为企业说话的机会，却认为是一种走入仕途当官的机会，整天想着如何当大官而不再考虑如何搞好企业，这种认识是非常错误和有害的。我们要提醒企业的经营者们，争取参政议政的机会是好的，但不要忘了自己的目的是什么，做企业的就要好好做企业，利用一切机会为企业办实事。

第三，企业应该加强对政府行为的监督。企业在影响政府的过程中，不仅仅要主动反映自身的要求，争取政府采取相应的措施，还要注意对于政府已经承诺的事进行监督，督促政府认真办好每一件事。政府答应企业改善法律环境的要求，只能说是企业完成了影响政府过程中的第一步，至于后面的路还很长，今后的每一步都需要企业付出更大的努力。企业需要不断的引导政府按照所承诺的法律法规办事情，加强对于政府行为的监督。一旦政府或政府官员出现了违背法律的事情，企业就应该拿起法律的武器，行使自身的诉讼权，将出问题的政府部门或政府官员送上法庭接受应有的惩罚。只有这样，才可以维护良好的法律秩序，才可以保证政府在今后的行为中不再超越法律。

2. 企业影响政府的“黑色轨道”

所谓企业影响政府的“黑色轨道”是指企业通过一些不合法的手段迫使政府为其提供特殊服务，以损害社会和其他企业的利益来换取自身利益的轨道。这种轨道的存在对大多数企业和社会都是有害的，而且超出了法律框架的保护，是大部分企业和大多数政府部门和官员所抵制的影响方式。只有使用非法手段的企业和提供非法便利的政府部门或政府官员，才可以从这条轨道中受益。所以，那些试图利用这条轨道影响政府的企业，既要逃避大多数企业和政府的注意，又要躲避相关法律的制裁，在整个过程中都不可能正大光明地采取措施，只能私下达成一些交易，因此是一种见不得人的“黑色轨道”。

企业影响政府的“黑色轨道”，在现实中最主要的表现方式就是“钱权交易”的寻租行为。无论在哪一种经济形态中，只要政府具有一些特殊的权力，就会产生寻租行为，因为寻租行为对于寻租双方来说都是有利可图的。一方面，对于企业来说，通过向政府主管部门交租，可以得到政府提供的特殊保护，比如说阻止其他企业的进入，逃避相应法律的制裁等，从而维护企业的不公平竞争地位，甚至是垄断地位，进而获得大量的超额利润。例如房地产界的一些企业之所以暴富，就是因为以便宜的价格获得了极为稀缺的土地资源。另一方面，对于政府来说，当一些政府部门或政府官员具有了特殊的行政审批权、行政许可权、行政划拨权等行政权力时，就具有了“设租”和“收租”的能力。他们所追求的目标可能是自身的薪水、权力、地位和提升机会的最大化，而不是企业之间的公平竞争或者整个社会的效率最大化。这时他们就会牺牲一些社会的公平来换取自身的利益。因此，虽然“黑色轨道”是大多数企业、政府和社会所不接受的方式，但在利益的驱使下，还是有很多企业选择了这条轨道，同时也有很多政府中的腐败分子接受了企业的这种“黑色”影响。应该说，巨大的利益诱惑是某些企业和政府官员突破法律和道德底线的根本原因。

企业通过“黑色轨道”影响政府的行为，虽然给寻租企业和收租政府带来了一定的收益，但给整个社会、政府、寻租企业以及其他企业带来的损失是不可估量的。这些负面影响主要表现在以下方面。

第一，企业采取的“黑色轨道”不仅扭曲了企业自身的行为，同时也扭曲了整个社会资源的配置。对于寻租企业来说，他们虽然获得了暂时的收益，但却是以牺牲自己在同行业中的诚信以及触犯法律为代价的，企业今后的行为将被深深地烙上曾经进行过寻租行为的烙印，在未来的某一天可能会受到其他企业的还击或者是法律的制裁，企业的行为也将因为发生过寻租行为而产生扭曲。寻租行为给社会资源配置带来的扭曲就更加明显了，政府和企业之间原本就存在很严重的信息不对称，企业并不会把所有的信息都提供给政府，这就造成了政府决策的失误。这时还有一些企业通过寻租行为，给政府传递虚假或错误的信息，就进一步加大了政府决策失误的可能性，使整个社会的资源配置受到严重影响。举一个许可证制度的例子。一些企业为了从政府那里获得许可证的批件，就向政府的有关部门主动交租。这些企业在得到许可证以后，为了维持经营的特权排斥其他企业的进入，会一直进行交租。这样的话，企业虽然得到了经营权却扭曲了自身的经营行为。而对于整个社会来说，这种交租行为浪费了大量的资源，同时产生了腐败，使很多原本应该属于消费者和生产者的价值转移到寻租者手中，改变了正常的资源配置方式。

第二，企业采取的“黑色轨道”会造成企业之间的恶性竞争，破坏市场的正常秩序。对于寻租企业来说，通过向政府部门或政府官员交租，取得了不平等的竞争地位，获得了超额收益，它们为了维持现有的地位，就会一直向政府进行交租，甚至不惜加大租金的数额。而对于欲进入该行业的企业来说，为了打破已有寻租企业的不平等地位，或者是取代现有寻租企业的地位，也会考虑采取“黑色”的竞争手段，通过“游说”、“收买”、“搞关系”的方式进行寻租行为。这样一来，市场中的企业就展开了一场“黑色”竞争，为了获得稀缺的机会，想尽各种办法进行寻租，企业进入一种恶性竞争的状态，市场的正常秩序遭到严重破坏。而在这种情况下，政府也将很难发挥积极的作用。缺少了企业的正常影响，政府本身又缺乏内在的改革动力，当面对企业争相交租时，已经收租的政府部门或政府官员会变得越来越贪婪，没有收租的政府部门或政府官员也会逐渐抵挡不住各方面的诱惑，开始“设租”、“收租”，市场秩序将进一步恶化。

第三，企业采取的“黑色轨道”会对法律体系产生冲击，造成法律的失效。对于寻租企业来说，当他们需要一定的法律保护时，想到的不是通过正常的渠道影响法律的制定和调整，而是通过找关系、送贿赂等“寻租”方法，找有很大特权的政府官员开特例，这就是人们所说的“谁也不考虑法律，而总是琢磨将谁摆平”的问题。企业采取这种“黑色”的手段寻求法律保护，不但不能使法律向有利于所有企业发展的方向完善，还对现有的法律制度产生巨大的冲击。法律在某些情况下成为一些政府官员控制的、为寻租企业提供特殊服务的法律，失去了应有的法律效力。这样的话，就会使更多的企业通过寻租的方法，凌驾于法律之上，造成整个市场法律环境的混乱。

总之，企业通过“黑色渠道”影响政府的行为，虽然在短期内可以达到自身发展的目的，却给整个社会带来了巨大的危害，社会中的其他企业会通过正常的法律手段或者是“黑色”手段对这些企业进行还击。因此从长远发展的角度看，任何一个企业通过“黑色轨道”获得的收益都是暂时的，企业如果一味地依靠“黑色轨道”，终将逃脱不了作茧自缚的命运。当然，有时企业选择这种“黑色轨道”，并不是自愿的，而是迫于无奈，因为没有“阳光轨道”，政府中某些官员的腐败欲望太重了，不搞权钱交易企业无法生存，因而在这个问题上我们不能仅指责企业，而是要深层次地考虑我国的政府体制改革。

三、中国企业影响政府过程中存在的问题

现阶段，我国的很多企业还没有意识到自身对于政府影响的重要性，仍然停留在被动接受政府管理的阶段。只有少数企业开始逐步认识到影响政府的重要性，并采取了一些主动的措施，但没有形成一定的社会气候。在企业对政府的影响中，通过“阳光轨道”解决问题的企业是少数，“阳光轨道”在现阶段来看，仍然不是十分顺畅和有效。企业走“阳光轨道”不仅要花费大量的时间和精力，最终还很难达到预期的效果。相反，很多企业选择了“黑色轨道”。他们利用现有体制中存在的大量行政权力，通过寻租的方式，形成地下的“官商联盟”，影响政府的决策，为自身的发展服务。因此，我国目前企业影响政府轨道的现状是，“阳光轨道”正处在成长发育的初级阶段，而“黑色轨道”正在被很多企业所使用。

通过前面对两种轨道的分析，我们可以看出“阳光轨道”无论是对社

会还是对企业的贡献都要远比“黑色轨道”大，那为什么当我国企业开始主动影响政府的决策时，首先选择了“黑色轨道”呢？究其原因主要表现在以下几个方面。

第一，政府职能没有实现真正的转变，政府仍然掌握着大量的行政权力，为企业实行“黑色轨道”提供了便利，也就是说，政府体制中存在着进行权钱交易的基础和冲动。现阶段，我国经济正处于转型期，政府一直在积极推行职能的改革，但政府既是改革的组织者，又是改革的对象，他们中的有些人不愿意丧失权力，也不愿意原有的利益格局被打破，因此，这些人会以各种方式或明或暗地抵制改革。最终导致的结果是，传统的行政权力仍然保持着惯性作用，很多政府部门和政府官员继续控制着大量社会资源的流动与分配。一些政府官员趁着现有法律环境的不健全以及制度约束的乏力，利用最后的机会大发横财，而不是想着如何健全法律推行改革，这就为企业的寻租行为提供了很大的空间。在这种大环境下，现有的政府部门和政府官员很难全力支持企业“阳光轨道”的构建，相反却在纵容“黑色轨道”的发展。我国权钱交易现象屡禁不止的主要原因，就是在于现有的政府体制不合理。

第二，企业没有成为独立的、成熟的、强大的市场经营主体，对于政府的依赖性依然很强，增加了企业选择“黑色轨道”的可能性。我国企业长期以来一直依附于政府，在计划经济体制下，企业基本上可以看成是政府的附属物，产品的生产销售完全在政府的计划之内，企业不能表达自身的利益，更谈不上合理的影响。到了经济转轨时期，企业获得了一定的自主性，但能够充分表达自身利益，可以与政府进行博弈的企业主体尚未形成。对于国有企业来说，仍然没有摆脱与政府之间的特殊关系，虽然在市场竞争中享受到了政府提供的一些“特殊待遇”，但他们不得不继续面对政企不分的命运，接受政府对于自身经营决策的干预。而对于民营企业来说，属于后来发展起来的企业力量，初期的发展必须依赖于政府的扶持，但这样一来企业就必须牺牲一些利益来满足政府的要求，在经济转轨的初期，很难作为市场中一支强大的经营主体与政府之间进行制衡。总之，市场中的企业都没有成长为强大的经营主体，缺乏通过正常渠道影响政府的能力，相对来说，采取“黑色”的手段更加容易和直接。当然，这种现象的背后是政府体制的不合理，表现在企业身上，但根子在于政府体制的不合理性，我们不能过多地批评企业，应该把政府体制作为改革的重心。

第三，企业与政府权力之间的不对称，将很多企业逼上“黑色轨道”。很多企业最初在影响政府决策时，可能并没有想要走上“黑色轨道”。但他们在与政府的接触中发现，企业与政府之间的权力处于完全不对称的地位，企业花很大力气无法实现的事情，政府可能只需要下一两个批件就都可以解决。于是“聪明”的企业发现，通过寻租的方法，主动依附于政府权力的庇护下，就可以赢得市场竞争中的胜利，而其他的正常方法只能事倍功半，反而会被市场淘汰。企业为了生存就必须被迫的接受这种生存方式，向“黑色轨道”方向靠拢。

四、企业影响政府轨道的正确选择

中国现有的企业影响政府的轨道以“黑色轨道”为主，这种企业影响政府的方式存在着很多的问题，不仅达不到企业塑造外部环境的目的，相反还给社会带来了很大的危害，因此需要进行调整，这是毋庸置疑的。那企业如何才可以选择一条正确的影响轨道呢？这就涉及两个问题，一个是企业影响政府的目标选择，另一个是企业影响政府的途径选择。

1. 中国企业影响政府轨道的调整目标

企业影响政府轨道的调整过程，相对于政府影响企业轨道的改革(我们将有专门的文章论述此问题)来说，更加艰难，需要解决的问题更多。这个过程不仅需要企业主动的改变自身的看法，还需要政府进行相应的改革来配合企业的调整，因此整个轨道调整的目标分为两个方面。

对于企业来说，调整的目标就是，主动放弃现有的以“黑色轨道”方式为主影响政府，转变为以“阳光轨道”方式为主影响政府；主动改变过去那种通过“权钱交易”的寻租行为影响政府的轨道，转变为通过影响法律的制定和调整进而影响政府的轨道。

对于政府来说，调整的目标就是，主动抵制“黑色轨道”对自己的侵蚀，接受企业通过“阳光轨道”对自己产生的影响；主动进行政府职能改革，从制度上根除寻租行为产生的根源，同时广泛听取企业的意见，不断完善法律体系。

只要政府和企业双方共同努力，分别实现各自的目标，企业影响政府的轨道就可以得到有效的调整。但是如果双方都不积极进行调整，或者仅仅一方进行调整，另一方不予配合的话，在利益的驱使下，这条轨道就会不断向“黑色轨道”的方向滑落，而且会越陷越深。

因此，我们要特别强调在企业影响政府轨道的调整过程中，同时调整两个目标的重要性，这两个目标其实是相统一的，最终的目的都是为了实现企业影响政府的轨道由“黑色轨道”向“阳光轨道”进行转变。

2. 实现调整目标的途径

企业和政府在明确了各自调整的目标以后，接下来，就要分别想办法来实现各自的目标，最终共同实现企业影响政府的轨道由“黑色轨道”向“阳光轨道”的转变。

首先，对于企业来说，要想实现调整的目标，必须充分调动自身的主动性。企业是整个调整过程中的主要推动者，只有企业表现出强烈的调整愿望，并采取主动的措施，才可能推动政府的相应调整。企业实现调整目标的主要途径，一方面就是要通过自身修炼，重新认识政企之间的关系，明确自身在市场中的经营主体地位，参照“阳光轨道”中企业影响政府决策的可能的正常渠道，结合自身的实际情况，主动选择一条适合自己的“阳光轨道”。在这个过程中，企业可能选择的途径主要包括：通过正常的渠道，比如说借助专家力量和社会舆论，向政府提出意见和建议；通过直接或间接的方式进入人大政协等政府部门，代表企业的利益；加强对于政府部门的监督力量，维护自身的合法权益，督促政府抵制腐败行为的发生。另一方面，企业在逐步学会通过正常渠道影响政府决策的同时，还要不时地反省自己的行为，随时消除企业中产生的利用“黑色轨道”影响政府的思想，制止任何形式的“黑色手段”的使用。企业通过这两方面的努力，就可以最终实现轨道调整的目标。

其次，对于政府来说，要想实现调整的目标，也需要调动自身的主动性。我国经济正处在转型期，政府职能尚未有效调整而影响了政府和企业的良好关系，政府要负主要责任。在这个时期，政府需要做的事情非常多，只有主动地去解决问题，才可能有计划有步骤地完善市场体系和法律体系。如果什么问题都等着产生严重危害时再弥补，政府的工作将变得十分被动。企业影响政府渠道的构建同样是这个问题，政府只有现在主动地采取措施遏制“黑色手段”的产生，才能避免市场秩序的进一步恶化，这样才不至于在面对大量腐败问题时无从下手，所以说，政府现在就应该主动的构建企业影响政府的“阳光轨道”。而政府实现调整目标的主要途径，就是进行政府职能的改革。关于政府职能改革，我们将在专门的文章中进行阐述，这里需要强调的就是政府要减少特殊的行政权力，改变过去那种直接干预的方式，依靠法律法规、调节宏观环境和微观调控手段这些间接方式来影响企业。总之，政府通过一系列的职能改革，从制度上避免“黑色轨道”的产生，同时为企业提供顺畅和有效的“阳光轨道”，最终可以实现轨道调整的目标。

作者说明

本文是讨论企业对政府的影响问题。之所以讨论这个问题，是因为企业影响政府的轨道，不但涉及企业创新精神和效率问题，而且直接涉及社会上的腐败问题。如果企业以金钱来影响政府决策，那就是最大的腐败，政府将成为某些利益集团的代言人。因此，形成良好的企业影响政府的通道，是我国经济体制改革的重要内容。本文提出了我的想法和建议，我想这些想法和建议对实践是有意义的。本文与我的博士生谭伟一起完成，发表在《经济理论与经济管理》2004 年第 12 期上。

企业自主创新的几个关键问题

党的十六届五中全会明确提出，要把增强自主创新能力作为科学技术发展的战略基点和调整产业结构、转变增长方式的中心环节，致力于建设创新型国家。增强自主创新能力需要全社会的共同努力，其中企业作为技术创新的投资主体、研究开发的主体和科技成果应用的主体，在自主创新中扮演着重要角色。企业能否很好地发挥技术创新主体的作用，直接影响着我国自主创新能力的提升以及创新型国家的建设进程。因此，必须要重视企业的自主创新问题。本文将重点阐述企业在自主创新过程中需要解决的几个关键问题。

一、企业自主创新方向的选择

企业在自主创新过程中，首先要明确自身发展的方向，需要结合自身的技术优势，选择一条符合企业特点的创新之路。企业不能为了得到国家的一些政策优惠，而不顾自身创新能力的大小，盲目上项目，这样不但不能带来有效的技术创新，反而会引起巨大成本，甚至引起企业的倒闭。其实，企业自主创新所涉及的范围非常宽泛，只要能给企业带来新价值的技术变革，都应是自主创新。企业需要做的是选择一个适合自身优势的创新方向。具体来讲，企业需要从技术的产业布局，技术用途和技术含量三个方面认真考虑后做出创新方向的选择。

从技术的产业布局考虑，企业的自主创新有三个方向。第一，传统技术方向。企业的产品为传统产品，主要生产技术已基本定型，很难有突破性提高。企业的技术目标主要是降低单位成本、提高产品质量、形成生产和技术标准、完善售后服务等。选择传统技术方向，并不等于摒弃技术进步，而是基于传统技术的不断发展。这种发展和创新可能是缓慢和不显著的，但长期的积累会产生惊人的效应。如钢铁冶金行业，虽然几十年来主要的产品和生产技术并无根本改变，但操作的自动化、精密化程度已不可同日而语，产品质量有了飞跃性的提高。第二，高新技术方向。高新技术是一系列新技术、新领域的总称，包括信息技术、现代生物技术等。一般来说，高新技术在其发展过程中有两个方向，一个是用高新技术改造传统产业，另一个是高新技术本身的产业化。第三，混合型技术方向。创新的方向也会以混合形态出现，高新技术与传统技术有机结合在一起，产生一个同时涵盖高新技术和传统产业的新产业。

从技术用途考虑，企业的自主创新有两大方向。第一，克服负效应的技术开发。主要是从一种新技术产生的社会不良后果出发，力争将负效应转变为积极效应。在技术开发中，技术上获得成功但总体上遭受失败的教训不胜枚举。比如 20 世纪 40 年代，米勒发明了高效杀虫农药 DDT，获得了 1948 年诺贝尔生理学和医学奖，但到了 70 年代，DDT 引起了严重污染，人们不得不停止生产这种农药。这些问题不是来自技术本身，而是受到自然规律的作用，带来环境、社会、经济等方面的压力。克服负效应的技术开发，主要是提高产品的技术含量，减少产品的有害性，增加产品的适应性从而开拓市场。第二，需求满足型技术开发。主要是致力于加速产品的更新换代，扩大产品的花色品种，提高产品的使用性能，将各种领域的新技术向日用消费领域转移，从而换取巨大的经济效益。除了关注科学技术的重大突破外，还应关注技术对需求的推动作用。我国目前有效需求不足的一个重要原因，就是缺乏刺激需求的技术创新，导致一些有钱人在现有的技术水平下没有消费。

从技术含量状况考虑，企业的自主创新有三个方向。第一，独创型技术开发，是对基础研究的应用、发展与拓广，是建立在成熟的理论研究基础上的技术开发。独创性技术开发往往形成的是核心技术和关键技术。一个国家要成为真正的科技大国和经济大国，必须在这一领域投入主要力量。第二，综合型技术开发，是指利用现有的技术，创造出具有新功能的生产能力以及新产品。在新的科学技术原理没有突破的条件下，谁能把已有的科学原理综合起来，谁就能出奇制胜。第三，引进吸收再创新型技术开发，是指在引进或模仿技术领先企业的技术后，不断加以改造，进行技术的再创新。具体可以从以下三个方面入手：第一，技术的本土化改造；第二，在原有技术基础上进行创新，完善运行中暴露出的弊病；第三，在引进技术获得成功后，开发层次更高、性能更优、更符合市场需求的技术和产品。

二、企业自主创新资金的来源

企业要想获得所需的技术资源，无论是选择何种技术来源，或自主研发，或合作开发，都必须付出相应的代价，这就要求企业必须有足够的自主创新资金，否则，一切都只能是纸上谈兵。因此，企业在自主创新过程中，必须制定合理可行的技术资金筹措战略。具体而言，企业筹措技术资金的途径很多，大致有以下五种。

其一，利用自有资金。企业的自有资金一般分为两部分，一是企业的科技经费，按照销售额的一定百分比提取，用于企业技术的基础研究、应用研究和试验发展等科技活动。目前，发达国家企业中科研经费占企业增加值的比例一般都在5%以上，而我国的平均水平只有1.4%。二是企业在长期良好经营中形成的积累，尤其是历年营业利润形成的大量现金资产。企业可以利用现有主导产品的盈利来支撑新产品和新技术的开发，实现永续经营。但是，企业进行新技术所需的资金是巨大的，仅仅利用自有资金往往是不够的。

其二，利用银行贷款。企业可以从银行获得贷款，用于新技术的开发，实现增值，同时支付贷款利息。但企业的风险较大，不管能否开发出新技术，以及这种技术将来能否产生收益，企业都必须到期还本付息，否则会陷入债务危机，而技术项目一般风险都是比较大的，很难保证到期产生收益。银行出于稳健原则，发放贷款时往往要求苛刻，以致技术创新企业很难获得贷款。实际上，银行贷款很难成为企业技术资金的主要筹资渠道。

其三，吸收直接投资。技术开发风险较大，但收益也较高，在资本市场的众多投资者中，企业很容易找到愿意承担风险的投资者，吸收其投资入股，成为企业股东。现代股票市场的发展为企业吸收直接投资创造了更加便利的舞台。企业一旦上市或在股市中增资扩股，就可以接受成千上万的股民的直接投资，筹集大量资金，这对耗费动辄数亿的技术开发项目无疑是雪中送炭。不过，能够上市的企业毕竟是少数，亟待进行技术开发的中小企业很难从股市中获取技术资金。

其四，吸收风险投资。对于处在创建期或成长期的高技术企业一般都有了某一项成型的技术，但要将这种技术产品化并推向市场，仍需大量的后期研发资金和市场开拓资金，处于严重的资金饥渴状态，但由于新技术和新产品开发中的高风险，很难争取到银行贷款或直接合作者，这时可以接受风险投资机构提供的巨额资金。投资者待时机成熟时可以将增值后的企业股权出售获取高额的投资回报。目前，我国的风险投资业发展尚不成熟，这使企业吸收风险投资的机会很少。

其五，其他方式。其他方式包括合作、联营、并购、技术入股、特许经营等各种灵活方式。企业可以通过这些手段直接获取技术，虽然不是通过获得资金来获得技术，但都非无偿的，是各种形式的互惠互利。其他方式的运用实际是告诉企业不要局限于“资金—技术”的窠臼，可以根据实际需要采取各种灵活有效的方式获得技术。

三、企业自主创新团队的组建

企业的自主创新需要强有力的技术团队作为支撑。任何技术和技术要素最终都是通过技术人才创造出来的，企业只有具备了强大的技术人才队伍，才有可能进行自主创新。企业如果可以吸引和拥有大量的技术人才，就等于掌握了技术创新的核心资源，即使暂时缺乏资金和设备，经过努力都可以寻找到合作伙伴，最终创造出新技术。

企业的技术人才是需要组建成团队的，不是说大量的技术人才堆积到一起就可以进行技术创新了，也不是说技术人才多就一定可以进行高效的创新。在企业内部，技术人才是需要分工协作的。具体而言，技术团队包括三个组成部分：一是技术创新研究人员，也就是专门从事技术创新的专业人员，在企业的专门技术研究机构工作；二是工程师队伍，也就是服务于生产第一线的技术人员，跟踪技术的现实运行过程；三是技术工人群体，也就是生产一线的专业技术操作人员。

技术创新研究人员要具有极强的创新能力，能在现有技术上发现可以突破的切入点，根据市场需求创新技术。技术创新研究人员需要具备三种基本素质：一是对现有技术状况非常熟悉；二是对技术的市场效益非常清楚，包括技术的市场竞争能力、市场收益、市场成本等；三是具有创新能力，能够有新的思维和创新手段。这类人员是技术与经济的复合型创新人才，是极为短缺的。

工程师队伍处于技术创新的第一线，许多技术的完善及调整，都要依靠他们来实现。他们在技术的具体操作和技术管理上具有很强的优势，连接着技术创新研究人员和技术工人群体，是促进技术优势形成的重要的技术队伍。不过，现在很多工科毕业的大学生不愿意下车间到生产的第一线，甚至选择转行从事与所学专业无关的工作，导致工程师队伍缺乏。

技术工人群体是新技术在生产中的实际操作者，他们水平的高低直接影响产品的质量。有些技术含量较低的产业，可以临时招聘农民工，稍加训练就可以上生产线，但设备制和机械制等高技术含量的企业就不行，必须使用技术工人群体。目前，我国企业中缺乏技术工人，限制了企业自主创新的步伐，为了改变这种现状，需要加大专门技术教育的培训。

在自主创新团队的组建过程中，有一个重要问题不能忽视，那就是要注意调动技术创新人员的积极性。具体而言，需要从以下三个方面提升科技人员的地位。第一，提高科技人员的经济地位。科技人员应该有较高的稳定收入，同时可以以技术创新入股，拥有科技持股权，从收入制度及产权制度上保证科技人员有较高的经济利益。对科技人员的经济利益激励应该制度化，随机性的个人奖励只能有暂时作用，制度化激励方式才是科技创新持之以恒的动力。第二，提高科技人员的社会地位。现在人们往往按钱与权来排列社会各阶层的地位，要么是“官本位”，要么是“钱本位”，似乎官和商的地位最显耀。科技人员的社会待遇，要么是以官来定，比如给两院院士以副部级待遇，要么按商人的收入来定，比如规定创新人员的收入不少于企业老总的平均收入，这些都是不对的，科技人员应该有自己独立的社会地位。第三，提高科技人员的社会文化地位，使人们在价值理念上真正承认科技人员的地位，在社会理念上尊重科技人员的创新与贡献，形成一种尊重知识、尊重科技、尊重人才，促使人们献身科技的社会文化氛围，从而使那些优秀分子愿意并积极的献身于科技发展，而不仅仅是学而优则仕或学而优则商。

四、企业自主创新机构的建设

企业的自主创新是通过有效的技术创新机构来具体完成的。一般把能使知识变成技术的现代化实验室，称为技术创新的孵化器，也就是企业进行自主创新的主要机构。这里的实验室是一个统称，它包括了各种技术创新中心、技术研发中心等。知识转化成技术，需要有现代化的一流的实验室作保证。没有一流的实验室和实验设备，再出色的技术人才也不可能创造出新技术。因此，企业在自主创新过程中，必须重视创新机构的建设，为技术人才提供良好的创新环境。

不过，现在好多地方政府对此理解错了，把技术开发区理解成技术创新的孵化器，认为只要建成开发区，技术人才就有了创新的环境，就可以产生新技术了，于是，在建立技术开发区后，给海外留学生写信说，你们回来吧，我们这里有孵化器，但是留学生回来一看，发现只有一些地和房子，没有现代化的实验室，结果又走了。因此，高科技开发区不能简单的等同于技术创新的孵化器，实验室才是企业自主创新的机构。

实验室的建设，实际就是技术创新中心的建设，需要形成实验室经济。实验室经济是以实验室研发为中心，形成实验室产业，吸引社会各个方面的投资，为自主创新提供资金、人才、市场等。实验室作为产业投资方向，必然会带来分配制度的企业化，优秀科研人员的报酬会很高，从而激励他们献身于实验室，研发出大量的原创技术。目前，我国没有完整的实验室经济，技术人员比较浮躁，过分追求短期收益，弄虚作假之风盛行，自主创新缺少良好的机构保证。

实验室作为一种经济形态，应该具有以下特征。第一，投资主体多元化。实验室可以吸引社会投资，是一种多元化的投资载体，投资者不需要了解实验室的机密，也不需要干预实验室的运行，只需要追求投资回报。第二，运行企业化。实验室的运行是一种企业的经营过程，以追求经济效益为核心，是自主经营和自负盈亏的经济实体，不是一种没有经济活力的行政机构。第三，分配效率化。实验室的分配原则强调效率，而不强调公平，优秀的科技人员是高收入者，各种要素充分流动，从而保证分配效率的持续可行。第四，产出技术化。实验室生产的并不是某种产品，而是技术，将技术创新作为自己的主要产出目标。第五，主体市场化。实验室是一个市场主体，将满足市场需求作为自己的发展方向，即使是国家保密的实验室，也可放开自己的市场，因为市场所需要的是某种技术，而不是要了解实验室的秘密。第六，发展社会化。实验室不是一种自我封闭的体系，而是与社会各界有着充分的联系，包括资金联系和市场联系，为社会上的各种客户和各种投资者服务。

五、企业自主创新力量的组合

企业在自主创新过程中，要考虑将自己拥有的各种技术开发力量加以组合利用，以期用最经济合理的成本获得最大的效益。企业的研发队伍不是孤立封闭的，而是与外界保持着各种信息沟通和技术合作的联系。企业的研发力量既包括企业内部的技术人员，也包括企业外部的一些或松散或紧密的科研人员，他们可能属于政府科研机构、高等院校或其他企业。企业在进行技术研发时，要根据具体研发项目的特点选择不同的技术力量组合战略，从而充分利用各方面的技术研发力量。

企业的研发活动可以分为两种类型，根据它们的不同特点，需要采取不同的技术力量组合战略。第一类是渐进性的研究开发。企业在技术突破和重大课题研究方面投入很少，主要是从事技术改良和开发，目的不是新技术的发明创造，而是如何利用好现有的技术设备，进一步提高产品质量，降低产品成本，提高劳动生产率，降低损耗等。这类研发活动虽然是渐进的，但对企业效益却有巨大的促进作用。这类研发所需的技术力量一般不高，且与生产过程联系紧密，企业可以主要依靠内部研发力量完成。

第二类是根本性的研究开发。企业在各种技术研究和开发上的投入巨大，尤其注重在技术突破性研究方面的投入。目的是力图开发出新技术、新工艺、新产品，对整个企业的技术水平进行根本性的提升。这类研发对技术力量的要求比较高，企业需要考虑如何组合各种技术力量完成研发。一般来说，有以下三种技术力量组合方式。第一，自我开发模式。一些技术力量雄厚，处于世界技术领先地位的大型企业往往采用这种模式。这些企业具有人数众多的技术人员队伍、国际一流的实验设备、充足的技术研究资金和完善的技术研发机制，通过自我开发可以形成具有自主知识产权的技术。第二，社会力量开发模式。当自我开发力量不足或根本不具备时，一些企业求助于社会技术开发力量，包括政府科研机构、大专院校和其他企业等。这种开发模式成本低，企业不用维持庞大的技术人员队伍和昂贵的实验设备，同时技术水平高，很多科研机构的技术水平处于国际领先地位。但是，企业不具有自主知识产权，技术保密性差，所获得的技术与最终推出的市场化产品可能存在较大距离。第三，综合开发模式。企业保留较强的自主研发能力，同时最大可能地利用社会开发力量，进行各种各样的合作开发方式。合作的方式多种多样，包括合作创办新的研究机构、临时性技术联盟、联合组建项目攻关小组、人员交换培养等。具体的方式往往是企业根据自身特点和实际需要而定，具有很大的灵活性。这种开发模式可以完成单一企业难以实现的开发项目。

作者说明

我曾经在一段时间里专注于中国企业技术创新的研究，我之所以专注于这个问题，是因为企业竞争就是靠两条，一个是成本优势，一个是技术优势。中国企业在 2003 年丧失成本优势之后，就必须要转向技术优势，但如何形成技术优势，就需要经济学家的研究。本文对技术创新的几条建议，对后来企业的实践影响较大，据我们所知，好多企业基本上就是选择了本文中所提到的创新路子。本文是我与博士生谭伟共同完成的，发表于《科学学与科学技术管理》2006 年第 4 期，后被人大复印资料《企业管理研究》2006 年第 7 期转载。

民营企业接班问题的思考

改革开放以来在我国形成的民营企业，现在大部分都遇到了交接班的问题。有些创业者因为年龄和精力需要退下来，有些创业者则因为能力不足需要退下来，有些创业者则因为别的原因需要退下来。无论是何种原因，大量的民营企业需要有人接班。因此，将企业交给谁，如何交，就成了中国民营企业创业者目前遇到的重大而迫切的问题。

一、将企业交给谁

从产权制度的内在要求和中国传统文化的特点来看，中国民营企业的创业者似乎大都希望将自己创办的企业交给自己的后代，这里讲的后代既包括儿子，也包括女儿。对于中国民营企业创业者的这种交班意愿，有关民意机构曾作过调查，从调查结果来看，想将自己创办的企业交给自己后代的人确实占了大多数。对于民营企业的这种想将自己创办的企业交给自己后代的意愿，我们不应该有太多的指责。现在有一种倾向，似乎认为民营企业创业者将企业交给自己的后代是错误的。这种倾向不对。因为无论从法权和亲情上讲，民营企业创业者的这种交班意愿，都是符合市场经济的内在要求的。大家知道，市场经济有两个最基本的权利，一个是财产权，一个是自由缔约权，民营企业创业者创建的企业财富，在财产权上是属于他们自己的，他们有权决定将这些企业财产交给谁。

但是，现在的问题是，民营企业的后代是否能够接班。这里讲的是否能够接班，包括两种情况，一种情况是民营企业的后代不愿意接班，一种情况是民营企业后代因为能力问题而不能接班。这两种情况虽然有所不同，但都引发了民营企业在接班问题上的危机。

1. 后代不愿意接班

对于后代不愿意接班的问题，《中华工商时报》的记者李富永做过深度报道："据了解，温州一些中小民营企业年事已高的老板很烦恼：通过千辛万苦创业 20 多年积累起来的家业，却面临子女不愿意接班的尴尬局面。当地一家媒体还对 30 名温州厂商作了调查，发现只有 20％的温州企业家决定退休后由子女掌管企业，近 60％的企业家表示没把子女列为接班对象。众多民营企业家表示：'将来我年纪大了，就把企业承包给别人或者卖掉'。这意味着浙江大多数民营企业将面临接班危机。

民营企业主的子女受了较多的良好教育，其价值观、人生观与事业取向常与其父辈发生严重分歧。他们有的无心经商而偏爱艺术，有的希望从政，有的不愿在生意场中拼搏……可见，民营企业主不一定能把企业文化资本传承给子女，特别是价值观和职业选择的传承。浙江一家水泥企业的'80 后'接班人告诉身边的亲朋好友，'恢兴事业、扶植家道，并不是我的使命，我的愿望是希望开一家健身俱乐部，可是我爸爸无法理解'。

据茅理翔调查，国内第一代家族企业至少有 30％因无法解决接班人问题而消亡，'未来 5～10 年，将是家族企业新老交替的动荡期。'麦肯锡的一项调查认为，只有 15％的中国家族制企业在第三代之后还能生存下去。

子承父业，历来是中国人传承地位和财富的首选途径，但眼下，不少民企少帅或者对父辈的企业缺乏兴趣，或者有心而无力，他们把转让股份作为主要策略，纷纷将买家锁定在收购价较高的外资企业上。不久前，浙江出台了一项有关限制外资并购的政策，于是有些少帅庆幸自己赶在政策出台前成功将企业卖了，而错过这波机会的少帅们，也仍然在寻找机会。如浙江某大型皮鞋企业少东丁某，从父亲手中拿过接力棒不到两年，最近接洽上了一家德国企业，目前正积极研究对策，如何能够既不与政策撞车，又能把企业卖个好价钱。

据了解，民企少帅之所以将父辈企业一卖了之的原因有多种。有些是因为个性强，不愿'子从父业'，认为坐享其成无成就感；有些认为家族企业中七大姑八大姨的关系，错综复杂，难施拳脚；有些则考虑父辈所从事的实业竞争太激烈、太残酷，人既辛苦，利润又薄，不如另起炉灶，走捷径，欲凭借网络经济让财富快速飙升。

根据有关数据表明：2005 年发生在中国的并购总额高达 618 亿美元，但到了 2006 年，这一数字迅速变成 1 006 亿美元，这一年在中国发生的股权交易金额比 2005 年的增幅高出 63%，远远高于全球同期水平。被'出卖'的企业名单就有一长串：顺驰、东盛、水井坊、统一润滑油、苏泊尔、德力西、家世界、五星电器、永乐电器……”①

从上述调研结果来看，民营企业后代不愿意接班的原因虽然各有不同，但都导致民营企业后继无人。对于穷人来说，似乎不愿意接班简直不可理解、不可思议，但对于已拥有相当财富的民营企业后代来讲，他们将不再把办企业作为谋生手段，而是要考虑自己自我价值的实现。对于民营企业后代的这种选择，我们也无可非议，因为人各有志。这实际上也是人类富有之后更注重更高选择的必然结果，是需求高位化满足的必然趋向。

2. 后代无力接班

除了上述所讲的民营企业后代不愿意接班而导致民营企业不能将企业交给后代外，还有一种情况，就是民营企业后代因为能力问题而不能接班。大家知道，不是所有人都能成为经营企业的企业家的。不具有企业家素质的人，即使将运行良好的企业交给他，他也会将企业经营垮；而具有企业家素质的人，即使没有财产，他也能够“白手”起家，创建起大企业。我国改革开放以来所出现的大量民营企业，就是这些优秀的企

---

① 李富永：《接班：传亲还是传贤——民营企业权力交接问题透视》，载《中华工商时报》，2007-08-07。

业家们抓住机遇而创建起来的，几乎大都是“白手”起家。因此，不是所有人都能当企业家，只有具有企业家素质的人，才能成为企业家。也就是说，民营企业创业者的后代只有具有企业家素质，才有能力接班。

企业家应该具有什么素质？对此人们有不同认识，但在下述几点上人们是共识的。

第一，强烈的创新意识和能力。

在市场经济条件下，市场经济活动具有开放性和动态性，市场需求和人财物等生产要素的供给是变动着的，政策环境和信息的传递也会发生变化，这就决定了为适应这种变化的资源配置优化工作永无止境。在市场经济条件下，企业家是经济发展的带头人，支配着各种经济资源。企业家的根本作用在于创新或实现新的组合。企业家根据社会经济系统的发展变化情况，不断创新，通过改变生产要素和生产条件并使之重新优化组合，推动企业不断向前发展，促进整个社会经济资源效率的提高。从某种意义上说，企业家就是创新家，是决定企业兴衰的主要力量。

企业家区别于一般企业经营者而创建其业绩的重要条件，就是要有不断创新的能力，要有新点子，而不是只会重复别人走过的路。走自己的路，实质就是企业家运用创新意识和创新能力，能注意到别人忽略的问题，想到他人没有想或不敢想的问题，抓住时机，出奇制胜，生产与众不同的产品，创造独具一格的服务，走出一条具有自己特色的经营管理新路。

无数实践证明，企业家是创新家、开拓者，也是敢冒风险的人。在激烈的市场竞争中，无论是管理创新、产品创新、服务创新还是技术创新，本身就充满着市场和技术的不确定性。尽管经过市场调研与预测，经过技术可行性论证，但它仍然存在着难以预料的风险。企业家不仅要有胆识，有魄力，还要甘冒风险。只有在准确估计风险报酬的基础上，才能组织有效的风险管理，减少风险损失。总之，在优胜劣汰的竞争规律支配下，只有具有敢冒风险、开拓创新等企业家精神的人掌握了企业，企业才能在竞争中取胜。

第二，对经济生活的高度敏感性。

企业家是企业的决策者，决策的正确与否决定着企业的兴衰存亡。在激烈的市场竞争中，市场机遇稍纵即逝，谁能抓住机遇果敢决策，谁就会成为强者。否则，一旦失去机会，就有可能给企业带来不可估量的损失。一个成功的企业家往往具有一般人所不具有的对于经济生活的特殊的敏感性。面对瞬息万变的市场，他善于从每一个细小的商情信息中，发现别人尚未觉察的潜在盈利机会，并充分地加以利用，出奇制胜。也正是凭着这种灵敏的触角，企业家能够迅速而准确地捕捉到信息，审时度势，超前决策，并及时根据变化的情况调整自己的经营策略。

中外成功的企业家的实践证明，对经济生活敏锐的洞察力、准确的判断力、灵活的应变能力是科学决策的关键，这是企业家知识、能力水平和远见卓识的综合体现，它根植于对企业、社会、消费者、市场、同行竞争对手的了解。在世界已进入信息时代的今天，企业家首先必须具备信息收集的能力，在利用各种信息渠道迅速准确获取最新信息的基础上，还要善于结合本企业实际对掌握的大量信息进行分析、加工、提炼，进而提出几种可行性方案，最后，有效地利用信息，果断进行超前决策。为了保证决策的科学性，企业家在做重大决策时必须集思广益，善于借助集体力量，进行民主决策。市场竞争是无情的，失败和困境常常光顾，这就需要企业家全力以赴，灵活应变。摆脱困境的方法多种多样，要根据不同情况，采取相应的灵活应对措施，一计不成再生一计，如制定新目标，改变目标重点，制定新政策，更换原有干部、成员，重新优化组合，引进新技术等。

第三，对企业发展有永不满足的追求。

在市场经济条件下，真正的企业家可被称为人格化的资本，其本能就是实现利润的最大化和资金的最大增值。衡量一个企业家是否成功的主要标准也只能是企业的经济效益。正是这种追逐资本增值的永不满足的经济冲动，才可能使企业迅速发展起来。而在计划经济体制下，企业只是政府机构的行政附属物，企业领导人是由上级主管部门任命的具有行政级别的国家干部，即企业管理官员，其办企业的目的往往是为了进入更高的行政序列。这种人所具有的是政治冲动而不是经济冲动，因此市场对他来说无关紧要，关键是要让上级行政领导满意，把企业规模搞大了，级别提升了，就算大功告成。而从长远看，企业却可能因此陷入困境，他则不负任何责任。这种政治冲动越强烈，对企业的长远发展越不利。在市场经济条件下，只有把办好企业、实现企业的长远发展当作自已毕生的事业这样一种经济冲动，而不是把办企业当作升官的跳板这样一种政治冲动，才能使企业家真正以市场为中心来组织企业的一切生产经营活动。

企业家对企业发展的永不满足的追求还体现为其坚韧不拔的内在毅力。市场如战场，企业家在市场竞争中遇到困难在所难免。面对复杂的环境和强硬的竞争对手，企业家只有具备必胜的信心和勇气，才能够坦然对待其职业生涯中出现的各种危机，面对困难，自加压力，顽强拼搏，始终对企业的经营效绩充满信心，不达目的，誓不罢休。当外在因素把企业置于困境的情况下，企业家还要善于在逆境中实施风险决策，灵活应变，在风险的旋涡里识别和把握胜利的机遇，把损失减少到最低程度。真正的企业家，既能在有利的条件下使企业获得超常发展，又能在不利的条件下反败为胜。

第四，具有极高的综合素质和文化底蕴。

企业家在企业中所处的独特地位、所起的举足轻重的领导作用决定了其必须具有极高的综合素质，既要有丰富的专业知识、管理经验和极高的才干，又要有良好的职业道德和气质。特别应该指出的是，作为一个企业家，具有驾驭全局的组织领导能力和管理水平，多谋善断的科学决策能力，机敏灵活的应变能力，知人善用、任人唯贤的人才选拔和利用能力，掌握现代科学知识和专业技术能力等，对于其带领一个企业不断获得成功都是至关重要的。

正是因为作为企业家，必须具有一系列特有的综合素质和能力，因而企业家必然具有令人信服的判断力，并会在追求最大利润的过程中运用这种判断力。一般来说，企业家做出决策需要很多信息，这些信息的获取成本是昂贵的，而且靠直接观察是得不到的，但决策不仅受客观信息的支配，而且受主观信仰的支配。一个人的信仰来源于他的文化、宗教以及直接生活经历。有些文化显得比其他文化更加鼓励企业家精神。有的文化强调个性而非共性，这有助于个人形成对形势的独立判断能力。有的文化强调人类的自主性，而非宿命地屈从于自然，这会促进企业家所需的那种自信心的建立。有的文化强调英雄主义的一面，而非追求权力的腐败效应，这有利于人们执行雄心勃勃的、需要高度组织性的计划，等等。例如，熊彼特提到了创立个人王朝的梦想和愿望、征服和愿望以及创造的快乐；而韦伯(Weber，1930)强调的是新教伦理与天命的概念；雷德利克(Redlich，1956)则强调“实业首领”的军国主义价值观。因此，研究工商业史的作家，几乎无一例外地强调文化和个性对企业家行为的影响。

总之，上述几点是企业家所应有的最基本素质。只有具有上述素质的人，才能成为企业家。正因为如此，所以民营企业的后代只有具有了上述所讲的作为企业家的基本素质，才能接班，才能保证企业的持续和发展。但问题是并不是所有的民营企业后代都具有上述素质。因此，不具有企业家素质的民营企业后代实际上是接不了班的，即使勉强接了班，最后企业也难以存在和发展，关于这方面的调查报告及研究成果很多，我们不用做过多的资料引用。但是有一份资料，我认为很有必要引用，因为这份资料是出自于民营企业接班人自己之口，是他们内心世界的道白，具有很强的代表性：

“我父亲是一个民营企业的创始人，在当地也算是小有名气了。很多人羡慕我，用他们的话来说，我是那种‘含着金钥匙出生的人’。从小我就从来没有为经济的事情发愁过，想买什么就买什么，有着许多同学羡慕的新鲜装备。

大学毕业后，我去一家台资企业上了半年班，之后就回自己的家族企业上班了。上班后不久，公司就给我配了一辆车，父母还在家乡和上海各置了一套别墅。我是我们家唯一的儿子，在外人看来，我是这家企业理所当然的接班人，我父亲也是这么想的。

可是，我有一段时间经常晚上失眠，连续两个月晚上两三点才睡着，早上六点多就醒过来了。我的食欲也不好，饭量只有以前的一半，头上白发也比以前多了不少，人也比以前憔悴多了。‘我今年才25岁，按理说正是年富力强的时候，怎么会这样呢?’那时候我不禁这么问自己。

两个多月前，我父亲派我去管理一个新建设好的工厂，厂房面积5 000多平方米，员工50多人，而且生产的都是公司最近开发的新产品。由于要面对新的厂房、新开发的产品、新的管理队伍，这给我带来了很多从来没有碰到过的问题，让我非常苦恼。

由于是新的厂房，许多设施都没有配齐，连仓库和办公室都是临时的。仓库已经在短短的2个多月的时间里换了2次了，自来水也没有接好，还要经常自己用抽水泵打水等。由于是新的产品，市场还没有培育完成，公司经常没有订单，即使有订单也是那些非标产品，改动的地方很多，很容易出错，经常加班也不能按时交货，员工做得累死，但工资总提不高，搞得许多员工牢骚颇多，士气低迷。由于是新的管理队伍，同时还来自不同的地方，有本地的、有广东过来的、有山东过来的，以前都不是做同一个产品的，三个新产品，有三拨人马。本地的技术人员是生产A产品的、广东过来的是生产B产品的、山东过来的是生产C产品的。别看人很多，产品不少，可一个月也生产不出来几台。

对此，我感到忧心忡忡。我的父亲也是看在眼里，急在心里啊。这可怎么办才好呢？到底是我自己不行，还是其他什么原因呢？为此，我先从自身的性格经历来加以分析。

从小时候开始，我在大人眼里就是一个乖孩子。我学习优秀，读的是县重点高中，后来又考上了西部一所重点大学。我从来不做调皮捣蛋的事，放假了也从来不出去，就喜欢待在家中看看电视、打打游戏。我性格内向，从小就不喜欢和陌生人说话，也不善于与人沟通，什么事情都希望自己能想明白了才去做。易中天说过：男孩子如果小时候不调皮捣蛋的话，长大了也不会有什么大出息。也许我就属于这类人吧。我基本上没在学校里当过班干部，最多当个课代表，也就收收作业，发发卷子，从来没有管理过人，一下子让我管理那么多人，的确不是一件容易的事。

另外，现在遇到的困难可能和我大学学的专业有关吧。我大学学的是工商管理专业，而企业从事的又是机械制造，专业知识基本不懂，图纸看起来也比较吃力，这样就与技术人员沟通起来很有问题。虽然我学的是管理专业，但管理是一门实践的科学，管理能力是很少能从书本上培养出来的。

有时候我还想，现在的问题也可能与父母有关。看看香港的李嘉诚培养自己的孩子多有一套啊，可自己的父母基本上都忙于工作，连学习也很少关心，更别提对我其他方面能力的培养了。但仔细想想看，也不能怪父母。他们辛苦工作，把他们能给的最好的生活条件都给我了，他们的父母也没给他们多少良好的教育，再说他们也没有培养下一代企业家的能力啊，他们从小就是农民。

我来自己的家族企业上班，体会到了许多常人无法体会的压力。有来自社会的压力，因为你是老板的儿子，社会上许多人都会在看你怎么接班，不能接班的人，不能让这个企业生存下去的人都会被社会上的人看不起，被称为“败家子”；有来自员工压力，面临着来自下属、同事的信任危机，因为能走上这个岗位不是因为你具备了这样的能力，而是因为你是老板的儿子；有来自家庭的压力，父母总希望自己的子女能够立刻着手管理这个企业，他们会在无形之中给你压力，而管理能力更多的是一种经验的积累，它需要时间，但自己的成长速度总赶不上父母的期望。

我很想不在自己家族的企业工作，想找份其他轻松点的工作。我也非常羡慕那些在机关部门工作的同学，他们可以一个星期休息两天，可我一个月才能休息一天，只有在‘五一’‘十一’能休息两天，我毕业后基本上没有出浙江玩过，经常报的旅游项目也是杭州一日游。

我是我们家唯一的儿子，虽然家里还有一个姐姐，可在中国的传统思想里，儿子才是家业继承人。在家里上班后，母亲曾对我说过：‘你可要好好地工作啊，以后这个厂都是给你的，都要你来管，我们都希望你能早点接班，毕竟你父亲年纪也大了，管不了几年了。’

我也经常在问自己，到底自己合不合适这份工作。可路还是要继续走下去，公司还是要经营下去，我到底该怎么办呢？”①

二、能否靠教育培养出企业家

既然有些民营企业的后代不具有接班的素质，而大部分民营企业还希望将企业交给自己的后代，这样就出现了一种潮流，即：民营企业创业者们希望通过教育而提升后代的素质，试图通过教育使其后代接班。《中华工商时报》的记者李富永对此做过报道：

“近日，上海出现了一个特殊培训班：‘企业新掌门人缔造营’。这个‘缔造营’由于培养的是‘企业新掌门人’，所以学费不菲，两年学期80万元，比名校的MBA、EMBA学费要昂贵得多。一时在社会上引起轰动。

‘缔造营’的主办方是慧泉国际，其校长是陶瓷制造企业亚细亚集团的元老苏建诚。苏建诚一直对民营企业接班人的问题很感兴趣，他认为

① 董铭：《一个民企接班人的烦恼告白》，载《第一财经时报》，2007-08-20。

未来5～10年，许多民营企业将因无法解决接班人问题而消亡。推出该培训班，就是‘为企业提早培养人才’。‘缔造营’的责任就是‘救济富人’。因为民企接班人不仅是一个企业内部的问题，也是一个社会问题。

近年来，围绕‘接班人’的各类培训可谓眼花缭乱，什么‘少帅班’、‘未来老板班’、‘民企接班人孵化班’……不一而足，反映了广大民营企业对合格接班人的殷切需求。

已经顺利交班的方太厨具公司董事长茅理翔，并没有赋闲，而是创办了‘宁波家业长青民企接班人专修学校’，日前已经培养出了‘黄埔一期’，年龄多为‘80后’。据说‘少帅’们对接好‘老帅’的班并使企业家业长青永续发展更有信心。宁波人和机械轴承有限公司总经理助理许建光说，洛克菲勒、福特、杜邦这样的百年老店也会在中华大地出现，若干年后本班学友中完全可能有人‘指点江山’，成为中国民族工业的新一代翘楚。”①

但现在的问题是，教育能否培养出企业接班人？这里有一个对教育功能的看法问题。笔者认为，我们不能无限度夸大教育的功能，教育只是一种具有开发功能特点的人类活动。也就是说，当一个人具有某种天赋的时候，教育才能将它开发出来，如果一个人没有某种天赋，教育是无能为力的，是开发不出来的。天赋对人能力有决定性影响。这不是唯心主义的先验论。因为天赋的背后是基因，基因是物质的。当然，强调基因的重要性也并不是宣扬人种主义，因为人的基因排列是不断变化的，例如有的人父母很聪明，而孩子却笨一些，因此，我们强调天赋对人能力的影响，既不是宣扬唯心主义，也不是宣扬人种论，而是强调天赋对人的能力具有重要的影响作用。实际上，天赋的这种作用在现实中随处可见，例如，为什么在同等教育条件下，有人能考上北大清华，而有的人却连一般大学都考不上？这实际上是天赋在起作用，与后天的教育无关。因此，企业家所应有的天赋，实际上靠教育培养似乎不可能。这种情况，也得到现实的证实。“2004年秋，浙江大学为在校的家族企业子弟开了一个‘少帅班’，29名学生中有26人的家族企业资产在百万元以上，高的近亿元。但出人意料的是，‘少帅班’学生毕业后，竟无一

① 李富永：《接班：传亲还是传贤——民营企业权力交接问题透视》，载《中华工商时报》，2007-08-07。

人回家协助父辈二次创业。这充分说明，在‘父子不同心’的情况下，把企业交给子女，并不是上佳选择。”[①]

在企业家的培养问题上，我们既不能无视教育的开发作用，也不能无限度地扩大教育的作用，而是要科学地对待教育的作用。有些人确实有作为企业家的天赋，具有作为企业家的基本素质，因而我们应该注重教育的开发功能，加强对他们的教育，采取行之有效的教育方式，对他们加以培养和提高。但对于确实不具有企业家天赋和素质的人，即使让他们上世界上最好的商学院，也很难使他们成为企业家。在此问题上，我们应尊重孔子所讲的“因材施教”的古训。

对于民营企业创业者能否通过教育培养出接班人，工商时报记者李富永有一个详细调查，从中可以看出许从问题：

“与父辈创业时十足的江湖气相比，接班的‘民企少帅’们更多表现出现代知识型色彩。他们年富力强，所受的教育更为规范。许多接过权杖的‘民企二代’们，都接受过良好的教育。

虽然他们有着更为优越的成长和教育环境，却没有经历过父辈的艰辛与曲折。尽管接受了新思维，拥有了父辈们无法企及的知识结构和学历层次，也不缺乏创业激情和勇气，却依然缺乏创业守业的经验、虚怀若谷的谦逊、低调为人的品格。相比他们脚踏实地的父辈，他们可能更浮夸、更自我。

慧泉国际的副董事长李秀芳表示，国内民营企业大多为家族企业，接班人一直是一个难题。他们集团做的一项调查显示，超过一半的民营企业家第二代都有‘不负责任’、‘不诚实’等 15 个人格误区。由于他们普遍缺乏父辈的奋斗历程，即使部分人学历很高，但为人处世等方面还存在问题。”

三、非理性交班的结局

上述分析表明，民营企业创业者是不应该将企业交给那些“无意接班”和“无助接班”的人的。如果硬要交班，也就是非理性的接班，其结

① 李富永：《接班：传亲还是传贤——民营企业权力交接问题透视》，载《中华工商时报》，2007-08-07。

果只能是企业走向消亡，也就是走进“富不过三代”的结局。对此，《中华工商时报》记者李富永有一个结论性调查：

“实际上，‘富不过三代’并非中国特色，全球家族企业普遍面临‘穷孙子’问题。2006 年 6 月 7 日《胡润百富》杂志在上海发布了《胡润全球最古老的家族企业榜》，就说明了这个问题。

在美国，家族企业在第二代能够存在的只有 30%，到第三代还存在的只有 12%，到第四代及四代以后依然存在的只剩 3%了。葡萄牙有‘富裕农民—贵族儿子—穷孙子’的说法，西班牙也有‘酒店老板，儿子富人，孙子讨饭’的说法，德国则用三个词‘创造、继承、毁灭’来代表三代人的命运。

据美国一所家族企业学院的研究显示，约有 70%的家族企业未能传到下一代，88%未能传到第三代，只有 3%的家族企业在第四代及以后还在经营。麦肯锡咨询公司的研究结论是：家族企业中只有 15%能延续三代以上。甚至有学者认为，具体到中国，95%的民营企业是家族企业，情况更糟，三代可能要改为只能传到两代。

香港中文大学的一项研究显示，香港大企业的领导人把权力移交给下一代接班人之后，在交班后的 8 年期间，企业的股票回报率狂跌 80%，反映香港大型家族企业‘富不过三代’的现象相当明显，像李锦记那样能够传到第四代的，毕竟是非常罕见的。

即便如此，李锦记却面临‘富不过五代’的问题：据李锦记公司主席，也是李家第四代接班人之一的李惠民透露，现在也不能不担心‘富不过三代’的问题，因为第五代人对接管家族企业没有什么兴趣，所以李锦记公司不得不做出一个重大的决定，即在今年年底前，要找到一个非家庭成员来担当公司总裁的大任。”①

四、少帅是否已真接班

虽然经济学界不少人认为在民营企业接班问题上，应该慎重，要重“贤”而疏“亲”，不要将企业交给无心经营和无力经营的后代，但仍然有

① 李富永：《接班：传亲还是传贤——民营企业权力交接问题透视》，载《中华工商时报》，2007-08-07。

大量民营企业创业者将企业交给了后代，我国目前已经出现了向第二代交班的趋势。目前，一些“二代少帅”接过父辈的接力棒开始走上前台，成为中国新的企业舵手。“二代少帅”在中国民企已经成了一个引人注目的群落。有人对此做过如下的统计：

“1992 年，出生于 1971 年的鲁伟鼎担任浙江万向集团副总裁，1994 年接替父亲鲁冠任总裁。5 年后，鲁伟鼎赴美国读书，回国后任万向集团 CEO，成为万向集团实质性‘少掌门’；

1998 年，出生于 1964 年的莫林弟担任江苏永鼎集团总经理，2000 年，接替父亲顾云奎任董事长；

2000 年，出生于 1966 年的周海江接替父亲周耀庭担任红豆实业股份有限公司董事长；

2000 年，出生于 1965 年的梁昭贤接过父亲梁庆德衣钵，成为格兰仕集团董事长；

2001 年，徐文荣长子徐永安被正式任命为浙江横店集团控股有限公司总裁；

2002 年，世贸集团许荣茂之子许世坛在上海和北京世茂地产担任销售总监；

2003 年，李海仓之子李兆会接替意外身故的父亲出任山西海鑫集团董事长；

2004 年，均瑶集团董事长王均瑶病故，其子王瀚接班。……”①

对于这种后代接班的现象，我们要进行现性分析。首先，这些少帅是否接班还有待实践的考量，不能因为他们短时间保持了企业的发展，就认为已经接班。这种实践的考量最少需要十年以上的时间，因为短时期内企业可能由于原有的“惯性”而发展，并不反映少帅们的真正“功底”。其次，现在大量的老帅虽然形式上离开“帅位”，但老帅人还在，老帅实际上是离位不离岗，还在为少帅谋划和协助少帅，甚至是少帅在前台，老帅在后台，最终起作用的，还是老帅。因此，这种接班实际上是形式上接班，而并不是实质性接班。

实际上，就是少帅接了班，也并不标志着民营企业进入了可持续发

① 李富永：《接班：传亲还是传贤——民营企业权力交接问题透视》，载《中华工商时报》，2007-08-07。

展的轨道。因为少帅接班并不能解决家族企业的自身问题。经济学界的不少人认为，从现代产权制度和公司治理的角度来看，家族企业在创业之初虽然有利于企业内部固有的凝聚力和向心力的形成，而且也有利于企业管理层之间的默契，在实践中这些优势确实都对企业的发展和管理产生过良好的推动作用，并促进企业的成长壮大，但当企业发展到一定规模时，家族经营的弱点便逐渐显现出来：企业决策过度依附于个人，人治情况严重，加大了经营风险；产权制度家族血缘关系化，难以充分利用社会性生产要素；家族的血缘关系文化抑制了公司的创新能力，再加之企业财产与家族财产不分，造成内部财务制度混乱，并且公司用人上任人唯亲，难以引进优秀人才，等等。毋庸置疑，这些弊病严重阻碍了家族企业的进一步发展。因此，不少经济学家认为，家族所拥有的优势有利于创业，却不利于企业可持续发展。

五、接班问题上的理性化趋势

不过，对于是否将企业交给自己的后代的问题，民营企业创业者已越来越理性化。不少人认为，如果自己的后代中确实有能成为企业家的人，那么就可以将企业交给后代，如果没有，就应该将企业交给真正能保证企业发展的人，虽然可以给后代留下一些财产，但不能将企业交给后代人。对于此种情况，《中华工商时报》记者李富永有一个调查：[①]

2005 年一项针对浙商名为《企业家最关心的问题》的调查报告显示，仅有约 14.5%的浙江民营企业家明确希望退休后由子女来掌管企业。在极为敏感的接班人问题上，浙商开始显示出理性与开明。近日一项针对浙江商人的调查显示，已有近半家族企业考虑让子女仅享受股东权益，公司聘请职业经理人来打理。

温州正泰集团董事长南存辉的建议是：鼓励孩子们到外面去打拼，并在打拼的过程中考验他们的实际能力和管理水平。对于确实有能力的，可以通过董事会聘请的方式来正泰工作。这与传统家族制企业的子承父业有着明显的不同。至于子女的经济利益，则通过原始股东成立基

① 李富永：《接班：传亲还是传贤——民营企业权力交接问题透视》，载《中华工商时报》，2007-08-07。

金，交由专家管理来保证。

对于未来的接班人，德力西集团董事局主席胡成中的观点是“一定要找个合适的”不管原来是股东，还是经理层，只要是最合适的都可以接班。虽然认为现在考虑“企业接班人”还为时过早，但胡成中表示将用最好的方式去培养下一代。他的儿子很早就送到国外读书，能否接班胡成中认为“很难说”。他觉得下一代如果有知识、有能力，自己照样也能搭个好平台。

天正集团董事长、总裁高天乐说：“我不需要把这个企业给我的孩子，在未来的时间里，中国人在这件事情上会越来越想得开。”和高天乐一样，相当数量的温州商人表示，如果子女不能胜任而强行把企业传给子女，那么这个企业可能就此走向衰亡。

温州中小企业发展促进会会长周德文指出，家族企业的家族成员一般拥有企业全部或者部分的资产所有权，并掌握着公司最为重要的管理权，实行家长集权式管理，家族文化也趋于感性，人治重于法治。“一家人的思维方式多少有些类似，没有一个突破点，容易延误商机”。所以，实行职业化管理就势在必行。

与王安相反，被尊为华人世界 IT 教父的宏基前董事长施振荣，60 周岁时就功成身退。施先生最为人称道的，除了苦心创出的全球性 IT 品牌，就是他身后一群他一手栽培的接班人队伍。而施振荣自己的子女则无一人进入宏基，施振荣希望由自己带头建立起“传贤不传子”的典范。

作者说明

中国民营经济高速发展了三十余年之后，原有的创业者已因为年龄而要退休或者退居二线，但中国民营企业的形成与创业，又都是以家族血缘关系为基础的，因而中国民营企业的接班问题就成为民营企业在发展中需要解决的重大问题。我近几年的一个重要研究课题就是民营企业接班问题，对这个问题作了较为深入的研究，提出了一些思路和建议，这些思路与建议是具有实践性和可操作性的。本文选自中国发展出版社 2008 年版《崛起中的磨合》。

民营企业如何实现交接班

从实践经验与教训上看，民营企业创业者对于将企业交给谁的问题，应该有一个理性的选择，这种理性选择的基本原则是：如果自己的后代中确实有能够有能力经营企业的人，那么就将企业交给自己的后代去经营；如果后代中没有能够经营企业的人，那么就应该将企业交给非家族血缘关系的能够经营企业的人，也就是交给社会，自己的后代充其量只享受应有的财产权的收益。也就是说，民营企业创业者在交班中，应该将确保企业存在和发展作为交班的第一要务，切不可在此问题上任人唯亲，应该是任人唯贤，让真正能保证企业存在和发展的人去运作企业。按照这种思路，民营企业家创业者交班大致上有如下几种模式。

一、“贤”、“亲”统一型模式

所谓“贤”、“亲”统一型模式，就是指民营企业创业者的后代中有具有企业家素质的人，他们能够运作企业，并保证企业生存与发展，也就是民营企业创业者后代中有“贤者”，民营企业的创业者可以通过自己的后代而实现交接班。应该说，这种交班模式最具有稳定性，能够保证企业的可持续发展。但是，这种模式也要注意以下三个问题。

第一，接班的后代应该在企业中有较长时间的磨炼，最好是能从企业最基本的经营活动干起，经历企业的整个运行过程和环节，对企业的整个运作过程非常熟悉，不仅有非常切身和深刻的认识，而且能熟练把握其运行过程，在实践中已经将自己融入到企业之中，从而从根本上可以熟练把握和掌控企业，而不是仅靠承传和产权力量去控制企业。也就是说，作为接班人的后代，不能是“空降兵”，而是从基层干起，一步一步地得以磨炼和提升，最后逐步进入企业核心领导岗位。有些民营企业创业者将自己的孩子送到欧美的商学院去读书，毕业后就将孩子任命为企业负责人，这样做的成功案例不多，因为这些经历过国外高等商业教育的后代们，虽然外语及国际运作方面的知识甚多，但缺乏对企业的实际了解，没有实践经验，因而往往很难真正经营好企业。

第二，作为接班人的后代，应该在实践中逐步树立自己的经营权威，用自己的实际能力去让别人诚服，逐渐使自己成为企业经营团队的核心。任何经营团队实际上都有一个核心，这个核心是有其经营权威的，但经营权威的形成，并不是靠一纸任命，更不是靠你是老板的后代，而是要靠自己的才华和智慧，靠自身的优秀人格和努力。因此，民营企业的接班人必须在实践中展示出自己的优秀品质和高超的智慧，让管理团队能自觉地拥护和信服自己，从而自觉地成为经营团队的核心。否则，就会让人感到你是因为“老子是老板”而成为老板，难以令人内心诚服，其结果就会不利于企业稳定发展。现在有些民营企业的后代，虽然已经接班，成为企业的负责人，但并没有显示出优秀的人格和高超的智慧，因而并未在企业中真正服众，而只是形式上的接班，所以企业实际上面临着巨大的潜在风险。因此，民营企业的后代若要接班，就必须要在经营中形成人格魅力。

第三，民营企业创业者的后代即使能顺利接班，也要充分认识家族企业的弊端，逐步从产权结构和公司治理上推进企业改革，真正使企业从创业型企业转向现代化企业。我们并不一概否认家族企业，但家族企业确实有其弱点，我们要将家族企业逐步转为更具有竞争力的现代企业。

上述三点充分表明，即使是民营企业的后代中有能够接班的人，其接班过程也会是复杂的，是一个较长时间的交接过程，而且接班后也要按照现代企业制度的要求调整现有家族企业，形成具有现代企业制度要求的家族企业。正因为如此，所以我们下述有必要讨论有关家族企业的问题。

1. 家族企业的不同模式

在现实经济活动中，实际上存在着三种家族企业，或者说，家族企业有三种模式，因而我们需要对家族企业做一个细分，不能笼统使用家族企业这个概念，更不能给那些有家族特色的企业都戴上同样的家族企业帽子，而是要做详细分析。

第一种家族企业是家族出资的家族企业，即：企业的财产，或者企业中能够相对控股企业的股份，是某个家族的，也就是说，家族是企业的出资人，或者是企业的控股股东，但是企业的整体运行过程并不是以家族血缘关系为原则的，而是实行了现代企业制度。家族血缘关系既不是企业设置管理制度和从事经营活动的准则，也不是企业选择和任命经营管理者的准则，更不是员工收入分配制度的准则，因而企业的制度安排和经营管理活动并不是以家族血缘关系为基础的，而是以现代企业制度为基础的。

第二种家族企业是家族形式的家族企业，即：企业从表面上看，好像企业是某个家族的，但实际上企业的产权已经界定到家族中的自然人身上，财产并不是某个家族的，而是家族中的各个自然人的，每个人都是一个完整的利益主体，都会按照自己的股份维护自身的职权和利益。因此，家族中的所有自然人，都不是以家族血缘关系所决定的亲疏排位顺序来确定各自在企业经营管理中的地位和权利，而是以各自在企业中的股份大小来确定各自的权利和责任。也就是说，决定家族中的每个自然人在企业中的地位和利益的准则，是每个自然人所拥有的股份数量，而并不是家族血缘关系所决定的所谓家族亲情关系。因而企业完全是以现代公司的方式经营和管理的，而不是以家族血缘关系为基础的。

第三种家族企业是家族性质的企业，即：企业的经营管理完全是以家族血缘关系为基础的，家族血缘关系既是企业选择和安排企业经营管理者的准则，同时家族血缘关系也决定了企业经营管理者的权利和地位。例如，父亲是董事长，儿子是总经理，女儿是财务总监，等等。在这种企业中，任何非家族血缘关系的人，不能进入企业经营管理的核心层，企业的经营管理结构实际上是家族血缘关系的企业化，家族血缘关系与企业的经营管理活动内在地融合在一起了，企业经营管理活动家族血缘关系化，家族血缘关系企业化。

按照上述的分类法，民营企业后代接班后的家族企业，不应该成为家族形式的企业，也不应该成为家族性质的企业，而应该成为家族出资人的企业。因此，这些企业不能把家族血缘关系作为选择和安排企业经营管理者的准则，更不能以家族血缘关系的决定和亲疏关系而确定企业的组织结构，而且即使是有家族血缘关系的人，而且即使是与唐氏兄弟有着家族血缘关系的人，如果在企业经营管理中犯了错误，照样会受到应有的处罚。由此可见，民营企业后代接班的，实际上所遵循的是现代企业制度的原则，属于现代企业制度之列。

2. 家族企业高效发展的充分条件

不少人在讨论企业制度安排的时候都强调企业应建立现代企业制度，但为什么仍然在很大程度上存在着家族企业，而且不少家族企业还发展得很好，我们究竟应该如何看待这个问题？对于为什么存在大量家族企业的问题，人们做了许多的分析，他们认为家族企业存在和发展的主要原因，是家族血缘关系有利于解决企业存在和发展的四大基本问题。具体来说，家族血缘关系可以解决企业下述的四大基本问题。第一，可以解决投资者之间的相互信任问题，也就是说，企业是建立在投资者相互信任的合作契约关系之上的，而家族血缘关系可以有效地实现这一点；第二，可以降低寻找共同投资者的交易成本，也就是说，企业在组建中寻找共同的合作者是不容易的，而家族血缘关系可以以最低的成本寻找到投资合作者；第三，可以促使投资者在经营管理中快速达到共识，也就是说，企业的投资者在投资基础上的共同认可是不容易实现的，而家族血缘关系则往往可以利用亲情及感情而统一人们在经营管理上的认识；第四，可以有效协调企业治理结构，也就是说，企业内部的权责利的安排是极其复杂的问题，而家族血缘关系可以借助于家族亲情关系而有利于实现企业内部治理。

我们认为这样的分析是对的，家族企业的存在和发展确实是如此。但是，这仅仅是家族企业存在和发展的部分原因，还并不是充分的原因。实际上，家族企业的存在和发展还需要下述的条件。

一是家族血缘群体中存在着可以支配家族血缘关系的企业家甚至存在着企业家团队。任何一个家族企业的发展，实际上都是依靠家族血缘群体中的企业家或企业家团队而实现的，没有企业家或者企业家团队的家族血缘关系，是不能保证企业的发展的。那些富不过两代的家族企业，就是因为家族血缘关系中不能连续产生企业家或企业家团队，而走向衰亡的，因此，家族企业存在和发展的基础，是家族血缘关系中存在企业家或企业团队。

二是家族血缘关系服从和支持企业中经营管理关系。也就是说，在企业经营管理活动中，不是家族血缘关系决定了企业中经营管理的组织结构和活动，而是家族血缘关系服从和推动了企业的经营管理的组织结构和活动，处理企业经营管理的组织结构和活动的原则，并不是家族血缘关系的原则，而是企业经营管理活动中的客观经济规律在起作用。例如，不是按照家族血缘关系中的辈分来安排企业经营管理者地位和权利，因而当然也就不是当董事长的弟弟要听当总经理的哥哥的决定，而是总经理必须听董事长的。总之，是企业经营管理中的客观经济规律支配着企业的经营管理活动，而并不是家族血缘关系。家族企业的成功也就是虽然它们充分利用了家族血缘关系在企业经营管理活动中的作用，但并不是家族血缘关系支配企业的经营管理活动，企业经营管理活动是建立在客观的经济规律之上的。

三是家族血缘群体在企业经营管理中易于形成共识和拥有一致的价值理念。凡是做得比较好的家族企业，一般都有一个重要的特征，就是家族血缘群体不仅在企业经营管理活动中易于形成共识，而且是有共同的价值理念。例如，有的家族企业在完成了本家族的高质量生存所需要的财富的积累之后，即本家族的生存性经济利益得以满足之后，就会非常自觉地将追求目标放在事业的追求上，而不再是斤斤计较本身的经济利益。从而在企业发展及价值理念上取得共识，促进了企业的快速发展。但是有的家族企业则不是，它们无法形成统一的有利于企业发展的共识和价值理念，一旦经济利益获得巨大增长之后，就会发生分裂，因而它们在企业发展初期还能够共艰苦和同患难，但在企业做大之后就会龃龉不合，相互争权夺利，各行其是，最后导致企业走向衰亡。不少好的民营企业的家族团队在企业经营活动中相互配合，都不争名和利，各自发挥自己的特点，这正是这样的家族企业发展的重要原因。

四是家族血缘关系能够容纳非家族血缘关系的人才。企业应该充分利用家族血缘关系对企业的好处，但是家族关系在人才使用上不能具有排他性，而是应该充分吸收和使用非家族血缘关系的各种人才。不少民营企业在这方面做得比较好，例如，在兼并企业中往往注重选择各类优秀的人才，而且充分信任，放手使用，形成了一个强有力的人才队伍。实际上家族企业的致命弱点，也就在于其对人才的选择，往往只能局限于家族血缘关系的范围之内，如果家族血缘关系中存在大量的有用人才，那么问题就不大，若没有人才，那问题就出来了。因而家族企业的一个重要问题，就是要能面向社会选择人才，否则，就难以发展。

五是家族血缘关系能够以现代企业制度为基础。我们应该看到家族血缘关系在企业存在和发展中的作用，但是企业的运行基础是现代企业制度，而不应该把家族血缘关系作为经营管理企业的原则。也就是说，处理企业经营管理活动的原则，同处理家族血缘关系的原则，并不是一个原则，企业虽然要利用家族血缘关系，但不能将此作为经营管理企业的基础，企业经营管理活动的基础是现代企业制度，家族血缘关系必须服从于现代企业制度。可以说，现代企业制度突破和弥补了家族血缘关系在企业经营管理活动中的不足，家族血缘关系为现代企业制度服务，二者相互补充，但以现代企业制度为基础。我国不少民营企业在这方面做得比较好，这也正是这种家族企业成功的重要原因。

3. 决定家族企业发展的内在因素

在对中国民营企业的分析中，似乎谁也无法回避一个问题，就是所谓的家族企业的问题。而对于这个问题的分析，似乎又形成了难以统一的两大论断：有的人认为家族企业有着自己的强大生命力，因而不宜用现代企业制度去取代家族企业；而有的人则认为家族企业并不具有持续的生命力，应该使其逐步转向现代企业制度。支撑这两种观点的实践数据和案例，在现实中都是很多的。持家族企业有其生命力观点的人，可以寻找出许多支撑自己观点的数据和案例，而持家族企业并不具有持续性生命力观点的人，也可以寻找出支撑自己观点的数据和案例。我们如何看待这个问题？

我认为，之所以产生这两种相反观点似乎都是正确的矛盾现象，是因为在现实经济生活中这样一个内在规律，即：无论是家族企业，还是现代企业，其高效运行，都必须要满足企业高效运行所需要的最主要因素，因为，决定企业能否高效运行的条件，并不是企业的形式，而是企业高效运行所要求的必需因素。这些因素主要如下。

第一，企业家阶层存在，即企业中有着一个能决定企业命运的企业领袖及其能配合企业领袖的企业家群体。企业家是企业的核心，无此核心，任何企业也不可能存在和发展。中国有句古语，即：三个臭皮匠顶一个诸葛亮，这句话的含义是指要集思广益，除了这个含义，这句话并不正确，因为：臭皮匠就是臭皮匠，多少个也不能顶一个诸葛亮。他们之间是不能画等号的。因此，无论是家族企业，还是现代企业，都必须拥有企业家团队，要有企业领袖的存在。没有企业领袖的存在，任何形式的企业都是难以发展的。

第二，拥有符合现代生产力要求的企业制度。即使是家族企业，也必须按照生产力的内在要求办事，例如，要贯彻权责利相统一的原则，要实行充分调动各种生产要素的原则，要以比较优势原则选择企业战略，等等。如果家族企业不尊重生产力的内在要求，例如，不是按照贡献和效率确定人们的职权及收入分配，而是按照家族血缘关系的亲疏程度来确定人们的职权和收入分配，那么这种家族企业就不可能快速发展。因此，任何企业都要满足生产力的内在要求，否则，是难以发展的。不少家族企业，就是因为没有用家族血缘关系去取代生产力的内在要求，而是以生产力的内在要求为运作原则，才取得了巨大的成就。

由此可见，无论是家族企业，还是公众企业，只有在拥有企业高效发展的必需的内在因素的条件下，才能快速发展。因此，我们不能以企业形式来判断企业优劣，而是要看企业是否拥有快速发展所要求的各种内在因素。不具有企业快速发展所要求的内在因素的公众企业，照样不能快速发展；而拥有企业快速发展所要求的内在因素的家族企业，照样能够快速发展。因此，评价企业的标准，并不是企业的存在形式，而是作为优秀企业所必需的内在因素。

由上述分析可见，民营企业后代能否很好地接班，能否保证企业成为百年老店，关键是要按照现代企业制度办事，无论接班后的企业是否保持家族企业的形式，最终都要按照现代企业制度改革原有企业，使企业充分体现现代企业制度的要求。从这点上讲，民营企业后代接班，实际上就是民营企业向现代企业制转轨的开始。

二、"贤"、"亲"分离型模式

所谓"贤"、"亲"分离型模式，就是指民营企业后代中并没有真正能运营企业的人，民营企业只有依靠在社会中选择企业的接班人，接班人和民营企业创业者并无家族血缘关系，不是民营企业创业者的后代。不过，这种模式在现实中又有两种不同的具体模式。一种是相对控股模式，一种是充分分散模式。

相对控股这种模式，是针对民营企业后代没有人能接班的情况而设置的。也就是说，作为民营企业接班者的后代，在自己能力不济时，可以借用社会力量而经营企业。借用社会力量经营企业，涉及企业股权结构问题和公司治理问题。一般来说，在这种模式下，民营企业接班人虽然自己不能经营企业，但可以通过股权设置和公司治理制度设置而充分借用其他股东和经营者的力量，保证企业能充分发展。

股权设置的主要方式是实行相对控股制度。也就是民营企业接班人在企业中只占有相对控股的地位。在相对控股的条件下，民营企业接班人的经营能力不足，可以通过其他股东的经营能力而得到补充。在股份制条件下，任何股东的利益都和企业经营联在一起，因而股东们不仅会在利益机制作用下而密切关注企业经营状况，而且也会为企业经营出谋划策，行使自身的股权力量和贡献，这样就必然会使企业在众多股东的努力下得以生存和发展。这实际上是一种"搭便车"，即控股者借用其他股东的力量而经营企业。尤其是，因为民营企业接班人在企业中只是相对控股，所以别的股东会在自身利益作用下争夺控股权，这样就可以在相对控股者无法保证企业生存和发展时，其他股东会联合起来争取控股权，以拯救企业和保证企业有效发展。而且，这种相对控股的格局，会随时对控股者有压力，迫使其以各种方式保证企业生存和发展。

公司治理设置的主要方式是充分利用经营者的力量，其特征就是人们通常所讲的两权分离，即将企业经营权充分交给经营者。不过，两权分离模式的实行，需要有制度和团队的保障。最起码要做到如下几点。

第一，在较长时间与实践考验中选择出了优秀的团队，这种优秀的团队是德才兼备的，具有企业家的最基本素质，而且能将自己的价值取向与企业的价值取向相结合，形成了人格企业化和企业人格化。尤其需要强调的是，这种优秀的团队的德才状况在实践中得到了充分证明，而并不是他们自我吹嘘的结果。也就是说，实践对他们的德才做了良好的评价。现在有些民营企业在从家族企业向相对控股企业转化中，没有选择好经营团队，要么是有些人有才无德，要么是有些人有德无才，甚至有些是口头上有才有德，实际上并没有任何本事和优良品质，因而企业出了问题。因此，关键是要有经过实践选择的良好团队。

第二，企业具有激励和约束经营者的良好制度，对经营者的应有人文关怀和经济利益激励及权力设置，都符合现代企业制度的要求，有利于经营者作用的发挥。同时，也具有界定利益关系和授权权限的良好约束制度，经营者不可能超越利益界定和权力限定而危害企业利益。总之，要使企业发展与经营者人生价值实现有机结合，并充分地体现在企业制度中。制度和团队同样重要，没有制度保障，团队不可能发挥作用，因而要形成良好的企业制度。

与上述相对控股模式相联系，但又有所不同的是充分分散股权模式。这种模式的特点是民营企业的后代在企业中不具有控股权，而且股权相当分散，以至于任何一个股东都很难获得控股权，企业经营是众多分散股东与经营者相互制衡的结果。在这种模式下，民营企业创业者的后代实际上放弃了对企业的经营权，而只有与股份相对应的财产权，尤其是财产收益权。因此，这种模式是针对民营企业后代根本无力接班而设置的，在某种意义上讲，这种模式是将家族企业转向公众企业。

家族企业转向公众企业，以及民营企业相对控股模式的建立，需要有各种条件的配合，其中最关键的是要形成良好的职业经理人队伍。因此，我们这里对中国经理人的问题做一些分析。

三、职业经理人队伍的有关问题

职业经理人又称为企业家。按照现代人力资本理论的解释，职业经理人与技术创新者共同称为人力资本，也就是说，职业经理人属于人力资本的范畴。随着人力资本地位的提升，职业经理人对企业经营和管理的权利越来越大，得到的回报也越来越多。但是，大部分企业的职业经理人给企业带来的效益似乎并没有达到出资人最初所设想的那么好，甚至有的企业中出现了职业经理人联合损害出资人利益的事情。对此，货币出资人的抱怨很大，开始对中国的职业经理人产生了怀疑。为什么职业经理人出现了令人对其产生怀疑的问题？如何解决这个问题？我们认为主要有下述几个问题需要讨论。

1. 激励不足与缺乏约束并存

职业经理人对于自身的人力资本使用具有自主性。在企业中，一般劳动者的使用是通过职业经理人来配置的，而其自身的人力资本同样也要通过职业经理人本人去发挥和实现。正因为这种自主性，就使得职业经理人比一般劳动者更难监督。对职业经理人的行为进行完全监督几乎是不可能的。即使企业可以设置很多机制对职业经理人实施监督，往往都需要花费大量的成本，得不偿失！

因此，在货币资本出资人与职业经理人签订了契约后，企业的经营权最终就落到了职业经理人手中，此时的货币资本出资人就只能通过激励的手段来调动职业经理人的积极性，通过一些内部和外部的约束机制来约束职业经理人的行为了。但我们在实际中发现，企业对于职业经理人的激励和约束都存在着一定的问题，并没有调动起职业经理人的积极性，也没有约束住职业经理人的一些不正当行为。

第一，激励不足。

从我国目前现状来看，似乎国有企业不重视对职业经理人的激励，不支付职业经理人的应有收益，根本没有把职业经理人作为一种人力资本来对待，形成了对职业经理人的利益损害和积极性的压抑。而民营企业在职业经理人的激励问题上，似乎要比国有企业好一些。大部分民营企业主都认为自己承认了职业经理人的地位，并支付给职业经理人高额的报酬，但这并不能说明这些民营企业就把职业经理人当作人力资本对待了。在实际中，很多民营企业主虽然花高薪聘请了职业经理人，但在他们心中这些人仍然是雇员，是一种必要的生产要素投入，而不是一种可以与他们的货币资本相提并论的资本。因此，这些民营企业主认为在新创造的财富中，他们作为货币出资人应该拿走大部分甚至是全部的新增价值，而职业经理人只是应该得到最初合约所规定的那些工资。我们认为在考虑对一个职业经理人的激励是不是充足的时候，不应该仅仅简单地看职业经理人所得的薪金，更重要的是看职业经理人的所得是不是可以与公司的业绩结合起来，是不是可以和货币出资人一样来分享一部分企业的新增价值。在实际中我们观察到，在民营企业中大部分的新增价值最终还是被出资人拿走了。因此说，在民营企业中虽然职业经理人的薪金很高，但是仍然存在着激励不足的问题。

正因为货币出资人和职业经理人两种资本在分配利益的过程中地位的不对等，就导致了两者之间的契约存在不公平性，也就使职业经理人有了不遵守契约或者是消极对待的动力。反映到实际的经营和管理中，职业经理人就会对这种不公平做出非理性的反抗，而不是选择与出资人进行谈判。职业经理人会利用手中的权力，通过吃回扣等各种不正当的手段来满足他们认为自己所应得到的那部分利益，而这部分利益的取得往往是损害出资人利益的。

第二，缺乏约束。

我们认为货币出资人和职业经理人在一个企业中所面对的风险是不同的。对于货币出资人来说，当企业经营出现问题的时候，马上就表现为看得见、摸得着的财务损失，这种风险是无法回避的。而对于职业经理人来说，其损失表现为未来货币收益的不确定性，这种风险在一定程度上有回避的空间。由于职业经理人和出资人的组合是双向选择的关系，当企业的经营出现问题的时候，职业经理人可以通过选择跳槽的方式逃避风险，而出资人却必须承担由于职业经理人经营不善而带来的全部损失。正因为这种风险的不对称性，就使得职业经理人的约束变得更加重要。只对职业经理人进行激励是不够的，还必须建立一套机制使职业经理人对自己的行为负责，承担一定的经营风险。

然而，就我国企业的现状来看，对于职业经理人的约束机制漏洞很大。内部约束中，仅仅是一些简单的公司章程和合同约束，职业经理人往往可以很容易地回避开。而且这些约束中很少有直接涉及职业经理人经济利益的，因此对于职业经理人的约束性不强。而对于外部约束来说，比如法律约束、市场约束、媒体约束等都很不完善，并不能准确地反映一个职业经理人的价值，也不能阻止一个职业经理人很容易地在不同企业中回避风险。这就使得目前市场中的这些职业经理人缺乏约束，可以任意所为。职业经理人在做决策的时候，短期行为就比较明显。他们不会去考虑可能给企业和出资人带来的损失，只要存在盈利的可能就盲目投资，而一旦出现问题就一走了之。

2. 职业经理人自身存在问题

近年来，中国市场中涌现出一批职业经理人。这部分人大都经历了中国改革开放浪潮的洗礼，通过在市场中不断的磨炼和学习，逐渐成长起来。他们有着丰富的经验，也有着辉煌的历史。但是，随着他们在企业中的地位不断提升，自身的一些问题也逐渐暴露出来，而且这些问题也开始影响到他们与货币出资人之间的关系。

第一，社会品德问题。

我们这里所讲的社会品德问题，主要是指严格遵守游戏规则也就是契约规则的问题。作为一名职业经理人，首先应该具备的品质就是要重诚信、讲品德。契约作为货币出资人与职业经理人之间的一份合作关系，一旦双方签订就应该严格遵守。即使我们前面已经分析过这种契约可能存在不公平性，作为一个职业经理人，一旦签订并承认了契约，也必须严格遵守。这是一个最基本的社会品德问题。

但在现实中，相当数量的职业经理人社会品德方面的素质是十分欠缺的，他们并不重视契约对他们的约束。有些职业经理人为了个人的私利，不履行契约规则，在一定程度上损害出资人的利益。我们并不否认某些职业经理人给企业带来了巨大收益，但这并不能作为他们为个人谋私利、不遵守契约的理由。而那些不惜牺牲企业利益来换取个人私利的职业经理人更是缺乏最基本的社会品德。正是因为目前存在部分职业经理人不遵守一些最基本的契约规则，吃回扣等现象普遍存在，使得货币出资人对职业经理人产生了不信任，两者的关系变得越来越恶化。

第二，人生哲学问题。

我们这里所讲的人生哲学问题，主要是指处理自身与外部关系的准则问题。其中最基本的一条准则应该是保证对方的利益，坚持非自我利益不能动。对于职业经理人来说，在企业中经营和管理的权力非常大，因此他们会面对各种与外部的关系，而且在处理这些关系时往往处于一个优势地位，他们经常会遇到可以通过侵犯他人利益而为自己谋私利的机会。所以说，职业经理人对于人生哲学的选择将直接影响到整个企业中各种关系的情况。

而目前的一些职业经理人缺乏非自我利益不能动的意识，甚至还有的职业经理人已经发展到了贪得无厌的地步。当他们面对大量经济诱惑的时候，往往会失去平衡的心态。只是从自身的付出来评价自己，认为自己应该得到多少利益，而不去考虑这些利益是不是属于自己，是不是侵犯了出资人或者是其他人的利益。正是职业经理人这种普遍存在的不平衡心态和贪得无厌的欲望，大大损害了出资人的利益，造成了两者之间深刻的矛盾，给企业带来了极大的负面影响。

第三，价值理念问题。

我们这里所讲的价值理念问题，主要是指处理自身不同利益关系的准则问题。作为一个职业经理人来说，不仅仅要处理与外部的关系，还要选择好自身的价值取向。任何人都是一个各种利益的综合体，需要从中选择出最重要的利益作为其价值取向和奋斗目标。而对于职业经理人来说，在企业的经营和管理过程中所面对的最主要的利益取舍，就是要权衡是以事业也就是指整个企业的发展作为自己的价值取向，还是更多地考虑自身的利益。这两者的选择将直接影响到职业经理人在企业中发挥的作用，也将直接影响到企业可能发展的方向。

而从实际来看，很多职业经理人都把追求自身的利益放在了价值取向的首位。他们在选择企业的时候，都会尽量选择收益高的企业，而企业业绩一旦下降，他们就会选择离开。很少有人把企业作为自己的事业来做，他们认为企业是出资人的，而不是自己的。没有形成那种“我靠企业生存，企业靠我发展”的价值理念。这就导致了职业经理人并不是全力投入到企业发展中。也正是由于职业经理人和货币出资人目标和价值取向的巨大差异，带来了两者的矛盾。

第四，自我评价问题。

自我评价是与市场评价、外部评价相对的，是对自身价值的认识和定位。一个客观的自我评价既包括对自身优势的评价，也包括对自身劣势的分析，是对自我的一个综合评价。正确的自我评价有利于找到自己在市场中的合适位置，不仅有利于发挥自身的最大潜力，也有利于不断提升自身价值。

而目前职业经理人中普遍存在的问题是对自己的评价过高。他们并没有客观地分析清楚自身的优缺点。甚至有的职业经理人只看到了自身的优点，过高地估计了自己的能力以及给企业带来的效益，而忽视了自身存在的问题以及货币出资人和其他人对于企业的贡献。这些人最大的特点就是自以为是。而正是由于职业经理人对自己能力过高的评价，导致了自我评价与市场评价和外部评价相差甚远，最终给职业经理人带来了理想与现实的巨大落差感，使他们不仅没有发挥出自身的最大潜力，而且还产生了压抑感。同时，也加深了职业经理人与货币出资人之间的矛盾，给企业带来了巨大的损失。

第五，经营能力问题。

一个企业对于职业经理人的素质要求是相当高的，并不是每个人都适合成为企业家。一个能力平庸的职业经理，会导致企业的衰败甚至倒闭；而一个优秀的经营管理者，可以使企业起死回生创造腾飞的奇迹。

所以说一个职业经理人本身所具备的经营能力对于一个企业的发展是相当重要的。有的职业经理人由于本身的局限性，已经不再适合市场的需要，这部分人就应该从职业经理这个群体中退出来。如果他们本身经营能力有限，又占据着企业职业经理人这个重要的位置，必然给企业带来巨大的损失。

实际中我们发现，已经有部分的职业经理人开始逐渐不适应市场的要求了，他们所具备的经营能力已经不足以应付目前竞争日益激烈的市场了。但是他们又不愿从职业经理这个位置上退出来，他们排挤一些新成长起来的职业经理人，他们还利用自己曾经辉煌的历史与出资人讨价还价。这些人不仅影响了整个职业经理人阶层的新老更替和能力提升，还使企业的发展处于一种停滞状态。

总之，实际中存在的这些内部、外部的原因，使职业经理人的问题变得越来越严重。职业经理人开始逐渐不能适应市场和出资人的要求。然而，对于一些规模比较大的企业来说，由于投资主体的多元化和经营管理的复杂化，他们又离不开职业经理人。所以我们不能通过取消职业经理人的方法来解决这个问题，而是要通过各方的努力解决目前职业经理人中存在的问题，使他们可以更好地发挥作用，给企业带来新的发展。下面，我们就来探讨一下解决职业经理人问题的方法。

3. 自我修炼

目前，货币出资人与职业经理人之间的矛盾，很多是由于职业经理人自身素质不完善造成的。因此，我们首先要强调职业经理人应该通过自我修炼，提高自身素质。我们认为只有通过职业经理人自身主动提高素质，才有可能从根本上解决货币出资人与职业经理人之间的矛盾。因为无论何种外部机制的设置，最终都要通过职业经理人执行才能发挥功效。如果市场中所有的职业经理人素质都比较低，再好的机制也要失效。

在上文中，我们从社会品德、人生哲学、价值理念、自我评价以及经营能力五个方面分析了目前职业经理人主要存在的问题。这些问题都严重地影响了职业经理人的发展，而且带来了他们与货币出资人之间的矛盾。因此，对于一个职业经理人来说提高自身素质，首先就要主动解决上面的五个问题。这些问题大都涉及职业经理的思想认识问题，因此只有依靠职业经理人的自我修炼才能解决。所有的职业经理人都应该充分重视对这些问题的提升，因为这些问题已经成为制约他们发展的关键因素。职业经理人率先具备这些素质，才可以满足市场和出资人的需要，才可以在激烈的竞争中生存下来。所以说，自我修炼对于任何一个职业经理人来说都是相当重要的。

最后，我们还要专门谈一下在自我修炼的过程中，有些职业经理人会被淘汰的问题。从职业经理人的成长来看，并不是每个人都具有企业家的才能。这种才能的形成既有先天的因素，也有后天学习能力的因素，还要受到客观环境的影响。因此，有的人即使得到了修炼，因为天赋的问题还是要被淘汰的；而有的人虽然很有天赋，但是由于环境的影响以及后天修炼的不足，也是有可能被淘汰的。所以说，每个职业经理人在进行自我修炼的时候，都要有随时被淘汰的心理准备。这种市场的选择和淘汰，可能会对职业经理人的人生产生一个大的改变，这就要求职业经理人在自我修炼的过程中，不断寻找适合自己的位置，并正确地面对新的选择。只有这样，才能给个人和企业都带来收益。

4. 构建一套职业经理人的评价体系

在上文中，我们已经分析了职业经理人的目标和货币出资人的利益往往存在不一致性，从而引发了两者之间的矛盾。而要解决这一问题仅仅依靠职业经理人的自我修炼是不够的，还需要建立一套有效的职业经理人制度，来约束职业经理人目标的过度偏移。而在建设职业经理人制度的过程中，最重要的就是要构建一套职业经理人的评价体系，这是整个职业经理人市场存在和运行的基础。之所以我国现在还没有一个成熟的职业经理人市场，就是因为我们对于市场中职业经理人的评价缺乏一套客观的、可比的标准，使得高素质、有抱负的优秀人才不能同缺乏经营管理才能的人区分开。

因此，我们需要构建一套职业经理人的评价体系，并将市场中的所有职业经理人都纳入到这个体系中来。在统一的标准下，对每一个职业经理人做一个客观的评价。通过这套评价体系，市场就可以对职业经理人产生约束和激励了。当一个职业经理人的经营业绩差的时候，这套评价体系就会对其有一个较低的评价，他的人力资本就会贬值，于是就面临着被其他潜在竞争对手所取代的威胁。因此，即使货币出资人不监督职业经理人的行为，他们也会努力工作。这样一来，就解决了前文提到的对职业经理人行为难以监督的问题了。

然而，构建一个职业经理人的评价体系并不是一件容易的事情。在我国职业经理人早已经产生了，但是一直没有一套标准对他们进行评价。这其中有体制性的障碍，也有职业经理人形成机制中的问题。因此，当务之急就是要破除这些体制性的障碍，完善职业经理人的形成机制，使得更多的职业经理人可以由市场来自由的评价。然后，再经过社会、政府、企业的共同努力，逐步建立健全职业经理人的评价体系。

5. 全方位的社会制约

对于职业经理人行为的激励和约束是需要从社会各个方面进行全方位制约的。只有各个方面的措施相互配合，才能起到更好的制约作用。因此，我们还需要从以下几个方面入手，共同构建职业经理人的制约体系。

第一，历史评价。对于企业和货币出资人来说，当他们聘用一个职业经理人的时候，应该注意其过去的经历，并根据其过去的表现来对未来的使用价值进行评价。而这个过程就需要所有的货币资本进行联合，形成无形的组织部。当货币资本准备聘用一个新的职业经理人时，都要去前一个货币资本那里询问其历史表现，而前一个货币资本要对这个职业经理人做一个客观、公正的评价。这样一来，货币资本就自发地联合在一起，自己保护自己的利益了。这个无形的组织部将会使那些身居经理职务而缺乏经营管理才能的人被淘汰，而且使得职业经理人不能轻易地在不同企业中回避经营风险，使他们对自己的历史表现承担责任。这个无形的组织部是货币资本在平等的基础上自发联合起来的，因此需要每个货币出资人自觉地维护这个评价体系，避免一切为了一时之利而采取非规范手段的“挖人”，以及各种对职业经理人的不客观评价。

第二，社会曝光。职业经理人是社会中的一员，其行为会受到整个社会的监督和约束。每个职业经理人都会十分重视社会对其的评价。而只有这种评价公开化，让更多人知道，对职业经理人的激励和约束才会更强。因此，我们要加大社会曝光的力度，使更多的人来关注职业经理人的行为。对于他们的优秀业绩，我们要大力宣扬，人们对职业经理人的认同，将会激励他们更加的努力；而对于他们的过失，我们也要让更多的人知道，以便全社会的人都可以对职业经理人的行为进行监督。但是有一点我们要特别注意，就是要坚持社会曝光导向的正确性。我们曝光的目的是为了对非规范的职业经理人进行有效的约束，并对出现问题的职业经理人进行教育和引导，促使他们自我完善，最终使得企业稳定、高效的发展。而不是为了进行社会炒作，这样只会使矛盾更加激化，最终给企业带来损失。

第三，损失补偿。目前，很多企业对职业经理人都实行了年薪制、股票期权制以及岗位工资制等多种激励措施，但是缺少相应的约束措施，使得职业经理人的责、权、利三者不统一。企业应该尽快地建立补偿基金，并不是将所有的年薪全部发给职业经理人，而是将年薪中的部分提出来作为补偿基金。当职业经理人完成合同后，再将这部分补偿基金发给职业经理人。而如果职业经理人未完成合同规定的目标，就相应地扣发部分补偿基金，作为损失的补偿。通过这种方法就可以使职业经理人的收入与其经营的业绩表现联系起来。也只有使职业经理人对自己造成的损失承担责任，才可以激发他们尽心尽力地完成合同规定的目标任务。

第四，承担成本。我们不仅仅要建立补偿基金，使职业经理人的收入与责任挂钩，还要让职业经理人在损害货币资本时承担一定的成本。只有这样才能避免职业经理人对货币资本的恶意伤害。企业可以在合同中规定，当职业经理人给企业带来巨大损失的时候，可以要求职业经理人支付给货币出资人一部分成本，而不仅仅是扣发年薪。这样对职业经理人行为的约束就会更强。通过这种方式就把职业经理人的利益和货币出资人的利益结合到了一起，损害货币出资人的利益就等于损害了自身的利益。这样一来，职业经理人就不会在可能完不成目标的情况下，通过损害出资人的利益来补偿自身利益损失了。

作者说明

本文就民营企业如何接班提出了几种模式，这些模式是在实践调研的基础上提出的。这些模式既体现了家族血缘关系的特点与要求，又反映了现代企业制度的内在要求与方向，因而中国以家族血缘关系为基础的民营企业，能够平稳地过渡到现代企业制度。当然这种过渡既有现代企业制度对家庭血缘关系的改造，也有家庭血缘关系对现代企业制度的中国化，因而中国会形成自身的企业制度。本文选自中国发展出版社2008年版《崛起中的磨合》。

当·代·中·国·经·济·学·家·文·库

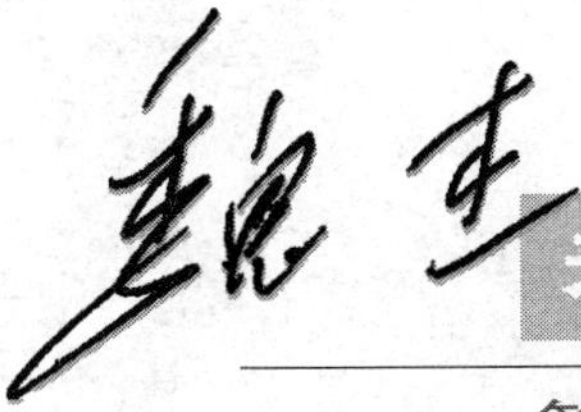

卷

第四篇

中国转型中的宏观经济问题

完善宏观经济调控的根本问题

从2002年年底开始的这次宏观经济过热已经基本上被抑制下来，然而对于宏观经济管理部门应当采取什么样的调控手段，从始至终，理论界一直存在着两种声音，一种是要求宏观经济管理部门尽量采用间接的市场性调控手段，避免对已经建立起来的市场经济形成不必要的冲击；另一种是鼓励宏观经济管理部门仍然沿袭直接的行政性调控手段为主。最后的调控结果证明，宏观经济管理部门采取了以行政性调控手段为主、市场性调控手段为辅的策略，才最终取得了所预想的调控效果。

对于一个成熟而且完善的市场经济体来讲，一旦出现经济过热，市场性调控手段理所应当成为首选，行政性调控手段只应当起到辅助作用。然而对于已经建立起市场经济体制的我国来讲，这种选择却根本行不通，这究竟是什么原因呢？本文对引发2002年年底开始的这次宏观经济过热的原因进行了分析，结果表明，完全由市场性因素引发的消费需求和投资需求的增加根本不可能成为本次宏观经济过热的主要原因，政府部门的扰动才是导致本次宏观经济过热的决定性因素。各级地方政府为了提升城市档次、扩张城市规模而大肆开展基础设施建设和公共事业建设，从而引发的直接投资需求和由此拉动的其他关联的投资需求，是运用市场性调控手段所很难调控的。最终宏观经济管理部门只有采取“一刀切”的行政性调控手段才能抑制这种宏观经济过热。

直接性的行政性调控手段虽然抑制了政府部门的投资冲动，但是同时也限制了市场经济微观部门的投资需求。不同于市场经济发达的国家，我国微观主体的投资需求并不是拉动宏观经济过热的主要元凶，这样，正常的和非正常的投资需求同时被调控下来，也就重伤了国民经济发展的元气，阻碍了市场经济的进程。而宏观经济调控的出发点原本就是为了更好地发展经济，所以，为了更好地完善宏观经济调控，防止政府部门今后可能再次推动宏观经济过热，政府部门的职能定位急需进一步明确。

一、引发本次宏观经济过热的原因分析

近两年来，我国的消费需求和投资需求一直在持续增加。根据国家统计局发表的统计公报，2003 年我国的人均收入已经达到了 1 090 美元。而由国际经验可知，当一个国家的经济发展突破了 1 000 美元的门槛以后，该国的消费结构就会升级，人们消费的基本方向由满足温饱转向享受和发展，从而会增加对住房、汽车、高科技电子产品、旅游产品、文化教育、医疗保健以及环境等方面的需求。在 2002 年和 2003 年，我国城镇居民家庭平均每人全年消费性支出分别为6 029.88元和6 510.94元，农村居民家庭平均每人生活消费性支出分别为1 834.31 元和 1 943.30 元[①]。在人们的消费需求增加、消费结构发生变化以后，不同产业之间的盈利机会也就随之发生变化，企业投资的方向也相应变动，从而带来产业结构的相应升级。

产业的升级在现阶段主要体现在汽车业和房地产业等一批产业的蓬勃发展上。在人民生活水平逐步提高以后，私人购车的需求也随之不断扩大，这是促进汽车工业高速发展的最主要原因。2002 年我国汽车工

① 数据来源于国家信息中心数据中心的新华在线网。

业的产量为 325.1 万辆，比上年同期增长 90.9 万辆，增长幅度为 38.81%，2003 年我国汽车工业的产量为 444.37 万辆，比上年同期增长 119.27 万辆，增长幅度为 26.85%[①]。汽车工业不仅产值在不断增加，而且产业效益也在不断提高。随着人们收入的不断增长，对于住房的消费需求和房地产的投资需求也是与日俱增(见表 1)。房地产业在近年来的发展有目共睹。

表 1　近三年来房地产业的发展状况

	商品房屋销售额(单位:万元)	商品住宅销售额(单位:万元)	房屋销售面积(单位:万平方米)	住宅销售面积(单位:万平方米)	房地产开发经营总收入(单位:万元)
2001 年	48 627 517	40 211 543	22 411.90	19 938.75	54 716 555
2002 年	60 323 413	49 578 501	26 808.29	23 702.31	70 778 478
2003 年	79 556 627	65 434 492	33 717.63	29 778.85	91 372 734

资料来源：本表数据来源于国家信息中心数据中心的新华在线网。

这些产业的蓬勃发展增加了对于钢材、水泥和电解铝等原材料的需求，同时也拉动了相应上游原材料能源产业和下游服务行业的发展。当跨进人均收入 1 000 美元的门槛以后，居民的消费需求和企业的投资需求相互作用，两者螺旋式的上升，从而共同推进了宏观经济的加速发展，这种纯市场因素是构成此次宏观经济过热的原因之一。

我们不能否认这种纯市场力量在此次宏观经济过热中所起到的拉动作用，然而政府部门的力量才是导致本次宏观经济过热的最主要原因。从 2002 年下半年开始，各地政府纷纷开展市政基础设施建设，扩大城市规模，提升城市档次，最根本的原因就是，任何地方政府都不可避免地会遇到政绩考察的压力，但是它们却已经不可能再像以前那样开办国有企业或是开展新的投资项目了。因为在已经开放的竞争领域中，国内的民营企业都已颇具规模，政府新建的国有企业根本就没有能力去和这些富有活力的民营企业进行竞争。所以，摆在地方政府部门面前的唯一选择就是进行基础设施建设投资，开展市政建设工程。另外，某些地方政府非常热衷于基础设施建设的一个重要原因就是，相应的政府官员可

① 数据来源于中国汽车协会网。

以从中获取寻租的机会。在当前的社会监督机制还不甚完善的情况下，一些地方政府官员为了自己的私利，大肆开展低等重复建设，通过投资大规模的市政工程建设，获得更多的机会从中渔利，中饱私囊。这两方面重要原因共同促成了政府部门的投资过度。

然而很多地方政府自身的财政能力却非常有限，但是即使这些政府部门面临缺乏资金的实际情况，它们仍然各尽其能地筹措资金，如火如荼地开展着投资活动。另外，除了地方政府自身进行的直接的投资活动以外，它们还间接地影响到其他企业的投资活动，吸引其他企业扩大了投资。可以说，政府部门主要从以下四个方面拉动了本次宏观经济过热。

第一，政府手中的土地使用权和征用权是它们开展投资的重要依赖。

地方政府拥有土地的实际使用权和征用权，因此它们能够以非常低的土地价格从农民那里征用土地，农民获取的补偿在很多时候可以说只是象征性的。大批的土地转手就能够以几倍、几十倍甚至更高的价格卖给房地产开发商或是其他企业，地方政府由此获取巨大的利差，增加地方财政收入，也就等于获取了大肆开展投资的资金来源。另外，地方政府也可以直接以极低的价格征用来土地，从而大大节约了开展投资项目所需的成本，也就可以顺利地开展更多的基础设施工程，满足它们的投资膨胀。

土地是不可再生资源，当土地被征用时，一旦应有价值被低估以后，不管它是被转手卖出，或是被地方政府自己作为投资所用，都相当于增加了地方政府本不应有的巨额财政收入。这就为地方政府扩大投资规模提供了可能，也就成为本不应有的推动宏观经济过热出现的因素了。

第二，地方政府部门仍会常常依赖银行信贷以获取投资资金。

货币供给 M_2 在 1998 年到 2001 年这四年之间大约增长了 74%，政府部门在银行体系中的净债务年均增长速度达到了 61.6%，四年一共累计增长了 581.4%，而企业在银行体系中的净债务年均增长速度是 10.4%，四年的累计速度只有 48.6%，信贷增长明显偏向了政府部门，企业部门获取的银行信贷支持明显不足。[①]

一般来说，除了一些特殊原因，政府部门不能够直接从商业银行贷款。那么，政府部门又是如何获取大量的信贷资金呢？政府部门绝大部分具体的基础建设投资活动，比如供水、电力、供气、电信和铁路等，都是由相应的国有企业所从事的。由于国有企业的改制尚未完成，它们和政府部门还存在着千丝万缕的联系，当地方政府设定投资指标或是发展任务以后，它们一般才是具体的完成者，所以在政府的投资活动中，它们起着决定性作用。当地方政府缺乏必要的投资资金时，这些国有企业的资金也就无法到位，很多时候只能通过向商业银行贷款而开展经营活动。由于国有企业的最大股东就是国家，国有的性质决定了国家的信用在其背后给予担保，所以，这些国有企业就可以扭曲地使用到政府信用，比较容易获取银行贷款。而且，在目前的现实情况下，即使是商业银行在审批过程中出现某些困难，地方政府也能够给商业银行施加一定的压力，从而帮助这些国有企业获取银行贷款。

可以说，在这些信贷活动中，虽然政府部门并没有直接参与到其中，但是政府的信用却发挥着最为关键的作用。国有企业可以通过银行信贷而不计成本地获取发展所需要的资金，很多时候只是完成行政任务，投资项目的投入—产出比值对于它们的约束作用也不会很大，那么投资异常膨胀的情况也是在所难免的。目前，国有企业由于从事政府项目和政府工程而拖欠银行贷款的情况，并不只是个别现象。

第三，地方政府也希望最大可能地吸引到非国有企业的投资。

在当前政府官员的考核制度约束下，他们的目标就是发展地方经济，提升自己的政绩，因此，在设定国有企业的投资任务之外，各级地方政府一般都会制订具体的招商引资计划，吸引非国有企业在地方上的投资。

然而非国有企业都是完全自主经营、自负盈亏的市场微观主体，它们的运行机制不同于国有企业，一般只有当投资项目有盈利可能时，它们才会予以投资。所以，为了吸引投资，很多地方政府都颁布了各种各样的地方性优惠政策，以吸引外资企业和民营企业增加投资，而土地优惠政策是其中最为频繁使用的一种优惠手段。当企业可以用很低的价格

① 夏斌：《货币供给与实体经济有偏离》，载全景网，2002。

获取土地时，投资成本无疑下降了很大一块，这样，一些在正常的市场条件下根本不会有获利可能的项目也变得极具吸引力，而且有地方政府在背后做支持，只要配合地方政府的投资需求，这些非国有企业就可以顺利地扩大企业规模，间接扩大了正常的投资需求。

"铁本事件"就是地方政府吸引民营企业扩大投资的一个案例。铁本公司仅以自身的两亿资金，能够绕开中央投资项目的审批，投资了一百多亿的大项目，如果背后没有地方政府的支持，是根本不可能实现的。正因为铁本公司是当地的利税大户，而且能够解决当地的部分就业问题，所以才能够得到地方政府关于资金和土地等方面的优惠，从而可以一路绿灯放行。而使地方政府可以甘冒风险违背中央政府规定的原因，无疑就是它们对于政绩的渴望。

第四，政府部门投资的示范效应也吸引了众多企业跟风涌入相关盈利领域。

由于政府部门的投资需求膨胀，大批基础建设投资和更新改造投资项目纷纷上马，由此增加了对于钢材、水泥、电解铝等原材料的需求，煤、电、油、运等能源供给部门出现全面供不应求的情况。政府部门的投资需求扩张给上下游产业的蓬勃发展创造出更多的市场机遇，企业是市场经济这个有机体中最为基本的细胞单位，只要出现市场盈利机会，它们肯定不会放过。

在地方政府的"示范效应"和"导向效应"的影响下，众多企业也随之跟风涌入这些出现盈利机会的产业，它们的投资需求也跟着地方政府投资需求的扩张而节节攀升，共同导致本可避免的投资过度。

我们可以通过以下的分析大致估量出政府部门力量在本次宏观经济过热中的大小。衡量宏观经济是否过热的一个标志是固定资产投资增长速度，而国有经济的固定资产投资额在很大程度上就反映了政府部门的实际投资。在表 2 中我们可以看到，2002 年全社会固定资产投资总额是 43 499.91 亿元，同比增长 16.9%，其中国有投资额 18 877.35 亿元，占到全社会固定资产投资总额的 43.40%，同比增长 7.2%；2003 年全社会固定资产投资总额是55 566.61亿元，同比增长 27.70%，其中国有投资额 21 661 亿元，占到全社会固定资产投资总额的

38.98%，同比增长14.70%。[①]

表2　按固定资产投资的经济类型分类　　　单位：亿元

	全社会固定资产总额	国有投资额	集体投资额	个体投资额	联营投资额	股份制投资额	外商投资额	港澳台投资额
2002年	43 499.91	18 877.35	5 987.43	6 519.19	138.19	8 328.81	1 685.42	1 765.33
2003年	55 566.61	21 661	8 009.48	7 720.10	187.96	12 733.58	2 533.71	2 375.08

资料来源：本表数据来源于国家信息中心数据中心的新华在线网。

我们再从另外一个角度来分析政府部门在推动本次宏观经济过热中的力量(见表3)，在我国，基本建设投资可以说基本上是由政府部门推动的。而在更新改造投资中，中央项目更新改造投资额和地方项目更新改造投资额两项，在2002年分别为1 953.46亿元和4 797.09亿元，在2003年分别为1 915.96亿元和6 708.90亿元。房地产行业中，2002年房屋施工面积为304 428.15万平方米，其中国有经济占了63 874.61万平方米，2003年房屋施工面积为343 741.65万平方米，其中国有经济占了66 758.04万平方米。[②]

表3　按固定资产投资的管理渠道分类

	基本建设投资额(亿元)	更新改造投资额(亿元)	房地产开发投资额(亿元)	其他投资额(亿元)	基本建设投资同比增速(%)	更新改造投资同比增速(%)	房地产开发投资同比增速(%)	其他投资同比增速(%)
2002年	17 666.60	6 750.6	7 790.90	11 291.80	19.20	14	22.80	11.50
2003年	22 908.60	8 624.86	10 153.80	13 879.35	29.70	27.80	30.30	22.90

资料来源：本表数据来源于国家信息中心数据中心的新华在线网。

虽然我们无法精确地计算出政府部门在投资中究竟占了多大的比例，但是由这些数据可以大致分析得知，在本次投资需求迅猛增长中，政府部门的推动可以说成为最主要的原因。通过以上分析，我们不难得出一个结论，这次宏观经济过热，政府部门应当负起最主要的责任。出于政绩的压力和腐败的动机，地方政府部门大肆进行城市规模扩张、提

① 数据来源于国家信息中心数据中心的新华在线网。

② 数据来源于国家信息中心数据中心的新华在线网。

升城市档次，即使面临资金缺乏的现实，它们也毫不节制地开展基础设施建设，开工了一批形象工程和面子工程，从而拉动了投资需求。另外，它们大肆铺张地从事大量的低等重复建设而间接带动起来的各种投资，完全超越了成熟的市场经济必须的投资需求，成为导致这次宏观经济过热的最为主要的原因。

二、历次宏观经济过热主要也都是由政府部门所推动的

除了 2002 年年底开始的这次宏观经济过热，我国改革开放以后曾经出现过四次宏观经济过热，这里我们再次对它们进行回顾。经过分析，我们不难发现，政府部门在每一次宏观经济过热中都起到了最为主要的推动作用。

第一次宏观经济过热开始于 1979 年，结束于 1983 年。本次宏观经济过热起源于 1978 年的“洋冒进”，当时引进了 22 项成套设备，增加了财政支出和外汇支出，出现了财政赤字和外汇逆差；第二个原因就是在 1980 年开始实施“财政分灶吃饭”的体制，当地方和企业的财权扩大以后，它们纷纷建立了自己独立的经济体系，开始兴办自己的加工工业，盲目地上项目，增加投资，掀起了小企业纷纷上马的高潮，致使财政赤字大幅上升，同时也由此拉开了各个地方经济重复建设的大序幕；第三个原因就是，价格体制实施初步改革，调整了部分产品的价格，引起了价格总水平的上涨；第四个原因是，为了偿还对群众的历年欠债，国家大幅提高了职工的工资，使得工资增长率大大高于劳动生产率的提高。这样，包括财政赤字在内的很多因素共同迫使银行增加货币投放量，造成了物价上涨、通货膨胀，然而投资过热是造成本次宏观经济过热的最主要原因。

第二次宏观经济过热开始于 1984 年，结束于 1986 年。本次宏观经济过热的最主要原因是各地的投资失控。当然还有另外一个原因就是随着价格体制改革的深化，价格总水平随之提高，原来隐形的通货膨胀公开化。但是预算外固定资产投资规模偏大，信贷资金增长过猛，工资奖金增长过快，依然是造成本次通货膨胀的元凶。国务院在 1984 年发出通知，要求各部门严格控制财政支出、控制信贷投放，1985 年政府工

作报告中也提出了要注意信贷基金和消费基金管理不严等突出问题，坚决防止盲目追求和比赛增长速度，然而各地盲目上项目的现象却在很长一段时间内无法得到有效遏制。

第三次宏观经济过热开始于1987年，结束于1990年。本次宏观经济过热的主要起因仍然是预算外投资规模增速过快，消费需求膨胀。经济建设中急于求成的倾向明显，地方办企业的热情异常高涨，各地攀比增长速度，全国在建的固定资产投资项目过多，建设规模超过了国力承担的可能，财政支出大于收入，信贷规模过大，导致货币发行过多。虽然中央政府为了控制宏观经济过热而采取了限制投资规模的做法，甚至不惜停建、缓建一批生产性的建设项目，把该上的项目也暂缓处理，但是地方政府也马上推出相应的对策，这就出现了大量的所谓钓鱼工程，导致预算外投资规模膨胀得非常厉害。

第四次宏观经济过热开始于1992年，结束于1996年。金融体制不合理是造成本次宏观经济过热的体制原因，主导因素是当时实施的利率双轨制。专业银行出于自身利益的考虑，发放的几乎都是高利率贷款，企业很难获得低利率贷款。而这些高利率贷款的投向却是风险大、盈利高的投机性行业领域和奢侈消费品领域，比如股票和房地产市场，生产性行业领域的企业很难获取生产发展所需的资金。而且很多银行往往一两个季度就用完了全年的预算，货币管理失去控制，当需要银行拿出资金用作收购棉花、粮食等用途时，却无资金可用，中央银行就面临着要么打白条要么发行货币的两难选择。另外一个主要原因仍然是地方上的投资冲动。各地政府又一次大肆开展重复建设，1992年全社会固定资产投资增长率高达42.6%，1993年更是达到了50.6%，投资需求的过度增长导致投资品价格大幅上涨，继而带动消费品的价格也随之上涨，财政赤字增加，信贷规模扩大。对此，1995年政府工作报告中提道，“固定资产投资要量力而行，严格控制基本建设规模。”

在分析了导致这四次宏观经济过热的因素以后，我们可以很明显地看出，导致每一次宏观经济过热的一个共同的原因，也是最主要的原因，就是各级地方政府的“投资饥渴症”所导致的投资需求过快增长。地方政府纷纷设立高的经济发展指标，不顾财力、物力的实际现状，盲目地上新项目、开办新企业，强行让企业扩张，争相攀比发展速度，重复设点、重复引进、重复建设。这一方面导致各个地方政府争抢投资的资源和能源，造成原材料产品的供需关系紧张，但是同时又没有合理地利用资源，造成资源浪费；另一个方面无疑也使财政支出大大超过财政收入，导致财政赤字，扰乱了宏观经济的平稳运行。由于中央银行没有独立性，无法达到稳定货币的目标，在地方政府投资扩张的要求下，中央银行最终都会被迫让步，超额发行货币，这就形成我国独特的“投资挤财政，财政挤银行，银行发票子”的现象，从而引发经济过热，迫使经济管理部门实施“一刀切”的宏观调控措施。

三、完善宏观经济调控的根本就在于让政府部门退出具体的微观经营活动

既然政府部门的投资渴望在每一次宏观经济过热中都是最主要的扰动因素，那么为什么直到今天这种情况还没有得到改善呢？而且，由此前的经验可知，在治理此类宏观经济过热时，中央政府最终只有采取“一刀切”的直接性行政手段调控，才能够将过热的苗头压制下来，因为面对占据投资主体地位的地方各级政府的投资欲望，间接性市场手段是失灵的，唯一有效的选择只能是行政手段。但是随着我国市场经济体制的逐步成熟，各种非国有经济部门的发展日益壮大，“一刀切”的做法虽然压制住了各级政府部门的投资冲动，但是同时也会对非国有企业造成非常大的冲击，从而伤害到经济的元气。

完善的宏观经济调控应当着重的是对宏观经济总量的调节，通过对财政收支、货币供给、税收、利率以及汇率等变量的改变，最终达到对于宏观经济的影响。而不是让各级政府部门去审批每一个具体的投资项目是否合理，以及限制总的投资规模等这些微观层面的事情。投资项目是否合理完全应当由银行、企业这些微观主体在市场上相互作用来决定的，最终由市场所检验，政府部门应当退出具体的微观经营活动。

政府部门的职能应当合理定位，政府官员越位的现象必须得到有效解决。政府部门除了提供公共产品和公共服务以外，应该从经营性项目中逐步退出来，不应当再从事具体的经济活动事务。所以，相关体制改革的力度应该加大，政府部门的功能其实就在于创造并且维持一个良好的外部环境，提供相关的法律法规建设，促使市场经济稳定运行。只有在市场失灵的情况下，相应的宏观经济管理部门才使用各种政策调控手

段来维持经济的平稳发展，使得市场机制和国家调控能够形成合理的互补。但是，如果各级政府政绩考察的指标始终是地方经济的发展，如果法律体系对于政府官员的贪污受贿情况始终不能够有效监控的话，地方政府仍然会继续想方设法地强化自己手中的资源配置能力，类似于这五次宏观经济过热的经济波动仍然还会出现，因此，体制的改革势在必行。

然而，就当前而言，政府扩张投资需求所采取的方式较前四次中采用的方式已经有所变化，以城市档次提升和城市规模扩张为特征的本次宏观经济过热中，政府部门不再是单纯地办企业、上项目、搞工程，而是通过运用手中的土地审批权和间接使用政府信用进行信贷这两种手段，来完成自己的投资愿望。因此，这两种手段所凸显出的问题也应当得到相关部门的重视。

1. 政府运用土地审批权所出现的问题

政府手中所掌握的土地审批权，可以使得它们以很低的价格从土地所有者那里征用来土地，通过转手将土地倒卖给房地产开发商或是其他企业，由此增加财政收入，满足自己的投资需求，或是直接降低自己投资项目中的土地成本，以最小的成本扩张自己的投资需求。

但是这种扩张投资的手段存在着诸多弊病，第一，由于土地是有限的，属于不可再生资源，如此涸泽而渔的短视行为仅仅考虑了即时的利益，根本不可能支撑起政府财政收入的持续增长，一届地方政府的财政收入虽然增加了，却为今后各届政府提出了难题；第二，就征用土地和转卖土地这两个环节中，也有一些问题需要得到相关部门的高度重视。

首先就是在土地的征收阶段，严格保护耕地是征收土地的前提，在我国目前的城市化进程中，约有60%的农民还是依靠从事农业而生存，并且我国的现实国情就是人均耕地面积较少，继续肆意征用耕地不只是会断绝一些农民的经济来源，而且也会对我国农业的发展造成破坏性的影响。

目前各级地方政府在征收土地时，一般都是一次性支付给当前的土地使用者一定数额的金钱，由于土地的价格没有一个固定的标准，所以，农民获取一次性补偿的数额是否合理很难得到考证。另外，就我国目前的现实情况而言，一次性付清一定的补偿金这种方式对于农民而言也并不是一个最佳的选择。农民都是依靠土地生存的，不管土地究竟能够给农民带来多少收入，拥有土地依然会是农民最后的心理依靠。我国的农民一般受教育程度不高，当他们的土地被征用以后，他们就失去了立身之本。虽然他们可以一次性获得一定的补偿，但是不管是突发的意外事件所致，还是不恰当的挥霍所致，一旦这些收入被他们消费精光，或者人民币贬值的情况出现，他们就有可能成为社会的不安定因素。因此，当政府部门需要征用土地时，可以尝试其他的补偿方式，比如说将土地从农民那里租用过来，政府每一个月都支付给农民相应的地租租金；或者从农民那里征用土地以后，将这些失去土地的农民纳入社会保障名单，每一个月都支付给他们最低的社会保障金，等等。这些做法可以在每一年都给予农民一定的收入，使得他们有一个长期生活保障的预期，由此可以消除社会生活中不稳定的可能。

其次就是土地使用权的转卖阶段，如何才能制定出合理的土地价格这个问题再次被摆到政府的案前。正因为目前政府在批租、转卖土地时手中掌握的权力，才会导致寻租现象的可能，土地使用权的价格很难明确界定，比较合理的做法应当是根据市场的供给需求情况而制定。所以，为了控制地方官员腐败的现象，在今后的土地转卖或是招租的过程中，一定要秉着公开、公正、公平、透明的原则，尽量公开竞标，规范、公正地选择土地所有权的受让人，由市场上的供给需求关系来决定土地使用权的价格。在出让土地使用权以后，地方政府仍有责任跟踪管理，防止土地在利用中用途、权属发生变更。

2. 政府信用不应该再进入信贷活动中

很多地方政府部门通过让相关的国有企业部门大规模开展市政基础设施建设来满足自己的投资需求，投资主体名义上是国有企业，其实可以说就是地方政府。国有企业在很多时候都是通过向银行贷款来满足投资要求的，在它们背后，政府信用起着至关重要的作用。所以，如果要抑制地方政府的投资冲动，那么就应该让地方政府从具体的经营活动中彻底退出来。政府的职能是提供公共产品，但这不是说政府一定要进行具体的投资活动，政府应该从财政收入的具体情况出发，量力而行地安排公共产品投资项目，当政府自身的财力不足时，可以尝试与民间资本合作，共同提供公共产品。

其实，就我国目前的现实情况而言，供水、电力、道路与桥梁、垃圾处理等公共事业部门依然存在着诸多问题。不仅公共产品的提供数量急需提高，而且服务质量也亟待增强。而只有当这些部门的投资主体不再局限于国有企业，能够让民间资本进入以后，相应的困难才可以逐步解决。

首先，通过民营企业和国有企业的竞争，能够提高投入产出比，提高公共事业项目的效率，也会有利于解决目前国有企业存在的问题。由于地方政府和国有企业之间千丝万缕的联系，国有企业在很多时候只能是服从地方政府的投资愿望，根本不会考虑项目的效益如何，政企不分、盲目投资的现象在我国还没有得到根本改善，目前国有企业自身的问题还很多，改制仍有很长的一段路要走。当相关的公用事业部门放开以后，也就引入了竞争机制，由此可以打破政府部门提供公共产品的垄断状况，有利于国有企业的政企分开。而且只有当政府部门退出投资主体以后，才能真正做到民营企业和国有企业平等地竞争。民间资本投资于公共事业是必然要求有回报的，新上项目的可行性也会得到更深刻的论证，这样就能够防止政府部门的投资膨胀，提高投资效率和公共产品的服务质量。

其次，让民营企业参与部分公共产品的提供，也有利于解决很多地方政府财力不足的情况。目前我国正处于高速发展时期，社会生活各方面对于公共产品的需求也是与日俱增，同时，很多原有的公共产品也已经陈旧老化，面临着急需更新的局面。地方政府部门本次扩大城市建设规模、提升城市的档次，投资活动也主要是集中在这些公共事业领域中。虽然政府投资需求膨胀丝毫未减，却又面临地方财政收入的约束，所以只能求助于银行。但是由于项目的可行性不尽人意，而且很多提供公共产品的国有企业自身问题重重，效率低下，导致最终无法归还贷款。面临着国有企业从银行借贷越来越难，通过土地转卖的收益空间越来越小，民间资本进入公共事业正好弥补了财政资金的不足，同时也可以避免一些不合理的投资项目上马，相对节约政府的财政开支。

目前已经有一部分民营资本进入了市政基础建设领域，并且取得了一定的成绩，这也论证了在我国民营资本进入公共事业领域的可行性。当然，政府还是必须继续加大财政对公共产品投入的力量，不能因为民营资本的进入而完全放弃自己的义务和责任。而且由于公共产品的特殊性质，在民营资本进入以后，政府更要加强监督，以保障公共事业的安全，防止公众的利益受损。

作者说明

本文是探讨我国 2003 年 9 月到 2005 年的那次宏观经济波动。后来的实践表明，本文的分析是正确的。本文所提出的对策在后来的实践中被证明是有效的。当然，本文中对一些宏观经济理论的新认识，在理论创新上也有一定的价值，尤其是本文对后来中国在宏观上可能出现的问题的预测，也具有准确性。例如，提出出口导向会引发总需求膨胀，中国必须要解决出口导向型模式的不足等预期，都被实践所证实。本文是我与博士生董进共同完成的，发表于《社会科学战线》2005 年第 7 期，后被《新华文摘》2005 年第 15 期转载。

房地产与金融风险的几个问题

央行关于规范住房信贷的规定发布之后，引起了全国各个领域里的广泛讨论，尤其是房地产产业反映最为强烈。经济学界对这个问题也发表了不少自身的看法。我认为这个是很正常的，因为它涉及各个方面的利益问题。这种涉及各方利益问题的深入讨论，往往可以使政策更加具有公平和公正性。但是，我认为，对于央行关于规范住房信贷规定的讨论，应该从国家宏观经济走势和发展上考虑问题，这样可能对政策的理解和实施更有意义。所以，我从这个角度就这个问题谈几点想法。

一、央行对于房地产产业究竟应该实行什么样的货币政策

央行目前对于房地产产业领域所实行的货币政策，是以强调防范金融风险为特点的，也就是把防范金融风险作为房地产产业的货币政策的重要取向。央行之所以把防范金融风险作为房地产产业领域货币政策的重要取向，主要是因为房地

产产业中目前存在着下述这样几个值得人们思考的现象。

第一个现象，就是房地产商及房地产产业运行过程中的资本金太少。这种资本金太少的状况，使得房地产产业一旦出现问题，首先就会引发银行的金融风险。据统计，现在房地产商的负债率平均水平一般都在67%左右，如果再加上一些购房者的个人按揭，实际上房地产产业当中的资本金是极其低下的。这种资本金过低的状况，使得房地产产业一旦发生问题，就会把金融风险转嫁给银行，从而引发金融风险。

第二个现象，房地产领域已经出现了财富过快和非正常集聚的状态。在福布斯所公布的中国最富的人的名单中，50%以上的人基本上都是从事房地产产业的，也就是说他们的快速富有是因为投资于房地产产业。这种状况充分地表明，房地产产业已成为财富迅速集聚的领域，因而在这种财富过速集聚的领域中考虑防范金融风险是很有必要的。尤其是房地产领域不断出现冲击银行信用和引发金融风险的大案。近几年的经济犯罪状况表明，好多比较大的危害金融安全的案子，都发生在房地产领域。因此，央行考虑防范房地产产业中的金融风险是正确的。

第三个现象，已经出现了以骗贷为目的的假按揭。从目前有关方面的统计资料来看，这种以骗贷为目的的假按揭的数量，已经不少。这种以骗贷为目的的假按揭，在首付比例比较低的情况下，必然会把风险转给银行，从而出现金融风险问题，因而央行强调防范金融风险是对的。

第四个现象，住房的闲置和积压数量在不断上升。不同的机构，对于住房闲置率和积压率的统计虽然在具体数量上有出入，但有一个倾向是可以肯定，那就是房屋闲置率和积压的数量近几年在不断地上升。这种闲置率和积压数量的上升，在我国目前的状况下，必然会把房地产企业的经营风险，转移给银行，成为金融风险。本来，一个房地产企业有经营风险是很正常的，但是在我国目前这种房地产企业资本金率比较低，而且按揭的首付款比较低的情况下，房地产企业本身的经营风险，就会转化成为银行的金融风险。

第五个现象，在按揭购房当中，已经出现了有些人因各种原因而不能正常按揭的现象。由于首付率太低，当购房者不能正常按揭的时候，虽然也有房屋作抵押，但是最终的结果还是会将房地产企业的经营风险转嫁给银行，成为金融风险。

所以，从以上五个现象来看，央行把防范金融风险作为自己在房地产产业中的政策取向是对的，应该考虑这个问题。当然，也有人认为问题没有那么严重，因为在他们看来，住房信贷是以房子做抵押的，正因为有不动产作抵押，所以出现问题就不会影响金融活动。实际上这种看法是不对的。因为银行是要为储户还本付息的，银行为房地产产业贷款的目的是进行以增值为目的的投资，而不是要房子。如果因为有抵押而忽视了对银行金融风险防范，那么一旦出现房地产产业的经营问题，其结果就必然会导致银行有一大堆销售不掉的房子，而银行却无法支付储户的本金和利息，因而最终的结果还是会引发很大的金融风险。所以，我们认为央行把防范金融风险作为房地产产业的货币政策取向是有道理的。

现在的问题是怎么样防范金融风险的问题，我认为银行对于房地产产业的信贷活动，恐怕还不能搞一刀切，应该要考虑对不同的房地产企业实行不同的信贷政策，要把房地产商的信用作为贷款的依据，因为贷款最终恐怕还是要考虑房地产商的还贷能力问题。所以，我们认为对于房地产产业，央行的货币政策既要考虑防范金融风险，又要考虑支持房地产产业的发展。因为房地产产业现在是关乎我们国家的经济增长以及就业的极其重要的产业，近几年的宏观经济情况表明，房地产产业的发展，对我国 GDP 的增长有着很大的推动力。因此，在这种条件下，我们应该支持房地产产业，尤其是不能使房地产产业发生大起大落，因为大起大落会引起整个社会的不稳定。所以，我们认为可能央行需要在大力支持房地产产业发展的同时，再从各方面注重对金融风险的防范。也就是说，应该把积极支持房地产产业发展和防范金融风险有效地结合起来，这样既可以防止金融风险的产生，又能够有效支持中国房地产产业的稳定发展。

二、消除权力参与分配是防范房地产泡沫引发金融风险的关键

也就是说，现在房地产产业泡沫的产生，以及这种泡沫对金融的影响，实际上背后最为主要的问题是权力参与分配，也就是腐败的问题。目前在土地批租，以及各种形式的工程建设等方面，恐怕最为主要的问题还是权力干预太大，腐败问题不断产生。比如，房地产商通过各种不

正当的关系，拿到土地以后，然后以土地做抵押，向银行贷款，然后再搞房地产开发。这样的做法实际上就是做空手道，风险全是银行的，房地产商是只赚不赔，因而房地产商实际上并没有多少约束自己经营行为的利益约束。也就是说，房地产商对经营风险的防范以及金融风险的防范，根本就没有内在积极性，因为一旦出现问题，最终损失的是国家以及银行。因此，我们认为防止房地产泡沫，以及防范房地产泡沫引发金融风险的最主要的问题，还是要解决一个权力参与分配的问题。也就是要真正在土地租用及工程建设等方面贯彻公开、公正和公平的原则。目前一些房地产商财富集聚非常快的一个重要原因，就是通过各种权钱交易的方式，能拿到大量比较便宜而且不需要马上付款的土地，然后再将土地作为所谓的资产，在银行抵押，从银行获得资金。甚至有的房地产商，把这种通过权钱交易方式而获得的便宜土地作为优良资产转给上市公司，借用资本市场，进一步放大土地的价值，获得暴利。这种现象值得我们思考，这也是我们国家有一些中心城市的房价居高不下的最主要原因。也就是说，房价居高不下的一个重要原因，就是土地的层层转让。有关资料表明，有人拿到土地之后，并没有去进行房地产投资，而是把土地转租给别人。这种转租给别人，当然要加价。如果有利可图，那些以加价方式拿到土地的人，会再把土地加价，再转让给别的房地产商。土地在房地产商当中不断地转让，不断地加价，最后导致土地价格过高。土地价格过高，当然最后房子价格就过高。房子高价，既损害消费者利益，国家也没有什么好处，在地产倒卖过程当中，只有房地产商获得了暴利。

因此，我们认为，防范房地产产业的泡沫，以及防范房地产产业泡沫对金融发生负面影响的一个最为关键的问题，就是要杜绝权力参与分配。也就是要真正解决好在土地租用过程中间腐败问题的产生。如果不解决这些腐败问题，那么最终房地产泡沫的产生，以及它引发金融风险，就必然会发生。如上所述，在房地产产业资本金太低的情况下，几乎是国家以及银行完全承担了泡沫的危害及其引发的金融风险。由此可见，导致泡沫和金融风险同时存在的最主要原因，是腐败问题。从国外的情况来看，房地产产业虽然是一个有利于获得利益的重要产业，但是暴利的现象是很难存在的。之所以没有这种暴利现象，就是因为政府的权力无法参与土地的租售过程，而我们国家之所以产生暴利，主要原因也就是权力参与分配，导致房地产价格以及它的运行有很严重的非规范性。所以，我们感到目前我们要防范房地产产业泡沫及其对银行的冲击，关键问题还是要解决和限制权力参与房地产产业活动。比如说土地不能再批租而应该是公开拍卖，而且土地拍卖的过程要有整个社会的监督，尤其是要完全公开。当然，任何参与拍卖竞买活动的房地产商，都必须要解释清楚自己购买土地的资金是从什么地方来的，是资本金还是银行的贷款，资本金及银行贷款的比例是多少。也就是说，任何房地产商参与土地拍卖竞买过程的时候，应该比较充分地公告自己的资金来源的信息。如果坚持土地的公开拍卖，而且这种拍卖过程受到各方面的监督，同时参与拍卖竞争土地活动的房地产商能够将资金来源公开化，那么对于消除权力参与房地产产业，同时对于防止房地产泡沫和金融风险，都是极其有利的。所以，我们应该在土地拍卖活动中完全坚持信息公开化，这种信息公开包括房地产商的各种资金来源信息，以及这种房地产商的信用方面的信息等。也就是说，应当公告房地产商自身的信用程度，以及资金来源状况，当然还要公告房地产商的企业规模，以及所开发楼盘的状况。总之，要做到充分的信息公开，因为只有在这种信息公开的条件下，才能在土地拍卖及房地产产业中贯彻公正、公开的原则。

我们国家近几年不断爆发的房地产领域的各种各样的大案要案，实际上都与权力过度参与土地转让过程有根本性关联效应。也就是说，正是因为权力的腐败，才导致了土地转让过程中各种各样的空手道现象，以及不具有房地产开发资格的一些所谓有“后台”的企业，能够很便宜拿到土地。然后，继续放任土地的倒卖和加价的行为，必然导致房地产泡沫和金融风险的产生。所以，我的意见是，要防范房地产泡沫和房地产泡沫引发的金融风险，其关键是要解决权力过度参与分配的问题。

三、加快金融体制的改革是防范房地产泡沫及其引发金融风险的根本

也就是说，防范房地产泡沫及其引发金融风险一个根本性的问题，就是要解决金融体制中所存在严重的问题。因为我们目前的这种金融体制，实际上适应不了市场化的房地产产业的发展，最后的结果必然会使

得房地产产业的泡沫转变成为金融风险。任何企业都会产生经营上的风险，但是这种企业经营风险不应该转化为银行金融风险。在我国，企业的经营风险转化为银行金融风险的一个重要基础，就是金融体制有问题。也就是说，我们国家这种房地产经营风险，最后转化为银行的金融风险的最根本的问题，是我们的银行体制有问题，因而必须加快对金融体制的改革。我认为，从防范房地产泡沫转变为金融风险这个方面来考虑，我们的金融体制改革主要有两大问题。

1. 改革国有银行体制

也就是说，必须改革我们目前的银行体制。我们国家目前这种以国有制为主体的银行体制，实际上已经适合不了市场经济的要求。因为在这种体制下，产权没有人维护，整个产权主体对银行的整个信贷活动没有任何约束。所以，一旦出现问题，就会引发金融问题。有人说，我们的银行改革不涉及产权问题，我认为中国银行改革主要是产权问题。因为在没有人维护银行产权的条件下，仅仅靠管理方式，以及所谓的坚持信贷程序等作法，是不可能解决问题的。比如说，我们现在强调贷款要符合贷款的程序，然而有些贷款活动虽然也符合了信贷程序，但照样会出现问题。有人讲现在银行行长的权力也不大，在贷款活动中他仅仅只有一票，就是在所谓贷款委员会中也只有一票。但是行长这一票是很关键的，因为它有导向性。行长要给某个企业贷款的时候，他的意见会影响全局，因为他掌握着那些投票人的地位升迁和收入变动等问题。所以，我想仅仅靠所谓贷款程序来规范银行贷款活动，实际上是很不够的。因此，最根本的是要对银行有产权的约束。也就是银行最终的产权主体，对银行的任何经营活动，都产生强大的约束。我们国家这种国有银行，好像产权很清晰，资产是全体人民的，但是实际上全体人民无法对银行发生应有的作用。所以，仅仅靠银行的各种管理活动的规范，仅仅靠那些所谓的信贷活动的规范，最终无法解决信贷活动中的腐败及不应有的失误，也无法解决房地产泡沫及其引发的金融风险。

总之，我觉得我们恐怕还是要加快银行体制的改革。如果银行体制不改革，那么房地产商必然会把自己的经营风险转化为银行的金融风险。因为它可以通过各种非规范的方式达到自己的目的，例如去腐蚀银行的员工，尤其是银行的最高负责人。我们发生大量贷款违规发放和对银行产生重大损害的案件的主要原因，都是一些房地产商对于银行负责人进行贿赂，从而导致贷款违规发放。违规发放的贷款最后必然成为银行的金融风险。因为，通过各种腐败的方式获得贷款的人，当然不会去考虑自己承担风险的问题，必然会把这种风险转化为银行的风险。所以，我们认为中国金融改革的一个重要问题是要加速国有银行的改制。国有银行不改制，恐怕最终国有银行的不良贷款，以及因为不良贷款所产生的金融风险，是很难从根本上消除的。这是我们认为中国金融体制要解决的第一个问题。

2. 调整直接融资和间接融资的比例

我们国家现在在融资活动中占最大比例的是间接融资，也就是银行融资，直接融资所占的比例非常少。在这种间接融资比例过大的条件下，所有房地产商的资金来源，当然只能去向银行搞贷款，不可能去搞直接融资。不可能搞直接融资的结果，就是房地产产业的发展主要靠银行，因而一旦房地产领域出了问题，就会转化为银行的金融风险，也就是由银行承担风险。所以，我觉得我们要从根本上防止房地产的泡沫导致金融风险的一个最为重要的问题，就是要提高直接融资在整个融资活动当中的比例，最大限度地降低银行间接融资的比例。因为，在直接融资条件下，投资者会考虑金融风险问题，往往会自觉地防范金融风险。即便是出现了风险，承担风险的也是投资者本身，而不是银行。所以，在这种条件下，投资者失误的状况一般不会引发金融风险。正是从这一点出发，我们认为我国可以考虑加大直接投资在整个融资活动当中的比例。由此，我们应尽快对房地产商放开直接融资的渠道。也就是说，应该放开房地产产业的上市融资，以及产业基金等，当然包括要进一步放开各种信托活动。通过信托活动，能够组织投资者直接进入房地产投资，最终把风险防范分散在各个投资者身上，从而避免一旦出现房地产泡沫就会导致金融问题。直接投资的重要优点之一，就是可以把风险分散在不同的投资者身上。我们认为，只有这样，才能最后保证房地产产业和金融业的平稳发展。

现在有人很害怕放开直接融资，认为放开直接融资会引发更大的金融风险，这种看法是不对的。因为放开直接融资后，任何投资者都会考虑自身防范风险的问题，尤其是即使出了风险，那也是投资者的经营风险，而不是银行的金融风险。所以，我认为我们应该加大各种直接融资的比例，要全方位放开直接融资。不仅仅要在信托上放开，通过信托推动直接融资活动，而且还要放开房地产产业基金，甚至可以放开房地产产业自身债券的发放，以及包括通过上市在内的各种产权交易方式，来推动房地产产业的直接融资，使更多的投资者能直接进入房地产投资领域，从而从根本上实现对金融风险的防范。

四、保证房地产市场需求的稳定增长是防范房地产泡沫及其引发金融风险的重要内容

也就是说，我们防范房地产泡沫引发金融风险的重要的方式，不是抑制正常的房地产需求，而是应该培育和推动房地产市场需求。我们要把防止房地产泡沫及其引发银行金融风险的关键，放在优化房地产的供给方面，而不是放在抑制房地产的需求方面。比如说我们为了防范房地产的泡沫影响到我们的金融体系，就可以提高按揭的比例，可以提高房地产商自己所拥有的资本金比例，包括对按揭者信用状况的掌握，以及房地产商的信用状况的掌握等，通过这些方式，来防范金融风险，而不应该限制有些人买房子。目前，我们在这方面有一个重大的失误，就是限制一些人买房子，尤其是限制富人买房子。比如说我们规定不能再搞高档房以及别墅等住房的政策，实际上就是不对的。因为我们国家实际上已经存在着很大的收入差距，这种收入差距应该表现为消费的差距。收入差距能够表现为消费差距的时候，收入差距就会对整个国民经济有推动作用。如果我们仅仅承认收入差距，而不承认消费差距，那么这种收入差距往往会影响国民经济的正常发展。我们既然已承认有收入差距，那就应该承认消费上有差距，尤其是要承认住房上有差距。有人住一般的经济适用房，而有的人则住高档房，这种住房的差别是很正常的。因为前提是我们已经承认了收入差距，而且承认收入差距是很大的。也就是说，我们承认的收入差距要反映在住房的差别上，因而有人房子差一点，有人房子好一点，这是很正常的。所以，房地产市场应该是一个有房产差别的市场，而不是大家都住一样的房子。因此，我们不应该限制一些高档房和别墅的发展。因为，我们对一些富有阶层，就是要提供这种所谓高档房和别墅，因为只有这样，才能把他们的钱转化为消费，才能促进整个国民经济发展。我们如果要限制高档房和一些别墅项目的发展，那么最后必然会既不能解决我们房地产中的所谓泡沫问

题，也不能防范因它而引起的金融风险问题。所以，我认为限制住房差别的政策是不可取的。

另一个问题，就是我们不能在住房贷款上搞歧视政策，因而不能规定买第二套房的人在贷款上不能享受低息，这个政策恐怕不好执行。因为在贷款上，只要任何贷款人符合国家的贷款政策，也符合贷款上的信用标准，有信用，那么就完全可以贷款。现在我们规定买第二套房的人不能享受低息补贴，不能享受别的补贴，这就需要思考。因为可能有人买房子就是为了投资，只要他的按揭比例达到我们的要求，符合各种规定，而且有信用保证，那就应该鼓励，否则我们恐怕很难解决问题。所以，我想在防范房地产泡沫及其他所引发的金融风险中，是不是不能去靠限制市场需求来解决问题，而应该是培育这种市场需求。关键是要从优化房地产供给方面来考虑问题，就像我们上面谈到的提高按揭比例，考察按揭者的信用状况等。如果从这个方面考虑问题，可能更有利于防范房地产的泡沫及其所引发的金融风险。

五、房地产商的自律是防范房地产泡沫及其引发金融风险的重要工作

因为目前房地产商的自律程度很差，所以往往就把自己的经营风险转嫁为银行的金融风险，这是一个值得关注的问题。因此，我认为我们可能应该考虑和研究房地产商自律的问题，也就是房地产商必须自我约束的问题。从这个角度来讲，我认为中国房地产泡沫的产生及其影响金融活动的一个重要原因，就是有的房地产商不能正确按照市场规则办事，比如说危害银行及消费者利益等，因而最后会导致中国房地产泡沫的产生，并且使泡沫最后转化为金融风险。从房地产商自律的内容上来看，恐怕有这样几个问题需要考虑。

第一，房地产商必须要尊重市场。我们现在房地产市场非常好，人们对住房的需求不断提升，这种住房需求的提升，必然会产生房地产产业的快速发展，因而我们应该尊重这个市场，但是有人不尊重这个市场，其主要表现就是欺骗购房人，例如，面积上做假，质量上不保证，不能按时交房等，使得各种欺诈购房者的现象不断发生。房地产产业已经成为我们国家投诉最多的一个产业。这就说明我们房地产商不能正确

地对待不断增长的市场。如果继续采取这种欺诈购房者的手段危害消费者主权的话，那就会必然使购房者的需求降低，最后受到损害的还是房地产商本身。所以，我想我们房地产商应该在这个方面不断提高自身的素质，正确对待市场，积极培育和引导我们日益增长的房地产市场。否则，恐怕最后会使房地产产业出现大起大落。目前，我们房地产开发项目很多，在这种条件下，如果我们无视消费者应有的利益和权利，那么，最终会限制消费者的需求，其结果必然是大量的房子卖不出去，最后导致房地产泡沫以及金融风险的产生。所以，我想我们的房地产商要自律，重要的是一定要能够正确地认识和看待市场。

第二，房地产商要正确对待风险。也就是房地产商自身也要考虑勇于承担风险的问题。勇于承担风险，就要考虑提高自己的自身资本金比例。如果房地产商仅仅靠银行的钱来去做房地产的话，最后的经营风险全部都是银行的金融风险，而不是自身的经营风险，也就是把自身的经营风险都转化为金融风险。所以，房地产商应该提高自己的资本金比例。在房地产商提高自己资本金比例的条件下，运用银行的资金搞房地产，其结果就会使银行和房地产商共担风险。否则，就会把所有的经营风险都转给银行，这是不对的。但是，现在面临的问题是有些房地产商拿到一个项目之后，就成立子公司，而这种子公司的直接来源，又主要是银行贷款。其结果就必然是：一旦出现泡沫，泡沫就会成为银行的金融风险。需要指出的是，有些房地产商已经做了十几年的房地产，应该说自己的资金积累已经不少了。但是，每次在新项目开发上，却还是往往主要依赖银行，而不是提高自己的资本金，这种行为是不对的。就是说他没有承担这种风险的诚意，其结果都会把自己的经营风险转嫁给银行。所以，我认为房地产商自律的一个重要内容，就是要勇于承担风险，要想办法提升自己的资本金比例。尤其是那些有能力提高资本金比例的房地产商，更应该要考虑这个问题。否则，恐怕我们整个房地产的经营风险都会转嫁到我们的银行身上，这是一个极其严重的问题。所以，我觉得房地产商自律的一个重要问题，就是要提高自身的资本金比例。

第三，房地产商要正确对待财富。因为房地产产业是一个发展较快的产业，财富积累也比较迅速。在这个条件下，我们房地产商必须要正确对待财富的问题。如果不正确对待财富，那么最终就有可能会无视法律，无视社会公德，无视社会责任。现在有些房地产商，积累了一定财富之后，往往就目中无人，而且没有法律概念，不仅没有考虑到自己应承担的社会公德，应承担的社会责任，而且违规和违法，比如说欺骗消费者，偷税漏税等。因此，我想，房地产自律的重要内容之一，恐怕就是要正确对待财富，要看到拥有财富是我们国家改革开放给大家提供的机遇，拥有了这种机遇，才能拥有财富。也就是说，财富的拥有既是房地产商自身有能力的结果，也是整个社会提供机遇的结果。所以，拥有财富的人应该正确对待财富。在拥有财富的条件下，要有法律意识，不能拥有财富而无视法律，不能拥有财富而无视公德，不能拥有财富而无视社会责任。因为一旦没有法律意识，没有社会责任，没有社会公德意识，就会产生各种违反社会公德乃至法律的行为。这是我们房地产自律的重要内容之一。这方面如果不自律的话，最后的结果，可能就会出现房地产泡沫，这种泡沫也就有可能带来整个社会的金融风险。所以，我想自律的第三个方面就是应该要正确对待财富。

第四，要不断地提高自己的竞争力，提高自己企业竞争力，尤其是核心竞争力。提升核心竞争力就要求我们的房地产商应该不断在企业制度、企业管理、企业文化上提升自己。我们应该看到我们现在房地产产业中有些企业的竞争力是很差的。因为房地产产业在我们国家是新兴产业，容易赚钱，有的企业可能赚了钱，但是实际上核心竞争力并不是很强。因此，这就要求不少企业要进一步的提升自己的核心竞争力，解决自身的问题。否则的话，会产生许多不利于自己发展的问题。我想房地产商应该把提升自己的核心竞争力，作为自律的内容。不要认为自身赚了钱，就认为自己的企业是一个好企业。实际上不少企业的竞争力是很差的，我们应该从这种核心竞争力提升出发，进一步加快房地产企业的改革，包括企业制度的改革，包括管理制度的改革，也包括企业文化的塑造，形成一个新的房地产企业。我们有一些房地产企业，实际上是刚刚成立起来，可能因为各种机遇也做了一些好项目，但是做好这些项目，并不标志着自身竞争力的提升。随着经济的发展，房地产产业的竞争力必须进一步提升，我认为要认真考虑这个问题。所以，我想房地产自律的一个重要内容，就是提升自己企业的核心竞争力，全方位推动自己的企业的改革，保证自身的稳健发展。

第五，房地产商必须考虑自身的规模效益问题。也就是说现在我们房地产商数量太多，很多资质很差的企业也在做房地产。可能因为我们目前的体制不规范，以及腐败的产生，会使一些不具有房地产资格的企业也在做房地产。因此，我们应该加大这方面的竞争，使一些不应该做房地产的企业退出房地产领域。应该加大房地产企业规模的提升，一些小的企业，信用度不高的企业，不应该做房地产。房地产产业需要有很强信誉度的企业来做，因而我们要在竞争当中淘汰一些房地产企业。最近，央行关于调整信贷的政策，可能会使一些信用差、资产小的企业退出房地产，这是很对的。所以，我不同意目前有人反对央行关于信贷政策调整的一个理由，就是这样做的结果可能会使一半以上的房地产企业破产倒闭，退出房地产领域。我认为这个是很正常的，那些资金量不够，信用度不高的企业，就是应该退出去。所以，我觉得使一些房地产企业倒闭，这恐怕是央行的规范房地产信贷政策的效果之一。我们不能因为这个理由而反对央行调整信贷的作法。尤其是有人讲，如果拿最近所公布的这种信贷政策为标准来衡量房地产信贷活动的话，我们国家房地产产业 90%的贷款都是不符合规则的，所以认为不应该实行这种新的规则，我认为是这不对的。如果说 90%都是违规的话，那么如果允许这种 90%的违规继续存在下去，其结果就必然会带来房地产的严重泡沫和由此而引发金融风险。所以，我认为不能因为大量的违规，而不去实行新的规范。正因为违规，才要规范。我认为，这种规范可以使那些违规的企业退出市场，就可以让那些守规的企业有更多的市场份额和市场收益。所以，我想应该考虑房地产商要遵守规则的问题。如果在我们房地产商贷款中，有 90%是违规的状况是真实的话，那就更说明我们央行发布规范房地产信贷的这种政策是对的。因此，我想房地产商自律的一个重要内容，就是遵守规则，不能产生大量的违规现象。如果产生大量的违规现象，最终会使这个产业的大起大落，并引发银行金融风险的产生。所以，我觉得恐怕房地产商自律的重要内容之一，就是应该要按照规则办事，不能有违规现象继续存在。也有人认为违规不一定是违法，所以往往对违规的问题不重视，实际上违规和违法是同样的事情，从房地产产业大起大落上来说，违规太多，往往会诱发泡沫，并由此引发起金融风险。所以，我觉得自律的重要内容之一，就是自觉遵守规则，按照规则办事，这是房地产自律的重要问题。

如果房地产商能够从上述五点进行自律，当然可以防范泡沫；防范泡沫，当然也就可以防范金融风险。所以，我觉得消除房地产泡沫和金融风险的基础，就是要推动房地产商的自律。使房地产商在自律中，形成防范泡沫和防范金融风险的社会基础。有这种社会基础的存在，才能真正防止金融风险和泡沫的问题。所以，我想房地产商的自律问题不是一个小问题，而是一个我们保持房地产持续发展和金融风险防范的一种重要的社会基础，应该从这一点来认识房地产自律问题。也就是说，房地产商自律问题不是企业自身的问题，不是这个企业自身好坏的问题，而是直接涉及我们能不能防范金融风险，能不能防范房地产泡沫的社会基础的问题。

作者说明

本文是对 2001 年开始逐渐显现的房地产与金融风险的分析，发表在 2003 年 7 月 14 日的《中国证券报》上。文章对房地产与金融风险的关联性做了深入分析，后来 2008 年所爆发的次贷危机，也证实了这种关联分析是对的。本文对我国如何应对房地产与金融风险的问题，提出了一些政策与体制的建议，这些建议被后来的实践证明是对的，是有实践意义的。本文中对于腐败问题在房地产及金融风险中的恶劣作用作了深入分析，并提出了相关建议，实践证明，这种分析和建议是正确的。

出口导向型经济与“胀死”

出口导向型经济包含着两种危机：在大量外需存在，外需能够支撑国内生产能力增长的条件下，出口的过速增长会诱发国内的总需求膨胀，出现需求拉动型的通货膨胀、经济过热、经济泡沫，也就是会把你“胀死”；在外需收缩，外需不能支撑国内生产能力增长的条件下，出口的过速萎缩会导致国内严重的总需求不足，使得经济增长速度急剧下滑，出现通货紧缩、经济过冷和资产缩水，就业状况当然也很严峻，甚至影响社会稳定，也就是把你“憋死”。

出口导向型经济的这两种危机，在我国都曾经出现过：我国 2007 年到 2008 年 5 月份的总需求膨胀，就是因为出口导向型经济诱发的，表现为消费价格、投资品价格和资产价格的全面上涨，出现了需求拉动型的通货膨胀、经济过热和经济泡沫，也就是差点被“胀死”；2008 年 6 月份以后，尤其是从 2008 年第四季度到现在，由于外需的大量萎缩，我国出现了严重的总需求不足，表现为价格过速下跌和经济增长速度过速下滑，就业状况严重，也就是快要被“憋死”。

对于第一种危机，即出口导向型经济所引发的总需求膨胀，我曾于2008年的3月15日在清华大学作过一场学术报告，对它进行了分析，这场报告被有心的同志录了音，并作了文字整理，我现在将它原封不动地引用于后，以便加深人们对出口导向型经济的认识。这场学术报告的题目是出口导向型经济与总需求膨胀。

一、出口导向型经济如何导致了总需求膨胀

讨论中国目前的宏观经济格局以及未来一段时间的经济走势，就不能不从2007年讨论起。因为这一轮经济周期应该从2007年算起，为什么这样讲呢？因为2007年我们的经济发展遇到了一个问题，就是国内价格体系全面上涨。

大家知道，通常经济学家分析一个国家的宏观经济的时候，有一个很重要的指标，这就是价格。2007年国内价格的全面上涨，引起了我们各个方面的极大关注。经济学上通常把价格分解为三种价格，我们讲到价格问题的时候，通常指的是这三种价格的统一。

第一种价格就是消费品价格，比如食品的价格，服装的价格，家电的价格，等等。消费品价格指数在国际上被简称为CIP，通货膨胀这个问题是和消费品价格连在一起的，当消费品价格涨得过快时，就会出现通货膨胀的问题。

第二种价格叫投资品价格，像钢材的价格，水泥的价格，铝合金的价格，等等，有时也叫生产资料价格，统一称它为投资品价格，国际上称之为PPI。如果投资品价格涨得过快，就会引发经济过热的问题，经济过热这个范畴，是和投资品价格连在一起的，如果投资品价格涨得过快，我们就会担心是否会出现经济过热。

第三种价格就是资产价格。资产价格主要指两种价格：一种是股票的价格，另一种是房产的价格。大家注意到，我国的CPI指数构成里没有包括房价，因为房产虽然是最基本的消费品，但房子可以保值增值，所以，国际上都把房产的价格统计在资产价格里，当资产价格涨得过快的时候，就会引发经济泡沫，所以经济泡沫的范畴是和资产价格连在一起的。

上述价格体系中的三种价格构成如果都上涨过快，就会带来各种问

题。2007年以来国内相关产品价格基本上都全面上涨。首先，资产价格普遍涨得过快。2007年的三四月份，资产价格快速上涨，所以，当时我们很担心会不会出现经济泡沫的问题。等到了五六月份的时候，投资品价格也跟着涨上来，甚至有的投资品价格涨了80%。到了六七月份，我们担心会不会出现经济过热。再往后，2007年8月份的时候，专家判断，消费品价格不会上涨，但没有想到，到了第四季度，消费品价格也涨了上来。

由上述可见，2007年，我们相继经历了三种价格的全面上涨，上涨给我们带来了通货膨胀、经济过热和经济泡沫的三种压力，这种不利局面在我们新中国成立以来还是第一次出现。

在改革开放以后，我们有过消费品价格比较快的时期，例如1984年到1996年这段时间，我们的消费品价格上涨到了两位数，最高的时候，到了19%。但是，这段时间的价格成因，主要是消费品价格上涨，所以，我们当时的主要压力是通货膨胀，因此，主要工作是反通货膨胀。第二次价格上涨是从2003年6月开始，主要是投资品价格涨，消费品价格没有涨，别的价格也没涨，所以，2004年到2005年的工作重点主要是解决经济过热的压力。

目前，三种价格力量一起上涨，在中国的经济生活中引发出三种问题，这是我们新中国成立后第一次遇到的新问题。而且这三种价格一起上涨还会出现联动效应，比如，为解决某一种价格出现的问题，还会诱发另外一种价格上涨。

所以，我们认为2008年的经济环境是最困难的一年。

到了2008年5月初，我国价格总体趋势还是属于高价位运行状态。2008年年初我们曾预计消费品价格在2008年4月份会降到8%以下，其结果还是超过了3月份。投资品价格涨，有的价格开始出现翻番的状况，像前几天，有一种钢材两天时间涨了五百块钱，可见投资品价格涨幅仍然压力很大。

不过，资产价格，也就是房价和股票价格，好像有所稳定，而且开始下滑，像股票价格还掉到3 000点左右，许多人问政府为什么不救市？这涉及我们对资产价格判断问题。

有的同志认为，我国的股票价格，应该以2005年为基数，以上海股市为基点，正常的价格是每年涨1 000多点，那么2006年是1 000多点，2007年应该是3 000多点，2008年也就是4 000多点，最多5 000多点，这就是对市场的正常判断，但2007年市场涨得太快了，冲到了6 300点，因此，2008年市场必然要进行自我调整，经济规律一定会起作用的，价格要受到内在的强制性的调整，因而不是救市论。

有的同志认为，中国的房价应该以2005年为基础，希望每年的涨幅在5%～10%之间，差不多15～20年翻一番，但2007年以来，差不多有的地方两三个月房价就翻一番，显然房价已经严重超出了上涨范围，因而涨幅必然会放慢，我们讲拐点，就是说房价的增长幅度要放慢，价格水平还没有下来，但也仍属于高价位运行状态。

也就是说，三种价格实际上都处于高价位运行状态，充其量是资产价格涨幅有一点放缓而已。因此，我们现在仍然存在着通货膨胀、经济过热和经济泡沫的巨大压力。既然这三种价格力量一起涨，就要研究一下其上涨的内在因素。

有的同志认为，这次价格涨主要是两个原因导致的：第一种原因就是我们的需求增长太快，需求的过快增长引发了供不应求，供不应求所引发的价格上涨，我们叫需求拉动型的价格上涨；第二种原因就是企业的成本在短时期内快速上涨，企业成本的快速上涨，必然引发企业生产的产品的价格上涨，这种因为成本上涨很快所引发的价格上涨，我们称之为成本推动型价格上涨。但是我认为，我们此次价格上涨的最主要原因是需求拉动型的价格上涨。

因此，我们主要分析需求拉动型的价格上涨。我想提醒大家的是，我们这里讲的需求是指有货币支付能力的需求，实际指的是购买力，不是通常讲的需要。既然需求是有货币支付能力的需求，那么需求上涨过快，一定是与货币连在一起的，就是货币供给太多了，因此，需求拉动型的价格上涨一定是因为货币供给太多了，这必然涉及一个问题就是谁发货币，这必然同银行体系连在一起。因为货币是从银行里发出来的，货币太多一定与银行体系出了什么问题相关。

我们现在的银行体系又分为两种银行，一个叫中央银行，简称央行，我们国家的央行就是中国人民银行，美国的央行叫联邦储备局，央行发行货币，就是我们的货币是从中央银行发出来的；另外一个银行就叫商业银行，像我国的工商行、农行、建行.招商行、民生行等，商业银行主要是经营货币，所以货币供给量太多，首先和中央银行有关系，那么中央银行怎么样发货币呢?

我们国家央行货币主要有两个路径构成。

一个路径叫再贷款，指中央银行给商业银行贷款。商业银行给企业或居民贷款，当商业银行给企业或居民贷款没有钱贷的时候，他们有权向中央银行申请再贷款，中央银行就要给商业银行贷款。当中央银行无钱贷的时候，中央银行就开动我们的印钞厂来印制钞票，货币(人民币)印出来以后，通过中央银行金库贷给商业银行，商业银行再贷给企业或贷给居民，这样货币就流向了社会。

第二个路径是外汇占款，也就是所有外汇流入中国，无论是日元还是欧元，或者是美元，这些外汇流入中国以后，在国内是不能流通的，在中国也不能用外汇来买东西。所以这些外汇流入中国以后，必须要在中央银行兑换成人民币，中央银行要用人民币收购这些外币，中央银行用人民币收购外汇放在中央银行，叫外汇储备，相应地，相当规模的人民币就流向了社会。

通过这两个路径，人民币就大量流向了社会，那么这次人民币流动性过剩(人民币供给多于需求)是指哪个路径多发了呢?虽然政府工作报告也指出再贷款增加了流向社会的货币总量，但实际上，引发这次货币多发的是外汇占款这个路径，外汇占款比例太大，大量货币供应流到社会上，引发了需求上涨，供不应求，价格上涨。2006 年年底的时候，我们统计这两个路径的人民币流量，其中，再贷款多流出来 3.2 万亿元，外汇占款为 2.9 万亿元。再贷款发行货币是我国国民经济发展的需要，外汇占款是被动型的发行，只要有外汇流入中国就要收购它。这两个路径中外汇占款几乎接近货币供给总量的一半，所以，这次我们的货币供给过剩，主要是外汇占款路径流出来的货币供给量太多了，引发了需求上涨很快，进而引发了价格总水平的上涨。因为流入中国的外汇太多了，央行发行的人民币就越多，所以外汇占款太大的原因是流入中国的外汇太多了。

为什么流入中国的外汇太多了?主要是我们国家的国际收支失衡了。什么叫国际收支?国际收支实际上是指外汇的收入和外汇的支出，简称国际收支。

国际收支由两部分构成。一个叫正常性项目，就是指商品进出口贸易，如果出口远远大于进口，我们称为顺差，顺差标志大量外汇流入中国。另外一个就是进口远远大于出口，就叫逆差，逆差就标志着大量外汇流出中国，每年国家的进口和出口额大体相当就叫贸易平衡。我们国家在国际贸易这个国际收支的正常项目下，已经连续15年是顺差，也就是在进出口贸易中，大量外汇流入中国，这两年尤为严重。2006年我们的顺差是1 700多亿美元，到了2007年竟然达到了2 300多亿美元，这标志着大量外汇通过进出口这个口径流入中国，我们已经是长期出口远远大于进口，外汇因此而流入了很多，这就迫使央行发行很多货币。

国际收支的第二个内容，叫资本项目。所谓资本项目就指资本在中国的流进和流出，如果国外资本流到中国流入的多，我们资本流出的少，就叫资本顺差，这就标志我们是资本净流入中国，表明大量外汇通过资本方式流入中国。如果我们的资本流出去的多，国外的流进来的少，我们叫资本净流出，也叫资本逆差，资本逆差就表明大量资本项目以资本的方式流出中国。两个差不多就叫资本平衡。我们现在已经连续16年都是资本净流入国，是资本顺差，2006年流进来700多亿美元，2007年超过了1 000亿美元，这些外汇通过资本项目流入我国，迫使央行发行人民币收购。结果是货币太多，需求上涨过快，导致物价上涨。所以我们这一次的货币多发，主要由国际收支失衡引起的，国际收支失衡，引发了外汇占款太大，最终导致了人民币多发。货币供给多了，当然需求就上涨太快，最后供不应求，价格上涨。

中共十七大已经看到了这个问题的重要性，所以在十七大报告中明确了国家经济发展要追求两个平衡：一个是国内经济平衡，一个是国际收支平衡。如果国际收支不平衡，国内经济就平衡不了，这次国际收支严重失衡，引发了外汇占款发行货币太多，国内经济开始失衡，价格总水平快速上涨。中央银行通过这两个路径(货币供给出口)发行的人民币，叫基础货币。基础货币就是现金。这些基础货币流向社会以后，就形成了货币供应量。所谓货币供应量就是供应到市场上的货币总量。可能比较细心的人会发现，我们公布的基础货币的数量和货币供应量，差距很大，货币供应量远远超过基础货币。2006年我们再贷款是3.2万亿元，外汇占款2.9万亿元，加起来是6万多亿元，但当时社会上的货币供应量是36万亿元。所以2006年年底的时候，曾有一个经济学家讲，中国市场上有30多万亿元货币上蹿下跳，2007年股市不涨能行吗？那么为什么货币供应量会远远大于基础货币？因为基础货币流到社会上以后，有一个自我放大的效应，而且成倍地放大，所以把这个现象我们叫货币乘数。货币乘数与商业银行有关，也就是与经营货币的银行有关。因此，2006 年我国的基础货币是 6 万亿元，结果货币供应量是 36 万亿元，当年我们的乘数可能是 6。所以货币多了，与两个银行体系都有直接关系，当然最主要的还是与中央银行的相关。当 36 万亿元释放到了社会上，我们的货币供应量是多了还是少了呢？有一个数据可以衡量它，那就是货币需要量，货币需要量，就是一定时期内我们经济发展到底需要多少货币。当这个货币供应量和货币需要量差不多的时候，这就叫通货平衡，这时社会经济和生活状况处于和谐状态，那么货币供应量远远超过货币需要量，就叫流动性过剩，流动性过剩就是指货币供给太多了。如果货币供应量少于货币需要量，就是货币供给量不够了，叫流动性不足。

怎样判断货币多了还是少了呢？这里有一个指标体系可以告诉你，那就是价格总水平。如果社会商品价格总水平涨得太快了，就说明货币供应量超过货币需要量。货币供给太多了。如果价格总水平跌得太快，这就说明货币供应量少于货币需要量。价格总水平基本稳定就标志着这两者关系大体相当。

现在的价格总水平体系告诉我们目前货币供给太多了，所以价格全面上涨。因为外汇占款过多，并且外汇占款是基础货币，基础货币还有一个放大功能，货币供应量也有个放大效应，所以，货币供应量远远超过了货币需要量。

二、应对出口导向型经济引发的总需求膨胀的对策

上述分析，使我们对于此次需求拉动型的价格上涨已经有了清楚认识。如何解决这种需求拉动型的总需求膨胀呢？我们大体上提出五条对策来解决这个问题。

1. 首要的对策当然是要解决国际收支失衡

这是因为这次货币多发就是国际收支失衡引起的，因为国际收支失衡上的正常项目和资本项目都失衡。

首先要解决正常项目下的失衡问题，正常项目国际收支失衡主要表

现为顺差太大，顺差太大就标志着大量外汇流入中国。

正常项目下要解决顺差太大的问题，要解决顺差太大无非是两个问题，一个减少出口，一个扩大进口。因此，我们国家改革开放30年以来，在2007年第一次调整出口政策，要从过去盲目出口转向有选择的出口，出口不是越多越好，出口太多了，也会引发国际收支失衡，所以不要把出口再当政绩来讨论了。因此，从2008年开始政府工作报告再也看不到积极出口的言词，而是反复强调要提高出口的档次和水平，不是出口越多越好，所以要转向有选择的出口。

进出口政策的调整，涉及出口退税政策和进口政策的调整。

首先，我们就要调整出口退税政策，调整体现在以下三个方面。

第一，把过去出口退税由中央财政买单转变为中央政府和地方政府共同买单，有些地方政府没有钱，就不给你退税，企业觉得出口没有意义就会减少出口，而且地方政府也会因为自己要拿钱就对出口的积极性没有那么太高了，出口就会降下来。

第二，大幅度降低出口退税，企业觉得出口没有意义，就会减少出口。我们已经大幅度地降低出口退税，2007年降了三次，有的行业出口退税降了80%，涉及2 800多个工业产品，2007年最后一次是农产品取消了出口退税。

第三，有些产品出口不仅仅不退税还要提高出口关税，主要是指两类产品：一个是高消耗资源的产品，另外一个产品就是高污染环境的产品，像煤炭和钢铁行业都会遇到这样的问题。这就是对出口退税政策的三个方面调整。

通过这样调整来降低出口，这是解决贸易顺差太大的一个方案。

解决贸易顺差太大的第二个方案，就是扩大进口，进口扩大了顺差也会降下来。所以，2008年我们将陆续降低进口关税，要大幅度扩大进口，尤其对两类产品将会大幅度降低进口关税：一个是资源类产品，一个是技术类产品，从而推动进口的增加。进口增加了，那么贸易顺差也会降下来。

解决国际收支失衡的第二个内容，就是解决资本项目下外汇流入太多的问题，也就是资本顺差的问题。

怎样解决？无非是两个办法，一个办法是减少外资的过度进入，外资进入减少，当然资本项目下的外汇也减少；另外一个推动中国资本走出去，中国资本走出去也标志着外汇流出中国，因为中国资本不能用人民币走出去，因而中国资本走出去标志着外汇通过资本项目流向国外，减少外汇太多的压力。我们国家改革开放以来首次调整外资政策，从过去的盲目吸引外资，转向有选择的吸引外资，那些没有品牌效应、没有技术含量的外资我们不需要，不是外资越多越好，外资太多了也会引发国内经济失衡。所以，不要把外资的吸引当政绩来讨论，要减少外资的过度进入。

调整外汇政策最主要是调整外资优惠政策。2008 年我们取消外资优惠政策，对外资实行国民待遇政策，外资进入中国跟中国企业拥有同等国民待遇。所以 2008 年年初两税合并，标志税收优惠取消，到 2009 年年底以前，取消包括土地优惠政策在内的所有外资优惠政策。那些我们实行国民待遇政策仍然能在中国赚钱的企业是有竞争力的，这些外资我们是欢迎的，而靠我们优惠政策赚钱的外资企业，我们已不再需要了。因此，减少外资的过度进入，是我们外资政策的重大调整。所以从中共十七大报告里，再也看不到积极吸引外资的提法了，而是强调提高外资运作的档次和水平，减少外资的过度进入。

另外一个就是推动中国资本走出去，这标志着要在资本项目下，让大量外汇流出中国，减少央行货币发行的压力。而且现在中国资本走出去也有一些条件，比如说美国次贷危机，这个时候中国资本恰恰要走出去，华尔街不能光是美国资本，也应该有中国资本才行，它好的时候你很难进去。所以前一段时间老是讨论美国次贷危机是不是会影响中国经济，实际上这恰恰给我们提供了一个中国资本走出去的良好时机，要想办法走出去。当然美国很警惕，走出去不是那么容易的，要利用时机才能走出去，但是中国经济必须走出去。中国已经开始融入到世界经济之中，现在刚好遇到好的条件了，我们外汇太多也需要走出去。如果中国资本大批量地走出去，就会减少外汇项目下的货币过多，解决国际收支失衡问题。但是我遗憾地告诉大家，我们 2007 年运作了一年，效果不佳，国际收支不仅仅失衡状况没有减少，还加剧了。2006 年我们国际收支失衡，贸易顺差 1 700 多亿美元，资本顺差 700 多亿美元，加起来 2 500 多亿美元；而 2007 年竟然是贸易顺差 2 300 多亿美元，资本顺差 1 000多亿美元，加起来 3 400 多亿美元；我们现在外汇储备已经接近 1.7 万亿了，而且 2008 年前三个月流进来更多，一月份流进来 500 多亿，二月份流进来500多亿，三月份降到360多亿是因为春节的原因，仅仅一月至三月份流进来1 300多亿。外汇大规模的流入中国，导致国际收支严重失衡，迫使央行发行人民币，人民币多发了，货币一多需求上涨过快，供不应求，价格上涨。

2007年主管部门运作了一年后效果不佳，这里有两个原因：第一个原因是地方政府根本不配合，地方政府现在仍然把招商引资，把出口当作政绩来考虑，背后是利益，因为只有这两条才能增加政府收益；第二个原因，就是中央政府在这个问题上政策也不严厉，知道要解决，但是出手比较温柔。因为有失业的问题在约束着我们，因为一减少出口就是减少就业机会，减少外资也是减少就业机会，那么失业了谁负责任？我们不能由于解决价格涨得太快而引发失业问题，因为从经济学的观点，价格涨比失业还要好一点，因为价格涨，大家都涨，心态比较平衡，但是失业会打破这种平衡，会引发社会问题，所以虽然看到了国际货币失衡而引发的这一轮价格上涨，而解决的时候，又不是那么太严厉，原因就是害怕引发太大的失业问题。所以我们现在是两难的选择，一方面必须解决国际收支平衡，而要解决又害怕太快引发失业事件。目前看只有一种办法可以解决，就是启动国内市场，只有把国内市场启动起来了，我们才敢解决国际收支失衡，甚至国内市场启动的程度，决定了我们国际收支失衡的解决程度。

总之，国际收支失衡的问题的解决，需要我们必须启动国内市场。

怎么样启动国内市场？国内市场由两部分构成：一个叫投资需求，一个叫消费需求。我们这次启动国内市场恐怕不敢启动投资需求，因为我们现在投资需求本来就很旺盛。投资需求的旺盛引发了投资品价格涨得很快，所以我们有经济过热的压力。因此，这次启动国内市场只能启动消费需求。通过对消费需求的启动来带动国内市场的上升，从而为我们解决国际收支失衡做好一个比较好的基础，防止引发国际收支失衡。由此可见，重点是启动消费需求。

怎样启动消费需求？

消费需求由两部分构成：一个叫居民的个人消费，居民的个人消费占了消费需求的70%左右；另外一个叫居民的公共消费，所谓居民的公共消费就是指居民对公共产品的消费。公共产品主要有四种，文化教育、医疗卫生、社会保障、基础设施。这四种叫公共消费。居民公共消费就是指居民的公共产品消费。居民的公共产品消费占消费需求的30%左右。那么我们这次启动消费需求应该从这两个方面都要考虑问题。但是首先要考虑的是居民的个人消费，因为居民的个人消费占消费需求的70%左右。要启动消费需求首先要启动居民的个人消费。

那么怎样启动居民的个人消费？

我们发现居民个人消费与居民收入成正比，因此只有居民收入提高了，居民个人消费才能提高。所以我们要启动居民个人消费一个关键的问题就是要提高居民个人收入。如果居民收入不提高，居民个人消费就启动不起来。而且从中国的现实状况来看，居民个人收入增长太慢导致居民个人消费无法增长。所以这次我们要启动居民个人消费就必须提高居民收入才行。居民收入提不高，居民个人消费就增长不了，所以重点是要提高居民收入。

怎样提高居民收入？

这里要讨论五个办法。

第一个办法就是要提高居民收入在国民收入分配中的比例。

国民收入分为三个部分：一个叫国家财政收入，一个叫企业利润，一个叫居民个人收入。由于国民收入分成这三个组成部分，所以要提高居民个人收入，就要提高居民个人收入在这三个组成部分中的比例。现在中国居民个人收入提不高的原因是居民个人收入在这三大组成部分中占的比例太低了——几乎连续九年它所占的比例都是下降的——而国家财政收入所占的比例太高。国家财政收入不断增长，国家财政收入增长了，在国民总量收入一定的条件下，当然会导致居民个人收入相对降低。我们现在国家财政收入增长太快。2002 年的时候我们的税收没有超过 1 万亿。后来就基本每年要增加 1 万亿。所以突破 1 万亿、2 万亿、3 万亿、4 万亿，2007 年突破了 5 万亿。国家收入超常规增长，而居民个人收入占的比例在下降，所以居民收入提不高。因而要提高居民收入，就要提高居民个人收入在国民收入分配中的比例。要提高居民个人收入在国民收入中所占的比例，当然要适当降低国家财政收入在国民收入中所占的比例。

所以 2007 年我们讨论的一个问题就是居民个人所得税起征点的问题。居民个人所得税起征点提高了，就意味着提高居民个人收入在相对国民收入中的比例。过去 1 600 元就要交税，如果提高个人所得税起征点，那么居民的收入就会提高。所以去年我们讨论所得税的起征点就是针对这个问题来的。在主管部门第一次征求意见的时候，我的观点是提高到 5 000 元/月。后来税务部门感觉差距太大，认为在 3 000 元/月比较合适，后来报到全国人大定为 2 000 元/月，所以我觉得还应该继续提高所得税起征点。

第二个办法提高居民个人收入的办法是要提高劳动收入在初次分配中的比例。

初次分配就是企业对个人的分配。企业对个人的分配将财富分为两部分：一个是劳动收入就是工资，一个是企业利润。目前初次分配工资分配得低了。现在我们国家的状况是劳动收入增长太慢，企业利润增长太快。所以居民个人收入就不高。那么现在就要提高劳动收入在初次分配中的比例，在劳动收入和企业利润之间就要适当地提高劳动收入。我在调研时中小企业意见很大，认为企业本身利润就很少，提高劳动收入企业就没有办法生存，所以要提高中小企业员工的劳动收入就要对中小企业减税才行。2008 年 3 月份在杭州开讨论会时，企业负责人说减税最好减少增值税比较好。中国的税制改革未来要转向以所得税为主，确实要借机降低中小企业的纳税额。因为中小企业就是提供就业机会的，不是缴税的。企业有两个贡献，一个是提供就业机会，一个是缴税。那么技术含量高的企业才要多缴税，不能让所有企业既缴税多，又提供就业机会多，那是不可能的，所以应该适当地给中小企业减税。对于利润高的企业要提高员工的收入，例如，有些中央企业应提高劳动收入，网上有争议，但我认为应该提高，提高了这部分人员的收入，会带动整个社会收入水平上升，不见得是坏事。

第三个办法就是要提高财产性收入在居民个人收入中的比例。

居民个人收入由两部分构成：一个叫劳动性收入，一个叫财产性收入。这两个加起来是居民的个人收入。我们现在居民收入低的原因是居民个人收入中间的财产性收入太低了。我们研究美国，发现美国个人收入里面 40%左右是财产性收入，50%左右是劳动性收入。人只靠劳动性收入，收入是提不高的。美国居民财产性收入与劳动性收入是一半占一半，所以美国收入增长快，中产阶级数量大。而我们经过调研发现，在我们国家的居民收入中，居民的财产性收入只占 1.8%，财产性收入很低，因而居民的收入也低。中共十七大报告写了这样一句话：要想尽一切办法提高人们的财产性收入。只靠劳动性收入还是富不起来，要增加财产性收入的比例才可以。财产性收入由两部分构成：一个叫动产收入，像股票、债券等；一个叫不动产收入，像房子、土地等。动产收入加上不动产收入就是财产性收入。要提高人民的动产收入和不动产收入的话就要发展两个市场，一个是资本市场，一个是房地产市场。资本市场发展了才能提高人们的动产收入，房地产市场发展了才能提高人们的不动产收入。如果这两个市场不发展的话，人们的动产收入和不动产收入是无法提高的，财产性收入也就无从提高。

这里我想要告诉大家的是，中央政府没有任何想打压资本市场和打压房地产市场的企图，而是希望它能健康发展，因为这两个市场如果不发展的话就没有办法提高动产和不动产的收入，也就无法提高财产性收入，所以不会打压的。资本市场现在已经开始承认民间信贷。首先是小额贷款公司可以成立了，500 万以上资本金就可以办贷款公司了，这标志着我们将把民间信贷视为法律肯定的行为，这是符合市场经济的。市场经济有两个权利：一个叫财产权，一个叫自由缔约权。所以小额贷款公司的放开就是告诉大家这块我们要继续往前放开。所以实际上，我们一直在往前推进资本市场，没有打压的意思。房地产市场也是，房地产市场就是供需问题。政府没有任何打压房地产市场的意图，是背后供求关系决定的。所以政府没有打压房地产业的意思，是健康发展地问题。

第四个办法就是要提高农民的收入。

现在我们的个人收入提不高，重要原因是农民收入增长太缓慢，把我们整个收入拖住了。农民收入增长很缓慢，所以就全国来讲居民个人收入增长缓慢。所以要提高居民的个人收入就要提高农民收入。但是提高农民收入不要在粮价上做文章，在粮价上做文章是永远提不高农民收入的，要在体制上做文章。所以这次提了一个口号叫城乡一体化。这次提出的城乡一体化有两个含义。

城乡一体化的第一个含义是公共产品享受的城乡一体化，在公共产品享受上农村人和城里人是一样的。公共产品就是：文化教育、医疗卫生、社会保障、基础设施。只要是中华人民共和国的公民就应该平等地享受公共产品。现在的问题是农民享受不了。农民享受不了我们提供的公共产品，只有城里人能享受，所以农民收入总提不高。我们国家为什么不能实行全世界统一的身份证制、护照制，而非要搞户籍制呢？原因在于我们户籍制度中的农村户口与城市户口的含金量不一样。城市户口可以享受公共产品，而农村户口不能享受，所以是二元经济。因此农民到城里干了几年，最终也叫农民工。因为他是农村人，不能享受城市的公共产品。例如，他的孩子就不能随着他到他打工的城市享受义务教育。所以中国出现四千万留守儿童，给孩子造成了心灵上的孤独感，公共产品是国家投资的，他们却不能享受。因此我们提出公共产品享受平等化，只要是中华人民共和国的公民就有权平等享受公共产品，有人不能享受，就等于剥夺了他平等的人权。

城乡一体化的第二个含义是城乡经济体制一体化。城市和农村的经济体制是一样的。现在我们不一样，例如，产权制度就不一样。城里人买的房子有产权，这个产权既可以抵押，又可以买卖。而农民的宅基地和土地既不能抵押，又不能买卖。所以农民没有真正的产权，他在城市住工棚，在家乡可能有栋小楼，但很可惜，他的产权不能进入交易，所以农民富不起来。

正因为上述这两个方面没有实现一体化，所以农民永远认为他不是城里人。一到春节就会回家，一回家搞得我们整个的公交体系都会瘫痪。有人说这是农民个人行为，错了，这是体制导致的。体制导致他在城市里永远找不到家的感觉。所以我们要提出城乡一体化，最近搞了两个试点：重庆和成都。很奇怪，这两个地方是最没能力实现城乡一体化的，应该在江苏和浙江等这些富裕地区搞城乡一体化试点。应该在经济发达地区先推动城乡一体化，然后不断的扩大辐射，最后全国实现城乡一体化。我们的思想还要进一步解放，思想不解放这个事业也就无法完成。所以提高农民收入不能再简单讨论调整农产品价格，而是要深化体制改革。

第五个办法是提高落后地区人们的收入。

现在落后地区的个人收入增长太慢，所以引起了居民整体收入增长不快。因此要提高居民个人收入就要提高落后地区人们的收入。怎么提高？过去我们搞扶贫模式，结果发现越扶越贫。靠扶贫模式解决不了问题。这次提出一个新的思路，这就是为这些地区的人们创造就业和创业的机会。不再搞简单的扶贫。例如，目前经济学界比较肯定的蒙牛模式，肯定它的主要原因是，为蒙牛提供奶源的这些牧民们，已经带着自己土地的使用权和财富，成为蒙牛的股东。土地使用权第一次入股了，他们有了财产收入，收入就会提高。要突破体制，变资源为资产。

上述这五个办法就是我们要提高居民消费首先要提高居民收入的办法，怎么样提高和如何提高，大致状况就是如此。

不过消费需求除了居民个人消费需求之外还有居民公共消费需求，公共消费占了居民消费额的30%左右，所以我们要启动消费需求也就要提高居民的公共消费。不过居民的公共消费不是居民拿钱是国家投资的。比如医疗卫生。我个人的看法是如果国家不增加医疗卫生投资，不建立医疗卫生保障，医疗卫生提升起来会很难。国家对公共产品要加大投资，居民的公共消费才能提高起来，所以它是国家投资的行为。既然是国家投资那就要考虑问题了：国家的钱从哪里来？如果税收不增加的话，国家的钱从什么地方来。去年经济学界提出了两个主意：一个主意就是要求中央企业交利润，过去央企从来不交利润，搞了个利改税，缴税不交利润。那么现在央企利润已经很高了，像2007年赚了一万多亿，那应该交利润了，你如果不交的话，等于这企业不是我们的。交上的钱投资于四大公共消费领域，启动公民的公共消费。另外一个就是2008年我们要提高资源税，现在的资源税太低。提高资源税以后，用这些钱投资到居民的公共消费。

如何解决国际收支失衡的问题，大致的思维框架结构就是上述这样。

从这个框架结构中大家要注意：我们实际上经济发展战略要发生重大调整。过去我们经济发展拉动中国经济有三驾马车，这三驾马车的排序是：出口、投资、消费。在我们GDP贡献中排在第一位的是出口，第二是投资，第三才是消费。现在要倒过来了：要转变成消费、投资、出口，出口只占在第三位，这个战略要发生变化。我们过去是充分利用国内资源，占领国际市场。现在要倒过来，我们要充分利用国际资源启动国内市场。这是重大的转折，所以企业界的同事要看到这点，要注意到我们这种调整会对未来经济走势的影响，要应对这种变化才行。所以这次应对国际收支失衡问题的解决，也标志着中国经济战略发生重大调整。从过去那种出口、投资、消费转向消费、投资、出口。要从过去充分利用国内资源占领国际市场，转为充分利用国际资源启动国内市场。这个变化会很大。这就是怎么样应对这次需求拉动型价格上涨，我们应对的第一个办法，就是解决国际收支失衡，大致情况就是这样。

2. 重要的对策是改革外汇体制

为什么呢？因为我们发现这次出现国际收支失衡，引发了货币多发，实际上背后一个重要的原因就是外汇体制有问题。外汇流向中国不在于流入多少，关键在于流过来后，很快要被花掉。如果外汇流到中国很多，很快就被花掉了，这样一来央行就不用去发行那么多人民币了，需求就不会过度上涨，就不会出现价格上涨。而我们现在的外汇体制是个僵化的外汇体制，全部由国家管制。外汇流进来以后一般都需要央行来收购，导致外汇很难很快地被花掉，最后演变成我们因为外汇多而多发行了人民币。如果外汇流到中国以后很顺利地就被花掉了，这样央行就不会因为外汇多而发人民币多，就不会引发现在的问题。所以这次国际收支失衡，也有外汇体制僵化的问题，因此就要改革外汇体制，要改革成自由的外汇体制。

自由的外汇体制包括两个自由，第一个是外汇买卖的自由，如果外汇自由买卖的话，外汇很快就会被花掉，就不会出现央行发行很多货币的问题了。但是我们不敢实行外汇自由买卖，据说有两个历史原因：一个是害怕国际炒家炒我们，认为像 1998 年亚洲金融风险的时候，我们之所以没有陷进去，就是我们的外汇不能自由买卖。但是我想这种思想恐怕不行吧，怎么老害怕别人炒你呢，你炒别人不是一样吗？应该放开，这样才能推动中国经济成为世界经济的一部分。第二个理由就是害怕民营资本流向国外，所以我们不敢外汇自由买卖。但外汇不搞自由买卖，就没法把人民币变成外汇然后很快地花掉。

我们现在再讨论一个重要的问题，就是在不搞外汇自由买卖的前提下，外汇怎样花掉。2007 年研究了两个办法。第一个办法是成立中国外汇投资公司，后来就改称中国投资公司。这个中国投资公司，是个国有企业，第一大股东就是财政部，财政部把钱交给中国外汇投资公司，由中投公司在中行收购外汇，然后将外汇花掉，而央行因为收购外汇而发的人民币就会流回央行，问题就解决了。但在现在感觉还是很难，因为中投公司不仅没有将外汇花多少，还导致中国财富缩水，能否花出去还是问题，看来不搞外汇自由买卖还是很难。

第二个办法就是先选一个地区，在这个地区放开，外汇可以自由买卖，然后再总结经验教训，考虑进一步全部放开的问题。这样就选择天津滨海新区，该地区的商业银行可以帮助大家把人民币换成外汇，然后帮助你用外汇在国外资本市场进行投资，首先放开资本市场就是香港资本市场，把这个叫做港股直通车。但是这个主意到现在为止也没有实行，因为我们很害怕一件事，本来是希望国内外汇流出去，既然能流出去的话，就会顺势能流进来，如果流进来的多，流出去的少，会产生问题。所以，最起码在人民币升值没有升到顶之前，都在赌人民币升值，大量的外汇流入中国怎么办？所以这件事迟迟没做，到现在也没做。

所以从上面来看，还要实行外汇自由买卖才行，如果外汇买卖不自由的话，实际上很难很快地花掉。所以最近央行行长宣布，我们还要在资本项目下，慢慢实行人民币自由兑换。现在中国还是资本回报很高的地方，资本追求利润回报，哪里回报高，就流向哪里，关键是要增强安全性的问题。现在中国是资本回报最高的国家之一，但也是资本不安全的国家之一，如果加强安全性，我们的民营资本就不会流向国外。所以，体制要改革，这个外汇的自由买卖最终还得要实现，如果外汇买卖不自由的话可能外汇花不掉，花不掉就都压在央行身上，央行发人民币，最后导致货币多发。这就是自由外汇体制的第一条叫做外汇买卖的自由。

自由外汇体制的第二个内容就是汇价的自由，外汇价格应该是自由波动的，汇价根据供求关系自由波动，这个时候才应该是一个自由的外汇体制。我们外汇长期以来是国家控制的，实行的是固定的汇率，比如说人民币对美元长期是 1∶8.5，导致人民币该贬值不贬值，该升值不升值，结果使得汇价丧失了调整外汇进出的功能，使得央行不得不多发人民币收购这些外汇。因此，应该实行汇价自由才行。

2005 年 7 月我国决定实行汇价的有限自由，也就是汇价在有限范围自由波动，因此当时讨论以什么样的方式放开？有两种方式可以选择。一种方式就是一下子放开，一下子放开以后，我们国家认为人民币对美金的比率底线是 1∶6，美国的底线是 1∶5，因而如果要一下子放开的话，应该升到 1∶6 或 1∶5 点几，那么这样一来的话，我们就担心恐怕国家一下子受不了、企业受不了、个人也受不了。为什么呢？因为当时我们央行的外汇储币主要表现为美元，如果你一下子要放开，升值到 1∶6，央行是 1∶8.5 买来的，你让它 6 块钱卖掉，那就 1 美元央行损失 2.5 元人民币。这样很大程度上央行受不了，你得给它时间，让它赶快把美元处理掉，把美元换成别的外汇，这样一来，如果升到 1∶6，对央行的影响就会小一些。但你得给央行时间，一下子升值是不行的。

当然，一下子升值企业也受不了。举个简单的例子，假如我是向美国出口衬衣，一件衬衣在美国卖1美元，原来美元汇率是1∶8.5，我卖1美元可以换回8块5人民币，假如我的成本是7块人民币，那我还赚了1块5；但你要一下子放开升到1∶6，我1美元换回来的才是6块人民币，我成本要7块5人民币，那么我就亏了。尤其是我们企业出口一般都是签一年的合同，那么2005年7月份放开一下子升到这么高的话，企业就得亏整整一年，如果企业不想亏，就要把衬衣在美国的价格，提高到2美元一件；但是提高到2美元一件，美国人就不买了，企业就做不下去了。因此，一下子升值，企业要么出不去，要么亏损，企业受不了，要给他们时间调整出口国。比如不向美国出口了，向欧盟出口，因为人民币兑换欧元，人民币是贬值的，这样企业才能承受升值的压力。

一下子放开了居民也受不了，为什么呢？因为，我国老百姓的外汇存款主要是美元，他们是在1∶8.5，甚至更高的汇率购买的，你一下子升值到1∶6，1万美元损失2万5人民币。你要给他们时间，让他们赶快处理掉，换成别的币种才行。

上述分析表明，我国的外汇价格不能一下子放开，因而只能采取另一种方式，就是缓慢放开，最后决定用3～4年的时间全面放开，从2005年7月份开始，到2009年7月份彻底放开。比如说，我们的底线是1∶6，美国的底线是1∶5，那就磨合到差不多5～6之间，2008年我估计升值就是1∶6.5，到2009年的7月份，就会彻底走向自由的汇价。外汇价格是市场供求关系决定的，而不是国家控制的，既然放开了，央行发行人民币的数量就会减少，这样我们就实现了缓慢升值。但缓慢升值也有一个问题，就是所有人都在赌人民币升值，因此大量热钱想进入中国。为了防止他们进入中国，我们搞了些极端的办法，这些极端的办法影响了人们正常的经济交往，所以大家也很有意见。不过，算来算去还是缓慢升值利大于弊，所以选择了缓慢升值的方式。

总之，我想我们外汇体制要走向自由的外汇体制，包括两个内容：一个是外汇买卖的自由，一个是外汇价格的自由。这两个自由，可能汇价自由会先实现，外汇买卖自由可能得过一段时间，但最终恐怕还是要实行自由的外汇体制。到自由外汇体制形成时，外汇流入中国就不会引发央行多发人民币的问题，因为，外汇可以很快地花掉，这样一来，就可以减少央行的压力。因此，应对需求拉动型价格上涨的第二个措施就是改革外汇体制。

3. 实现从紧货币政策

所谓从紧的货币政策，就是你发的货币太多了，就要把钱往回吸。只要你不能解决国际收支平衡，就要不断的发货币，发多了就要吸回来。所以把多发的货币吸回来这就是从紧货币政策。

从紧货币政策有五条手段。

第一，不断地提高存款准备金率，就是我们商业银行吸收来的存款不能全部再贷出去，必须有一部分上交给中央银行，上交中央银行的这部分就叫存款准备金，这部分货币在存款中所占的比例就是存款准备金率。中央银行发现市场上钱太多就要不断提高存款准备金率，把更多的钱集中在央行手里。现在钱太多，所以央行就不断地提高存款准备金率，现在提高到了16.5%。什么意思呢？就是商业银行吸来的存款的16.5%要交给央行，剩下的才能贷出去。相当于市场货币流通量一下子就被吸走16.5%，钱吸到央行，市场上钱就少了。我看了一下，我们每次提高的幅度都是0.5%，0.5%吸回来的货币差不多是一千多亿现金，所以，大量的货币就被吸回来了，历史上我们最高是13%，现在我们提高到了16.5%。

第二，公开市场业务，就是中央银行通过买卖有价证券的办法，来调控市场中的货币量，比如说发现市场的钱太少了，就要收购社会上的有价证券，一旦收购，货币就流向社会，有价证券就流到央行手里来了，市场上钱就多了。如果市场上钱多了，央行就要卖自己手里的有价证券，要求商业银行必须买，这样一来，货币就流回中央银行，有价证券就流向社会上去了，市场上钱就少了。所以公开市场业务，是指央行通过买卖有价证券的方法，来调控市场的货币量。现在央行卖得最多的一种有价证券叫做央行商业票据，所以，央行大量卖商业票据，是其实行从紧货币政策的重要手段。

第三，窗口指导，就是把各个商业银行的行长找来，给大家开会，告诉大家最近钱太多了，你们就不要过多地扩大信贷规模了，要收缩贷款资金。如果谁不听招呼，我就收拾谁。所以，窗口指导就是引诱加吓唬的方法。

第四，通过加息也就是提高存款利率把钱往回吸。央行已几次加息了，但最近负利率已经很高了，央行应该加息，但是央行却迟迟不加息，为什么呢？这里有三个原因。第一个原因是美国一直在降息，我们一加息就会吸引大量的热钱进入中国，标志着人民币升值，因为升值或不升值不是购买力的问题，而是资本回报的问题，人民币存款利息提高，就标志着人民币更值钱，因而就要升值。第二个原因是央行知道老百姓的存款只占到老百姓货币的1/3，老百姓别的钱都用来买房子买股票了，因而虽然银行存款是负利率，但别的投资不一定是负利率，所以负利率也不影响老百姓的全部收入，央行决定还是不想加息。第三个原因是2008年1～3月份我国银行存款增加很快，增加了1.5万亿，存款增加很快，就不用加息了，加息就是为了把货币吸回来，现在不加息钱已回来了，所以央行迟迟不加息。当然还有一个理由，就是一般加息的时候都是资产价格上涨很快的时候，加息能够稳定资产价格，但是现在资产价格涨得不是太厉害，所以迟迟不加息；再加上2007年加息的手段效果很差，每次加息都会导致股市大涨，所以央行就不加息了。

第五，控制信贷规模，现在中央银行对各个商业银行都下了信贷规模指标，这是计划经济的方式而不是市场经济的方式，导致所有商业银行纷纷想对策逃避信贷规模控制，如何逃避呢？有一个办法，就是老百姓到银行存款的时候，每个银行的业务员都特别积极地劝客户不要存款，要搞理财，因为理财不受信贷规模控制，理财是个人直接投资，搞理财等于收入和损失的风险都要客户自己承担。有些业务人员给你推荐理财项目时，只讲收益，不讲风险。凡是只讲收益不讲风险的一定是圈套，2007年好多人理财损失很大。因为理财是如果赚了咱们平分，如果赔了银行不承担责任。

在这里我要提醒大家，2008年不是企业规模扩张的一年，2008年首要任务是防患资金风险，维系资金链条的完整，一旦资金链断了就全盘皆输。过去我们的企业都注重内部管理，现在我们不仅仅要注意内部管理，还要注意外部风险的变化，要能够看懂国家宏观经济走势。最起码有三个政府部门的网上信息要能看懂，它们分别是央行、财政部、商务部。央行控制的是货币政策；财政部控制的是财政政策；商务部控制的是国际贸易政策。

4. 推进股市扩容政策

考虑到这一次央行多发的货币，部分冲向了股市，导致了股价在2007年上涨太快，因而围绕这个特点我们要搞一个对策——股市扩容。通过扩大股市规模容量，把钱吸住，从而稳定资产价格，尤其是股票价格。因为股票实际上也是一种商品，也是由供求关系决定的，如果加大股票的供应，供求关系就会稳定，加大股票的供应，就叫股市扩容。总之，控制股票价格的主要办法就是股市扩容。2007年股市扩容有三个办法：第一个是让更多的企业上市；第二个是让已经在海外上市的国有企业回来再上一次，这些企业都是大盘股，对股价杀伤力很大，无论有多少钱都能吸住；第三个是央企整体上市，像神华集团，一上去当天就控制住了2.9万亿资金。2007年我们股市扩容就是靠这三种办法。扩大股市规模，把货币吸住，这样股票价格就得以稳定了。

股市扩容有三个好处：一是有利于中国企业改革，有利于公司制度股份化；二是有利于全体老百姓享受改革开放的好处，股市扩容以后，让我们所有人都能享有改革开放以来的好的企业的股票，享有它的利润分配——要享受改革开放的好处，有两个办法，一个是税收，一个就是这种办法；三是有利于社会和谐，社会不和谐就是劳动和资本对立，当我们股市扩容，每个人既有资本收入，也有劳动收入，就不可能不和谐了。

2007年我们当时预计到2008年股价还要涨得很厉害，所以准备2008年还要继续股市扩容，在三个老办法的基础上再推出三个新办法：第一个是推出股指期货，就是等于又开了一个股市；第二个是推出创业板；第三个是欢迎国外的好企业在中国上市，等于也是股市扩容。因为2007年我们把2008年的形势看得比较严重，我们原来以为2007年我们的股票价格，预计差不多抬到3 300点左右就到顶了，但结果后来涨到6 000点，还在往上涨。为什么涨得这么快，原因有一个，就是有一件事我们忽视了，就是中国GDP确实被低估了，人们有钱你不知道，股市一涨，这些钱就跟着冲进来，抬到6 300点，还在往上抬。我估计最少低估了三万多亿。当时我们感到2008年还会再涨，所以股市扩容，但是没有想到，股市大跌。原因是2008年我们有一件事情到期了，就是非流通股票解禁。非流通股票解禁也等于股市扩容，股民们很看重这件事，所以当股价掉下来之后，股民们就怎么也不进了。所以原来对

2008年所设想的方式，就不用再推出来了。不过股指期货和创业板已经写进政府工作报告了，非出来不可，但是别的扩容的方式，我感觉要晚一点，尤其是大小非解禁，要适当的控制，如果解禁得太厉害的话，股市扩容太大了，没有那么多的资金支持，就会出问题。股市扩容这个办法还是很对的，不过要把握力度才行。

5. 政府必须认真关注价格上涨引发的社会问题

消费品价格的上涨使弱势阶层的生活受到很大影响，政府要关注弱势阶层，要加大价格补贴。政府不一定要去冻结某些产品价格，比如方便面涨价不要去管它，因为涨价有利于抑制通货膨胀，价格一涨生产上的供求关系就发生变化了，政府重点补贴就行，价格自动放开，价格上涨加大补贴就行，反而有利于价格的回落，不要过分干预。

房价涨得很快，有人买不起房子，政府就要关注买不起房子的人的住房问题。房价是供求关系问题，是市场经济问题，但房价涨得过快，有人买不起房子，没有房住，这个政府就要关心，而不是打压房价。所以2007年国务院推出国发24号文件，要求地方政府在土地开发的时候拿出一部分土地搞三种房：廉租房、经济适用房和两限房，用来解决买不起房子的人的住房问题。

中国未来的趋势，像房价，就要和同类国家相比，我们属于土地面积很少，而人口很多，用于住房的土地面积非常有限，和日本差不多，所以，日本走过的路，基本就是中国要走的路。房价是供求关系决定的，上涨是个必然的问题。我们能做的就是不要涨得这么快，我们能做的就是让房价15年或20年翻一番，而不是像2007年那样三四个月就翻一番。

所以，未来政府重点在于解决价格上涨引发的社会问题，但是房价、股价，这些都是市场经济结果，是供求关系问题。所以价格涨所引发的社会问题，政府应该想办法解决，但是价格是市场经济问题，政府不在于打压价格，而是重在解决价格上涨所引发的社会问题。我们要稳定需求拉动型价格，保障价格体系不要涨得过快，稳定在我们应有的这个范围内。

上述转引的是我在2008年3月初所作的这个学术报告，对于出口导向型经济在有外需支持的条件下所引发的总需求膨胀，作了较为全面的分析。原来我以为外需有可能还会支撑中国经济向前发展一段时间，在这段时间中我们要赶快调整我们的发展模式，主动地从出口导向型经济，转向内需拉动型经济。但没有想到，美国的次贷危机中断了外需对我国经济的支撑，使出口导向型经济爆发出另外一种危机，这就是因为外需减少而形成的总需求严重不足，使得中国经济增长速度严重下滑，失业状况严重，迫使中国被动地调整发展模式，从而使中国的宏观调控由解决总需求膨胀问题急速地转向解决总需求不足问题，使中国经济在2008年出现了冰火两重天的情况。这个现象的出现，似乎有些难以理解，实际上很好理解，那就是只要外需情况发生变化，出口导向型经济就会出现不同形态的危机。

作者说明

本文是我对2007年这次宏观波动的形成原因及对策的分析，我在文中明确提出2007年的总需求膨胀的主要原因是出口导向型经济发展模式的必然结果，强调要消除这种增长方式，推动经济方向增长的转变。本文在分析原因的基础上，对消除这种总需求膨胀提出了体制与政策的建议，这些建议有的在实践中已付诸于实践，实践证明是有效的。本文选自中国发展出版社2009年版《中国经济之变局》。

出口导向型经济增长方式与“憋死”

在国际市场对中国产品需求萎缩，也就是国际市场不能再支持中国出口高速增长的条件下，出口导向经济就会引发严重的总需求不足，从而使得价格过速下滑，经济增长速度过速下滑，失业率过高，也就是会把你“憋死”，我国在2008年第四季度就遇到了这种情况，因而保增长就成为首要任务。如何保经济增长，这是一个现在全国上下乃至全世界都很关心的问题。我只能谈点自己的想法，仅供参考。

一、为什么要“保增长”：是因为我们的增长出了问题

之所以把“保增长”作为今年的中心任务，就是因为我们的增长出了问题，也就是2008年第四季度我们的增长速度从1998年以来第一次掉到了8%以下，是6.9%。

可能大家知道，我们国家对经济增长有一个具体的目标，叫“八九不离十”，也就是我们的增长最快不要超过10%以上。为什么呢？因为一旦

超过10%以上，我们的资源供给就出问题了，能源、原材料、交通运输这三大资源供给就比较紧张，就会出现我们讲的煤、电、油、气、运全面紧张，所以我们不希望中国的总体增长速度超过10%。但是也不能跌到8%以下，因为我们的增长只有保持在8%以上，才能解决每年新增就业人口一千万的任务。按照我们的设想，2030年中国基本上完成城市化和工业化，这样就要求中国每年必须解决新增就业人口一千万这个目标。只有保持在8%以上，才能完成这个目标。

所以我们把这个目标简单讲叫“八九不离十”。而现在的问题是掉到了8%以下，为什么会掉到8%以下？现在的回答是因为美国的次贷危机引发了全世界的金融危机，金融危机影响到全世界对中国产品的需求。

二、出口导向型的经济模式，决定了潜在的两大风险

直接的原因是美国的次贷危机，同时，我们自己也有问题。这个问题就是我们从1998年到2008年这10年中间所形成的经济模式决定的。这10年，我国的经济模式基本成为一种出口导向型的经济模式。

什么叫出口导向型的经济模式？按照国际的标准，出口对一个国家的经济增长贡献超过25%以上，就叫出口导向型经济增长方式。我们国家2007年出口对GDP的贡献接近40%，中国从1998年到2008年已经是典型的出口导向型的经济。

这种出口导向型的经济模式在人类历史上已经有了两个破灭的先例：一个是1987年的日本，出口导向型经济导致日本经济15年低速增长；另一个是10年之后的1997年东南亚经济危机。而中国在1998年到2008年这10年，刚好也形成了这种模式，所以经济学界有许多人一直在讲这种模式的风险。

这种出口导向型的经济模式往往有两个风险。一个风险就是如果国际市场对我们的产品还有很大的需求，我们出口还能继续上升，那么这个时候我们的经济增长会持续向上，但是因为这种出口导向型的典型模式是贸易顺差。贸易顺差就标志着大量外汇流入中国，也就是说我们用大量的产品换回了别的国家的钞票，这些外汇在中国是不能流通的，流入中国后必须要求中央银行用人民币收购，迫使央行多发人民币，造成

流动性过剩，资产价格涨，CPI、PPI也涨。所以这种模式的第一个风险就是把你“胀死”，2007年就是典型。

第二种风险是如果国际市场不支持你，出口出不去了，企业国内没有市场，没有市场就得减少生产甚至关闭，这个时候你的增长速度一定会下滑，这种情况下就把你“憋死”，你有那么大生产能力没有作用。

所以，这种增长方式有两个潜在的风险，要么是国际市场支持你，把你“胀死”，要么是国际市场不能支持你，把你“憋死”。但是很遗憾，我们真正关注这种经济模式的风险的人并不是太多，呼吁我们要尽快调整产业结构的人并不太多，再加上所有地方都在招商引资、出口，更是对这种模式所带来风险的忽视。

现在我们也认识到这种模式必须调整了，所以这次“保增长”的主要办法就是启动内需，启动内需实际上就是启动国内的投资和消费，就是要解决和改变现在这种出口导向型的模式。

三、怎么来启动内需：启动内需为什么要从启动投资着手

我们终于在实践面前认识到我们必须调整增长模式了，那就是现在我们要运作的启动内需。把中国的增长模式从过去的所谓出口导向型要转向内需拉动型，那就是启动投资和消费。

怎么来启动内需？现在讨论的是三大对策。

第一个对策当然就是启动投资。为什么启动内需首先讨论启动投资？因为投资和消费对经济增长都有作用，但是投资的见效比较快。就中国来讲，投资的启动最快是6个月时间，最慢是9个月时间就会见效了；而消费比较慢，消费最快需要9个月时间，最慢需要一年以上的时间。而我们现在增长的压力很大，要把增长的速度稳定在8%以上，我们首先要运作的是投资。

四、启动投资，首先从启动民生投资开始

怎样启动投资？按照经济学划分，投资由三部分构成。第一个叫民生投资，也叫公共产品投资，它包括四个内容：医疗卫生、文化教育、

社会保障、基础设施。民生投资的主体是政府，所以，政府要启动投资的时候，首先从民生投资开始。

大家看到，我们讲的所谓 4 万亿元基本都体现在民生这块。现在已经开始全面运作。

第一个就是医疗卫生。我算了一下，到 2012 年，我们对医疗卫生的投资是 8 500 亿元左右，主要是医疗设备投资和医疗基础设施投资，一旦投资启动，涉及医疗卫生设备的生产企业，以及服务于医疗卫生基础设备的企业就开始回暖。

我们看到，8 500 亿元投资是过去 10 年的总和，因为 1998 年以后，医疗卫生的需求上升了 60%，而国家投资反而少了 30%，没有办法只好搞以药养医，结果就是看病难，看不起病。现在我们明白过来了，医疗卫生是公共产品，必须加大政府投资，所以我们首先加大投资的就是医疗卫生。

民生投资的第二块，就是文化教育投资。文化教育投资这次的额度也很大。文化这块的投资主要是强调社区投资，要强调对社区文化的推动。教育投资分为两块：一块是义务教育，一块是非义务教育。义务教育这块，从现在开始到 2010 年，要基本完成教育纲要所要求的投资。

还有一块就是非义务教育，比如说高等教育。这个不是国家全包的，国家拿一部分，个人拿一部分，社会拿一部分，这次非义务教育投资也是重点。但是我最近很担心，担心我们很可能把这个资源用坏，现在我们的非义务教育重点是职业教育，但是国家对地方教育投资一加大，我看各地都来劲了，都要办综合性大学，都要把综合性大学提格，但教出来的学生企业却没办法用。

民生投资第三块，就是社会保障。社会保障投资这次应该作为重点投资来考虑了，为什么呢？因为你们知道，美国 1929 年之所以走出后来的困境，与它 1930 年出台的《社会保险法》是有关系的，这个《社会保险法》就是现在我们说的社会保障法，美国通过《社会保障法》以后，就把美国人消费的后顾之忧取消了。现在我们大家不敢消费的原因是没有发达的社会保障，都是自己给自己搞保障——就是储蓄。所以，中国成了全世界储蓄率最高的国家。消费起不来，内需就起不来，企业就只好出口……所以，社会保障的投资这次一定要坚决启动。

民生投资第四块，就是基础设施投资。这次基础设施投资大致上提出了四个重点：第一是轨道交通投资，就是城际之间的高铁和城市底下的地铁，最近钢材价格连续六周上涨，库存量下降，说明拉动的力度是很大的；第二个方面是高速公路、机场、港口等，现在交通运输不管的基础设施就是高速公路、机场和港口，这块的投资量也非常大；第三个重点是农村投资，重点是县、乡以下的公路网、电网、通信网，以及中心镇的上水系统（自来水）和下水系统（污水处理），现在全国有四千多个中心镇，这个投资额度一起来，对相关产业的拉动很快会显露出来；第四个方向就是环境投资，环境投资分两块，一个是生态环境的恢复，像大江、大河、大湖的治理，一个是工业污染的治理，这个投资额度也很大，像水利部，去年到12月份还下拨了一千亿的投资。

我估计民生投资这四个部分的全面启动，对保障2009年增长8%应该是没有问题的。

五、民生投资中的四个担心

但是在对民生投资的调研过程中，大家有四个担心。第一个担心就是这次放开投资，会不会形成一些既没有社会效益，也没有经济效益的项目？比如有些机场修起来了，但却没有飞机来。所以后来经济学界一直呼吁要加大对民生投资的监控，防止出现没有社会效益又没有经济效益的投资项目。短期看把投资拉起来了，但是长期没有社会效益，没有经济效益。这是第一个担心。

第二个担心就是因为民生投资的主体是政府，会不会出现过多的权钱交易，腐败现象会不会大量滋生？

第三个担心就是担心会不会给民营经济带来冲击和损害。因为这次的民生投资，基本运作主体是国有经济，所有投资都倾斜于国有经济，无形中对民营经济会带来损害和冲击。所以，后来在民生投资中反复强调，要关注民营经济，保护民营经济。

第四个担心民生投资搞起来以后，就业问题可能解决不了。为什么？因为过去我们增长8%，是大量的出口企业的存在，保住了8%就保住了一千万就业人口的目标。但是这次投资基本上是机械化作业，对劳动力的吸收是非常有限的，所以也有可能8%是保住了，但就业目标保不住。所以后来加了一句话，保增长必须要保就业，要保就业就要保企业，因为企业是主要的接纳就业人员的地方，所以后来叫“保增长、保就业、保企业”。

六、生产性投资要起来，政府需要解决哪些问题

按照经济学的划分，社会投资的第二个部分叫生产性投资，就是对产业的投资，像对制造业投资，对高新技术产业投资等。生产性投资的主体是企业，政府不能包办代替，所以政府要增加生产性投资，关键是要解决企业在投资中的问题，如果政府不解决企业在投资中的问题，生产性投资根本就不可能起来。

现在中国企业生产性投资要起来，企业投资有什么问题呢？目前讨论最多是三个问题。

1. 第一个问题是解决企业的负担问题

因为企业负担如果不解决，企业就没法在环境很糟糕的条件下完成自己的投资。因为现在全世界都遇到了危机，我们的企业在危机中还要进行投资，就必须要大幅度减少企业负担才行。

这一负担大概有三个。

第一个是税收的负担。要想办法降低企业税负才行，我们中国企业税负还是偏高，所以2009年必须大幅度降低企业税负。我计算了一下，如果增值税改革能够推到底，一般企业可以减轻7%的税负，最多可以减轻14%左右。所以2009年要大幅度推进税制改革，要尽量减少企业的税负，这样才有利于企业投资。

第二个负担就是费的负担。中国的费太多了，几乎每一个部门就要收一种费，企业的费的负担太重。

第三个负担叫雇佣负担。企业雇佣员工负担也很重。

2. 第二个问题是企业资金畅通问题

投资，资金必须畅通，企业融资的渠道必须畅通。对于这点，国务院很重视，已经有文件出来了。

3. 第三个问题是结构调整问题

我们现在的问题是需求不足，外部不要我们的产品。如果把钱再投错地方，你投资完成之后，会形成更大的过剩，加重我们的困难。所以要强调结构调整。

七、五大产业是这次生产性投资的重点投资方向

为了解决结构问题，国务院已经出台了好几个产业振兴规划，像汽车、纺织、轻工业陆续都出来了。按照我的理解，有五大产业是这次重点要投资的方向。

第一，制造业。

制造业将仍然是中国未来产业投资的重要方向。

制造业分为四种，第一种制造业叫消费品制造业，像服装、家电、玩具、食品，国际上叫产品制造业。我国把产品制造业分为两块，一块叫纺织，一个块叫轻工业；第二种叫装备制造业，就是设备制造和工作母机制造；第三种是汽车制造业；第四是船舶制造业。

这次生产性投资向制造业倾斜，应该向哪一种制造业倾斜？我自己的看法是我们的产品制造已经严重过剩，如果是继续出口，还要出问题的。而装备制造是这次要加大投资的，因为我们的装备制造严重滞后。

在国际上，产品制造是制造业的低端，产品制造是吃草的，装备制造是吃肉的。在产业链里面，产品制造是服务于装备制造的，利润都转移到装备制造了。比如，我们是空调生产大国，但是生产空调的机械设备我们生产不出来，结果我们辛苦地为全世界生产产品，而装备都是高价买来的，最后我们等于在给别人打工。

这次要改变这种状况，就要加大对装备制造业的投资，而且要告诉大家，2012 年左右，是中国现有装备进行全面更新换代的时期，中国将是世界上装备制造业最大的市场。我们不能让这块肥肉给别人吃，我们一定要占领这个庞大的市场。而且，一般国家，当产品制造到一定档次的时候，一定要向装备制造提升，我们要随着国际分工的调整进行调整，装备制造是我们倾斜的重要一个方面。

当然汽车制造和船舶制造也仍然是我们的重点，因为中国没有完成工业化和城市化，船舶制造和汽车制造在这“两化”没有实现的时候，仍然有巨大的市场潜力，所以我们没有放弃。现在全世界的汽车销售都在下滑，唯独中国在上升，因为中国富裕起来的人们，首先购入的就是汽车，所以这两个制造业仍然有巨大的需求，我们还要投资倾斜，要考虑这两个制造业的问题。

第二，资源类产业。

资源类产业包括两种产业，一个是能源，一个是原材料。我们国家未来将仍然是资源短缺，刚才讲到我们为什么把GDP增长速度控制在10%以下，因为超过了10%，资源供给就会比较紧张。因此，投资要继续向资源部门倾斜。不过大家注意，现在把资源部门分为两块，一块叫传统资源，一块叫新资源。传统资源是传统能源，实际上就是化石燃料，另外一个是新能源，虽然现在传统能源还是支撑点，但是人类社会总是要走向新能源时代的。奥巴马这次振兴美国计划里面，有一条是新能源。未来，谁在新能源中有一席之地，谁就是重要的国家。

第三，高新技术产业。

所谓高新技术产业，一是指信息产业，一是现代生命生物工程产业，这两者统称高新技术产业。高新技术产业是一个国家技术创新的灵魂，没有高新技术产业的发展，别的产业不可能有技术创新。像数字机床，现在我们国家95%靠进口，我们为什么搞不了数字机床？就是信息产业不发达。

第四，服务业。

服务业是我们一个重要的投资产业，因为服务业可以最大限度地提供就业机会，最少消耗资源。

现在我们分了四种服务业。第一种是传统服务业，像餐饮、商贸。第二种服务业叫现代服务业，是机构服务业，像金融机构、会计师事务所、律师事务所、审计事务所，这种中介服务就叫现代服务业。第三种服务业叫生产性服务业，专门为生产过程服务的，比如说钢铁服务业。其中有一个项目给冶炼设备的表面喷涂一层东西，冶炼设备就可以延长生命，甚至喷涂一层东西之后跟新的一样。第四种服务业就是精神产品服务业。精神产品服务业是一个宽泛的概念，娱乐产业、创意产业、旅游产业、文化产业，甚至出版产业，都属于这种服务业。

第五，农业。

这次强调投资的重点是提高农业的抗风险能力。一抗自然风险，二抗市场风险。抗市场风险有很多，比如搞反季节销售，冷藏保鲜等。尤其中国人对食品安全越来越重视了，对健康越来越重视了，这个时候这种抗市场风险能力投资非常宽泛。

八、投资股票房地产的主要障碍是什么

投资第三块叫资产投资。资产投资主要是指资本市场投资和房地产市场投资，投资的主体是公众。我们现在启动投资，不能光启动民生投资、生产性投资，还要启动资产投资。资产投资不活跃，相关产业就不会活跃，人们的财产性收入就不会增加，财产性收入不增加，当然消费就起不来，消费起不来，国内没市场，企业还是出口……所以，一定要启动资产投资才行。

资产投资的主要问题还是资产价格问题，资产价格应该是多少才合理?

问题就在这里：资产价格的范围大家不统一。究竟高了多少算是泡沫，跌到多少了算是缩水，一直不统一，所以才导致 2007 年股票指数冲到 6 300 点，泡沫破灭，掉到 2 000 点以下；房子价格在 2007 年 1～6 月份翻了一番，就进入泡沫期，房子卖不掉。

我记得 2006 年年底的时候，我看到一些经济学家关于中国资产价格取值的一个研究报告。一个同志认为，中国资产价格里面，比如说股票价格，应该以 2006 年为基础，以上海股市为蓝本，每年上升的范围应该在 1 000 点上下。2006 年 1 000 多点，2007 年是 3 000 多点，最多不能超过 3 500 点，2008 年是奥运会，最多 4 000 点，再过五六年突破 10 000点……

所以当股票到 3 000 点的时候，这个同志一直呼吁要维护稳定，但是谁都不在意，尤其是股民，结果放任到 6 300 点泡沫破灭，就是现在这个现状。房子价格按照这个同志的计算，最后的取值范围应该是以 2005 年为基础，每年上涨幅度在 5%～10%，那么就是 15～20 年之间翻一番，这是符合中国整个各种指标和取值范围的，结果 2007 年1～6 月份就翻了一番，最后问题爆发了。所以回想起来，这些同志当时的观点，虽然很孤独，但是反过来看，是有意义的。所以我们一定要启动资产投资，但是投资资产的关键是对资产价格的判断，这块也很重要。

所以国务院后来提出，稳定经济、稳定金融，还加了两条，稳定资本市场、稳定房地产市场。因为资产投资不稳定，整个投资就不能整个的启动，尤其是对未来的消费会有影响，所以现在我们还要启动资产投

资。不过启动资产投资的关键问题现在是对资产价格的判断问题，这个判断如果能够确切，就会恢复资产投资，整个投资就会起来。

以上就是我们转向内需拉动的第一个对策，叫启动投资。

九、提高居民总体收入的五条办法

但是光启动投资不行，投资结束后需求又掉下来了怎么办？所以还要启动消费。虽然消费对经济增长的拉动见效慢，但是最终内需的可持续增长是靠消费的。

我们在 2009 年 6 月份以后，必须大规模地启动消费，我估计 2009 年 6 月份，好多产业开始回暖，在解决了紧迫的增长速度下滑的基础上，我们必须要大幅度启动消费。所以第二个应对的措施就是启动消费。

按照经济学的划分，消费分三种。其中一种消费叫收入性消费，就是自己赚钱来消费。收入性消费是消费的重要组成部分，但是收入性消费的决定因素是收入，收入提高了，收入性消费才能提高，所以我们要启动消费，启动收入性消费，就必须提高居民收入才行。居民收入提不高，整个消费就提不高，而我们消费低迷的原因之一，是居民收入增长太慢。

怎么提高居民收入？现在提出来五条办法。

第一个办法就是提高居民个人收入在国民收入分配中的比例。什么意思？国民收入比分成三块，一块是国家财政收入，一块是企业利润，一块是居民个人收入。而这三个构成中，居民个人收入占的比例太低了。

怎么提高？无非是三个办法：第一个办法是免税，比如说利息税取消等；第二个办法是退税，你交了税，再退回去，主要办法是发红包；第三个办法就是提高个税起征点，个税起征点提高了，等于在国民收入分配中个人收入就提高了。尤其是第三个办法，可操作性比较大。

第二个办法是提高劳动收入在初次分配中的比例。但中小企业反应很强烈，说现在中小企业利润很薄，你要再提高劳动收入，我的企业就运转不了。你要让我提高劳动收入可以，给我们减税，一减税就可以了。所以减税就成了一个话题。我估计这块的运作还需要我们进一步细化才行，但是确实是我们考虑到的提高居民收入的一个办法。

第三个办法就是提高财产性收入在居民收入中的比例。居民收入由两部分构成，一个叫劳动性收入，一个叫财产性收入。我们国家居民的收入里面，财产性收入占的比例太低了，所以大家富不起来。我们研究美国发现，美国人的收入里面，40%左右是财产性收入，50%左右是劳动性收入。

没有想到的是，这个提法一提出来，惹了两个非常尖锐的问题。第一，很多人说你这个话白讲，一个我们现在没有财产，你得让我先有财产，才能再提财产性收入比例；第二，老百姓说，现在不是提高财产性收入，而是炒股票把钱搞不见了，你房子价格老晃荡，我2007年买的，现在我要退房……

所以看来，提高财产性收入这个办法还是要考虑怎么运作才行，但是它是提高收入的第三个办法没有问题。

第四个办法就是要提高农民的收入。怎样提高农民收入？现在看来靠减税已经没有办法了，因为农业税已经取消了，靠提高粮价也不好办，因为中国粮食比较少，粮价再提高也富不了。后来才研究到农民收入的关键是体制改革，怎么改？提了一个口号，叫城乡一体化。

什么叫城乡一体化？有两个含义。第一个含义叫城乡公共产品享受一体化，农村人和城市人要平等享受国家所提供的公共产品。现在农民不能享受城市所提供的公共产品。像社会保障就不覆盖农民，农民本来收入就不高，又不能享受国家提供的公共产品，就更穷了，所以提出来要城乡公共产品享受一体化，现在农民是不能享受的。第二个一体化是城乡经济体制一体化，就是农村的经济体制和城市应该是一样的。比如说产权制度应该是一样的。城市人买了房子有产权，农民的宅基地没有产权，城市人办企业，有一个企业产权，这个产权既可以抵押，也可以买卖，而农民的土地既不能抵押，也不能买卖，没有产权的性质。

第五个办法是提高经济落后地区人们的收入。过去我们对落后地区使用的办法叫扶贫，结果发现越扶越贫，现在提出来要为这些地方创造就业机会和创业机会，如果能够提供更多的就业机会的话，经济落后地区的人们一定能富起来。

十、消费力度和人的预期有关联

消费的第二个组成部分叫信贷性消费，信贷性消费就是借钱消费。

你到西方看一下，只要家庭主要成员没有进入中年，这个家庭一定是银行的债务人，为什么呢？谁大学一毕业就有钱买房子啊，基本都靠银行按揭，一般到中年才还完的。当然美国这次出问题也是出在信贷性消费上面。美国是做得过头了，我们是做得不够。美国的不动产信贷消费是12万亿美元，我们2007年年底不动产信贷消费全国是3万亿人民币，差远了，所以我们要启动这种信贷性消费。

信贷性消费又分为三种形式，第一种是信用性信贷，是根据你的收入情况，决定你有多高的信用度，关键是考察收入。第二种信贷型消费就是抵押信贷，通过抵押来获得货币进行消费，抵押信贷的关键是抵押物的产权清晰问题和定价合理问题，要靠市场机制来解决，我们要推动这块的信贷性消费，就要考虑这种市场机制的形成。第三种信贷性消费就是担保性信贷，大学生助学贷款属于这块。

对信贷性消费的这三种形式，我们都要推进和完善它，让信贷性消费能够启动起来。

消费的第三个组成部分叫预期性消费。有些消费和人的预期有关系，一个人预期越高，他的消费就越高，比如说我觉得我未来更能赚钱了，我现在就敢消费了。因此，我们要启动预期性消费，关键要提高人们的预期，比如说让人们有安全感，这里的安全有四种安全：第一种安全是生活安全，我退休以后，能否保持现在的生活水平，有没有良好的退休保障；第二个工作安全，我会不会失业，失业后有没有良好的社会保障制度，我能否顺利再就业；第三种是健康安全，我会不会生病，生病之后会不会遇到看病难和看不起病的问题；第四个安全是财富安全，比如说我存到银行的钱会不会没了，银行会不会破产等。

十一、调整宏观经济政策

不过投资和消费都要钱，因此我们要启动投资和消费，必须要推行第三条政策，就是调整宏观经济政策。因为只有调整宏观经济政策，才能保证消费和投资的启动。

国家拿钱启动投资和消费，钱从哪里来？其中重要的办法就是借债，所以我们要实行积极财政政策，要大量借债来启动投资、启动消费。我们国家现在负债的数量是GDP的18%，不到20%，按照欧盟的标准，一个国家可以负债到60%，因此中国的活动空间还比较大。

第二个政策就是货币政策。货币政策我们的空间也比较大，2009年的货币供应量应该是比往年多。

中国这次"保增长"按照我的理解，大致上就是这样，一个是投资，紧接着是消费，背后是宏观政策的调整，这是2009年的主旋律。

十二、中国的房地产市场，政府应该怎样救

1. 现场互动

问：去年你说过"中国房地产市场无需政府救市"，我想现在这种情况下地方政府都比较紧张，那么你有没有改变这个观点？谢谢。

魏杰：刚才我讲了，资产投资这块的关键是对资产价格的判断，房地产市场应该说是和政府关联度最深得一个市场，如果单纯搞市场规则运作还有一定难度。但是我还要讲，价格问题是关键，按照我的想法，我们资产价格在2006年年底是正常的，2007年上半年出了问题。只有保持在房价的合理回归的基础上，政府救市的作用才会很大。如果房价不进行合理回归，恐怕单纯靠政府救市也很难。所以最近国务院提也是不断强调，开发商要注意房价的合理回归问题。

当然，不同的地方状况不一样，有些地方已经回归到所谓的正常水平，现在已经开始回暖了，有些地方还没有。政府救市和房价回归应该是统一才行。

2. 麻辣观点

(1)很多人问我，这次国家加大投资能否解决择校费问题？我觉得不可能，因为全世界都不可能把所有学校办得一样好。如果在这个问题上大家还有意见的话，自己要调整一下，望子成龙的思想不能太重。北京有的家长，三岁的孩子上幼儿园，简历写了15页。

(2)全世界的企业可以分成两种，一种主要是提供就业岗位，另一种主要是向国家纳税，中小企业主要是解决就业问题，大企业主要是缴税。

作者说明

本文是由一次演讲的录音整理而成的，选自中国发展出版社 2009 年版《中国经济之变局》。本文对 2008 年第四季度开始出现的这一轮宏观经济波动的分析，再次强调了出口导向型增长方式在出口受阻的条件下，必然会产生生产能力过剩的危机，我们必须要转变增长方式。本文对于 2008 年第四季度所出现的这次宏观波动，提出了相应的对策，既包括投资与消费方面的对策，也包括宏观经济政策方面的对策。这些对策后来都被实践，而实践证明这些对策是有效的。

中国保经济增长的几个争议问题

虽然引发我国经济增长速度过速下滑的直接原因，是美国次贷危机所引发的全球金融危机，但是我国并没有发生金融危机，我国是因为出口受阻而出现了生产能力过剩的问题。因此，目前我国经济生的“病”，与全球经济生的“病”并不是一种“病”。我们绝不能盲目套用目前国际上应对金融危机的办法，来解决我国目前的经济问题，而是要根据我国的具体情况而将重点放在启动内需上，尤其是要将重点逐渐放在启动消费需求上。

一、不能将宏观经济政策的重点放在货币政策上

中国目前的增长速度过速下滑是因为总需求不足而引起的，而总需求不足又是因为出口需求急剧萎缩而引起的，因而我们现在的问题是如何将国际需求转化成国内需求，也就是要通过启动内需来弥补国际需求萎缩而引起的总需求不足，从而实现保增长速度的任务。大家知道，一个国

家的国内需求是与货币政策和财政政策有着直接和深刻的联系的，所以我们目前要通过启动内需而保增长，就必须要有效调整货币政策和财政政策，实行扩张性的财政政策和货币政策，也就是我们现在所讲的积极的财政政策和宽松的货币政策。

应该说，货币政策和财政政策对于启动总需求具有同等重要的地位，它们都是很重要的，而且它们之间也确实需要有效配合，但是我认为我们现在应该更多地注重运用财政政策，而慎用货币政策，货币政策只是在有利于财政政策发挥作用的条件下，才能被慎重地使用。也就是说，我们应该以积极的财政政策为中心，货币政策只是旨在有效配合财政政策的作用。这样的宏观经济政策组合，对于启动内需和保持国民经济可持续发展是有好处的。理由如下。

第一，货币政策目标更多地是要追求币值稳定，而财政政策则更多地是负有启动经济的功能，因而我们不能试图靠货币政策来启动经济。如果那样的话，往往会出现通胀与通缩交替出现的不良循环，所以我们要将启动经济的重点放在财政政策的身上，货币政策只是为财政政策的调整而服务，也就是为了保证财政政策的有效作用而进行适当地调整。从美国的教训来看，过多地动用货币政策，例如低息甚至无息地增加货币供应量，会使每个经济主体都放弃以收定支的最基本经济原则，无代价地盲目扩张自己的消费和投资，这种各个经济主体的“软约束”，必然会引发次贷危机，并导致金融危机。如果考虑到我国正在经历着资产资本化和证券化的进程，我们若过多地使用货币政策，必将会产生严重的资产泡沫化。因此，我们如果过多地使用货币政策，虽然会对启动内需有一定的作用，但在未来必将使我国经济出现严重的通胀现象和严重的资产泡沫化倾向。

第二，我国的央行体制现在还并不是一种完全独立运行的体制，行政体制对它的运行过程的干预还很大。在这种条件下，一旦我们也像西方国家一样，将货币政策作为启动经济的工具，那么就必然会使货币供应量过速增加，推动通胀的快速形成，最终不利于国民经济的可持续发展。我国改革开放以来所形成的通胀，都是货币过量供应的结果。例如，1998 年以前是因为投资拉动迫使央行在再贷款上供应货币过多，形成通胀；而 2003 年以后又因为出口导向迫使央行在“外汇占款”上货币供应太多，形成了通胀。因此，此次启动经济，我们不能过多地使用货币政策，不能试图增加货币供应量而启动需求，这样做的结果是必然会引发通胀的。

第三，过多地使用货币政策，等于要对社会征收“货币税”，使得货币形态的财富缩水，因为只有这样才能使人们不想拥有太多的货币形态的财富，要将货币形态的财富用于投资和消费，从而带动需求的增加，这是货币政策启动需求的“内在逻辑”，但是这样做的结果可能会因为我国的特殊国情而反而不利于启动经济。因为，我国现在还没有完善的社会保障体系，人们不得不自己给自己建立保障体系，人们给自己建立保障体系的最主要作法，是不断增加自己的储蓄，这就是中国为什么储蓄率高的主要原因。中国人在银行储蓄，在很大程度上并不是属于投资范畴，而是属于自我保障的行为。在这种条件下，我们如果依靠过多地投放货币而启动经济，那就必然会使人们的储蓄贬值，这对公众的财富和自我保障是一种重大的冲击，从而会使人们的预期非常不好，更不敢消费和投资，这反而不利于启动中国经济。因此，货币政策的使用一定要慎重。

第四，货币政策在我国的使用空间实际上已经很小，而财政政策的使用则还有极大的空间。我国国债目前占 GDP 的比重还不到 20%，只有 18%，而美国国债占 GDP 的比重是 360%，日本国债占 GDP 的比重是 120%。如果按照欧盟的说法，国债占 GDP 的比重为 60%也属于正常的话，那么很明显，我国利用财政政策的空间确实还很大，现在我国有能力再发 10 万亿国债，用于启动经济。如果我国每年新增 GDP 是 3 万亿的话，那么每年可以连续再发 2 万亿国债，用于启动经济。如果考虑到中国是一个国家大量控制国有财产和资源的国家，那么国家借债能力就更大。因此，财政政策的空间实际很大。但是货币政策的使用空间则实际上已经很小，还不仅是因为改革开放以来我们的货币多发的现象很严重，而且还因为我国国有银行的“软预算约束”，已导致了大量呆坏账的存在。虽然我们几年前已经剥离掉了 1.4 亿呆坏账，但实际上呆坏账的压力仍然是很大的，因而我国不宜过大使用货币政策。

第五，我国是一个高储蓄的国家，对于高储蓄国家来说，使用财政政策可以起到“一石三鸟”的作用。首先，国家可以通过国家举债的方式将储蓄转化为消费和投资，减缓高储蓄对经济发展带来的负面效应；其次，国家举债也为居民的高储蓄找到一个投资的渠道，可以提高人们的收入，从而通过收入而促进居民消费，使中国经济逐渐转向消费导向型经济；再次，国家通过举债而启动经济，相当于通过向富人借钱而为穷人提供就业机会，提高穷人的收入，从而有利于调节贫富差距，而且这种调节不会危及效率，可以推动效率与公平相结合。因此，我们应该看到中国是一个高储蓄国家的国情，这种国情决定了中国启动经济只能更多地使用财政政策，而不能过多地使用货币政策。

总之，我国这次启动经济应该慎用货币政策，而更多地使用财政政策。当然，使用财政政策，也有一个尽量提高财政政策使用效率的问题，要更有效地使用财政政策。如何更有效地使用财政政策？从目前看，有两个问题很重要。

首先要把握好财政收入的使用方向。在这方面，要区分两种不同性质的财政收入的使用，也就是要区分一般性财政收入的使用和国债收入的使用，这两种财政收入在使用上是有重大差异的。

在一般性财政收入(各种税费收入及国有资产和国有资源转让收入等)的使用上，要继续实现六个转型：一是由生产性财政到公共性财政的转型；二是由重增长而轻就业到重就业的转型；三是由重基础设施建设而轻保障到重保障的转型；四是由重外需而轻内需到重内需的转型；五是由重总量而轻结构到重结构的转型；六是由重国有经济而轻民营经济向重混合型经济转型。也就是说，要彻底实现原有财政支出结构的真正转型。

在国债收入的使用上，要完全以启动经济为核心，将国债收入完全使用到有利于启动经济的方面：一是国债收入要向公共产品投资倾斜，而且在公共产品投资中，不仅要重视基础设施，而且要更加注重社会保障制度的建立；二是国债收入要向有利于促进就业的方向上倾斜，把保就业作为国债收入的重要使用方向；三是国债收入要向有利于提高居民收入和启动居民消费的方向上倾斜，例如，可以对居民减税和对居民消费进行补贴，以提高居民收入和促进居民消费为重点；四是对于用于启动生产性投资和用于结构调整的国债收入，主要是要在启动二字上下工夫，不能代替企业进行生产性投资，更不能代替企业进行产业转移，而是要以财政补息和减税等方式实现对生产性投资和结构调整进行导向，要让市场发挥配置资源的基础性作用，不能因为启动经济而恢复传统经济体制。

其次，要加大对财政收入使用过程的监督和约束。在这方面，我们不仅要加大对一般性财政收入的使用过程的监督和约束，更重要的是要加大对国债收入的使用过程的监督和约束，有三条原则必须要坚持：一是国债收入坚决不能用于政府行政开支，实行收支专门管理，严防以各种方式将国债收入用于政府消费，确保国债收入能真正用于启动经济，而不被挪作他用；二是坚决打击钱权交易，防止国债收入在使用过程中出现腐败，因为国债收入在用于启动经济的过程中，尤其是在用于基础设施的投资过程中，容易产生大量的腐败，我国 1998 年用国债收入启动经济时，曾经大量发生过权钱交易的现象；三是要防止垄断趋势的加重，因为国债收入一般都很难用于民营经济的投资，往往会被运用于国有经济投资，因而我们主张国债收入原则上不能作为资本金而投资于国有经济中，尤其是不能投资于垄断趋向很重的国有经济中，国有经济的资本金原则上只能来源于国有经济的利润，不能来源于一般性财政收入，更不能来源于国债收入。因此，国债收入若要投资于国有经济之中，只能作为债务资金，而不能作为资本金。

二、不能因为次贷危机而轻视信贷性消费

美国此次之所以爆发次贷危机，就是因为在信贷性消费方面出了问题。但是这并不是信贷性消费本身有什么问题，并不标志着人类社会要取消信贷性消费，而是美国在信贷性消费方面“搞过了头”，向那些根本无能力买房的人，也就是不能享有信贷性住房消费的人，发放了过量的银行贷款，再加之投资银行又将这些原本几乎没有信用度的贷款“打包”为五 A 级债券，过度使用“金融杠杆”，从而引发了次贷危机。因此，美国在信贷性消费方面出了问题，并不标志着我们不能再通过信贷性消费而启动消费，信贷性消费仍然是我们启动消费的重要举措。

1. 信贷性消费对启动消费仍然有着巨大的作用

信贷性消费在推动耐用消费品，例如汽车消费等方面具有很大的作用，尤其是在推动不动产消费上，有着不可替代的作用。试想，一个人刚刚大学毕业，怎么可能有钱买房子？因而人们对住房的消费，需要有信贷性消费的支持，也就是通过购房按揭来实现住房消费，这在西方国家已成为人们实现住房消费的基本模式，我国 1998 年以后启动住房消

费，也在很大程度上依靠了信贷性消费，通过银行的住房按揭而推动了住房消费。美国2007年年底住房按揭贷款余额为12万亿美元，相当于GDP的90%以上；我国2007年年底住房贷款余额，是3万多亿人民币，相当于GDP的12%～13%；欧洲2007年年底住房按揭余额占GDP的40%～50%。因此，我们应该看到信贷性消费的应有作用，不能因为美国在这方面出了问题而不注重甚至放弃信贷性消费。

中国正处于城市化和工业化的快速进程中，城市住房需求仍然很旺盛，但是在城市化和工业化进程中，人们的财富又不可能很快积聚到能通过现有收入而实现住房消费的程度，因而这就需要通过信贷性消费来帮助人们实现住房消费。目前我国的居民收入有一个重要特点：我国居民收入在城市化与工业化的进程中会持续稳定地增长，因为城市化和工业化给人们带来的最大福祉就是收入上升。但是我国居民收入的增长幅度又不可能太大，具有小幅度增长但又能持续的特点。因为我国人口众多，工业化与城市化的“红利”分摊到每个人的身上时，必然每个人的份额比较小，所以人们的收入只能小幅度上升，而不可能大幅度攀升。我国居民收入的这种特点和居民对住房消费的巨大需求，决定了我国必须要更好地使用信贷性消费，通过住房按揭而推动居民的住房消费。

因此，在此次启动内需的过程中，我们必须要注重信贷性消费的作用，切不可因为美国的次贷危机而忽视信贷性消费在我国的重要作用，要更好地发挥信贷性消费在启动内需过程中的作用。我国目前在信贷性消费方面，还有相当大的发展空间，我们在信贷性消费方面是搞得不够的问题，而不像美国那样，是搞得过了头的问题。我们是生产能力的过剩，而美国是信贷性消费的过头，这两者是根本不同的问题，我们不能将不同的问题混为一谈，也像美国现在那样，限制信贷性消费。我们需要扩大信贷性消费。

2. 信贷性消费需要理性地把握“度”

如上所述，信贷性消费对于启动消费是有意义的，尤其是对不动产消费有着不可替代的作用。但是信贷性消费不能搞过了头，不能完全脱离人们的收入状况而试图完全靠信贷性消费来启动消费，信贷性消费是以人们的收入状况为基础的。如果超越了人们的收入水平而盲目地试图靠信贷性消费来刺激经济，最终是要受到经济规律的惩罚的。

美国次贷危机的爆发，就是美国对信贷性消费搞过了头。2000年前后，美国在网络泡沫之后，经济因有效需求不足而陷入了衰退。为了刺激经济，美国开始试图以信贷消费的方式来推动住房消费需求，以解决有效需求不足的问题。2001年1月至2003年6月，美联储连续13次下调联储基准利率，将该利率从6.5%降到1%的历史最低水平，从而使大量货币通过商业银行的信贷性消费形式而流向房地产业，启动住房消费需求，试图以住房消费来刺激经济增长。尤其是美国商业银行为了推动信贷性住房消费，大规模地开发和发展了次贷业务，将大量资金通过住房信贷而贷给了根本无力买房的低收入人群，这些抗风险很弱的人，根本就不可能以信贷性消费方式拥有有自己产权的住房，因而为次贷危机的爆发埋下了祸根。本来仅仅有商业银行的运作，住房信贷所引发的次贷危机可能没有后来这么厉害，最起码不会引发全球的金融危机，但后来投资银行又将次贷债务债券化，并将这些以次贷为基础的债券包装成所谓的"五A"级债券，进一步通过债券方式融资，将更多的资金融通于住房信贷之中，通过信贷性消费带动更大量的住房消费需求，为经济泡沫的形成推波助澜，最终导致了次贷危机和全球金融危机的爆发。因此，信贷性消费不能搞过了头。

信贷性消费虽然可以脱离人们的当前收入，通过信贷方式带动人们的消费，但信贷性消费最终是要以人们的收入为基础的，只不过是将人们的未来收入"挪用"到现在来使用而已，因而它的功能只是调整人们在收入与消费支付上的"周期错位"而已：收入需要一点点地积累，而住房消费却要大额支付，因而可以将需要大额支付的消费分解为一个历史过程，分期地支付大额消费。由此可见，信贷性消费最终还是以收入为基础的，只不过是将收入作为一个历史过程来看待和使用而已。因此，信贷性消费最终仍然无法摆脱收入对其的约束，如果无视这种约束，滥用信贷性消费，最终会带来信贷危机的。

美国以央行负债的方式大量印制"绿色的欠条"即美元，试图用信贷性消费扩张美国的消费需求，从而拉动经济增长，结果导致了全球的美元流动性过剩，最终引发了世界金融危机。这充分说明信贷性消费不能滥用，美国人必须用实实在在的商品或服务来换取别人的商品或服务，而不能用印制的纸币来换取别人的商品或服务，这种以负债方式而换取别人商品或服务的做法，会使美国的消费和经济增长建立在泡沫的基础上，泡沫的破灭必然会引发美国经济的衰退。因此，任何债务或者信贷，都是要偿还的，因而消费虽然可以利用信贷性消费这种形式，但消费最终还是要以偿还能力即收入为基础的。

因此，我们运用信贷性消费启动消费，必须要把握好“度”，这个“度”就是使用信贷消费的经济主体的偿还能力，不能将信贷资金用于根本没有偿还能力的经济主体身上。有些低收入者无法买得起住房，政府就要为他们提供保障性住房，而不能让他们依靠信贷方式而获得信贷性住房，这样不仅会使整个经济潜伏着金融风险，因为他们一旦不能维系按揭，信贷性消费就会转变成为银行的“呆坏账”，搞得不好，就会引发金融危机，而且，超越承受能力的住房信贷还会使这些购房者成为“房奴”，进一步降低他们已经不能再低的消费水平，反而会减少他们应有的消费，这样的结果必然是信贷性消费不仅没有有效启动消费，反而会更有害于消费的正常增长。因此，居者有其屋(即有房住，既包括居住有自己产权的房，也包括居住自己并无产权的房，因而有房住并不是指居住者都一定要拥有房子的产权，而只是指有房住而已)目标的实现，不能仅仅靠信贷性消费，还要依靠国家提供保障性住房，不能将所有的住房压力都放在信贷性消费的身上，信贷性消费是有其自身的“功能边界的”，不能超越其边界乱用。就住房消费来讲，有的人是靠自己的收入而买房，有的人是靠信贷性消费而买房，而有的人则是靠国家的保障性住房来实现有房住，因而在住房消费上要实现市场经济与社会保障制度的有效结合，试图仅仅靠市场经济原则来实现住房消费，是根本不可能的，因而不能乱用信贷性消费。

3. 信贷性消费需要极为规范的运作

按照影响信贷额度的因素，信贷性消费可以分为三种形式：信用性信贷消费(即以收入为基础的信贷性消费)、抵押性信贷消费(即通过抵押物而获得消费资金的信贷性消费)、担保性信贷消费(即通过别人担保而获得消费资金的信贷性消费)。信用性信贷消费是以收入为基础的，因而运用这种形式的信贷性消费，必须正确评价使用信用性信贷消费的经济主体的收入状况，可以说，科学而客观地评价其未来收入，是有效运用这种信贷性消费方式的关键。抵押性信贷消费是以抵押物为基础的，因而运用这种形式的信贷性消费的关键，是要保证抵押物的产权清晰和对其的合理估价，这就需要当铺、拍卖市场等市场机制的充分作用，因为产权清晰和合理估价，只有依靠市场机制才能实现。担保性信贷消费是以担保者的担保为基础的，因而运用这种形式的信贷性消费的关键，是要把握担保方的信用程度及担保方式的可靠性，这就需要有发达的信息和有效的连带责任制，实现信息对称和权责利对称。

总之，信贷性消费需要有规范的运作程序和制度，重点是消除信息的不对称性和严防欺诈。美国的住房信贷之所以演变为次贷危机，就是因为其运作的每个环节上都存在着信息不对称的危机和欺诈的风险。从美国的教训来看，信贷性消费所依赖的信用链条不能太长。如果太长，信息就难以对称，当事者的利益约束就会软化，而且所有当事者都会试图转移风险，使风险失去有效约束，这就为信息不对称和各种欺诈创造了可乘之机，最终会引发由信贷性消费所引发的金融危机。同时，“金融杠杆”的使用度必须要受到约束。“金融杠杆”的使用度太高，就会诱发人们贪婪的本性和整个社会浮躁的趋向，从而会形成危机产生的社会条件。

一般来说，在信贷性消费规范运作的条件下，当事者会受到有效的利益约束，他们也不可能超越自己的偿还能力而无限度地使用信贷性消费，从而会使信贷性消费建立在可偿还的基础上，从而不会因为某个信贷环节的断裂而引发金融危机。因此，信贷性消费主体的有效利益约束，是保证信贷性消费正常运转的首要条件。我国目前已大幅度降低购房的税费，而且信贷性购房消费的条件也比较优惠，但是为什么人们购房的积极性仍然不高？其中一个重要的原因是房价太高，过高的房价使得即使在银行提供优惠性购房信贷的条件下，最终也还是要购房者自己还的，因而即使购房信贷条件再优惠，消费者也不会贸然用购房信贷来购房。由此可见，在过高的房价不回归理性的条件下，试图靠信贷性消费启动房地产市场是不可能的。现在有些人过于天真，以为只要大力推进优惠的购房信贷，就可以救房地产市场，实际上，在房价不回归理性的条件下，再优惠的购房信贷，也不可能救房地产市场，因为利益机制在这里会充分发挥作用的：购房者首先考虑的是房价是否合理，而不是信贷条件是否优惠，因为再优惠的信贷条件，贷款最终还是要贷款者自己偿还，偿还能力是最终的约束条件。因此，在房价过高以至脱离人们的现有收入水平和预期收入的条件下，是很难运用信贷性消费来启动房地产市场的。

我们为了启动房地产市场，曾经讨论过放开第二套住房信贷的问题，似乎只要放开了第二套住房信贷，就会启动房地产市场。实际上，在房价过高，房价没有回归理性的条件下，即使放开第二套住房信贷，也是难以启动房地产市场的。因为人们在房价过高的利益制约下，是不可能通过信贷方式实现住房消费的。因此，信贷性消费是有条件约束的，这个条件就是人们的利益承受能力。信贷性消费可以帮助人们打破现有收入的约束，在现有收入无力支付房款的条件下，可以用未来预期收入支付房款，但如果房价远远超过了人们未来收入的支付能力，那么信贷性消费对住房消费就丧失了应有的带动功能，就不可能推动人们的住房消费。信贷性消费调整的只是收入使用周期，将未来收入用于现有购买，但信贷性消费不可能减少人们消费的货币支付量，而且还会因为支付利息而增加人们消费的货币支付量，因而信贷性消费最终还是要受制于人们的承受能力的。在房价不回归理性的条件下，信贷性消费是不可能救房地产市场的。

当然，提所谓的放开第二套住房信贷本身，就没有什么意义。因为对于信贷性消费来讲，强调的是贷款者的信用程度，只要贷款者有还款能力，那么无论他要买多少套房子，按照市场经济原则，银行都是应该贷款给他的。银行无权不给有偿还能力的信用度强的人贷款，因而这里的关键是贷款者的信用度，而不是看他到底拥有几套住房。那些根本没有偿还能力的人，即使是买第一套住房，银行也不能给他提供贷款，因为解决这些人住房问题的办法，不是靠信用性消费，不是靠银行贷款，而是靠政府，靠政府的保障性福利住房，我们不能将市场经济运行规则和社会保障制度混为一谈。穷人是不可能靠信贷性消费而有房住的，穷人住房是依靠政府的保障性住房制度的，市场和政府是各有其责的，我们不能将政府的责任转嫁给市场。从这点出发，我认为现在启动经济的一个重要办法，是要加大对保障性住房的投资，我们不能仅仅试图依靠信贷性消费而启动经济。保障性住房投资，既可以加大对与房地产相关产业的拉动，又可以使低收入者将其收入用于住房以外的消费，而不是因为想购房而约束别的方面的消费，这对市场需求的启动也有意义，因而我们应该加大对保障性住房的投资。

三、不能只注重启动投资而忽视启动消费

中国目前保增长的实质，是经济增长方式的转型，也就是要从出口导向型经济增长方式，转向内需拉动型经济增长方式，因而经济增长方式转型的状况，决定着保增长目标的实现状况。我国目前推动经济增长方式转型的基本举措是启动内需，内需包括投资和消费，但考虑到启动投资要比启动消费更容易见效，因而我们启动内需实际上是以启动投资开始的，尤其是首先从启动民生投资开始，这种选择是对的。但是我们需要警惕的是，我们不能从出口导向型经济增长方式转向投资拉动型经济增长方式，投资拉动型经济增长方式也是难以保证国民经济可持续发展的。

所谓出口导向型经济增长方式，就是指出口对 GDP 的贡献过高，经济增长主要靠出口来拉动。出口导向型经济增长方式曾经导致了 1987 年日本经济泡沫的破灭，1997 年东南亚经济泡沫的破灭，国际经验早已证明了这种经济增长方式是不能长久的，是不可能保证一个国家国民经济的可持续发展的。

中国在 1998 年保经济增长的时候，非常注重出口的贡献，后来我国连续大幅度和大范围地提高出口退税率和降低出口关税，给出口实施了各种各样的优惠政策，使得出口对我国经济增长的贡献越来越大，从而使得我国经济逐渐走上了出口导向型经济增长方式的道路。到 2007 年，出口对 GDP 的贡献已接近 40%。实际上，从 2003 年开始，出口导向型经济增长方式的弊端就开始在我国显现出来了。当时我们感到出口导向型经济增长方式的弊端主要有二：一是引起了我国国际收支的双顺差，即贸易顺差和资本顺差，双顺差导致大量外汇涌入我国，迫使中央银行不得不大量发行人民币收损这些外汇，央行在外汇占款项目下发的人民币过多，从而导致了国内通胀的压力太大，从 2003 年 5 月开始，我国宏观经济就不断显现出通胀的压力；二是大量外汇作为对外购买力的符号，在国内不能使用，迫使我们只能用外汇对外投资，而这种对外投资既促进了传统体制的复归，例如成立中投公司这种巨无霸的国有企业，又使得大量外汇在对外投资中无法实现增值保值，例如无论买美国的国债，还是买美国的企业债券，都因为美元贬值和美国企业出

问题而难以实现外汇增值和保值，外汇成了我国财富贬值的重要通道，人们将过多的外汇储蓄戏称为“烫手的山芋”。

后来我们进一步认识到，上述所讲的出口导向型经济增长方式的弊端，仅仅是出口导向型经济增长方式所存在的第一种风险，也就是在国际市场对中国产品有巨大需求，能支持中国出口增长的条件下，出口导向型经济增长方式会带来上述弊端。但是当国际市场对中国产品需求下降，国际市场不能支持中国出口增长的时候，出口导向型经济增长方式会出现另一种弊端，这就是：随着出口的萎缩，中国过剩的生产能力没有了出路，企业只好收缩经营规模甚至倒闭，从而出现增长速度下滑和失业人口增加，经济和社会生活都因为出口减少而出了问题。由此可见，出口导向型经济增长方式实际上存在着两种风险：在外需能支持出口的条件下，会将你“胀死”；而在外需不能支持出口的条件下，则会将你“憋死”。

因此，出口导向型经济增长方式是不可能保证一个国家的国民经济的可持续发展的。我们现在对此已取得了共识，认识到我们必须启动内需。内需包括两个方面，一个是投资，一个是消费，因而启动内需需要启动投资与消费。在对经济增长的贡献上，投资虽然要比消费见效快，但最终经济增长还是要靠消费推动的。如果投资在内需上占的比例过大，那么经济增长方式就会表现为投资拉动型增长方式。投资拉动型经济增长方式同出口导向型经济增长方式一样，也是难以保持经济可持续发展的，因为在以人为本的条件下，经济可持续发展，只能依靠消费的增长来实现，因而消费是国民经济最终的可持续推动力。

中国目前为了保经济增长，开始大力推动民生投资，也就是非常注重公共产品投资，尤其是注重基础设施投资，这是对的。在目前经济增长出现了严重下滑的条件下，我们有必要通过加大民生投资而保经济增长，但是我们也要注重这种投资可能会引发的问题：第一，如果投资控制不慎，将会出现一大批既没有社会效益，也没有经济效益的投资项目，我们应该防止所谓“政绩工程”的出现；第二，因为民生投资的主体是政府，这种投资往往容易产生权钱交易，搞得不好，腐败就会大量产生，我们必须杜绝腐败问题的产生；第三，民生投资的主体是政府，因而政府配置资源的权力极大，如果搞得不好，就会损害市场配置资源的功能，尤其是民生投资主要是向国有经济领域投资，如果搞得不好，就会使国有经济享有更多的好处，而民营经济的利益则受损，从而出现政府作用排挤市场功能、国有经济排挤民营经济的“双挤出效应”，最终会使旧体制复归而新体制受损；第四，民生投资，尤其是基础设施投资，对于保经济增长是有意义的，但对就业及中小企业解困，似乎作用不大，因为基础设施投资基本上由大企业承担，又是现代化作业，机械化程度极高，因而对就业的吸纳力不强，中小企业当然受惠也不会太多；第五，民生投资基本集权于中央，因而地方经济的差异性和各地区在这次危机中所遇到的困难的差异性往往会被忽视，例如，出口和金融在地区经济中所占的比重比较大的地区，显然困难要大一些，但由于民生投资集权于中央，因而各地方政府不会因为受金融危机影响的不同而获得不同的保经济增长的资源，这样就使得地方政府手中可作用的资源有限，从而不利于不同地区根据自己的具体情况而保增长，因此，我们应该关注地区经济的差异性和受金融危机影响的差异性。

因此，我们虽然应该注重投资对启动内需的作用，但是绝不能依靠投资拉动型经济增长模式来保经济增长，不能因为经济增长下滑的压力太大而由出口导向型经济而转向投资拉动型经济，我们的正确选择只能是在启动投资的同时，大力启动消费，将经济的可持续增长放在消费有效增长的基础上。只有将消费作为经济增长的动力，经济增长才算是回归其本意：任何经济活动都是为了人，为了人的福祉，为了人的提升和发展，以人为本。

中国经济之所以自 1998 年至 2008 年形成了出口导向型增长模式，其中主要原因是因为内需不足，而内需不足的主要原因是消费低迷。我国消费为什么低迷？我国消费低迷的根本原因，并不能简单地归结为是所谓的俭朴民风，其背后是有深刻的体制原因的，实际上是财富分配结构严重扭曲的结果。我国目前财富分配结构的严重扭曲，主要表现在两个方面。一方面，国家、企业和居民三者收入分配比例严重扭曲，国家与企业过多地占有了社会财富，居民收入不能随着经济发展而相应地提升甚至出现不断下降的趋势。据有关专家推算，我国近些年居民收入在国民收入中所占的比例不仅没有随着经济发展而增加，反而不断缩小。例如在 1994 年，政府、企业和居民这三者的分配比例为 18：16：66，而到了 2005 年，这个比例变化为 23.8：16.2：60，居民收入在国民收入中所占的比例不断下滑(《特供信息》，2009 年第 3 期)。另一方面，居民之间的收入结构严重失衡，据有关方面调查，2005年户均储蓄存款最多的20%家庭，拥有城市人民币和外币存款总额的64.4%和88.1%，而最少的20%家庭，拥有的比例仅为1.3%和0.3%，这意味着财富分配结构严重失衡，因为大量的家庭并不富有，所以居民没有消费能力(《领导者》，总字第25期，香港出版)。

总之，社会财富分配结构的严重扭曲，导致了我国消费的严重低迷。因此，要启动消费，就必须改变收入分配结构。

第一，改变国家、企业和居民之间的收入分配结构。现代社会是由三大权利体系构成的，一个是国家权利体系(包括司法权利体系和行政权利体系)，一个是企业权利体系(有时也被称为产权体系)，一个是居民权利体系(有时也称为人权体系)。这三大权利体系应该是相互制衡的，任何一种权利体系都不能危害另外一种权利体系的应有权利，因而相互制衡实际上就是社会和谐。但现在的问题是国家权利体系和企业权利体系严重损害了居民权利体系，其重要表现就是在国民收入分配结构上，国家权利体系和企业权利体系在国民收入分配中所占的比例过高，而居民权利体系并没有享受到应归自己享受到的好处和利益。例如，在初次分配过程中，分配向资本倾斜，也就是向企业权利倾斜，劳动分配比例长期偏低；在再分配过程中，国家财政收入自1992年起到2007年，年平均增速竟然到19.6%，而居民收入一直低于GDP增长速度(《新华文摘》，2009年第1期)。如果再考虑到企业和政府没有承担应有的社会保障责任，那么国家、企业和居民之间的分配关系就显得更为扭曲。因此，我们必须要改变这种状态。改变这种状态从表面上看好像是个经济问题，实际上是一个政治体制改革问题。因为居民权利之所以被侵害，就是因为行政力量和资本力量过于强大，公民社会并未形成，以人为本的思想体系还没有建立。因此，要真正界定国家权利、企业权利和居民权利之间的关系，就必须实行真正的民主。民主是居民权利体系存在的基础和居民权利行使的最主要手段，唯有民主才能使民众参预到社会财富和资源分配的过程中来。可以说，只有形成真正的民主法治社会，才能有效改变国家权利体系、企业权利体系和居民权利体系的关系，才能真正协调好国民收入分配的关系，从而保证消费拉动型的经济增长模式的形成。由此可见，消费的启动和增长方式的转变，最终有赖于政治体制的改革。

第二，改变居民之间的收入分配关系。我国居民之间收入差距过大，现在已经成为一个人们所共识的事实，而且人们也认识到，正是因为居民之间的收入差距过大，才使得我国消费处于低迷状态。因为，在收入分配差距过大的条件下，有些人因为无钱消费而导致社会消费低迷，而有些人则因为有钱但消费已经饱和而导致社会消费低迷。这就是人们所说的收入差距过大与社会消费低迷之间的效应关系。导致人与人之间收入差距过大的因素是多方面的，其中主要有：工商活动因素，例如民营企业的投资者与经营者成为高收入阶层，改制后的国有企业经营管理层成为高收入阶层；知识经济因素，例如在现代服务业及高新技术产业中形成了高收入群体；垄断因素，例如国有经济中的某些垄断企业借助垄断而获得高收入；腐败因素，例如有人以权钱交易的方式获得高收入。对于这些不同因素所形成的高收入，我们要采取不同的方式加以解决：坚决打击腐败性高收入，坚决取缔垄断性高收入，有效调节工商因素和知识因素所形成的高收入。

腐败性高收入和垄断性高收入的打击和取缔，有待于政治体制改革，因为它们是政治体制改革不到位的必然表现。在传统政治体制和传统经济体制下，权力和垄断并不能成为交易的筹码，因而很难形成钱权交易。但在传统政治体制还未得到改革，但又开始推进市场经济的条件下，权力和垄断就可以成为可交易的商品，钱权交易就有了可以形成的条件，从而使得腐败和垄断成为一些人获得高收入的“资本”。因此，解决腐败性和垄断性高收入的最有效办法，是推进政治体制改革。

对于以工商活动和知识经济为基础的高收入，解决的主要方式是通过再分配而进行有效调节，例如通过累进的所得税制度和最低收入保障制度就可以有效调节。不过，在这方面，目前有一个重要的问题，这就是，工薪阶层的高收入得到了有效调节，但私营企业主的高收入却并未得到有效调节。据有关专家调研，我国高收入如果按年收入 12 万的标准来计算，估计 2007 年超过 12 万年收入的人数在 1 000 万以上，并不是申报的 163 万人，绝大多数私营企业主并未申报年收入 12 万以上的个税(《改革内参》，2008 年第 35 期)。由此可见，这部分高收入并未得到有效调节。如果再考虑到私营企业主可以将自己的消费在企业中加以报销，作为企业经营成本来计算，那么这部分高收入就更没有得到有效调节。私营企业主只要不将企业利润转化为个人收入，以企业利润方式留在企业，那么他们就不用缴纳个人收入调节税，这实际上也使得这部分高收入难以有效调节。因此，居民之间的收入差距的调节，关键是如何对私营企业主的高收入进行有效的调节，而不仅仅是对工薪阶层高收入的调节。

当然，在对于因为工商活动因素和知识经济因素所形成的居民之间的收入差距，我们在调节中既要看到差距过大的危害，也要看到收入差距过大不利于消费的启动，但也不能搞平均主义，这样会牺牲效率的。我们必须要选择好调节的力度，不能因为调节收入的差距过大而影响效率。从这个角度来看，我认为调节因为工商活动和知识经济因素而形成的收入差距，我们不能只将重点放在压低高收入上，而是要努力提高低收入者的收入，并且为他们建立良好的社会保障制度。实践经验表明，重视提高低收入者的收入和注重低收入者的保障，同样可以起到有效调节收入差距过大的效应。因此，我们要努力提高低收入者的收入，并为他们建立良好的社会保障制度，这样做对于淡化收入差距的负面效应和启动消费，都具有重要的意义。

作者说明

本文仍然属于对 2008 年第四季度出现的宏观波动的分析，但重点讨论如何消除这次波动，如何保增长。应该说文中所提出的问题都被实践所验证，因而本文在保增长举措方面提出了自己独有的建议，这些建议对实践有很强的指导意义。本文发表于《经济学动态》2009 年第 5 期，并被《新华文摘》2009 年第 15 期转载。

中国经济保增长的若干问题思考

中国目前遇到了自1998年以来首次出现的经济增长速度严重下滑的压力，而且压力似乎远远超过了1998年。如何看待这次的经济增长速度下滑，以什么举措来应对它？人们对此虽然有着一定程度的共识，但实际上还是有着一些分歧的。本文就分歧谈些看法。

一、中国经济增长出问题实际上并不仅仅是因为美国的次贷危机

美国次贷危机所引发的全球金融危机，确实给中国经济尤其是实体经济带来了巨大的负面影响，使中国经济因为国际市场对中国产品需求下降而出现了增长快速下滑的趋势。但是，中国经济目前出现的问题，实际上并不完全是因为美国次贷危机而引起的，因为中国经济与国际经济还没有如此高的相关度。即使没有美国的次贷危机，中国经济现在也会出问题。为什么这样说呢？原因如下。

第一，中国经济自2006年开始已经进入到

高成本时代，高成本对于中国企业经营有着巨大的冲击和挑战，因为成本会侵蚀利润，但是中国企业并没有真正重视和正确应对高成本的挑战，甚至消极地对待高成本时代的挑战，最终使中国企业经营进入了困境，从而导致中国经济增长乏力。大家知道，中国企业竞争力在改革开放以来实际上更多地是依靠低成本，即要素价格便宜的低成本。可以说，这种低成本是中国企业的重要的比较优势，也就是人们通常所说的成本优势。但是自2006年以来，这种低成本的比较优势在不断丧失，中国经济开始步入高成本时代。导致中国经济进入高成本时代的主要原因是：①自2005年7月开始的汇价改革，即从固定汇率转向浮动汇率，汇价开始松动，汇价的放开，使得人民币对美元的汇价开始升值，人民币升值最直接的结果是出口企业成本上升；②自2005年后半年开始，能源及原材料价格开始大幅度上升，尤其是到了2006年后半年，能源对原材料价格更是不断攀升，由于能源成本和原材料成本是企业成本的重要构成部分，因而其价格上升使得企业生产成本快速上升；③随着我国经济体制改革的深化，土地等稀缺资源已开始从行政方式配置走向市场配置，例如，土地由行政批租走向拍卖，稀缺资源的市场估价当然要高于行政评估，因而稀缺要素的高价格导致了企业经营成本快速上升；④由于我国自2005年后更加强调工业反哺农业，城市反哺农村，务农收入开始上升，务农收入上升当然要推动务工收入上升，因而企业人力资源成本开始上升，这对于劳动密集型企业，尤其是主要以吸收农民工为主的劳动密集型企业来说，成本上升的压力是很大的，后来的新劳动合同法的实施，更加加剧了这种压力。

总之，企业经营成本上升标志着我国低成本时代的结束和高成本时代的到来。面对高成本的挑战，一些企业采取了积极应对的战略。这些企业的积极应对战略归纳起来主要有三：一是有的企业将自己的经营战略从“贴牌”转向“品牌”，依靠建立自身的品牌优势从而通过产品增值来应对高成本的挑战；二是有的企业开始从成本优势转向技术优势，非常注重各种技术创新，包括核心技术创新和非核心技术的创新，也包括以产品性价比为特征的技术创新，以技术优势代替原有的成本优势；三是有的企业开始调整自己的产业链和价值链，通过重建新的盈利模式而应对高成本的冲击，从而获得新的成本优势，这种新成本优势要远远比过去那种以要素价格便宜为特征的成本优势更有竞争力。

但是，因为各种原因，这种以积极的态度应对高成本挑战的企业仅仅是少数，尤其是社会上并没有形成重视和应对高成本挑战的积极氛围。我当时曾经在全国不少地方都以如何应对高成本挑战为题作过学术报告，而且出版过一本有关如何正确看待应对高成本挑战的专著，但响应者并不是很多，没有引起企业界和政府决策机构的重视和关注。在整个社会缺少从战略上关注高成本挑战的条件下，不少企业极为困惑，在高成本压力下走向了对虚拟经济的投资，开始以各种方式进入房市和股市，从而推动了中国房价和股价在 2006 年年底开始走向虚高。由于大量企业资金的介入，中国房价和股价从 2007 年年初开始走向泡沫化，股价竟然在短短几个月内从上海股市的 1 000 多点走向了 6 300 点，房价竟然在 2007 年年初的三个月内翻了一番。资产价格的这种非正常上升，使得不少企业更加“迷信”虚拟经济这种盈利模式，不断从自己原有的实体经济转向虚拟经济，终于使得中国股市和房市的泡沫在 2007 年被吹破，大量企业陷入了经营困境。因此，即使没有美国的次贷危机影响，中国经济也会在 2008 年出问题，出现增速下滑的趋势，只不过是下滑的速度没有现在这么猛烈而已。

第二，中国经济自 1998 年开始，其增长越来越多地依靠出口拉动，出口对 GDP 增长的贡献不断提高，到 2006 年已上升到差不多 40% 的份额，因而中国经济逐渐转变成为以出口导向为特征的经济增长模式，也就是转变成为出口导向型经济。出口导向型经济如果不加以引导和调整，最终是会出问题的。例如 1987 年日本出口导向型经济出问题，1997 年东南亚出口导向型经济出问题，最终使日本及东南亚各国后来进入较长的经济衰退期。我国经济转向出口导向型经济之后，我们逐渐开始认识到了这种经济增长模式的弊端。出口导向型经济使得我国出现了过大的贸易顺差，而且过大的贸易顺差还引发了过大的资本顺差，也就是出现了我们所说的过大的“双顺差”。过大的双顺差标志着大量外汇流入我国，大量外汇流入我国迫使中央银行大量发行人民币收购这些外汇，结果使得我国通胀的压力一直很大，但同时外汇在我们手里又成了“烫手山芋”。例如，我国以主权金融方式的对外投资，无论是美国国债投资，还是国外企业债务投资和股票投资，都因为美元贬值和美国经济出问题而受到巨大损失，也就是主权财富亏损。因此，我们必须要将出口导向型经济转向内需拉动型经济。

推动中国经济从出口导向型经济转向内需拉动型经济的战略决策是对的，但问题是如何转型？我们应该采取的正确方式是先启动内需，然后在内需启动的基础上，开始减少出口，而且要依据内需的启动程度而相应缩小出口，使内需逐渐成比例地替补外需，从而实现平稳转型。也就是说，内需的启动程度，决定我们减少外需的力度，要将外需的减少建立在内需启动的基础上。但是在现实中，我们却并没有首先启动内需，再根据内需的启动程度而相应缩小出口，而是在内需并没有启动起来的条件下，大幅度地缩小出口，例如，在2007年三次大幅度地降低出口退税率，并且大幅度地提高出口关税，结果使得许多出口企业无法出口，但又找不到国内市场，因而在2008年年初开始停产和倒闭，只有少量竞争力较强的企业的出口还能勉强维持。因为我国的出口对GDP的贡献达到了40%左右，例如，2007年的出口对GDP的贡献大约在10万亿人民币左右，因而出口的剧减，就使得GDP的增长开始大幅度下滑。由于出口企业的大量关闭和停产，国内市场对投资品的需求也大幅度下降，从而使得国内PPI的增幅开始大幅度下滑，出现了经济过冷的局面。

因此，转变中国经济增长方式的决策是对的，确实我们要从出口导向型经济转向内需拉动型经济，但问题是这种转型必须要以启动内需为前提，只有在内需大幅度增长的条件下，我们才能大幅度缩小出口，使中国经济从出口导向型经济转向内需拉动型经济。我们的战略偏差就在于在内需并没有启动的条件下，过快地压缩了出口，从而导致了增长速度下滑。可见，我们的重要工作是启动内需，尤其是启动消费需求，因为只有消费需求的增长，才能最终使我们真正从出口导向型经济转向内需拉动型经济。当然，启动消费需求涉及收入分配体制调整等各方面的改革，因而启动内需的关键是深化改革。

第三，中国经济增长需要有虚拟经济的支持，但是虚拟经济的发展必须以实体经济为基础，而且以服务于实体经济为前提，不能损害或者冲击实体经济。然而我国2007年的资产价格即股价和房价却上涨过快，以至于导致了严重的经济泡沫，使得虚拟经济严重冲击了实体经济。在我国2007年年初资产价格即股价和房价过速上涨时，我们应该有效稳定资产价格，防止其过速上涨，股价和房价都不能上涨过快，但是我们实际上却并没有采取有效措施，甚至是放任了资产价格，使股价和房价都冲到了不应有的高度，而仅仅只是将GPI和PPI作为主要防范目标，这实际上是放任了资产价格上涨而调控了实体经济。尤其是我们在发现我国通膨和经济过热的原因是“双顺差”导致央行外汇占款过大，也就是“双顺差”导致央行基础货币发行过多时，我们加大了对出口退税和出口关税的调整，大幅度降低出口退税和提高出口关税，在出口占GDP达40%左右的条件下，这等于严重地收缩了实体经济，其结果必然是实体经济在2008年后半年出问题，增长下滑是必然的。

我们为什么在2007年没有有效控制资产价格上涨？其中一个重要原因就是我们对中国目前资产价格的取值范围一直有争议。到底资产价格上涨到多少就属于泡沫，下跌到多少就是资产缩水？对于这个问题人们一直没有明确的定论。现在看来，有一种观点值得重视。这种观点对资产价格涨落的取值范围做了这样的界定：第一，就资产价格中的股票价格来说，如果以2006年为基数，以上海股市为蓝本，那么每年股价应该上涨的幅度应该在1 000点左右，例如，2006年是1 000多点，2007年应该是3 000多点，最高不应超过3 500点，如超过了，就必须调控，将其稳定在3 000多点，但我们却放任其涨到了6 300点，形成了严重的泡沫，泡沫自行破灭，其结果使得股市进入严重的低迷状态；第二，就资产价格中的房价来说，如果以2005年为基数，那么每年房价的上涨幅度应该在5%～10%，15年到20年翻一番，但在2007年上半年短短的几个月中，我国的房价竟然翻了两番，泡沫太大，最后导致房子卖不掉，销售数量严重下滑，甚至滞销，其结果是房地产投资停滞，土地卖不掉，以卖地为主的地方财政也出了问题，而且拖累到与房地产投资相关的51个产业，例如房地产用钢量占到其总产量30%多的钢铁业大幅度下滑，实体经济出了问题。

由此可见，资产价格必须要控制在应有的范围中，如果上涨过快，就必然引发泡沫，泡沫的破灭，又都必然影响到实体经济。因此，2007年的教训是应该记取的。我们应该将调控重点放在虚拟经济上，主要是防止资产价格的过快上涨，要稳定资本市场和房地产市场，但我们却将调控重点放在了实体经济上，放任了资产价格，最终引发了2008年后半年的经济增长出了问题。看来，我们应该坚持虚拟经济必须为实体经济服务的原则，而不是反过来，因而应该将资产价格与CPI、PPI一样，作为重要的宏观经济指标。

二、应对经济增速下滑的举措必须理性

中国目前遇到了经济增长急速下滑的严重挑战，因而我们提出了一套“稳、准、狠”的应对举措，这些举措从表面上看，似乎对保增长肯定是有效的，但仔细琢磨起来，似乎又有些不足。不足之处有二：一是非常注重政府的作用，但是没有将保就业进而保企业，放在应有的战略位置上，因而有些忽视企业的作用；二是注重强调宏观经济政策的作用，但并没有强化改革的力度，而这次出现增长速度下滑，实际上恰恰是体制的原因。因此，我们应该不断完善我们保增长的举措。

1. 关键是保就业和保企业

面对我们现在所面临的困难，我们提出的口号是保增长、启内需、调结构，但是我认为最主要的是保就业，因为我们目前的就业压力太大了，而就业状况又关乎社会和谐的问题。当然有人会说保增长就是保就业，只要 GDP 的增长保持在 8%以上，就可以为 1 000 万新增就业人员提供就业机会。这个说法在 2008 年以前的产业结构下是正确的，因为当时我国的出口企业基本上是劳动密集型的中小型民营企业，只要 GDP 增长 8%，就可以新增 1 000 万的就业机会。但现在不行了，因为大量的劳动密集型的出口中小型民营企业倒闭了，我们的 GDP 增长现在主要靠民生投资来拉动，尤其是主要靠基础设施投资来拉动，基础设施投资确实可以使 GDP 的增长保持在 8%以上，但 GDP 增长 8%不一定像过去那样可以创造 1 000 万的新增就业机会，因为基础设施投资基本上是机械化作业，并不会创造出太多就业机会，因而保增长不一定保就业。因此，我们应该明确提出保就业的目标，并将它放在政策目标的首位。

如何保就业？政府在这方面虽然是可以有些作为的，可以创造出一些新的就业机会，但是保就业的关键是要靠企业，我国近些年新增就业机会的绝大部分是靠企业创造的，因而要保就业，就必须首先要保企业。在企业大面积倒闭和不景气的条件下，社会是不可能保就业的，就业问题是不可能得以解决的。因此，我们应该将保就业的基点，放到保企业和救企业上来，可以说，没有企业景气的恢复，我们是不可能保就业的。

既然保就业的关键是保企业，那么如何保企业？人们提出的主要办法有：一是为企业创造良好的融资环境，保证企业融资活动的畅通；二是减轻企业负担，使企业能轻装上阵；三是为企业提供良好的有效的服务，使企业的投资和经营活动没有行政障碍；四是为企业创造良好的市场需求，最大限度地启动内需。这些举措虽然都是需要的，但是我认为，这些办法中最为重要的是减轻企业负担，包括税赋负担和各种费用的负担。中国企业的负担太重了，如果能大幅度降低企业负担，企业成本就会大幅度降低，成本降低，企业就有降价的空间，从而企业就会利用价格机制开拓市场，促进投资需求和消费需求的上升，为自己的经营活动创造有效的市场需求。在市场需求上升，从而企业产品容易销售，销售畅通的条件下，企业盈利状况就会改善，银行及各类投资者就会对企业的经营活动有信心，就会给企业提供良好的融资服务，从而企业的融资活动就会畅通。因此，关键的问题是减轻企业的各种负担。

在社会投资活动中，民生投资，即公共产品投资，只占全社会投资规模的30%左右，社会投资规模中，更多的份额是属于生产性投资，即对各个产业的投资，因而从启动投资的角度来讲，关键的问题并不是民生投资，而是生产性投资。但是因为民生投资的主体是政府，生产性投资的主体是企业，因而政府在要保经济增长的时候，首先要启动的是民生投资，而不是生产性投资，因为政府无权直接命令企业增加生产性投资。不过，最终启动投资，是要靠生产性投资的，而不是民生投资。因此，政府不能只注重增加民生投资，而是要用自己有限的财力去启动生产性投资。例如，政府可以用贴息和提供政府担保的方式，引导资金向生产性投资中流动，推动企业投资；政府可以用减免税收的方式减轻企业负担，推动企业的生产性投资。因此，政府对投资的启动，不能只靠自身增加民生投资，而是要引导企业增加生产性投资，以较少的财力撬动更多的生产性投资。

但是，我们现在的作法似乎不是这样。政府更多地注重自身的投资，却不太重视对生产性投资的启动，例如，2009 年对企业减税的数量只有区区 1 200 亿，而自身直接投资的数额却一出手就是 4 万亿。这种一热一冷的现象，值得人们思考，最起码说明我们的体制还不是将市场作为配置资源的基础性机制，而是在反危机中强化了政府的集权，这是值得我们关注的。我们不能因为反危机而弱化新体制的功能，而使传统体制得以复归。

2. 应该重视改革的深化

中国为什么在近十年来基本上是一种出口导向型的经济，而不是一个内需拉动型经济？直接原因是国内市场需求不足，不得不借用外需，而深层原因则是因为收入分配体制有问题，收入分配上的两极分化倾向加剧，以中产阶级为核心的耐用消费品市场启动不起来，内需增长乏力。因此，我国实现经济转型即从出口导向型转向内需拉动型的关键，是深化经济体制改革。

从启动内需的角度来讲，深化经济体制改革的核心是收入分配体制改革，改革的中心内容是解决社会中下阶层收入增长过于缓慢的问题。为此，我们应该加大对再分配过程的调整，使财富的分配能向社会中下阶层倾斜，其中最主要的方法有两条，一是为社会中下阶层建立良好的社会保障制度，二是为社会中下阶层减免税收。但这样一来，肯定会使公共财政的压力加大，钱从哪里来？主要是来自于两个方面：一个是加大对收入过高者的征税，一个是反腐败和反垄断。

当然，我们对于再分配过程的调整，不能损害效率，尤其是不能仇富，要尊重富有阶层的人权和财产权。从这点上讲，我们要保证人们在三十年改革开放以来所积累起来的财富的安全，否则，会引发社会的动荡。最近我们为了启动内需，大幅度调整货币政策，例如，2009 年货币供应量的增长要达到 17%左右，这种调整必然会加大对现有财富的货币税，尤其是会加大对货币形式的财富的货币税，例如存款者的存款都会受到贬值的压力，这实际上是不利于内需启动的。货币税对富有者来讲，压力并不大，但对社会中下阶层来讲，压力则很大，因为他们辛辛苦苦积累的那么一点货币将会贬值。我国的社会中下阶层实际上是最不能享受社会保障制度好处的阶层，他们省吃俭用积累起来的那么一点点银行存款，实际上是要进行有限的自我保障的，而货币税则使他们的这一点点存款要贬值，因而他们会产生恐慌心理。因此，在货币政策的使用上，最好不要使用存款利率过度下降的办法，贷款利率可以下调。存款利率不下调而贷款利率下调，当然会使商业银行利润受损，如何保障商业银行的利益？我认为国家应该对存款利率进行贴息，即存款利率不下调所带来的商业银行利益损失，由国家来承担，这对启动内需实际上是很有意义的。我认为，国家与其加大对基础设施的投资，还不如对银行进行贴息，让银行在不下调存款利率的条件下，以更低的资金成本将货币贷给投资者与消费者，从而启动投资与消费。

最近银行不断降息，但投资者与消费者似乎对此都无动于衷，原因何在？原因是：对企业来说，因为没有市场，当然就不敢投资，投资欲望下降不仅仅是因为资金成本高，而且是因为产品没有市场需求，没有市场需求，当然就不敢投资；对银行来说，因为害怕企业由于没有市场需求而出现投资亏损，所以“惜贷”，不敢给企业贷款；对消费者来说，因为害怕经济衰退，更没有信心消费，即使信贷性消费的资金成本再低，他们也不敢消费。由此可见，关键是要启动市场需求，而不仅仅只是降低消费与投资成本的问题。

因此，话题最终还必须回到启动市场需求的问题上来，而市场需求的启动，又不能不讨论收入分配体制的改革。我国目前内需严重乏力的事实，充分反映了我国收入分配体制的弊端，其最大的弊端是没有在再分配过程中消除过大的两极分化，尤其是没有保障社会中下阶层收入的有效增长，从而使市场需求丧失了应有的支撑力。因此，我们应该加大对收入分配体制的改革，尤其是要在再分配过程中加大对收入分配活动的调整，能使收入分配有利于调节高收入者与低收入者的关系，有利于低收入者收入的增加。

作者说明

本文仍然是探讨保增长问题，对于保增长过程中可能出现的偏差做了预期和分析，实践证明这些警示和分析是对的，对实践有指导意义。本文对于我国 2008 年这次宏观危机的原因做了深入分析，指出不能把这次危机都看作是由美国的次贷危机而引起的，这次危机的形成有我国经济体制方面的原因。我们必须要加快经济体制改革，只有这样才能消除形成危机的基础。本文发表于《学习与探索》2009 年第 10 期。

后记(上)：在改革中成长

我真正进入经济学界的时候，正是我国改革开放刚刚开始的时候，因而我的学术生涯就与我国的改革开放紧密地联系在一起了。我和与我同代的中青年经济学者一样，完全都是中国改革开放造就出来的一代经济学者。当任何人问到我改革开放以来的三十年的学术生涯时，我都使用了这句话来概括："在自我否定中不断提升自己。"为什么这样回答呢？这与我开始学习经济学的那个时代的历史背景有关。我是在"文化大革命"后期开始学习经济学的，那个历史时期正是极"左"路线盛行的时期，它同我国现在的改革开放时代相比，有着天上地下的根本性差异。现在的青年人在学习经济学的时候，一开始就接触到了现代经济学和有中国特色的社会主义经济理论，而我开始学习经济学的时候，则恰恰相反。由于众所周知的历史的原因，我在"文化大革命"后期开始学习经济学的时候，我的入门课程是传统政治经济学理论和传统社会主义经济理论，而且这些理论在当时还充满着极"左"的味道，深深地打下了极"左"时代的烙印。

1972 年 9 月高中毕业时，按照当时的知识青年上山下乡的所谓革命潮流，我应该像 1968 年初中毕业时那样，再次回乡当农民。但是当时的一个偶然机遇，彻底改变了我再次当农民的命运：由于我国在“文化大革命”一开始就一直停办了师范院校，因而到了“文化大革命”后期，我国的中小学教师到了奇缺的程度，甚至因为缺少师资力量，有的学校已无法正常开课，所以当时国家决定恢复师范教育。当然，按照当时的所谓教育革命的精神，学生主要还是要来自于有实践经验的“工农兵”，以“工农兵学员”为主，但当时有关方面又考虑到教师的职业特点，所以决定也可以适当地招收一些应届的高中毕业生入学。据此精神，当时的西安市革委会就决定由西安市市属的每个中学推荐一名优秀的应届高中毕业生，进入西安师范学习。我当时正在西安市所属的沣西中学读高中，即将高中毕业，因为我当时在高中期间的考试成绩一直排名全校第一，而且又很听老师的话，“革命造反精神”不太强，在学校领导和老师的眼中，我是一个好学生，所以学校就推荐了我进入西安师范上学。

西安师范学校当时分为中师部和专科部，中师部是培养小学老师，专科部是培养中学老师。我入学时进入的是专科部，专科部分为数学科、物理科、化学科、中文科、政治教育科(简称政教科)，我当时非常想进入数、理、化中的任何一科，因为我当时总想学一门能靠自己的本事吃饭的专业。“学好数理化，走遍天下都不怕”的思想当时对我影响很大，但我却意外地被分到了政教科。我一时想不通，心情很烦闷。因为我当时以为政教科就是学习毛主席语录，就是学“耍嘴皮子”搞政治，我当时很厌烦搞政治。不过没有办法，还得服从分配，于是就只好硬着头皮去政教科学习了。

政教科当时开了三门主课，一门是哲学，一门是政治经济学，一门是科学社会主义。因此，我对经济学的学习，实际上应该从我在西安师范学习政治经济学时开始算起。不过，当时我学习政治经济学的时候并没有像样的教材，也没有可读的相关的理论著作，不像现在，这方面的读物到处都是。我记得当时只有于光远老先生写的一本很薄的政治经济学教程，主要是讲资本和剩余价值理论。当然，当时《资本论》倒是到处可以买到，不过，像这样一个还不到 20 岁的小青年，是不可能读那样的大部头专著的。尤其是当时给我们上政治经济学课的老师是学中文的，而且又长期教中文，给我们讲政治经济学是他生平第一次讲，所以他也不可能辅导我们读《资本论》。甚至我感到他讲政治经济学的基本范畴都很吃力，我记得他当时给我们讲课时基本上是念于光远先生写的那本小册子，照本宣科，显得很枯燥。当然，当时老师除了讲资本和剩余价值理论外，还讲了一些所谓社会主义政治经济学的内容，主要是强调公有制的公有程度越高越好，计划经济远远要比市场经济有优越性，按劳分配还体现资产阶级法权，因而会产生新的资产阶级，等等。基本上是反映极“左”思潮的经济理论。我们这些学生当时有的刚二十出头，有的还不到二十岁，因而对这些东西似懂非懂，完全靠死记硬背来学习。当时教育改革的一个重要内容是开门办学，学生要走出去在实践中学习，所以学校安排了很长的在实践中学习的时间，让我们去学工和学农，向工人和农民学习政治经济学。

学工我们选择的是西安火柴厂，这个厂子是新中国成立前民族资本家创办的，据说在新中国成立前是西北地区最大的企业之一，西北地区用的火柴基本都是它生产的，后来是在新中国成立后的公私合营中才慢慢被改变成为国有的。在西安火柴厂学工主要是要搞清楚资本怎么样榨取剩余价值，所以厂子派了一位新中国成立前是这家厂子的总工程师的人来给我们讲，但这个人只讲了新中国成立前这家厂子的技术状况和生产规模，别的什么都不讲，当问到资本家如何剥削工人时，基本上一问三不知。老师将这个人打发走了以后，我们班的团支部副书记说，这个人可能是资本家的孝子贤孙，所以不讲。后来厂子又给我们派了一位新中国成立前就在这个厂子当工人的老工人，让他给我们讲资本家如何残酷剥削工人的事情，这位老工人开始只是念毛主席语录，后来当讲到资本家剥削工人的问题时，竟然说多亏西安火柴厂招收他当了工人，他每个月才有了几块“大洋”的收入，就靠这几块“大洋”使自己的弟弟读完了小学，而且还时不时地在讲话中夸几句他当时的老板，说老板对工人如何如何好，如何到车间来同他们一起干活，如何辛苦，等等。我们只好中止了这位老工人的讲话，他走了以后我们班长说，这个家伙可能是个工贼。后来学工活动就不了了之了，临离开厂子的时候，我们也没有太弄得太清楚资本剥削劳动的问题。

学农我们是选择了西安郊区的一个村子。学农主要是理解农村社会主义集体经济的优越性，尤其是要搞清楚农村的集体所有制如何从“三级所有、队为基础”，逐渐向大队所有和公社所有过渡，最后实现全县所有的远大公有制目标。当时村子为我们派了一位老贫农，讲集体所有制的优越性，谁也没有想到，这位老贫农讲着讲着，竟然说，新中国刚成立那一阵子，我们分到了地主的土地，那个心情就别提有多畅快了，生产干劲十足，许多人天刚一放亮就下地干活，天完全黑了无法干了才回家，那几年每家都有余粮，日子开始富足了。但是后来又不得不加入农业生产合作社，直到成立人民公社，实行了集体化以后，人慢慢开始变懒了，没有人好好干活了，到了60年代就开始饿肚子了。我们听着听着似乎觉得人民公社搞坏了。后来我们又对庄稼地进行实地考察，我们发现农民自留地的庄稼长得要比生产队的庄稼好，我们让村里的领导给我们解释这种现象，村领导说这就是农民的“资本主义尾巴”，就是小农自私自利意识的反映，最后都要被割掉和消灭掉。我们班一个同学感慨地说，全国农民都有这种“尾巴”，而且长得还很结实，我们怎么割呀！当时进驻我们学校的“工宣队”老师严厉批评了这个同学，说他无产阶级思想还不坚定，吓得这个同学直哭。

从上述回忆就可以看出来，我们当时学习的经济理论是一种什么样的理论。直到西安师范政教科快毕业的时候，我才买到了一本当时公开出版的由中国人民大学徐禾教授主编的《政治经济学概论》。这本书是我第一次见到的第一本系统介绍马克思“资本论”基本思想的公开读物，虽然这本书的里面在当时的历史条件下也还有“刘少奇一类政治骗子”这样的言辞，甚至个别地方也有大批判的味道，但总算是一本较为忠实地系统概述马克思的政治经济学基本原理的好书。我用了三个月时间认真地读完了这本书，对于马克思的政治经济学基本理论总算有了初步地理解和认识，向经济学的大门里跨进了第一步。

1974年7月西安师范毕业后，我并没有被分配到中学去教书，而是被分配到西安市教育局工作，而且在教育局工作了一年左右后，又回到西安师范工作，在当时的西安师范政治处工作，任理论干事。当时我刚刚23岁，精力旺盛，把更多业余时间都打发在了经济学的自学上。因为在政治处工作的原因，我当时能在学校图书馆中看到一些被封存的西方经济学论著，其中包括马尔萨斯的《政治经济学原理》、马歇尔的《经济学原理》、凯恩斯的《就业、利息和货币通论》等。因此，我当时是一边半信半疑地读着像上海的《学习与批判》这样的极“左”刊物上刊登的有关政治经济学的理论文章，一边又半懂不懂地读着一些西方经济学的名著，脑袋里边基本上是一锅糨糊。我将那几年称为自己在经济学学习上的糨糊时期，当时在经济学思想上实际上并无“主心骨”。

好在这种糨糊时期终于随着1977年的恢复高考而结束了。1977年我有幸考上了西北大学经济学系，总算开始了经济学的正规学习。但是很遗憾的是，没有学习多久，我就有些失望，因为当时“文化大革命”刚刚结束，经济学的教学并没有完全摆脱传统经济学和传统社会主义经济理论的束缚，教学体系及内容都没有实质性变化，而且讲到社会主义经济体制时，仍然是讨论原有的那些“教条”，几乎没有太大的理论创新。因此，我在本科学习了一年多后，就提前考取了西北大学经济学系的研究生，师从何炼成教授。研究生与本科生相比，有大量的自学时间，而且当时国门已经开始打开，现代经济学的一些名著已经开始逐渐介绍到国内，我已经具有了研读现代经济学名著的条件和时间。应该说自1979年9月考上研究生到1982年9月研究生毕业，是我经济学基础形成的最关键时期，尤其是从此时开始，我已经开始通过经济实践和自身价值判断而能开始审视各种经济理论的真伪性和科学性程度了。当时回想到自己以前在课堂上所学的那些所谓的经济理论，内心很酸苦，似乎有些被人愚弄的感觉。我当时认为，凡是被经济实践所证实确实是科学的任何经济理论，都应该成为我们的思想财富和学术创新的基础。正是基于这种认识，我在这段时间中结合硕士论文的写作，开始清理自己头脑中的各种经济理论，去伪存真，求真求实，这是我第一次在自我否定中使自己升华。

从1978年党的十一届三中全会开始到1983年，虽然我国经济体制改革的实践和理论都有所创新，例如，农村经营承包责任制的推进及乡镇企业的发展，个体经济的启动和市场机制作用的发挥，等等，但是经济体制改革的大规模推进，则是在1984年中共中央通过《关于经济体制改革的决定》之后。后来的现代产权制度改革、现代市场经济体制改革、现代收入分配体制改革、现代宏观经济体制改革等改革实践，推动了经济理论的不断创新。我也在这些一浪高过一浪的经济实践和经济理论的不断创新中，不断地否定自己，使自己在自我否定中不断提升。

一、在西北大学学习与工作的七年

我在西北大学经济系先是读了一年多的本科，然后在 1979 年秋季提前考取了研究生，1982 年 9 月研究生毕业后留在西北大学经济系任教，直到 1984 年秋季因为考取中国人民大学的博士生而离开西北大学，前后在西北大学一共学习和工作了七年多的时间。在这段时间里，我首先按照学习的要求认真而系统地研读了《资本论》，甚至研读到了连某些重点段落和重点句子都能熟背的程度。当然这个时期也开始大量阅读当时引进的西方经济学原著。这段时间我虽然是以学习为主，但也开始思考经济发展中的相关问题，写了一些在现在看来还并不是很成熟的小论文。这些论文经过了二十多年，有些已经找不到了，现在还能找到的有：1980 年在《西北大学学报》第 3 期上发表的《试谈按比例规律在社会主义条件下的实现形式》，1983 年在《西北大学学报》第 4 期上发表的《多劳多得要顾及国家利益和左邻右舍》，1983 年在《赣江经济》第 11 期上发表的《如何处理农村生产队内部的土地级差收益》，1984 年在《农业经济问题》第 8 期上发表的《略论乡镇工业的作用》，1984 年在《陕西金融》第 3 期上发表的《民间借贷——农村金融活动中的一个新问题》，1984 年在《经济与管理》第 6 期上发表的《略论工业企业的招标投标式承包责任制》，1984 年在《农业经营管理》第 4 期上发表的《我国农业水利发展战略初探》。在西北大学的这段时间我还协助何炼成教授完成了《价值学说史》一书，全书四十余万字，由陕西人民出版社 1983 年出版。因为当时的历史条件，本书将劳动价值论作为唯一的科学，并以此来分析人类历史上的相关思想，因而这本书从现在来看，虽然其资料丰富，分析线索也很清晰，尤其是提出了对这些思想家的流派重新划分的标准，但该书对西方经济学家关于价值思想的批评是有历史局限性的，所以这本书打下了深深的历史痕迹。总之，我在西北大学期间，因为我国的改革开放才刚刚起步，大规模的经济体制改革还并没有开始，所以研究工作只能停留在一些基本的经济范畴上，只能停留在一些经济发展中所遇到的小问题上，因而还很难说自己已进入到真正的经济学研究之中。

二、在中国人民大学学习与工作的十二年

我于1984年秋考取中国人民大学经济系的博士生，师从卫兴华先生，1987年博士毕业之后留中国人民大学任教，先是担任中国人民大学经济研究所的副所长、副教授、教授、博士生导师，后来又任中国人民大学经济系系主任、教授、博士生导师，到1996年6月份离开中国人民大学，一共在中国人民大学学习与工作了十二年时间。这段时间是我在学术生涯上获得很大成就的十二年，发表了大量的论文与论著。这段时间我先后在各种刊物上发表过论文，当然在有的刊物上曾发表过多篇论文，这些刊物是：《中国社会科学》、《经济研究》、《经济学动态》、《中国工业经济研究》、《财贸经济》、《农业经济问题》、《管理世界》、《人民日报》、《经济日报》、《中国财经报》、《金融时报》、《光明日报》、《中国企业报》、《求是》、《工人日报》、《经济参考报》、《经济理论与经济管理》、《中国人民大学学报》、《学术研究》、《上海社会科学》、《上海经济研究》、《学术月刊》、《学术论坛》、《宏观经济管理》、《金融研究》、《财经科学》、《社会科学战线》、《北京社会科学》、《北京日报》、《天津社会科学》、《江海学刊》、《经济学家》、《开发研究》、《学习与实践》、《经济问题》、《改革与战略》、《广州社会科学》、《江西社会科学》、《学术论丛》、《学术界》、《东岳论丛》、《云南社会科学》、《中州学刊》、《求索》、《湖南社会科学》、《天府论坛》、《社会科学》、《经济问题研究》、《探索》、《高校社会科学》、《教学与研究》、《现代企业导刊》、《中央财经学院学报》、《福建论坛》、《江汉论坛》、《湖北社会科学》、《云南财贸学院学报》、《改革与理论》、《理论探讨》、《争鸣》、《学习与探索》、《投资管理与研究》、《体制改革探索》、《经济纵横》、《长白学刊》、《贵州财经学院学报》、《经济与社会发展》、《河北财经学院学报》、《新疆社会科学》、《经济与管理研究》、《人文杂志》、《中国经济问题》、《理论学刊》、《经济问题探索》、《改革》、《经济论坛》、《企业经济》、《商业经济论坛》、《社会科学辑刊》、《消费经济》、《河南财经学院学报》、《贵州社会科学》、《生产力研究》、《当代经济科学》、《中国金融》、《甘肃社会科学》、《中国国情国力》、《理论界》、《山东经济》、《人民论坛》、《党校论坛》、《浙江学刊》、《江苏社会科学》、《兰州学刊》、《经济与社会发展》、

《商业经济研究》、《中国企业家》、《重庆社会科学》，等等。《经济学家》1997年第1期发表的《变革时期的中国经济学——社会报刊文献统计分析》一文，对中国经济学家自1979—1995年的论文发表状况进行了分析，根据分析，我在这一时期的高产经济学家中排名为第四，在这一时期的高摘用率经济学家中排名为第八。

三、在国家国有资产管理局的三年

我是1996年6月正式调入国家国有资产管理局的，但我实际上在1996年年初就开始进入工作状态了，所以如果从1996年年初算起，到1998年12月我因为国家国有资产管理局正式撤销而离开国家国有资产管理局，我在国家国有资产管理局实际上工作了三年时间。我在国家国有资产管理局任科研所所长。该所是一个拥有几十个研究人员的强大研究机构，因而这段时间我不仅自己作研究，而且主要从事于科研领导工作。根据国家国有资产管理局工作的需要，在这三年中我所领导的科研所的研究重点主要在于三大问题：关于国有经济战略调整问题、关于国有资产管理体制改革问题、关于资产重组和资本经营问题。有关这三大问题的研究成果都先后陆续出版，对当时相关的经济政策的制定及理论研究，都有很大的影响。国家国有资产管理局科研所在当时的政府研究机构中，是较为有影响的一个研究所。在国家国有资产管理局工作的三年，使我对于国有经济改革、国有资产管理体制改革等问题，从实践上有了更深刻的认识，因而是对我的学术生涯有着重要影响的三年。

四、进入清华后的岁月

我实际上是1999年1月份正式进入清华工作的，在清华的教学工作分两个部分。一类是学位教育，主要给研究生及各类MBA上课，开设了两门课，一门是中国经济体制改革的理论与实践，主要分析中国经济体制改革的历史进程和理论创新，涉及市场经济改革、财产制度改革、宏观经济体制改革等内容，还有一门是中国企业改革与发展的理论与实践，相当于企业经济学的内容，涉及企业制度问题、企业战略问题、企业文化问题、企业定位问题、企业哲学问题等。另一类是非学位教育，即对企业界及政府界进行非学位的非系统性经济学教育，在这类教育形式中我重点是分析中国改革及发展中的热点问题，例如，1999年讲授如何启动中国经济问题，2003年讲授如何防止经济过热问题，2006年讲授关于流动性过剩问题，等等。因此，我在清华的研究工作也就基本上是按照上述的教学需要而进行的，完成了有关中国经济体制改革的几本专著，完成了企业经济学的有关专著，并对不同时期的改革与发展的热点问题，发表了自己相关的研究成果。在非学位教育中，因为学员大部分都是来自于企业经营的第一线，因而经常会有新的问题提出，这对我的研究工作有极大的促进作用。我的基本作法是先将自己的研究成果拿到课堂上同学员讨论，在讨论中加以深化和提升，成熟之后才拿去发表，因而将不成熟的东西与学员共同讨论，而将成熟的东西在杂志上发表，成了我研究工作的重要特点。教学相长是推动科研与教学工作的重要举措，我们不能总将自己放在比学生“英明”的位子上，而是要注重倾听来自于一线的声音，不断推动自身的学术提升。进入清华之后，既是我一生中教学工作做得最多的时期，也是我的研究成果发表最多的时期。我想，在有生之年，还应该能再为中国的改革做点事吧！

五、改革开放中的学术生涯

我的研究工作基本上分为两大块：一个是我根据改革开放中出现的新问题，围绕实践需要而搞一些研究，这种研究大致属于对策性研究，可以看做是应急性研究，这些研究成果一般都以论文形式出现；另一个是根据自己在学术上的价值取向，系统地研究一些问题，试图从理论上回答改革开放中的一些深层次的理论问题，与此相关的研究成果往往以论著的形式出现。从自己的学术价值取向上，也就是从系统研究的角度来看，我的研究大致上涉及下述内容。

第一，关于国有经济、国有企业、国有资产问题的研究。国有资产经济、国有企业、国有资产方面的改革，是我国经济体制改革的重要内容，因而也是我在经济体制改革进程中关注和研究得最多的一个问题。我先后出版了下述著作：《国有制经济的实践与改革》，河北人民出版社1995年出版，同他人合著；《中国国有经济总论——历史沿变、改革历程、发展趋向》，经济科学出版社1997年出版，担任副主编；《国有资产管理教程》，经济科学出版社1997年出版，担任副主编；《资产重组的政策与途径》，经济科学出版社1997年出版，担任副主编；《改制·重组·运营——十五大后的中国国有经济》，同心出版社1998年出版，担任主编；《未来的国有企业》，经济科学出版社1998年出版，担任副主编；《中国国有经济对外投资发展战略》，经济科学出版社1998年出版，担任副主编；《资产重组与股份化——国有企业改革的两大突破》，河北人民出版社1998年出版，担任主编；《构建新的国有资产管理体制》，江苏人民出版社1998年出版，专著；《资本经营论纲》，上海远东出版社1998年出版，专著；《国企改革与发展的重大理论和现实问题》，中共中央党校出版社1999年出版，担任主编；《国有资产管理教程》，当代世界出版2003年出版，担任主编。

第二，关于市场经济问题的研究。市场经济改革是我国经济体制改革的一条主线，也是学术界争论最多的一个问题，因而市场经济问题也是我在经济体制改革进程中研究最多的一个问题。出版的著作名目如下：《经济自由与经济约束的和谐——计划与市场相结合》，陕西人民出版社1991年出版，专著；《社会主义市场经济论》，中国青年出版社1993年出版，同他人合著；《社会主义市场经济百词解说》，人民日报出版社1992年出版，任主编之一；《市场化的宏观调控体制》，陕西人民出版社，1992年出版，专著；《社会主义市场经济问题解难》，河北人民出版社1993年出版，任主编之一；《看得见的手——西方国家对经济的宏观调控》，人民出版社1995年出版，与他人合著；《中国经济体制的新选择——中国市场经济通论》，四川人民出版社1994年出版，与他人合著；《社会主义市场经济理论·制度·体制》，高等教育出版社1994年出版，担任主编；《市场经济的宏观经济管理》，中国经济出版社1994年出版，担任主编；《十四届三中全会“决定”导读》，北京师范大学出版社1994年出版，任主编；《建立社会主义市场经济体制——企业、市场与政府》，企业管理出版社1995年出版，担任主编；《社会主义市场经济读本》，人民出版社1995年出版，担任主编；《政府应该干什么——西方政府经济职能考察》，人民出版社1995年出版，同他人合著；《市场经济前沿问题——现代经济运行方式》，中国发展出版社2001年出版，专著。

第三，关于企业问题的研究。企业问题是我一直非常喜欢研究的问题，到清华任教以后，我一直想形成一门企业经济学。关于企业问题的研究，曾先后出版了下述著作：《中国企业大趋势》，中国经济出版社1998年出版，同他人合著；《企业前沿问题——现代企业管理方案》，中国发展出版社2001年出版；《企业制度安排——企业存亡诊断书》，中国发展出版社2002年出版；《企业战略选择——企业发展航标图》，中国发展出版社2002年出版；《企业文化塑造——企业生命长青藤》，中国发展出版社2002年出版；《大企业——21世纪经济的主导力量》，中国发展出版社2002年出版，任主编之一；《产品背后的竞争——企业七大关系》，中国发展出版社2004年出版；《企业哲学——成功管理者的七维视野》，中国发展出版社2005年出版；《中国MBA案例Ⅰ》，中国发展出版社2002年出版，任主编之一；《中国MBA案例Ⅱ》，中国发展出版社2003年出版，任主编之一；《企业突围——从中国制造到中国创造》，中国发展出版社2005年出版。2006年我对原先出版的《企业制度安排》、《企业战略选择》、《企业文化塑造》这三本书作了重新修订，以《中国企业制度创新》、《中国企业战略创新》、《中国企业文化创新》为题，于2007年年初相继由中国出版社重新出版。

第四，关于经济运行机制与基本经济制度的研究。经济运行机制与基本经济制度是社会经济体制的两个最基本构成部分，也是我研究得较多的问题。先后出版的著作有：《社会主义经济运行机制》，人民出版社1986年出版，与他人合著；《市场结构与市场机制》，河北人民出版社1986年出版，与他人合著；《社会主义经济的运行、发展和调节》，陕西人民出版社1987年出版，与他人合著；《经济运行机制概论》，人民出版社1989年出版，与他人合著；《从无序经济走向有序经济——论社会主义商品经济新秩序》，中国财政经济出版社1989年出版，与他人合著；《建立新的收入分配体制——从分配不公平走向公平分配》，东方出版社1990年出版；《建立新的所有制体制——我国所有制体制的发展方向》，东方出版社1991年出版；《建立公有制商品经济体制——公有制与商品经济兼容研究》，东方出版社1992年出版，与他人合著；《四小龙腾飞之谜》，人民出版社1992年出版，与他人合著；《社会主义经济调节通论》，人民出版社1994年出版；《中国经济改革的主线》，经济科学出版社1997年出版，任副主编；《产权制度辨析》，首都经贸大学出版社2000年出版；《解码财富方程》，中国发展出版社2003年出版；

《驱动财富进程》，中国发展出版社2003年出版；《动摇不得——中国经济体制改革若干问题》，中国发展出版社2007年出版；《崛起中的磨合——中国现实经济问题》，中国发展出版社2008年出版。

第五，关于宏观经济问题的研究。我非常关注对宏观经济的细分化研究，我认为宏观经济问题实际上包括三个内容：一个是宏观经济体制，一个是宏观经济流量，一个是宏观经济政策。按此思路相继出版有如下著作：《社会主义宏观经济控制》，河北人民出版社1987年出版，本书着重讨论宏观经济体制如何构建；《中国宏观经济管理》，中国人民大学出版社1989年出版，任副主编；《宏观经济政策导论》，中国金融出版社1990年出版，本书着重讨论宏观经济政策问题；《失衡经济学导论》，中国人民大学出版社1991年出版，此书着重讨论以总需求膨胀为特点的宏观经济流量；《居民储蓄分析》，经济科学出版社1995年出版，与他人合著，此书也是讨论宏观流量；《如何启动中国经济》，中国经济出版社2000年出版，与他人合著，此书着重讨论总需求不足为特点的宏观经济流量。

六、改革开放中的教学生涯

我国的传统经济体制是以传统经济理论为基础的，因而传统经济体制的变革，必然要求经济理论的变革。但是因为各种原因，经济理论的变革往往滞后于经济实践的变革，因而经济理论的教学更滞后于实践的变革。因为经济理论教学滞后于经济实践变革的原因，比经济理论滞后于经济实践的原因，还要多，而且还很复杂。例如，作为已经熟练掌握某种经济理论的教师，往往就会因为不熟悉适合于实践的新的经济理论的教学而不愿意改革教学内容。甚至有些人还因为各种原因而只会教原有的经济理论，根本无法用新的经济理论从事教学，因而他们会因为工作的原因，也就是因为“饭碗”的原因，而反对经济理论教学的改革。所以经济理论教学滞后于实践的情况，就比经济理论本身滞后于经济实践的情况更为严重。在我们这样一个经济体制快速变革，但传统经济理论又顽强存在的国家，这种状况就显得更为明显。在这种情况下，如何使经济学教学能跟上时代的变迁，就成了大问题。如果我们不注重这个问题，就会出现误人子弟的状况，不仅使许多学生因为学不能致用而无法获得自我价值的实现，而且也会使学生花了很大的代价，却学了一些已被实践所抛弃的根本无用的经济学理论，造成人才的巨大浪费，当然也会使实践所需要的有用人才却极大地短缺。

因此，如何能使经济学教学跟上经济实践的变迁，使学生能学以致用，最大限度地减少人才浪费和资源浪费，就成了中国经济体制改革中的经济学教学的重大问题。我在中国改革开放的三十年中，除了只有短短的几年时间离开过高校外，基本上一直在高校中学习和工作，对经济学教学滞后于实践的危害，有着深切的亲身体会，因而一直非常注重如何使经济学教学能跟上实践变迁的问题。我除了在自己的教学中尽量使教学内容能跟上实践的变迁之外，还非常注重教材的改革。1987 年我刚刚从人大博士毕业，就同洪银兴同志一起组织全国十几家高校的青年教师，编写了《社会主义政治经济学》，由中国青年出版社 1989 年出版，试图能使社会主义政治经济学的教学跟上时代的要求。后来我就任中国人民大学经济系系主任以后，就更加注重经济学教学的改革，把它作为我的一项重要工作来抓。我在中国人民大学担任经济系系主任期间，曾经组织了两套教材的编写，试图使教学更能符合实践变革的要求。

第一，社会主义政治学系列教程。其中计划出版涉及社会主义经济基本制度、社会主义市场经济、社会主义宏观经济、社会主义微观等方面的教材，其中有三本书是我担任主编，并先后出版：《社会主义市场经济通论》，中国人民大学出版社 1993 年出版；《社会主义宏观经济分析》，中国人民大学出版社 1993 年出版；《股份经济通论》，中国金融出版社 1993 年出版。

第二，现代经济学系列教材。这套系列教材原计划出十本，包括经济学、现代金融制度通论、现代财政制度通论、产权与企业制度通论、产业组织经济学、信息经济学、计量经济学、数理经济学、国际经济学、政策经济学。但后来因为各种原因，这十本教材并未出齐，只出了前四本。《经济学》(上、下)，高等教育出版社 1995 年出版，我担任主编；《现代金融制度通论》，高等教育出版社 1996 年出版，同他人合著；《现代财政制度通论》，高等教育出版社 1998 年出版，同他人一同担任主编；《产权与企业制度分析》，高等教育出版社 1998 年出版，同他人合著。

在中国人民大学任教期间主持编写上述两套教材的目的，是为了使经济学的教学能跟上时代的发展，从而造就出能适合时代需要的经济学人才。我当时为后一套教材写了一个序言，这个序言非常明确地反映了我们的这个目的，到现在我也认为这个序言并没有过时，所以引用于后，以便于说明我们为了使经济学教学能跟上时代要求的心情和目的：

“中国正处于从传统计划经济体制向现代市场经济过渡的体制转轨时期，随着这个体制转轨时期的深入推进，我国经济必然会加快由封闭经济向开放经济发展的国际化进程。改革开放所带来的经济发展冲动和活力，必然会使我国经济在较长时期内能够保持高速增长的态势，促使我国国民经济在21世纪进入发达国家的经济行列。由此可见，在改革开放与经济高速增长中迎接21世纪的挑战，是中华民族面临的首要历史使命。中国民族要顺利地完成这个首要历史使命，就必须要具有雄厚的人才基础。而这种雄厚的人才基础，又离不开现代化的教育体系，尤其是离不开作为现代化教育体系的极为重要组成部分的经济学教育。

中华民族所面临的上述首要历史使命，以及完成这种历史使命所必须具备的人才基础，决定了我国经济学教学必须要做到四个面向。

第一，面向现代化市场经济的实践，即经济学教学必须要与我国的现代市场经济的改革实践相结合，充分反映现代市场经济的内在要求与运作过程，充分反映我国建立现代市场经济体制的历史进程，使经济学教学摆脱严重脱离经济实践的现状，让经济学的受教育者真正懂得市场经济体制，掌握市场经济运行规则的一般知识，成为自觉的现代市场经济主体。

第二，面向世界，即经济学教学必须充分反映经济国际化的进程，充分反映经济国别化及区域化与世界经济一体化相结合的要求，充分反映国际经济的内在规律与运作过程，使受教育者掌握有关国际经济的知识与国际惯例，能从国际经济的角度分析问题，成为熟悉国际经济运行与发展的开放型人才。

第三，面向21世纪，即经济学教学必须加快知识更新，改变教学内容与教学体系陈旧化的状况，充分反映21世纪经济变动的格局与发展趋向，使受教育者成为能够敏锐接受新生事物与具有长远眼光的跨世纪人才。

第四，面向教学，即经济学教学必须把培养能进行经济实践操作的高素质有用人才作为教学的基点，使经济学教学能符合受教育者自身的思维规律。不能再采用违背教育者思维进程的强制灌输的方式，而是应该采取循序渐进的方式，将经济学自身的发展规律与受教育者的思维接受进程相结合，形成良好的教学体系。

经济学教学要实现上述的四个面向，需要做多方面的工作，其中最为关键的是要有一套现代化的系列教材，因为教材是教学之本。正是基于这种原因，我们编写了这套现代经济学系列教材。试图通过这套系列教材，使经济学面向现代市场经济实践、面向世界、面向21世纪、面向教学，寻找出一条有中国特色的现代经济学发展之路，为中国的现代化建设服务。

编写一套能够面向现代市场经济实践、面向世界、面向21世纪、面向教学的现代经济学教材，首先要自始至终坚持开放的意识，能够吸收与包容世界各国在经济实践中升华出来的经济学理论。世界各国经济实践对经济理论的丰富与发展，是人类的共同精神财富，我们不能以各种理由去狭隘地拒绝它们。我们认为，那些世界各国经济实践都所具有的经济范畴与经济运行规则，以及经济运行过程中的一般操作方式及政策，我们都应该将其吸收与升华，反映到我们这套教材中来。因此，我们在编写这套教材中自始至终坚持了国际化的方法论，使教材能面向世界，形成开放的体系。

其次，我们在编写这套教材中，自始至终坚持了发展的观点，力争将经济实践所创造的新知识、新范畴、新运行规则、新方式，等等，都充分地反映到教材中来。经济实践会不断地向人类社会提出新问题，而人类社会也在不断地解决这些新问题，这个过程不断地推进了经济制度创新、经济体制创新、经济运行创新、经济政策创新，从而也就不断地出现了经济理论创新。经济学教学当然要反映与体现人类社会的这些理论创新。因此，我们在编写这套教材中，自始至终力求反映经济实践与经济理论的创新，使这套教材能够面向21世纪。

再次，我们在编写这套教材中，自始至终坚持了实践的观点，使这套教材能充分反映我国正在建立的现代市场经济的实践要求，实现实践与理论的内在结合。因此，我们按照现代化市场经济的实践要求来安排这套教材的基本框架与内容，力争能够全面地而且系统地将市场经济范畴及市场经济规则等体系化，并将市场经济一般与中国市场经济的特殊性相结合，从而使这套教材能够面向现代市场经济的实践。

最后，我们在编写这套系列教材时，自始至终坚持了教学第一的观点，没有将这套教材写成一般的理论著作，而是充分考虑了教学的需要。在编写教材中谈坚持教学第一的观点，似乎有些画蛇添足，难道编写教材不是为了教学吗？但是这在我国确实不是画蛇添足，而恰恰是强调得太少了。我国现代经济学教材的一个重大缺陷，就是往往不顾及教学，而是大都要自成为一种理论体系的理论著作，不注意学生的思维接受规律。因此，我们在编写这套教材中自始至终坚持了教学第一的观点，充分反映了循序渐进等学习的思维规律要求，从而使这套教材能面向教学。

总之，开放的观点，发展的观点，实践的观点，教学第一的观点，是我们编写这套教材的指导原则。但是，因为编写一套能面向世界，面向21世纪，面向现代化市场经济实践，面向教学的系列教材，是一项非常复杂而艰巨的工作，需要克服许多意想不到的困难，因而我们这套教材肯定有许多错误与不足，还需要完善，我们恳切地欢迎各种批评，使这套教材在批评中不断完善。”

从后来的实践可以看出，我们当时的想法及做法都是对的，后来的经济学教学改革也基本上是沿着这个方向走过来的。因此，我对于我们在教学上试图适应实践变革的需要而改革经济学教学的想法和作法，从来无怨无悔。但因为当时人们对此问题的争议甚大，而且有些老一辈的经济学家反应强烈，认为这样搞会使马克思主义经济学丧失在经济学上的指导地位，因而就个人来讲，这些教学改革对我自身的伤害是非常大的。我到清华任职后，看到清华经管学院大堂立着清华经济系创始人陈岱孙老先生的塑像，而且塑像上有陈老的一句话，“我这一辈子只作了一件事：教书”。我对陈老这句话有深刻的感受，教书在有些人看来，似乎并不是惊天动地的大事，但要教好书也并不容易，因为这件事的社会责任重大，如果搞不好的话，就会误人子弟，有罪呀！因此，到清华任教后，我仍然关注经济理论的教学内容的变革，曾经和北大刘伟教授一起主编过一套教材，名为《北大清华学经济》，其中包括《经济学导论》、《宏观经济学》、《微观经济学》、《发展经济学》、《产业经济学》、《管理经济学》、《投资银行学》等15本，于2002年开始陆续由中国发展出版社出版。

（选自中国发展出版社2008年版《亲历改革》，作为代后记的前半部分）

后记(下)：为改革鼓与呼

经济学家表达自己的思想主要靠两种方式，一个是写，例如发表论文和论著；另一个是讲，例如在研讨会和报告会上发表演讲。我当然也不例外。不过，因为我的文笔一般，但口才还算可以，所以我喜欢用讲这种方式来表达自己的思想。在改革开放以来的三十年中，我也不知道自己究竟参加了多少次的研讨会和报告会，而且我是逢会必讲，喜欢讲。我在研讨会与报告会上一般都不用讲稿，有时最多只有一个简单的提纲，而且基本上讲完之后就将提纲随手扔了，所以我自己并没有留下我在研究会和报告会上讲话的任何文字材料，现在再回想起来确实有些遗憾。

但是，有些研讨会和报告会的组织者，却非常细心，专门录了音，而且还根据录音整理出了文字稿，这些文字稿有的送给了我，帮助我留下来了一些在研讨会和报告会上所讲的话的文字材料。有些出版社对这些讲话录音整理稿很有兴趣，所以就拿去出了一些我的演讲集，前后共出了七本：第一本是 1997 年 7 月经济科学出版社出版的《为改革声辩》，收录了我 1992 年年初至

1996年在有关研讨会和报告会上的讲话录音整理稿，涉及当时改革中的有关理论问题与实践中的热点问题；第二本是新疆青少年出版社在1998年年初出版的《谋划资产》，收录了我1996年至1998年在中国西部有关省市的有关讲话录音整理稿，主要涉及有关西部开发的问题及资产重组的问题等；第三本是1999年6月广东经济出版社出版的《中国经济的盛世忠言》，收录了我1993年到1999年在有关研讨会和报告会上的讲话录音整理稿，主要涉及有关宏观经济及企业改制与发展等方面的问题；第四本是中国经济出版社在2000年出版的《中国企业二次创业》，收录了我在1999年至2000年在有关研讨会和报告会上的讲话录音整理搞，主要涉及中国企业在新形势下的再次创新及改制等方面的问题；第五本是中国经济出版社2001年出版的《新经济与企业裂变》，收录了我1997年至2000年在考察有关企业时的讲话录音整理稿，主要涉及有关企业案例的评价问题及企业改制重组的相关问题；第六本是中国经济出版社2005年出版的《企业裂变》，收录了我2001年到2005年在有关研讨会和报告会上的讲话录音整理稿，主要涉及有关企业制度创新及战略创新等问题；第七本是郑州大学出版社出版的《转型中国》，收录了我近些年关于工业化和城市化的有关讲话录音整理稿，涉及新型工业化和城市化及结构调整等问题。当然，还有些讲话录音稿被收入别人主编的有关著作中，其中值得一提的有：广东经济出版社1996年出版的《中国经济大裂变——京城"四才子"指点社会转型的新财路》，广东人民出版社1999年出版的《新头脑风暴——中国少壮派经济学家演讲集》，中国时代经济出版社2003年1月出版的《让梦腾飞——清华北大MBA讲坛》，中国经济出版社2004年出版的《星星点点——中外名家系列讲座演讲集萃》，等等。

最近在翻阅这些讲话录音整理稿时，非常想回忆起当时发表这些讲话的具体场所，所以就拿来了地图，想统计一下我为了参加研讨会和报告会到底去了中国哪些城市。我发现我大致上走过了下列的城市，当然有的不仅去过一次，而是去过多次：中央直辖市，除了我所居住的北京市之外，有上海市、天津市、重庆市；还有中国的香港地区和澳门地区，中国台湾地区的台北市和高雄市；河北省的石家庄市、张家口市、秦皇岛市、唐山市、涿州市、高碑店市、保定市、廊坊市、沧州市、邯郸市、承德市；山西省的太原市、阳泉市、晋中市、大同市、长治市、晋城市、临汾市；内蒙古自治区的呼和浩特市、包头市、赤峰市、通辽市、兴安盟、呼伦贝尔、鄂尔多斯；辽宁省的沈阳市、大连市、抚顺市、锦州市、盘锦市、鞍山市、辽阳市；吉林省的长春市、吉林市、通化市、延边市；黑龙江省的哈尔滨市、牡丹江市、齐齐哈尔市、大庆市、鸡西市、佳木斯市；江苏省的南京市、镇江市、常州市、徐州市、南通市、海门市、连云港市、淮安市、盐城市、扬州市、泰州市、无锡市、苏州市、张家港市、常熟市、昆山市、江阴市、扬中市、宜兴市、江都市；浙江省的杭州市、湖州市、宁波市、舟山市、绍兴市、金华市、衢州市、台州市、温州市、丽水市、余姚市、上虞市、临安市、富阳市、嘉兴市、义乌市、东阳市、慈溪市；安徽省的合肥市、巢湖市、淮北市、淮南市、马鞍山市、芜湖市、铜陵市、安庆市、黄山市；福建省的福州市、厦门市、莆田市、武夷山市、泉州市；江西省的南昌市、宜春市、九江市、上饶市、赣州市、瑞金市；山东省的济南市、德州市、聊城市、青岛市、滨州市、东营市、泰安市、淄博市、潍坊市、青州市、昌邑市、高密市、胶南市、烟台市、威海市、荣成市、海阳市、临沂市、日照市、菏泽市、济宁市、枣庄市、蓬莱市、章丘市、阳信县；河南省的郑州市、新郑市、开封市、许昌市、南阳市、三门峡市、洛阳市、商丘市、焦作市、济源市、安阳市、濮阳市、信阳市；湖北省的武汉市、孝感市、襄樊市、神农架市、黄冈市、黄石市、恩施市、宜昌市、鹤峰市、荆州市、鄂州市；湖南省的长沙市、岳阳市、吉首市、张家界市、益阳市、湘潭市、衡阳市、株洲市；广东省的广州市、深圳市、佛山市、珠海市、中山市、东莞市、韶关市、惠州市、梅州市、汕头市、茂名市、湛江市；广西省的南宁市、钦州市、北海市、柳州市、桂林市、贵港市、玉林市；海南省的海口、三亚、五指山；四川省的成都市、攀枝花市、广元市、南充市、绵阳市、德阳市、眉山市、乐山市、宜宾市；贵州省的贵阳市、遵义市、凯里市、大方、仁怀市；云南省的昆明市、楚雄市、曲靖市、玉溪市、文山市、红河市、丽江市、大理市、保山市、潞西市、瑞丽市；陕西省的西安市、宝鸡市、咸阳市、铜川市、榆林市、延安市、渭南市、汉中市、神木市；甘肃省的兰州市、白银市、嘉峪关市、敦煌市；青岛省的西宁市、格尔木市；宁夏自治区的银川市、石嘴山市；新疆的乌鲁木齐市、喀什市、库尔勒市、和硕、吐鲁番市、克拉玛依市、独山子、昌吉市、石河子市、米泉市。

由上述我去过的地名可以看出，在改革开放的三十年中，中国的直辖市及省会城市和地级市，我几乎走遍了，尤其是经济较发达的江苏、浙江、山东、广东等省，我几乎走遍了所有的地级市，还去了不少的县级市。这倒不是因为我嫌贫爱富，主要是因为经济学家总是跟踪经济体制改革中的热点问题的，一般来说，经济较发达的地区的热点问题往往较多。因此，在上述这些地方参加研讨会和报告会，在会上基本上讲的都是经济体制改革中的热点问题。我曾为我的一本演讲集，即《为改革声辩》写了一个序言，这个序言能反映我在这些研讨会和报告会上的心声，因而特引用如下，作为我对中国经济改革的鼓与呼的表白：

“我的这本文集之所以称为《为改革声辩》，是因为文集中所收入的东西，要么是我在有关研讨会上的讲话，要么是我在有关报告会上的演讲。这些东西从内容上讲，都是与改革有关的，从形式上讲，都是首先用口讲出来的，然后通过录音或录像而整理成文的，口讲即声辩也，所以用了《为改革声辩》这个书名。

经济学家同普通人一样，在交流思想中有两个最基本的工具，一个是笔，一个是口。人们通常讲的口诛笔伐，就是指人们在思想交锋中要综合使用这两件最基本的工具。著名经济学家肖灼基曾形象地称自己是口力劳动者，也就是指口是经济学家的一个重要工具。口和笔都很重要，因而这两个工具我都使用。尤其是口这个工具使用起来最为方便，成本也最低，所以我经常使用它。用它在不少研讨会上发言，用它在不少报告会上演讲。听的人觉得很有意义，就录了音，录了像，而且还把录音或录像而变成了文字。这些录音或录像的文字整理稿，有的被作为文章而发表，有的则被作为内部参考资料而传播。我非常感谢那些将我的口力劳动成果转化成为笔力劳动成果的人。但形成文字的发言稿或演讲稿，大部分都并未直接送我，都是我在偶然的机会发现或间接地得到的。久而久之，就有了不少这类文稿。闲来阅读时，自我感觉良好，发现这类文稿中的思想‘火花’不少。这类文稿都是在没有稿子的条件下顺口而讲的，然后由别人根据录音或录像整理的，并未经过我加工修饰，可能正是因为这样，所以这些文稿比较真实地反映了我的思想：写文字稿时，往往是千琢磨万考虑，写的过程中首先是要考虑到哪些话不能讲，哪些话要讲得圆滑些，总之是要将自己包装起来，因而写成的稿就往往是无棱无角，甚至还会把真实想法埋藏起来；但顺口而讲就没有机会考虑了，往往不会顾虑太多，而是在环境与情绪的影响下，毫无修饰地脱口而出，真实思想一下子就通了出来，因而'火花'往往会多一些。正是因为这样，所以我感到将这些东西出版出来会有一定的意义。再加之它是口语化的，又都是一些大白话，无有理论语言的修饰，因而非常适合大众阅读。

……

总之，我们正处在一个变革的年代，这个时代需要我们用新的观念去看问题，切不可逆潮流而行。我将永远用革新的标准来要求自己!”

（选自中国发展出版社 2009 年版《亲历改革》，作为代后记的后半部分）